聽你剪裁星空 傷痕與美好都構成了人生，同光教會20年

我是好牧人；好牧人為羊捨命。（約翰福音10:11）
人為朋友捨命，人的愛心沒有比這個大的。（約翰福音15:13）

謹以此書紀念楊雅惠牧師（1963.10.16 - 2008.5.21）；
她是最好的牧人，更是最好的朋友。

前言

◎同光同志長老教會

上帝，……我們相信；我們已經告訴了你我們相信……我們沒有否認你，那麼起身來護衛我們吧。哦上帝，承認我們，在全世界面前。也給我們生存的權利！

—— 《寂寞之井》，502

在「人權」已是普世價值的今日，世界上仍有八十一個國家／政府將同性親密視為犯罪（多數是非洲國家及伊斯蘭國家，以及俄羅斯），予以懲罰、甚至處死。台灣人民經歷過漫長白色恐怖的無辜死難與人權斲傷，才逐漸爭取到民主自由；各種人權運動對台灣人民而言，就算沒有共鳴，多半也會同情。人們在生活周遭可以輕易看見女性、原住民、勞工，所以女性權益、原住民權益、勞工權益在台灣社會都有立法保障（儘管並未完全落實）。但是性工作者權益、性少數者權益，長期以來卻因為社會的「羞恥運作」，多數人並不了解她／他們的處境。

參考過去西方國家的經驗，台灣的性少數運動者深知「現身」的重要性，所以自2003年起每年舉辦「台灣同志遊行」（Taiwan LGBT Pride），目的就是要讓社會大眾正視性少數社群的存在。起初，同志遊行只在台北市；如今，台中市、台南市、高雄市、花蓮市都有各自的同志遊行。性少數運動並且結合各種弱勢社群運動，特別是性工作者權益運動與勞工運動，彼此提攜、互相扶持。很幸運地，有許多充滿愛心且頗具影響力的藝人／公眾人物站出來力挺台灣同志遊行，她／他們對於促進社會大眾接納性少數社群居功厥偉。

2015年6月26日，美國聯邦最高法院裁定同性婚姻全面合法化，這是受基督教思想影響的西方國家中性少數平權的一個重要里程碑。有不少同志朋友期待台灣成為亞洲第一個讓同性婚姻合法化的國家，因為2016年初當選新總統的蔡英文女士、新國會的第一大黨民主進步黨與第三大黨時代力量都曾公開宣示支持婚姻平權。但是在傳統父權觀念、宗教右派（以基督教

為主）牽制下，再加上立法院中其他政黨仍未表態，目前看來婚姻平權還沒有露出曙光，台灣距離完整的性少數平權仍有一段長路要走。

　　這二十年來，有不少性少數者的真人實事電影在台灣上映，這些悲慘的故事引起許多台灣民眾迴響，例如：《男孩別哭》（1999年美國電影，女跨男者Brandon Teena因跨性別身分被女友的前男友發現而遭其夥同友人性侵並殺害）、《為巴比祈禱》（2009年美國電影，男同志青少年Bobby Griffith因無法得到保守基督徒母親接納而自殺）、《模仿遊戲》（2014年英美合資電影，英國電腦科學家 Alan Turing 因男同性戀者身分被發現而遭受不人道對待）、《丹麥女孩》（2015年美國電影，丹麥畫家 Einar Wegener 在妻子支持下，自1920年代起以 Lili Elbe 女性身分生活，最後因性別重置手術失敗而過世）。在台灣的土地上，也有類似的悲慘故事：2000年4月20日，從小展現陰柔氣質的「玫瑰少年」葉永鋕，在他就讀的屏東縣高樹國中廁所內被發現陳屍於血泊中，疑似遭霸凌致死；2003年5月7日，台灣第一位公開變性人身分的林國華，長期因遭歧視、求職遭拒，生活無以為繼，自殺離世；2008年5月21日，創立同光教會、支持性少數社群不遺餘力的異性戀女牧師楊雅惠，因身體重病且被所屬宗派教會排斥，她在自傳《背著十字架的女牧師》（2008）中寫道，地上已經沒有教會願意讓她牧養，她想到天上去服事上帝，沒多久便燒炭結束人生；2010年11月29日，一對年輕女同志在屏東縣車城鄉相偕自殺，遺書上寫著「我們倆是真心相愛，既然無法得到家人認同，只好跟自己這輩子第一個、也是最後一個伴侶走完人生的路」；2012年10月30日，就讀新北市蘆洲區鷺江國中的楊允承，因不堪長期被同學辱罵娘娘腔而在學校跳樓身亡，遺書中寫著「即使消失會讓大家傷心，卻是短暫的，一定很快就被遺忘，因為這是人性」，就在他跳樓前一天，台北市才剛剛舉行了刷新紀錄人數參加的同志大遊行；2015年12月，留著一頭長髮的保二總隊男警葉繼元，工作表現正常，卻被長官以「儀容違反警紀」為由予以免職；2016年3月2日，花蓮縣

秀林鄉一名17歲跨性別少年，疑似因「性別仇恨犯罪」（sexual hate crime）致死。還有許多沒有被媒體報導的悲劇，每天在台灣社會各角落發生。當然，偶爾也有激勵人心的故事：1996年11月10日，作家許佑生與男友葛瑞舉行台灣首場公開同志婚禮；2015年1月3日，屏東縣霧台鄉大武部落的魯凱族女同志伴侶彭哥和小翠獲得族人同意，以部落傳統儀式共同收養小翠的姪女萱萱，成為萱萱的「雙親」，相當於部落認可她們「多元成家」。可惜，激勵人心的故事遠少於讓人心碎的故事。

許多人（主要是基督徒）以「維護家庭」、「保護兒少」之名，指控性少數社群要求的「人權」與「平權」是違反道德、破壞社會的「特權」，會危及下一代的福祉。事實上，絕大多數的家庭暴力、兒少虐待、近親性侵害都發生在一般人以為「正常」的異性戀家庭中（其中不乏基督徒家庭），而加害人都是利用「傳統家庭價值」賦予的家父長權威來對家庭中的弱勢者施暴。具有性少數特質的兒少在傳統家庭中受到的身心暴力特別嚴重，並且求助無門；在家庭外的知情者，往往因為不認可這些孩子的性別特質而選擇袖手旁觀。不論是雙性人、跨性別者、同性戀者、雙性戀者……，性少數者期盼的只是有尊嚴地做自己，跟相愛的人光明正大地組織家庭，並且樂意收養一般異性戀夫妻不想要的特殊孩子。性少數者要的不過就是愛與被愛，如此而已。但，連這麼卑微的祈求，都不可得。

歷史上，基督徒曾遭到猶太教及羅馬帝國的迫害；但是當基督徒取得權力之後，卻反過來壓迫非基督徒、非白種人、女人、性少數者……；而這些壓迫，掌握話語權的教會領導階層都為之背書，宣稱符合「聖經根據」。隨著時代演進，大多數基督徒已不贊同蓄奴及種族歧視，也漸漸學習尊重女性，但不少基督徒迄今仍鄙視非基督徒、逼迫性少數者，甚至說「歧視性少數者」也是「言論自由」。基督教內部歷史已經充滿對立與殺戮，現今卻還有基督徒濫用聖經來傷害他人。幸好，在神學家與聖經學者的努力之下，關於聖經經文的真相慢慢被還原，「上帝的話」終於重新照

亮受壓迫者的生命，解放被禁錮者的心靈。

2001年8月，同光同志長老教會發表《暗夜中的燈塔》（女書文化出版），期許成為同志社群的守護者、避風港。數千名曾經來過同光教會尋求安慰與接納的性少數朋友，就算不完全滿意，大多也肯定同光教會的努力。然而同光教會不只是幫助者，也是受助者。許多牧師、直同志朋友幫助我們，許多渴望呼吸自由空氣的女女男男加入我們，貢獻她／他們的力量。同光教會不是孤單地扮演燈塔。如同滿天繁星的支持者與參與者，在這漫漫長夜中，一路上為我們發光，照亮我們所走的每一步。同光同志長老教會的「同志」二字，不只是「同性戀者」，而是包括所有「志同道合」的「同志」（comrade）──愛滋感染者、跨性別者、同性戀者、異性戀者、同志的父母、同志的小孩……種種無以名之者。上帝創造的各種人，都可以在同光教會裡自由地信上帝、自在地做自己。

2016年5月，同光教會成立滿二十年。這一路上發生很多悲歡離合，累積出一些美好，也留下了一些傷痕。太多動人的故事，太多勇敢的人們，不該在時間的磨損下就此被遺忘。因此，我們再次出書，將已經走過、正在行走、以及將要奔向的道路，留下階段性的紀錄。我們不敢自稱創造典範，但盼讀者願意聽聽我們在整片浩瀚星空中剪裁出來的隻字片語。

本書分為六個部分，共50章。第一部分「我們的歷史」先向讀者介紹同光教會成立至今的經過，接著第二部分「我們的故事」收集我們許多伙伴的生命故事，與讀者分享我們如何在現實與理想、心碎與盼望之間努力生存下來。

第三部分「我們的人生階段」向讀者概略介紹性少數社群的複數生命樣態。在多元成家難以實現的處境中，性少數者多半必須單獨面對老化，在走向人生終點之前要面對許多難題。台灣已經邁向高度老年化社會，這些難題也極可能發生在異性戀者身上。歲月帶給性少數者與異性戀者相同的考驗，彼此之間應該互相學習，集思廣益。目前為止，在台灣及世界各國

都非常缺乏原住民及少數族裔的性別書寫，所以我們特別邀請原住民同志撰寫台灣原住民的性／別處境，希望讓讀者看見母親台灣容顏的另一面。

第四部分「我們的社會實踐」整理過去二十年來，同光教會在性少數平權、婚姻平權、愛滋服務、街友服務等方面所做的一些努力。這部分篇幅顯然較少，因此我們在社會關懷與服務方面還得繼續多努力。

第五部分「我們的信仰」是關於基督教神學與聖經詮釋的學術性文章，這些文章的前身都在《暗夜中的燈塔》出現過。近十五年來有許多學者發表新的研究，我們希望將這些新知也介紹給讀者，所以將先前的文章全面改寫，以便向讀者說明同光教會如何閱讀、理解、詮釋聖經，而基於這樣的聖經詮釋，同光教會如何建構立基於改革宗的神學。簡言之，我們相信主耶穌基督向這世界宣講的上帝國，不是只拯救異性戀者的福音，而是屬於包括性少數者在內「所有人」的解放與救贖。

最後，在第六部分「我們的未來」，我們邀請國內外長期服事、參與或關注性少數社群的牧師與神學家撰文分享經驗，最後一章是由同光教會牧師與長老共同執筆，把我們目前的挑戰做一個階段性歸納報告，並嘗試為下一個世代的性少數社群教會與基督徒提出願景。

本書的各作者，除了同光教會的歷任駐堂牧師、其他教會的友好牧師，以及一位受邀撰寫特稿的原住民同志之外，其他都是在同光教會聚會的會友。同光教會的會友包括來自各社會領域、各教會宗派的成員，其中有跨性別者、女同志、男同志、異性戀者、同志的母親等。我們相信，在基督裡所有人都能共融合一。讀者們或許注意到，多數作者使用筆名／化名寫作，這是因為在台灣現今的性別光景下，作者們仍然必須顧慮自己及家人的處境。就訊息傳遞的目的而言，本書的內容比作者們的姓名更重要，相信讀者們應該也能認同。我們更加期盼，有朝一日，當同光教會再次出書時，同一群或下一群作者們已經可以心無罣礙地現身說法，那樣的台灣，誠然讓人心嚮往之。

由於性別研究與基督教研究以歐、美居多，許多相關語彙尚未建立各地通用的漢語翻譯，本書在必要時都會加註原文。凡引用聖經經文，會以不同字體印刷，在關鍵字詞會附註希伯來文及希臘文之拉丁字母轉寫。聖經經卷的中文簡稱，係參照《聖經現代中文譯本修訂版》（表1）。

在記年法方面，本書採取一般教會慣用的「主前」（before Christ，簡寫BC）和「主後」（anno Domini，簡寫AD）或一般文獻通用的「公元前」（before common era，簡寫BCE）和「公元」（common era，簡寫CE）。

我們相信上主愛世人，不偏好任何性別，因此在本書中出現的代名詞或泛稱會視情形適當地以「女男平行形式」呈現，例如：「她／他們」、「母親父親」、「姊妹弟兄」、「女男同志」等，並盡可能少用「天父」、「父神」等隱含父權暗示的字眼，改用性別中立的「主」、「上主」、「上帝」、「主上帝」、「神」等。

我們衷心期盼，這本書不但可以讓讀者對性少數議題與基督信仰有一番嶄新認識，更讓讀者願意成為性少數者的朋友，在關鍵時刻站出來，成為暗夜中的燈塔，也成為滿天繁星，一起發光，為所有世人照耀希望之路。

誌謝

在本書中出現的聖經經文，除特別註明外，中文部分皆引自主後1995年由「聯合聖經公會」出版的《聖經現代中文譯本修訂版》，在此特別感謝「聯合聖經公會」提供《聖經現代中文譯本修訂版》的經文使用權，並聲明其版權乃屬「聯合聖經公會」所有。聖經經文之希伯來文、希臘文原文轉寫皆引用自「Bible Hub: Search, Read, Study the Bible in Many Languages」網站（http://biblehub.com）。

許多傳道師、牧師、老師、直同志朋友曾經幫助同光教會，她／他們因而遭受各種形式的壓迫。我們深深歉疚，也深深感恩。為了不造成她／他

們的困擾，很遺憾無法向每一位題名致謝，願上主親自紀念她／他們。以下按姓氏筆畫題名致謝其中一些牧長：卜莎崙牧師、王貞文牧師、王昭文老師、王芳舟牧師、王怡芳牧師、王克強牧師、王榮義牧師、石素英牧師、李鳳嬌牧師、林霓玲牧師、林育生牧師、邱瓊苑牧師、吳得力牧師、邱梨芳傳道師、邵銘毅牧師、高俊明牧師、莊信德牧師、莊淑珍牧師、徐信得牧師、陶月梅牧師、許承道牧師、張仁和牧師、張信一牧師、陳南州牧師、陳思豪牧師、陳美蕙牧師、黃世偉牧師、黃伯和牧師、黃美鳳傳道、黃國堯牧師、葉啟祥牧師、葉寶貴老師、彭偉業牧師、曾恕敏牧師、曾宗盛牧師、楊啟壽牧師、楊雅惠牧師、蔡南信牧師、蔡銘偉牧師、鄭世璋牧師、鄭仰恩牧師、鄭英兒牧師、鄭君平牧師、鄭頌苑牧師、潘美惠牧師、盧俊義牧師、歐陽文風牧師、謝大立牧師、謝大衛牧師、羅光喜牧師、蘇貞芳牧師、蘇素真牧師、蘇慧瑛牧師、蘇慶輝牧師、鐘撒該牧師、Prof. Rev. Theodore Jennings、Rev. Stephen Parelli、Rev. Dr. Nancy Wilson（因付梓時限，若有疏漏，敬請牧長原諒）。

謝謝每一位在本書中分享生命故事的作者，謝謝基本書坊的優秀編輯企畫團隊，也謝謝為本書具名推薦的各界先進賢達。

最後，同光同志長老教會謙卑誠摯地感謝每一位讀者，因為您們願意打開這本書，使得推倒歧視高牆、搭建友善橋樑成為可能。願慈愛的上主祝福您們！

表 1：聖經經卷中文名稱及簡稱對照表

經卷	簡稱	經卷	簡稱	經卷	簡稱
創世記	創	以賽亞書	賽	羅馬書	羅
出埃及記	出	耶利米書	耶	哥林多前書	林前
利未記	利	耶利米哀歌	哀	哥林多後書	林後
民數記	民	以西結書	結	加拉太書	加
申命記	申	但以理書	但	以弗所書	弗
約書亞記	書	何西阿書	何	腓立比書	腓
士師記	士	約珥書	珥	歌羅西書	西
路得記	得	阿摩司書	摩	帖撒羅尼迦前書	帖前
撒母耳記上	撒上	俄巴底亞書	俄	帖撒羅尼迦後書	帖後
撒母耳記下	撒下	約拿書	拿	提摩太前書	提前
列王紀上	王上	彌迦書	彌	提摩太後書	提後
列王紀下	王下	那鴻書	鴻	提多書	多
歷代志上	代上	哈巴谷書	哈	腓利門書	門
歷代志下	代下	西番雅書	番	希伯來書	來
以斯拉記	拉	哈該書	該	雅各書	雅
尼希米記	尼	撒迦利亞書	亞	彼得前書	彼前
以斯帖記	斯	瑪拉基書	瑪	彼得後書	彼後
約伯記	伯	馬太福音	太	約翰一書	約一
詩篇	詩	馬可福音	可	約翰二書	約二
箴言	箴	路加福音	路	約翰三書	約三
傳道書	傳	約翰福音	約	猶大書	猶
雅歌	歌	使徒行傳	徒	啟示錄	啟

目　次

006　　前言　／　同光同志長老教會

Part I：【我們的歷史】

022　　第1章　從放逐中歸回，在恩典中站立　／　Ian

037　　第2章　我對同性戀的看法　／　楊雅惠牧師

041　　第3章　在同志教會建立上帝國　／　楊雅惠牧師

045　　第4章　上主是我的牧者，祂知道我是同志　／　曾恕敏牧師

053　　第5章　牧養同志路　／　黃國堯牧師

Part II：【我們的故事】

064　　第6章　在同光教會重新遇見上主　／　Jeremiah

078　　第7章　同光二十載　／　John

081　　第8章　一段青春愛戀的掙扎　／　Timberland

089　　第9章　與耶穌散步的路程　／　伊凡

097　　第10章　上帝掌權的人生　／　諾恩

106　　第11章　回頭看，才知道一切都是美麗的安排　／　Awu

116　　第12章　活出純粹的我　／　小捲

121　　第13章　愛在滋長的歲月　／　Ian

129　　第14章　我的邊緣人生，主的奇異恩典　／　諧琳

143　　第15章　生命的覺醒，自我的恢復　／　Stephen

149　　第16章　尋找盼望的家　／　Pedro

160　第17章　住在耶和華的殿中　／　阿志

165　第18章　貼近自己就是貼近上帝　／　麥可

174　第19章　就在我內　／　司徒敬

184　第20章　仍然在路上　／　陳煒仁（查令）

210　第21章　彩虹夢，神學路　／　小恩

219　第22章　玫瑰色的妳／你　／　許家恒

225　第23章　因為出走，所以點亮　／　彭淑嫻

231　第24章　給同光教會二十周年　／　小恩媽媽

235　第25章　求真記　／　朱曉英

244　第66章　陪伴同志家人的心得　／　太陽餅2.5

Part III：【我們的人生階段】

250　第27章　彩虹共和國　／　小恩、小元、舞葉

261　第28章　我向主祈禱　／　Jovi

265　第29章　以恩典為年歲的冠冕　／　Pedro

279　第30章　置回原住民脈絡中尋找自我的意義　／　瑪拉達‧達努巴克

Part IV：【我們的社會實踐】

296　第31章　愛得勝！（Love Wins!）　／　小元、小恩、舞葉

311　第32章　在愛慈家園見證上帝的愛與恩典　／　Fred

316　第33章　希望的漣漪　／　Zoe

Part V：【我們的信仰】

326　第34章　聖經是性少數社群的福音　／　Jeremiah

345　第35章　基督教與性少數的千年糾葛　／　Jeremiah、小元

383　第36章　失樂園？　／　Jeremiah

401　第37章　雙城記　／　Jeremiah

416　第38章　道德或潔淨？　／　Jeremiah

432　第39章　希臘／羅馬文化與猶太／基督教思想的「恐同陰謀」　／　Jeremiah

469　第40章　耶穌是所有人的「同志」　／　Jeremiah

485　第41章　眾水不能熄滅的烈焰　／　小元、Jeremiah

Part VI：【我們的未來】

518　第42章　普世基督教對同志族群的態度以及同志封牧之路　／　鄭仰恩牧師

532　第43章　彼此陪伴，更深經驗基督「跨越邊界」無限的愛　／　曾宗盛牧師

546　第44章　從耶穌對性議題的教導和牧養反思同性愛的爭論　／　張仁和牧師

562　第45章　透過認識同志基督徒，我更深地認識自己與認識人　／　蘇貞芳牧師

569　第46章　當台灣教會向右轉　／　王貞文牧師

580　第47章　超越同性戀的同志神學　／　歐陽文風牧師／博士

589　第48章　奇異（酷兒）信任　／　蘭西・葳爾森牧師／博士

624　第49章　跟隨楊雅惠的腳蹤行　／　西奧多・詹寧斯教授／牧師

632　第50章　成為世界的光　／　同光同志長老教會

638　附錄　同光同志長老教會歷年立場聲明

同性戀基督徒組織團契

第一個同志團契日前成立　同...

向聖經挑戰　'同志' 自組教會

中生代牧師展雙臂

教會應該接納

周聯華

...志教會　長老教會不承認

...友如要參加長老教會聚會　不拒絕、不鼓勵、將輔導

'同志' 問...

總會議長：...

第一張同志音樂出爐

◎記者／李宛澍

「同志教會」帶來的難題

長老教會明討論

放，不能違反教義

　　自由開放，仍然不能違反教義。

同性戀總是罪嗎？

同志教友想站出來

　　魏國棟／台北報導

　　「這次是玩真的了！」同志教會即將成立的消息曝光，而且引發社會高度關切後，同志教友們這兩天出現了強烈的憂患意識，他們頓時發覺自己的責任重大，將來不論壓力再怎麼大，他們都要團結一致，苦撐下去。

　　同志教會即將成立的消息，這兩天經過各媒體的報導之後，同志教友中，有幾位同志教友已準備挺身而出，面對社會大眾，讓社會正視他們的存在。

　　但是目前就讀某大學，而且是同志教會重要發起人之一的Louis說，如果一定要出面，他們應該集體出面，不應該讓少數教友「犧牲」。

　　louis說，在這波媒體報導中他們發現，竟然有很多牧師第一次聽到「同志教會」這個名詞，因此他們挺身而出，應該是有正面意義的，不過，他們擔心身份曝光後，一旦成為

Part I
我們的歷史

上帝的兒子，耶穌基督的福音是這樣開始的。

（馬可福音1:1）

二十年前，同光同志長老教會在台灣教會界，
如同在海浪匋訇中被設立。
這一路上，因著上主大能臂膀的扶持，
我們走過了高山低谷，經歷了逆境順境。
我們將繼續驕傲地走著，因為我們深知這每一步，
都持續見證著祂用自己的生命，
為同志鋪設出的這一條恩典路徑。

第1章
從放逐中歸回，在恩典中站立

◎Ian

我的確聽見了我子民的哀號，也看見了埃及人怎樣壓迫他們。現在我
差你到埃及王那裏去；你去把我的子民從埃及領出來。

——《出埃及記》3:9-10

　　同志基督徒一直都存在基督教會之中，只是教會看不見也不想看見同
志。直到今天，許多教會仍在迫使同志做選擇：要信仰？還是要性傾向？
選擇忠於自己的性傾向，就得被教會定罪。於是，教會所傳的福音，對於
同志社群而言，不但算不上好消息，反而避之唯恐不及。也有許多同志
基督徒不願意離開教會，將自己的真實面隱藏起來，甚至在教友們的期待
下進入異性婚姻，身心煎熬，直到終老。而這竟是教會沾沾自喜的「祝
福」。

　　2015年6月26日，美國通過同志婚姻全面合法化，許多台灣鄉民紛紛在
臉書上更換彩虹大頭照表達祝賀支持。同年10月31日，在台北街頭舉行的
台灣同志大遊行，參加人數創歷史新高，約有七萬人走上街頭。今日的台
灣，乍看之下彷彿是彩虹國度。但若將時間倒轉到1995年的台灣，當時同
志朋友在社會上及教會內都承受極大的污名與歧視，現在的年輕人根本無
法想像。在如此情境下，同光教會是如何建立起來的呢？

一、異同相遇

　　上主呼召了一位直同志女性楊雅惠牧師，要她擔任找回同志羊群的牧羊
人，在沒有人願意為同志說話的時候，她創立了台灣第一間認同同志的教
會。

　　楊雅惠牧師隸屬於台灣基督長老教會，畢業於台南神學院。她在1992年
6月赴美國留學之前，對同志議題全然陌生。當時社會風氣保守，同志不可
能輕易「現身」，她對同性戀的認識只來自書本。一般基督徒對同志充滿偏

見，即使有機會和同志接觸，也很難客觀了解同志的處境，但是楊牧師對同志沒有預設立場。她到美國留學之後，和同志有了第一次面對面接觸：

> 我在1992年6月到美國之後，我在紐約第一次遇到同志，而且是在協和神學院的新生報到時，有一對男同志坐在我的前面，他們互相依偎著，我感到非常的好奇，因為這是我這一生親眼看到的第一對同志。我們沒有機會講話，也沒有機會互相認識。可是我也發覺，我並不會排斥他們。後來據在校生說，協和神學院至少有百分之三十是同志，學校附近的聖公會神學院更有百分之七十是同志，我真的大開眼界。[1]

在美國見到形形色色的同志，楊牧師開始困惑。為何她在台灣無法遇見同志？是台灣沒有同志？還是某些原因使台灣同志不敢現身？當她轉學至芝加哥神學院時，選修學校開設的同志神學課程，並以「中國的同性戀」做研究題目。楊牧師在美國的「同志經驗」，促成她日後投入同志的牧養。

1994年6月，楊牧師學成歸國，在台灣基督長老教會的新竹大專學生中心工作，她在此時學會使用網際網路，藉此平台來跟學生互動。1995年3月，她開始上「焚而不燬BBS站」，有同志學生在站上詢問她對同性戀的看法，於是她發表一篇文章，[2] 明白表示基於她受的神學訓練，她不認為同性戀是罪；而從她與同志接觸的經驗，她更相信自己應該接納支持同志。該文被轉貼到其他BBS站的「連線宗教板」後，旋即引來反同網友圍剿。楊牧師這才驚覺，台灣有太多基督徒對同志存有偏見，她／他們沒有實際接觸過同志，卻輕易對同志做出種種定罪。

1　楊雅惠，〈美國的同志〉，《同志之光月刊》，（1996），3。
2　請見本書第2章。

二、約拿單團契與同光教會

　　楊牧師一方面在「焚而不燬BBS站」開設「同志神學板」，跟一般基督徒進行神學討論；另一方面，她開始在網路上尋找同志基督徒，希望幫助她／他們。1995年9月22日，楊牧師與兩名男同志學生基督徒Dan及Louis碰面。10月8日，楊牧師與包括Dan、Louis在內的九名男同志基督徒於台北市公館的「人性空間」餐廳舉辦第一次聚會。在這次聚會中，同志們分享從小到大的生命故事，深深觸動楊牧師的心。在楊牧師鼓勵之下，1995年10月22日，「大衛團契」在義光長老教會成立（旋即更名為「約拿單團契」），[3]成為台灣第一個同志基督徒團體。

　　約拿單（Jonathan）是聖經《撒母耳記》裡面的以色列王子，他愛上了牧羊少年大衛。約拿單團契成立之初，成員有十幾人，主要是大專學生。同屬台灣基督長老教會的許承道牧師說服義光教會，繼續出借禮拜堂讓約拿單團契聚會。

　　約拿單團契人數越來越多，聚會也從二周一次改為每周舉行。自1996年3月起，約拿單團契開始每周日舉行主日禮拜。許多同志在禮拜天趕場：早上去自己原來的教會，下午又來參加約拿單團契的禮拜。到4月時，聚會人數從十幾人增加到近五十人。4月14日，楊牧師召開會員大會，徵詢大家成立教會的意願。楊牧師說，她確信這是上主給同志的應許，最後一致通過成立教會，並選出第一屆長老與執事，定名為「同光同志長老教會」（Tong-Kwang Light House Presbyterian Church）。「同光」意指「同志之

3　台北市義光長老教會是由1980年「林宅血案」凶宅改建而成。當年林義雄律師挺身為美麗島案政治良心犯辯護，致其老母與一對雙胞胎女兒慘死刀下。凶宅經改建為禮拜堂，化暴戾為平安，義光教會在台灣民主運動史上誠然有非凡的紀念意義。1995年之後，義光教會對同志基督徒的友好與支持，更在台灣同志平權運動史上留下不可抹滅的一頁。

光」，代表教會要和同志社群共享上帝的亮光，成為暗夜中的燈塔，為同志社群照亮前方的道路。

楊牧師把同光教會成立的消息貼在BBS上，立刻吸引媒體關注。《中時晚報》採訪了楊牧師，4月29日晚上見報，斗大標題寫著：「向聖經挑戰，同志自組教會」。這篇報導引起台灣社會震撼，特別是教會界。30日早上，聯合報以更大篇幅報導同光教會成立。30日晚上，TVBS邀請楊雅惠牧師、台北靈糧堂周神助牧師以及蔡康永先生參加《2100全民開講》。雖然在節目中call-in謾罵不絕於耳，周神助牧師嚴詞譴責，但楊牧師明確說出「聖經並不反對同性戀」、「同性戀不是罪」、「教會對聖經的詮釋也會有錯」等主張。

1996年5月5日禮拜天下午，灰暗天空飄著毛毛細雨，約拿單團契的成員們從各地趕來，聚集在淡江中學的禮拜堂。楊牧師當天不克出席，委託許承道牧師代為主持設立教會禮拜。許牧師以「耶路撒冷的教會」為題，談到耶路撒冷教會的信徒雖因信仰屢遭迫害，卻更勇敢地傳福音。他勉勵同光會友效法耶路撒冷教會，認識上帝的話語，榮耀上帝。最後，許牧師帶領會眾一同宣誓，正式宣告同光同志長老教會成立，共有三十三人出席該次禮拜。

受到同光教會成立的激勵，1996年下半，陳啟應牧師在台中市成立「同恩團契」（後因人數不足停止聚會）；黃世偉牧師在嘉義市成立「迦南團契」（遷到台南市聚會後，有陳美蕙牧師與莊雅棠牧師先後協助，最後遷到高雄市聚會，又幾經改組，目前稱為「活躍教會」）。

三、楊雅惠牧師領導的「初代教會」

楊雅惠牧師在1996年7月31日離開新竹大專中心，8月4日正式就任同光教會的第一任駐堂牧師。同光教會成立的第一年內，除了聘任牧師，選出

長老、執事、團契同工，也成立了社青團契、女同志團契，並制定教會法規；同時開辦各種周間聚會，如：禱告會、聖歌隊、查經班、慕道班、同志神學班等。楊牧師也一直接受其他團體或教會邀請演講「同志神學」，並接受各類媒體採訪，有時甚至不得不與保守基督徒辯論。

楊牧師對文字出版很重視，她就任一個月後，就創辦台灣第一份同志宗教刊物《同志之光月刊》，雖然一年後即停刊，但是它的歷史意義不言可喻。同時，楊牧師也幫同光教會架設官方網頁，此後歷經多次改版。許多在茫茫人海中孤軍奮鬥的同志，都是透過同光網站而成為同光的家人。此外，出書計畫也在楊牧師任內開始規劃，她離職之後由其他同工接手，終於在2001年8月發表台灣第一本同志基督徒的見證與神學專書《暗夜中的燈塔》。許多散居台灣各地或礙於種種因素無法來同光教會參加聚會的同志，就透過同光網站與《暗夜中的燈塔》，熬過了生命中的難關，走出死蔭的幽谷。

同光教會成立初期，財務狀況不如預期穩定，楊牧師在1996年11月主動請辭，讓教會減輕財務負擔，但是她繼續與同光會友一起聚會，關心大家的生活。在楊牧師離職前，有六位會友上完慕道班課程並通過測驗，1996年12月15日，這六位會友由楊牧師親自施洗，這是同光教會成立後第一次舉行洗禮，意義重大。當天的禮拜，楊牧師以「同志受洗的意義」為題講道，她說：

我們今天真的很高興，能夠有六位同志經過四個月的慕道班上課，經過整本聖經的全部考試以及口試之後，願意告白成為基督徒。這對同志而言是一項突破，在過去同志因為對自己性傾向的不認同，有的已經離開教會很久，有的即使在教會聚會很久，也會因為異性戀基督徒的價值觀，而產生罪惡感，甚至不敢受洗。今天這六位同志受洗的意義非凡，同志不再認為自己的性傾向是跟罪有關，而是上帝所創造的

一部分，同志一樣能敬拜上帝，上帝並沒有因為異性戀基督徒的歧視而歧視同志，上帝看重每一樣祂所創造的人、事、物，上帝也愛每一個祂所創造的人。不管這些人是否愛祂，上帝永遠不離棄那些被人視為罪人的人。做一個同志不需要為自己的性傾向感到自卑，更不需要為自己的性傾向感到罪惡。……今天要做一個同志基督徒，除了求神藉著耶穌的寶血洗淨我們的罪以外，我們更要求神讓同志與異性戀者在未來的日子能越來越認識彼此，越來越減輕敵意，希望同志不但接納自己、肯定自己，而且相信神會改變我們的人生，讓我們對神更有信心，更有盼望，也求神改變同志與異性戀者的關係，讓我們真的能夠在主裡建立弟兄姊妹的關係。

此後，同光教會持續舉行洗禮，甚至有會友在臨終前的病榻上受洗。目前為止，有超過八十人在同光教會受洗。

1996年12月，同光教會舉行第一次對外公開的聖誕節晚會。此後，每年固定舉辦，逐年擴大規模，從在教會內舉辦變成到外面租借大型會場做幾近專業的演出，參加聖誕晚會人數最多的一次超過500人。

楊牧師離職後，不少會友盼望楊牧師早日回來牧會，因此努力奉獻，教會財務狀況逐漸好轉。1997年4月6日，楊牧師重回同光教會擔任駐堂牧師，同時教會也在永和租下一幢獨棟房子，當作禮拜堂及牧師館。

1998年6月28日，楊雅惠牧師再度提出辭呈。她從創會之後一路衝刺，此時，教會成長放緩，她也感覺疲憊。她在禱告中求問上主，感覺自己必須離開這個職分才能得到休息，重新出發。會友們雖然捨不得她離開，但都尊重她的決定。1998年7月26日，楊牧師正式離職，同光禮拜堂搬遷到台北市中正區。1998年8月之後，由於短期內聘不到傳道人，所以邀請許多長老教會的友好牧者來支援主日禮拜講道。邀請不到牧師的時候，長老和神學生也輪流上台講道。這情形一直持續到1999年6月6日同光聘請曾恕敏傳道師為止。

四、曾恕敏傳道師／牧師帶領同光教會轉型

　　1999年7月11日，曾恕敏傳道師宣誓就任同光教會駐堂傳道師，由許承道牧師在義光教會禮拜堂主持授職典禮。楊牧師離開後，雖然幾乎每個禮拜天都有友好牧師來講道，但客座牧師畢竟難以深入關懷會友生活。一位願意委身而且完全了解同志的傳道人，才能解決同光教會最迫切的需要。

　　出生於花蓮的曾傳道師，是台灣教會史上第一位公開「出櫃」的男同志傳道人。他在台灣神學院就讀期間，就參與約拿單團契與同光教會的聚會；畢業後，因為同志身分，台灣基督長老教會對他做出「不派任」決定。也因為他沒有受派到其他教會牧會，同光教會才得以聘他擔任駐堂傳道師。

　　曾傳道師到任之後，同樣馬不停蹄地受邀到全台灣各地，跟大專學生或社會人士分享同光教會的理念與同志神學，希望藉著促進了解與善意互動，讓新一代的台灣基督徒放下舊思維，用更寬廣的心與同志相處。但在他上任初期最大的挑戰是靈恩風潮的影響。在曾傳道師就任前，有一些會友非常希望同光轉向靈恩路線，積極引介靈恩派牧師進入同光教會。靈恩派牧師因為抱持特定的聖經詮釋觀點，清一色對反對同性戀，並不會因為同志領受聖靈就改變想法。為了回應這些會友對靈恩的需求，曾傳道師帶著會友到各教會去參加靈恩訓練，然後回到同光教會帶領靈恩聚會，2004年年初還遠赴美國加州參加由「榮耀會幕教會」舉辦的「同志靈恩特會」。可是等到靈恩熱潮消退，原先期待同光走靈恩的會友卻一個接一個離開，後來同光就逐漸停止靈恩式的聚會。

　　2000年7月，同光教會搬遷到台北市萬華區，直到本書付梓之時，同光仍在此聚會。上主的安排甚為奇妙，因為搬到萬華區，同光才有機會自2006年8月起與活水泉教會一起服事街友，迄今未歇。

　　2000年9月2日至3日，幾個同志團體與台北市政府合辦「台北同玩節」及「台北同志國際論壇」，這是台灣歷史上第一次由公部門主辦的同志公

民活動，意義非凡，同光教會也受邀參加。10月22日約拿單團契成立五周年，同光教會舉行「同志伴侶祝福儀式」，雖然不是同志婚禮，但同光希望藉著這個儀式鼓勵會友追求穩定伴侶關係。消息在網路上曝光後，媒體紛紛要求採訪，為保護會友隱私，只能一一婉拒。不過當晚《中時晚報》、《聯合晚報》、各電視台夜間新聞，以及次日各報與電視新聞，仍各自「製作」報導。

2000年底，曾傳道師與長老執事們達成共識，讓同光教會轉型為「小組教會」。有關教會體制問題，這不是第一次討論。楊雅惠牧師還在同光牧會時，就有一些不是來自長老會背景的會友，希望將同光教會名稱中的「長老」二字拿掉。台灣基督長老教會確實是同光教會創立時參考的範本，但更重要的是同光教會的創會會員們都認同「改革宗神學」（Reformed theology）。長老會在西方及台灣歷史上，都致力實踐社會公義、關懷弱勢群體；同光教會成立後，支持同志的牧師幾乎都是長老會牧師；同志神學在改革宗神學的土壤上開花結果，不是偶然。基於理念及情分，同光教會終究沒有改名。

「小組教會」是另一種教會經營的思維，它源自拉丁美洲天主教會的「基層基督徒團契」（Basic Christian Community）。在歐美等國的經濟侵略與國內獨裁政權的壓迫之下，拉丁美洲人民沒有民主自由，普遍窮困。許多天主教會神父在信仰中尋找解答，提出「解放神學」；巴西教育學者保羅‧費爾利（Paul Freire）發表《受壓迫者的教育學》（*Pedagogy of The Oppressed*），提倡「良知化運動」（conscientization），鼓勵人民自我裝備。於是拉丁美洲的天主教徒開始以地區、家庭為單位，形成宛如小教會的「基層基督徒團契」，自己主持彌撒、聖事，合力生產耕作，甚至組織抗暴軍。另外，在韓國、新加坡與美國分別有一些資本主義色彩濃厚的福音派教會及靈恩派教會採行「小組教會」，由魅力型領袖實行「權威領導」，與拉丁美洲基層基督徒團契的「權力共享」非常不同。台灣教會界

在1990年代之後盛行小組教會風潮，學的都是韓國、新加坡與美國，而不是拉丁美洲。同光教會的轉型目標是要將長老會與小組教會的優點整合在一起：一方面維持長老會的民主代議制度（權力屬於群體）；另一方面以會友家庭為據點，在小組中舉行各種聚會（小組即教會）。2001年2月17日，同光教會正式開始轉型小組教會。目前，同光教會在台北市有五個小組、新北市有二個小組、桃園市也有一個小組。

2001年夏天，有一對同光的姊妹伴侶搬到台中市定居，她們在禱告中被上主感動，要在台中市成立一個新的基督徒團體，稱為「以勒團契」（「以勒」是「上主預備」之意），得到同光教會長執團隊的支持。2001年12月4日，以勒團契首次聚會，此後曾傳道師經常前往台中為以勒團契主持聚會。後來以勒團契轉型成立「基督教以勒教會」，是中部地區目前為止唯一對同志友善的基督教會。

由於曾傳道師已脫離台灣基督長老教會，所以同光教會參考其他獨立教會的作法為他舉行封牧典禮。2004年5月2日下午，在義光長老教會，由楊雅惠牧師、許承道牧師、王榮義牧師、鄭仰恩牧師共同按立曾牧師為同光教會第二任牧師。立法委員蕭美琴女士也在場觀禮並致詞，許多媒體在義光教會外採訪她，當時她就發言表達她對同志社群的支持，2006年她更率先在立法院提出同性婚姻法草案，可惜被當時的多數黨封殺而沒有成功。

2004年5月16日，曾牧師封牧後二周，同光教會萬華會址的隔壁承租戶遷離，會友們便與房東議價磋商，將隔壁也承租下來。然後，就像柏林圍牆倒下一般，阻隔原會堂與隔壁的牆被打通了。上主親自拓展同光的境界，給同光教會多一倍的空間，在人數上也加添一倍：主日禮拜聚會人數，從2003年平均30人，成長到2004年平均60人（目前是平均75人）。

2005年起，陸續有多元性別肢體加入同光，包括：跨性別者（transgender）及雙性者（intersex）。感謝上主把她／他們帶到同光，讓同光真正認識到上主創造的多元與美好，讓同光學習謙卑地面對差異。

隨著教會人數增長，人的問題漸漸變多，再加上曾牧師因為已公開出櫃，不易取得其他教會的資源與支援，就像楊雅惠牧師，他也逐漸感到身心俱疲，無力繼續服事。2006年4月底，曾牧師在任期屆滿之後沒有接受續聘，同光教會再次進入沒有專任傳道人的時期。

五、再次進入曠野，上主供應嗎哪

會友們沒有預期曾牧師離任，來不及去邀請其他牧師講道，便由長老們分擔每周主日禮拜的講道，直到2007年新年度開始，才又找到一些友好牧師來講道。這些牧師都很忙碌，但她／他們都盡量推辭其他教會的邀約，把時間留給同光。她／他們對同光的愛，就是上主恩典臨在同志社群的最好證明。雖然沒有駐堂傳道人，但同光的長老執事們都很團結，共體時艱，聚會人數沒有下降，奉獻收入也沒有減少。

為了尋得下一位牧者，同光教會數次召開會員大會修改教會法規、制定傳教師聘用辦法，期望下一位傳道人能得到最好待遇。如果傳道人離開自己的宗派，到同光教會來牧會，日後若是離開同光，可能會像楊雅惠牧師一樣遭自己宗派排斥，不易找到牧職。如果傳道人本身是尚未出櫃的同志，她／他也會顧慮來同光之後形同公開出櫃，像曾恕敏牧師一樣完全無法進入一般教會服事。因此，在2007年雖有一位男同志傳道師考慮來同光教會牧會，後來還是婉拒同光教會的邀請。

沒有駐堂傳道人最大的缺點是，會友沒有辦法得到個別牧養，因為長老執事都有各自的工作與生活，無法全時間服務會友各種大小需求。失戀了，長老沒辦法整晚聽妳／你訴苦，因為她／他明天一早還要上班。生病了，執事也未必有時間去探訪妳／你，因為她／他整晚都在加班。大家就這樣努力地撐，撐過了好幾個春夏秋冬，直到2014年4月。這整整八年期間，內部的困難與外界的挑戰都沒有動搖到同光。可是2008年5月21日楊雅

惠牧師燒炭自殺的消息，對所有同光會友卻是嚴重打擊。為了紀念她對同光教會的貢獻，同光教會將每年5月23日（楊牧師被發現身亡之日）前的主日訂為楊雅惠牧師紀念主日，以此緬懷她。

雖然沒有駐堂傳道人，但同光教會沒有閒著，積極與其他性少數團體合作，舉辦各種活動，期盼促進社會大眾對性少數社群的認識。除了每年參加台灣同志大遊行之外，還包括：2006年6月同光成立「愛滋關懷小組」並開始舉辦一系列愛滋防治及關懷講座；2009年3月29日主辦「跨性別者的內心世界與教會處境」講座；2010年3月21日與台北東門教會合辦「《為巴比祈禱》電影放映會暨座談會」；2010年6月6日主辦「出櫃講座」；2011年7月3日主辦「彩虹的光芒——認識LGBT」講座；2011年8月21日與同志諮詢熱線、綠黨性別支黨部合辦「真實的生命，愛我的信仰——從真愛事件談基督信仰與同志」講座；2011年6月、2012年6月及2014年9月分別前往吉隆坡、香港與新加坡參加「亞洲同志基督徒激揚特會」（Amplify Conference）；2012年11月10日開始前往愛慈基金會的恩典之家服事愛滋感染者住民；2013年3月9日組隊參加「反核大遊行」；2013年1月開始，邀請各界性少數朋友來同光教會分享自己的生命故事，此一口述歷史聚會稱為「繁星小組」，目前仍持續進行中；2013年9月7日參加伴侶盟主辦的「凱道伴桌造勢活動」；2013年10月27日與「香港基督徒學會」及「性神小組」合辦「福音與性別神學事工經驗分享交流會」。

六、黃國堯牧師帶來新氣象

2013年底，原本在香港同志教會「基恩之家」牧會的黃國堯牧師，受邀來同光教會講道，開始與同光會友們認識。到了2014年初，黃牧師結束他在基恩之家的任期，接受同光教會的聘書，離開香港，來到台北。2014年4月20日，黃牧師在同光教會正式就任，成為第三任牧師。

黃國堯牧師生於香港，畢業於加拿大 Prairie Graduate School 之聖經與神學研究系，歷任香港宣道會觀塘堂牧師、香港基恩之家駐堂牧師。他對香港的同志人權運動有長期投入及卓越貢獻。2005年11月，他因發表支持同志言論，遭觀塘堂教會逼退，後赴基恩之家牧會。黃師母也非常支持同志，當黃牧師決定來台灣服事同光教會，黃師母就辭去在香港的教師工作，跟隨黃牧師一起到台灣生活。

　　黃國堯牧師及師母是異性戀者，但是她／他們很清楚同志的處境，她／他們的服事也給同光帶來新氣象。有不少同光會友在過去幾年內，努力說服自己的父母親友（異性戀者）一同參加主日禮拜，但是異性戀者往往對討論同志生命的講道內容沒有共鳴。而黃牧師的講道內容能顧及異性戀者的需求，他也能以同為長者的身分來關心同志會友的父母。2015年7月，黃牧師與師母成立了「伴侶小組」，邀請同志的父母參加；2016年3月，黃牧師成立了「兒童主日學」，讓帶著小孩來教會的會友也能安心做禮拜。

　　黃牧師到任後，同光也恢復對國際同志基督徒事務的積極參與。早在1998年3月底，同光教會就曾在新竹聖經學院舉辦「靈修會」，有七位香港基恩之家的同志特地來參加；1999年7月10至17日，同光教會派代表參加美國「都會社區教會」（Metropolitan Community Churches, MCC）在洛杉磯舉行的「全球大會」（General Conference）；1999年8月下旬，位於美國加州長灘、原名 MCC Long Beach 的「榮耀會幕教會」（Glory Tabernacle Church）組團訪問同光教會，也到高雄市訪問迦南同志團契，後來更派宣教師長駐高雄市，幫助迦南團契轉型建立「活躍教會」，又在台南市開拓「蒙恩教會」（目前該二教會已經合併聚會）；2000年5月，美國「聯合基督教會」（United Church of Christ）北加州中會幹事前來拜訪同光教會。可惜這些國際交流，在曾牧師離職後中斷。黃牧師到任後，除了帶領會友繼續參加「亞洲同志基督徒激揚特會」，也邀請友好的馬來西亞「好撒馬利亞人都會社區教會」（Good Samaritan Metropolitan Community Church, GSMCC）及

新加坡「自由社區教會」（Free Community Church, FCC）來同光拜訪、交流，帶給同光會友很多激勵。此外，香港的細細老師也在2015年3月18日到同光舉辦「藩籬以外，男女性別外的不『少眾』——人神共愛雙性人議題」講座。任教於芝加哥神學院的 Theodore Jennings 教授（楊雅惠牧師的恩師）也於2015年3月22日受邀到同光教會講道。當天下午，Jennings 教授與鄭仰恩牧師、曾宗盛牧師、王貞文牧師及黃國堯牧師，在同光教會主辦的「基督教會中的同志信徒：實務經驗分享」講座上對談，有超過100人參加，很多在場聽講的人是其他宗派、其他教會的異性戀基督徒。

同光教會成立初期，所有同志朋友都可以自由來參加聚會。後來同光開始對有意參加者進行過濾，原因有二：（一）會友們擔心曝光，尤其怕媒體刺探窺伺。（二）曾有幾次會友感情糾紛導致的惡意曝光事件。之後，同光發展漸趨穩固，會友們開始檢討過濾機制存在的必要性。在這過程中，會友們形成「教會社區化」、成為「同志活動中心」的共同願景。同光教會在過去幾年內無償出借禮拜堂給其他同志團體作開會或辦活動場所，近幾年同志遊行聯盟在遊行前夕都由同光會友協助包裝宣傳品。最後，在黃牧師提議下，2014年11月23日會員大會通過自2015年1月1日起公開同光教會的地址，歡迎所有人自由前來參加聚會。此後，同光教會與台灣社會之間，再無任何高牆阻隔。

七、曠野夜空的繁星

在埃及受壓迫的以色列人哀求上主，上主就領他們出埃及，並且在曠野上訓練他們，預備進入應許之地。同志基督徒從放逐中歸回上主懷抱，同樣仰賴上主的帶領與磨練。同光教會期許扮演暗夜中的燈塔，但其實一路上有許多充滿愛、智慧與勇氣的朋友，為性少數社群捨命，猶如曠野中的繁星，照耀我們的希望之路。

同光教會曾經燦爛，也曾經黯淡；曾經高亢，也曾經挫敗。無論如何，同光教會不以現狀為滿足，更要不斷地開拓新路。如同使徒保羅所說：

弟兄姊妹們，我並不認為我已經贏得了這獎賞；我只專心一件事；就是忘記背後，全力追求前面的事。我向著目標直奔，為要得到獎賞；這獎賞就是屬天的新生命，是上帝藉著基督耶穌呼召我去領受的。（腓立比書3:13-14）

我們深知，只要緊緊跟隨耶穌，就能在亂世之中不憂、不惑、不懼。盼望每一位讀者都能從同光教會的故事得到鼓舞，在上主的無盡恩典中穩穩站立！

第2章
我對同性戀的看法

◎楊雅惠牧師

當我要到美國之前，很多人就警告我要小心 AIDS，我幹嘛要小心呢？我又不會對人家怎樣，人家也不會對我怎樣，人的「嘴道」無此壞啦！

初到美國的第一站紐約時，在協和神學院或哥倫比亞大學的街道上，就遇到一些gay勾肩搭背，非常親密的樣子。其實我去美國時，同性戀一直是我很注意與關心的話題。尤其在我出國前，我曾在大鳥美語教室當過主任，我僱用了許多美國老師，其中一位在我出國前才受洗的美國老師，他的弟弟也是 gay，他非常不能接受，他從來沒有把弟弟當「男人」看。

在紐約也有幾所神學院的神學生很多是gay，協和神學院（Union Theological Seminary，超教派）的gay占30%，General Theological Seminary（聖公會的神學院）占70%，我在芝加哥神學院（聯合基督教會教派）念書時，據說也至少占20%，而且聯合基督教會教派（UCC）是少數可以封gay為牧師的教派之一。

我也上過「同性戀神學」的課程，當時有人還問教授說：「異性戀者可不可上？」還有人問我：「你是不是同性戀，否則為什麼想去上那種課？」甚至還有人以非常歧視的眼光說：「啊，神學院真的有這種課程，不會吧？太噁心了！」

當時我深深地感受到同性戀者身心靈受壓迫的心情，甚至連那些有心研究同性戀、關心同性戀的異性戀者也遭到池魚之殃，心中感觸很深。身為一位傳道人，我認為同性戀者也是上帝所造，他們也是我們的弟兄姊妹，我們本來就應該關心他們，而不是排斥他們。身為一位現在的基督徒，我們更不能再像聖經時代的人因不了解醫學常識，或從未接觸過同性戀者，就一味地以異性戀者的價值觀與道德標準（norm）來批判同性戀者。

在保羅時代，希臘羅馬帝國的社會確實有很多同性戀者，猶太人非常排斥同性戀者。但我們不能再盲目地接納古人傳承下來的道德觀念，而是需要更深入地去了解其原因。保羅批判這些「行可羞恥的事」的外邦同性戀者，「就在自己身上受這妄為當得的報應」。難道異性戀者就沒有「行可

羞恥的事」，不會得到報應？當西方宣教師到中國大陸看到同性戀者時，感到非常噁心地說，中國會因為同性戀而遇到天災地變。天災地變會跟同性戀者有關？

從解放神學角度來看，這世間的人常會用自認為自己是唯一的標準來衡量這個世界與所有的人類，男人以優於女人來規定「法律」、「道德」、「行為模式」；中國人以侵占台灣土地來剝奪原住民的「人權」，視原住民為「蕃仔」；基督徒把自己視為「正統」，把異教徒視為異端；異性戀者以自己的「兩性觀」為標準來否定同性戀者的價值觀，然後以上帝的名來宣告他們的想法是上帝的想法，上帝會懲罰反方。但是我們可曾真心去聽聽他們的看法、心理、價值觀？我們是否真的了解他們的狀況？

在我出國前，我對同性戀的了解純粹來自過去所念的醫學書籍，從未接觸過同性戀者，或者應該說，沒有人敢承認自己是同性戀者。但是我到美國之後，遇到一位中國大陸來反共的男同性戀牧師，除了和我的性傾向不同之外，還有一點「嗲」以外，我看不出他和我有何不同？

我在課堂上所遇到的同性戀者，他們的靈性是那麼美，他們是那麼愛神，他們那麼熱心願意獻身作傳道人，卻因為在自己所屬的教派不能受封為牧師而感到難過，因此轉到 UCC 教派。在美國電視上的「talk show」時常在討論同性戀的問題，他們是如何受歧視，他們因為自己的同性戀傾向而失去了他們工作的機會與權利，他們受到朋友甚至父母排斥。他們並沒有「選擇」作同性戀者，而是「生來」就是同性戀者。果真如此，錯是在神還是在人呢？（如果那是錯的話。）

有人害怕會被同性戀者感染到 AIDS，但是事實上75%的 AIDS 來自異性戀者，而且美國的異性戀者當中有許多人的性對象是上百個，包括青少年。到底該防的是誰呢？

耶穌不曾說過關於同性戀的事，我們無法以他的話來肯定什麼或否定什麼。只希望身為上帝的兒女，我們應該去關心世上任何一個人，而不是去

排斥他們。我們是罪人，神都接納我們了，更何況那些神就是塑造他成為
同性戀者的人？

（1995年3月17日，原載於「焚而不燬BBS站」）

第3章
在同志教會建立上帝國

◎楊雅惠牧師

我們在天上的父，願人都尊你的名為聖。願你的國降臨；願你的旨意
行在地上如同行在天上。我們日用的飲食，天天賜給我們。赦免我們
的罪，因為我們也赦免凡虧待我們的人。不叫我們遇見試探；救我們
脫離凶惡。

——《路加福音》11:2-4

　　各位主內的弟兄姊妹平安！很感謝神，今天我們約拿單同志團契的契友
能夠第一次在教會作主日崇拜，來敬拜神，每當我參加一次同志團契的聚
會，我就有一次對神無限的感恩，我真的感謝祂對我們的帶領，我感謝祂
在我們面對教會中許多的歧見、許多的異樣的眼光時，我們依然能夠成立
同志團契，我們依然能夠在神的愛、神的眷顧、神的肯定下，讓我們可以
一起在這裡聚會，在這裡敬拜神，在這裡見證我們是祂的兒女，我們是祂
教導的門徒，我們甚至是祂所差遣的使徒，為了要榮耀祂的名，為了要建
立神在地上人人平等的上帝國。

　　我們都有一個理想，就是要成立同志教會，一個真正認同同志、認同雙
性戀者、也認同異性戀的同志教會。我們現在的團契是同志教會的雛形，
雖然我們到現在還不能很正式公開同志團契，我們還不能很光明正大的在
教會聚會、不畏懼別人的眼光、不怕別人知道，但是至少我們肯定了自己
的信仰，我們肯定上帝對同志的創造，上帝對同志的接納，上帝對同志的
愛。我很感謝神讓我在同志團契中，在同志教會中成為異性戀支持者的
一員，我很感謝神讓我這位異性戀者在同志教會中是個少數民族，唯有這
樣，我才能學習謙卑、認同、傾聽與幫助。我也很感謝神讓我有機會成為
關懷同志、支持同志的牧者，讓我能跟同志一起作運動，為同志說話，為
同志作見證。我真的盼望神在不久的將來，讓我們能夠成立同志教會，讓
我們能像一般異性戀者的教會一樣，自由自在地在教會聚會。

　　到底同志教會的上帝國是什麼？同志教會的上帝國是人人都可以進來的

上帝國，同志教會的上帝要先建立在人的心裡，它才有辦法藉著一群心中有上帝國的人在同志教會建立上帝國。同志教會的上帝國是一個虛心的人、貧窮的人、遵守神旨意的人、小孩子、結果子的人、重生的人可以進入的上帝國。上帝國的百姓是彼此尊重、接納、肯定與認同的，不會互相歧視，上帝國裡面的百姓願意承認自己的錯誤，願意承認的自己的軟弱，願意以一顆謙卑的心求神悅納，求神幫助，求神使我們剛強。上帝國的百姓願意彼此扶持、幫助，在痛苦中拉別人一把。同志教會的上帝國是一個認同同志的國度，也是一個認同異性戀者的國度，是一個可以在主裡面得到解放，不需要害怕，在這裡可以得到安息，在這裡耶穌可以讓你的重擔輕省的國度。最近有幾位新的同志弟兄在我們前二次的聚會時，不敢進來教會，他們還在猶豫，是不是該進來？是不是真的該承認自己是同志？是不是該進入同志圈？是不是該進入同志教會？

為什麼我們要擔心害怕？因為許多的異性戀基督徒的反同性戀思想讓我們猶豫，讓我們不敢肯定自己，讓我們不敢相信其實神是悅納我們的，其實神是不歧視我們的。希望會猶豫的同志，在今天能夠再一次的面對神，如果你接納神作你一生的主，神要讓你從異性戀者的歧視中得到解放，神要我們把舊我釘在十字架上，與耶穌同死，但神更要我們與耶穌同復活，以新我來向人作見證。神要讓我們從痛苦中得到解放，神要讓我們成為他的兒女、成為他的百姓、成為他的門徒、甚至成為他的使徒，要我們光明正大、不再膽怯地向人傳福音、作見證。神也要我們跟異性戀者復和，因為耶穌教導我們要愛我們的仇敵，要愛那些曾經或現在傷害我們的人。神要幫助我們向異性戀者傳福音，讓他們可以悔改，讓他們看到自己有意識與無意識中壓迫同志的罪。神也要我們去尋找那些還在外面流浪迷失的同志羔羊，讓他們知道神也愛他們，神要醫治他們，神要帶領他們，神要作他們生命的主，讓他們不再憂愁、恐懼與痛苦。

親愛的弟兄姊妹們，我們如果要在同志教會建立上帝國，我們就要背負

著這樣重要的使命。雖然我要關心九個團契,但是我真的越來越覺得我對同志教會的弟兄比較偏愛,似乎我在心力、精力、思考力各方面所付出絕對超過九分之一。神讓我越接觸就越想去愛這個團契,愛這個教會。盼望我們在這個團契、在這個同志教會真的能夠蒙神悅納,成為一個有見證的教會,成為一個讓人真的很想進來的上帝國。

（1996年3月20日,約拿單團契第一次舉行主日禮拜講道稿）

第4章
上主是我的牧者，祂知道我是同志

◎曾恕敏牧師

一、楔子

在接下同光教會聘書的那一刻，我清楚知道今後我的世界將不再一樣。

1990年，我受到上帝呼召，並且在我的母會支持下，進入台灣神學院接受成為傳道人的裝備。就讀神學院期間，我曾經因為性身分而非常困擾，但是在一連串的禁食禱告之後，上帝並沒有改變我的性傾向，反而啟示我要放心地服事祂。1995年底，約拿單團契成立沒多久，我鼓起勇氣跟楊雅惠牧師聯絡，參加了這個同志基督徒的團契，後來我也參與同光教會的設立過程。楊牧師一開始就提出一個異象：希望將同光教會建立成培育同志傳道人的基地。當時我並沒有把這個異象跟我自己聯想在一起，但是當我因為性身分曝光，遭到神學院的同學排擠，被迫搬離宿舍之後，我才深深體會到，即使是在台灣基督長老教會這個向來以民主開放自豪的教派裡，同志仍然是不受歡迎的。

1998年7月楊牧師離開同光教會，當時教會的長執們邀請我分擔主日禮拜講道的事工。我一則以喜，一則以憂。喜的是我在還沒畢業之前就可以有這麼多機會接受「實戰演練」，憂的則是我在神學院所受的訓練是針對「一般」信徒的需要，雖然我本身是同志，但是我究竟該如何對一群同志信徒傳講上帝的信息？畢竟，同志的生命軌跡與異性戀者有許多不同，當異性戀基督徒在煩惱「我該跟誰結婚？」的時候，同志基督徒卻在擔心「我該如何活下去？」。

1999年5月，同光教會的長執們向我徵詢擔任「駐堂傳道師」的意願。當時我已經知道台灣基督長老教會不打算派任我下鄉牧會，但是我還有另一個選擇是加入客家族群宣教（這項事工採自願報名，不必經由審核）。如果我選擇了同光教會，那麼我可能再也無法回到長老教會，也必須放棄長老教會給予傳道人的福利與保障（雖然很微薄）；可是如果我投入客家宣教，同光教會在三五年內絕不可能再找到其他適合的傳道人。在我認同

自己身分的過程中，上帝透過同光教會的姊妹弟兄給了我許多幫助。在這個緊要關頭，我怎麼能夠離棄這些對我有情有義的姊妹弟兄呢？所以，經過深思熟慮之後，我同意接受同光教會長執的推薦，也得到會員大會的支持，聘任案在1999年6月6日通過。同年7月11日，我在許承道牧師與所有同光會友的見證下正式就任。

同光教會是一間獨立教會，她的信徒則是一群被主流社會／教會排斥的同志／基督徒，其中有不少人是帶著破碎的身心靈，從「走出埃及」走出來的。我上任之後，必須在每一場主日禮拜傳講聖經信息，平常則要關心會友的生活，探望病人，協助同志伴侶處理感情問題，訓練小組長，辦理教會行政工作；偶爾也會接受四面八方的演講邀請，跟各形各色的人分享「同志神學」；每年還要為聖誕節慶祝晚會與福音茶會如何吸引更多同志朋友來參加而傷腦筋，又不定時地要帶領教會參加各種同志活動（例如：台北同玩節、同志諮詢熱線募款晚會）。在這種傳道兼幹事的生活中，我必須不斷地懇求上帝賜我更多的智慧與能力，才能讓教會的一切運作都順利進行。

但是無論再怎麼忙，再怎麼累，我從不抱怨。相反地，我的心充滿感恩，因為上帝揀選我做祂的僕人，就是我畢生最大的福分；而我既然甘心樂意接受上帝的呼召，就是已經決心要一生一世奉獻自己，把上帝託付給我的工作做到最好，定睛仰望主耶穌基督，帶領同志建立上帝國。

二、牧會經驗談

最近的一些民意調查顯示，台灣青少年對同志的接納度越來越高，但是主流社會對同志的歧視與排斥仍然存在，特別是教會界動不動就對同志社群發出咒詛譴責，許多同志基督徒都在一般教會裡傷痕累累。在我牧會的這幾年裡，一個禮拜平均至少會接到五通求助電話，其中大部分是各教會

的同志基督徒，小部分是非基督徒的同志朋友。除了電話之外，有更多的同志基督徒或同志朋友藉著網際網路尋求同光教會的協助，我每天都會收到至少一封電子郵件。還有許多同志朋友希望能跟我面對面協談，但按照我目前的時間分配，一個禮拜頂多也只能跟兩位同志朋友談話。以上所說的這些，都還不包括探訪關心同光會友所需要的時間與精力。雖然我每天的服事都「滿檔」，但是每回我聽到這些發自靈魂深處的呼救聲，我的心就難以平靜；每個人的生命故事，不論是喜樂的或悲傷的，都深深地感動我，驅策我更加盡力幫助同志朋友走出死蔭的幽谷。

教會提供信徒的是全人的關懷，生老病死所有大小問題都是教會服務的範圍。我在牧會過程中發現，同志基督徒跟一般基督徒最大的差別是，沒有任何人比同志基督徒更「不敢」愛自己。許多同志基督徒掙扎在性身分與信仰之間，有些人試圖讓二者結合，尋找平衡點；有些人選擇放棄基督信仰，過著「一般同志」的生活；還有一些人則找上「同性戀醫治機構」，希望被改變成為異性戀者。

同光教會中有一位女會友原本參加另一間教會，那間教會的牧師知道她的同志身分後，安排了幾次約談。她表明肯定自己的身分及服事後，卻被認為是執迷不悟，因此牧師直接要求她不要再來教會，免得玷污了教會。她受到很大的打擊，甚至一度放棄信仰。在一次偶然的機會中，她得知同光教會的存在，心情激動不已，彷彿看見一道曙光、一線生機。她跟我取得聯繫後，很快就進入同光教會，跟其他姊妹弟兄一起敬拜上帝。「人的盡頭就是上帝的開端」，現在的她已經能夠用新眼光來讀聖經，更能以自己親身經歷來幫助周遭的同志朋友！

另有一位男同志（A君），他並不是基督徒，但是與他交往一個多月的男朋友（B君）是基督徒。B君在台北靈糧堂聚會，接受「走出埃及」的「治療」已經有二年之久，每天都會接到這個團契的人打來的電話，空閒時間也完全被這個團契占據。這種情形讓A君很擔心，怕B君會承受不了愛人與

教會的雙面拉扯，造成精神異常。甚至A君也想，如果B君真的想變成異性戀，乾脆就「不跟上帝爭了」，放棄這段感情吧！我只能告訴A君，除非B君願意跟我談談，不然我實在也幫不了他的忙。

曾經跟同光教會接觸過的同志，其中超過三分之一曾經有過自殺的念頭。每次聽到同志基督徒談起自殺的事情，我都非常感慨。為什麼其他教會的傳道人沒辦法幫助這些受苦的羊群，反而還造成她／他們的痛苦？我確信，上帝要使用同光教會來挽回這些受苦的靈魂，讓她／他們重新體驗被愛的感覺。本書的出版，也是為了能幫助更多同志走出陰霾，看見上帝慈愛的雙手在引領她／他們，肯定自己是上帝創造且疼愛的兒女。

除了性身分的問題之外，我也必須經常跟教會的會友或其他同志朋友協談感情問題。許多一般教會的基督徒或社會大眾，都把同志想像成一群雜交者，這實在是非常錯誤而且非常惡意的說法。我不否認確實有些同志朋友在情欲的汪洋中迷失了方向，但是當我們更深入去了解她／他們的內心世界後，就會發現她／他們其實都非常渴望擁有穩定而親密的伴侶關係，只是欠缺談感情的智慧，而且這是因為從小到大沒有人教導她／他們如何去分辨真愛與迷戀，又缺乏正面的角色模範可以學習，以至於她／他們一再而再地犯錯、負傷。跟這些同志朋友討論情欲問題，我不會直接給予譴責或定罪，而是協助她／他們逐一檢視過去的每一段關係，讓她／他們自己去發現什麼樣的關係才能真正讓生命豐盛。為了鼓勵同志伴侶在人生道路上互相扶持，我們更在2000年10月22日舉行台灣教會史上第一次的「同志伴侶祝福儀式」，引起媒體追逐的熱潮，值得感恩的是，沒有任何一則報導是負面的。

同光教會不只是服務同志，有時候我們也會接觸同志的家人，與她／他們一起面對生命的難題。我們有一位男同志會友，曾在同光教會負責音樂事工，他的雙親都是虔誠的基督徒，當她／他們得知自己的愛子是同志的事實後，雖然感到非常焦慮，但是她／他們並沒有非理性地要求他改變，

反而還願意跟我碰面，討論信仰與身分的問題。我知道要期待她／他們完全接納同志極為困難，但是我很感謝上帝讓她／他們在整個過程裡沒有為難這位男同志，也沒有阻撓他繼續來同光教會聚會或參與服事，更重要的是，我意識到同志教會並不是要把同志帶離她／他們的原生家庭，而是要幫助同志跟自己的家人相處的更好。

前面說過，教會提供信徒的服務包括生老病死，所以我也免不了要常常跑醫院探望生病的會友，有些會友的家人生病時，也會請我去禱告。雖然我通常不能直接表明我是同光教會的傳道師，雖然有些人覺得我當一個「沒有名字」的傳道人很委屈，但是我知道上帝喜悅我們彼此關心，既然上帝都不計較我們是否是同志了，我們又何必計較人家知不知道我們是誰呢？同光教會成立至今，曾經辦過兩次葬禮，一次是為某位會友的父親，另一次是為一位被酒醉駕酒者撞死的年輕姊妹。在這兩次葬禮中，我們也都沒有打出同光教會的招牌，但是所有來參加葬禮的親友，無不被上帝的愛與寬容感動，對我們而言，這樣就夠了。

三、同光教會與同志社群的互動

一般教會的基督徒如果想了解同志議題，如果不是找「走出埃及」，就會找同光教會。對我們而言，不論是到各地方教會、學生團契，或甚至接受台灣基督長老教會邀請，介紹同光教會的概況，都是必須好好把握的機會，不只是要為同志說公道話，更是要對異性戀基督徒見證上帝的愛沒有分別心。

同光教會設立以來，就一直參與在台灣的同志平權運動當中。楊雅惠牧師在同光教會服事的期間，就多次在公開場合為同志平權發表演說，更曾經擔任愛滋感染者權益促進會的監事。在我上任之後，同光教會更積極與其他同志團體進行更密切的聯繫與結盟，藉由彼此的資源與專業，盡力幫

助同志朋友。以同光教會與「台灣同志諮詢熱線協會」的互動為例，有時候諮詢熱線會將希望尋求基督信仰的同志轉介至同光教會，而同光教會也會將需要法律或醫療協助的個案轉介至諮詢熱線，再由她／他們代為引介資源。每一年諮詢熱線的募款晚會，同光教會也都會「組團參加」。

此外，同光教會也盡量參與同志活動，克盡棉薄之力。2000年9月2日、3日，台灣第一次由政府主辦、同志團體協辦的「台北同玩節」中，同光教會也是其中一個協辦單位。在「同玩節」開跑的前兩天，突然有一些教會組織發表公開信，反對政府推動同志平權，並發起抗議連署活動。因應保守派教會的反同動作，同光教會也馬上發表公開聲明，透過媒體的傳播，讓台灣民眾知道並不是所有教會都敵視同志。同光教會跟其他同志團體一樣，都支持同志平權運動，基督徒可以（也應該）成為同志的盟友。

四、結語

牧養教會是一件非常困難的工作，因為一個好的牧者必須用她／他的生命去愛護羊群，然而這也是一件非常值得投入的工作，因為可以親身體驗到上帝的愛如何改變這個世界。在未來的五到十年間，我期盼同光教會能與同志社群建立更密切的關係，更多投入同志平權運動，同光教會的大門早日敞開，讓所有尋求耶穌基督的人都在這裡得到平安。

「都會社區教會」（Metropolitan Community Churches，簡稱MCC）的創始人裴利牧師（Rev. Troy Perry）在自殺失敗後，聽到上帝對他的呼召，因此在1968年的某一個下午，在他自己的小公寓裡，舉行了全世界第一場同志教會的禮拜。三十年後的今天，MCC已經是一個擁有400多間教會，40,000多名會員，遍及全球20餘國的教派。裴利牧師曾經出版過一本自傳體裁的書：《上主是我的牧者，祂知道我是同志》（*The Lord Is My Shepherd and He Knows I'm Gay*），這本書的書名，正是我的心情寫照。我感謝上帝，

因為祂允許我這一生都能與喜樂者同喜樂，與哀哭者同哀哭；替生病的人禱告，給憂傷的人安慰；陪伴同志面對家庭難題；與同志一起歡慶生命，也一起省思死亡。我向上帝祈求，縱使我的心不斷被痛苦和喜樂交纏，但願這顆心將始終與主耶穌基督的心一同跳動。最後，我以《詩篇》第23篇與大家共勉：

上主是我的牧者；
我一無缺乏。
他讓我躺臥在青草地上，
領我到安靜的溪水邊。
他使我心靈復甦。
他照著應許導我走正路。
縱使走過陰森山谷，
我也不怕災害；
因為你與我同在──
你用杖領我，用棍護我。
在敵人面前，你為我擺設盛筵，
待我如上賓，斟滿我的杯。
你的恩惠慈愛終生不離我
我要永遠住在你殿宇中。

（2001年8月，原載於《暗夜中的燈塔》）

第5章
牧養同志路

◎黃國堯牧師

（同光同志長老教會現任駐堂牧師）

同光二十載，主恩典同在。

同志牧養路，主恩典同步。

二十年前，在台灣同志還孤寂無名時，同志教會的創建更是天方夜譚。
然上帝卻在那個時候選召了楊雅惠牧師擔負了創立同光同志長老教會的使
命。在2001年，同光教會出版了《暗夜中的燈塔》一書，藉著台灣同志基
督徒的見證及神學照亮在黑暗中的同志生活。現在教會踏進二十年，藉著
出版新書，以向同志社群及廣大群眾表明上帝在同志信徒身上的工作，並
且在這二十一世紀的今天，同志神學的反省文章亦能讓我們看見 LGBTIQ
的多元性。另一方面，《暗夜中的燈塔》由於出版年日已久，能取得到的
機會已很少；為了滿足讀者的需要，便發行這本新書，相信這新書能夠更
切合人們的需求。

說到我投身在同志信徒牧養的歷程，自2005年底離開傳統教會後，上帝
讓我有機會開始接觸同志社群及信徒，開展了我另一時期的服事，也可算
是我人生後半場的事奉。這就如我自小沒有想到自己會當上傳道人，投身
在教會的服事，同樣，我也沒想過自己會在 LGBTIQ 群體中服事。然上帝
自有祂的美意，我欲抗拒也無效。服事同志畢竟對我來說是嶄新的嘗試，
故我在服事期間常存戰戰兢兢的態度，我對自己說：對同志就如其他人一
樣，不要自以為認識和了解，要時常保持學習的心情。

從2010年我正式投身在香港基恩之家（香港第一間同志教會）到2014年
4月開始在台灣同光同志長老教會服事，這幾年間，我從最基本的認識開始
一路走來，我確實看見自己的微不足道，卻也看見主的恩典滿盈。這就如
我在電腦上最初不懂打中文倉頡輸入法，主便讓我有機會慢慢請教同工來
得到改進，於是便熟能生巧地把中文字打在螢幕上。簡言之，這是一個不
易的過程，卻令我越發謙卑地承認，全是主恩。以下便是我對牧養同志的
一些分享。

黃國堯牧師與師母

一、從異性戀到同性戀的牧養

（一）心態上的轉變

從異性戀轉向同性戀的服事，就如由右手轉向左手的運用；又如在陸上生活轉向在水中生活。換言之，我們要以相反的心態來看事物和感受事物。例如：由理性轉向感性、由男性思維轉向女性思維等。從中要善用心理學大師榮格（C. G. Jung）男中有女、女中有男的概念，好讓我能貼近同志的感覺和思維方式。

（二）實踐上的轉變

從異性戀的以家庭為中心，轉向以個人及伴侶為中心。同性戀及跨性者不為家人及親友接納，又或未出櫃，因此在關顧其家人事上較沒那麼緊張，但卻要協助他們面對個人情感、性欲及伴侶的關係等事上為關注點。另外，也要協助出櫃同志父母的心理或／及靈性成長。

（三）牧養的挑戰

同志及跨性者信徒及人士流動性較大，因他們慣於隱形，因此在關顧工作及使他們能留下是一大挑戰。另外，男女同志及跨性者在性關係上與異性戀者不同之處也要拿捏妥當，才不會張冠李戴。

二、牧養同志信徒的十大挑戰簡介

在我到達同光教會服事之前，曾應同光教會邀請，寫了十篇個人過往經驗中有關牧養同志信徒的挑戰，摘要如下：

（一）道成肉身、彼此真心

「我在同志教會牧會，其中最大的挑戰是，我沒把他們看作有別，他們卻容易把我看為有別；若這心態不變，隔膜自然存在。」

（二）公理所屬、不再畏縮

「我在同志教會牧會，第二大的挑戰是，同志信徒習慣了遭受打壓，當有機會表現社會公義時，卻不以為然，退縮不前。」

（三）脫下面具、還我本軀

「我在同志教會牧會，第三個大挑戰是，同志信徒慣於掩藏身分，日漸形成真假難辨的情形，能令他們重拾真我和真誠不虛是我的心願。」

（四）習於感性、灌諸理性

「我在同志教會牧會，第四個大挑戰是，一般同志信徒很感性，若不在真理及理性上建好基礎，便容易被人挑撥、煽動甚至做出愚昧的行為。可見聖經真理和系統的神思訓練對他們更形重要！」

（五）受壓怨憤、抒解不忿

「我在同志教會牧會，第五個大挑戰是，同志信徒的受壓和受傷的情緒，令大家充滿憤怒。有時我也為他們這種憤怒情緒左右，但我對他們祇會發義怒。同時，也讓他們有機會抒發這種情緒，以助他們得到心靈的醫治。」

（六）個性太強、順服何嘗？

「我在同志教會牧會，第六個大挑戰是，我面對的同志信徒一般都是很有主見和性格的，他們的人際關係不太好，且常為事情各不相讓，這是令

我十分頭痛的事，要他們順服受管談何容易。因此，我要使他們順服帶領便是一樁不易事。」

（七）善用才華、不世俗化

「我在同志教會牧會，第七個大挑戰是，一般同志信徒都擁有不少才華，尤以音樂及各類藝術見稱，如何能令他們適當運用而不爭出風頭，叫他們以能榮耀上帝而不是表現自我作為自我肯定。」

（八）出沒如常、愛主情長

「我在同志教會牧會，第八個大的挑戰是，我遇到不少的同志信徒都是藝術家性格，脾氣古怪，出沒無常，無責任感，令人難以捉摸。我期盼他們有一天都是能懂得自省和成熟地面對性身分，並投入上帝的教會及信仰中。」

（九）愛欲交纏、別有洞天

「我在同志教會牧會，第九個大的挑戰是，同志信徒很易受外表或性衝動影響，未能清楚認定是上帝的旨意便走在一起，令致離合之事成為常規。我的期望是以愛和性的結合得更好，並學習祈禱明白上帝的心意才成伴侶，避免陰溝裡翻船。」

（十）眾望所歸、全部留下

「我在同志教會牧會，第十個大的挑戰，同志信徒以同志牧師或藝人作偶像，他們便是天經地義；相反，他們以為異性戀者便是不明他們，並以此作為解脫。其實，彎與直是互補互動的，這也是天地融合的象徵。我的期望是一個 inclusive 的景象如滿園春色般明艷照天地。」

三、牧養同志信徒的進路

（一）認識同志的掙扎要害──同志對性與愛的切入點

一般男同志是以性到愛為戀愛進程，因此，一般由愛到性的異性戀模式便難與同志相合。至於女同志則多以由愛到性的戀愛進程，這便是注重感覺和身體接觸為本的，當然也有與男同志相似的情況。若果我們硬把傳統教會那套不能有婚前性行為，或是硬要很清楚相愛才能有撫摸或性愛的原則套下去，則恐怕便不能切入同志信徒的心態。

我的處理方法是：在追求相戀或喜歡過程中，性愛（sex）是一種容許的過程來「認識」（know，舊約中這字有指性愛的意思）對方是否適合自己，就如男同志要了解對方的型號（0或1或10）；但這不等同於我同意一夜情或三溫暖。至於開放性關係（open relationship），我便更加不贊同。這不單為保護自己免於容易生病，更重要的，我看重的是有親密關係（intimacy）的性關係。這便如舊約《雅歌》中那種性歡愉是從相愛的親密關係而來。

（二）認識同志的心靈狀況

一般同志信徒在傳統教會受打壓，又在社會及家庭受到污名化的傷害。且他們自小便受到壓抑或不敢出櫃，心靈受到相當程度的受傷。因此，他們需要額外的撫慰和諮商輔助。由於教會缺乏諮商人員的訓練，這方面得尋找受過諮商訓練的同志肢體或外面的專業人員，但我還是贊同需要這類的服務。至於教會，不單要停留在諮商的層面，另還需要內在醫治（inner healing）的服事，那便是藉禱告、聖經的屬靈引導，讓同志信徒心靈得到釋放和醫治，讓他們得到從上帝來的撫慰和醫治，從正視自己的創傷到復原，這才是整全的心靈治療。

我的處理方法：先從同志復和神學作開始，這便是透過對聖經幾段同志相關經文作起點，以正解這幾處經文來在理性上讓他們看見與上帝、自己及別人和好的重要性。然後，便是要個別的與他們傾談和禱告，以求上帝能引領他們得到心靈的癒合（這方面，我還是做得不夠，還要抽時間慢慢進行）。

（三）認識同志的靈性裝備

同志信徒靈性裝備應與一般基督徒無異，但事實上，一般同志信徒除了在他們原屬的教會受到裝備外，在同志教會接受裝備的卻是不多。按其原因不外是來到同志教會只為找朋友或伴侶（不是找性伴侶已很好），哪有興趣尋求靈性進步？又或只為得到抒解，於是寄情於娛樂飲食，那有心情去追尋真理？

我的處理方法：首先要衝破的便是為何他們要裝備。以往我的心態是對他們沒有要求，自然追求便算了。但後來我開始對他們有點要求，那便是不要被傳統教會看輕。要建立與主的靈性關係，他們並未看得如此重要。但若要讓傳統教會另眼相看，他們較有動力起來學習。如我要他們記誦每卷聖經每章內容主題，又在教育訓練中要求他們記誦如十二支派、十二士師、十二小先知、十二門徒等的名字；因為我相信他們能把這些項目記下來，展示給一般基督徒看，則他們必對同志信徒有不一樣的印象，因發覺同志信徒比他們還熟識聖經。

（四）認識同志的神學觀點

同志信徒除在一般聖經及神學課題與傳統信徒無別外，他們實也有些不一樣的身分和處境，這便有所謂同志神學或更後現代的稱作酷兒神學（Queer Theology）的出現。這是除了對聖經中幾段與同性性行為相關經文的解釋外，還有考慮到多元和彩虹的神學理論，更探討同志及跨性身分的婚姻觀、服事觀、性工作者及各種與同志性事有關的神學探討。

我的處理方法：先鼓勵他們研究聖經中提及同性性行為的經文，如《聖經究竟怎麼說同性戀？》（*What the Bible Really Says About Homosexuality?*），[1] 我們便可以先看其內容。之後，我們便可在不同研討會去作更探入的探討其他同志或酷兒神學的理論和課題。又如再深入的便要看如美籍華裔同志牧師鄭書祥的幾本酷兒神學的著作：《*Radical Love: An Introduction to Queer Theology*》、[2]《*From Sin to Amazing Grace: Discovering the Queer Christ*》、[3]《*Rainbow Theology: Bridging Race, Sexuality, and Spirit*》。[4]

四、傳統教會對牧養同志信徒的挑戰

（一）同志會友在基督教處境裡的困難之處

同志及跨性信徒在傳統教會生存的空間極小。一般來說，他們要隱藏身分才能存留在教會中。就是出櫃，也只是少數的教會高層如牧者執事才知道，但顯然事奉之途必有阻礙。又可能教會要同志接受拗直治療法或守獨身，才能加入教會等等。簡言之，同志及跨性信徒都被看作犯罪的人，他們違反聖經甚至上帝的創造，因而被打壓至不敢抬起頭來做回自己。我個人認為這是教會對解經的偏差和不全面而出了亂子，不能接納同志及跨性者便是一種悲哀，也是一種損失。

1　Daniel A. Helminiak，黃禕一譯，《聖經究竟怎麼說同性戀？》（台北：友善築橋工作室，2015）。

2　Patrick Cheng, *Radical Love: An Introduction to Queer Theology* (New York: Seabury Books, 2011).

3　Patrick Cheng, *From Sin to Amazing Grace: Discovering the Queer Christ* (New York: Seabury Books, 2012).

4　Patrick Cheng, *Rainbow Theology: Bridging Race, Sexuality, and Spirit* (New York: Seabury Books, 2013).

聽你剪裁星空　Part I

（二）看見差異與上帝創造心意的認識——會友們之間的團契挑戰

　　面對傳統的打壓，教會應要重新思量，並要開放思維地去面對這特殊的群體。我們看見差異，但這並非是互不相融，而是追求合一的團契的一種學習。教會是包括各式人等的，我們應如何包容不同的人士，並且共融和彼此學習，這才是真正的團契。現時的情況，交通或交流只偏向與自己投契的人，這似是正常但卻流於偏狹。長遠來說，我們必須要突破框框，能與不同的類型的信徒（包括LGBTIQ），這才是上帝完備的心意。我們不是只聚焦在性傾向天生與否，而是現實上異性戀者與同性戀者甚至跨性者的一種互通的方向，令我們達到合一的真實裡。

五、彼此連合，互為肢體

　　最後，我要說：牧養同志首先要認同上帝創造 LGBTIQ 人群，並且要以道成肉身的精神進到他們當中。他們不少人對自己的身分認識和接納都是經過長時間的，故此，我們也要慢慢去了解他們的心路歷程，並且要忍耐愛心與他們同行。這樣，才可以達到彼此連合，互為肢體的教會美境。

Part II
我們的故事

我們遭遇各樣的困難，卻沒有被壓碎；

常有疑慮，卻未嘗絕望；

有許多仇敵，但總有朋友；

常被打倒，卻沒有喪亡。

我們必朽的身體時常帶著耶穌的死，

為要使耶穌的生命也同時顯明在我們身上。

（哥林多後書4:8-10）

因著上主的同在，我們走過了這二十年；

因著祂的溫柔陪伴，

我們每個人都有一個只屬於「祂與我」之間的故事。

第6章
在同光教會重新遇見上主

◎Jeremiah

I shall be telling this with a sigh

Somewhere ages and ages hence:

Two roads diverged in a wood, and I—

I took the one less traveled by,

And that has made all the difference.

——Robert Frost, *The Road Not Taken*

我出生在南台灣一個貧窮的家庭裡。母親是第三代基督徒，父親是非基督徒。祖母深受民間信仰影響，反對母親帶我們去教會，然而母親不顧祖母打罵，堅持讓姊姊和我受洗，帶我們每星期日到教會做禮拜，參加主日學；我的信仰是在恐懼中開始的。

在我念小學時，台灣還在國民黨白色恐怖統治之下。某天放學後，有個男同學來我家玩，他看見我家裡有一張民進黨的貼紙，隔天就跑去向擔任國民黨黨工的班導師密告說我家是民進黨人（事實上不是），結果隔天班導師用一整天時間對我進行思想檢查，讓我整天罰站，不准我上課、吃飯，她說「坦白從寬，抗拒從嚴」，要我說出為何有不正當思想，還要我供出班上同學有沒有共犯，最後逼我發誓效忠蔣總統，才放我回家。我回家後跟母親哭訴，沒想到母親立刻打我一巴掌，說：「打你是要你記得，以後永遠不要跟別人談政治，要不然連命都沒了！」此後這位班導師一直找各種理由整我，但是因為我成績很好，她也拿我沒轍。在我國中畢業，準備上高中之前，一位我不熟的國中老師突然約我見面，告誡我：「以後好好念書，不要參加奇怪的活動。」回家後我跟父親提起此事，父親說：「啊！你已經被情治單位列管了！」

我的「母會」是台灣基督長老教會，曾經有關懷社會底層、對抗政治威權的光榮歷史（但長老教會近幾年被右派控制，轉為反同），小時候的我受到當時長老教會的薰陶，養成反省思辨能力，再加上親身遭遇政治迫

Jeremiah

害，我更加確信自由不會從天上掉下來，必須靠自己去努力爭取。

讀國中、高中時，多數男同學都渴求接觸異性。男同學們興高采烈地討論女生的胸部，我卻發現自己目光常常落在一些男同學身上。這樣的情緒，當時的我不知道能向誰傾訴，甚至不知道該怎麼形容那股悸動。

1994年9月，我到台北讀大學，幾個高中男同學突然跑來向我出櫃。回想自己的成長過程，每個片段都拼湊起來後，我發現其實我從小就喜歡男生。只是為了在社會生存，不得不壓抑否認自己的感受。然而，此時此刻，我再也無法欺騙自己——過去那種無以名狀的情愫，就是別人口中的「同性戀」。

剛來台北生活時，我曾去過靈糧堂、真理堂、懷恩堂、新生命小組教會等知名大教會，也去過一些長老教會。在我看來，他們其實比較像婚姻介紹所，因為教友們莫不熱衷於替自己或別人物色對象。他們言談中流露出優越感，覺得自己很聖潔；口口聲聲說「神愛世人」，但我發現他們其實只愛自己。他們的耶穌和上帝是他們對自己想像的投射，大概就是現在大家常說的「天龍人」。我在福音書中讀到的耶穌以及耶穌口中的上帝，卻不是這樣。既然在教會中找不到神愛世人的證據，我也就不再參加任何教會的聚會。

1995年夏天，我學會使用網路，在網路上認識許多同志朋友。我認識的第一個網友也是基督徒，他告訴我有一位從美國留學回台灣的女牧師楊雅惠，在網路上寫文章支持同志，她希望能認識同志，為同志基督徒成立團契。1995年9月，我與這位網友再次相遇，他又提起楊牧師和同志團契的事情，於是我接受他的邀請，參加了這個團體的第一次聚會。

1995年10月8日中午，我推開人性空間公館店的大門，一眼就看見楊牧師。她當時略施脂粉，頭髮微捲，衣著入時；很年輕，很 smart，充滿自信與魅力。餐桌上的八個人，除了楊牧師，其他都是男同志。我們一面用餐，一面分享彼此的成長經驗。他們每個人都曾因為性傾向認同而想過或嘗試過自殺，只有我沒有，我這才發現自己有多幸運。

1995年10月22日晚上，我們成立了全台灣第一個同志基督徒團體，一開始想叫做「約拿單團契」，因為約拿單是聖經中很明顯的「男同志」。不過有人擔心這樣太引人側目，商量之後改稱「大衛團契」。一個月後，大家決定還是把名字改回「約拿單團契」，因為我們不想再理會世人的眼光，這種遮遮掩掩、曖昧不明的日子，我們已經過得太厭倦！

團契人數成長很快，大約半年後，同光教會在1996年5月5日午後舉行設立禮拜，包括我在內總共有三十三人出席。義光長老教會的許承道牧師主持了這一場歷史性的禮拜。我們相擁而泣，這是我畢生不會忘記的日子。

1996年春天，我加入「同志空間行動陣線」，參與籌辦6月29日在台北市新公園舉行的「彩虹同志夢公園」，這是台灣歷史上第一次在公共空間舉辦的同志公民活動。我也自告奮勇擔任台大Gay Chat的社長，在學校辦活動，甚至接受電視節目訪問。一系列活動結束之後，戰友們卻一個個躲起來閉關。當時我不知道他們怎麼了，現在我明白，在社運圈的用語，這稱為「運動傷害」。

1996年底，我接任同光教會的學生團契會長。1998年夏天，我被提名為「執事」候選人。我從小在教會看到的長老或執事，都是事業有成的中年人，我不知道自己這麼年輕是否夠格。但是同光的姊妹弟兄顯然比我還有信心，他們投票決定讓我擔任執事。就在我就任執事當天，楊牧師突然當眾宣布她將辭去同光教會牧師職務。1998年7月底，同光教會由永和搬遷到台北市的新會堂。在歡送楊牧師離開的惜別會上，我抱著她痛哭，不知道今宵一別，來日我們將要各自背負什麼樣的十字架。

楊牧師離開同光後，有一些長執決定邀請反同的傳道人來進行交流。雖然我不贊成，但我是少數意見，所以這些傳道人還是來了。其中一位是中華福音神學院的蔡姓傳道，她受邀來同光時只有簡單參觀一下子，但後來卻在《華神院訊》上寫說同光教會有「性伴侶分配問題」。我一直很想請

教她，其他一般教會裡面有很多為了讓單身教友物色異性對象而刻意安排的聚會，她會不會也認為這是「性伴侶分配問題」？

那幾位長執也請來一位專門做靈恩的長老教會張姓牧師。我全程參加張牧師主持的「特會」，看到一些會友說「靈語」，但不同於聖經記載，沒有人聽懂彼此在講什麼。張牧師也當場展示「靈療」，他點名某位姊妹，跟大家說她有長期背痛，要用聖靈來醫治她，他拉住她的雙臂，在一番靈語禱告之後說，現在她雙臂等長了，聖靈已經治好她。我不好意思去量她的雙臂到底有沒有等長，但是根據我的醫學專業知識，應該沒有人雙臂「天生等長」。特會後，張牧師熱心遊說同光會友們從同性戀中悔改，有幾位確實也離開同光。不過那幾位邀請蔡傳道與張牧師來同光的長執則沒有離棄同性戀，有些還跟同性伴侶在美國結婚。其實很多同光會友都有靈恩體驗，但也從未被聖靈感動要改變性傾向。難道張牧師跟同光會友經驗到不同的聖靈嗎？與郭美江牧師的言行對照之下，我發現幾乎靈恩派都有這類捨本逐末、真假難辨的問題。

根據《使徒行傳》記載，有些法利賽派的猶太人基督徒堅持非猶太人基督徒也必須受割禮、遵守摩西律法，但是使徒彼得力挺這些非猶太人基督徒：

經過長時間的辯論，彼得站起來，說：「諸位主內朋友，你們知道，上帝早已從你們當中選召了我，要我把福音的信息傳給外邦人，好使他們聽見而相信。那洞察人心的上帝把聖靈賜給外邦人，如同賜給我們一樣，以此來表明他也接納外邦人。在我們和他們之間，上帝不做任何區別，卻因為他們信而潔淨了他們的心。既然這樣，你們現在為什麼要試探上帝，把我們的祖先和我們自己所挑不起的擔子，放在外邦門徒的肩膀上呢？這是不對的！我們相信我們得救是藉著主耶穌的恩典，是跟他們一樣的。」（使徒行傳15:7-11）

猶太人的耶路撒冷教會，勇敢地對希伯來聖經做了突破（違反）傳統的新詮釋，因而基督信仰得以廣傳全世界。所有反同傳道人與基督徒應該深思的問題是，如果他們選擇繼續無視於上主在性少數社群的奇妙作為，堅持他們意識形態底下的聖經詮釋，他們就無法像耶路撒冷教會一樣用新眼光看待「外邦人」，甚至要當心變成現代的「法利賽人」。

2001年3月27日，同光教會接受台北大學信望愛社邀請，派我去跟「走出埃及」的厲真妮傳道對談，讓學生們可以同時聽到兩種聲音。可惜厲傳道反悔不出席，我連跟她握手的機會都沒有。負責邀請同光教會、擔任信望愛社主席的這位同學，遭到其社團輔導責備，然而他不但沒有氣餒，反而還特地寫信來給同光教會加油打氣（請見文末所附二封來信）。

在楊牧師離開同光教會之後，她自己建立了一間榮耀教會，有幾位直同志好友跟著她一起開拓，我也捐了一筆錢幫她添購設備。但是由於聚會人數實在太少，沒多久榮耀教會就結束運作。她寫了很多求職信給各地沒有牧者的長老教會，全都石沉大海。於是，她只好先找一些行政或業務工作，但她要不是受騙沒領到薪水，就是被老闆惡待而離職。就連試著買賣股票，也差點賠光媽媽留給她的有限遺產。後來，她好不容易回到長老教會體系，先後在基隆暖暖長老教會、彰化中山教會、台中吉峰教會牧會，可是她在這些教會裡過得很不快樂，一方面因為她是單身女性又對同志很友善，另一方面，這些教會雖然也想走靈恩路線，但是他們的長執卻不承認她的屬靈權柄。就這樣，從2007年2月之後她就沒有牧會工作，也沒有任何工作。2007年尾，她問我願不願意支持她去國外做同志宣教，我說好，然後奉獻了一筆錢給她。一個月後，她打電話給我，問我這個月怎麼還沒有匯錢給她。我說，「啊？我以為妳只需要我做一筆奉獻。」她說，「我以為你是要每個月為我奉獻，對不起，造成你的困擾。」然後她就掛上電話。我覺得對她很不好意思，但是當時我也有自己的經濟壓力，實在沒辦法每個月為她奉獻。之後，2008年5月20日，她打電話跟我問另一位

姊妹的電話，我把電話號碼念給她聽，然後問她過得好不好，她沒有回答我，只跟我說了聲謝謝。5月23日晚上，我接到一位朋友的電話，得知楊牧師已經自殺身亡的噩耗。原來，她早已決定要用自己的方式結束生命，她離世之前我們的最後一通電話，她連讓我關心她的機會都不肯給我。與她相識的那十三年裡，我知道她沒有把我當成要好的朋友，但我一直把她視為我最尊敬的牧者、也是我最信任的朋友。她用這樣的方式離開，連道別都沒有，讓我非常傷心。我想她當時應該是被挫折感完全淹沒，才會選擇走上這一條路。耶穌說，人為朋友捨命，世上沒有比這更大的愛；令人遺憾地，這就是楊牧師為同志朋友捨命的結局。或許台灣的大多數基督徒都不知道她是誰，也不在乎她或任何性少數朋友的生命，但是我相信耶穌在乎。我相信耶穌會願意為了性少數朋友捨命，而這是台灣多數教會到目前為止都不願做的事情。

有一些本來在同光聚會的朋友後來選擇接受其他教會的反同性戀教導，甚至進入異性婚姻，並拿他們曾經參與同光又離開的經驗來當作同性戀可以被改變的宣傳。但是他們在進入異性婚姻後，往往按捺不住，私下結交同性朋友，甚至發生同性婚外情。我不知道他們在想什麼，但我發現他們都在同性感情中受挫，對遇見同性終身伴侶感到絕望。我自己也失戀過，也懷疑究竟能否遇見命中注定的另一半。我知道寂寞真的是非常可怕的東西，會讓人失去理智、迷失自己。但也因此我要呼籲所有性少數朋友，一定要勇敢去結交朋友，不要落單。更不要因為感情不順利，就覺得人生沒有希望。除了感情之外，人生還有其他值得關心的事情。如果真的不知道要去哪裡找到朋友，歡迎到同光教會來，我們很樂意跟你當朋友（但不保證可以在同光找到另一半，畢竟我待了二十年，也沒有「分配」到「性伴侶」呀）。

我的人生跟同光的軌跡，在因緣際會中疊合。若我沒有在同光教會重新遇見上主，現在的我若不是處於不幸福的異性婚姻中打算離婚，大概就是

完全放棄基督信仰了吧。在一般基督徒眼中，甚至是同光姊妹弟兄眼中，我應該是不屬靈也不順服的那一種人。我的意見很多，我問太多問題，但我發自內心想要認識真理。我也經驗過聖靈充滿，但我不會就此丟棄知識與理性。這樣的信仰路徑坦白說並不容易，因為遇到的懷疑與挑戰很多，而我不一定都找得到解答。但我很幸運，我遇到了許多好牧師、許多與我相伴二十年的好夥伴，在我的軟弱與疑惑中，他們是上主差派來幫助我的天使。前頭還有很多人生難題，但是我很感恩能在同光教會重新與上主相遇，並明白耶穌始終在我生命裡，不曾離去。

十五年前，我正要從醫學院畢業，當時我跟一些伙伴們幫同光籌備第一本書《暗夜中的燈塔》，在那個過程中，我體會到追求神學的樂趣，甚至考慮不當醫生，改唸神學院；後來我還是為了賺錢而從醫。十五年來，我勞碌奔波，賺來的錢大部分給了家人跟國稅局，偶爾我也享受到一些錢財帶來的好處，更多時候我賺錢賺得很不開心，因為在健保署跟醫院聯手剝削下，我充其量不過是這個醫療體系的奴隸。但是，每當我將收入的十分之一奉獻給同光教會，又將另外十分之一捐贈給我支持的社運或慈善團體時，我感到非常快樂，因為我想像我可能改變了一些什麼。這世界遠比我想像的更殘破，而我連起身對抗壓迫我的健保署與醫院都不敢，我其實無力改變什麼。但願上主垂憐，讓我的文字、我奉獻的每一分錢，乘載著我的無力與挫折，在我看不見的角落，為受苦的人們帶來一線安慰的微光。

附：來信一「我覺得滿沮喪的」

曾傳道你好：

我是台北大學的「信望愛社」校園團契主席XX。我覺得滿沮喪的，今天同工會，討論了明天活動的流程。結果我被罵的很慘。原本「走出埃及」的屬真妮姐說會來的，結果我告知她整個活動流程是討論會方式進行之後，她就不來了。屬姐不來了，我們團契的傳道人也說將不參與這次的活動，並且花了好多好多的時間和團契內的學弟學妹們灌輸一大堆反同的道理……這是我第一次清楚的感受到你們的壓力……我原本就被警告，如果要辦這種活動就要有心理準備……警告我的是一個學姐，她以前是內湖榮光堂（還是榮恩堂我忘記了）團契主席，當初是請一位同光的女牧師來團契演講，結果整個聚會反而變成團契輔導和牧師聯手和同光教會的牧師吵架，而且吵得很凶。聚會結束後學姐不但被罵的很慘，甚至之後行動受到「監控」（團契輔導和學姐的父母講，要學姐的父母注意她的「言行舉止」），當時我只是聽聽算了，覺得不會吧？以我以前在教會中的經驗而言，應該不會發生這種事，沒想到我真的太天真了，我覺得我當時之所以會辦這活動，我沒有想很多，因為當了陳俊志的攝影助理後，接觸了一些同性戀的文化，再加上自己是學社會學的，以前看過周華山的同志神學，覺得我滿能認同非主流思想，可能我對主流教會中禁慾神學造就出的強大破壞力瞭解不深吧！所以我在大學發生了林同學的事件之後，毅然決然地要辦一個同志議題講座，一方面是想讓社團的學弟妹聽一點不一樣而且更能顯出上帝慈愛的聲音，另一方面也是覺得我們學校的同性戀也不少，但是信望愛社卻一個也沒有，想說也希望能在學校中拓展同志福音，搞不好以後團契會有一個同志小組。抱著滿腔的福音熱情，結果沒想到遭遇最大的攔阻卻是主內的弟兄姊妹。當今天X哥（我們

團契的輔導）直言的表示：「屬姐不來，這次活動就不要辦成福音聚會，團契內部的同學自己聽聽就好，他們講的那一套是他們的福音，不是我們的福音……，我明天不會來，但我要事先警告你們他們講那一套危險性滿高的，我事後必須要確保你們沒有受到影響，尤其是慕道友……」聽到這裡我就覺得我忽然被煞到，驚覺原來我以前想的真是太天真……屬姐和同光和平理性的對話？我當時表現得很懦弱，因為我覺得輔導X哥的神學知識非常淵博，我曾經從他那裡得到許多東西，我就算要爭辯也決辯不過他的。我本來打算明天中午在學校有一個小小的造勢，宣傳一下晚上的活動。結果沒想到被輔導一說，團契的學弟妹拒絕來參加宣傳活動，我從熱線借來的彩虹旗白借了，我只希望明天的聚會能傳出福音，而且是「你們的那一套福音」（福音還有分你們我們他們？我第一次聽說）我更希望我們學校的同志福音工作能拓展開來，以後可能沒有辦法明目張膽地舉辦類似活動，但我還是願意繼續做下去，我今天既然領受了這份感動，相信神一定有祂的帶領。上次在晶晶看到曾傳道我吃了一驚，我還以為曾傳道是一位上了年紀的人呢！希望以後能繼續保持聯絡，祝平安喜樂。

附：來信二「一點分享」

謝謝你的鼓勵，我覺得前天的活動辦得非常精采，結果超乎我所求所想。感謝主！聚會開始之前我的心情一直處於緊張狀態，我也不知道為什麼緊張，可能是一種下定決心要自我突破時，內心掙扎的情緒。我從小在中產階級的教會中長大，受盡了既得利益分子的寵愛，於是也被教導成一個在主流教會中活躍的既得利益分子；以我的身分背景配上以及從小被教導的信仰觀，無論什麼年紀加入什麼團契我永遠可以擔任上服事圈的高層領導；我很自豪，父母、教會中的長輩也都很

以我為榮，我那時候覺得，上帝一定特別愛我，所以才會讓我在那麼幸福的環境下有那麼優越的表現；我把榮耀完全歸給自己。上帝的確特別愛我，當我在面臨大學入學的抉擇時，祂選擇了社會系。我在高二時的一次特會中，覺得神給感動要我走電影這條路；那時年少輕狂，覺得自己已經有了夢想，便要開始努力朝夢想邁進，為此，我讀了社會系，一方面是分數的緣故，另一方面是：我想進入神所應許的迦南美地，我認為神已經告訴我目的，接下來的道路我自己走就行了。所以我仍然非常驕傲，恃著我有神，我要達成我的夢想。但是神真的很愛我，即使我以錯誤的心對待祂的應許，祂仍一步步引領我歸回正途。台北大學社會系風氣非常開放，教授也都非常年輕。他鼓勵我們學生多去吸收新興的觀念，再加上上帝又為我預備一些願意花時間去讀書的學長，我們組成了讀書會，而其中有兩個學長有基督教背景。有基督教背景的意思是，在教會家庭（中產階級教會家庭）長大，成長過程中主日學、少契、青契、教會服事沒有一樣缺席，但非常遺憾地進入了社會人文科學科系，吸收了大量平常在教會中是禁止閱讀的資訊，開了眼界之後，便開始質疑自己成長背景的正當性；發現有衝突，為了想要解決擾亂心神的衝突，於是想要找管道想要和家長、教會牧者對話；沒想到得到的答案卻永遠是「你怎麼會有那麼多可怕的問題啊？你去學校是要學一技之長以後找一份和你爸爸一樣高收入的工作，不是讓你想一大堆無聊的問題！」「聖經寫什麼就是什麼，一字一句地好好背好就好了，沒事幹嘛做那麼多強辯？」馬克思的理論被貶為世上的小學，黑格爾的質疑成為無益的空談；於是心中充滿疑問的學長們不甘心被教會異化，去作一大堆和自己良心相違背的事，便離開了教會，不再稱自己是基督徒，而稱自己為「有基督教背景」甚至「有深厚基督教背景」的人，但心中的疑問仍然存留，因為在他們靈魂的最深處，上帝的慈繩愛索仍然繫著他們。我認識了那

兩位學長後，他們首先介紹我讀的一本書，王崇堯牧師寫的《解放神學》，書不難讀，和《德意志意識型態》比起來簡單太多了，但給我的衝擊卻是史無前例。接下來我又讀了很多在校園書房買不到的書，周華山寫的《同志神學》是其中一本。我相信這一切都是神的帶領，祂深深的愛讓我無法抗拒那為我鋪設的路。升三年級，被選為校園團契主席，我覺得時機已經成熟，我有太多太多的想法要表達，當初對我造就深厚影響的新觀念我非常渴望也能影響團契內的弟兄姊妹們，於是一上任第一次的讀書會我就說要帶大家看《解放神學》，沒想到馬上被封殺。輔導提出的原因很簡單，第一、那本書不夠屬靈（屬靈的定義是什麼老實說我到現在還不曉得），我們應該要看更屬靈的書才能達到讀書會靈命造就的目的。第二、大家對社會運動的興趣不是那麼大，那種書不太適合團契契友集體閱讀。我那時候有一點灰心，甚至有一點質疑自己「我會不會太激進啊？」於是擔任主席的第一個學期，我感到非常的被異化，只記得我把平常花在閱讀上的大量時間改放在聖誕節張燈結綵的大型活動，雖然在做的同時，也是有些許的成就感和虛榮心，我甚至不斷的說服自己：我還是做一個一般的好基督徒好了，好好在教會服事，聽牧師的教誨、遵從執事的吩咐、做一些合於長輩期望的事工。但是我心中非常不平安。就在心裡掙扎最嚴重的時候，台北電影節開鑼，市政府在我家附近的信義區公所舉辦一個電影講座，講員是陳俊志導演。我無意中發現這個訊息，無意中去參加，無意中拍攝的結業作品竟被陳導演看上，於是無意中，我便被招攬，加入美麗少年工作室的行列。起先我很興奮，以為我終於要開始我的電影生涯，但是漸漸地，我發現我開始有一點掙扎，我還是不太能認同同性行為，我認為那是罪惡，教會說：聖經教導我們不能和罪人同工，而下學期的團契事工就要開始，如果我把大向心力放在工作室，勢必無法盡到主席的責任，就在我準備要和團契請辭的同時，

我去參加了大專靈修班。大靈七天，第一天開始我就覺得帶我們的輔導滿笨的，我有一點灰心，我想：唉！這次靈修班又沒有辦法回答我的問題。沒想到同組竟有人有和我同樣的想法，而且那位弟兄比我有勇氣，第二天查經時就很直的和輔導講：可不可以請你不要花太多時間講解，我們已經C組了，應該要花多一點時間自己查考思想。挖！酷斃了！我的天哪！我為什麼沒有這種勇氣？接下來的六天大靈是我這輩子收穫最多，得著最豐富的一次經歷。我開始非常大膽的用當初在王崇堯博士《神學家的世界》書中談到的謝根道《釋義學循環論》的方法查考希伯來書，我雖然只懂得一點皮毛，但在歸納法查經觀察解釋應用的過程中，最後的應用，我因而放棄了主流教會的應用價值觀，重新思考聖經的道理在今天的基督徒身上要如何應用在社會與政治的現實問題。靜默思想中，我漸漸釐清了自己的信仰認同。我決定要繼續追求當初感動我的情境化神學。寒假結束，下學期同工會召開，我沒有辦法忍受行動和自己的信念分開，我也不願意忍受！於是下學期期初的同工會我馬上提出要辦同志議題而且要請同光教會的人來，於是輔導聯絡了屬真妮傳道。並且說服我如果要講同志，最好請屬傳道這位同志權威，於是我發揮創意的說：何不讓屬傳道和同光教會來個對談？輔導覺得也不錯，想讓大家看看同光教會被打擊的模樣。於是就促成了前天的創舉，或許空前，但我不希望絕後，當我要把突破的自我付諸實現時，心裡的掙扎的確很大；但我還是做到了。我現在非常確定非常深知所信的是誰，雖然我也是多數的一員，而且是既得利益的一員，但我的神卻不單單只是多數者的神，祂也是貧窮者的神，受壓迫者的神，同性戀的神。謝謝你的關懷與鼓勵，我相信我會繼續走下去，因為神與我同在。

第7章
同光二十載

◎John

時序一下子拉到20年前。剛剛自美國返回台灣的我，是他人眼中的歸國學人，美商公司任職，西裝筆挺，一派成功人士的模樣。自己心中卻著實明白，一切都只是個表象。

在美國的最後兩年，我的性傾向認同的潘朵拉之盒被打開了，一發不可收拾。傳統基督教對同志扭曲仇恨的解釋，讓自小受洗、每周兩到三天參加教會活動的我，突然間世界就變了個樣，倉皇失措到不行。

返台後在感情世界中載沉載浮，每一次的經歷，都是水裡火裡走一遭，疲憊不已。無意間在交友管道上認識了一個朋友，也不知為何電話中居然談到了信仰，我就這麼被轉介到同光教會，開啟了我的同光二十年。

或許是喜歡楊雅惠牧師的直爽（當時進教會要面試，大概面試非常成功），或許是一進教會就參加了詩班（所以服事是一件非常重要的事情），我漂泊的心，總算找到了歸宿。爾後固定參加教會和團契，就成了工作之餘的重心。而教會也經歷了型式轉換、地址遷移、尋找牧者等等考驗，終至今天的規模。回想當初最慘澹的時候，聚會只有十來個會友，人心分崩離析。直到當時姊妹們發起了禱告會，女生團契在神的愛中迅速擴張，也間接帶動男生團契的復興。而新型態的敬拜讚美被引入，更是一下子把大家的屬靈追求燒到火熱。至今我仍然懷念當時的主責同工，帶著大家到台中某長老教會參加敬拜讚美特訓的情景。

可是魔鬼的攻擊也從來沒有停過。楊牧師、曾牧師陸續離職，幾位帶職事奉的長老輪番負責講道，大概超過半年的時間，我不知道該說苦不堪言，還是越服事越甘甜。雖然我不希望這情形再度上演，但是當時自己的屬靈狀態確實被催逼到高峰，和神夜半約會流淚傾訴，常常覺得自己身心輕盈，忘了疲倦。後來長老教會裡許多友善的牧者，紛紛來牧養我們，直到黃國堯牧師擔任駐堂牧師，同光處處充滿上帝滿滿祝福的見證。

我回想起這些年來同光教會遭遇過的幾次大危機，首先是從傳統長老教會教導變成靈恩式教導，一群弟兄醞釀的出走潮；再來是某一次的會員大

會討論是否該全面開放，正反方交流的極度不愉快，又走掉一批人。期間，牧者與長執、牧者與會友、長執與會友、會友與會友，紛爭不斷。不少人離開了，但是也不少人繼續留下，也有更多的新人進入這個大家庭，這個同志（基督徒）的避風港。

回想這一切，雖然自己也曾在風口浪尖上，此刻卻是異常平靜，而且充滿對上帝的感恩。那感覺，就像在峇里島眺望海洋、浪濤、沙灘，即使波動不安，卻又靜謐安詳。自己也成為海天一色的風景一角。

我深信上帝會一直帶領同光往前走，讓更多在性傾向及性別認同遇到挫折打擊，徬徨無助的朋友，重新認識自己找到定位，在上帝的愛中，修復自己和上帝、自己和自己以及自己和他人的關係。這座「暗夜中的燈塔」，雖然有波浪不停拍打攪擾，「同志之光」仍然會照亮許多人的黑暗與不堪，讓我們得到安慰與力量。

第8章
一段青春愛戀的掙扎

◎Timberland

想不到一轉眼間同光教會即將邁入第20年，以人的年齡看是從年少懵懂中逐漸長大為青年才俊，而我是在2002年的10月分踏進同光教會，從此心中暗忖這地方應該就是主耶穌所應許要我留下來的大家庭。

我自幼生長於基督教家庭，基督信仰是由外祖母及母親堅毅虔誠的信靠中潛移默化而來，小學、國中參加教會或主日學多只因為好玩有趣又有同伴，高中到外地居住求學，參加學校附近的校園團契，漸漸地開始想探尋人生命的意義，在青澀懵懂孤單的青春時期，很感謝當時團契輔導老師諄諄的教導與陪伴，讓我隻身在外不致迷失了方向，雖然那時的信仰觀念多少帶著過度的熱切、非黑即白及對末世的恐懼，但感謝主在基督徒稀少的班上，我竟敢在某次的班會中分享有關「基督教的創造」，覥腆中確立自己決志相信的心。

高中升學的壓力禁閉不了青春的發酵，只是我目光的落點卻總在窈窕優秀的女同學身上，甚至對某位品學兼優的模範生陷入了一見鍾情的暗戀苦澀中，幾乎無法自拔。雖然回顧年幼時光，從幼稚園、小學到國中，我即顯現種種特別注意女生的跡象，但真正感受到整個身心靈都可為對方奉獻時，是多麼的叱吒轟烈！從國中在教會中吟誦的詩歌〈奇妙真神〉，到高中《基督是主》詩歌本裡面〈我找真愛〉、〈主如明亮晨星〉、〈請聽〉、〈寂寞聲音〉、〈賜給我純潔友誼〉、〈頭一次的愛〉等等耳熟能詳的詩歌，卻是一次次在對愛慕對象的投射中體會（或說掙扎認識）到主基督那犧牲奉獻的愛。

這個暗暗的初戀是始於高二時，驚天動地於校園的相遇，一霎那眼神的交會，真正陷落「Fall in love」，自此我總在學校停車場、教室外走廊窗邊、升旗台上台下，或遠或近相對凝望，我知她知，沒有言語。在聯考壓力當頭，只能對這莫名其妙的愛戀暫擱心底，直到第二年考上台中的大學，自己才敢開始提筆寫信給在台北念書的她。慢慢地藉由書信及卡片等，隱晦地表達對她的喜歡，有時也會分享自己有感動的詩歌，她亦會很

Timberland

有禮貌地回郵，雖然多是簡短的問候或祝福，但每次收到她精心挑選過的卡片或信箋，就可讓自己快樂似神仙。當然自己心中壓抑的愛苗逐漸地燃燒著，書信中益加大膽地表達自己對她的想念及性別愛戀上的掙扎，曾明白地詢問過她是否已有男朋友，或是我對她的喜歡是否造成困擾？但她從未正面表示或拒絕過，實在讓我苦不堪言。趁著大一某個假日決定北上與她見面，不知是太緊張或太妄膽熱情，我竟然學當時流行歌手蚱蜢王子的歌詞，在她三樓宿舍外牆下呼喊著她的名字，好像有幾個別寢室的女生探頭張望，但我突然發現自己是女生可以直接進宿舍呀，真是搞笑的插曲！當我順利進到宿舍找到她時，她先只對我燙的卷卷頭回以笑意，反倒是我好像成了薑餅人不敢亂動，這麼近距離與朝思暮想的對象獨處，整個空氣似乎都凝結了，印象中我們不知對望了幾十分鐘，真想擁她入懷，卻不敢輕舉妄動。隨後她帶我去附近餐館用餐，印象中她蠻自在的，而我卻是緊張地沒吃下幾口飯吧。第一次面對面約會後，我們後續仍有書信往來，或北上未遇留下音樂詩歌或錄音帶給她等，但心中的愛戀卻隨著時空的阻隔不停的美化及擴大。悶燒的愛情像地底的岩漿不停地升溫滾動，想尋找出口，可是謎樣的對方在我一次次的探問中還是不言不語，不肯定也不否定。為了不把自己逼瘋並求得解脫，決定在大二下放棄對她的苦戀。記得曾寫信對她說過，自覺像躍躍欲試的短跑選手，在起跑點上因資格不符，不得進入賽程，說不出口的初戀就這樣失戀了！

　　失戀後的我像遊魂，為了砍斷一切的思念牽絆，把彼此的信件卡片都剪碎丟棄，希望痛苦都可以隨風而散。住宿在外有人是離家想家會偷哭，我卻是半夜躲在棉被裡抽泣。生怕被室友察覺，但不知情的室友大概也覺得怪，因她男友是我同系學長，陰錯陽差下室友還一度懷疑我跟她男友有曖昧，唉……真是無言。好在失魂落魄的身心還有當時的教會生活可倚靠，那是約七十人的長青學生團契，陣容堅強常有精采的聚會及靈修生活營，當時一位信仰成熟的團契學姊曾關心過我的狀況，我僅表達出因台北好朋

友面臨不要再聯絡的痛苦，滿滿的失戀情緒到嘴邊仍舊害怕說出，生怕這樣的自己是多麼地不被教會接納。當時亦是教會開始關心社會弱勢議題及學運風起雲湧之際，信仰從此有了更寬廣豐富的視野，契友同工間也有更緊密的連結互動。自己是學理工的，同學、學長裡也不乏追求者，團契內優秀的弟兄亦不少，理性上很想與異性好好談個戀愛，然而情感上卻不易心動。當時曾有女室友想撮合我跟一位男同學，結果我跟那男生約會後，可愛的室友卻因我對他有親密的牽手舉動，竟以為我對約會結果很滿意，然而我卻不給面子拒絕這位男生的第二次邀約。大學畢業後輾轉得知那位男生和我那可愛的女室友竟結婚了。當時可愛的女室友還覺得對我很不好意思，殊不知自己容易有感覺的反而是那室友。但在經歷了痛苦不堪的初戀後，心裡認為這樣的愛戀或許不是上帝所喜悅的吧？

大二升大三的寒假隨著團契剛開辦的營隊去一趟台東原住民教會，輔導布農族小朋友功課。兩周認真授課與遊玩互動中，孩童純真直爽的大眼、夜晚滿天的星斗及原住民宏亮的歌聲，讓人久久無法忘懷，尤其布農青少年所吟唱的詩歌〈懷念〉：「你可知道遙遠地方有人想念你，就是寂寞的我盼你捎信來問候。沒見到你（沒見到你）我想念你（我想念你），見到了你（見到了你）欲言又止。我只有（我只有）這一首歌（這一首歌）來表達我內心意。」更是令我感動莫名。

本以為初戀就此隨風而逝了，卻在大三某次假日北上與家人相聚中，意外在熱鬧的百貨公司餐飲店裡再度相遇，視線仔細地追逐端詳，確認就是她沒錯，我點了一份飲品，她前來為我服務，我們彼此在圓形的水果吧檯兩邊，相對坐立、靜默無語，此刻的我內心激動難抑，外表卻仍要裝作一副若無其事，除了生怕家人逛街久，也擔心旁人異樣的眼光。回到台中後，想想一年多好不容易止息的淚水，我還要再怨恨傷痛嗎？明知不可能有結局，無法放膽的愛，上帝的旨意到底是什麼？這一切是不是自己憑己意而行來的痛苦？下決定送她那首《懷念》專輯〈天天盛開的花〉錄音

帶，求主賜下純潔喜樂的愛，讓彼此能有適當且正常的新友誼。隔一個月後再度北上與家人相聚，趁機想去找她，果然如禱告般有主順利帶領，她仍在餐飲店打工，我避開家人親自交予她錄音帶及便條紙，真的放下心中祕密的大石頭，耳邊響起〈賜給我純潔友誼〉這首詩歌：「太陽已昇起，轉眼由東到西，我要把握時機，創造我的天地……賜給我純潔的友誼，這裡無眼淚無恐懼……今天你我相遇，誰安排誰的主意，我實在歡喜主和我們在一起，象徵著主的愛世界顯得美麗……。」我想未來一切就交由上帝決定吧！

　　大學最後一年的時光，我與初戀之間像空氣般靜悄悄掠過，雖然悲從中來時仍會不爭氣淌出淚水，彼此互動隱然就到句點了。開始刻意換髮型讓自己更有女人味，可以有正確的性別認同，也聽到當時心理學專家簡春安教授的錄音帶認為：「同性戀是經由一種環境學習而來的，上帝賜給我們的是一種最自然的男女之愛。」心想該回頭翻找並注意那些通訊錄及生活上所忽略的男同學及弟兄，愛我的上帝應該自然會安排一個男人出現吧？

　　1989年6月火紅的鳳凰木很快地趕出一批畢業生，家人姊妹希望我上來台北找工作也能互相照應，景氣大好我很快就被台北建築估算公司試用開始上班，也常接到熱切的直銷公司來電預約參觀等。某個周日晚突然接獲自稱高中隔壁班女同學來電，話說跟我介紹某種直銷產品要求我當晚9點約在某處見面，狐疑之中反覆詢問產品並不斷表達自己已找到工作且當晚不克出門，對方似乎含糊其辭最後僅丟下重話表示若我不前往一定會後悔之語，讓我很是納悶有什產品如此嚴重非見不可？隔天一早微風細雨中於中華路上趕搭公車想去中山站上班，苦等一陣子終於擠上如沙丁魚般的客運，顛簸之中發覺背後一直有人碰觸我，待我轉頭一望：天啊，竟是我的初戀，她手上穿戴白紗手套並滿戴戒指！驚訝之中腦門掠過一絲不解跟氣憤，心想是她要結婚了嗎？沒待回神我到站必須下車了，在我步下公車的一剎那，果真應驗女同學昨晚來電的重話，我非常後悔！這個如連續劇般

的情節，事後反覆推敲串聯才確認應該是她的安排，雖然我還是不真了解她想向我表達的，但我也無她的聯絡管道，這一刻只是讓我感覺更加的無能為力，愛上一個女人注定是錯誤是坎坷的嗎？上帝呀，是祢要我徹底斷念嗎？

　　她要結婚了嗎？而我是無法與她有社會允許的婚姻的，或許我也該走一條看為正常的人生道路吧。從此自己就融入社會叢林中開始一個台北OL的生活，正式進入第一家小有規模的工程公司，起初雖有些微不適應台北人稍嫌冷漠自我的工作環境，但淑女套裝配上高跟鞋似乎把自己妝點成個不錯的女人了。我的工作環境對一般的女孩來說應該算很吃香的，周圍多數是異性，也有幾個單身男同事示好追求，後來與一位學長也短暫交往過，但不知怎的老是覺得對方不體貼，很快地就提分手。畢業三年後逐漸穩定於住處附近約90人的長老教會聚會，積極參與並擔任過社青團契會長、主日學老師及聖歌隊詩班等服事。當時社青團契還跨教會組織台北市基督徒社青聯誼會，轟轟烈烈舉辦過各樣大活動，可認識許多熱血有為的單身弟兄。殊不知是否年輕的我眼光甚高，遲遲未有意中人，使得教會長輩媽媽們還頻頻為我介紹相親，自己也努力參與並不排斥，還暗自定下目標要在3X歲前把自己銷出去。當時從參加各式聚會活動、教會長輩及家人親友的介紹奔走中，一對一見面認識的異性多到數打有餘，但無心動的感覺中總是一再地挑剔著，無法假裝閉眼放心。

　　另一方面大學畢業後基於對生態環保及心理探索等面向的關心，開始訂閱《張老師月刊》，豐富多元的文章中出現對同性戀的描述分析，留外學者廣博客觀的新知表達，隱隱除去了一些對同性戀的刻板偏見及恐懼。更特別的是竟在夜深人靜的廣播節目中，意外聽到有同志談話節目，第一次聽到有人從收音機裡娓娓訴說著喜歡同性的心路歷程，驚訝不已，簡直不敢相信這世界上不是只有自己是與眾不同的！原來自己不是唯一怪人耶！自己終於可以不那麼孤單了！原來還有人跟自己一樣，是被同性吸引悸動

著。我沿著這希望的縫隙得到一線被同理的亮光，漸漸地經由愈發蓬勃的網際網路「TO-GET-HER」及「輔大好社」中認識到同路人，藉由網路資訊及讀書會的分享，更多地看見與自己一樣的女生，大大小小各行各業都有，益發覺得上帝不可能錯造這為數可觀的「異類」呀！

後來經由同志族群得知有個由楊雅惠牧師所創立的一間同志長老教會，為了更多認識這間有點神祕且有爭議性的教會，趁著自己擔任母會社青會長之便，就曾邀請楊牧師來母會團契中做有關同志議題的分享，很訝異也感謝當時母會中許多長執同工的參加並熱烈討論，過程平順有趣。然一般教會內卻甚少對同志有更多的關注，亦甚少提及相關信仰疑義，記得當年我觀賞電影《神父》一片後，熱淚激動不已，同志需要背負眾教會或基督徒的撻伐嗎？引發我對上帝或聖經如何看待同志更多的好奇。遂於2001年11月買了同光教會出版的書《暗夜中的燈塔》，經由經文背景脈絡的解讀中，得以消除許多刻板或錯誤的認知。

如今我來到同光教會已然十三年，過往那些刻苦銘心、激動澎湃、膽戰害怕的感情與信仰的糾結，已從波濤洶湧平復為風和日麗的景象，因為愛我的上帝不會定罪同志，理性及時勢也告訴我同性戀是正常的。那個當年於楊牧師在暖暖教會的就任典禮中，害怕與同光會友一起照相而被歸類的我，現在敢於在愛裡做真實的自己了！並且要在同光這個大家庭中一同奔跑天路。

第9章
與耶穌散步的路程

◎伊凡

十多年前，受洗一年後的某日下午，騎機車經過一個十字路口，等待燈號的時候，看著一群學生走在斑馬線上；青春洋溢的步伐中，瞥見了一位小兒麻痺學生，正努力地快步跟在這些同學們後方幾步之處。

這場景讓我突然地感到心疼，這位同學是不是常需要這樣努力地追趕著他的同學，以免感到自己被遺棄？是否要努力保持著若無其事的樣子，免得讓人覺得他時時需要被幫助？這樣的思緒轉了一下，開始想到自己。我呢？是否在生活中也常被賦予許多在前方的「標準」，而我必須努力地追趕上它，才能向人證明我的價值？讓人覺得我是個值得被愛的人？

紛雜的思緒中，突然彷彿感覺耶穌在輕聲提醒我，他從來不在我的前方，等候著我苦苦追趕；也不在我的後面，時時盯著我是否走錯了路。他只是在我身旁，扶持著我，無論我的腳步或快或慢，他永遠不離不棄。

然後，淚水就陪伴著我那天剩下的路程。我也開始學習享受生命中，每一段與耶穌漫步的時光。

從小，我就知道自己喜歡同性，並且憧憬著一段美麗且永恆的愛情。一段美麗的愛情或許不難，但在經歷過幾次挫敗之後，「永恆」卻越來越像個虛無飄渺的概念，永遠無法掌握在手中。無止盡的愛戀並且甜蜜的關係，看來只能存在於童話故事之中。

或許因為如此，情愛中「永恆」的逐漸幻滅，帶來了我對信仰上「永恆」的好奇。

我的母會台北真理堂的傅立德牧師，總能用著簡單卻有力的言語，清楚地刻畫出耶穌基督對人疼入心的愛憐。他每一次在講台上用聖經詮釋出的

犧牲的愛，總能讓我展開新的視野，望見那份永恆而且刻在心坎上的慈愛。於是，我嘗試敞開自己，讓自己浸入耶穌基督的愛中。

那幾年的我，像個黏人的孩子，時時想要待在主耶穌的身邊，也時時用著傾慕的眼神望著這位良人，好奇著他的愛為何能如此廣闊，總能笑著接納我無盡的疑惑。我清楚地感受到了，我只要耶穌。

三

做個黏人孩子的同時，我也開始學習向人分享這份愛。於是，帶小組、加入詩班及敬拜團，參加各項造就課程，甚至在主日參與聖餐的服事。即使幾位牧者都知道我的性傾向「問題」，但他們仍讓我優游在各項服事中，直到某次牧區的轉換。

轉換牧區後，我仍然一如以往，向直屬牧者述說我的各種狀況。只是，這次牧師審慎地提醒我，因著我的性傾向，他希望我不要再接任何領導性的服事。那時的我，已經是實習區長了，大概也沒有其他的領導性服事可以繼續了吧；於是在反覆地思考牧師的話之後，我決定了，立刻卸下一切服事。

性傾向，這個屬於耶穌與我之間的密室，我始終等候著主逐漸地顯明他的心意。既然牧者對於這個漸進的過程無法對我抱持信任，我也不想讓他為此而如坐針氈。一拍兩散吧。

四

或許人總是要進入叛逆期，而這就是那個時刻了。

結束所有服事之後，回到單純的聚會聽道，只是某種被遺棄、被嫌棄的情緒總是揮之不去。這種不知道可以向誰發洩的情緒，最後就是發洩在主耶穌身上。

　　禱告時向他抱怨，讀經時向他抱怨，種種情緒在內心中的發酵，或許讓主耶穌的聲音也被淹沒了吧。

　　帶著困惑及怨懟的心，讓自己一方面想從感情上獲得彌補，於是汲汲營營於愛情的追求；一方面也同時接觸了同光同志長老教會，以及「走出埃及」的主要同工。期盼透過更多的接觸，快點讓內心中的這塊信仰困惑可以找到方向。

　　只是這一切的嘗試，卻彷彿捕風一般。上主自有他的時間，他不會按著你下的通牒，在你預設的時間及地方出現。於是，愛情上如同撲上了一幢幢的海市蜃樓，發現是幻影時也已跌得滿身傷痕；信仰上則如同進入曠野，抱怨取代了感恩。

伊凡

五

　　當生命貧瘠到連自己都憎惡時，你還有什麼能給予別人呢？

　　這段時期的同光教會，在我看來也正是在低谷期；處在低潮中的我也逐漸穩定在同光聚會。一起處在死蔭幽谷中，唯一的好處或許是減少了一些與他人的比較下，而產生的自我嫌惡感受。只是，上主啊，你的光何時要照進這死蔭之地？

　　同光在不久後開始推動全面小組化，牧師也邀請我進入小組同工群，當時的我著實猶豫了很久。貧瘠的心靈如何能成為別人的幫助？如果福音書中的那位小男孩，拿出的是他全身所有的五餅二魚，那我還剩下什麼能分享給別人？

主的旨意或許是讓我們學習坦然接受自己的貧瘠，但仍須勇於分享吧。即使我們一群同工什麼經驗都沒有，但上主卻立意按著我們願意服事的心，力上加力、恩上加恩地祝福了教會。教會在接下來的數年中，不只小組聚會模式逐漸穩定，各方面的事工也都顯著地成長。

這顆貧瘠的心，也在分享中重新享受被充滿的恩典。

六

靈性上貧瘠與飽足的感受，總是交錯出現。

當自己在同光重新開始帶領小組，並逐步承接更多服事後，雖然感受到上主豐盛的祝福，但一方面也再次看見自己的無能為力。

來自各教派或其他宗教背景的兄姊，帶著各自不同的困惑來到這裡，有人需要陪伴，有人需要被傾聽，有人期待得到答案。只是，當需求出現時，上主的光也就照出了他預備好的路。

在友好牧者的鼓勵下，我嘗試用同光會友的身分報名了台灣神學院信徒神學系的課程；一方面讓自己在信仰上繼續得著造就，一方面也是自己首次以同志基督徒的身分面對其他教會兄姊。

即使我很努力保持低調，但是大家顯然知道有位同志基督徒在這。有次課堂上談到同志議題時，一位是教會師母的同學發言，她認為這類問題可以尋求「走出埃及」的協助；另一位男同學卻立即轉頭，從教室前方望向了坐在最後面的我，然後舉手發言說，也可以找同光教會幫忙。

簡單的一個眼神及一句話，讓我心裡充滿了溫暖以及被接納的感受。

陸續地修了七八門課後，不只自己靈性上得到幫助，也認識了許多其他教會的兄姐，以及對同志議題抱持不同態度的師長，讓我得以在寬敞的肢體關係中傾聽各種不同聲音。

七

當內心裡的傷痕似乎逐漸結疤，或許到了該走出去的時候吧。

在同光的這些年，跟著大家一起在聖誕晚會中傳福音，到二二八公園報佳音；當然，也每年跟著走在街頭上遊行，讓同志朋友們看見上主慈愛的寬廣。

也曾經與大家一起努力追隨各知名牧者的特會，期待靈性耀眼的前輩能帶領著自己，略微感受到上主的榮美輝煌；期待在眾人的巨大禱告聲響中，看見聖靈的大能彰顯；更細細聆聽名牧的每一句預言，渴望清楚上主在自己身上的計畫。

只是，在這一切的行動中，最後我卻是全然折服在教會中一些兄姐的微小服事。有人全心擺上，每月一次在以服事街友及性工作者的教會中做愛筵；有人每月帶領大家走入愛滋病患的照護中心，帶領他們唱詩歌、玩遊戲，也一起禱告，聆聽主的話。

如果以利亞在狂風地震及烈火後，聽到了火後微小的聲音；那在同光度過的這些年，正在不斷提醒我，如何從榮美輝煌中，轉向傾聽那些弱小肢體的聲音。

八

隨著時間流逝，不知不覺地在同光聚會超過十五年了，從一個青年人變成中年大叔，而這個心靈的歇腳處也變成了家。

這十多年中，跟著兄姊們學習著委身的態度，也學習著減少抱怨！世上沒有完美的教會，如果我們想要抱怨，永遠都找得出理直氣壯的抱怨藉口；只是，教會也會因此陷入抱怨的氛圍，而延緩了愛的蔓延。

細細觀察教會每次的成長及突破，每每都是有著願意單單只望向主的同工，把自己有限的能力擺上，放在教會的缺乏處，於是成就了許多神的工作。

教會成立二十周年的這個時刻，除了回首自己被主陪伴的過程，也感謝上主賞賜的這個屬靈的家。

世上的生命是一段旅程，許多人會用不同的身分陪伴你走過一段時光，或長，或短。而主耶穌，就如同他曾提醒過我的，他會一直扶持著我，走生命中的每一段路程，即使他時而保持沉默，但卻不曾離開。

繼續散步中。

第10章
上帝掌權的人生

◎諾恩

傳道者說：空虛，空虛，人生空虛，一切都是空虛。

——《傳道書》1:2

如果你問我整本聖經最喜歡哪卷書？我的答案是《傳道書》。整卷《傳道書》都讓我感同身受。生命這樣勞苦，到底人活著是為了說明甚麼？人活著的意義是甚麼？我覺得人生很空虛，不是我什麼都有，而是我什麼都沒有。信仰對我來說是什麼？是我對人生已經很疲累了，所以我需要上帝來掌權。

一、認識信仰之前

我是個很膽小、怕陌生環境、缺乏安全感心裡很需要依賴的人。

從小生長在經濟不富裕的家庭，上有一哥一姊，父母的學歷不高，常因為沒有錢而吵架。小時候常搬家，甚至搬到需要換超過一本戶口名簿的紀錄，而這樣的情況直到我國小三年級才穩定下來。我們家沒有零用錢，只有一天兩餐100元的早午餐費，所以，想要的東西我會自己想辦法存錢買。

上幼稚園前，我被奶奶帶著到處住親戚家，印象中常常在我睡覺起來才發現家人都不見了，原來我又被留在別人家，有種寄人籬下的感覺。爸媽常開玩笑地跟朋友說我是多生的，其實本來沒要生下我的，雖然後面都會補上一句：可是她是最乖的。但這樣的對話，卻讓我覺得自己是多餘的，不被期待的。

初到一個陌生家庭，對他們而言，我就是個外人，這樣循環幾年後，因為害怕被遺棄，漸漸學會如何看人臉色、如何忍耐壓抑、如何安靜觀察和適應每一個場合。

國小時住在二伯父開的工廠裏。國中時，因為外型中性，體型壯碩，男同學會欺負我，故意惹我生氣，我沒有什麼朋友，也很少出去玩。面對這樣的環境，當時我很清楚自己必須念高職夜間部，好可以白天打工自己付

諾恩

學費，不造成爸媽的經濟負擔。國中畢業後，爸媽因為經濟因素搬至彰化工作，身為老么自然被帶在身邊，因此一個人常常覺得很孤單。高職念到一半，因為父親罹患直腸癌到台北就醫，我休學一年，開始了正職的工作。18歲那年父親過世，在離去前他接受了基督教信仰，這樣的信仰過程，讓全程照顧爸爸的媽媽深受感動，我家裡也開始接觸基督教，只是我自己還沒有真正的認識神。

18歲那年，父親過世，我沒有見到他最後一面，因為我的膽小。半年後，奶奶過世，得知奶奶過世後，我一直回想起前一個月媽媽回彰化看奶奶後，奶奶說很想看看我，因為我跟我爸長得很像，想我爸時看看我就好了。再過半年，三堂姐過世，我常常會想起她曾在無助時，希望我去跟她聊聊，而我沒有去。

親人相繼離去，對我是很無力的事實。我總會自責的想到，如果當時我可以多做些什麼就好了。

當我一再面對離別之後，我明白生命中有太多遺憾，只能「盡量不要留下遺憾」。所以做任何事要積極，對於在乎的人事物要好好把握。因為不在了，就真的不在了。

父親的離開，造成母親的孤單無助。她開始喝酒，那陣子我常半夜接到電話，說我媽喝醉了，要我去接她回家。把她接回家後，她發酒瘋大哭說：媽媽對不起你。哭完睡著，換我開始哭。

我媽好幾次哭著抱怨她嫁給我爸人生過得多辛苦，但我卻不能跟她抱怨我在這個家裡多辛苦。後來復學，學生只是副業，自此我沒再拿過家裡的錢。同年，我也曾因為沒有錢而失眠。我思考我當時僅有的錢，該如何分配在學費、房租、生活費、會錢。

那時候，我還不認識上帝。我的人生就只是努力地生存下去。

家庭環境和提早出社會造成了我認命、順服、不逃避的性格，因為生存問題是逃不掉的，我只能咬著牙堅持下去。

回台北後，晚上念書，白天我在頂好超市上班，我從工讀生做起，一直做到組長。我支援過每一個部門，跟著店長從台北市的店支援到板橋的店。20歲那年，我被店長告知，因為人事費用縮減，她必須把我變成工讀生，我沒有多說什麼。

我明白了，大人的社會很現實。

21歲時，我開始在一家軟體設計公司從事圖資數位化的工作，工作了5年，從軟體、圖資都不懂的情況下，一路作到了專案經理，然後公司因為部門不賺錢，把整個部門裁撤掉，要在外面另外成立公司，年資重算，改專案獎金制，我選擇不去新公司。

我明白了，這個社會不是我多努力就有用。

從小到大都得被迫獨自去面對經濟壓力、社會的現實、大人的世界，很無力也很孤單，長期下來對人生的態度就是很空虛也很疲累。

爸爸在淡水馬偕安寧病房待了一年又十天後離開人世。透過媽媽的轉述，爸爸因病痛難耐，很想離開人世，卻遲遲無法，甚至曾為此偷偷落淚。直到有姊妹到病床前問他要不要接受耶穌，他聽到便喊著說：我要，我要。經過牧師確認意識清楚後，在病床前完成洗禮，洗禮後約一個星期，他安然離世，媽媽說他走得很平靜。整個過程感動了媽媽，於是開始要求我們都要去教會做禮拜，只是那時我還不明白這個信仰。

23歲時和當時女朋友分手，發現自己的生活圈好小，好像失去了感情就什麼都沒有了。於是我開始尋找可以擴展生活圈的方式，參與當年同志諮詢熱線的同玩節義工，同時也來到同光教會。

二、認識信仰之後

從2002年9月到目前為止，在同光聚會13年，大概可以分成三個階段。

（一）認識信仰與認識自己

到了教會才發現，我一直沒想過「自己」想要什麼？只知道要努力生存下去，為了生活，我連學業都只是兼差。來到同光後，我開始體驗什麼是團體生活，開始知道「自己」很重要。我很火熱地參與教會的各項活動和服事。不到半年，教會公布將舉辦洗禮，當時報名洗禮是有條件的，必須聚會半年以上，小組長問我要不要受洗，我說我來聚會不到半年。隔周主日報告時，聚會半年以上的條件就被拿掉了，於是我報名洗禮了。其實我沒想過「要不要」受洗，因為我認為受洗是一個基督徒的本分，服事亦然，而我接受了上帝這麼多的愛，沒理由不成為基督徒。也因為我認為服事是本份，我也在參與活動和服事當中，透過和弟兄姊妹的互動，感受到上帝滿滿的愛。

有一年，因為工作派駐到基隆，當時感情上出現了狀況。有一位姊妹知道後，便邀請我參加每星期三晚上的禱告會，還接送我台北和基隆往返的交通。透過禱告，我感覺到自己因為小時候的經驗，總是壓抑自己的情緒，我開始認識自己，練習感受自己的感覺，也開始學著表達和堅持自己的想法。

這樣的火熱，一直到教會進行小組轉型，從男女各自小組轉型成男女混合地區小組，我接了小組長的服事之後，進入了第二階段。

（二）被拆毀的信仰

接了小組長之後，我面臨了許多問題，心裡也產生許多疑問。然而我向教會求助，卻沒有人能提供我解答。我是如此相信教會的教導：「不要怕接小組長，有任何問題提出來，教會都會幫你解決。」是的，當時的我受傷了。

於是我決定撇下我的羊群，失望地離開了。

這期間我也曾想去別的教會，但始終因為覺得無法在其他教會中做自己而作罷。我很矛盾，我很期待有人想起我、關心我、叫我回去，只是始終

沒有人這麼做。但又覺得我不想回去那個傷心地，我不知道該如何去面對這些讓我受傷的人。

我常常問自己，這樣離開教會放下小組，是對還是不對？到現在我還是沒有答案，或許，這世界上很多事都沒有標準答案。

人總在真正失去後，才會去思考對自己而言什麼是最根本、最在乎的。

就這樣，過了約三、四年，我回來了。我明白了在教會裡，要學習不在意人的作為，而是將眼光定睛在上帝。

最後讓我回來的原因很簡單：我想要有個聚會的地方。

（三）信仰的重建

回來教會大約半年後，終於還是得面臨「是否要服事」的問題。小組長要卸任，問我是否願意接任並希望我好好考慮。我遲疑了，因為我失敗過，害怕再次受傷。於是我禱告，也詢問屬靈前輩，後來在教會圖書室看到了一本書，叫《服事可以不流淚》（桑戴‧阿得拉加，2006年），在考慮的過程，我漸漸明白，當年的我最大的錯誤，是以為小組長就該負起小組裡所有的責任，忘了上帝的主權，而我只是小牧羊人；於是我接了小組長職務，擔任了兩年小組長，和過去不同的是，我不再等著教會給我答案，我嘗試主動去尋找解答，也學習等待，等待上帝給我答案。在漸漸覺得自己匱乏的時候，我進入台灣神學院信徒神學系進修。

因為想更認識我的信仰，在神學系的這幾年，我學會了和基督徒出櫃，也學習了用同志基督徒的身分看經文，並分享給不認識同志的同學們。更重要的是我學會了思考和批判，思考各種神學觀，學著不照單全收。

這幾年持續的進修和服事，從小組長、執事到現在長老的職分，我深深的明白信仰是要靠自己主動去追求。神學和服事是相輔相成的，神學透過服事去實踐出來，服事透過神學變得更堅定。

我也因為這樣的經歷，更堅定這是我的信仰，我的上帝。

三、關於出櫃

　　我的出櫃其實很一般，沒有太多的困難，然而看著很多人的故事，對於家人的接納，我感到很感恩。

　　我第一個出櫃的對象是姊姊，在我19歲時，和第一任女朋友分手，當時的我很難過，姊姊陪著我罵那個女孩，只是最後她說：「你強迫我接受了這個事實。」因為姊姊的這句話，我開始思考出櫃是好的嗎？就這樣想了好幾年，被我哥當時的女朋友出櫃了，她一見到我就說：「ㄟ，你是T吧！？我姊妹都是婆耶！」當下，我看著我哥，他沒有任何反應。十幾年後，我嘗試問姊姊還記不記得當初說的這句話，她說：「你強迫我接受了這個事實。」我追問：「會覺得當初我沒告訴你比較好嗎?」她說：「不會耶，矛盾吧？」最後她說：「我不介意別人知道我妹是。」

　　跟父母出櫃應該是大部分的同志最難面對的吧！我也一直認為這輩子都不會跟我媽出櫃，即便在我把歷任女朋友帶回家過夜後，我想她一定心裡有數，只是我們都還是選擇不去面對事實。回想過去，我媽曾經看著電視新聞說同性戀不正常，也曾不只一次地問過我是不是同性戀，只是我都否認，或許當時我們都還沒有準備好去面對。

　　然而，上帝似乎在預備著這一天，我和媽媽都各自經歷了感情的挫折，對於人生也有了不同的體認。2014年我和當時的女朋友分手，變得完全沒有任何動力，每天什麼事都不想做，也不想出門。有一天，我真的很不想去上班，有一股力量要我去找我媽，媽媽一看到我就問：「你沒上班？」然後我就哭了。媽媽就問「吵架了？」我點點頭。她又說：「這個又不好」。然後她開始安慰我，還一邊罵那個女的。她說：「我實在不想講，我真的很希望你可以找個男生交往、結婚這樣比較正常，可是你偏偏就這樣……我是想說人生也是很辛苦，所以不想講你，你覺得開心就好，可是你現在又這樣……」最後，她幫我向公司請假，叫我好好休息，多做些自

己有興趣的事。接下來的兩天，照三餐打電話給我，問我有沒有上班？有沒有吃東西？心情有沒有好一點？

我想這就是父母對孩子的愛吧。不論她的觀念裡是否接受同性戀，但她卻因為愛而接受了自己的小孩是同性戀，只要她快樂就好。

現在我和伴侶同居，自從跟媽媽出櫃後，每次回家，我會跟媽媽分享我和伴侶的日常生活以及相處模式，讓她了解也讓她放心。媽媽也會在逢年過節的家庭聚會時，打電話給我的伴侶，邀請她一起吃飯，媽媽總是對我說：「人家對你這麼好，你也要對人家好一點，既然要在一起，就要互相扶持。」

我想，我們都有義務讓愛我們的人了解我們，出櫃只是了解的第一步。

四、結語

回想我到目前三十五年的人生，曾經經歷過兩段印象中幾乎過不下去的低潮，一段是18歲那年，還不認識上帝的我，接連面對親人的離去、母親的情緒、工作被迫轉換以及經濟壓力等，我沒有可以抱怨的對象，只能在無人的時候，無聲的哭泣。第二段是三年前，經歷感情上的失敗讓我差點得憂鬱症、教會服事的讓我感到失望、同時媽媽也因為一些事對我產生誤解，各方面一一打擊著我，還好我有上帝，我心底默默地等待上帝帶我走出低潮，我知道即使所有人都不懂我、離開我，我還有上帝陪我。

這幾年經過了不同階段的服事和神學系的學習，我覺得信仰是很個人的，信仰也是需要非常努力追尋的道路，真理是經歷信仰的洗禮才能體會到的。

基督信仰對我最重要的是，不用再獨自去面對令我無力又空虛的人生，無論如何，都有上帝讓我依靠。或許我的人生還是一樣很無力，但我深信有上帝在，像是一種盲目的信心，所有事情都會過去的，我總是這樣期待著。

第11章
回頭看，才知道一切都是美麗的安排

◎Awu

2013年11月30日，一個艷陽高照的中午，我肩上扛著上面貼滿了「髒」、「你不配」、「不屬靈」、「滾出去」等許多歧視或汙衊性字眼的白色實心木頭十字架，走向中正廟，走入人群。那是一個周邊停滿了遊覽車、歡樂氣氛、攜家帶眷、號稱不是基督徒聚會與捍衛傳統家庭價值的集會遊行，但現場的豪華舞台、電視牆與喇叭卻不斷傳來基督宗教術語與詩歌。

當接近舞台區時，突然有人向我們聚集，並請我們不要在場內出現足以辨識宗教的物品，並說這是活動共識。很快的一圈圈的人牆開始聚集，他們聲稱理性、沉默、弱勢的眾數，並且開始用人牆隔離，甚至最後驅逐像我們一樣出現在會場中、他們看不習慣的人。

各路各宗派聚集，因著愛，因著信仰，我和這群人站出來在凱道，守護婚姻平權，扛起這樣的負擔！不只是個人，不只是某個身分，而是憑藉著我們相信的信仰與價值給我們力量。

一、與神的初相見

還記得自己第一次踏進教會，是國中時一個社會科老師，邀請我和他女兒放學後一起去學校附近的教會團契。第一個念頭是，怎麼跟我想像中的教堂不太一樣（當時搞不太清楚神父、牧師、基督教、天主教）。雖然沒有煙霧繚繞，但卻有平靜安定，還有美麗詩歌、夏日的綠豆湯、母親節時期的福音專輯錄製，這些都讓我對這個信仰留下很深且正向的印象。

高中時期，出名的替代役男連加恩的故事拍成由林佑威飾演的《45℃ 天空下》，劇中讓我印象最深刻的是：男主角每晚在床前的禱告，一定要拉出在床底的紙板，虔誠地跪在地上，和上主交心；當他在布吉納法索遇到極大的困境與挑戰時，價值信念的支撐，還有台灣家人朋友的代禱，讓他一一地勇敢面對。當時我想，如果不是信仰的同在，何來這麼強大的意志力與行動力。

Awu

也許是「萬般皆下品，唯有讀書高」的觀念影響，我生命的價值和意義總是離不開考試卷上的數字，還有師長的肯定。國小、國中的全部生活，幾乎離不開課業、背誦、參考書、測驗卷，持續追求著考試成績上小於0.1分的差距競爭。直到我意識到，我花再多的時間把課本吃下來，也無法換取高分，生活的成就和滿足感消失，但其他方面我幾乎一無所有，完全沒有課業以外的生活。

因此，當我從電視上或生活中感受到別人在面對信仰時的微笑與甘願，我就對所謂的信仰生活，有更多嚮往與憧憬。從國中畢業到大學畢業及出社會工作，這段超過十三年的時間，我一頭栽進佛教團體，積極參與他們的社會服務及人才培育造就。這些年月讓我逐漸脫胎換骨，感恩這個團體讓我在付出中找到生命的價值，不再只是追求虛幻的考試卷上的數字，更開始思考生命的廣度與深度。我一直以為我會就這樣在這個信仰群體裡，成長、茁壯、回饋、傳承，甚至是全身的奉獻，讓志業成為職業。但是上主的安排，常常不同於自己的預期。

二、我的不一樣，埋下了改變的種子

小時候我跟異性總有深厚情誼，不管是交換日記、互吐心情的信件。但從國中開始，我開始漸漸認識到，我真正的情欲波動，並不是來自於這些女孩，而是我當時覺得討厭的那些下課一定衝球場，渾身是汗的男同學。現在回想起來，對那些曾經錯放感情在我身上的學妹們，還是感到有些虧欠。

高中時，我遠離家鄉，開始住宿生活，意外地幫助我更坦然面對自己，透過網路世界及大學圖書館的豐富藏書，開始認識那個屬於我卻渾然未知的世界。

高三那年，《孽子》電視劇轟轟烈烈地播出，我總是在晚自習時間，離開教室，躲在沒有人的校園角落，在黑暗中透過劇情和自己的生命對話，

好像那暗不見天日的感覺，正是我的寫照。同時期，我也和學弟開始第一次深刻的情感互動與交流，雖然那五年的前半段，我總是騙自己說，我只是把他當弟弟看，只是特別想要照顧他。過程中，我也體會那不是為了迎合一般主流性別價值的羞澀，而是真正的怦然心動與絞盡腦汁，尤其是那單純地繞校園散步、送他回家，甚至是每年認真讓他感受到期待卻未曾有過的生日慶祝與祝福。但這一段情，最終還是在自己沒有勇氣承認這就是愛的情況下，被對方畫下句點，他最後的一句「你真的只有把我當弟弟看嗎？」直到現在都還常常地迴盪在我的心中。

大學時期，校內的地下同志社團，還有信仰群體中部分的同志夥伴，讓我開始接受自己的身分，也有一兩個可以傾吐心聲的對象。但我很清楚，絕大部分的生活，還是跟這個身分是脫離的，不管是服務工作或是未來的人生規劃。記得有一次同志社團聚餐時，同學知道我一直在從事社會服務、關注政策，就問我說：「那你會想要參與同志運動，為同志發聲嗎？」當下我很直覺地否認，也許是擔心出櫃的風險？也許還沒有真正的接受自己？也許一切還沒有裝備就緒吧？

至於宗教和同志的關係，我也從許多網路的討論板上得知「基督徒是不允許同志的，因為男和男行可恥的事，並非神所悅納」，所以許多人就開玩笑說，當遇到路上有人來傳教時，只要回他：「我是Gay耶！」對方就會面有難色地離去。雖然當時我還不是基督徒，但小時候容易取得的小本聖經，常被我拿來當故事書閱讀。沒有什麼神學背景的我，直覺認為這其中一定有誤會。因為「神用祂的形象造人」，而且基督徒們不是宣稱「神愛世人」嗎？那神怎麼會創造出這麼多祂不喜歡的同志呢？而且同性戀和需要告解的罪不一樣啊！連犯罪的人，神都願意愛他、接納他，沒有道理神所創造的同志們會不被愛。即便是祂的失手，那祂也應該負責吧！當時的我，就憑著這些簡單的信念，認識基督教的神，同時回憶起以前那些對教會的美好印象。

三、人生的大轉彎，信仰的掙扎，上主開始動工

真的開始更進一步的接近基督信仰，是來到台北的社會學碩士訓練，這完全不在人生規劃中。但是社會學及西方哲學的訓練，讓我具備反省批判的能力，再加上過去對宗教信仰的興趣，我意外地進入宗教社會學的研究領域。因此除了當故事書般看的聖經外，也開始接觸基督宗教神學，同時恍然大悟，原來自己過去的神學觀，其實是比較接近基督信仰的。例如：當我面臨尋找工作或面對碩士考試時，我總是這麼發願：「請求菩薩把我放在一個最需要我且最能發揮的地方。」但深度探究神學教義後，其實這和佛教的因緣果報的解釋世界觀有很大的差距，如果把菩薩替換成上主，反而合理的多。而且愈深入社會學，社會時事及街頭運動接軌後，越來越發現自己和過去的信仰群體有巨大的鴻溝，於是我開始想要找間教會穩定下來。

四、原來在認識祢之前，祢已把我擺在最適合的地方裝備我

我進入同光教會的過程，巧妙到不可思議的地步。當時我和同事分享想要找一間教會聚會，同事在不知道我是同志的情況下跟我出櫃，並且跟我介紹她口中那間有點特別的教會。但當時自己卻沒有讓她知道，其實我已經注意同光教會很多年了。一開始是透過《真情酷兒》的廣播節目聽到楊雅惠牧師的介紹，但即使我後來已經來到台北，始終沒有那麼大的動力驅使我主動與同光聯絡。但這一次，上主就派遣我那將離職的同事做天使，為我開了門。

在同光聚會後，持續穩定地參與小組聚會、主日禮拜，還有每個月分享生命故事的「繁星小組」聚會，幾乎和我大學時期全心投入佛教團體的程度相仿。透過同工服事的準備，我不僅在過程中增進對基督信仰的認識，也讓自己更貼近這間教會。透過許多會友分享他們在教會成長的過程，身

分和信仰的掙扎與衝突，還有那些傷痕與淚水，我才恍然驚覺，感謝上主，在最適合的時候，才把我擺進一間適合我，也預備好的教會。

如果上主在其他時間點把我放到其他教會的話，我可能會因性傾向緣故而受傷離開，並且對基督信仰永遠留下負面印象，因為我並不是所謂「教會就是我成長的一切，想走也走不了」的教會孩子。回頭一看，感謝上主先把我放在一個佛教團體先受裝備，如果不是在那裡先拓寬對生命價值的認識，啟發我的悲心與善念，我想我根本沒辦法深刻體會耶穌和弱勢及細小聲音站在一起。當上主覺得我的裝備夠了，就引領我來到同光，開始正視自己的身分，為性別公義發聲。同時，祂也將我擺在一個類似性質的工作環境，開啟下一個階段的裝備。

雖然已經沒有身分認同的疑慮，但是自己卻從沒有好好想過，身為一個男同志，未來該怎麼過生活，甚至是我有未來嗎？因為在先前的信仰群體裡，全身奉獻似乎是唯一的出路。在同光教會的小組聚會中，我開始體會到上主安排的美意。在這裡，我看到了多元的未來可能性，而且是和我有關的，而不是言不及義的「成家立業生子」。我看到的是一個真實完整的自己，一個可以將情感的困擾放在代禱事項中，一個同志可以依賴信仰而過生活的可能性。

五、在街頭上，堅定受洗的意念

當我在同光教會穩定聚會後，另一個問題浮現：「我要受洗嗎？我準備好了嗎？」尤其是我已經上完了第二次的洗禮慕道班，正在遲疑的時候，有一次和教會幹事交通，她告訴我：「就禱告吧！請上主給你一個明確的指示。而且我覺得受洗也代表了你決定在這間教會委身！」

過去，我從來沒想過這一天會來的這麼快，這麼篤定，這麼紮實。一切都感謝2013年11月30日的那一場「宗教盛事」。接到一些來自各宗派支

持婚姻平權的基督徒們的邀請時，其實我原本沒有想去中正廟集會現場。那天早上，我先到教會參加牧師安排的造就課程，中午結束後，因為看到兩個姐妹要扛一大堆的物品去現場，便想說：「好吧！我幫你們一起運過去。」跟我一同去的弟兄，因為從小在教會長大，有更大的心理壓力，因為他的母會的許多會友都在這一次被動員參加，我們想說，就幫忙運過去，最多看看就要離開。

事後驚覺，原來上主深知我的「脆弱」，也用祂的愛每時刻帶領著我。因為其實只要讓我覺得自己被需要，而且做的到，我必定全力以赴，尤其是那種只有我能做的特別需要。集會現場那些不敢承認自己是基督徒、「沈默多數弱勢」的人，他們的仇恨眼神和粗暴手段，讓我清楚知道這是上主對我的呼召：「和這間教會一起，和這一群來自各宗派的基督徒一起，做我的門徒，為性別公義，為需要的人，開啟這一扇親近我的門。」

當我和大家分享決定要受洗時，小組有位姊妹也分享去年她受洗時的感動。其實我並不覺得我也會這麼感動，但是當天早上的洗禮過程中，當牧師按手在我頭上，我竟然不自主地淚水盈眶，由小會的長老們代表教會接納我時，我充滿感動。「很感謝祢，為我預備了這樣一個家！很感謝你們，提供一個身心靈倚靠和彼此支持的所在！」我在心裡這麼想著。

受洗後，更多考驗陸續來到。有一次我去參加之前佛教團體的學校社團活動時，我竟然不安地哭了。因為我未曾好好跟他們分享我的信仰轉折，我也開始懷疑，我是不是真的變了？有位社團朋友聽我談起這惶恐，他的直覺回應卻是：「你幹嘛還去教會？你有什麼毛病？」我感覺受傷，所以在臉書上寫的受洗心情，只設定讓基督徒朋友看見。我又不是做什麼見不得人的事情，有什麼不能分享？但我在惶恐什麼？很多朋友進了教會後，都被叮囑不要再要和先前信仰的朋友聯繫，他們說：「在基督裡，你就是新造的人。」但是，我不願意這樣一刀兩斷。

首先，該佛教團體是培育我很重要的信仰群體，曾經是我的信仰中心，

還有生活導引的依據。沒有他們，就沒有現在的我。過去的十多年，我的生活圈和戰友都在那裡，基於回饋、感謝、還有情份，我不願意就這樣放下。那麼，我在惶恐什麼呢？是對自己沒有信心？還是對我的朋友們沒有信心？經過好些日子的禱告，我決定在臉書上更直接坦然地說出我已是基督徒的事實，不再使用隱晦的文字。我也將那篇受洗心得設為公開，因為我就是我，我不應該阻斷讓佛教朋友重新認識我的機會。至於他們要如何繼續和我互動，留給他們自己選擇。

六、將自己擺上，願意被祢使用，和同光教會一起轉大人

感謝我的主管，在我們認識的這八年多來，不時跟我分享上主的信息。感謝上主差派的天使Ivy姊妹，她和我在工作上雖是短暫交集的同事，但我們建立的情誼帶我進入主為我預備好的教會。感謝我的同事，在我開始穩定教會生活的這些日子，常常跟我分享與討論彼此的經驗與成長。感謝我的同學，常常聽我分享我的心情，給予支持、建議，甚至陪我一同禱告。

感謝曾宗盛牧師，在退修會的短暫交通後，我一直感受到牧師滿滿的溫暖與疼愛。牧師告訴我：「你感覺到了吧！神其實比教會還大，當你還沒有來到教會前，祂早就認識你，而且開始裝備你，等待你。」

感謝繁星小組參與分享的每個成員，因為這個聚會，這些生命與神學的對話及思辯，讓我更深刻地決定委身在這個早就為我預備好的教會！

七、2016年，是個特別的一年，同光教會二十歲了！

二十歲的台灣青年，是個在各種法律層面，都被視為大人的「完全行為能力人」；但面對朝向既得利益者傾斜的政策，二十歲的年輕人卻處於世代不正義的窘境。

二十歲的同光教會亦然。雖然台灣社會看似對同志權益越來越重視，接受程度也較以往高，同志大遊行在2016年將邁向第十四屆，2015年參與人數超過八萬人；但是台灣的多數教會卻更有技巧和組織性，甚至連結各方保守右派勢力，透過組織政黨、政策干預等，鋪天蓋地運用片面、似是而非的假見證來抹黑及壓迫性少數。

面對這些逼迫，我們更應承擔起責任，扛起 LGBTQI 族群的受基督徒壓迫的十字架。感謝這一路來，有主的同在。求主持續帶領我們，讓更多人看見上主無私的愛，看見這間有主聖靈同在的同光教會。

第12章
活出純粹的我

◎小捲

2011年6月26日我受洗了，就在我因為感染HIV住院，接著因緣際會來到同光教會之後。

　　還記得18歲時剛進同志圈，懵懵懂懂，心裡沒有個依靠。那時在網路聊天室遇到一位要認我當乾弟弟的人，剛開始見面吃過幾次飯，就發現對方有用藥的習慣。本來我是非常反對使用娛樂性藥物的人，但不知怎地，我漸漸被他影響。他開始帶我到同志轟趴、三溫暖……等一些複雜場所。現在回想起來，那段時間，我像是被藥物控制一樣，即使當時我只是半工半讀，沒有很多錢可以買搖頭丸等娛樂性藥物，但每到周五晚上下課前，就會開始心癢癢。但乾哥哥卻很熱心地免費提供我所需要的搖頭丸，接著我就越陷越深，甚至認為自己愛這個人，現在回頭想，那不是愛，也不是真正的兄弟之情，只是他所擁有的經濟能力能夠供應我免費使用娛樂性藥物。和他相處一年後，除了自己深陷使用藥物的泥淖外，有一天甚至發現他也同時和其他年輕的底迪聯絡，傷心之餘看破這個人就決定離開了。後來我透過交友網站遇到我前前任男友，他是最讓我深刻懷念的人，也是交往對象中對我最好的一位，無奈他在11年前的車禍中喪生。因為這個打擊，讓我又開始沉迷於娛樂性藥物的世界中，直到我連續三個月沒有到學校上課後，暑假某日，收到退學通知單，我才清醒過來。於是我花了半年的時間，申請延後入伍，再次重回校園。重回校園這段期間，一直到我重考後的大四上學期那段時間，我還是持續戒不掉用藥的狀況。我從22歲陸續玩到25歲，也就是2011年3月，發現感染之後才清醒。當時是農曆過年期間，我高燒不斷、連喝水都吐，從原本的45公斤瘦到39公斤，被家人送進醫院，才知道我已經感染了HIV。

　　在這個過程中我很幸運，被家人、朋友接納，出院後也順利畢業。因為接觸教會跟某個愛滋關懷協會，加上當年六月受洗，我覺得充滿力量，在教會敬拜團服事、在學生小組當同工，甚至到協會當志工。在協會裡我認識了其他感染者朋友，也接觸到另一個網路交友平台的感染者群組。但這

小捲

個群組表面上是感染者互相鼓勵的聚集地，私底下卻暗潮洶湧。有些人只是想利用我去認識其他感染朋友，也有些感染者心有不甘，認為我憑什麼感染後可以受到這麼多人照顧，心裡不平衡，在群組裡對我有負面評論。

有一天晚上，我一位感染者朋友突然離開我們聚會喝茶的地方，他打了電話給我，告訴我他在某個地方，我一聽就知道，他去了用藥的地方。我一開始想著要去陪他，確認他的安全，但當我到了現場之後，在那樣的氣氛之下，我朋友給了我一顆搖頭丸，我竟毫不猶豫地吞了，就這樣再次淪陷，大概持續了半年到八個月，都是去這個趴場。因為自己是感染者，不敢跟別人發生性行為，只有吞了藥之後跟朋友說說笑笑。

在2012年同志大遊行那天，下班後打給我當時的感染者好友問問遊行的狀況，他淡淡地問我，是不是有用藥。當下我以為他不知道，所以騙他說沒有，我的好友在電話裡頭哭了，他說：群組中很多人在傳我壞話，他一直不願相信，但他很生氣為什麼我第一時間不承認自己的錯誤，如果我回答有，他或許還會找時間和我聊聊，希望把我帶回來。我在那通電話裡，只能哭著說，不是故意要騙他，只是當時……真的一言難盡，我不敢承認自己犯錯。最後他只說了一句：我們回不去了。當下我也沒再說話，結束電話後，我從此退出這個群組，也離開協會跟教會。有人刻意把我的事情渲染出去，雖然我明知道教會能包容我，但我不想給教會添麻煩。在那之後，我的人脈、生活圈，全都毀了，那種眾叛親離的感受，再多的解釋其實也沒有任何用處。因為當時好友對我說的那一句「我們回不去了」，我徹底清醒過來。

在我離開原先生活圈將近一年之後，在交友軟體上看到一位多年前的朋友，當我18歲認識那位乾哥時，他曾極力勸阻我要離這人遠一點。多年後巧遇，我們互相問安，他找我出來吃飯，我把這七年間發生的事，全部告訴他，他很心疼我，安排我認識他的另一群朋友。他們都是很好的人，是各行各業的成功人士，我的生活圈不再只有感染者跟用藥的朋友。他們完

全不在意我是感染者，在我身體狀況不好時，寫了很多感人、貼心的簡訊給我。我漸漸明白，我離開原先的環境是上帝在引導我，協會確實提供感染者很好的交流空間、分享彼此心情，但我錯在不該進入危險地帶，特別我又是一個非常容易受身邊人事物影響的人。

透過上帝的引導，我幫助更多朋友了解愛滋，我也從完全不愛看書，開始讀起泰戈爾的詩。也養成運動的習慣，讓自己更健康。雖然未來的事情很難說，但我很感謝上帝，那些過去的美好與傷害，都只是生命的一個過程，為了成就現在這個珍惜平凡、快樂生活的我。所以，我在心中立誓：我絕不讓我的人生再有下一次走錯的機會！因為我的命是上帝救回來的，祂始終沒有放棄我，祂改變了我的生活，讓我用生命去體會每一天的美好。

今年一月份，有一位訪談感染者與宗教關係的教授，問了我一個問題，他問：「上帝對我這樣一個感染者的生命來說到底是什麼？」我回答他：「上帝對我來說無法形容，祂是無所不在的，祂為我做的遠比我所想的還要多，每次光想到這些，我的感動完全無法形容。」上帝或許就像我們眼前所看到的一切，一杯水、一張桌子、路過的人群。這些景象都讓我對生命有跟以往不同的感動。我很高興我找到自己了！上帝引導我更加認識自己，明白我並不適合當一位助人工作者。很多人在聲嘶力竭地喊著不要歧視感染者，這不見得每個人都可以接受。反而這些年我領悟到的是：當我以真誠和善念去和他人交心，若有一天對方知道我是感染者，他們也不會排斥我！現在我身邊認識的每個人，都是上帝給我的小天使。

人生不見得要做大事，只需要以認真的態度生活，體會其中的美好。為愛滋社群奉獻的人已經夠多了，我想我就把我的後半生奉獻給上帝，平安健康生活，關懷那些愛我的朋友，這些便已足夠。每個人都有他的天命，都要靠自己去經歷喜怒哀樂後，才會懂得珍惜人生。現在的我，只想過這樣的生活，這才是最純粹的那一個我。

第13章
愛在滋長的歲月

◎Ian

一、荒謬到反抗

「你可以行行好不要再搞同性戀了嗎？我羞愧到都不敢出門……」電話那頭再次傳來母親的咒罵聲。為什麼曾經是母親眼中的驕傲，只因為真實的性傾向被發現，頓時翻轉成為恥辱？難道真實的我不值得被愛？

「幹！你有看到新來的女同事？胸部超挺屁股超翹耶！」彷彿這樣說我就會和辦公室其他男性一樣變成異性戀男生，但我裝得好累！難道認真且優秀的工作表現抵不過真實的性傾向嗎？

即使這兩件事壓得二十九歲的我快喘不過氣來，但為了證明同性戀的自己是值得被愛，我開始不斷地努力追求愛情。而情場的挫敗就成了那壓倒駱駝的最後一根稻草！正當我百般失望時，朋友介紹我使用搖頭丸與K他命！

每天，好不容易捱到下班回到家，迅速打開電腦，登錄上UT聊天室，老練地輸入自己的身高體重，檢視過彼此條件後，在當中約了個陌生的男子到家裡。彼此吞下搖頭丸、拉了一些K後，眼前的一切事物開始越來越模糊，闔上雙眼，讓身體隨著電音的旋律搖擺。世界開始旋轉，身上的肌肉漸漸地放鬆，意識也隨著旋轉的世界開始轉啊轉地直到暈眩。此時，父母對同性戀身分的咒罵、感情的挫敗、工作的壓力以及所有道德的枷鎖，都隨著藥物效果的上升而離我越來越遙遠了！深吸一口氣，專注地感受對方壓在自己身上的體溫與熱情，喘氣聲是房間內唯一的氣息。我的夜晚就此展開直到天露魚白！

白天我和其他同事沒有什麼差異，但夜晚成了我宣洩壓力與挫敗的出口，日復一日，直到年底公司派我到法國出差，一場小感冒差點害我客死異鄉，才警覺或許中標了！

二、愛在滋長

「你知道是誰傳染HIV給你嗎？」衛生局的官員問我。搖搖頭，官員抬起頭挑眉地看著我說：「現在的年輕人怎麼這麼隨便，連跟誰上床都不知道！」沮喪地步出衛生局，看著手上多了一張全國醫療服務證明卡，恥辱的印記！證明母親對我指控是對的。

次年的冬天，朋友邀請我參加一場很特別的聖誕晚會。但我心想：「基督教不就跟我媽一樣，最討厭同性戀嗎？有什麼好去的！」最後拗不過朋友的盛情邀請，我勉強答應出席當天晚會。當晚，台北剛好寒流來襲，又下著小雨，實在讓人非常不舒服，再加上我對基督教的既有印象，我刻意遲到了！

晚會已經開始一段時間，會場的燈光大部分都已經熄掉，招待人員小心翼翼地引領我們就坐。當我坐下時，台上剛好有一位反串的男演員正誇張地演出！我驚訝地立刻轉身看著帶我來的朋友，想跟他確定心裡的懷疑，而朋友回給我一個微笑與眼神，示意我稍安勿躁。而當晚會的戲劇演到「信仰不是用來解釋苦難，而是乘載苦難」與「上帝愛每一個人，不論你的性傾向」時，我看到一個被愛的可能性！

或許，我不像母親口中這般不堪……

三、信仰毒藥

開始在同光教會聚會一段時日後，我受洗了，也開始穩定的在教會與小組服事。當時，曾有位信仰前輩語重心長的告訴我：「很多人把信仰當麻藥在使用，實在危險！」後來我漸漸理解了。

過沒多久，我的免疫系統終於在病毒的攻擊下，來到了必須要進行雞尾酒療法的時候。跟台大醫院個案管理師協談，針對我的工作、生活型態與

Ian

身體狀態全盤討論後，在沒有太多選擇的情況下，我開始服用希寧這組藥物。

還記得第一晚，懷著忐忑不安地心情吞下藥物後，早早躺在床上。身體體溫開始飆升，甚至冒汗，但當時台灣正值寒流過境！接著房間開始旋轉，而我就在那旋轉的中心，什麼都不能做，只能心裡默默地呼求：「主啊，你還不肯原諒我曾經放逐自己的罪嗎？所以你讓我現在再次體驗當時使用搖頭丸跟K他命的經驗嗎？」

希寧另外一個副作用就是多夢，所謂日有所思，夜有所夢，且因為希寧的加持，夢境會亦加寫實！每當好不容易克服暈眩與盜汗後，我就開始被一塊塊的屍塊追逐整晚，直到我隔天醒來。

平常我是個盡力服事，愛主愛肢體的基督徒，但夜晚我則必須獨立且無助的面對雞尾酒療法的副作用，與過去放逐後所留下的罪惡感！夜晚，不論我如何用力地呼求耶穌的幫助，沉默始終是我得到的回應！直到我參加了台灣神學院所舉辦的同性戀講座（按：2012年12月），看著幾乎滿屋的牧師咒罵著同性戀，我再次崩潰了！

四、與主相遇

那日（就是七日的第一日）晚上，門徒所在的地方，因怕猶太人，門都關了。耶穌來，站在當中，對他們說：願你們平安！說了這話，就把手和肋旁指給他們看。門徒看見主，就喜樂了。耶穌又對他們說：願你們平安！父怎樣差遣了我，我也照樣差遣你們。說了這話，就向他們吹一口氣，說：你們受聖靈！你們赦免誰的罪，誰的罪就赦免了；你們留下誰的罪，誰的罪就留下了。（約翰福音20:19-23，和合本）

這段經文敘述耶穌死在十字架上後，門徒還不知道耶穌已經復活，害怕地躲在一間屋子內，而此時耶穌出現與門徒的互動。當門徒害怕地聚在一起時，耶穌第一句話不是譴責這群貼身跟隨過他、親眼看他顯神蹟的門徒沒有信心，他的第一句話反而是：「願你們平安」，而且是接連兩次問候門徒「願你們平安」，最後甚至賜下祝福邀請門徒領受聖靈。

我彷彿就像是那因害怕而關在室內的門徒，此時耶穌透過這段經文告訴我，他在意的不是我做得不夠好，而是我心裡的平安。他不是譴責我那段放蕩的歲月，而是邀請我領受他的平安與聖靈。

當耶穌將他的手與肋旁給門徒看時，在當時代一般人的眼中，這是被羅馬政府羞辱的記號，但透過耶穌的犧牲，這不再是羞辱的記號，而是救恩的記號。耶穌翻轉了這樣的記號，也翻轉了 HIV 在我生命當中的意義！它可以是我放蕩歲月的記號，但也是我得救蒙恩的記號！

五、再思荒謬到反抗

何謂反抗者？一個說「不」的人。雖然這個「不」字代表拒絕；對方不能再跨越這條界線，但在這個「不」字之後，卻是代表對自己的肯定。自我意識隨著反抗甦醒了！

念小學當大家還在玩桌子畫線，男生愛女生羞羞臉的遊戲時，我暗戀班上一位高高斯文的男生。進入青春期後，當同班男生都在討論女生時，到我夢中來的卻是一位男生！這樣的不同讓懵懵懂懂的我開始逐漸有危機意識，所以我也加入了男女配對、情人節送花跟巧克力給女生的遊戲中。但其實我真的不懂自己幹嘛要把好不容易存下來的零用錢，買禮物送給眼前的女生。她看起來似乎很開心，但我卻為自己的零用錢在默哀。什麼鬼情人節！

國中畢業等高中放榜時，偶然間在報紙上看到有個男同志廣播節目，但

媽媽好像常常罵那是娘娘腔、愛滋病；但我想，只是聽個廣播應該不會怎樣吧，我還是我啊！所以我開始了晚上躲棉被聽節目的歲月，而那時我才知道自己並不孤獨，原來這世界上還是有人跟我一樣！於是我興起了想認識他們的念頭，也鼓起勇氣寫信參加交友。好不容易把信給盼來了，卻是開啟反抗的序幕！

當我放學回到家時，自己過去那些讓我媽媽引以為傲的獎狀通通被收起來了，晚餐也在沉默中進行。睡前妹妹偷偷跟我說：「你的信件被媽媽拆開來了，而且她還跑去問鄰居，知道那是同性戀的什麼東西喔。」

接著媽媽開始不准我把房間門上鎖，因為我可能會在裡面做壞事；晚上留在學校晚自習比較晚回家，或是假日想去圖書館看書，她總是要盤查確認我沒有從事邪惡的同性戀行為才放行；而每次出門或是回家，總是叮嚀我要潔身自愛，千萬別染上愛滋病讓她蒙羞。甚至為我安排一次又一次的精神科門診，最好是能馬上讓某個女生懷孕，我就變回他的寶貝兒子！

面對媽媽步步進逼的方式，我開始反抗，也漸漸產生自我認同的意識。

六、我反抗，故我們存在

我開始會甩媽媽的門，當她準備告訴我同性戀有多髒時。我甚至會掛她電話，漸漸地我不喜歡回家，到最後根本不回家！因為我認為媽媽那一套否定我的價值觀是錯的，只有我的價值觀才是對的！

為了證明同性戀是對的，我開始在愛中打滾的歲月。沒有長輩教我怎麼愛人，我就像是一個在愛情叢林中橫衝直撞的青少年，憑著自己的直覺，換回一身的傷痕。我有證明我是對的嗎？從當時的結果論似乎沒有；結果是毀滅！親子關係與自己的毀滅。

如果當初的反抗是對抗媽媽粗暴對待我的方式，自我意識產生了，但我卻選擇以暴制暴的焦土反抗方式，這是違背當初反抗的初衷。我的反抗其

實和母親是一樣的，只是彼此的價值觀站在對立的兩端，直到雙方都消滅彼此為止！

意識到這點之後，我開始選擇回家，讓父母知道我在做什麼，和怎樣的男生交往，甚至帶父母來同光教會參加主日禮拜，或是邀請教會肢體到家中餐敘，讓他們有機會真實認識我和我的同志朋友。反抗依然繼續，只是方式變成將我的世界介紹給父母。這不是毀滅，這是我真實的存在。

我也向同事、神學系的老師和同學坦承自己的同志身分，不避諱地討論自己喜歡怎樣的男生等等，更不怕來自其他人的挑戰與評論，因為我的反抗不是要說服任何人或證明同性戀是對的，而是透過揭露自我，讓其他跟我經驗不同的人，也可以透過我對同性戀有一些概念，甚至將來遇到其他的同性戀肢體時，即使不能做到認同，至少可以先不論斷，陪對方走一段路。

這樣透過揭露真實自我的反抗，不單是為了我自己，也是為了和我有相同經驗的人的反抗！不是為了毀滅真實世界的價值觀，而是創造和真實世界價值觀溝通的橋樑！

我反抗，故我們存在。

第14章
我的邊緣人生，主的奇異恩典

◎諧琳

一、跨性別肢體在教會的處境

我是一位從男性跨越至女性的跨性別基督徒，[1]也許時至今日，多數有性別意識的朋友對「跨性別」這個名詞已不感覺到陌生，但還是有些朋友沒有機會實際接觸過跨性別主體。

曾經聽過一位不是太友善的傳道人說：「我不懂什麼叫同志基督徒，基督徒就基督徒，是合一的，哪裡還有什麼同志基督徒，非同志基督徒？」也許可以先請這位傳道去 Google 一下，並不會很花時間的。當然，若要從性少數使用同志一詞的脈絡出發來談也可以，但這位傳道大可先試著瞭解同光教會或其他同志教會、團契的成立原因，大都是因為性少數身分在信仰裡受了傷害，卻又不願意離開這個信仰。一直用言語攻擊他人的性身分說這是罪，再在嘴裡討便宜說基督徒要合一，有事嗎？連性少數中較為主流的同性戀在教會裡都生存不易，跨性別基督徒在台灣的教會界更像是被消音。先不談其他台灣教會，其實在同光教會一直以來都有跨性別肢體存在，但始終無法像香港同志教會一樣，人多到可以組成一個跨性別小組，雖然該小組的成立有其時間點的巧合，但同光教會的跨性別主體缺乏能見度、能動性也是事實。而在一般教會裡，跨性別主體也確實存在，有出櫃後被趕出教會的，也有出櫃後被接納的，有更多是還躲在櫃子裡的。

跨性別者因為社會對於不同性別之間的嚴密分界，在主流社會生存已不

1　窄義的跨性別指的是TS（變性者，transsexual）、CD（扮裝者，cross-dresser），而廣義的跨性別泛指在心理或生理上踰越了主流社會對性別二元的建構與想像，不光是窄義的跨性別，鐵T、Sissy Gay、雙性人、娘娘腔、男人婆……等也都算是跨性別。一般人也不是每一項生理特徵、性別氣質都能百分之百符合主流的社會規訓。何況社會的規訓本身就是流動的，大從男性、女性的分工，小到顏色、物品與性別的連結，或是看不見卻感受得到的性別、空間與身體經驗的關係。這些標準從古今中外從來就不是一致的。因此，我們每個人其實都是跨性別！因為我們總有一些地方不是那麼地符合流主流的社會性別建構想像。

容易，在教會中更容易隱藏自己的性別認同，操演不同於自己的性別氣質來與教會肢體互動。跨性別者時常處於一種高壓否定自己的狀態下，對人際關係的互動行為模式也容易產生一定的影響，所以跨性別者較常出現社交內縮、離群的個性。當然也不乏有些跨性別者以優越的社會地位，或良好的人際互動關係等來反證自己的存在價值。但不論是退縮或追求卓越的跨性別者，往往都會給人較不易打開心房的感覺。即便在同光，雖然同樣受到社會壓迫，但跨性別者與其他同性戀肢體間就是會有格格不入之感。更何況人類本身就很容易存在排他性，同性戀者也不例外。甚至連 TS（變性者）都會排斥、污名化 CD（扮裝者）以凸顯自己生存的正當性。

二、我的生命故事

　　與許多跨性別朋友相較，我算相當幸運。我是第一代基督徒，在國中時因為歷史老師的帶領信主，那時我的父母正處於分居中，而我的阿姨剛好是學校老師，所以各科的老師也特別照顧我。在國中以前，我還沒確認自己的性別認同，雖然有時會想像，如果自己是女生的話會如何如何，但基本上我還是認為自己是男生。信主後我參加教會的詩班、青年團契、兒童主日學、查經班等。因為成績非常糟，牧師還會幫我補習英文。

　　聯考後，我沒有學校可念，進了補習班，這時我的第二性徵開始明顯了，因為我比較晚發育，國三才開始「轉大人」。我發現自己居然無法接受身體的改變，尤其是聲線愈來愈低這件事讓我很痛苦。然後我的四肢體毛在小時候就多，那時不以為意，但這時開始變長、變捲……種種變化都讓我非常厭惡自己，更不要說性器官了。我國中時期只是矮胖的頑皮男孩，雖然跟男同學有些不同，被欺負倒不全是因為性別氣質。我並沒有像葉永鋕那麼不幸，常常被同學脫褲子檢查有沒有小雞雞，最後因為異於同儕的性別氣質，以致含冤陳屍在學校廁所裡。

131

「既然厭惡自己，那就改造自己吧！」未成年能做變性手術嗎？當然不行，我只能先減肥讓自己瘦下來，一天只吃一餐，搞到營養不良還貧血，但我反而因為貧血比較像女生而沾沾自喜。避曬太陽、不運動、吃得少，我並沒有改穿裙子，但這種向女生看齊的日常生活模式，讓我稍微運動激烈就心跳加速，頭暈目眩。

即然我只是穿著上中性了點，不過慘白的臉色加上纖瘦的身材，也讓不認識我的陌生人，在與我互動時會疑惑我的生理性別為何。在教會裡，大家也許察覺到我的轉變，但未當著我的面多說什麼，尤其是一年後我就交到了女朋友。是的，我不僅僅是跨性別，而且我還是跨性別中的雙性戀。

跨性別只是一種性別的認同狀態，與「順性別」者一樣會有異性戀（跨異）、同性戀（跨Gay、跨拉）、無性戀（跨無）、雙性戀（跨雙）、泛性戀（跨泛）、流性戀（跨流）、疑性戀（跨疑）……等不同性取向。[2] 近年來我懷疑自己應該從跨雙的光譜移動到跨流或跨泛，甚至是跨疑或跨無。目前我是比較受到傳統二元性別的男性或女性外在樣貌所吸引，我還沒辦法想像自己跟一個性別大傘下呈現多元樣貌的另一個主體有親密關係。我並不排斥，只是太容易受到主流價值觀的影響，即便性別那麼非主流的我都還是受到這樣的制約影響。不過我認為，只要能找到一個心靈能契合的主體，那麼她／他的外顯生理或內在心理是什麼性別狀態，之於我似乎沒那麼重要。

女朋友是學校裡大我一屆的學姐，我們是間停招八年男生的純女校，我們這一屆是八年之後復招的第一屆男生。我去這間學校的目的，其實是想學怎麼當女生，交到女朋友是意外。我們學校日夜間部學生共6000位學

2　Cis-gender，由台灣的跨性別女性主義者吳馨恩小姐翻譯的名詞。雖然我個人覺得這個詞有點弔詭，因為就算不想改變自己的性別，任何一個人也不見得身心靈都符合建構出來的社會性別，不過這個詞彙在對比 trans-gender 詞彙的脈絡上還算好用。

生，只有60位是男生，等於是100:1。在這種女男比例失衡，加上又是較不重視成績的技職學校文化裡，我真是開了眼界。到學校前，我想像中的女生走路都是一直線，儀態優雅，拿茶杯要蓮花指，所以我也經歷過一、二年那種過度女性化的期間，而這也是不在少數的跨性別姊妹都會展現出的氣質操演，有些姊妹其實外觀完全看不出來。不論是天生麗質還是後天整型，但過度女性化的氣質操演就容易遭到關注的眼神啊！在我進了學校後才發現女生根本不是那樣子的。學姊們夏天熱了拿裙子當扇子、直接隔著上衣脫下內衣比尺寸、下午打掃時脫下鞋襪跳到洗水台上踢水花玩兒，還有大膽的學姐跑進男廁所邊笑邊喊：「學弟借用一下廁所！」自此以後我再也不覺得女生應該要有怎麼樣的優雅儀態。

我們學校特別之處除了在八年後第一次復招男生之外，延續了一些日式傳統也是特色，比方說日本姊妹校會來我們學校表演，或是我們有所謂的直屬學姊。因為直屬學姊的引介，我認識了大我一屆的女朋友，我們一群人一周六天放學後都聚在圖書館念書，也在學校附近的小吃攤吃東西聊天，周日下午也常一起去逛街。其中一位學姐特別引起我的注意，她看起來就呆呆傻傻的傻大姐個性，沒有心機似的，在我的邀請下她也到我的母會聚會。

那時我有三位比較要好的同班同學（二女一男），其中那位男同學的姊姊也是我們學校三年級的學姊，她跟我同學說，很多學姊們給我取了一個綽號：「東方不敗」，我不知道女友當時為什麼會喜歡上一個中性偏女性的我？可能朝夕相處，加上我追得勤吧？這件事我到今天還是沒答案，但是至少她喜歡的還是一個生理男性，只是性別氣質偏陰柔，沒那麼陽剛。在交往半年後，當我向她坦承我其實想當女生時，她無法接受而當場跑開，沒想到一個多小時後她回來跟我說：「我也不知道怎麼辦，你想怎麼做我就幫你吧！」這之於她也許是個錯誤的決定，但我當下是欣喜若狂的。之後她開始幫我買避孕藥服用（當時未看醫生，不知道女性荷爾蒙，就買最接近女性荷爾蒙的產品）。

女友畢業後搬進我家住，比起我的性別氣質，教會裡的牧長們更關心「婚前性行為」的問題。主任牧師雖然希望我們快點結婚，但也明白在我們經濟基礎穩定之前，把我們硬推上婚姻的道路可能是場災難。女友看似認同我，但在一次口角中，她脫口而出「我親手打造了一個怪物」這樣讓我很受傷的話。我當下除了傷心，無法細想。但她是真的成全了我，無庸置疑。

在搬進我家前，女友也決志信主，我們在教會裡出雙入對，同在詩班、青年團契事奉，我也參與了兒童主日學的服事。高中畢業後，我吊車尾考上二專。能夠念到二專其實要感謝女友，一來她工作賺錢幫忙我的生活雜支。我自己也在百貨公司打工，在整個求學時間，除了學費外，沒再跟父母要過生活費。二來，在她搬進我家後，她建議我去看精神科醫師，我猜她那時應該以為這樣可以「導正」我的病吧？但因為看了醫生，在兵役體檢時，醫生幫我開了「性別認同障礙併發憂鬱症」。因為這紙證明，我只去成功嶺當了一天的少爺兵就驗退了。在軍醫院複診三年後，我拿到正式免役證明。

拿到免役證明的同時，我剛好二專畢業，本應投入就業市場，但我害怕進入職場，想再念書，但又沒考上二技，於是就去念了基督書院的英文系。念了半年後，因為實在無心念書，文法被當，下學期也擋修。這時發現更嚴重的事，女友居然刷了快百萬的卡債！於是我休學，找了第一份工作，在一間企業顧問管理公司當櫃台兼總機，聽起來是很女性化的工作，但偏偏我仍是生理男性，也未出櫃，所以主管要我打領帶、穿襯衫、西裝褲、皮鞋，真是要了我的命。做了半年後，我就另外找了個不用穿正式服裝的工作，就是我至今從事了快20年的行業：遊戲媒體。

但在職場上，對生理男性還是有所期待與規訓。就連我說要減肥都會被女性主管白眼，覺得我不夠男性化，常有冷言冷語譏諷。這時我再也忍受不了，希望精神科醫師的進度可以從心理諮商轉到心理評估。這時我已經

22歲了。如果不是女友跟我的宗教信仰之故，我應該會在18歲就毅然決然進入評估流程，然後在20歲以後想辦法做變性手術。但是如果不是女友跟信仰，我也有可能活不到18歲就自殺了。畢竟從15歲起對性別狀態感到不適以來，常常都是每晚流淚向上帝哭著問？為什麼是我？如果不能讓我當女生，為什麼不讓我死了算了？在交了女友後，晚上有人陪畢竟不一樣。雖然還是常暗自傷心，但女友是知情的，即便在吵架時知道了她的真正想法，但陪伴的確是對跨性別者最有用的幫助。

工作了一年多後，父母突然想要賣掉他們離婚後未處分的房子，於是他們協議賣掉房子後，以我的名義另買新屋，母親出二百萬，父親出一百萬及裝潢費，剩下的部分由我貸款，父親、弟弟、我及跟我同居快五年的女友同住一個屋簷下。買房的隔年，剛好是公元2000年，也就是所謂的世紀末。我還記得2000年12月31日剛好是周日，做完禮拜後我問女友，想不想來個跨世紀婚禮？女友回答「隨便。」於是我就找了牧師說，我們半夜想在教會辦跨世紀婚禮。事實上牧師早就對我們同居的事實感到頭痛。有一位未婚的姊妹問牧師說，如果像我跟女友這麼穩定，那不結婚可以嗎？牧師說這樣不符合聖經教導。聽到這個消息，牧師自然很開心。雖然我跟女友只想簡單辦個婚禮，但牧師還是召集了青年團契的所有肢體，教會的老人家也出席了三分之一。大半夜裡，整個教會來了三、四十位會友。然後在十二點整禮成：文化中心的煙火、港口傳來的汽笛鳴聲，師母親手餵我們吃蛋糕，以及移民美國的牧師（幫我施洗的牧師）打越洋電話來祝福。那是我這輩子做過最浪漫難忘的事。不過也許在妻子的心理，一個正在做變性心理評估的先生，並不是她想要的婚姻。那麼我為什麼要結婚？

其實我想結婚的最大用意，一來是跟妻子也交往多年，應該給她一個名份。二來我自己查台灣的法律，以我片面的理解，只要婚姻事實發生在前，後續做出性別的變更，婚姻還是有效的，事實證明我查到的資料是正確的。台灣其實已經存在同性婚姻，不過得是結婚時為一男一女，而變性

手術事實發生在後，推定其婚姻關係仍為有效。[3]

　　婚後，我短暫的想要努力扮演好一個「先生」的角色，甚至於辦理二胎房貸還掉了妻子近百萬的卡債，但想做性別置換手術的念頭卻沒有斷過。而因為我在婚前就有固定交往的女友，因此在評估時是連同女友一起評估，[4] 婚後她成了我的妻子，評估團隊更是重視她的想法，甚至私底下與妻子約診評估，那時得到的回答都很正面，她願意支持我。只是愈接近第二年我快要能拿到診斷証明時，她外遇了！那時她開始夜不歸營，後來才從她公司的ICQ知道她玩線上遊戲交了網公，並進一步發展成戀情，可笑的是她還在我們公司當編輯助理，每天上班下班同進同出的我都沒發現，或許是我這個先生真的太不在意她了。發現的當下我覺得天地倒轉了，原來一個人在極悲傷時是哭不出來的。後來我打電話給她男友，我說我是某某人的老公，我想請她聽電話，這時她男友才知道原來她已結婚了，甚至連她使用的名字都不是真的。這下當然事情大條，她男友要我去台中接她回去。到了台中接到她人，我沒說什麼，牽著她的手走了幾步她突然哭

3　法務部83年3月17日法律決5375號函。在新制草案中，雖然不須經過變性手術即可申請變更性別，但變成除了兩名精神科醫師評估外，還需要加入多人團隊實質審核，而非形式上的書面流程審核，且不能存在婚姻或有子女關係，形同趨向嚴格。幾經討論，政府目前暫訂朝向雙軌制，也就是想手術的去做手術，不想手術的走困難的免術換證「天堂路」。

4　台灣變性相關新聞首見於《聯合報》（1981年3月6日第三版）。變性手術一來衝擊到台灣身分證相關行政法規，二來也衝擊台灣醫界如何看待性別置換手術。早期執行手術的醫師曾被家屬提告重傷害罪，為了免除麻煩，台灣醫界多參考外國做法，接受變性手術前需要二名精神科醫師進行二年以上的生活評估，才能拿到性別認同障礙（Gender Identity Disorder, GID）之診斷證明書，外科醫師則憑診斷書為當事人進行性別置換手術。一來給病患及家屬緩衝期，二來精神科醫師需要會見重要親屬（直系尊親屬、配偶、子女），如果二年後家屬還是不同意，但本人適應良好，精神病醫師仍可開給診斷證明書。若是重要關係家屬一開始就表明支持做手術，最快甚至有人當天就拿到診斷證明書。但不是每個人都能獲得家屬支持，也有人因為母親無法接受，做了手術後卻沒有去換身分證。變性手術很昂貴，在台灣的健保被歸類成美容整型手術，並不給付。

聽你剪裁星空 Part II

起來，我問她：妳哭什麼？她說：我捨不得。於是我心一橫，又牽著她的手往回走去找她男友，我只覺得我當下每一步都超沉重超痛。見到她男友後，她男友說要先冷靜幾天，過一陣子再說。過一陣子後，他們還是選擇在一起，這中間我幫她付了五萬塊的戀愛熱線電話費，坐火車去跟男友會面的車費，我覺得我像白癡，但另一方面也覺得這是對她的一種補償心態。

往年的聖誕節，我們兩個總是在教會擔任重要的服事工作，不論是詩班的獻唱或是聖誕短劇的角色演出。外遇的那年，她缺席了教會的聖誕晚會。我並沒有跟牧師多說什麼，我只有說妻子有事不能來。但我想牧師應該已經從我的神情跟不時走開打電話的過程中察覺到不對勁了。在婚後隔年的2002年初，我分別在公司及教會裡出櫃。公司同部門的同事都非常接納我，沒有任何人反對，但其他部門的人可不是這樣，因為我開始上女廁，穿著比中性化要再更女性化一點的服裝。這讓其他部門的同事投訴到部門主管，可是部門主管超挺我。而在發現妻子外遇時，部門的女同事都安慰我，給我支持。

母會的主任牧師在念完道碩後念了哲博，雖然是福音派國語教會，但因為創堂牧師很本土，講台語，加上後來的主任牧師跳脫傳統國語福音教派的保守作風，我倒覺得我的母會有點像長老會。牧師說：「站在我的神職立場，我不能支持、鼓勵妳，但站在一個朋友的立場，我完全可以理解妳。」這比我問到的任何一個牧師都還要激勵我。

在手術前我還問了二位牧師，一位是幫我施洗、後來移民美國的牧師；另一位是反同教派大名鼎鼎的張茂松牧師。那時GoodTV剛成立沒多久，我覺得他講道好有趣，雖然知道他反同，但我把自己跟同性戀切割；為了顯示變性手術的正當性，我提出了聖經從來沒出現過跨性別相關的章節，我不是同性戀，並且我向神求了十年，神給我的啟示是我所選擇的，我將來向神交帳即可。張茂松牧師當初的態度是保留，不反對也不支持。可能

因為我不是行道會的會友，他也只憑我email裡的文字認識我，而在2002年時，別說跨性別議題，就連同志議題都才剛受到教會關注，不像如今已升級到聖戰等級了，因此他持保留態度倒也不意外。反倒是幫我施洗的牧師雖然不認同，但還是祝福我。但不是所有會友都接納我，因著牧師不處理我的出櫃，讓四個家庭出走。牧師完全沒有怪我，至少我沒有從其他會友嘴裡聽到。一些教會的老媽媽們，在我手術後就真的把我當成生理女性一樣的看待，讓我覺得好好玩。不過當年的說詞這麼成功，正是因為我切割了同性戀，所以如今 TS 切割 CD 雖然不符合我的政治正確，但我也可以理解這樣的心情。牧師都包容我了，我又怎能不包容那些想切斷自己過去，或是不斷污名化 CD 的姊妹們呢？

　　過完聖誕節到了元月，我找妻子出來談。我問她，如果我不手術，妳願意回到我身邊嗎？她說：「做這手術是妳一輩子的心願，我也不願妳為了跟我在一起以後怨我。同樣的我也不願意為了回到妳身邊，錯失這段感情後將來怨妳。」她很理智，比我還冷靜。事已至此，我們和平離婚。除了告知家人、牧師，我也將離婚一事向評估團隊報告，他們很訝異，因為評估時覺得她很支持，但其實她心裡藏了更深層的想法，只是不想傷害我，但她又不知道怎麼面對即將變成女生的老公，剛好發生新戀情，各走各的路。我再將房子做了一次增貸，上了手術檯完成了「終身大事」。

　　故事到這裡就結束了嗎？其實沒有，大概在術後一年，為了離開傷心地，我請調到台北公司，希望有更好的職務發展。但公司打算將我們部門結束掉，問幾個主管要留下還是被資遣，我選擇留下，這是第一次的錯誤。我被調到業務部，待了一年還是不適應，我主動提離職，這是第二次錯誤，因為再過一年，公司就高價賣給一間美國電訊公司，所有員工不論去留，年資乘以2結算……唉，人生就是缺這個早知道。若有這筆錢，我的手術費就能還清了。

　　因為上台北，除了房貸，我還多了房租支出。所以前一年半我兼兩份工

139

作，分別是白天火鍋店的工作，及晚上麥當勞的打烊班。我母親還問我怎麼不去林森北路兼差？比較輕鬆，錢又比較多！我心想哪有媽媽叫女兒去林森北路兼差？後來母親看我太辛苦，幫我還了一半的手術費，不過剩下的房貸與先前幫前妻還的二胎還是我自己付，但這時交到男友，除了房租跟貸款之外，生活費及雜支都是男友出，我還能負擔，甚至於在原有的兩張保單之外，還再多買了兩張新保單。

這時因為不需打工，有點無聊，我也開始參加跨性別團體的活動。社運團體就是這樣，一個議題會包著另一個議題，看似不相關，其實都是平等與公義的問題，這不就與基督信仰的精神很像？但遇到性工作者議題、同性戀議題，就讓我好糾結、好拉扯。我聽說性權運動的神主牌人物何春蕤老師是基督徒，甚至可以用聖經跟人辯論。在一次場合下我問何老師：「老師，聽說妳是基督徒？」何老師回答我：「要看是怎樣的基督徒，如果是學習耶穌解放神學、女性主義神學的精神，那我是基督徒，而如果是坐在教會裡那種基督徒，我不是。」我受到這一番話的啟發，我又寫email給母會的牧師，告訴他我心裡的拉扯以及何老師對我說的話。牧師回答我：「我也沒有答案，因為我受的神學教育裡提到這一塊都簡單帶過，但是妳可以自己去研究什麼是解放神學？什麼是女性主義神學？然後寫文章，自己立論。」哇，牧師也太看得起我了，我不過是個專科畢業生，大學還肄業。但我還傻呼呼地去一般基督教書房想找解放神學或女性主義神學的中文書來看，怎麼可能找得到？就算是今天也只有寥寥幾本可以參考，在7、8年前找不到是正常的。這件事沒多久就被擱下了，因為我有更嚴重的財務問題要處理。

也許是心理不平衡，從出社會以來手頭一直很緊，好不容易鬆了點，我也開始刷卡買東西，雖然沒有前妻誇張，但也刷了二、三十萬，因此在跟男友分手後，房租、四張保單，所有的貸款瞬間壓得我喘不過氣來。這時認識了同為跨性別姊妹在藝人開設的「紅頂藝人」工作，因為店快收了，

老闆對旗下藝人另有打算，而她不想參與，想在也是姊妹開的店打工。我為了捧場，去了紅頂藝人，也去了她姊妹開的店。大家同是過來人，相見歡，我提了我也想打工這件事，於是我正式下海了。可惜好景不常，這間新店只撐了一個月就收掉。我跟著朋友一起到另一間三性店上班。上了快半年左右，一位生理女性的姊姊看上我，要我去她那邊上班，但我白天有工作，而三性店就像其他T吧、GAY吧、牛郎店一樣都是午夜過後才營業，對隔天要上班的我實在吃不消。於是我就轉一般女生上班的店，這間是有做出場的，我也被要求出場。在三性店時跟客人出場只要幫客人打手槍就行，不一定要讓客人走後庭或口交，我在三性店也只接過兩次出場而已，第一次還是被騙出去的，而且這兩次拿到的小費還不多，反而有一次陪女生客人喝到天亮拿到了一萬多的小費，喝酒還比較好賺。雖然不是天天有，但我還是寧可等偶爾一次大筆小費，也不喜歡冒高風險陪男客人出場，萬一他改變主意不是做手工就好了呢？有了以前的出場經驗，加上我認為在女生店出場基本上大概很難只有打手槍，就是要真槍實彈來了，所以我一直拒絕出場，想不到有一次就被客人拖進店裡的倉庫，近乎強姦。這客人是老鳥，那天剛好店長喝醉，我的經理又生病請假，客人又多，我們又坐在最靠倉庫角落的小包廂，於是就被他硬拖進去倉庫，雖然沒有真的插入，但他在股間摩蹭，最後也遺在我股間，還是讓我覺得很受傷。而後我又經歷了不同店型的打工，有日式 Bar，日式スナック（日劇裡常出現的媽媽桑、小姐幫忙單純倒酒的小酒館）。一樣是日本酒店，有專做出場的，也是有純到不能再純的店。以報酬來說，越單純薪水越低，而愈不單純的薪水愈高。反正只是第二份兼差工作，我就做單純的就好。

在八大行業打工的這快三年的日子裡，我重新調整自己對性工作者的看法，也開始支持通姦除罪及性工作者除罪。此後，神替學歷不高、語文能力不佳的我開路，因緣際會下去香港參加了酷兒神學的工作坊，以及在台灣旁聽了一門神學課程。我感覺如同當初母會主任牧師告訴我的，神正在

幫我預備道路。懷著感恩的心，我把握每次機會，學習不同於傳統的聖經詮釋，以不同的生命經驗角度來看待在生命中不同過程及不同處境的人們。信仰本來就是給每一個人的，如果教會太過中產、太過父權，那信息也就是那樣子，無法真正貼近每一個階級的受苦人們需求，福音就不易推動。而如果要拿著福音成為單方面的權柄來指責他人的罪，我甚至覺得這才是使人跌倒的指控。無論如何，我深信神在每個地方都有祂的恩典以不同的方式在運行著。感謝主。

第15章
生命的覺醒，自我的恢復

◎Stephen

當我開始有性別意識，我就隱約知道自己是生理男性且性傾向為男同性戀。國中時，我對班上男同學及男性身體有感覺，一面害怕、一面好奇地進行探索。在那個沒有網路和電腦的年代，坊間沒有教導「認識同性戀」的書籍，而報章雜誌提到的、電視電影演出的全是片面、負面、不堪的資訊。只能說青春期自我探索的階段，心情是矛盾、認知是錯亂、人際是受挫的。

因為種種的機緣與環境，高一時神的福音臨到我。沒有懷疑與猶豫地受浸加入教會，開始我的基督徒生活。一加入就覺得這教會很特別，因為她不過聖誕節，也沒有十字架，甚至不用「教會」這詞來稱呼自己，而稱「召會」，沒有所謂的牧師等神職人員，連聖經也有自己的翻譯版本。在立場上她不承認也不與其他「公會」（指其他宗派教會）往來，因為這個教會不以別的名稱呼自己，認為以許多別的名稱呼自己，如路德會、衛斯理會、聖公會、長老會、浸信會等教會都是背道的教會。因此這個教會基本信念是：唯有持守主的名字才合乎神的心意。這個教會在台灣基督教界著實很特殊，內部對信徒的教導也很特別。

在教會生活的實行上，這個教會自許是《啟示錄》3:7的非拉鐵非教會，是弟兄相愛、恢復的教會，並以初期教會的實行為榜樣。因此這教會的風氣相當保守，以沒有世俗文化與政治的攙雜為標榜。對聖經的態度持守「聖經是我們獨一無二的標準」，可視為「聖經無誤論」擁護者。

在這種背景下，可以想見這教會對於人權與女權的觀念仍停留在很「初期」。在《提摩太前書》2:12，保羅說他不許女人施教攬權。所以教會姊妹們只能分享與見證，不許講道，上了講台分享也建議戴蒙頭帽，最適當的是倆倆配搭蒙頭上台分享。可以想像若女性在這教會裡的地位如此，對同志信徒就更不用說了。這教會對於同志議題的看法與一般傳統保守教會無異，並不瞭解更不認同。大致上認為是自甘墮落的選擇，罪行與淫亂拜偶像者無異。但教會並不拒絕同志來聚會，普遍認為只要積極操練靈，神的大能或許會改變他／她遠離罪惡，脫離這有罪的生活。

Stephen

我因為受浸得救時異象清楚，所以一進入教會生活就積極渴慕追求真理。明知置身在這教會可能是窮途末路，卻又捨不得離開這教會。這十九年間從未接觸同志圈，以為那是邪惡世界，並被教導要渴慕教會生活，因為這裡才聖潔。也就這樣隱性（向）埋名（同志之名）過了高中、大學、研究所直到在職。這個教會對真理的解釋有其獨到見解及發表，認為聖經在這個教會已被完全解開，並以高峰的真理自許。對聖經本文中提到同性戀的經文其實並不作太多解釋，反正都視為粗鄙的罪。說起來這一點倒和其他傳統教會「同心合意」。但因為這教會講的真理之「高」，教會生活實行的「深」，就顯得同性戀這事對教會是多麼微不足道甚至不值一提。然而同性戀信徒是活生生的一群人啊，可能就是坐在講道台下低著頭的某些人，或者是總找藉口不來聚會、有苦難言的那些信徒。

對我而言，多年來的教會生活，教會定同志是罪，久而久之連自己也覺得自己是罪，是始祖亞當墮落時在我裡的罪性所致。多少年來在每一場聚會，在每一次的讀經，在每一次的特會，尤其是讀到《羅馬書》、《創世記》所多瑪時，我的心靈何等掙扎與矛盾、人格扭曲到快不認識自己。總以為我該為這事認罪，因此我比一般信徒更努力聚會與服事、積極操練靈追求聖潔，多次跪下禱告求神改變我性傾向。我的確很努力也多次禱告與操練，結果不論再怎麼操練與敬虔，性傾向卻不曾動搖。經過許多年的努力，有罪的感覺一直都是從外而來，根本不是從我內心以及從神而來。

這個教會的基礎是以家為單位，沒有成家在教會裡很難服事下去。因此到了適婚年紀的弟兄，很難不被過度地投注「關愛的眼神」。外在條件優秀者甚至是單身公害。從教會父老、師母們身上很難不感受到皇帝不急、急死太監的氣氛。

正如許多異性戀者會有的疑問：你沒有試過異性，怎麼知道你不行？

不用你說我自己也想知道。所以適婚年紀時我開始學習與教會姊妹交往，交往數月期間我連牽手都不敢，因為實在沒有愛的感覺。每次約會結

束送她上公車，直至車子消失在路的盡頭，我竟有如釋重負的感覺。約會幾次後內心感覺這個交往不是出於喜歡，甚至感覺有點勉強。交往幾月後我實在不想誤人前途、毀人幸福而提出結束交往，我相信且祝福她值得一個愛她的男人。與她交往期間反而更確定我的同志性傾向。

多年後我開始思考，為什麼我和異性戀信徒一樣努力生活、工作、聚會、服事、讀聖經、操練靈的結果，他們不是罪，我卻是罪？在教會多年看過又惡又懶的信徒，以及攬權愛財的全職人員？不禁要問：我無法選擇的性傾向是罪，那麼可以選擇的嗜權奪利就不是罪？

他們的所言所行，我開始懷疑了。

進不了異性婚姻，我開始認真地認識自己的性傾向。從書籍開始，然後從網路到社群交友探索同志圈。我是個好奇寶寶，每認識一個同志我便問他們幾個問題：何時發現自己的同志性傾向？性傾向是選擇或天生？與異性結婚後不後悔？再來一次會不會結婚？

得到的答案大約是：大部分國高中時期就知道，早的小學一、二年級，晚一些的大學、服役時發現。除了少數雙性戀覺得自己可男可女，大部分同性戀者與異性戀一樣「性傾向堅定」。那些已婚當爸的十之八九都後悔進入異性婚姻，只有少數老婆不知或不管的無所謂。

認識了這些同志朋友才發現，同性戀、異性戀本質上都一樣。各有各的精采，各有各的無奈。同志亦凡人：只是想作自己、過自己的生活、愛想愛的人。

在這個階段，自己明白從教會看同志世界實在誤會一場，但聖經經文解釋怎麼辦？在這傳統教會久了，只知道這裡的解釋，但從我的同志生命經驗來看這些經文又是另一回事，以同志身分讀出的領會和教會解讀有相當的不同。尤其是大衛與約拿單、路得與拿俄米，以及所多瑪羅得與二位天使那一段。有好長一段時間我感到無所適從。

所幸當年同光教會出版《暗夜中的燈塔》一書時，我曾在媒體上注意過

這消息。在我基督徒生活因同志身分處在黑暗沒有出路時，我開始找尋這本書。這書對聖經中提及同性戀的爭議經文，佐以歷史背景與異教儀式的解析，加上原文字辭字意的解釋後，讀完我豁然開朗、茅塞頓開。幾乎逐字讀完這本書的我恍然大悟，發現聖經其實並沒有定罪同性戀，更不是什麼與生俱來的罪性。

無疑地這書在我人生與基督徒生涯最低潮時指引了一個方向，照亮了一條道路。至於為何會有同性戀、雙性戀、跨性別者的存在，聖經其實並沒有提及太多，但我肯定這些是神的奧秘與美好的創造。

從受浸到離開我在這個教會走過十九年的歲月。我感謝她帶給我的屬靈成長與真理的認識。可惜對於我的同志身分，這個教會的幫助是有限的。經過上述的自我成長與認同建立，我知道不能再待在這個教會。透過網路我開始接觸同光教會的弟兄，告訴他們我的情形，也開始參加小組聚會。一年後我正式離開前教會並進入同光教會，至今也有四年的光景。出乎外界的預期，這個教會並不像大家對同志的想像與誤解：例如伴侶介紹所，裡面充滿了淫亂等。實在地說，同光教會和一般教會實在無異，有牧師、長執與一群愛神愛教會的基督徒，只不過大部分人都是同志身分，如此而已。我受過前教會的成全，對屬靈或屬地的事物有一定的判斷能力。我只能說，復活的主與單純愛他、紀念他的人同在，不論是異性戀或同性戀。儘管許多人既不瞭解也不承認，但這個教會真有神的同在、神的祝福。

我感謝神在台灣有同光教會的成立，牧養及幫助和我一樣的同志基督徒。同志生命與基督信仰是不衝突的。

第16章
尋找盼望的家

◎Pedro

一、做個「好基督徒」？

我成長在一個浸信會家庭，爸媽熱心於教會服事與傳福音。教會界一向是我們家重要的人際網絡。我是許多教會牧者、長輩一路看著長大的。這些網絡有時比家族親戚更親密，在我的兒童及青少年時期，教會生活比學校同儕更重要：主日聚會、青少年團契、詩班、寒暑假的營隊等，當時的我很樂在其中。我也理所當然認為自己會在教會認識一位主內姊妹、建立基督化家庭，並且除了工作外，就是在教會忠心為主服事。另外，身為南部、本省家庭的獨生子，以及經常陪伴父母進出醫院的經驗，我從小就意識到要結婚延續香火、要有妻子跟我一同照顧父母。我一直被灌輸，要在教會與家庭生活上，活出「好基督徒」的見證。

高二下追求班上心儀的女同學，卻發現對男生也有好感，喜歡的性別對象有一段模糊期。當時看到書店擺放的《熱愛雜誌》、《同性戀邦聯》等同志書刊，對自己感到疑惑。高三下準備聯考期間，每天下課、打完球，騎車回家時會順道載某位男同學一程。朝夕相處下展開一段懵懂年少的短暫初戀。初戀雖然美好，心裡卻有另一種不安：不確定自己是不是同性戀，想到教會的信仰教導，認定這是一種罪，只有跟異性結合與婚姻生活才受祝福。於是我開始掙扎，擔心自己似乎遠離那個「好基督徒」的樣子。

二、打開衣櫃

我們一家三口，重要的人生大事都不會對彼此隱藏，同志身分這件事遲早要面對。大三那年的除夕夜，我向家人出櫃，家人一貫的冷靜，彼此沒有爭吵或情緒。父母開始尋找相關資訊，認真思考各種可能「原因」，譬如回顧自己年輕時的情感對象、懷胎時剖腹產、成長過程中有否給我完整的父愛母愛……等，一時之間他們也找不出答案。即便在親子關係上

他們願意接納我，但出櫃後好幾年，他們一直覺得我不是「百分之百的男同志」，頂多是「雙性戀」。他們沒有強迫我「改變」，而是「柔性勸說」，希望我不要排斥與異性交往的可能，雖然他們不明白上帝的旨意究竟是什麼，但希望我不要因同志身分離開信仰、離開教會。

出櫃之後，身邊教會肢體所發生的事，也不斷讓爸媽碰觸到同志議題。一位熟識的團契學姊突然意外過世，我跟我媽就近幫忙處理後事，也安慰學姊的父母、陪伴學姊的「女友」。學姊女友抱著我媽哭泣許久的畫面，至今歷歷在目。追思禮拜上，也有一些同光教會的肢體參與服事。爸媽教會小組的一位夥伴，時常提到她兒子多年來的「女性化裝扮」與「陰柔氣質」。在接受與不接受之間，這位母親感到無力，還要面對多數肢體的異樣眼光。我爸媽是少數友善、鼓勵她的人。類似的事情還有好幾件，爸媽常成為其他家庭的「陪伴者」，但自己承受的同志議題壓力，卻是不能說的祕密。我的「出櫃」反而讓父母「入櫃」，他們只要想到被親友或教會知道後，那種排山倒海的「關切」，就覺得無力招架。我們一直對外低調，繼續扮演著「好基督徒」的表面形象。

三、另一條路

大學時期加入「校園福音團契」，團契聚會時常關心學生的情感問題，當時校園同志議題開始受到關注，也數次邀請關懷同志的「台灣走出埃及輔導協會」前來分享。某次參加校園團契主辦的「青年宣道大會」，那年的分組事工研討首度納入同志議題，也邀請走出埃及擔任主講者。我認真聆聽，希望從中為自己的同志身分找到出口。然而我發現他們很少正面肯定。不斷強調「同性戀者多半來自破碎家庭」、「同性戀者都有性別認同困擾」、「同性戀可以被改變」、「同性戀者通常過得不快樂」。接受輔導者所分享的見證，多半在述說破碎家庭的傷、受到歧視與霸凌的經驗，

Pedro

很少感受到他們被釋放後的喜樂，且也幾乎沒人敢說自己的性傾向「完全改變」。即便近年主流教會大力推廣袁幼軒的「聖潔性戀」模式，也只是一種選擇獨身的安全牌，沒有真正面對自我。我明白我的成長經驗與他們不同，也更確信上主為我預備另一條路。

來到同光教會後，有機會重新理解聖經詮釋、看見超越性別的愛、體會耶穌的反抗權威與顛覆傳統、反思基督信仰的本質。我看見基督徒對於性、身體、關係委身的理解是如此有限，但卻時常「以聖潔自居」來論斷別人、忽視「他者」的處境。會友多元的宗派背景，在肢體間必須學習尊重差異。透過友善牧者的講道信息與關懷，領受到「無條件的愛」，對同志從「理解」開始，甚至與信徒生活在一起，我更明白何謂耶穌的「道成肉身」。從同志身分的信仰反省，我更能體會，這個信仰從來就不保證信了之後就會一帆風順、幸福美滿，而是會經歷「苦難」，讓我對《約伯記》說的「從前風聞有你，現在親眼看見你」多了一些體會，也對上主更有信心。因為《約書亞記》說：「你當剛強壯膽，不要懼怕，也不要驚惶。因為你無論往那裡去，耶和華你的上帝必與你同在。」

四、跨越界線

2013年6月，我與同光肢體到香港參加「激揚特會」（Amplify Conference），與亞洲地區的同志教會或團契交流，特會中的講道信息令我印象深刻。鄭書祥博士（Dr. Patrick Cheng）分享「愛裡重生」，闡明基督徹底的愛（radical love），是要在信仰中除去界限，去愛我們的鄰舍及那些反對我們的人；辛蒂樂牧師（Rev. Cindi Love）透過「牆」與「門」的比喻，強調「每一堵牆都是一道門」（Every Wall is a Door），因著耶穌對受壓迫、對不公義的衝撞，我們更有信心去扭轉教會。看似堅固無法攻破的牆，最終會成為一扇門，讓我們能跨越過去。

後來我認識一位靈糧堂的牧者，他未跟隨近年來主流教會及「真愛聯盟」的反同路線，而是持較開放態度關懷同志會友的需要，在講道及各樣聚會中不散播反同言論，盡力為同志及其他弱勢族群傳講接納的福音，並透過牧者交流平台，呼籲鄰近各教會應多關懷同志族群，也為同光教會的需要擺上禱告。我也接觸有「同志關懷小組」的地方教會，與駐堂牧師及同工對話，看見有少數教會正努力破除教會中的性傾向歧視。這些牧者過去多半沒有深入同志議題，但卻願意放下成見學習聆聽，已經是「跨越藩籬」的開始。

　　我在北部的母會也有個同志會友，他的家人接納他、也主動在教會出櫃，沒想到分享生命見證卻遭遇一面倒的反對，連牧者也難以對話；反而他在接觸其他友善教會及同志團體後，有了更多發聲機會。我們也在同光相遇，成為同一母會中難得的支持夥伴。還有另一位母會弟兄（不是同志）與我分享他的感情問題，面對牧者及長輩的責難，在陪伴他時，我也勇敢向他出櫃，他的回應令我感動：「過去兩周，剛好在網路及朋友談話間都有人聊到同志議題，腦海中也不斷浮現最近那部同志電影《愛回來》的宣傳畫面，想說怎麼一直出現這些事，但今天你告訴我後，一切都明白了。其實我不反對同志，只是在教會裡面也不會特別表態。」這是長大至今，第一次對主流教會肢體出櫃。那晚長談，感受到彼此多了信任、理解與包容，彼此關係也不因坦承了性傾向而有分別。

　　跨越的歷程，印證特會領受的信息，在一片阻礙中，上主讓那道「牆」變成一扇「門」，並去除界限，彰顯基督徹底的愛，透過各樣情境對我說話。

五、忘不了的 1130

　　然而，更大的反挫與衝擊正在後頭。2012年民間團體起草多元成家法案，教會反同勢力開始參與論戰，主流教會保守勢力組成的「反972修法

聯盟」，打著「一夫一妻、一生一世」的旗號，在2013年11月30日走上街頭，反對增修民法第972條與多元成家法案。

11月30日的前一晚，母會的服事同工討論到隔天是否參加「反972遊行」，其中一位說：「一定要去，跟著牧者、弟兄姊妹一起去，不然那些法案簡直太誇張……」，回家路上，另一位同工單獨跟我聊起這話題：「最近教會界這樣，我覺得有點超過。瘋狂連署，只會引起人家對基督徒的反彈，應該要以愛為出發點來處理這件事，我其實很猶豫要不要簽，但是教會牧師一直盧，我只好簽了。」我問他是否瞭解上街遊行的目的，他說：「……ㄜ……好像就反對同性戀吧，其實我也不太清楚，不太知道法案的爭論點，回家趕快看一下好了。」

我當下很想跟這位同工說，你跟著別人一起上街反對的，正是坐在你旁邊這位弟兄所需要的基本權利。我更看到許多中南部教會集體包車北上占據街頭的景象，彷彿要參與一場「宗教聖戰」。過去除了大型佈道會、敬拜特會等場合，或者為了311地震發起的災害守望，才會看到大規模基督徒群聚或走上街頭的景象。但這次聚集，我只感受到被「隔絕」而不是「愛」。沒有感受到溫度，只看見自以為義。站在我身旁的每一個人，包括我的母會肢體，都是來反對我、把我定罪的。很遺憾地，我們有相同的宗教信仰，對生命的理解卻如此相異。

當天與一些朋友扛著彩虹十字架及一些標語，悄悄「混進」遊行隊伍中，藉著十字架上貼的文字及標語，默默表達不同的聲音。然而當主辦單位發現後，開始用他們的標語遮住我們，接著限制別人「不可拍照」。遇到「可疑」的同志團體或同性戀者，就用人海戰術「包圍」，口中碎念，要進行「醫治釋放禱告」。在法律上，他們違反了基本人權，在宗教上，他們定罪別人，自己當審判官，把性少數當成需要被醫治的人，想要趕走他們身上的「邪靈」。看在我們這些從小在教會長大的同志基督徒眼裡，既難過又心痛。

1130之後，許多同志信徒離開教會，許多未信者或慕道友不想踏入教會，原本充滿盼望的基督信仰，如今成為中世紀的宗教裁判所，成為傷害生命的源頭，更凸顯同志基督徒一直作為「夾心餅乾」的難處：一方面主流教會不接納同志，另一方面同志也討厭基督教。我困惑：該如何再向朋友分享福音、如何傳揚基督的愛？

我也感慨，反對者擔心教壞下一代、害怕性解放、恐懼毀家廢婚，卻沒有真正認識性少數群體。擔心生育率降低，也要同志族群來承擔這個「國安問題」。當中還有人說：「沒有血緣的就沒有愛」，來自非血緣家庭的耶穌，沒有得到完整的愛，我們也不用信了，基督信仰準備瓦解。維護「婚姻與家庭價值」，說穿了只是因「恐同」、「恐性」而展現的「護教」行為，讓一群基督徒「以愛之名，行定罪之實」。一群基督徒面對同志議題只有盲從而無理性思考。當天我在Facebook寫了一段文字：

無意識、不思考、虛假、盲從，這是我在多數反同基督徒身上看到的現象。由上而下，在權柄與順從的結構體中，牧長說反就反、說罪就罪。政治哲學家漢娜·鄂蘭（Hannah Arendt），當她分析那位猶太人眼中罪大惡極、冷血無情的前納粹劊子手艾希曼（Adolf Eichmann）時，發現艾希曼只不過是個「服從上級命令、依法行政」、沒有獨立思考能力的人。我們也可能是那位艾希曼，心裡潛藏著「平庸的邪惡」。我們都要好好想一下，信仰中告訴我們的愛鄰舍、愛人如己、不自以為義、不做假見證陷害人，我們到底思考了多少？沒有經過思考的信仰是死的，讀出的經文是綑綁的，對生命的關懷也是有限的。

這件事我一輩子不會忘記，我相信在台灣教會史及同志運動史將留下充滿傷痕的一頁。

六、哪裡是我的家？

　　身為浸信會、獨子、本省家庭的男同志，父母逐漸變老、近年遭逢重病，對於婚姻壓力與照顧責任，我早就知道我的擔子不輕，親戚長輩更是耳提面命。不少人羨慕我已出櫃，也有人鼓勵我們家勇敢踏出去，期待父母參與社群發揮更多影響力。然而我父母說：「我們知道你所做的努力，但就幫一個忙吧，我們都半條命了，光養病三天兩頭跑就很累，真的沒力氣再去搞那些事，還要承受教會及親戚的關切與壓力。要衝、要綁白布條，等我們兩老走了以後，你想怎麼衝撞都可以。」每當聽到這番話都很心疼，爸媽需要教會與親友的連結，因為那是他們晚年生活重要的「家」，而對外出櫃可能讓一切變得不一樣，我也想要保護他們。

　　至於自己，除了父母，還有哪裡是我的家？放下被期待的「好基督徒」表象，拆解衣櫃，跨越被阻隔的牆，再經歷1130的衝擊，還有哪裡是我的家？

　　今年適逢南部母會20周年慶、大學團契60周年慶，大夥參與慶祝活動，憶起那些老照片，分享現在的家庭與教會生活，唱著那首〈我們成為一家人〉，這樣的屬靈大家庭，在我的心裡卻很遙遠。

　　台灣基督長老教會在2004年發表一份《同性戀議題研究方案報告書》，是台灣主流教派中少數表達友善立場的官方文件。我曾對此懷抱希望，可惜十年之後，在2014年4月24日第59屆總會通常年會中通過「同性婚姻議題牧函」，回歸保守反同路線。一向對同志議題相對友善的長老教會大開倒車，對多年來的信仰平權運動造成打擊。而自己所屬的浸信會，承襲美國「美南浸信會」傳統，堅守福音派立場，讓同志議題更無討論空間，對於祝福同志伴侶、接納同志神職人員更是遙遠的事。我不知道我對這些主流教會還能期待多少。

　　不過事情並非如此悲觀，我看見新的盼望，在最保守的地方，往往有最

勇敢的力量。在美國眾多浸信會支派中,有一個成員僅100多間教會的支派「浸信會聯盟」(Alliance of Baptists),在所有20多個支派的龐大浸信會體系中並非主流,然而從1987年成立以來,這個支派就一直走在關心少數族裔、街友、女性及性少數的社會公義路線,他們在2004年的年會中發表了一份對同性婚姻的立場聲明,當中提到:

> 我們強烈拒絕國家透過法律修正,對性少數增加歧視,並以傳統婚姻定義否定同志伴侶享有法定的照顧關係保障。身為基督徒與浸信會信徒,我們為著女男同志、雙性戀及跨性別肢體在宣揚基督信仰時所遭遇的毀謗,表達沈重的哀悼。Alliance of Baptists支持每個公民都應享有平等婚姻權利,並將為那些受到教會忽視者創造一個庇護與重新建造的空間。

「壓傷的蘆葦,他不折斷;將熄的燈火,他不吹滅。」(賽42:3,和合本),Alliance of Baptists的勇敢,成為浸信會同志可以歸屬的「家」,我並不孤單。如同亞洲許多友善信仰群體,正一同經歷「出埃及」、「過紅海」及「跨越約旦河」的旅程,努力踏向彩虹飄揚的「迦南美地」。

後1130時代,性別公義是一條艱困的路,反同勢力的「護家盟」、「信心希望聯盟」,正持續透過反多元性別教育、政黨參政等方式漠視性少數,我們依舊背負著十字架。完成這篇生命回顧的同時,正值台灣第13屆同志大遊行,回想過去12個年頭,同光教會不曾缺席,始終是彩虹隊伍中的一道亮光,如同美國浸信會的少數自由派 Alliance of Baptists,從參與婚姻平權運動,直到最高法院釋憲認可同性婚姻那一刻,總是勇敢發聲。

充滿恐懼的反對陣營,瘋狂轉貼污名同志的信仰言論,當中越來越多是我熟識的教會肢體。未來不知有多少對話、多少衝撞,但我無所畏懼,因為《約翰一書》4:18說:「愛裡沒有懼怕;愛既完全,就把懼怕除去」(和

合本）。盼望我們都能愛鄰舍、看見生命中的「他者」，也愛那些與我們持相反意見的人。唯有去除恐懼，才可能讓被隔絕的彼此，再次「成為一家人」。

第17章
住在耶和華的殿中

◎阿志

從小我被當成傳道人培育，一生的願望就是「住在耶和華的殿中」，在教會服事。但最後傷害我最深、帶給我最多痛苦的竟也是教會。

一、住在耶和華殿中

我生長在牧師的家庭，成長的記憶幾乎都是與教會連在一起。父親是位牧師，從南到北牧養過十幾間教會，也因此印象中我總是在搬家。我搬過二十幾次家，待過很多縣市。念台中學校的時候，對台中火車站有特別的感情。那時候父親把自己調到學校門口的教會，於是原本應該是外地象徵的台中火車站就變成了家；等到父親調到更內地的牧會，台中火車站又變成轉運站，經過它才會到家。

對當時的我而言，教會在哪裡，家就在那裡。地址可以一直變，但進到教會我就回家了。

從小我就被期待著未來當傳道人，家裡與教會培養我成為教會領袖，我所有的本領都來自教會、也用於教會。我是徹底 made in 教會，我深信要「住在耶和華殿中」，最認同的是傳統福音派教會。我的願望就是奉獻給教會，「許了拿細耳人的願，要離俗歸耶和華」（民6:8，和合本）。

如果不是我的性傾向，我應該就會是個牧師，而且會是個打壓同志最力的牧師。

二、最大的喜樂成為最深的痛苦

我人生中最快樂的時光，就是碩士班時期的團契時光。因為在我成長經驗中，幾乎沒有跟同輩互動過，那是我第一次有「同儕」可以一起，尤其當中又有男生。也約莫是同個時期，我開始接觸BBS，知道有同志版，也知道有約拿單團契。在畢業之前聽見楊雅惠牧師接受電台專訪，不過我一直

告訴自己：我要做光明磊落的正直基督徒，切勿做放縱情欲的人。

其實回想起來，生命中有一些深刻的畫面：在幼稚園時候，會因為拉同學的褲子而感到興奮；國中時候學校淹大水，很喜歡看捲起褲管的男生小腿；還有一次日本的牧師團來，和牧師小孩玩，我確定自己非常快樂。然而我不斷騙自己，雖然我對男生有興趣，但我不是同性戀。因為我相信敬畏耶和華、跟隨基督的人，不可能是同性戀。上講台的時候，我一樣以聖經為本，譴責同性戀。在大學之前，我從不認為自己是同性戀，或者是說，自己並不敢去面對心中的矛盾。

碩士班團契中有一位契友，我們被認為是團契中最優秀、信仰最好的兩位。我跟他感情很好。我當時論文交了之後，特別趕去外地看他，住了三天，回來之後一直哭。我確定自己是愛他的，但我卻無法愛他，我不知道該如何面對，心裡非常痛苦掙扎。

入伍後，我還是想做正直的基督徒，但已經無法不去面對自己的性傾向。我正式面對自己就是那萬惡該死的同志，我祈求神蹟：我要變回異性戀。我不斷祈求，但奇蹟沒有發生。痛苦到有一次跳傘訓練的時候，我想乾脆不要開傘，死了可能比較簡單。

退伍後我想過當神父隱藏身分或計畫結婚生子，雖然對於同性性行為仍持保留態度，但已經慢慢開始相信同性戀不是罪。在好不容易的平靜中，求學時期團契一位青春可愛的小學弟，在當兵放假時特別搭飛機找我出櫃。我當時還以為上帝讓自己等候的時間到了。

很荒謬的是，當時我雖然不再認為同性戀是罪，卻「攻克己身、叫身服我」，但認為同性戀是罪的學弟，卻一天到晚和當兵學長發生性行為。原來小學弟把我當成「聖人大哥哥」來告解，卻不知道我內心波濤洶湧與掙扎。小學弟的出現讓我生平第一次墜入愛河，但愛情尚未開始就結束了。在信仰與認同、感情中，我與自己搏鬥了一年，終於受不了而選擇自殺。

我認為自殺不是神所喜悅的，基督徒是不可以自殺的，但對當時的我而

言，那是唯一可以解脫的路。我太痛苦了，痛苦到寧可解脫。沒想到上吊技巧太差，想死卻不可得。接踵而來的是重度憂鬱症，一連就是十五年，沒有根治過。

與喜歡的男生相處的快樂經驗，確認我同志的身分，卻也使伴我成長的基督信仰與教會生活成為我真實身分的敵人。在信仰中，我成了自己討厭的人，而信仰也成為我害怕與痛苦的來源。我只好選擇逃避，逃避自己、放棄人生。我深受傳統教會的包袱，沒能力、沒資源、也沒勇氣去處理自己的性傾向。

逃避自己的同時，我也害怕原本成為傳道人的期待、害怕我的親人長輩發現我無法成就他們的期待，因為我是同志，我喜歡同性。更害怕的是自己內心知道，自己無法如願成為一個正直、稱職的傳道人。於是我也開始逃避教會、逃離那個從小一直期許我的傳道人道路。我學這個、做那個，就是避免自己走回去自己最愛又最害怕的教會與傳道之路。

三、每堵牆都有一扇窗

2007年時我憂鬱症嚴重復發，又不得不面對性傾向問題。我鼓起勇氣來到同光教會。剛來時還難以真心接納同志身分，總希望自己只是個「關心同志的人」，而不會被「當成」同志。我在自己的生活圈極度恐懼，恐懼外面發現真正的我、內心的黑暗面，遠在台北的同光變成我的「逃城」，在這裡我可以稍稍忘掉身邊的壓力，作個同志。

我很感謝同光，在我害怕面對教會壓力，也害怕接觸陌生的同志圈時，她幫助我可以在我自幼熟悉、感到安全的教會環境中，面對自己的性傾向並認識同志。同光讓我知道自己的性傾向是可以被神接受的，她也為我開了一扇窗，讓我的世界變大，把我從崩潰邊緣救回來。若不是當時有同光，我真的不知道我現在是不是還會在人間。

不過教會的教導還是根深蒂固地影響著我。我仍然對同性性行為、同性交友有很多的疑懼，耶和華的殿像是一堵牆，我儘管可以接受自己，卻不敢踏出去。在我生活圈裡，我還是害怕任何與同志有關的連結與眼光。我以一個「非同志」的形貌生活著、表演著，只有夜深人靜獨處的時候，才能稍稍貼近自己被深深隱藏的那一部分。一直到最近我才敢上網搜尋「同志交友」，在網路按下這幾個字看似輕而易舉的動作，我卻必須經過十幾年的掙扎努力。

我心裡渴望和異性戀一樣，有個一輩子的婚姻，討厭在同志身上看到一直不斷換伴侶。現在慢慢開始調整心態，承認並接受同志感情的維持確實有不同的限制和困難。如果我能夠真實地愛與被愛，即便沒有長久，也應該要感恩、開心享受。我渴望更深探索、認識自己，我好需要同志朋友，也無法繼續接受感情真空。我需要面對與突破的勇氣。

面對過去信仰與性傾向所形成自我禁錮的高牆，我還需要一扇門、一扇窗。我渴望在信仰被愛、在愛裡自由。愛既完全，就把恐懼除去。

第18章
貼近自己就是貼近上帝

◎麥可

一、教會就是我家

我是牧家長大的孩子，當傳道人是我內心長久的心願。從小在牧師館長大，總認為整個教會就是我的遊樂場。我從小就和很多的哥哥姐姐們一起生活，常常去青年宿舍和他們玩，也常常邀請同學來教會玩。因此教會對我來說就是我的家，我的歸屬感非常高。

我小時候很黏我爸，基本上所有的長執照片之類的都會有我。有時候我爸在禮拜堂講道，若我待在禮拜堂旁的牧師館時就會嚎啕大哭，聲音大到禮拜堂都會聽到，反正就是想要和我爸在一起。有時候受傷什麼的也都是我爸來處理。

從小就知道教會會唱詩歌、禱告，也很明白什麼叫做教會動員，像是聖誕節那樣。

我小時候就很知道要過一個信仰群體的生活，教會和樂融融的圖像也總是刻畫在我的心中。對教會的依賴，就是我的記憶。常聽教會婦女們在禱告會上為家庭與成員生活困境掙扎、流淚、倚靠神，我感覺到信仰裡一種很強大的凝聚力：大家聚在一起給予彼此力量，在外面碰到困難的時候，有這裡給我力量和盼望。這就是我小時候的教會生活。

二、認識自己也認識上帝

其實我應該是小時候就開始「歪」了。我從小就特別喜歡找大哥哥們玩，會靠在他們旁邊，偷偷地喜歡他們，大概是從幼稚園前就有這種感覺。尤其是一些身材很好的大哥哥，我喜歡趴在他們身上，或請他們揹我玩耍。

早在幼稚園小班的時候，我就發現自己喜歡男生。雖然最好的朋友都是女生，但對我而言女生都是玩伴，男生卻讓我覺得很可愛、很想要親近。

雖然小時候在教會，大家還是都會玩「男生愛女生」的遊戲，我也樂在其中，但會讓我心動的總是小男生。例如：幼稚園會有球池，我記得我會一直把男生一起推倒進去打滾，這讓我好開心。

國小的時候，我發現我會去偷瞄喜歡的男生。對女生的喜歡就是為了滿足同儕的期待，好像要交個女朋友才可以滿足同儕的詢問和期待，在同儕間有女朋友比較了不起。

國中開始，青春期性別氣質差異開始呈現，陰柔的氣質常遭到男同學欺負。我那時都和女生在一起，會交換日記聊心事，但在當時環境中，我就是異類。以前還沒有智慧型手機與網路社群網站，我記得大家都很流行日記本，會互相寫、互相分享，只不過男生通常不會做這樣的事。有一次老師檢查書包時搜到我的日記本，我感覺到老師自此對我有了歧視。他暗示我，為什麼我做的事情和其他男生都不一樣？男生不該做些只有女生才做的事情。這樣的暗示對我來說很受傷。

當時一些男同學也常喜歡脫別人褲子，或把人壓在牆邊作勢要幹。這些事情都讓我有受傷的感覺以及對男生產生討厭的情緒。那真的是很難熬的一段過程。

不過，其實國中的我就已經開始偷偷喜歡高中學長了。女生都會和我分享她們喜歡哪個高中學長，常常都是我也喜歡的，所以我也超樂意幫大家傳情書什麼的。女同學都覺得我很認真幫忙，但我其實都是為了自己。我那時候還沒有意識到自己是不是同性戀，只是覺得「我好喜歡那個男生喔」。

高中的時候，我開始和男同學交往。有趣的是，我與男生的初戀也是與上帝的初戀。

在教會長大的小孩不一定認識神。我的高一高二初戀的同時，也是我開始認識神的時候。我的男友是我的同班同學，是很帥的男生，很多學姐同學都很喜歡他，我也喜歡他。其實那時候的我們也不太瞭解同性戀是什

167

麼，只會知道就是很喜歡他、很想接觸他，也不會覺得這樣奇怪，於是親密關係就自然發展。

我高中的時候誇張到會趁午休時間，兩個人就跑到廁所喇舌或親熱。有機會就會問說「下課了要不要去廁所啊？」想起來就超開心的。曾經有老師盯上，質疑我們上個廁所為什麼要上四十分鐘。有一次我們照樣在午休時候偷跑出去，老師展開全校廁所搜查我們，還好那次我們只是躺在樓梯間聊天。

那時候我們都血氣方剛，也不懂得談戀愛，常常就會吵架鬧分手，情緒也很火爆不穩定。當時我感到內心是孤單的，害怕愛隨時可能離開，會擔心到底誰會愛我之類的。我寫了一封信給我媽，希望我媽為我和我很愛的朋友禱告。那時候雖然我家人認識我男友，但不知道我們的關係，她的回信附上了一本書：《標竿人生》，應該可以說是我認識上帝的開始。雖然這本書在神學上有很多不同看法，但對一個初信者來說，它給了我很多的安穩，我也明白什麼是愛的真諦、要怎麼愛別人、要倚靠神、神對我不動搖的愛等等，也覺得神在我和我男友的關係上給了很大的幫助和安慰。所以我讀完《標竿人生》就開始讀聖經。

我信主之後很大的改變，是開始把一些貼在牆上很繽紛的裝飾拿掉，然後開始傳福音給我的男朋友。我知道上帝愛我，讓我有能力去愛他，我不用害怕，因為上帝是我的倚靠。認識上帝這件事，給我高中時期的感情很大的倚靠和力量，我覺得上帝在眷顧我的愛情，祂把我亂七八糟的感情變得很平順，讓我和男友可以好好相處。雖然那時候我也有讀到同性性行為是不對的，但我直覺認為那是古時候的事情，時代不同了啊，所以我不太有信仰與身分的衝突。我反而深刻感受到上帝在我感情中的重要，因著這段感情我才開始認識上帝，我更確定上帝是愛我的，也眷顧這段關係。和聖經說的不一樣，神沒有詛咒我們。

三、出櫃與信仰衝突

上大學後與初戀男友分手，展開了我歡樂的學生出櫃生活。我高三那時候和男友說我們分手吧，我想用功讀書考國立大學，結果我們又進了同校同班。這種情況很尷尬，所以我們又說「好吧，那就繼續在一起吧」。那時班上大部分是女生，他們也會懷疑我們怎麼走這麼近，是不是在一起之類的。

到了大一下，因為不希望侷限自己，我們又分手了，非常戲劇性的分手。我們住同一棟宿舍，一路吵架、打架、打滾、互打到全宿舍都在看我們，於是後來班上也傳開了。分手後我開始公開自己的身分是個同性戀，很自在地面對別人的詢問和自己的性傾向。在那樣友善的學校環境中很開心和別人分享這一塊，我覺得那是我人生當中目前為止最開放的時期，系上的老師們都知道我身分，也非常的關心我。

很感謝神，大學啟蒙了我很多東西。我在大學做過班代、做過系會長；大學讓我學習怎麼去帶領、怎麼去站在台上還有和其他人互動。這些經驗是我學習群體關係的重要時刻。我很感謝神，那時候我是個公開出櫃的 gay，但在那時我還是可以很開心地生活、和很多人在一起沒有任何衝突和不自在。那個環境給我的自由感，讓我自由自在做自己、不用害怕。所以生活非常精采，也不被侷限，長才都可以發揮出來。

有幾次，美國來的教會青年來我們大學團契短宣，我幫忙翻譯，他們的牧師問我說「你要不要當傳道人，我覺得你是有影響力的人」。而且當時大學團契的學長姐也是這樣鼓勵我，之後這個方向就成為我生命中思考的一個選項。

我曾經和一位同志牧師有過短暫的陪伴相處，這也是我第一次發現性傾向和信仰群體對某些人會有掙扎和衝突。記得那時候我陪他在他的教會禱告，他跪在講台前痛哭，因他的家人與教會不認同他，甚至被母會送去矯

正中心，他必須欺騙母會說自己已經被矯正成異性戀，才能繼續從事牧養的工作。那時候我常常聽他哭訴他怎麼被父母不諒解、神學院同學怎麼離開他、還有他在禱告中不斷尋求上帝的赦免以及不斷否定自己的感受。

我第一次發現，原來基督徒碰到性傾向議題會變得這麼殘忍、這麼可怕。我過去的出櫃經驗都是美好的，這位同志牧師的經歷嚇到我了，他的處境讓我感到非常難過。也第一次感受到基督教群體對我的性傾向是否定的。

當兵後開始投入教會事工，預備自己退伍後要當傳道人。我休假的時候都會回教會去幫忙各種事工，也開始察覺到隱隱若現的衝突與不安，但我覺得我只要不講就好了。然而，當我愈服事的時候，我愈覺得我沒有辦法隱藏我自己，因為服事是用生命。別人在講代禱事項，我的卻只能永遠卡在某些地方。有些東西只要卡住，它就會腐爛在心裡，我的心裡也漸漸枯乾。我愈服事，就愈受不了，我發現我很需要一段感情。

四、櫃子裡的服事

退伍後我隱瞞性傾向，非常順利地進了神學院。原本一切都很順利，沒想到自己的性傾向似乎暗暗地在母會被傳開，讓身在神學院的我恐懼到不知道該如何收拾情緒。我不知道自己可以和誰傾訴？如果傳來學校怎麼辦？沒有人可以幫助我……。總之我完全讀不下去，焦慮地不知如何是好。

我一直覺得只要我表現的夠厲害、夠強勢，大家就不會注意到我的性傾向，加上那時候我的信仰很「基要」，因為覺得只要我努力做到那些，大家未來就不會注意我的性傾向，或是爆開之後大家會因為我的優秀而不在意。我把自己搞得很極端。

那時候我班上有個公開出櫃的男同志，我默默的看著我的同路肢體受到

環境不友善的對待。那時候可以感受到神學院對於他的到來很轟動卻不安。

我不敢去認同我的性傾向，於是我默默看著分組的時候，大家不會找他，然後私底下議論。當時整個班級的情緒很緊張。作為一個旁觀者，我覺得很心痛，但我也不敢安慰他，因為當時的我恐慌到認為只要自己跟他靠近，大家都會懷疑我是同性戀。我非常懼怕，不敢靠近他，也沒辦法給他支持。當時我唯一能做的就是偷偷地用直同志身分半夜去找他，和他聊LGBT的議題。他總是很溫柔的和我討論，也讓我覺得很療癒。我後來整理那段神學院經歷時，發現我竟然連一張和他的合照都沒有，就知道我那時候躲得有多深。

後來我完全讀不下書，以致被退學，必須離開神學院。這件事情對我的衝擊非常大。我心想：難道神討厭我嗎？難道神因為我的性傾向用退學來處罰我嗎？因為我喜歡的是男生，所以上帝不讓我當傳道人嗎？我非常沮喪，神學院的同學也很驚訝。那時候我一直用各種理由，例如：神學生生活水土不服之類的來回應外界。那時候有位老師曾寫封信給我，他關懷我太過偏激的信仰，也要我去處理心裡的那個問題。那時候我對這位老師非常不諒解：覺得他又不知道狀況怎麼可以這樣批評我。但現在回頭看，那時的我不敢敞開自己的性傾向，整個人很不健康，總覺得別人都對我有敵意。我覺得這就是躲在櫃子裡服事的結果。

離開神學院後，我還是有在母會服事，期待自己未來還是可以回到神學院讀書，我很清楚自己的呼召，很想要走傳道人這條路。然而當我在教會服事，我發現教會的長輩對我也很有期待：像是要開始找未來的師母、教我如何社會化地成為一個牧者、教我要怎麼樣去滿足他們的期待等等。

我覺得直到現在，我都還不知道要怎麼樣在一個不接納我身分的教會裡面服務。尤其教會又是一個很重視心靈交流和坦承、不希望有面具的地方，我怎麼能把我的生命交託在這個不接納我身分的群體裡？即使我很努

力服事，但有些長輩知道我性傾向怪怪之後，就不太願意把小孩交給我帶主日學，他們對我的信任因著我的性傾向而流失。

我期待一段感情，但也不知道要怎麼找，想找人分享生命，卻在母會看不到亮光。我明明內心枯乾、什麼資源都沒有、非常疲憊，卻在服事時總要裝作自己一切都好。於是我決定要離開我的母會。我想著：好吧，我是一個同志，我怎麼可能在母會牧養人？如果有人問我「傳道，你是怎麼信主的？」我要怎麼說？我總不能說「喔，我信主是因為我的男朋友啊」。之前別人問我，我都只能編故事，但總不能都是這樣。而且也沒辦法再騙自己，也沒辦法騙自己的弟兄姊妹，我不想騙。於是我就想著：「好吧，那我就不要當傳道人吧，就不要走這條路了。」我很消極地看待這件事情。

離開母會後，有一段時間是非常孤單的，只有一個人，也不知道該往哪裡去，一切的支持都變得很薄弱。

五、在同光重新遇見上帝

一直知道台北有間同光同志長老教會牧養著同志朋友們，我卻從沒勇氣踏進去。我在2013年同志遊行隔天初次來到同光。來到同光後我有很大的感動，覺得自己找到家。同光在崇拜與聚會中保有著長老教會的敬虔及傳統，這讓我倍感親切熟悉。我常常在敬拜或聚會中流淚，心得安慰。另外，讓我最大感動的是：我看到這麼多同志在這裡一起聚會，而且非常開心、不用隱藏，這在傳統教會根本不可能發生。在傳統教會，你會因著你的性傾向被懷疑你的能力。

來到同光讓我想家（我的母會），但那邊卻又不是接納我、可以讓我敞開生命的地方。家的感覺竟然在這裡找到，生命可以安穩、可以安歇，不必再隱藏。

很感謝上帝，我避開了2013年教會內反多元成家遊行時的動員和衝突，讓我不必卡在兩邊。看到很多人在那時候為了信仰勇敢的發聲，給了我非常大的激勵。我看到大家為了自己的性傾向和信仰是那麼努力，也讓我感受到神真的在這間教會動工，神真的和我們在一起。

之後我認識現在的伴侶，我感謝神讓我在性傾向與感情的部分再次得到滿足。在互動中可以感受到神的同在，感受到神「回來了」。戀愛交往的過程，也「恢復」了我的生命，讓我再次覺得自己是一個健康的人。

我們剛交往的時候，我立刻就找了小恩（當時同光教會的幹事）作我們的支持／輔導，小恩非常幫助我們。

之後也很開心參與在小組、敬拜團，並能夠成為小組同工，甚至有足夠的信心與肢體間相互陪伴鼓勵，這也讓我決定勇敢和我的家人出櫃。我不斷地分享，他們也不斷地在進步。我也有機會參加亞洲各地教會舉辦的工作坊、特會、研討，認識了香港、新加坡、馬來西亞、菲律賓、印尼、印度的 LGBT 肢體朋友，明白上帝在各地 LGBTIQ 身上眷顧保守帶領著。真的很感謝神讓我可以重新認識自己的信仰和性傾向，每次回想起來都深深感到這是神給我的禮物。祂讓我知道我的未來不孤單，而且有彼此可以互相扶持。我在這邊得到很大的力量和安慰。

一路走過來很不簡單，但也很感謝神，直到如今我可以在這裡和大家分享。如果要用一句話來做結尾，我要說：「很感謝神讓我經歷這一切，我很開心我是個同志。」

第19章
就在我內

◎司徒敬

一、明悟初開（幼年時期）

上主對人的召叫一直都是難以言喻的，當我想到要用心地回頭去看這段生命歷程的時候，我深深地感受到原來上主在那個時候，已進入了我的生命，其實祂一直都在，且默默地守候在祂所創造、所愛的靈魂身邊。

我自小出生在民間宗教的家庭裡，只是當時的我不知道什麼是信仰，也沒有產生過如今我與上主之間那種奇妙的觸動。幼時我很喜歡廟宇帶給我的感覺，喜歡欣賞那些虔誠信徒禮拜的模樣，以及品聞令人清靜的檀香味，可以馬上帶走所有煩惱。但我必須承認我有一段時間，特別是在剛受洗的前後，對其他宗教感到厭惡至極，不過感謝上主的引導，讓我在這些不同宗教信徒的身上、他們的心靈中，看見人性最寶貴的良善和值得學習的一面。學習如何用造物主的眼睛看世界，這也使我從中學得謙卑，因為尊重他人的信仰，並不代表我們不需要傳福音，真正的福音是把基督的愛與和平帶給每一個人。

我相信並覺察，在生命的每一個階段，特別是在痛苦與無助之中，都有上主最深的愛的旨意在裡頭，因為祂就是愛，這愛能使我們承受椎心之痛，也能使我們走向光明的境界。雖然我們常確信自己已經看見目標，卻更常視若無睹、行走卻遲疑、奔跑卻回頭觀望、相信卻不履行、跌倒不願意爬起，但那生命的主就守候在這些角落裡，祂知道我們要不信祂幾次、背叛祂幾次，就是因為祂知道，因此祂願意張開雙臂一次又一次的等待並承受這些痛苦，直到我們有一天回頭，也願意張開雙臂擁抱祂。

二、初蒙恩惠

我第一次接觸到基督教是國中一年級，當時有一群基督教的大哥大姊來給我們上生命教育的課程。有一次的學習單上，是一顆大樹，象徵著我們的生

命，我們要把生命中過去、未來和現在的每一件重大的事情，都寫在上面。根部是開始，茂盛的樹梢是生命的盡頭朝向頂上照射它的陽光。在我們分享時，一位大姊姊把「生命接受從主而來光與愛」埋在根部，而我卻寫在頂上，就是這麼奇妙，我突然好想認識這位生命的主，甚至有點羨慕這位大姐姐，從小就從上主蒙受了這樣奇特的恩惠。當時的我，其實一點也不認識這位「主」，很渴望能進一步的了解，於是很認真上課，我相信主在我認識祂的這條道路上，必有奇蹟般的妥善安排。我不停的尋找，向同學借了《聖經》也很快地被要回去，金句小卡成了我當時最寶貴的收藏。

之後，父親將我轉學到了一所升學率高的新學校，因個性比較內向，好勝心強，在競爭的環境下，慢慢和同學們疏遠，甚至被欺負。還記得國文有次段考拿到高分，下課卻被同學拿走，硬是雞蛋裡挑骨頭，要老師把我扣個四、五分才甘心，或是拿到考卷時，上頭已滿是他人的腳印，我只要不服氣，他們下課就會來欺負我。我開始不愛上學，每天到學校就承受著無比的恐懼與壓力。直到國三的某天，我與我恐懼的那些人面對面，就在那惶恐的瞬間，我忽然覺得恐懼不算什麼，我得去面對他們，雖然他們的反應讓我很受傷，但心中的混亂卻逐漸的平息下來，也不再恐懼周遭的環境。這是我生命中的一段黑暗期，這樣破碎的人際關係帶來的傷害，好似痊癒後還會隱隱作痛，但帶領我的主，讓我看見自己的一切，並且用祂的方式幫助我克服過去陰影帶來的障礙。國三時的「修和經驗」與「求恩經驗」，暫時點亮了晦暗的心靈，和模糊不清的前景。

國三因為能力分班，我離開原本班級，分配到新班級去，那時我早對升學失去了信心，只想走我有興趣的道路。原本在中段班的我，請求老師把我降到後段班，因為我不想承受太多升學壓力，也對學習失去了興趣，更怕在跟不上其他同學時，被同儕甚至老師冷嘲熱諷。來到新班級後，我和過去的同學也有了奇妙的變化，他們看見我時不再是我印象中齜牙咧嘴的表情，他們開始變得謙和有禮，我甚至可以和他們聊天。有個在我印象

中曾如市井潑婦般的女同學，如今和我說話竟會不好意思；一位昔日最愛在我背後落井下石的男同學，居然在我生日時，送給我一個象徵友誼的風鈴。這些經驗讓我感動，原來與人和好並不困難，只需要原諒和遺忘，並重新開始一段新的關係，這讓我充滿喜悅。日後成為基督徒，在告解中的懺悔經驗裡，神父向我說：「我了解你的情況，你的痛苦，就是你的補贖，平安回家去吧！」當耶穌在十字架上時，右盜說：「主啊，當你的國來臨的時候，請你記得我。」耶穌直接回答他：「今天你就要和我一同在樂園裡。」當我們悔改的時候，耶穌一點也不和我們計較過去的錯誤。

我在電視上聽到一些基督教的詩歌讓我很感動，想起自己曾很渴慕閱讀聖經，於是我向上主祈求：「主啊！我希望可以得到一本《聖經》，並且我也想要像電視上看見的那樣，在詩班中讚美你！」有天，我在一堆垃圾中，發現一本《聖經》。後來，這本《聖經》在班上廣為流傳，大家都在上課的時候偷看《聖經》，真是出乎意料。

三、初次進教

高中時期的我，很渴望去教會，並且只知長老會，不知天主教會。那時我便向主禱告：「主啊，希望你可以讓一位朋友，帶我進教堂，因為你知道我生性內向……」過不久，便在宿舍認識一個朋友，原是國中隔壁班的同學，而且還住在我家附近，剛好和他談到信仰，他就說要帶我去周六的團契。記得當時候團契練了幾首歌，隔天主日，我就和他們一起穿著詩袍站在詩班上讚美主，我還一度打盹，只記得一位老弟兄在我更衣的時候說了句：「真有福氣，第一次來主日就穿詩袍、唱詩班。」當時心裡沒特別感覺，後來意識到原來一切都在主的安排之中，感謝主。但是，去了幾次長老會，我父親得知後非常不悅，他說他那些酒肉朋友信了基督教，並且稱基督徒為異教徒，後來我也漸漸沒去了。

高中時轉學，因緣際會之下選修了聖經課，我才開始真正認識信仰。我對信仰的渴望越來越多，開始參加學校的彌撒和一些團契，並開始參加慕道班和讀經班。每次參加彌撒，都有很深的感動。當神父高舉那代表著耶穌基督的聖體和聖爵時，我瞻仰著那為普世人類犧牲的基督，屏息凝神之時，心臟仍噗通噗通地加速跳動著，我感覺自己的生命與耶穌成了一體，好像他的生命就在我內跳躍；每當心情低落時，在耶穌的十字苦架前，我總能獲得滿滿的平安。

第一次參加復活節前夕的大禮彌撒時，我幾乎是懷著嘆為觀止的心情，瞻仰著那被神父所高舉在黑夜裡的復活蠟，並點燃每人手中的燭火，進入黑暗的聖堂內，神父三次誦唱著「基督之光」，聖堂內忽然燈火通明，伴隨而來的是教友歡欣和期盼氣氛，原本十字架上被蒙上象徵苦難、死亡、埋葬與罪的紫紗布被揭開，救恩的十字架被高舉，基督以他的死亡摧毀了我們的死亡，又以他的復活恢復了我們的生命。當下的我，深深地感受到基督已在我的生命中。

有一次我原本要受洗，但那天我沒去，因為我突然意識到要成為基督徒是我整個生命的完全轉變，感到惶恐猶疑。在床上賴床時，我夢見：我走進一個暗暗的教堂，但教堂內透出光亮，後來我覺得我眼前好像蒙了一塊黑紗，使我看見的一切變得黯淡。我在長椅之間前進，越接近教堂內部就越顯得黃澄澄的，好似發出金光。我看見通往祭台的階梯比一般教堂還高，接著赫然看見在祭台上有一團很亮很亮的皓光，我才意識到原來我眼前的紗為我抵擋刺眼的光芒，忽然有一個聲音向我說：「你要到我台前來。」接著我就醒了。

後來，父親在生意上遇到一些壓力，我教他向耶穌祈禱，我問他有何感覺，他居然說：「如釋重負。」我受洗那天，父母也出現在教堂裡，讓我又驚又喜。在天主教祈禱文的〈又聖母經〉中，有這麼一句禱詞：「於此涕泣之谷，哀漣嘆爾。」若說塵世猶如涕泣之谷，我時常覺得，耶穌的腳

步就是迴盪在這山谷裡的跫音，在我們需要安慰的時刻，他會帶盞油燈，趨步前來，援助我們，他從不拒絕那些呼求他的人，或使他們蒙羞受辱。我的父母雖信奉民間宗教，他們向主祈求的恩典卻一樣也沒有少過。我覺得天主一樣愛他們，在他們心內種下更重要的東西，那就是祂的愛。我相信耶穌基督是我生命中最好的一位朋友和導師，祂必定會繼續守護著我和我的家庭。

由於我曾有轉學和被霸凌的經驗，在人際關係上常常感到緊張和窘迫，沒什麼朋友，害怕與人接近交往。但當我認識耶穌基督以後，我的心被敞開，也開始有能力去正視這些混亂，好像《創世記》第1章說：「大地還是空虛混沌，深淵上一團黑暗，上帝的靈運行在水面上，天主說：『有光！』就有了光。」聖靈幫助我看見自己，在禱告中與天主談心，不願意去行的，害怕而不去做的，似乎都有了天主的擔保。祂賜給我勇氣去迎接一個新的自己，並學會去經營人與人之間的關係，後來我交到了許多朋友，相隔千里都還保持著很好的友誼。

四、主帶領我正視自己

我來到同光教會是2013年9月的事。那年3月底我剛退伍，對於未來何去何從心裡很亂，信仰一直是我生命的核心，我對天主教的修道生活也曾有過渴望，這火苗在我心中從未熄滅，偶爾興旺，我感受到這似乎是上主的呼召，是一個帶領的過程，要讓我從中學到一些東西。於是，我去了某修道院避靜幾個禮拜，我很喜歡修道生活的氛圍，那是能讓人專心仰望上主的地方，如同《詩篇》所詠唱的：「我有一事祈求上主，讓我一生的歲月裡，常居住在你的殿裡，直到永遠。」

過了幾個禮拜以後，我發現我內心有個空缺，或說是處曠野。一處曠野只要好好經營，必能成為綠油油的草地，甚至是一個結實纍纍的果園。然

而我在那裡卻找不到水泉，我尋找原因，並為此向主禱告，我感受到主要我離開修道院去尋找。我一直以為同志身分沒什麼大不了，和「認識我自己」及「認識天主」沒有任何關係，但當我越想到自己的同志身分，越感受到一團迷霧，我發現我一點也不了解我自己，也不明瞭為何上主使我成為同志，原來有好多祕密隱藏在那處曠野，而我卻不想去挖掘開墾。於是我想到了同光教會。

五、同光教會

我先前曾去過其他新教教會，但求學時遇到一些偏激的新教朋友讓我感到卻步，我還為此讀了很多書，以便日後可以反駁他人對天主教的誤解。後來，幸好我認識了一位新教牧師，和他很有話聊，也更認識彼此的教義，想來也要感謝主的安排啊。後來，我決意要拋開一些可怕的回憶和成見，便在領洗後首次去了新教教會，那次主日崇拜中，我覺得尷尬到了極點，看到接待人員我只想躲起來，我緊張得滿臉通紅，明明還開著冷氣，我卻全身冒汗，說不定我頭頂上同時冒著白煙。那場禮拜之後，幾位教友和牧師的問候與閒聊，才令我放鬆下來，從此不再害怕去不同的教會。

某日彌撒過後，我懷著忐忑的心情，致電同光教會，隔天便有弟兄到捷運站接我，他對我的第一個疑問不是同志身分，而是：「天主教和基督教不一樣，你不會不習慣嗎？」這問題讓我覺得很有趣，因為我來到同光不只是為我自己與天主的關係，為了能更認識自己和天主以外，我更希望能活出一個大公主義的基督徒，不受宗派成見影響，在基督內與同樣信仰的人共融，關於同志的部分當時我還不確定，但與其他宗派共融這件事，我相信不管多辛苦，都是上主樂意的。那天主日崇拜完畢，長老起身介紹新朋友，順便問了一下我的身高體重，結果大家哄堂大笑，才發現原來是開玩笑的。身旁的一位姊妹看見我戴在脖子上的玫瑰念珠，便笑著跟我握手

說：「你好，我也是天主教徒喔，你的玫瑰念珠很美！」讓我倍感親切。

我在同光認識很多朋友，他們與我分享出櫃經驗與感情生活。初來同光時，我有很多新鮮的收獲和樂趣。但我心裡同樣也存在許多疑慮：同性戀真的符合上主的旨意嗎？我來同光教會，真的是耶穌悅納的嗎？大約是10月底，我再次到天主堂參加主日彌撒，我心裡就只懷著這兩個疑問。當天的彌撒，我哭得淅瀝嘩啦。我從來沒有這麼感動過，耶穌離我好近，「就在我內」，那種無以言說的溫暖與喜悅，我從未體驗過。耶穌用他的愛肯定我、溫暖我，他讓我明瞭一切都是他所樂意的。

同志身分並不與基督徒身分相衝突。因為認識自己，才有可能認識上主，而認識上主也才能夠深刻地認識自己，上主不要我們活在虛偽和謊言之中。當我們願意為了真理而奮鬥，祂必定會帶領我們乘風破浪。當我們為了正義、為了天國之故，而身陷邪惡與困難之中，求助於主，祂必為我們親開天路。

第20章
仍然在路上

◎陳煒仁（查令）

一、小的時候

我的記憶從幼稚園開始。當時剛進入到那所斜坡下的學校，帶著眼淚，我進入到教室當中。連續一個星期，止不住的眼淚，在收到一台模型動力船之後似乎收斂了起來。在船真的能航行在大臉盆的時候，那一天放學前，我看見了那位戴著眼鏡的男孩，比我長一個年級，教室在圖書館的旁邊，有一小群人圍著他，彼此在說話，散發出來的氣息，吸引著我。由於我是半途入學，而那個男孩沒有多久就畢業，並沒有太多可以互動的機會。

我和女同學之間的互動，一直比和男同學好很多，也因此，我常被認為是屬於女生那群的人，只和少數的男同學保持特別好的互動。有一次的打鬧當中，男同學們公開地認為我不屬於男生的群體，並認為我的動作舉止像極了女孩子，幫我取了一個「娘娘腔」的外號。某一次的體育課後，有口渴的男同學在找水喝，我遞出我的水壺，卻得到「我不敢喝你的水，怕變得和你一樣」的回應。在小學高年級時，越加和女同學走得近，和男同學的距離似乎更遠，他們時常會傳著「某某女生喜歡你」，或是已經在交往的消息，是不是有人覺得我刻意地喬裝靠近女生、近水樓台呢？班導師在某一次月考的成績單公佈的那天，看著排名第一的我說：「這是讓陳煒仁撿到的。」我覺得他並不喜歡我，也沒有因為我的學習結果而給適當的讚美或肯定，原因可能在於我不夠像個男生。

轉換到國中的那個暑假，我常常作惡夢。那個年代，學區的國中規定男生要理三分頭。不知道為什麼，我非常地抗拒，直到新生訓練前一天，我才被爸爸壓著去理了頭髮，在回家的路上經過便利商店，我感覺羞愧低著頭走進去，風的流動異常的冷。隔天，我被分配到和一位國小同學同班的班級，我不敢和任何人說話，下課時留到教室沒有人了，才覺得可以安心離開。但是，剛走到門口，其他的國小同學們正好走過，高聲呼喊著：「快來看！陳

煒仁也剪短頭髮！」除了三分頭，衣服與鞋子都在被嚴格要求的範圍，校長表示這是學校的傳統，多少人因為這樣考上了南一中與省南女。

不知道為什麼，老師總是會指定我擔任班上的幹部，並且總是認為我扮演還不錯的角色。這在我某次沒有擔任職務時有了新的認識：沒有班長、幹部與股長的名稱之後，和我說話的人變少了，並且會有人對我做出言語及肢體的侵犯。「身分是一種保護，但成績不是。」在現在解讀起來，似乎是這樣子的。

男女分班的結構裡，嚴格禁止跨越建築物分隔與異性接觸，我和要好的女同學們被分開了，得在男孩圈裡打轉著。偶爾仍有女同學走過窗邊，丟下小東西或是信件，就匆匆離開，這些東西常被班上其他同學當成是娛樂與嘲諷的內容。每個年級都重分班一次，不同的成員組合，反倒是讓我在班上欣賞不同類型的男同學，只是他們似乎不會和我靠近。

有幾個男同學私下傳著我沒有小雞雞的謠言，並且跟著我進到廁所想要驗明正身。一開始，我只覺得無聊，就像是小學時，男生們流行玩著碰觸彼此的小雞雞一樣，我從不參與這樣的活動。有一段時間，有三位同學總約好要一塊來檢驗，一開始只是打鬧著，後來，他們卻認真了起來，其中一位在樓梯口堵住我的去路，後來他在我背上吐了口痰，才讓我進了教室。升上二年級，我竟和這三位同學被編在同一班。開學沒多久的一次下課，我以為他們去買午餐吃，自己去了廁所。他們三人突然地出現，圍住正在如廁的我說，今天終於可以看個清楚。隨即其中一個拉住了我的褲子，另二個伸長了脖子探了個究竟。我不知道他們看見了什麼，兩個人哇的一聲之後，就消失在那個空間。之後，就沒有再來煩過我。現在每每看見玫瑰少年（葉永鋕）的故事，[1] 就會想起這段躲藏上廁所不堪的日子。

1　可參考：台灣性別平等教育協會著，《擁抱玫瑰少年》（台北：女書，2006）。

其實，我後來才辨認出，那三位同學也不同於其他男同學，不僅幾乎貼在一起做每一項活動，也交換著一些常用的東西。後來，他們的態度轉變，向我示好，並邀我參與他們的活動，而且向我道歉。

看見兩兩並肩同行的男生，總會很吸引我的目光：在夏天的傍晚，樹林下。

靠著好運氣，我進入地區最好的高中，告別了慘綠的國中生活與三分頭。一直坐在我旁邊的那位說著怪異華語腔調的屏東男孩，讓我不禁要糾正他的口音；也因為他近乎完美的數學與體育表現，讓我喜歡找他求教、靠近他。騎著單車，補習班、棒球場以及育樂街的小吃店，都是兩個人共同的記憶。

暑期輔導時，我們分到不同的班級。那天早上，他在教室門口等我，一起走到小福利社買了紙盒牛奶，再走回教室門口，我們一直說話，在老師出現在走廊盡頭時，我們才分頭才飄進了教室。那天中午，他在樹下等我一起去吃了午餐。隔天，我收到一張三位數定價的進口卡片，以及一隻小白熊布偶。之後的每一天早餐、午餐與放學時，在樹下，都可以看見他。

後來才知道，我們共同參加的那個社團，儼然是個性別友善的自然聚集體，不愧是一個追求實踐愛的群體。參與的成員，在後來陸續聯絡與彼此坦誠，竟都不是異性戀。「聚集」的過程，是自然發生的，那時我還不懂什麼 G-Dar，「同性戀」其實仍很不清楚也不常用的名詞。

有人曾告訴過我：「你和隔壁班的某位同學很像，但是他更嚴重。」在運動場結束了棒球的活動之後，走向車棚路上，我看見那位「更嚴重」的同學，坐在另一位男同學單車的後座上，說著話從校門前經過。「他都會扭動屁股，然後很多人喜歡他。」可是我沒有這樣的習慣啊！「若你是女生，我就會來追你。」一年級的時候，某位同學在下課之後，站在扶梯上大聲告訴我，之後就轉身離開。

那年聯考，我們的成績都很糟。被家人安排到不同的補習班去，而我們

陳煒仁（查令）

在下課之後仍一起吃點東西才各自回家。有一天，我騎著單車在補習班樓下等著，看著他走向我，說他的家人打電話來，要我們不要再碰面，而補習班也不會再對我開門。在那一段時間裡，除了無趣的冷氣房之外，我時常被內在的情緒擄掠，不停地與之爭鬥。騎著單車繞到他的補習班，望著樓梯上下的人，卻都沒有見到他。偶爾，接到他的電話，會平靜一些，但是在掛上電話之後又會掉到漩渦中。這一年，許佑生和葛瑞舉辦了婚禮，我在電視上看見了，告訴他：「在一起是兩個人的決定，不是嗎？」「不，是兩個家族的事，我家不會准的。」

第二次參與的聯考，自然組的他先完成，選社會組的我慢一天才考完。他在考完那天，帶了一份熱仙草按了我家的電鈴，要我隔天的考試加油。他是偷溜出來的，很快就又離開了，我知道這是很大的心意。

等待放榜的那幾天，我竟硬著頭皮到了他屏東的家裡，卻感受到和原本很熟悉的他的家人們之間的距離。特別是他的媽媽，在言語當中總有讓我覺得刺耳的用詞。放榜時，我幸運地錄取了北部國立大學熱門的科系，他卻考得不太理想。幾天後，他轉告家人請我離開的消息，我從他的眼神中讀出複雜的情緒。

帶著行李，我們坐在海堤上。海風不停地吹著，他問我要不要喝點什麼打破了沉靜，我告訴他我很生氣也很難過。搭上火車之後，靠著電話仍能有些維繫：我打過去的電話一定找不到他，只能等他在無人之時的主動聯絡。上了大學，勉強維持了一段時間，斷斷續續地聯絡著遠距離的互動關係，後來，我想他有其他的追求者，就淡了。

二、離鄉與追尋

在這位於木柵山邊的大學就讀，沒有自己的交通工具靠著搭公車過生活的我，乾脆就盡量不出門了。那時在校園的風雨走廊，都會看見地下的性

別社團偷渡在其他社團的佈告欄上面的活動宣傳，我總在沒有人的時刻駐足，看著泛黃的影印紙與許久沒有更新的內容與郵政信箱，但我從沒有參加過他們的活動。可能因為我實在太不主動，害怕「曝光」，也聽聞「他們很亂」，我從沒有機會認識傳說中系上的「四朵花」學弟，以及一個正在形成的同志社群。

我開始在圖書館裡找相關書籍，也好奇在某間24小時營業的書店的神秘的「性別研究」書櫃裡，到底放了什麼書呢？每次走到那區域，都要多留意一下身邊有沒有「特別的人」與認識的人，非得等到四下無人了才敢走近。有一天夜裡，朋友帶我去「朝聖」，告訴我雜誌區是大家彼此打量的地方，性別研究其實都是兩性關係與身體保健，沒啥有趣的，而且看我模樣保證我可以「平安去平安回來。」我也曾按著書上寫的去「新公園」做考查，當然什麼也沒有看見。

BBS與剛流行起來的網際網路與網頁當中「％」與「＠」的暗號，是能找到「朋友」的另一個管道。在這樣的互動關係當中，我發現自己好孤單，需要被人聆聽以及解答心中種種疑問，這些「網友」幾乎都只存留在NetTerm 的黑底畫面上。我還記得幾位曾見過面的朋友，大多數是同學校的他系同學，我大概太需要他們了，這壓力導致他們大多無法與我持續互動下去，但是我同時間也從不同人的留言裡發現，其實不只我一個孤單。系上的學姊可能很早就發覺我的情況，並會主動發些訊息與邀約，好讓我有喘氣的機會。

暑假，我搭上往台南的復興號。鄰座一位女生跟我交換了許多閱讀的經驗，並向我介紹聖經與她所認識的上主。開學後，搭上237公車到這間信義宗教會參與一個學期的活動，我確實在那裡感受到團契的生活。包括出車禍住院的期間，實際的探訪與真實可見的關懷行動，使我覺得這意外來得正是時候。後來我停止去那教會，可能是那股使人窒息的「愛」，把我推出了圈圈之外。某種生命的樣態、信仰的模版與價值觀點，一步步地包圍

我的生命，被侵犯的感覺常常在參與聚會的過程裡蔓延。大家說這是「信仰」，而我裡頭有不屬上主的「東西」。

大三，我搬出了宿舍，在校門對面租房子，這是我生命轉折的開始：成績開始有起色，修心理與哲學的課程，並且和幾位同學有比較深入的互動。而最開展的是「家人」的關係，我成為租屋處家庭的一份子，承擔一部分的責任與義務，也被疼愛著。我該怎麼表達這個情況呢？就是：回家有飯吃，考試時有人會在祖先牌位前念念有詞，變瘦了會有人挾大塊肉在碗裡，生病有人會大罵快去看醫生，幫忙照顧一下小孩的學校功課與去河堤打球，阿公過世那年一起折蓮花，並全程參與了喪葬的過程……「我在台北的家人」是我向爸媽介紹時的用詞。

我和姊姊、姊夫、妹妹與弟弟之間的互動，讓我重新認識自己，我也練習向他們坦露內心的想法，並且從中得到支持，這是我生命中非常重要的階段。我想也因為這樣，在現在我能稍微與人互動時，少了一點生硬與多了一些友善。

雖然租屋處隔壁就是一間教會，而我非但沒有走過去，也發現原來街坊們並不怎麼喜歡出入其中的人。一直到畢業服役時，爸爸的一場手術讓我又想起信義會的朋友，透過電話的代禱讓我那夜可以安然睡著。這真是一個複雜的情感，在退伍之後仍舊回到信義會聚會，而且很認真地認識這個信仰，也更發現裡頭混雜著許多我弄不清楚的規範與堅持。

三、基督宗教與同志遊行

2003年，我開始很大量地接觸性別議題與團體。其中一項是參與熱線的助人工作訓練擔任接線志工。志工訓練時，分成數個小組，讓我們認識彼此的生命故事。對我來說，可真是苦了，要將自己的過去再一次地拿出來與眾人分享。但大家冷靜的回應著實讓我覺得失望，自以為是天下

最癡情的故事，在身旁的人看來，頂多只有一些些的感動；若要比誰比較「慘」，我可能無法入圍。

因為參與志工訓練，與教會聚會時間有衝突時，我難以言明。我說：去參與了助人的訓練，卻無法坦白地說出受訓的單位，教會的朋友則不斷詢問並覺得不解，有什麼可以比教會的聚會還有更高的優先性？

在接線室裡，一通又一通的電話打來，訴說著他們在家庭裡無法真實地活出自己、與家人對立的張力、在信仰群體裡被當成鬼附身的、不聖潔的、要受到醫治與釋放的人、被迫離開服事位置，甚至在改變性傾向之前不再歡迎他回到團體中來，有些則是完全不敢出櫃，因為他的家人也都在教會裡服事，而且還是長老，擔心會影響他們，可是自己又很喜歡團契裡的哪位可愛的弟兄……教會真的有人願意了解這群人嗎？

那年（2003），第一屆台北同志遊行在二二八公園展開，我是其中一位志工，被分配帶領第一個隊伍：同光教會。記得那天在公園裡走著，一位面熟的女生向我走來，是過去同一間教會的朋友。我問她：「你為什麼也在這裡？」然後，我們都笑了。她告訴我後來發生的事，她向小組長及牧師出櫃，但是得到很負面的回應，讓她感受到熱絡互動背後的虛假，再也無法再相信傳道人及這個宗教團體。我突然明白我所感受的那奇怪氛圍，正是「虛假」。那天接下來的震撼是，時任同光教會駐堂牧師的曾恕敏牧師，在遊行前登上了領頭車，帶著在場500名的遊行者一起做了祈禱，在沿路這群教會的肢體唱著我也熟悉的詩歌，「同志也可以是基督徒」的想法深印在我心底。年底，我離開信義會，轉到同光教會。

四、一間同志教會所帶來的衝擊

我記得第一次到同光教會參加主日禮拜，是已經參與了一段時間的家庭小組之後才去的。第一次去，對於隱身在老舊大樓裡的祕密團體充滿想

像。那一天，我坐在第三排的位置，一位看起來是T的姊妹打鼓，一位弟兄彈琴，一位姊妹領唱。我以為坐在我前兩排的是男生，在與「他們」擁抱問好時，「他們」比我更大方。在會後午餐時，才知道「他們」都是姊妹，我大為吃驚。這對於我想像中的 LGBT 分類，衝擊實在很巨大。更妙的是，我竟然很快地被邀請參與聖誕晚會的演出，反串當時知名的少女團體 Sweety；我現在想起來並不特別，看看那群被我誤以為「弟兄」的姊妹，我應該更合適成為「姊妹」的弟兄。那一年，同光教會租借了某大學的場地舉辦聖誕晚會，後來也年年舉辦了好一段時間。後來，我進行一些自認為是了不起的實踐：留起了長髮。我現在才比較明白，其實這就是「酷兒」（Queer）的生命展演實踐（performativity）。

在一位 HIV 的室友啟發與鼓勵下，我開始參與露德協會的志工。同時間，我也在教會裡參與服事。在這間以男、女同志為主要成員的教會裡，並不如想像地對於不同的類屬的人都是友善的。一位跨性別的朋友，在會友普遍缺乏了解以及對於認同邊界被侵犯的焦慮下，經生理女性的小組成員投票，拒絕其出席小組聚會。相似「不被接納」的情況也出現在我所服事的小組成員身上，我深刻地意識到：一個受到歧視的群體，仍會再複製這個歧視的結構，而且充滿正當性：一個明確的「認同」畫分著你該屬哪一類以及應有的行動規範。

由於更有機會聆聽不同的生命故事，我理解到性的實踐在每個人的生活當中都不同。但似乎仍有一個樣版在這個信仰群體裡，套用著大家所拋棄的原生教會的倫理價值：什麼是聖潔？這個疑問似乎一直很難被眾說紛紜的「大道理」給解答，我感受到加諸在這些生命故事上另一種來自「自己人」的壓迫與網羅。

「我可以喜歡誰？」成為我的困擾。「同性戀」只能喜歡相同性別的人嗎？如果不這樣，還是「同性戀」嗎？「雙性戀」的位置在哪裡呢？「跨性別」到底是要喜歡哪種人才「可以」？以「性取向」為身分認同的標

籤，困住了我的想法與生活。有一長段時間，我詢問「愛」與「喜歡」的議題：我好像可以喜歡很多人，對不同的人都欣賞也被吸引，但是，什麼是愛呢？原來，愛也很有「限制」。

向媽媽出櫃，是在邀請她來參加教會聖誕晚會的前一晚。在電話中，我支支吾吾，媽媽卻明白地說：「來，你直接講。」當我說完了之後，媽媽並沒有等待我喘過氣來，反問：「你現在才講，我和爸爸在你國小的時候就在討論這件事情了。……你有沒有向爸爸提？」隔天，表姊告訴我：「你一出場，阿嬤就高興地哭了……並且說：「沒錯，這就是他啦！」我還記得媽媽在演出前遞給我，那份從台南帶上來的飯糰、飲料與那番加油鼓勵的話。

2008年5月21日，楊雅惠牧師離開了我們。在收到消息之後，仍覺得不真實：一位勇敢面對父權體系的同志教會建立者，用燒炭的方式解束自己的生命，回到上主那裡去服事他。在台中的那場告別式裡，我又再一次感受到「虛假」充斥在每個環節裡，謊言也在那場合裡散佈著。一直跟到了火葬場，這一切卻沒有隨著楊牧師離開，每雙哭紅的眼睛與無法述說的難過情感，從那裡蔓延開來。那天，我下定決心要朝成為傳道人跨出腳步。

五、神學之路與現實的拉扯

2008年，在取得同光教會的推薦之後，我報名台灣神學院道學碩士（取得此學位方可擔任牧師）的入學考試。我缺乏指引，自己摸索，筆試高於其他應試者，卻未被錄取。後來得知，其中一名口試委員給我零分。口試過程中，該委員不斷詢問我的性別認同、擔憂同光教會意圖影響中小學生的性別認同，更質疑我入學是另有企圖，以及會去發掘其他同志學生。放榜前一天，兩位老師請我到學校去，告訴我招生委員們因為性傾向的關係，無法接納我成為道學碩士新生，並建議我先修神學系的課程做預備。

這不就是性傾向歧視嗎？我望著那隨處可見的標語「對人有愛、對土地有情、對上帝有信。」真是諷刺。同年，一位非裔美人當選美國總統。

那天，我向租屋的阿嬤報告沒有被錄取的消息，她很失望，轉身上樓在神明廳捻香。從考試那天起，她每日在祖先牌位前都在擔心這件事情。晚上，妹妹聽我抱怨了整晚，也一塊生氣；媽媽卻很冷靜地說，可能是緣分還沒有到吧，不用強求。

隔年，我帶著優異的成績單以及長老教會聲稱要落實性別平等的剪報，再度報考台神的道學碩士。一整排口試委員關切的似乎沒有什麼不同，其中一位關心我的家人怎麼看待我的性傾向與伴侶的議題。「不論你帶回家的是男生或是女生，只要你們像我和你爸爸一樣，在彼此有困難的時候，不輕易放棄，一起走下去，那個人就是我們期待的人選。」媽媽吩咐我將她的話轉述給口試委員聽。但是，我的名字還是沒有出現在錄取名單裡。媽媽仍說：可能是緣分還沒有到吧。一位關心我的牧師則是很慎重地要我思考進行法律行動，或是放棄報考。

又隔了二年，我已具備準神學學士（B.Th）的資格，打算第三度申請道學碩士入學，但這回台神連讓我報名都不給。我記得在神學學士畢業典禮那天，一位教會的弟兄在座椅上插著一個彩虹風車，院長的講道內容我幾乎都忘記了，只記得「順服、聖潔」這幾個字。

在我第一次收到成績單時，一位年紀稍長同學一聲不響地走到我的桌前，拿起裝著成績單的信封，打開，再闔上，並說：「你成績還不錯嘛！」就離開了，這個舉動讓我感覺被侵犯。而這位同學，在畢業典禮上，主動坐到我旁邊，並在領取證書時向我道賀。我從他的笑容裡，讀出這三年來他情緒的複雜轉折，以及他在前後兩次舉動之間，所經歷的種種。

不知道下一步該往哪走，幾位關心我的牧長建議我試著報考台南神學院，我很倉促地準備資料，心想可能又一筆報名費有去無回。出乎意料

195

地，我在口試時感受到與台神不同的氛圍：口試委員們願意聆聽、並了解我的受挫以及族群的處境，也對於畢業後的發展表達關心。返家與媽媽吃了午餐並報告考試的情況。這回媽媽仍用相同的那句「緣分」提醒著難以臆測的未來。

放榜那天，長期關心我的牧師為我傳來好消息，我想像著他盯著錄取名單網頁不斷按「重整」按鈕的模樣。媽媽說念佛團體的會長與師兄姊們要辦桌慶祝；在台北租屋時的阿嬤，在祖先牌位前上香感謝保佑。南下拜別時，阿嬤透過一只紅包含蓄地表達她對我的感情。

六、這就是神學・在台南神學院裡的種種片段

搬離台北，整車的家當，帶不走關係與情感。南神離我老家不遠，因為學校要求一律住宿，讓我有機會和同學們生活在一起。先前那所學校認為，一位同志住在宿舍裡，會造成其他同學的困擾，但我就這樣在這裡住下了。

正式開學前的語言班第一堂課，我感覺到壓力從四周同學的眼神中傳來。當時我留著及腰長髮，我被錄取的消息也有教會媒體報導。擔心被同學排斥，我如坐針氈。終於等到下課時間，走到外頭的雞蛋花樹下，特殊的氣味驅走了教室內的冷空氣。聽見一個女性聲音詢問我，是否從同光教會而來，她希望跟我共進午餐。那天，我已先答應媽媽回家吃咖哩飯，婉拒了邀請。後來，這位學姊成為我在學校的第一個朋友，她並協助我認識校園。

第一次讓我體驗到校園的真實氣氛是在開學禮拜的聖餐服事。每位新生都被邀請協助預備禮拜中代表耶穌基督身體的餅與葡萄汁，我也舉手表示要參加。在預備日的前一天，傳來同學氣憤與不滿的聲音，認為我刻意踩線，汙辱了這個儀式的神聖性，老師建議我這個學期暫緩參與，校園裡的

成員並不都是像學姊一樣地主動與開放。在那場禮拜裡，我極其憤怒，祝福餅杯時閉上眼睛，腦海中卻彷彿看見自己站起來甩門離去。但是，當「這是我的身體，為著你們打破的，你們要如此行，來記念我。」從台上傳來，我接著彷彿聽見微弱的聲音呢喃著「我來不就是要遭人看輕與踐踏的嗎？踏下去吧，我正為此而來……」（語出遠藤周作小說《沉默》），淚水就滑落下來，我因此和耶穌有更深入的連結。

不久，一個專職矯正同性戀的基督教組織，將其刊物塞進每個學生的信箱裡，以及一封指名要給我卻沒有署名的信件，裡頭寫著性傾向改變成功得醫治的故事，並羅列出聖經中指責同性戀的經文。我彷彿赤裸著身體，面露驚嚇，手臂僵直，無法動彈。

學校得知消息後，在聚會的場合上重提一份台灣基督長老教會先前所作、立場較客觀及友善的研究報告，希望師生共同學習與差異對話，也在課堂中傳達多元乃源自於上帝的創造。後來，每個學期都有這樣的匿名信放進我的信箱，裡面仍是最新出版關於如何成功進行同性戀改造的書評。

幸好有幾位來自同光教會、在南部發展的朋友們，共同籌組「南方小帳棚團契」，讓身旁「無處可去」的基督徒仍能有信仰分享的空間，在這裡休息、被聆聽與得到支持。現在這個容身的帳棚從嘉義延伸到國境之南。

但從學校外部才能得到溫暖總不是辦法。第一學期結束的那幾天，我走過圖書館，一位同學喊了我的名字並邀請我加入他們的禱告會，大家共同為手上還沒交的報告、寒假的規畫、下學期的計畫，安靜地分享著。那天晚上時間過得特別緩慢，我們面對面敞開彼此的生命。那時我才知道男同學們間流傳著彼此提醒要穿多一條內褲來防備同性戀的笑話，怪不得宿舍裡沒人願意來找我串門子。

在第一次去實習的教會前，我與牧師交換想法。我擔心「若有人問起關於同志的議題時……」，牧師倒是很直接地說：「你覺得該怎麼說就說吧！」我想他已用了很多心思來安排。頭一次參與聚會，一群大嗓門的大

姊姊們包圍我，在一種熟悉的輕鬆感受當中，展開教會的實習。接下來在不同教會實習，也似乎都在不知不覺中，已經被適度地安排在妥當的環境裡，得到很正面的支持與關注。

挑戰和張力仍然不斷地考驗著。在一次學校的大禮拜中，教務長宣佈我的成績是道碩學生中最優異並可領取獎學金，在掌聲與驚訝中我起身向大家致謝。當天晚上房門口就站著一位同學來叫囂，表示我並沒有贏得太多；擁有特殊關係與老師特別照顧的謠言隨之而來。這些質疑不但沒把我擊退，反而讓我燃燒鬥志。

2012年，在台灣神學院舉行的同性戀議題研討會上，我感受到的敵意再次得到印證。[2] 儘管透過新舊約神學、倫理學、牧養與精神醫學等不同面向進行討論，在最後一天邀請幾位同志基督徒現身分享生命故事，台下的眾人竟像是預先分配好一樣，逐一對台上分享者進行嚴厲批評。我記得有人認為，我被選為學生幹部是學生們沒水準欠缺良好教育的結果，先前拒絕我入學是因為我有不良意圖，台上台下互相唱和；也有人忙著為楊雅惠牧師的離開進行辯護，以及質疑我為什麼能入學台南神學院、有無中會的推薦、同光教會是什麼單位，認為我根本是個「外人」。

暑假，我到了泰澤（Taizé，位於法國）。在這裡，我發現不是每個「不期而遇」的長老教會牧師，都如前述那場研討會上的人一樣。我在泰澤體認到，一個高度異質化的信仰群體，成員之間仍能共存與互動，從中得到生命的豐富，並且吸引更多人前來。但事情也並非如此完美，晚禱後修士們提供時間讓有需要的人與之對話。一天，我走向一位黑人修士，坐下，並開始述說我這幾年來對於服事同志社族的憂慮，以及目前主流教會對這議題的態度所造成的對立及張力，讓福音更難在同志社群中被宣揚。修士

---

2 〈教牧研習 探討同性戀議題〉（台灣教會公報），http://www.tcnn.org.tw/news-detail.php?nid=1343，截取日期：2015/03/30。

想了很久，說這是一個複雜的問題（complex problem），要持續用愛與同志社群互動，建立關係，這樣才有機會影響他們；修士還說，我們是從男女結合而來，而他們並無法延續生命。我幾度懷疑自己是不是聽錯了，追問之後確定修士的態度：同性戀這個欲望（desire）並不自然，是選擇（choose）來的；成為同志的朋友，才有機會說出讓同志能聽你說話，讓他們改變（change）。他的說法讓我錯愕，他誤以為我與他持相同的立場、主張「改變他們」，而我將以「過來人」的角色來向這些仍沒有回頭的人現身說法，用身段極低的方式進入他們的生活，成為他們的「朋友」，影響並改變他們。這跟我之前遭遇過許多「以愛之名」的經驗相同。最後修士祈禱完畢，沒有像其他人一樣，在我的額上畫聖號。他的「共融」，背後是一種明確「修正」的企圖，差異並非被真正地接納或認真地對待，亦非存而不論。

　　暑假，我申請到香港實習二個月，主辦的「香港基督教協」（HKCC）與「香港基督徒協會」（HKCI）將我派到一間同志友善教會，主任牧師是一位結過婚的女同志，有一個讀小學的女兒。「眾樂教會(OBIC，One Body In Christ)，就是要讓眾生都快樂的地方。」她如此介紹她的教會。這教會有四個主要關懷：性小眾、性工作者、政治／社會參與、以及生態／動物。香港有些教會在2013年舉辦跨宗派音樂會，阻撓港府有意訂立反性傾向歧視法。[3] 另一群基督徒推動「彩虹之約——共建同志友善教會」的運動來回應，[4] 而這位牧師是其中主要的聯絡人之一。同時，認為同性戀是得以

3　「113愛家共融祈禱音樂會」，由基督右派發起的音樂會，地點選在香港政府總部前，向政府示威不得對「性傾向歧視法」表達支持的態度與進行諮詢。https://www.facebook.com/113concert，截取日期：2013/8/20。

4　「彩虹之約–共建同志友善教會」，https://www.facebook.com/events/428303263913689/，截取日期：2013/8/20。

被矯治的明光社以及大型教會發起的〈真愛同行牧養約章〉也展開連署，[5]
我正好經歷這一段故事。而後者「在愛中挽回同性戀者」立場的約章，很
不幸地成為2014年台灣基督長老教會反同牧函的內容。[6]

我也有幸參與基督教協進會的「性別公義促進小組」，[7]目標是讓香港教
會界對性別議題保持對話的環境。透過主動舉辦性別共融崇拜、工作坊、
查經班等方式，讓更多人可以建立更寬闊的性別視野與尊重的態度。參與
的成員有許多具神學背景的人，並且有諮商師與社工人員。

眾樂教會當中的「姊姊仔會」成員，[8]主要關顧女性性工作者，並且透過
「不雅神學」（indecent theology）的信仰論述，[9]尋找性工作的在香港處
境裡，於社會與信仰裡的壓迫與正當性，並持續進行充權、支持團體與教
育的工作，並且在教會中創造出一起崇拜的空間。我曾接觸過的教會，對
性工作者總是抱持「從良」的潛規則，卻沒看見結構性的問題才是壓迫的
來源，在這脈絡底下，無疑是把人又推入深淵，沒有帶來釋放與生命。這
是不同神學的走向與實踐的衝突：性工作者也是教會的正當並應享有尊嚴
的成員。[10]

2013年，我從香港回到台灣。台灣伴侶權益推動聯盟（伴侶盟）將《婚
姻平權草案》送進立法院並在10月完成一讀。學校裡關於多元成家議題的

5　〈真愛同行牧養約章〉（時代論壇），http://christiantimes.org.hk/Common/Reader/
　　News/ShowNews.jsp?Nid=78082&Pid=1&Version=0&Cid=145&Charset=big5_hkscs，截
　　取日期：2015/03/30。

6　〈同婚議題 長老教會正式發函表態〉（國度復興報），http://www.krtnews.com.tw/
　　church/item/10292-%E5%90%8C%E5%A9%9A%E8%AD%B0%E9%A1%8C-，截取日
　　期：2015/9/27。

7　http://www.genderjusticegroup.org.hk/，截取日期：2013/8/20。

8　https://www.facebook.com/pages/%E5%A7%90%E5%A7%90%E4%BB%94%E6%
　　9C%83-JJJ-Association/215541845175398，截取日期：2013/8/20。

9　http://www.hkcidata1.org/database/sze/106/sze106-9.html#article，截取日期：
　　2013/8/20。

10 在香港，在特定的工作模式下從事性工作，並不違法。

討論，是從一篇轉貼文章開始。這篇文章是來自基督教團體對婚姻平權草案的不實批評，轉貼者附上「我們現在保持沉默，就是讓邪惡縱橫」的標語。不久，我在課堂上與耳語中聽見令人難以置信的誇張言論，我心想我該採取行動了。

星期四的某一節下課時間，幾位同學主動幫我掛起了標語，在玫瑰花園的樹下，我們開始訴說同志伴侶的故事、成家的渴望與困難，接著逐條閱讀草案的內容並讓參與者提問。我們相信唯有真實地接觸與閱讀正確的法條，才能澄清謊言、認識真相。[11]

此舉引來極大效應。不少同學們私下將校內進行的活動以及老師的言論傳到校外，讓牧長們依據這些「情資」在中會會議上威脅中斷對學校的奉獻及推薦神學生就讀，藉此要求學校表態反對婚姻平權草案並禁止校園內相關活動。有同學不過是表達面對爭議每個人都有言論自由的權力，不應限制不同意見的陳述，隨即遭到牧長的斥責與人格詆毀。亦有牧長開啟網路論戰，並以拒絕對神學院奉獻以及停派神學生報考為威脅。[12]

在進行四次的說明會之後，兩位我所敬重的老師私下與我談話，表達希望暫停這項活動，然而他們又確知我所做的事情毫無錯誤，這使我相當困惑。在課堂上，有一位老師意圖不明地要班上分組討論多元成家並報告，在最後一次上課時，我才明白他的用意。我在極為憤怒之下寫了一封信給學校的教學窗口：

---

11 〈[認識多元成家草案]系列活動(3)：婚姻平權(包括同性婚姻)草案之1〉（筆者Facebook），https://www.facebook.com/photo.php?fbid=10200615564581436&set=t.1529400979&type=3&theater，截取日期：2015/03/30。

12 机嘉勝（台灣基督長老教會台南中會民族路教會牧師，Facebook，2013/11/01），https://www.facebook.com/permalink.php?story_fbid=10200838338820798&id=1233770449，截取日期：2013/11/10。

這兩次的課堂老師要求我們針對多元成家議題進行報告，但是老師完全沒有考量在場有人（就是我！）就是討論內容的當事人的觀感與承擔的壓力，致使討論當中有些同學所引用的偽科學以及極其羞辱人的言論都沒有被制止與修正。因為在討論中，常常不是針對草案的內容討論，而是針對同性戀的正當性與是否為上帝視為罪的行為。

特別是今天上午的課堂，兩組同學分別就新約與舊約進行報告，其中舊約的同學的報告主要採用先前總會出版的白皮書觀點，進行處境脈絡的分析提供以「約」的觀點來看待性行為，並極力避免論斷及定罪的態度。反觀新約組的同學雖然名義上將正反支持者的意見列出來，但是若仔細看他所陳述的內容：支持多元成家者：註明出處與發表人、反對多元成家者：沒有寫明來源；支持的經文：五處，附有處境及詮釋（按其在立法院所發表的內容快速帶過）、反對的經文：除常見的之外，將新約中所有「行淫」的經文都列出來，SN 4205以及4203的經文都列出來，有近二十處，完全去脈絡化，並將「同性性行為＝拜偶像＝行淫」連結在一起，報告的同學說「我僅將經文列出來，上帝就這樣啟示，我不做多餘的解釋。」

這種假對話去脈落，真霸凌的報告行動，竟然得到老師的肯定。相較於舊約那組的同學，老師卻給予負面的評價，並說出完全不合脈落的觀點，並對於今天其他組（真巧，今天只有新約這種狠狠地霸凌了同性戀，其他人的報告都期待一種開啟對話的機會）都被評論為不當報告。在老師評論完之後並沒有讓同學有發問的機會，老師隨即離開了課堂。

這是一場霸凌，用課堂的討論為包裝，非但針對我，也是刻意針對同情支持者的攻擊。但事情並沒有就這樣結束。

一天中午，我前往一個由台南地區眾教會為了解婚姻平權草案內容所召

集的會議，我原以為是教會界想多了解法案內容，因為他們還請了三位提案立委的助理前來。一推開會議室的門，我拿到的是「反對多元成家‧反對修改民法972」的連署表格與惡意拼貼誇張信息的手冊，我看見三位草案提案立委助理在眾牧長面前慘遭言語霸凌2小時，其間非但沒有實質的草案討論，立委助理們禮貌地舉手想要發言，卻被限制陳述、刻意引導與曲解說明，並被冠上邪惡與淫亂之名猛批。主持的牧者結論說：立委助理們的解釋完全無法說服眾人，這草案確是毀家滅婚的淫亂作為。並且宣示這個地區會有超過50台遊覽車北上參加「1130遊行」；另一位牧師宣示將以切腹來表達其堅絕反對草案的心志。[13] 這無疑是場「圈套」！隨後這些牧長移到另一個場地，商討如何動員跨教派連結，留下幾位想要駁倒立委助理的教友，激動地表達無法接受自己兒子是同性戀的事實（真巧，他們都有同性戀的兒子與女兒），更無法接受他／她可以結婚。這真是場低級的鬧劇！散場前，我看見一位學校的老師，坐在第一排但頭低到認不出來，整場都沒有發言。他在想什麼呢？我也看見那些仰著頭的眾人，與學校裡那些抓耙子們，驕傲勝利的神情。突然間，我聽見身上有碎裂的聲音，才明白老師的眼神裡蒙上的那層霧是什麼。一所孕育著重視個別處境意識、解放受壓迫者與自由思想的改革宗神學校園，已經死了。殺手就在我眼前。我驚恐地無法言語。

1130那天，我看見許多長老教會的牧長在台上發言，連同那些露餡的基督徒藝人以及吃相難看的政客們。那年的待降節期，特別有感觸。

最後一個學期，我的畢業講道以「瓦器裡的寶貝，使我們勇敢向前」為題，詮釋《哥林多後書》4:7-18。[14] 那天是聖灰周三，是大齋節期禁食的開

13 〈台南牧者憂多元成家　立委助理盼澄清誤解〉（台灣教會公報），http://www.tcnn.org.tw/news-detail.php?nid=5681，截取日期：2015/03/30。
14 〈囥佇土的器具的寶貝，使咱勇敢向前（林後4:7-18）〉（筆者部落格），http://charingchen.blogspot.com/2014/03/47-18.html，截取日期：2015/9/27。

始。我引用了神學家潘霍華:「當基督呼召一個人,祂是召他來死。」以及漢娜・顎蘭提出「欠缺思考」並「過頭順服於結構所傳達的信念」,認為那些沒自己的事、看輕別人的需要,遵守權威就OK的態度,讓邪惡勢力縱橫。批判當年度貽笑全台灣的揀鑽石見證、教會內政治鬥爭與對於弱勢者的壓迫。同伴們說:我們都知道你所表達與批判的,只是我們很替你緊張。

不久,就發生了太陽花運動。317那天晚上,原本與一位同學在寢室討論經文,後來演變成十多個人共同商討,在318清晨搭車北上聲援太陽花運動。台灣比香港早一步展開了全面性公民抗命運動,也預告了兩地之間在政治與宗教上面的連結更為深刻與緊密。

2014年的長老教會總會年會,在會議最後一天(3月30日),有些出席者拿出事先準備好的「臨時動議案」,以突襲方式通過「反同性婚姻牧函」,[15] 並在5月20日的總委會中被確認。在通過反同性婚牧函的當天,一些長老會信徒成立了關注此事的臉書群組,後來成立「長老教會青年陣線」,在一個月內收集了600份連署書,希望長老教會能「暫緩牧函、討論,聆聽青年心聲」,但事與願違。[16] 主持這兩場會議的人,就是那位宣示「切腹明志」的牧者。

在通過牧函的前後,我就在議場擔任資訊處理的協助者。我不知該如何描述當時的心情?

---

15 〈59屆總會年會 議案討論交鋒現火花〉(台灣教會公報),http://www.tcnn.org.tw/news-detail.php?nid=6856,截取日期:2015/03/30。「台灣基督長老教會同性婚姻議題牧函」於2014年6月10日正式發佈。可參:教會公報3251期,13版。http://weekly-pctpress.org/2014/3251/3251_13.pdf,截取日期:2014/10/16。
16 〈520「路過」總會事務所 教會青年向總委會遞交連署書〉(台灣基督長老教會總會網站),http://www.pct.org.tw/news_pct.aspx?strBlockID=B00006&strContentID=C2014052100004&strDesc=Y,截取日期:2014/05/23。「長老教會年青陣線」,https://www.facebook.com/2014tkcfront,截取日期:2014/05/23。

七、一個足供記錄的片段

2008年，楊雅惠牧師的安息禮拜，無言無語的亡者被活著的人消費凌辱，連同她所關心的同志朋友也在那場合裡被霸凌：誰都無法為自己辯駁。眾人到了火葬場，同受霸凌的眾人聚在一起，手扶著楊牧師的靈柩，敘述眾人感激的記憶化成一段禱詞，隨著不斷掉落的眼淚，消失在視線裡。楊牧師多年前也就讀台南神學院，她傳奇的一生，激勵了我走上這條路。原來，死亡確實是新生命的開端。

從內褲要多穿、聖餐踩線、匿名信與特刊，到被選為學生幹部、關心社會議題、多元成家挺身而出、318清晨擠滿同學的寢室……似乎我處在一種「外人內置」與「我們」之間的張力與拉扯。「……我的祖先原是一個流亡的亞蘭人……」（申26:5）

道學碩士的畢業典禮，伴侶、媽媽以及朋友們都在，但少了三年前帶著彩虹風車前來的Happy大哥，他已早一步去了那個未來我們都要去的地方。但我覺得他就坐在某一張座位上，帶著極大滿足的微笑，我似乎也聽見他的笑聲了，我知道他們正看著我。我帶著講稿，從座位上起身，走上講台，我聽見學弟妹的加油鼓勵的聲音，也望見那天集體霸凌場合裡諸位牧長的臉孔。向台上的老師們致意並邀請畢業生起立，我開始畢業生致謝詞與獻身祈禱：[17]

> 板根，是一顆大樹，在不斷地努力向下紮根向上生長過程中，遇見硬
> 土，卻不肯停止也不願放棄，以致於在土地上突起了那顯眼的部分。

17　〈【好地種籽】硬土扎根〉（台灣教會公報），http://www.tcnn.org.tw/news-detail.
　　php?nid=7649，截取日期：2015/03/30。影像資料：http://youtu.be/zjHh0MFbUQ4，
　　截取日期：2015/03/30。

回想在校園裡的一切學習也不正是如此？

在我們各自原有的基礎上，努力地想要向「硬土」探索，努力地和環境互動。不肯放棄，以致於成了「三頭六臂」，也因此成長與生存下來。

我們自許是「發芽」班，在台南神學院富有處境化神學資產以及釘根本土的信仰傳統「硬土」中，吸取這地土的各種養分，執意要鑽出地土，長出那獨特的形像，或許在許多人看來陌生與奇異，但我們心中卻竊竊以此為傲，並深切期盼上主的形像能稍稍從我們身上被彰顯出來。

夙昔典型耶穌的跟隨者，將福音帶到台灣。從巴克禮牧師建立台南神學院，也通過黃彰輝牧師提倡的處境化神學，使「基督教·蕃仔教」的硬土得以被挖開。從台灣無法切割的基督宗教與文化的殖民當中，走向後殖民與自由之路，「福音」轉化的力量已顯現，而不知不覺中我們也參與其中。

因為，我們看見在生長的土地上的那些硬土以及受苦的眾生。

當強國與霸權之手，伸進媒體意圖殖民、操控與威脅之時，我們參與了「反媒體壟斷」的行動。

我們住在鐵路旁的鄰居（南鐵東移407戶被迫徵收），遭受粗暴的政府不公平的對待，亞伯的血從土地裡發出的控訴與哭泣之聲，使我們與受苦的義人站在一起。一同在台南市政府打地鋪、遭遇被斷電、被優勢警力威嚇，被一再地以幾行公文打發。以致於我們現在能更深刻知道「進化的獨裁者」在每個角落破壞公義，並稍稍理解「耶穌的福音運動」乃非一條易路，且非一時半刻就能達成，我們做得實在不夠。

我們在東豐路的鄰居（恩友中心，服務流浪街頭的朋友們），在拚經濟政策下，卻不斷蒙受結構性困乏之苦的弟兄姊妹們。他們曾被打敗、流離，但如今為已成為團契，用愛彼此關懷與扶助。我們有幸，

能被接納與他們一同聚會，唱詩，讀經與吃飯。他們不因我們來自物質上豐盛有餘的教會拒絕我們，不因我們的教會趕他們出來而阻擋我們，也不因我們有上好的衣裝和打扮，將我們排斥在門外。他們包容我們的自尊、高傲與自義，更接納我們，成為他們的「弟兄姊妹」。並用笑臉迎接我們每次的到訪，使我們對於貧窮有更深刻的認識。

3月18日那夜，幾位天真的同伴讀到《約翰一書》4:14-21「什麼是愛？什麼是沒有懼怕？」愛豈不就是一種為著他人付出生命氣息的具體行動嗎？3月23日那夜，在行政院內外一位位「打破自己、甘願流血」「力挽狂瀾」的潘霍華，以及一間數十萬人組成的「認信教會」在凱道聚集。

也因我們有幸參與在這些當中，以致於在未來的那一日，我們將得以告訴別人，我們曾共同參與建造一個「瞎眼的得看見，瘸腿的得行走，受壓制的得自由，是主悅納人的禧年。」一個公義與和平的國度。

這些「硬土」的經驗，也在我們的身旁散開。多樣性的族群、身分、信仰經歷、文化、語言、性別、性傾向，我們努力地面對硬土，在張力當中生氣與流淚，但我們確信這一切卻都是上主計畫裡拼圖的一角落，而我們將持續追尋與見證福音的大能。

謝謝每一位以身做則、協助與陪伴我們「破土」的老師、牧長與朋友們。如今，我們將帶著這些「三頭六臂」的板根，進入到另一個階段去，在各自的場域裡，帶著這「看似非人」卻蘊藏著淚水、汗水、哭泣與笑聲的這個「部分」，持續深根，並向左向右擴展。請你們寬心，也繼續為我們祈禱。

最後，請容我用一位令人敬重前輩曾說過的話，來成為畢業生的自我期許，也與親愛的在校生共勉。鄭南榕先生說：「接下來，就是你們的事了。」盼望每位南神人所在硬土之處，都看見福音發芽，並散發

著，在彰輝館前、那棵由宣教師種下的雞蛋花、象徵自由與基督的香氣來。

讓我們一起來禱告：

上主，求你賜我平安，讓我學習接受我無法改變的事實，賜我勇氣，讓我去改變我可以改變的事情，賜我智慧，讓我能辨別這兩者之間的不同。每時每刻用心生活，每分每秒享受歡樂；將困難看做是通往和平的路徑。願我能更像我主，正面看待這個罪惡敗壞的世界，不以自己的意思做為意思；誠心順服上主的旨意，願你的旨意都成就。如此，在今生我有理由歡喜來過日子；並在來生要與主，永遠享受無比的快樂。阿們。（尼布爾的祈禱）

八、仍然在路上

畢業之後，「失業」成為一個不斷被提醒的事情，身旁有非常多不同的聲音，催促我去做點真正有意義的事情。到香港參加在崇基神學院舉行為期一周的「酷兒神學工作坊」，[18] 我接觸與思考不同以往的同志／同性戀神學路徑。

再一次，於老師們的協助之下，我申請到芝加哥神學院的神學碩士課程（Master of Sacred Theology, STM）。楊雅惠牧師曾在這裡學習，並展開了對同性戀的信仰關懷，我的許多老師也都曾在這裡受到啟發，我有幸接受同樣的洗禮。同時我也考上了高雄醫學大學的性別研究所，一個在性別平等議題上努力的教育單位。我計畫做科際整合的學習與研究：神學與性別。

---

18 〈中、港、台酷兒神學暑期工作坊 2014〉，http://queertheo.com/?q=node/13，截取日期：2015/03/30。

2015年9月6日，我在芝加哥神學院，坐在楊雅惠牧師可能曾待過的長椅上，她當年是否就在這長椅上，看見同性伴侶親密的互動，並在心中留下久久無法忘卻的印象，故而在返台後召聚了同志基督徒組成團契、成立教會，並展開了傳奇的旅程？

這是我的生命故事的一些片段。我仍然在路上。

第21章
彩虹夢，神學路

◎小恩

對神學的興趣，始於國中時跟好友傳福音被拒的大打擊。這使我更深思考信仰以及到底怎麼傳福音、怎麼關懷牧養的起點。考神學院的念頭，始於研究所。大學時性別研究裡對同志身分認同的知識追尋已經滿足不了我，那時的我醉心於本土神學對於土地與人民處境的由下而上信仰告白。於是研究所畢業論文以蒐集整理台灣教會主流刊物與報紙所再現的同性戀與議題為方向，作為自己實踐的起點。2009年進入同光擔任全職幹事，對當時的我來說，等於是進入由下而上神學累積的田野，幾乎是信仰實踐與夢想實現的夢幻工作。於是我很久沒有想起神學院進修一事。

雖然在同光的服事與工作暫時斷了讀書的念頭，然而想再進去神學院進修，也始於在同光的工作與服事。

在教會工作五年，超過我的經驗與瞭解的同志處境越來越多。牧養的需求遍地都是，但能夠且願意牧養的人少之又少。從教會與會友的需要中，我開始漸漸渴望能夠再次被系統地裝備聖經與神學基礎。我渴望能更多與有牧養經驗的人一起交流同志處境，希望能一起尋覓更好的牧養關顧模式。

決定要念神學院並不容易。看看我周遭所有已經去過的或是還在裡面的人，我發現，進入神學院意謂著要捨棄、預備自己到某一個程度。對伴侶關係來說，更是一大衝擊。進了神學院、奉獻出去了，很多時候自己就不是自己的了──時間不是自己的、未來要到哪裡實習以及牧會可能也都無法自己決定。對當時剛進入穩定關係幾年的我來說，非常非常地掙扎。

我的伴侶一直以來都是最支持我、最肯定我去念神學的人。在她的鼓勵下，我漸漸勇敢，拋開恐懼。在經濟情況最差的情況下，決定放手一搏，報考神學院。（那時候唯一的擔心只剩下錢了，但是許多朋友都說，沒有人會因為沒有錢而念不了神學院的，要我放心）

2014年4月25日是我參加台南神學院入學甄試的日子。為了這個考試，我前一天就抵達學校並住在那裡。因為考試是一整天（早上跟著大家一起筆試，下午考生輪流口試），我希望能從容應試。

小恩

那晚，當我梳洗好，正半趴床上心情輕鬆地閱讀考古題做最後衝刺時，一個意外的移動，放在床上的眼鏡竟從中間斷了！斷了！斷了！就在橫跨鼻樑的那個位置！「斷在這個位置也太扯了吧！我從來沒有一副眼鏡這樣！而且現在是什麼時候了！竟然眼鏡斷掉」，我的內心不斷播放著這些句子。對高度近視的我來說，眼鏡幾乎決定我所有行動。立刻打電話給在台南神學院念書的好友，他送來一捲無痕膠帶救援。我勉強修復了眼鏡後，驚魂未定打電話給在台北的女友，叨叨絮絮我的驚嚇與重新述說報考神學院的種種心情。記得我們講了好久好久。在女友的安慰與上主必定帶領前路的提醒中，我逐漸收拾好心情，愉快地掛上電話。

　　隔天早上的筆試還算順利，除了英文考古題搞錯方向讓自己緊張了好一會兒外。這回考試，對我來說，壓力最大的地方就是英文了。因為我的英文非常差，從國中以後就沒有認真讀懂過它。所以我非常害怕自己因為英文而失去入學的機會。但是所有考過神學院的朋友們都要我不用擔心這個問題。他們說，從來沒有人因為英文不好而不能念神學院的（入學之後再特別加強即可）。而且神奇的是，英文出題老師竟然在考試之前的空檔，進來教室提醒我們他的試題會從考古題哪個範圍出。由於裡頭有幾個我看了非常頭痛的句子與短文，趁著休息我立刻打電話給我那英文極好的女友，把考古題照相並傳給她，央求她即刻翻譯給我聽。這樣的惡補，讓我在筆試時覺得至少還算掌握了一半以上。總算鬆了一口氣。

　　中午休息時間，熟識的老師來宿舍找我，她說院長正遭受一些壓力，下午的考試可能會有變掛。老師要我仍盡力應試就是。其實當下我感覺不出這件事情的嚴重性，只能感受一向在情緒上表達含蓄的老師內心似乎極大衝擊。當下我隱約已知可能的遭遇。但我還能做什麼呢？真的只有全力以赴而已。

　　下午的口試我是倒數第二位。快要輪到我時，被通知換到最後一位。等所有面試者都走了以後，有人來請我進入試場。試場中五位老師。氛圍緊張。大家等著坐我左邊第一位的院長發言。

院長劈頭就誠懇地說著：因為今天早上長老教會總會通過了一個牧函（在三天年會最後一天的臨時動議裡被提出），說明了對同志的立場，而我們神學院不能不遵守總會的規定。所以很抱歉，我們不能收你進來，報名費會退還給你。你從哪裡來的？台北？我們也會一併退你車馬費。

當下非常震驚，眼淚不爭氣的掉下來，一種不可思議的情緒在胸中滿溢。即便這樣的結果也在預料中（畢竟在我前面已經有許多報考神學院被拒的例子），但還是難掩震驚與失望。我重整心情，平靜地問院長：「請問牧函說了什麼？那些和我不能進來的關聯是？」院長表示，牧函說明了一夫一妻的信仰立場，而讓我進來的話，他們必須依據這份牧函來輔導我。院長認為這會對我造成傷害，也違背他的信仰良心。這個答案完全說服不了我。但我感覺院長似乎也跟我一樣悶。我獻計：「其實你們還是可以讓我進來啊，就輔導我、做你們該做的事情就好。因為從來沒有人能保證輔導以後就一定能怎樣的吧」。我鼓起勇氣請求口試老師們讓我陳述我為什麼想念神學院，還有為什麼選擇這裡。

其實我想念神學很久了。打從研究所時期，我已經開始在台北的台灣神學院旁聽過好幾堂課。在同光服事與工作後，在那些每日接到的求助電話與信件中，以及教會關顧的缺乏裡，我深深感覺到自己的不足、深深渴望可以進到神學院接受系統的學習與神學院師生團契的牧養。

台南神學院真的是我當時的首選。一方面台北的台灣神學院雖然離我近，但是卻在拒絕同志就讀的案例上惡名昭彰。另方面，台南神學院素來在許多本土議題上的深刻反省也吸引著我——原民的、環境的、各種本地文化與歷史的關注、神學思考，讓我實在捨不得離鄉背景出國念書。我非常希望自己能夠繼續在台灣和大家一起在各種議題上努力。

想到近幾年教會、基督徒在同志議題上與社會的衝突及割裂，從2011年性別平等教育進入校園的公聽會動員，到2012年、2013年婚姻平權的連署與反連署行動，教會內部的衝擊，以及同志基督徒們在當中因既是同志又

是基督徒而感受到的撕裂與傷痕，我認為，此時此刻，不（只）是同志需要信仰、需要教會，教會與神學院更需要同志——即便我不進來，神學院被要脅停止奉獻/捐款已成事實，如果我進來了，與大家一起面對各方壓力，從真實認識同志的神學院開始，說不定局勢會有機會不同。

院長聽我一席話之後，建議我在七月另個入學考試時不用同光教會的推薦再來報名一次：「我們就睜一隻眼閉一隻眼讓妳進來」（我才知道原來受「同光教會」推薦也是一個無法入學的關鍵）。

我突然想起多年來我那些一個個隱身進入神學院念書的朋友們，忍不住掉淚。這些朋友一開始就被迫隱藏自己，在這樣的環境下，時間越久更不可能出櫃。我非常同情這些朋友的處境，而且，要求一個未來要帶領人身心靈敞開歸向主的傳道預備生，得在進神學院之初就這樣與自己割離，神學院這樣的要求，非常戕害身心靈。我這樣回答之後，院長沈默。場中一片尷尬。我感覺大家都陷入極大的掙扎。

後來院長說，他決定在不久之後的新任董事會就任後，向董事們爭取讓我到他們面前陳述自己的機會，看看事情有沒有轉圜餘地。於是，在老師們輪流道歉、鼓勵的發言中，結束了這場應試。而我隨後去院長辦公室領回報名費，接受了這個荒謬結局。

你當然可以問我為什麼要接受這個結果，又或者為什麼要簽收報名退費以及車馬費的單據。是的，當下的我幾乎吞不下這個結果，也因為拒絕不了領據自責許久。我曾經以為我會因為英文考不好而失去入學機會，但沒想到如今卻是因為一個我再怎麼努力都不可能改變的原因——因為我是同志、因為我被我委身十年的同光教會推薦、因為我參與同志運動以實踐我的信仰。這個悲憤的情緒我甚至隔了一天才有辦法大哭出來。

事隔將近兩年，我還沒收到關於董事會的任何消息。但是回想起當時院長在辦公室讓我簽收單據時的一席話——關於神學院承受的募款壓力云云，我對於神學院與院長本人深感同情。我想起考試隔天清晨我在神學院

宿舍被隔壁談話聲吵醒的事：那是兩位中年男子的交談（沒想到神學院宿舍隔音奇差無比），好像是在講總會年會的事情，而且我覺得他們在講我還有這間神學院，然後我想起連續兩晚我都與女友講了不短的電話（還是擴音），覺得超級害怕想再繼續聽，於是躡手躡腳關掉電扇後，他們竟然覺察動靜也不再出聲了。我想起自己身處反同勢力的大戰區台南、想起前一天面試發生的事、想起聽說院長在總會三天年會裡日日被許多人追著表態不能讓我進來的事情……，突然一陣恐懼湧上，於是我就這麼隔牆守著直到天更亮、直到他們離開那間房。

是什麼樣的體制，讓我們這些在其中的人充滿壓力且恐懼不已？神學院面臨的危機是不是同時也是這個教派、這個信仰所面臨的危機？基督徒、信仰、神學院，我們所傳講的是怎樣的福音？那個教人得釋放、因耶穌而得生命的信仰，還是我們共同所信的嗎？

我必須承認，當神學院拒絕我之後，好一段時間我失去了目標與方向。好一段時間裡我一點都不想回想當時發生的所有事情。

我不知道當初神學院若接受我入學，現在的我以及教會、神學院會是什麼樣子？但當神學院拒絕了我之後，我漸漸感覺到只是待在教會等待求助者上門然後給予資源，這樣的工作已經滿足不了我。於是我離開了同光的全職工作。

現在的我，還是想念神學，但是短期內決定在同志以及基督徒運動上繼續努力。我深深覺得，教會界對於同志的認識太少、害怕太多。或許我們都只是那些機構裡、系統下政治鬥爭的工具罷了？對於信仰的認識、對於福音的實踐與傳遞，我們將會繼續努力。無論這世界怎樣棄絕我們，我們會用自己的方式好好活著。我相信上主必定繼續眷顧我們，就好像祂過去帶領我走上這條路那樣。我也會好好活著等到平等臨到所有同志的那天。

最後附上2014同志大遊行隊伍出發前，我在舞台上對著所有參加者訴說的夢：

〈我有一個夢──彩虹版〉

同志是一個集合詞,彩虹是一個光譜,
男同志、女同志、雙性戀、跨性別、中性/陰陽人、無性的、
各階層、各地的人⋯⋯

我有一個夢,
終有一天,同志不再疲憊,
我們再也不用出來遊行,
因為一年三百六十五天,我們天天都能自在做自己,
無論你在城市或鄉村,彩虹的光芒安穩的閃耀那裡。

我有一個夢,
終有一天,我們的父母,親朋好友,教會,以彩虹為榮、為傲,
彩虹的光芒,讓世界的黑白有了不同可能。

我有一個夢,
天下的青少年同志,都會健康平安的長大。
他們從小就能認識自己,並且知道有支持、有力量、有榜樣。

我有一個夢,
不會有人再孤單與充滿罪惡的死去,
我們有尊嚴的活著,有尊嚴的離開。
踏實,平安。

我有一個夢,

所有的階級與現實、限制，不再成為阻擋我們瞭解彼此的牆，

我們將一起再次牽著手，超越語言與表達。

愛擁抱著我們，我們也彼此擁抱。

不論你在哪裡，你的信仰是什麼，在彩虹的光譜中，我們將安穩前行。

第22章
玫瑰色的妳／你

◎許家恒

在同光教會的三年時光是我人生最奇異的時光。很難想像那究竟是有多少的天真爛漫，能讓他們同時懷抱夢想又擁抱傷痛？

一、初見同光

凡事第一次都是新鮮又特別的，回想赫然發現，那是距今十年前的事了，意外的是，我竟然還記憶猶新。那是個天氣極為悶熱的暑假，我在網路上查詢了台灣第一間同志教會的聯絡資料，並在email中說明我的來意，接著我將要帶著既雀躍又忐忑的心情，在台北市的某個路口等著手持聖經的人領我前往同光教會，雖然我知道同光教會因為社會氛圍及性別議題之於宗教的因素表現地特別低調，這仍不免讓我開始想像初代教會的信徒們，是否也是懷著這樣的心情走在前往聚會的小路上？

禮拜天，我到了約定的地點。

見到手持著聖經的人是不是一件合乎常理的事情？用想的不會，實際見到時卻發現這真是太突兀了！假若是一個身穿牧師袍手持聖經的人走在路上，充其量只是少見多怪又覺得合情合理地多瞄一眼，然而我在約定之處所見是一個年輕人，穿著樸素、手持聖經在東張西望，究竟是他還是我比較緊張呢？訝異的是，第一次赴約的還不只我一個人。我們三個人就像是母雞帶小鴨的，後面兩個亦步亦趨，前面的人不時頻頻回頭關照，又帶著點疏離，一眼就能讓人看出這幅畫面中的違和感。（李組長見狀，肯定會眉頭一皺心想案情不單純。）

其實同光教會並不是太特別的地方，就是公寓裡的一間小教會，略顯陳舊的電梯與睡到不省人事的管理員。有趣的不僅是需要人帶路，更是根本找不到招牌，一般人自然難以知道。在這平時嘈雜的商業區中，周日的清晨卻是意外的寧靜，唯有接下來的詩歌聲劃破寂靜，讓人知道這裡有人在敬拜上帝。

因為我自稱是異性戀，顯得有點格格不入，讓大家匪夷所思，不知這人是來做什麼的，經過一番身分核對之後，便開始主日敬拜。我實在分辨不出這間教會有什麼不一樣，除了在自己腦中預設好的偏見想法——他們是同性戀。

二、告別過去，來場微旅行

過去我在貴格會信主，將近十年的慕道及事奉。那是一個相當嚴格嚴謹的教會，即便是在貴格會中也顯得異常優越，更遑論是對其他宗派的姿態，甚至近年來還成立了自己的神學院。當時的我對教會所教導的信仰觀、世界觀都深信不疑，專注在聖經的學習，將聖經歷史當成真實世界來理解，好像是亞當夏娃的世界就是現在、諾亞的時代就是現在、摩西的時代就是現在、耶穌的時代就是現在、使徒的時代就是現在，所有的行事邏輯與理解事情的方式都與現在沒有兩樣，現在的世界與聖經中的任何時代、任何場景都是一致的，我們既活在過去也活在現在，然而我從不知道這有多危險。

不知道從什麼時候開始，慢慢發現自己所認知的世界與現實世界是相平行的，「上帝說」不再能讓我知道究竟是什麼意思，即便我也常常這麼說。總之，我就是跟別人不一樣，格格不入。索性我開始周遊台灣的各個宗派，一方面遠遠的觀察，另一方面也與他們對話，談論信仰話題，才發現每個人心中的上帝似乎都有著不同的面貌。過去一直以為正確無誤的事情，到了別的地方好似無關緊要，對我而言這相當震撼！原來，我對信仰的認識是在某一種詮釋方式下被確立的。誰是那個握有詮釋權的人呢？不僅僅是教會的牧長，同時是信仰的前輩、是這個環境下的每一個人，像是交響樂團裡的每一個樂手，我們一起把這樣的信仰世界構築起來，離開了這個場域，一切都會漸漸不一樣。若真的是如此，什麼是基督信仰的最大

公約數？有哪些觀念堅持其實只是我個人的，或是受限於所處場域裡的規範，甚至是偏見誤解？我很想知道這個邊界在哪裡，而又有多少各式各樣的人在不同的邊界中，用相同真誠而不同方式信仰著、生活著？他們口裡說的上帝、為他們犧牲的耶穌又有什麼不一樣？

我想起了曾經無數次在講道查經裡聽聞的、罪惡又骯髒的一群人，其實不只是在教會中，在一般人刻板印象中就是不好的一群人，他們離經叛道，享受著不道德的快樂，容易犯罪染病，大概注定是下地獄了，然而他們竟然膽大到成立了教會！他們究竟是誰？他們有個統稱，叫做同志。

在這個時代有個好處，即使一無所知，只要懂得發問，Google 大神永遠都會給你解答，而且是一大堆的解答。我在網路上查詢了同志以及同志基督徒的相關資訊，同時也翻閱了他們的著作，我更好奇了，因為這樣的生命經歷與見證其實也是完完整整的一個理解信仰的方式，在我看來相當有說服力，他們的困惑與對信仰的提問，似乎跟我也相類似。當然另一點讓我在意的是，是什麼樣的一群人會支撐著這樣具有爭議性的團體，從小圈圈到團契，從團契到教會，他們多數來自台灣基督長老教會，難道這些人的腦袋跟其他宗派的牧長們不一樣？為了尋求了解與被了解，我開始接觸同光教會。

三、生生活活

周遊教會的這一站——同光教會，一樣靜靜地看著他們的禮拜，聽講道，參加小組。我的存在對他們而言似乎有點突兀，也可能是我的多慮，因為其實多數人都有其他的教會生活，初信者比例不高，慕道友倒是不少。不知道是否因為不理解我既不是同志，為何還來同光教會，起初跟大家有些距離。但日子一久，交到的朋友也不少，相處相當融洽，特別是這裡的男人女人都無比的溫柔。

同時我發現他們的不同，所謂的不同，其實是關懷的面向的不同。也許因為大家為了性傾向的緣故，在一般教會裡總是聽到刺耳的言論，在同光的講道或小組，便很經常以同志的處境作為關懷點。這實在無可厚非，但我也很想聽到我所關心的、困擾的生命難題啊。

每每主日講道時，我都會很好奇，今天又會是誰來講道，因為除了同光教會的牧師與長老外，會來同光講道的傳道牧師大多是長老教會的背景，當然這與當初同光教會本身就是長老會的青年與牧師發起成立的有關，只是，為何長老教會的人們會願意表態關心支持，而其他的宗派卻不呢？基於這個問題，我開始我的解惑之旅。

四、從參與到認同

在同光教會的期間，我訪問不少曾經參與或曾經協助過同光教會的長老會牧師，包括已故的最早與同志們站在一起的楊雅惠牧師、經常能見到的鄭仰恩老師、經常關懷同光的許承道牧師、陳南州牧師、黃伯和牧師等，幾乎都是長老會的重要人物，或說是菁英，有的在長老教會總會，有的在神學院，同時這些牧師們也都支持現在同志團體推動的婚姻平權運動，他們一改我對宗教菁英保守怕事的刻板印象，讓我深深敬佩。

我想，長老教會相較於其他宗派，一直以來比較重視社會關懷與社會實踐，不僅僅是在口號上，更是一直參與其中，從過去黨外運動到現今許多的社會政治議題，長老會似乎都不曾缺席，勇於表明立場，不受窠臼束縛，這樣的作為或許也形成一種性格，在我看來是愛的表現。信仰上帝，絕非只是個人與上帝之間的關係，我們身在這裡，所處的環境都是生命中重要的課題，冷眼不看、閉耳不聽，怎可能會是個好基督徒？

拜訪這些牧師讓我感到當頭棒喝，原來這樣才是基督的樣式，不是關在自己的教會固守信徒，數算人數談論績效；不是鎖在自己的研究室鑽研神

學，忘了世界才是神向我們顯露的舞台；而是要深切地知道社會的脈動，以及當前人們所遇到的困境難題是什麼。我相信這是有壓力、有代價的，不論是保守信徒的眼光，或是因為走的太前面、太前衛而遭遇的輿論壓力；而最讓我懷念的楊雅惠牧師，也為此付出生命。

　　經過了這麼多年，即便自己也許久沒有回到同光，但我樂意與人分享我對同志基督徒的認識，向似是而非的偏見提問，我也努力宣揚性別平等的價值。對我而言，同志基督徒們與支持同志的好撒馬利亞人們，他們就像是為我戴上玫瑰色眼鏡的人，讓我用最天真素樸的眼光，看到最單純美好的事物，但又是最真實的，像是直言不諱地問這世界怎麼沒有穿衣服卻又假裝高貴華麗；用最溫柔的姿態向這個世界表現你們是誰，在過去、在現在你們從不僅僅是你們自己。

　　謝謝玫瑰色的妳／你們。

第23章
因為出走，所以點亮

◎彭淑嫻

（同光教會駐堂牧師娘）

有些日子，在歷史上鐵定是鑄刻的，要成為傳奇。如5月5日，是同光同志長老教會成立的紀念日，這於我，也是不易被忘記的數字，皆因牧師和我的結婚紀念與此只相差一天（5月6日）。原來，我們跟同光的緣分早有跡可尋！

2005年，我們離開受浸成長並事奉的母會，前路未明。因外子黃國堯對同志議題的耿直言論，已隱隱然覺得可能從此不能立足於傳統福音派教會。他雖有獨行千山而不必相送的決心，可是，對我而言，經濟憂慮、現實艱困、人情真偽，加上屬靈的飄渺，事奉的前景……——都真實不過。只是，上帝強而有力的平安撫平且穩住軟弱的我！深深記得那個淚眼抱著濕枕，啜泣中淒楚地沉沉睡去的晚上，那份平安，無人可以奪去，也是證據：縱艱難卻是對的！

「世上沒有人是欠你的，各人要為自己所決定的事負責。」感謝外子的提醒。是的，即或是從上領受的使命，也不能要求他人，強人所難，但可向差你的主祈求！清楚這點後，便不會隨便埋怨，事奉的方向更形清晰。終於四年空窗期後，上帝為外子打開了牧養同志這扇門。

四年，是怎麼過的？我會說，……就過去了！雖曾逞強而為，但主讓我看見自己的限制，而祂的恩典是夠用的！

答應進入全新的事奉前，丈夫問及我的看法，邊洗擦著碗筷，邊回應勇往無懼的他，明白這是一條不歸路就好。

起始，教會與他皆沒有對我有任何要求，甚至主日聚會也不一定要出席。倒是我，自然而然地歸位，其實也不算什麼，能夠同心，為何要分心分身？相信是主動的工，祂使我無縫融合，很天然！

說來，未往同志教會前，我對同志的認知雖未至負數，也可算是零。但本著大無畏且謙卑好學的精神，附以純粹的心，多傾聽、多體諒，再加上無敵的關愛，慢慢的、漸漸地，應可接上軌道。

既然是新人，當然要先謀而後動，一切從觀察開始。有趣的是，有弟兄

彭淑嫻

坦誠的問我，看見男男們肢體的互動，會否感到噁心或不舒服？確實，開始是有點不習慣，畢竟這是不一樣的風景，但看多了，接受度自然提高。故我反過來請他們多教育群眾，讓人們視覺上適應除了男女戀人外，還有男男、女女，看多了，就習慣了，就會少了突兀的感覺。只是，我也明白其中的難處，俗世凌厲不解的眼光，仍是教人不易勇往直前，特別在相對保守的華人社會，所以，同志們仍需努力，世人們仍需學習。

又男同志們很多都愛說內裡是女性，意即心理擁有女性特質。至於何謂女性徵象？大概是以主流的論述，如溫柔、細心……等。可是，當愈發接觸，愈加觀察，我更傾向抹去這種區分，純以人為單位。畢竟每個人皆是多面向的，本來定位在女性身上的性格，不見得不會出現於男性身上，故才有男中有女，女中有男的講說。假若摒除此區分，盡皆為人，那相愛的人結合為伴侶，互相扶持，何等美好！當然這說法有點過於簡化，只是，各人的獨特性應多被尊重和考慮。

在同志的世界，感情與性是恆常出現的聊天議題。圍檯一坐，自然哄上，牧者不在時，必然更精采奔放（好想偷聽，哈哈）！不知是否因還未被社會大多數接納，在缺乏安全感及外來幫助下，感情較脆弱敏感，致離合頻率較高，甚至對長遠的伴侶關係不存寄望。不時看見肢體受情傷的折磨，實在心痛！有些從此放浪於感情世界，作無腳的雀仔（小鳥）；有些縱是執意於長相廝守，也作好了緣盡不要強留的準備；可能更多是於尋尋覓覓中迷失了自己。綜合來說，偏向悲觀與悲情，分手請不用驚訝！或許這是後現代愛情故事的正常版，但，不幸地卻似是同志情事的經常版。深盼更多各種不同資源（自我認同、如何談戀愛、諮商……）可以觸及同性戀的圈子，以便同志求助時有渠道，能談一場又一場無障礙戀愛！

而性事又較諸情事更具爭拗，更經常成為被攻擊的焦點。愛與性的緊扣度也許視乎當事人對愛的定義，或二者間之必然性關連。

「很多事情我未必理解，只相信主若願意，祂必引導！可是，在愛的課

題下，想有些準則，則無論是什麼戀，也應該有相同之處吧？此外，最值得深究下去的，想必是：神怎樣看？我們有我們從各方面歸納出的理論，但，這同樣會是主的處理方法嗎？人太容易為遷就自己而作出調整。無論如何，愛這課題說淺還難，得失之間，仍是免不了著眼於犧牲，就如主對我們的愛！」以上段落是約二年前我寫給肢體的一封電郵，也許有人會覺得凡人情愛性事牽扯上神，未免太過沉重。誠然，外部同志文化如何看待，我無法置喙，但有基督信仰的我們，於眾說紛紜中，是否也需考慮上主的意見？尤其在最大且長存的事上，就讓我們以無私真切的心面對之，而不是以權威自居壓制對方。

馬丁路德曾說：「因為人只有自我中心時，才會離神很遠。」G.K. Chesterton也說：「Angels can fly because they take themselves lightly.」在自我意識高漲，及個人意見明顯較強烈的同志群體中，大家更需學習放輕自己，多些彼此欣賞，才能讓眾人都可各抒己見、各展所長，不輕易離家（教會）出走。故堅持卻不固執，才能存異求同，雙贏而不撕裂教會。求同存異、求異存同，雖則不易，也不能不為之。

在同志教會牧養，看見外子處處小心翼翼、步步為營，生怕一個不小心，踏著了敏感地雷，特別是言語上的控制。可是話說回來，同志說話好像都比較直率，我想若能保持「誠實而不殘忍，真實而不挖苦」，再加上以愛心說實話的態度，必能產生調和的果效。

此外，在牧養歷程中，他偶有吃力而不討好的苦澀，反之我卻沒有帶領或決策上的負擔，只要一味的關懷。其實不論台灣香港，已勉力而為，是否到位，都已然擺上。上帝讓我陪伴他走這事奉之路，來到這獨特一章，真是別有況味，亦可算把我們互補的性格充份發揮。

每個人在主裡已經完全，但不完美，故伴侶間的不同優點結合可把事奉境界推擴得更寬闊、更全面。我感恩可在他牧養路途上幫上一把。有時更覺得，我們夫婦的存在，好像給同志肢體們一種如在一般教會的氣氛。

至此，很難避免牽扯進傳統福音派教會對同志信徒接納的問題。奮鬥多年，仍是同志仍需努力，不無諷刺。前者對相關經文釋經的霸道，令兩者長期陷入各說各話的僵局中，難以溝通、難以突破。

　　於此困局，同志信徒毋須刻意等待冥頑不靈的教會認同，因上主的認同與接受更重要，每個與主相遇的同志已見證並肯定這一點。但也不能不把握時機，爭取平等相待、光明磊落的和解。同志信徒已掀起一場以正意分解真理的道的對話序幕，期望對方坦蕩上場，不要試圖蒙混過關。

　　一路走來，感謝上帝的保守及丈夫的保護，遮風擋雨，默默承受，讓我可遠離那些惡毒的攻擊。我雖知道，只是不看不聽不理會下，仍可為自己保留一片靜土。盼望同志信徒在多方攻訐的惡劣環境中也能持守，則無論是社會興的風，或傳統教會作的浪，都只會使大家更堅毅不移，優雅而堅定地為上帝作光作鹽、發光發熱！

第24章
給同光教會二十周年

◎小恩媽媽

一、我的孩子

小恩是一位特別的小孩，比預產期提早兩星期報到，出生後很乖很好帶；身體很健康。跟一般小孩不太一樣，跟妹妹也不一樣。獨立、愛看書、喜歡聽音樂。她到教會人人愛，與她同一天生日且替她取名「頌恩」的德國宣教士說：小恩是送給她最好的生日禮物。

她在教會從小就參加主日學、青少年團契。我記得她一直不喜歡穿裙子。那時參加教會的活動，我會強迫她穿裙子，而她也常常為了不穿裙子被我罵。最後我們就約法三章，在教會一定要穿裙子，其他時候不穿裙子都可以。她勉強答應但回到家裡總馬上把裙子脫掉。

她國中高中時期都很活躍，朋友很多，男男女女都有，讀書、打球、參加活動或者社團。課業上她也自動自發，從不用我擔心。她一直都很獨立，高三的時候轉學回鄉下阿公家專心念書考大學。雖然她住在阿公家，我應該很放心，卻是我第一次為她流最多眼淚。這是她自己的決定，但對一個媽媽來說，是多麼的不捨。

她念大學、研究所的時候去了同光教會。她告訴我是因為寫論文的關係。她畢業後有份穩定的工作，但有一天她說想要換工作。我問她想找什麼工作，她告訴我同光教會需要一位幹事。我那時很單純，想說她讀宗教系，而且能回教會服事是件快樂的事，就鼓勵她回教會工作。後來關心我的朋友問我女兒在哪裡上班，我很自然告訴他們小恩在同光長老教會時，聽到的朋友中，尤其在教會服務的，聽到後的臉整個不一樣。他們說：「這間教會是同志教會，你為何讓小恩去呢？」我無法回答他們。因為我一直覺得，孩子做的決定，一定有孩子自己的想法。我們一直都互相尊重的。這件事後，我也沒告訴小恩，只是為她禱告，希望她工作順利。

二、出櫃

　　那是一個平凡的早上。我跟平常一樣，早上起床後聽音樂、靈修、禱告、做早餐，然後母女彼此聊天。聊著聊著，她突然就跟我出櫃了。其實之前被朋友質疑時，我就上網尋找這方面的資料了。當她跟我出櫃時，我心裡很多不捨，當時我們母女抱在一起哭，我心疼她走這條路很辛苦。尤其在我們家庭裡，我父母都是長老，我和她爸爸是教會的執事，所以很多壓力都是無形的。

　　但感謝神，當我把小恩的事告訴我父母，父母只是有點擔心別人給我們的壓力、擔心小恩前面的道路會很辛苦。我爸爸要我多點時間為小恩禱告。我心裡很感動家人的支持。

三、出櫃以後

　　有一年聖誕晚會，我被同光教會邀請當特別來賓，上台去勉勵大家。當我分享完走到後面時，發現後台的大家都哭成一團，看了有好多好多不捨。看著小恩一路走來，其實心情也起伏很大。當看著我長大的屬靈長輩從德國來探望我們時，在知道小恩的身分後，一直哭著說覺得不敢相信她怎麼會這樣。一方面信仰上不能接受，另一方面也覺得她走這條路太辛苦了。最後甚至一直要我勸小恩。但我告訴她這是孩子自己選的路，我們就祝福小恩吧！

　　其實小恩跟她的伴在一起後，她的個性改變了。例如對方會提醒她打電話報平安、回到家也會主動做簡單的家事。兩人互相扶持，讓我們做父母的放心很多。

四、對大家說的話

給小恩：我們全家人知道妳走這條路很辛苦，但自從妳出櫃之後，我們看到妳的改變。我知道前面的路不好走，但我相信妳跌倒了，會再爬起來。媽媽只有一個要求，當你難過時，記得告訴媽媽，或回來吃媽媽煮的一頓飯。祝我親愛的女兒每一天都有嶄新的生命！妹妹常說一句經文：「我靠著那加給我力量的凡事都能做」。希望你也時常靠主得力。

給所有同志父母的話：無論出櫃或未出櫃的父母，你們辛苦了。我們把孩子拉拔長大，期待孩子照著我們的路走，但每個孩子都是獨一無二的，如果你的孩子性傾向不同，不是父母的錯，也不是孩子的錯，如果我們接納孩子們，我們會得到更多的祝福。孩子也會回到溫暖的家。親愛的父母，請不要讓我們的孩子像小鳥一樣在外面飛太久，他們需要我們父母的祝福與依靠。我們一起加油吧！

給孩子的話：我知道要你們出櫃，是要很大的勇氣，但希望你們想想愛你們的父母是如何拉拔你們長大，也讓愛你們的父母更認識你們吧。或許剛開始父母不能認同，但希望你們能用信心與愛和時間去等待。孩子們請多點時間給父母吧！

第25章
求真記

◎朱曉英

就如蘇東坡的《洗兒詩》：「人皆養子望聰明，我被聰明誤一生；惟願生兒愚且魯，無災無難到公卿。」一般的父母，除了望子成龍，其實更多期望孩子的表現符合普世的價值觀，循著一定的行為模式，在社會的規範下順利發展。身為一個母親，更不希望看見孩子受苦，寧願孩子平凡、平安地成長與生活。但是，我其實老早就知道：我的兒子「與眾不同」！

兒子幼年的最愛是日本動畫《魔女KiKi》。早在反覆看壞了第一支錄影帶之前，還不會讀、寫的他，已經能以各種角度畫出 KiKi 騎掃把遨翔天際的畫面，或扮裝演出劇中的精采情節，充分展露出獨特的藝術天分。小一開學那天，專程趕來伴讀的外婆，見他一下課就領著成群剛結識的女同學，跑到教室外玩遊戲，所以要我不必擔心兒子會有新生症候群。之後，偶然聽到一位教會姊妹轉述她家女兒的描述，指稱兒子心思細膩，且又能彈琴、會畫畫，和一般粗枝大葉的臭男生非常不一樣。

上了國中之後，兒子一度表現得有點過於陰柔。一個周六的晚上，我到教會參與例常的敬拜讚美團練習，卻因同行的他綁了一條長頭巾去參加青少團契，讓我被撞見他「奇裝」的教會師母當眾大大嘲笑了一番。回家的路上，我按捺不住失控的情緒，半途就將車子停靠在幽暗的馬路邊，對獨坐在後座的兒子破口大罵。感覺玉石俱焚的同時，心中滿是恐懼與無助，不知未來究竟會如何。

即使兒子之後開始蓄鬍、健身，我仍一路猜疑、擔憂。他爸也不時默默地捐錢給「走出埃及協會」（真是搞不清楚狀況）。直到兒子大三正式對家人出櫃，並坦承早在國中時，就曾因主日講台上對同性戀的嚴厲指責，而有過跳樓輕生的念頭……。我終於必須誠實面對這個或許是此生最重要的課題，並且認真思考：如何在其中實踐持守了一輩子的信仰？

教會一向教導說「同性戀是上帝深惡痛絕的、自我選擇的極惡大罪」。但是，為何古今中外有那麼多天賦異秉的同性戀者，如杜靈（科技）、艾爾頓·強（流行音樂）、蔡康永（綜藝）、吳季剛（設計）……，在各種

領域發光發熱，成為世人的祝福？再說，教會裡頭如此反同、恐同，卻從來無法杜絕同志的蹤跡。如果可以選擇，那些從小在其間成長、受教的第二、三、四代基督徒同志（包括少數牧者的兒女，甚至是神職人員），又怎麼會愚蠢到「選擇」讓自己成為孤鳥、箭靶，甚至只好走上絕路？究竟是誰搞錯了？

因為母親的帶領，我從小在教會裡長大，也在教會中戀愛、結婚、生子，並且一路在青年團契、主日學、詩班和敬拜團裡忠心服事；先生也經常擔任執事、同工，積極參與教會中的各項事工；而且，打從一開始，我們就透過慎重的命名和嬰兒奉獻禮拜，把兒子一生的主權交在天父的手中。何以上帝卻將一個這樣的孩子託付給我們？看過《為巴比祈禱》後，我肯定自己絕對不能重蹈巴比母親的覆轍，輕信「人的教導」，竟至逼死心愛的孩子。只有更認真查考「神所啟示的話語」，以求確切明白上帝的心意。

聖經中，清清楚楚地一再重申：遍地的豐富（多元）都來自耶和華智慧的創造（詩104:24）。祂是萬事萬物的創始成終者（羅11:36）。祂憑自己的意旨行事，無人能攔阻（但4:35），也不由人說好說歹（創24:50）。一切奧祕的事都屬於祂（申29:29）。我們無法測度祂的大能（伯37:23），但確信祂所做的全都誠實，祂所行的也都公平（但4:37）。因為祂曾宣告，祂為我們所定的是要使我們得平安，而非遭災禍的計劃（耶29:11）。所以，即使如今彷彿對著銅鏡觀看，並不全然明白祂的旨意（林前13:12），我們仍要學習凡事謝恩（帖前5:18），安然信從。

教會其實從來不曾也不理會《利未記》中的各種獻祭條例、祭司分別為聖的律法、日常的潔淨禮儀、贖罪日規條，以及節期等的規條；多數基督徒也毫不在意17-22章中，諸多的生活律例，隨心所欲地大啖豬血糕和鴨血料理、不再以經期為不潔、仇視立場不同的黨派族群、穿混紡的衣料、吃帶血的半熟牛排、刮鬍剃鬚、刺青、苛待外勞、容讓孩子咒罵父母、

指責伊斯蘭世界按陋俗處死姦夫淫婦、接納身體有殘缺的弟兄姊妹擔任聖職⋯⋯，幾乎天天違犯摩西律法，卻仍然堅持用《利未記》18:22 和 20:13 來反對同性戀。如此，是否就如在囊中藏了一大一小兩樣的砝碼，同樣為神所憎惡？

　　主耶穌說：為何不自己審量什麼是合理的呢？（路12:57）人們常以外（憑肉身）判斷人，我卻不判斷人（約8:15）。我從未公開指責同性戀；在那個為所愛尋求醫治的百夫長身上，我只看到超越的愛和無比的信（路7:1-10）。要說遭人誤解和錯待，我在世時，也飽受他人藐視，不被尊重（賽53:3）；經常成為毀謗的話柄（路2:35）；在自己的家鄉被厭棄（可6:3）；宗教領袖更一再指控我違背傳統和律法，直到將我釘上十字架。因為他們心裡沒有神的愛（約5:42），不能聽我的道，以致不明白我的話（約8:43）。凡不因我跌倒的，就有福了（路7:23）。我來，原是要使人藉由「愛」得以守全律法（太5:17，加5:14）。我賜給你們的新命令，乃是要你們效法我的愛（約13:34，15:12）。所有那些你們做／不做在我這弟兄中一個最小的身上的，就是做／不做在我身上了（太25:31-46）。

　　2013年「1130遊行」之前，我對於「教會為了反同與異教結盟」的做法十分不解，以為如此必然虧損上帝的榮耀。於是寫了多篇文章，努力和人分享相關的讀經心得與感想，也算是陪同兒子在親友間和教會內出櫃。教會牧者和許多熟識的弟兄姊妹，雖然私底下表示「尊重」和「接納」，卻仍然在公開的場合詆毀同志族群。最後，更以參加連署、遊行等實際的行動，宣稱同性戀者不配享有如他們一般的幸福和權利。我們於是從此離開無情對待軟弱肢體、卻自以為是替天行道的教會和會眾。

　　2014年暑假，因一位讀書會朋友的提議，決定報名參加9月中旬的「彩虹生命教育基礎志工培訓」。8月下旬，接到長老會「性別公義委員會」主委的邀約，和先生、兒子一起在9月9-10日前往參加「上帝創造人的心意——同性戀者牧養關顧」的研討會，並與其他幾位同性戀、雙性戀、跨性別及

雙性人（真正是大開眼界），一同在會中分享見證。返家後，就把該次見證的內容整理成文字稿，與人分享。

隔周的9月16、18、19日，和友人三度前往中壢靈糧堂接受志工培訓。當我在教材中看到「每個生命的存在都非偶然，都是造物者獨一無二的精心傑作，並且被賦予無可取代的特性與美好計畫。……我們應當以造物者的眼光看待自己與別人，不去比較、批評，而是彼此尊重、相愛，……完成造物者賦與每個人的使命，活出生命的色彩」。這些字句；又發現彩虹愛家的「紫靛藍綠黃橙紅」標章，就如同志族群的「紅橙黃綠藍紫」彩虹旗，同樣標示上帝創造的多元與多采多姿時，不禁連聲讚歎。於是取出隨身帶著的見證稿，送給授課的講師們參考。第二天下課後，就被講師之一的區主任約談，懷疑我的上課動機，並考慮禁止我進班教學。之後，要我簽下不再與人談論相關議題的切結書，才准我繼續上完已繳費報名的初階課程。我不禁懷疑那些在講台上唱作俱佳、說得頭頭是道的基督徒講師們，只是演技太好？還是患了信仰思覺失調症？要不然，為何不能全然相信自己竭力傳講的？

之前，在536期《華神院訊》上，看到我一向尊崇的蔡麗貞院長，在〈對下一代華神學生講論同性戀議題〉文中說道：「如果上帝可以改變筆者這天生的浪子，又深愛那三番四次得罪祂的以色列人，祂當然也可以改變、醫治同性戀者」。接著，卻要讀者留意：世界衛生組織早已發表「性傾向轉換治療除了是對個人尊嚴和基本人權的侵犯，更可能對身體及精神健康甚至生命形成嚴重之威脅」的聲明。似乎，一旦觸及和同性戀相關的話題，再如何條理分明的人都難免語無倫次。蔡院長也在文中提及「台神的陳尚仁院長以多年交鋒的經驗，認為有同志就不可能有教會」。一位深究「教會在社會的公共形象和角色」，強調社會服務並推動弱勢族群關懷的神學教育領袖，竟對神所造的另一族群懷抱著誓不兩立的仇恨想法，真是令人感到不可思議！同一篇文章中，蔡院長又說：「台灣教會主要抗

爭的宗旨，是反對同運分子把下一代教育成同性戀者。」令人驚訝萬分！原來，亟力反同的台灣教會領袖們，從沒搞清楚過何謂「同運」？就如異性戀父母、教會和「走出埃及」聯手，仍然無法將同性戀孩子改變成異性戀；「同運分子」也根本不可能將異性戀孩子教育成同性戀者。其實，「同志（平權）運動」所要改變的，是社會對性少數（同性戀、雙性戀、跨性別、雙性人）的歧視和誤解，以及每個人內心深處與腦袋裡頭，對於性別／性傾向的想法和習慣。使大家清楚認識「性別光譜」，學習和「不同的人」相處，並能用心關注不平等，破除狹隘的兩性刻板文化，使每一個人都能以自己最舒適與自在的方式來呈現真我。所以倡議修法，以成就一個真正彼此接納、友善的美好社會。

在文章的末段，蔡院長強調：「教會當然要致力於維護大多數人所認為的幸福價值觀，亦即一男一女、一夫一妻、一生一世。」（原來教會也主張「西瓜偎大邊」）。但是，耶穌家譜中的亞伯拉罕娶了同父異母的妹妹又兩度納妾、雅各同時有四個妻子（其中包含一對親姊妹）；猶大曾經召妓；可能是雙性戀的大衛已有無數嬪妃仍與人妻行淫（其後的猶大諸王就更不用提了）；他瑪設計公公亂倫、路得沒有從一而終、喇合是外邦妓女、馬利亞未婚懷孕……。透過這些不完美的人與事，基督來到世上，完成了上帝的救贖計劃。不符合大多數人所認為的幸福價值觀，又有何妨？最後，蔡院長總結說：「每位基督徒的輔導（同性戀）者心中都需要有一把尺，其認知與理念都應當源自於上帝真理的標準」。那麼，上帝真理的標準究竟為何？

舊約聖經教導我們：要追求至公至義，好叫你存活並承受產業（申16:20）。耶和華我們的神沒有不義，也不偏待人（代下19:7）。公義和公平是祂寶座的根基（詩97:2）。凡遵守公平常行公義的，便為有福（詩106:3）。行仁義公平，比獻祭更蒙耶和華悅納（箴21:3）。要學習行善，尋求公平，解救受欺壓的……（賽1:17）。惟有萬軍之耶和華因公平而崇

高，聖者神因公義顯為聖（賽5:16）。當曉得耶和華的作為與法則（耶5:4）。祂按公義判斷，察驗人的肺腑心腸（耶11:20）。祂喜愛良善（憐恤）不喜愛祭祀（何6:6）。當謹守仁愛公平（何12:6）。不可使公平變為茵蔯，將公義丟棄於地（摩5:7）。要惡惡好善，在城門口秉公行義（摩5:15）。使公平如大水滾滾，使公義如江河滔滔（摩5:24）。

而總是與社會邊緣人同在的耶穌說：愛……是最重要的（可12:30-31）。使徒保羅顯然確切領悟了愛與律法的關係（羅13:8，加5:14）。不斷在書信中提醒大家：要充分認識真理（提前2:4）。律法的總結就是基督，使信者得義（羅10:4）。無人能控告、定罪神所揀選的人，使之與基督的愛隔絕（羅8:33-35）。不要論斷，直等到主來（林前4:5）。要照著主分給各人的去行事為人（林前7:17）。擔當彼此的重擔，就完全了基督的律法（加6:2）。萬物終將在基督裡同歸於一（弗1:10）。要在愛中過誠實的生活（弗4:15）。光明所結的果子就是一切良善、公義、誠實。總要察驗何為主所喜悅的事（弗5:9-10）。

只要人行公義，好憐憫，存心謙卑，與神同行的那位，怎會樂見祂的民與異教同盟，抵制平權？為數眾多的教會賢達們，不知為何總是忽略這許多教導的背後，天父眼見群羊流離、分散，無人去尋，無人去找的憂急，始終定睛在少數幾節或許有其他解讀方式的經節，受其制約，堅持冷酷無情地對待同志族群，將其排除在上帝的慈愛、基督的恩惠與教會的關顧之外。曾經教授基督教倫理學多年，美國富勒神學院的榮譽退休教授史密德博士，在一段分享影片中，稱此為「教會歷史上最大宗的恐怖迫害與異端」。[1]

如今，我確信：同性戀並非上帝的咒詛、惡作劇或失敗作品，而是天父精心安排的禮物與功課。因為兒子的緣故，我更認真研讀聖經，更謙卑尋

1　見：https://www.youtube.com/watch?v=9QpKQRTQruM

求神的心意。而按著上帝的公義與基督的大愛，真心全意地接納兒子的真實，使我們得享前所未有的親密與信賴，也深深感受從上而來的喜悅。

感謝天父在20年前預備了「同光」，使孤獨的有家。過去以為自己必將終老孤獨的兒子，如今有一群可以互相扶持、共嚐甘苦的同伴；我和他爸也受邀加入剛成立的「伴侶小組」，期望透過真誠的分享和彼此幫補，實踐「弟兄和睦同居」的美好團契；同時，一起等候大衛公義的苗裔來執掌王權，在全地施行公平和公義。相信：到那日，耶和華殿的山必定堅立，超乎諸山，高舉過於萬嶺，萬民都要流歸。並且，在上帝聖山的遍處，所有的一切都不傷人，不害物。這是耶和華說的。

第26章
陪伴同志家人的心得

◎太陽餅2.5

記得最早開始接觸同志朋友或議題，是在某次的訓練營會活動中，有一群可愛的年輕人提出這個議題：「如何陪伴同志朋友」。我純粹覺得如果少了聖經背景或信仰背景，這樣不太好吧！畢竟是一個信仰團體的營會啊！就這樣默默地加入這個小組。我才發現，原來這群伙伴是生活周遭有同志朋友，發現且看見需要，所以才想要更認真去了解、去發現問題，甚至期待可以幫忙解決問題，或者減輕問題的嚴重性。對我而言：如果生活上沒有跟你出櫃的同志朋友，那這件事，應該不是你主要關心的重點。當然你也可以說：我生活中根本沒有這件事啊！（如果你的表現就是反同、恐同，一定沒有人願意跟你出櫃啊！）拜託！這世界上還有許多事是需要關心與努力的；可以不要一直在這件事上打轉嗎？

後來因為朋友的介紹，我來到一間對同志友善的教會幫忙講道。不過第一次應該有嚇到許多伙伴吧！印象中那次是講啟示錄中的審判，讓大家都很緊張：這個人會不會是來拆台，來指責與批評的？幸好，並沒有發生這件事。當然也或許會友覺得還可以接受，就慢慢地，我一直去關心與陪伴他們，直到現在。

回顧過去的經驗，我一直覺得這群夥伴是我的家人，一群需要被傾聽的對象，不是說他人不重要，但對我而言，既然已經認識了，就要努力陪伴與了解，因為每個家人都是一段故事，從自我否定、自我覺醒、跟家人出櫃、家人重新接納，有些家人依然很辛苦，因為親人依舊否定他們，所以他們無法回家，一回家就是壓力。每個人都有一個讓人心疼的故事，當然有些家人經過一番努力與嘗試，親友們真的都接納，但還是有些親愛的家人，仍然在繼續努力。我能做的不多，只能傾聽與禱告而已。

在陪伴的過程，我也一直被問許多問題，以下也是我心中一貫的答案，無法代表他人，是我個人立場，也算是我的出櫃吧！

一、聖經不是說不可以嗎？如果從經文字句來說，真的是如此，但我想問的的是：如果這都是真的，且要如此遵守，似乎還有更多的事，基督徒

不曾如此認真去遵守？而且在這些經文中，它的上下文還有許多事情是要我們要去注意與遵守，甚至是應該去改變的事。最簡單來說，聖經中有許多處是提醒要關心外出的客旅，或者就是我們現在所說的外國朋友。有許多外籍移工在台灣工作，她（他）們受到的不平等待遇，我們似乎沒有那麼認真關心。食衣住行育樂在聖經中有多處提到要如何看待，我們也沒有完全認真遵守，常會說：它有聖經的時代背景，所以那時必須如此看待。那不正好點出了對同志議題的矛盾（疑惑）嗎？只有同志議題沒有聖經時代背景的問題，其它都有時代背景的問題，這樣的解釋很難讓人相信，不是嗎？而且十誡、新的誡命、主禱文中也沒有提到同志議題啊？這三項不是更重要嗎？在教會生活中一直會使用，不是嗎？還是它只是個儀式禮文，所以它不重要？會背就好，不用認真地去實踐它？

二、同志婚姻會造成其他人的困擾，會讓人學習？這看法也蠻奇妙的，似乎把同志婚姻看成流行。若真是流行，我們豈不是更不需要在意嗎？因為它自然會退流行啊？放輕鬆點，賞味期很快就結束了，很快就過了，不是嗎？

三、如何陪伴？其實這個問題，我一直覺得，等真的有人跟你出櫃，再來想吧。不是人人都那麼幸運的！為什麼？因為如果你一直是讓人覺得是反同、恐同，會有同志朋友如此白目去跟你講「親愛的！我是一位同志」？應該沒有吧！其實同志朋友跟你我都長的一樣，根本看不出來的。當有人跟你出櫃，如果你決定永遠不再當朋友，當然我也尊重你，只是難道都要有相同看法才可以成為朋友嗎？不能有一些不同與相異之處嗎？其實，沒有「陪伴同志」的問題，你生活周遭會遇到的困擾，同志朋友也會遇到，如此而已！許多事不一定跟性傾向有關，拜託放輕鬆好嗎？

四、同志是天生或後天的？這件事我沒有答案，我只是覺得這不是問題，也不影響我的朋友，何必要去找出答案？這世界上有許多事根本無法解釋，一定要專注在這一點，有了標準答案，我才可以接納同志嗎？相信我，真的不需要啦！

五、同志會造成毀家滅國？好像是喔？畢竟同志沒有下一代。但事實上有許多進入婚姻的異性戀者也沒有下一代啊！怎麼不去抗議他們不生小孩？還是我們早就知道真正原因，只是我們不願意誠實面對與解決？少子化一定跟同志婚姻、跟同志有相關嗎？難道不是這個大環境，讓人不敢進入婚姻，不敢生下一代嗎？為何一定要說成是同志造成的？這是不是在找代罪羔羊，讓其他人都沒有事，不用去共同承擔？這件事，我們可能也是共犯之一哦！

六、如果你真的不喜歡同志，就請你完全拒絕那些認同他們的公司或產品好嗎？讓你的生活「非常的乾淨」。之前有聽說有人創了一個類似臉書的網站，那請你可以不要再使用臉書，改去用另外那個網站好嗎？因為臉書對同志是接納的。如果你覺得台灣若是有天通過接納同志法律，你就要離開，那就拜託你認真找一個可以移民的國家，不要像有人講的不想移民去美國，因為美國開放同性結婚了，所以要改去加拿大，結果才發現原來加拿大更早接納同志婚姻。電子產品拜託不用使用蘋果的，因為這家公司對同志相當友善與支持。言行一致很重要，不是嗎？食衣住行，請都一起想想，不要讓同志或者接納同志的想法影響了你，加油哦！你一定可以的！

親愛的朋友，「同志」不該是你我的問題啦！在基督教的信仰，在信望愛中，如果你認為「愛是最大且是最重要的」，那不正是表明，我們應該接納這群家人（朋友）嗎？上主大有能力，祂有祂的方式，為何我們要先替祂決定呢？在我們的生活周遭，應該還有其他事需要我們關心，同志應該不是第一且最重要的課題吧？願上主賜下智慧，讓我們知道如何實踐上主的愛，讓更多的人發現上主是愛他（她）、而且接納她（他）的。

Part III
我們的人生階段

我們一生的年歲不過七十，

健壯的可能到八十；

但所得的只是勞苦愁煩；

生命轉瞬即逝，我們都要成為過去。

（詩篇90:10）

求你教我們數算我們的年日，

好使我們心有智慧。

（詩篇90:12）

我們在祂的陪伴中，度過人生的生老病死，

也在其間學習各種不同關係中的愛。

願祂的智慧常充滿我們，

使我們翻閱生命中的各樣景色時，

能有一份釋懷並交託的平安。

第27章
彩虹共和國

◎小恩、小元、舞葉

上帝照自己的形像創造了人。他造了他們，有男，有女。

──《創世記》1:27

上帝看他所創造的一切都很好。

──《創世記》1:31

　　性少數社群是複數的，多元的，也是美麗繽紛的，因為上帝「看他所創造的一切都很好」。本文將帶領讀者一起認識「性少數」這個大家族的組成與實踐，不過在進入繽紛多元的性少數世界之前，先讓我們定義關於「性特質」（sexuality）的基本概念：「性傾向」（sexual orientation）指的是因某一性別個體產生性興奮的特質；而「性別認同」（gender identity）指的是個體對自我性別的認知。人類的性傾向可能是「相同性別」或「相異性別」或兩者都是，而性別認同則可以是「女性」、「男性」或其他。

一、何謂性少數

　　「性少數」（sexual minority）是指性傾向或者性別認同有別於主流的人。在台灣，大部分人熟知並常用的語彙是「同志」，也漸漸有人使用「LGBT」（Lesbian, Gay, Bisexual and Transgender）一詞。有些人認為「同志」可以包含「LGBT」，也可以把許多還未普及、或有志一同的人都包含在內，有一起革命、共創未來之意。目前「同志」或「性少數」指涉的範圍，除了男同性戀與女同性戀外，還包含了以下幾種人群：

　　（一）雙性戀（Bisexual）：有別於男同性戀者跟女同性戀者在愛戀與性吸引上只對同性有興趣，雙性戀者則可被女性及男性吸引，雖然受吸引程度未必完全相等。

　　（二）跨性別（Transgender）：無法以自己生理性別來符合社會建構的性別狀態，稱作跨性別。不同於性傾向，這是性別認同與性別表達的範疇。

有人透過外表扮妝成另一個性別來達到性別認同，也有人會透過手術來轉換生理性別使其與心理性別認同相符。台灣目前的跨性別相關法律不夠周全，也不夠友善。跨性別者在轉換性別或融入社會的過程既漫長也常遭遇許多困難，如台灣第一位公開跨性別身分的林冠華，因為長年求職屢遭，最後自殺結束生命。

（三）雙性人／中性人／間性人／陰陽人（Intersexual）：染色體的差異（XXY或XXXY或其它非XX與XY的狀態），使雙性人在性器官與賀爾蒙作用上出現雄性與雌性不同程度並存的狀態。

（四）無性戀（Asexual）：雖不從任何人身上感受到性吸引，但一樣有愛戀或互相扶持的需求。

（五）酷兒（Queer）：「Queer」一詞原義有「怪異、怪胎」的負面意含，是泛指同性戀、雙性戀、脫軌逾越的異性戀、以及跨性別者的統稱。台灣的性別運動用「酷」這個字翻轉詮釋，有打破、翻轉、不被主流定義的意思。

（六）認同中（Questioning）：有的人還沒辦法或者不想定義自己。

二、會友種類與關顧

回顧同光教會歷史，每隔一段時間，我們就會用設立「XX紀念主日」的方式來紀念一些事與人。從一開始1997年設立「愛滋紀念主日」、1999年設立「二二八和平公義紀念主日」，到2000年6月25日第一次舉行的「女同志感恩紀念主日」（這是同光教會目前唯一以性傾向為名的紀念主日）。回顧當下，許多教會姐妹在這樣的紀念中，重新以被父權體制予以雙重污名的女性身分及女同志身分去感恩上主、擁抱生命。這是同光教會最大的期盼——讓會友們在主耶穌基督裡重新認識上主創造自身的美好，不因社會與教會環境的不了解而產生窄化負面價值評斷，在主耶穌裡因為感受被

愛、被接納，而能更愛自己、更愛神、更愛神所創造的一切。

二十年來，在同光的陪伴經驗中，即便只是上述單純的牧養期盼，實踐上仍是困難重重：從一開始的會友只有男同志、到越來越多女同志參與並穩定聚會、到十年前教會開始有跨性別及雙性人的夥伴穩定參與，同光的族譜從 G 到 LG 到 LGBT 到 LGBTIAQ……，但我們對個體間各種差異的認識、了解、接納與牧養，總趕不上那些肢體們離開的速度。這不只是同光教會的遺憾，也是全台灣教會的真實景況。

除了性傾向與性別認同上的多元，各宗派信徒帶來的禮拜與儀式融合的挑戰，同光教會的關顧與服事也從只有學生團契與社青團契的分組關顧，演變到遍佈北台灣甚至漸漸全台各地的信仰群體資源；從只有成人主日學，到目前也有兒童主日學；從同志伴侶祝福儀式，到同志婚禮及固定聚會的伴侶小組；接著有各種身心障別的肢體加入，於是我們有打字或筆談的同工、預備無障礙上下樓的設備與人力，以及各種促進認識弱勢的講座。不只是許多在性身分上的差異，也包括社群或社會所定義的階級、美醜、成功與失敗樣貌，如何讓每個被社會污名的生命樣貌在信仰裡被擁抱？無論是資訊與溝通的不足、個人與教會當下的限制，「看見多元」及「在差異中合一」，是這個大家庭必須一直學習與努力的功課。

透過來自各地不同會友的多元樣貌、彼此各自在過去教會與社會裡的污名經驗，同光教會的所有人不只因信仰在主裡合一，更透過對各種差異的認識、學習、互相聆聽，一起見證與經驗上主在個人生命以及教會整體中賜下的豐富恩典。

三、關於「家」的想像與實踐

對很多基督徒來說，教會就像是自己第二個家。對很多同光會友來說，因為大多經歷與原生家庭或母會的疏離或割裂經驗，同光教會幾乎是更重

要的另一個家。除了有的會友把教會當家、會友即家人的情感外，我們還有以下幾種家庭實踐／成家型態：

（一）與原生家庭關係緊密的型態：許多人因為同志身分或其他因素而刻意離家，但也有一些人因為種種因素而留在家裡。這些會友中，不同於承受傳統婚姻家庭小孩壓力的多數異性戀，她／他們往往因為相對自由之身，而成為家裡重要支柱，特別是那些有長期照護長者需求的家庭。也有人因為經營家族事業而與原生家庭緊密關聯，甚至成為家族中最有份量的「家長」。

（二）自己成家的家庭：無論單身自己買房租屋擁有一個家，或者與伴侶一起擁有一個家，對有些人來說，即便有原生家庭且關係不錯、即便台灣法律還未能讓同志結婚成家，許多人已經與相愛多時的伴侶在親朋好友間舉辦婚禮宴客，在心理認知上、實際生活的層面中獨立成家。

（三）有孩子的家庭：有少部分會友需要撫養小孩。無論是前一段關係的小孩，或是透過人工生殖等方式擁有的孩子，這些家庭的型態與需求，跟其他家庭有些不同。在教牧關懷中，這樣的家庭需要更多層次的資源與陪伴。

（四）彩虹之家──與其他會友或同志共組一家：許多離鄉讀書或工作的會友，除了自己租屋外，也會選擇跟志同道合的朋友或會友共同租屋、互相照顧，擁有一個「家」（這就是多元成家的意義所在）。對許多同志來說，家的想像不見得是與父母或者伴侶共處一個屋簷下，幾個志同道合的夥伴在生活上互相扶持，彼此不只是室友，更在生活的累積與磨合中，一起經營彼此共同擁有的空間（家），也締結生命更深的連結。特別對於原生家庭也同是基督信仰的同志基督徒來說，面對人際與家庭環境給予的壓力跟歧視，彩虹成家的需求比其他同志更多。

三、同志運動

　　彩虹共和國裡的各種面貌，對於同光教會來說，不只是「議題」，更是
一個個活生生的「生命」，一個個需要瞭解、陪伴、牧養、關懷的生命。
即便二十年來，我們不是每件事都做得很完美，也未必把每個人都牧養關
顧得很好，但對於爭取性少數社群權益，我們一直都盡力關注參與。同光
教會常常出現於各種同志活動以及社會運動現場，無論是與其他弱勢團
體、同志團體的集體發聲，或者一起籌備活動、分享金錢或者空間上的資
源，我們知道我們所擁有的一切都是上主的賞賜，所以我們樂意與各路朋
友分享一切資源，幫助台灣社會更成熟包容。

　　同光教會對於同志運動的參與，是基於信仰上公義的追求，所以自從開
始有台北同玩節、台灣同志遊行開辦之初，同光教會從未在任何同志公民
活動中缺席。2010年前後，在「台灣伴侶權益推動聯盟」（伴侶盟）推動
多元成家草案之初，同光便已參與其中。2010年初，我們有一位弟兄驟然
離世，在陪伴其伴侶走出哀慟的過程中，我們親眼目睹即使這對男同志已
經在一起十多年，也早已向雙方家人出櫃，但在整個就醫與喪葬過程中，
各種有意無意的排斥與隔離，令人憤慨又心碎。最心痛的莫過於與這位
過世弟兄朝夕相伴逾十年的男同志，在自己伴侶的葬禮上，竟然只能坐在
「朋友席」，而非「親人席」；而過世弟兄的家人更在葬禮結束當天，侵
門踏戶地逕自闖入他倆同居的房子裡，把過世弟兄的所有遺物一掃而空。
這些事情大大震撼每個參與陪伴的會友：我們驚覺，即使我們有穩定的情
感、同儕與信仰的支持，但真的遭遇生離死別的事情時，國家與法律依然
把我們排除在外，我們無法真正安居樂業於這塊土地。我們的愛，始終不
被認可。

　　在參與伴侶盟籌備多元成家草案的過程裡，同光教會每個月召開預備會
議。與會的夥伴因為要蒐集案例與事實，開始閱讀相關書籍、聆聽彼此生

命故事。當這些來自不同地方、不同年齡、不同家庭背景的會友們，所述說成長過程裡的恐懼、艱辛、迷惘竟如此相似，我們看出在社會與教會結構裡共同的壓迫本質。在那些相似中，我們漸漸釋放掉過去在信仰中的自責，漸漸能夠擁抱、醫治那些在過去記憶裡、結構中被壓傷的靈魂。並且我們也更確信必須號召更多人起身反抗，更明白當我們一起走上街頭爭取權利時，終極的意義是什麼：不是因為憤怒，而是因為愛——為了讓上主創造的每一個美好生命能被知曉、能在社會與教會裡發光，為了讓更多人能做自己、在自己被上主創造的本質中去愛與被愛。我們必須挺身而出，我們義無反顧。

四、當眾教會都高談闊論著「醫治」與「改變」

從1970年代開始，美國教會界掀起一波對抗同性戀的「聖戰」，基督教右派分子透過大眾傳媒指控同性戀導致美國社會敗壞，道德淪喪，聲稱有所謂的「同志陰謀」（gay agenda），同性戀者在美國各地性侵孩童，最終目的是要摧毀基督教、美國乃至全世界；右派基督徒也成立許多同性戀治療團體，包括「國際走出埃及」（Exodus International；其總部已於2013年停止運作）、「同性戀者匿名會」（Homosexual Anonymous）、「愛中行動」（Love in Action；已於2007年停止運作）、「同性戀研究及治療全國協會」（National Association for Research and Therapy of Homosexuality，簡稱NARTH）等，[1] 甚至還有為了對抗「女男同志親友會」（Parents, Families

---

1 NARTH不斷鼓吹宣傳「同性戀矯正治療」，發表許多造假的案例報告，但是美國醫學會、美國精神醫學會、美國心理治療學會、美國小兒科醫學會、美國社工協會都發表立場聲明反對這類無效且有害的假治療。NARTH的負責人更被踢爆是職業詐騙分子，曾入獄服刑十年，而NARTH也因為錯誤引用其他團體或個人的著作而備受批評。

and Friends of Lesbians and Gays，簡稱P-FLAG）而成立的「前同性戀者親友會」（Parent and Friends of Ex-gays，簡稱P-FOX）。從美國開始，世界各地的基督教反同勢力串連成「前同性戀運動」（ex-gay movement）。[2] 這股風潮，也在二十世紀末吹向台灣，以矯正同性戀為宗旨的「台灣走出埃及輔導協會」（以下簡稱「走出埃及」），便在以靈糧堂為首的體系裡於1996年成立，運作至今。香港則是在1997年5月由一群右派基督徒成立了「明光社」，根據福音派／基要主義神學，生產保守派的政治論述，傳媒、流行文化、性教育、性工作、同志運動、安樂死、生物醫學工程、墮胎都是其關注議題。此外，香港也有「新造的人協會」、「後同盟」等勸導同性戀者離棄「同性戀生活」的基督徒組織。

在台灣，當一個基督徒對教會或牧者表達自己是性少數身分時，鮮少有教會或牧者推薦這個人來同光教會；相反地，九成以上會將其送到走出埃及。該協會服務宗旨為：「堅信以聖經為原則，一男一女的婚姻制度為立場，幫助不快樂的同性戀困擾者，勇於做上帝賜與的性別角色，並在基督裡享受豐盛的生命。」服務目標為：「幫助同性戀朋友及其家屬與相關助人者，不放棄甦醒蛻變並得著自由之路。」[3]

二十年來陸陸續續有許多走出「走出埃及」的人來到同光，不只因為目睹走出埃及裡面服事者與事工的問題重重而轉向同光求助，更重要的是，這些走出「走出埃及」、曾認為自己是「前同志」的基督徒們，希望給自己與上帝另一個機會——以聖經為原則，難道不用考慮時代背景與處境詮釋？上主真的只祝福一男一女的婚姻制度？對於沒有獨身恩賜與呼召的同志，主流教會給了什麼路走？「聖潔」是基督徒在生活中應該追求的目

2　Pedro，〈勇敢愛自己：走出「同性戀醫治」的迷思〉，《暗夜中的燈塔》（台北：女書文化，2001），269-281。

3　見：http://www.rainbow-7.org.tw

標，但難道只有「後同志」論述中那種「無性無戀」才叫「聖潔」？[4]

　　當眾教會將同志平權扣上性解放、破壞家庭、危害兒童青少年純潔心靈的帽子時，他們想要掩蓋的事實是許多「異性戀」、「一夫一妻」的關係，正在危機中搖搖欲墜，教會領導人的婚姻與操守不斷爆出醜聞；而真正對婦女施以家庭暴力、造成兒童青少年身心創傷的，正是傳統家庭中的家父長，卸下傳統的華麗包裝後，家庭的甜蜜其實是殘破的苦毒。跨性別女性主義者吳馨恩小姐在2016年3月27日受邀到同光教會以「LGBT、家庭與兒少保護」為題演講時說：

> 「護家盟」、「信心希望聯盟」之流「捍衛家庭、保護兒少」的口號充滿矛盾與荒謬，其真正的作用是把在社會現況下備受欺凌的 LGBT 社群當成代罪羔羊。LGBT 社群其實是父權社會性別暴力的『受害者』，卻被巧妙惡意地反塑成『加害者』；父權社會便可藉此逃避良心的檢討與反省。兒童與青少年在家父長制的社會中，權力關係與成年人不對等；又在知識累積、身心發展上被認為低於成年人，同時被視作家長的財產。因此兒少經常成為嚴重面臨暴力的族群，譬如家暴、兒虐與家內性侵；保守勢力主張的「兒少保護」其實只是「對兒少的監控」。傳統家庭觀念與制度視女人與兒少為「財產」：女人屬

4　「後同志」（post-gay）一語原是在英國某些同志社群中使用，做為一種對同志流行及消費文化的批判之語，但未被廣大同志社群接受，見：Michelangelo Signorile, "Ex-gay. Too gay. Postgay. What happened to gay?" *The Advocate* (January 19, 1999):71-81。未料，此名詞後來被急於擺脫「保守」「反動」形象的反同志組織及個人挪作取代「前同志」的標籤，並定義為：同性情欲不為上帝喜悅，使父母家人蒙羞，一方面承認同性戀可能無法改變，另一方面又聲稱同性戀不是天生的；同性戀者要得救唯有嚴守獨身的「聖潔」生活，不要實踐同性戀（practicing homosexual），最好還要嘗試跟異性培養感情。在華人社會中主要由香港「新造的人協會」及「後同盟」，以及美國慕迪聖經學院教師袁幼軒所推廣，台灣也有後同志基督徒宣傳。見：http://www.newcreationhk.org，http://www.postgayalliance.org，及http://www.yuanyouxuan.com

於丈夫，孩子屬於家長；這也是家暴、兒虐、婚姻／家內性侵的主因。著名女性運動者 Gloria Steinem表示，女性運動與同志運動的主要敵人都是把兒童當成家庭財產的極右翼份子；真正保護兒少的是性別運動者，她／他們要站在對抗對兒少（性）暴力的第一線，因而不得不對抗父權傳統的家庭觀念與制度。LGBT 與婦女、兒少一樣是社會的弱勢者，同樣面臨性暴力／性別暴力的威脅。因此 LGBT 也是需要受保護的族群。LGBT 經常性地面臨性騷擾與性暴力威脅，像是惡意的「性別錯稱」與「矯正強暴」，但卻因為社會污名而不被社會視為應該被保護的群體。我們必須正視「交織性歧視」（因為多重弱勢身分而遭到加倍且具針對性的歧視），LGBT 兒少就是經典的例子。同志運動必須加強關注 LGBT 兒少，落實對 LGBT 兒少的保護。真正的兒少保護絕非護家盟、信望盟之流「恐同」、「恐跨」的荒謬言論。

這個時代在性、親密、家庭等層面上給人們許多挑戰，但不能將問題推到性少數者身上。性少數社群占社會總人口不到十分之一，何德何能，哪裡來的這麼大能耐可以「毀家滅婚」？人與人之間的親子關係、親密關係出現危機，根本無關乎性傾向與性別認同，而是生存在這個迅速變遷的世代中的每一個人都要共同面對的。令人遺憾地，目前許多教會把大量金錢與資源，投注在製造仇恨對立上面。多數教會不只沒有對性少數社群作光作鹽，反而讓基督的名號成為壓迫性少數的印記，把聖經的每句話都變成丟出去的石頭。

在上主的國度裡，無論是還在埃及、走出埃及、或是走出走出埃及，上主都帶領我們看見彼此的傷痛與破口，上主都在親自為我們修補、醫治。醫治的目的不是讓每一個人成為同一個模子刻出來的模範信徒，改變的目標也不是讓每一個人成為別人的咒詛。上主要讓我們自己的處境裡遇見祂、認識祂、被祂帶領、回應祂的呼召、活出美好的生命，在祂預備的獨

特位置上，成為祂國度的一部分，大家互相建造，讓上帝國臨在地上如同臨在天上，使世界看見我們就知道，我們是上主的兒女。

五、結語：我們愛，因為神先愛了我們

同光教會能給會友的，不是金錢資源，也不是有系統且超級領袖魅力的訓練模式，我們只帶領以及陪伴彼此回到上主創造的起點——那個祂說祂在母腹裡就知道我們每個人的那個起點——我們深信每個生命為祂所造；我們深信祂聆聽在個別處境裡的每個呼求；我們深信當社會與教會仍有結構性的不義時，祂也與我們一同哀傷、受苦，一起努力、醫治包紮。

同光教會的成立就跟許多同志基督徒的生命一樣艱辛：我們沒有榜樣，很多時候充滿恐懼、無法勇敢。但願我們都能因主耶穌而勇敢，永遠記得過去我們怎麼因彼此共有的苦難處境而相遇，怎麼在上主的帶領中經歷恩典。

無論同光教會未來成為什麼樣子，但願我們愛人與被愛的能力永不減少。在前人鋪墊的歷史成果中前進，永遠與哀哭的人同哀哭，與社會中的弱勢站在一起。無論多少年，當我們聚在一起時，我們永遠能無愧天地並且一齊仰望上主：「我們愛，因為神先愛了我們」。彩虹的光芒，是上主恩典的印記。同光教會是上主的教會，我們承接應許，我們活出生命。

第28章
我向主祈禱

◎Jovi

我向主祈禱：「請祢賜給我一個孩子，我將會盡一切努力讓他去行祢的旨意」。

身為同志，似乎與不結婚、不生子劃上了等號；而身為基督徒，要認同自己的同志身分似乎又更困難。但我這樣一個沒辦法截彎取直愛上男人的女同志，卻身兼了基督徒身分與母親的角色。

曾經，生長於家暴家庭的我，那段洗澡時可能會被破門而入用水管抽打身體的過去，那些睡夢中可能會被突然拖出被窩用衣架鞭打的童年（如果未成年的生活叫做童年，我想那真的是一段不開心的童年），多少次，我坐在陽台上想跳下去，多少次，我拿著美工刀偷偷的劃著手腕。苟且偷生之餘，一次又一次的問著：「這世界上是不是真的沒有人會愛我？」

某次母親被父親毒打逃家的幾天後，我被無力照顧我們的父親，送到了信奉基督教的姑姑家裡臨時居住。大台北的生活有很多與鄉下不同之處，但最不可思議的是親眼看著姑姑一直告訴調皮搗蛋打架的表弟妹：「雖然你們做錯了事情，我還是一樣愛你，如同天父一樣愛你」，而在十幾歲的記憶中，我的父親似乎連抱都沒抱過我，又哪有機會聽到父母跟我說愛與包容。

因為童年的種種，一直以來養成了我不懂得該怎麼愛自己，更不覺得自己值得過更好的生活。只有在一次一次愛別人、對別人付出、被需要的當下，才覺得自己存在是有意義的。甚至在決定出國前往中國工作時，還把身上所有存款都捐出，一毛不剩的飛到深圳。這不是什麼大愛無私，更不是聖經裡把所有錢都捐出去的窮女子一般故事，而是因為我真的不知道該怎麼愛自己、保護自己。

工作了幾年，某次回到台灣探視自己捐助的孤兒。陪著他禮拜時，聽著聖歌看著孩子的臉龐，突然發現自己竟然淚流滿面，好像上帝正在撫摸著我受傷破碎的羽翼。那一刻，我清楚意識到，自己必須成為一個孩子的母親。儘管同志要結婚生子有千百萬個難關，但我確信只要主聽見了我的祈禱，必定會領著我前進。

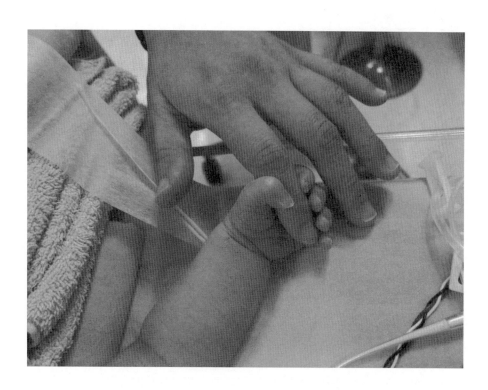

花了七個月，找遍了世界各地的人工生殖中心，逼自己開口查著單字說著爛英文，向好多國家的人一次又一次的問著捐精管道、醫療中心、開銷費用種種的細節。卻在找到醫院與精子銀行同時，從檢查報告上得知自己竟是不孕患者！並且還有家族遺傳病史的風險，不能使用自己的卵子！這逼得我們求子之路不得不重新來過，同時也把我推向精神崩潰的邊緣。

　　一天晚上，我帶著沮喪的心情，近乎絕望地向主祈禱：「請祢賜給我一個孩子，我將會盡一切努力讓他去行祢的旨意」。一位原本願意私下收費捐精的人，告訴我在某個國家的某間醫院，有在幫同志作試管嬰兒，開銷會比去歐美低廉許多。在一次次的驗證與聯絡之後，我又燃起了重新努力的動力與希望。

　　在努力求子總算順利懷孕之後，因為一場不幸的疏忽，我失去了肚子裡的雙胞胎弟弟。孕期的流產大失血，腹中孩子低於3%的存活率，讓所有醫護人員都勸告我要以保住自己性命為優先，最好把肚子裡僅存的寶寶拿掉。但我仍舊哭著乞求醫生盡一切努力保住孩子。在中國的人民醫院住院時，沒有網路、病房內電視遙控器永遠不會到我手上、隔壁床的病患卻都是要引產孩子的年輕少女。在好多個打國際電話向台灣家人哭訴的日子裡，只有朋友寄來的聖經，可以一頁一頁地安撫平靜我的心靈。

　　還記得，當時連續兩周躺在病床上靠著藥物安胎，完全不能動不能下床。聽見超音波掃描播放出孩子的心跳聲時，我忍不住握緊醫生的雙手，哭著不斷跟他說謝謝。在那段連續一個月躺在病床上安胎、身上幾乎能打針的皮膚都已經潰爛的日子，超音波裡看見孩子吸著手指滾動可愛的模樣，讓我覺得這一切的付出都是值得。

　　如今，孩子已經三歲，到了會有自己想法的階段。我只能站在一個既是同志母親、又是基督徒的身分，給予他最多最大的愛，告訴他：「不要為了任何人改變自己的天性，只要你做出對的事情，我永遠都會支持你。」

第29章
以恩典為年歲的冠冕

◎Pedro

一位同光的中年會友這麼說道：「其實我帶到幾次年紀較大的朋友來教會，最大的問題是他們看到聚會的都是年輕人，第二次就不會想來了。」

談到老年生活，對同光的多數肢體來說似乎很遙遠，教會成立至今20年，一般定義的65歲以上老年人，在這裡幾乎看不見，連50多歲以上的中年會友都是少數。在同志圈中，老年同志往往是「雙重弱勢」，容易面臨年齡與性傾向的「雙重歧視」。究竟在我們的信仰群體及教會生活中，我們要怎麼看待「老」這件事？對於未來的老年生活，我們的想像會是什麼？同光教會又可以做些什麼？

一、信仰與老年生活

在聖經中對於長者的形象或老年生活有不少記載，例如：「你們要敬重老人，在白髮的人面前恭敬侍立。你們要敬畏我；我是上主。」（利19:32）「白髮是尊榮的華冠，是行為正直之人的善報。」（箴16:31）「白髮是老年人的尊嚴。」（箴20:29）這些經文強調年長者是值得尊敬的一群人，而在《約伯記》的故事中，我們也看見約伯是位一生經歷苦難、直到老年仍對上主充滿謙卑、懷抱盼望的長者。在大衛的《詩篇》中，強調了年長者領受的福份：「他們像栽在上主聖殿裏的樹，在我們上帝的庭院中繁茂，年老之時仍然結出果實，枝葉茂盛，長綠不衰。」（詩92:13-14）「我們一生的年歲不過七十，健壯的可能到八十；但所得的只是勞苦愁煩；生命轉瞬即逝，我們都要成為過去。」（詩90:10）、「你使我們遭受多少年日的苦難，求你也使我們享受多少年日的喜樂。」（詩90:15）大衛的文字告訴我們，要用喜樂、平靜與敬畏上主的心，來看待我們的一生。「變老」是每個人都會經歷的過程，我們需要學習自我整合、擁抱老年生活，也因為有信仰，使這樣的年歲更接近「永恆」。許多聖經作者對生命及上主的體會，使我們看見老年生活的祝福與盼望。

隨著人口高齡化趨勢，教會也面臨著老年牧養的課題，觀諸基督教會的發展歷程，向來就有老年關顧事工，也注重老年人在教會中的影響力。然而隨著近年教會的發展，一些增長快速教會的新興教會，多標榜年輕人事工為重點，教會能夠吸引年輕人，彷彿就代表活力、健康、清新、成長的新氣象，如果教會是以老年事工為主軸，就容易給人陳舊、凋零的印象。

現今台灣教會的年長者事工，傳統型的活動方面，大多是以團契的組織形式出現，如長青、松年、樂齡團契等，多半每周白天聚會一至兩次，以靜態之靈性聚會或動態休閒活動為主；而多元型的活動，則以宗派組織或較大型的教會為主，除了對年長者的牧養之外，規模較大者還設有附屬的社團法人機構，例如台灣基督長老教會的「松年大學」、台北靈糧堂的「愛鄰社區服務協會」、「內湖陽光銀髮族」、士林靈糧堂的「好厝邊長青關懷站」等，從事獨居老人送餐、居家探訪、老人日托、電話問安、健康促進與諮詢等社會服務，著力於弱勢長者關懷。[1] 此外，在各縣市的教會醫院系統，目前也有提供老人送餐、居家護理或照顧、日托、電話問安、在宅守護連線、長照巴士等多項綜合性的服務。[2]

這些典型的老年事工，除了作為靈性上的關懷，也包括了公益性質的醫療與社會服務，陪伴許多長者度過晚年生活，成為重要的老年支持網絡，然而，當環境並不友善時，老年同志在這些教會服務中易受歧視，多數人也選擇隱形。

在社會學的概念中，「宗教」本身除了能使個人找到生命的意義感、象徵團體意識、尋得個人歸屬感之外，宗教活動本身也和社會網絡的意涵具有關連，也是拓展社會支持網絡的途徑，學者 Kimmel 與 Sang 指出，宗教

1　潘世隆，〈年長者之聚會材料在小型教會中對老年關顧牧養之影響-以台灣基督教協同會教會為例〉（教牧博士論文，中華福音神學院，2013）；及台灣基督長老教會松年事工委員會網頁http://www.pct.org.tw/ab_sen.aspx
2　曠野雜誌第195期，http://www.cap.org.tw/W/w-195-7.html

團體對某些中年男同志而言是重要的社會網絡及社會接觸管道。[3] 主流教會的老年事工不易讓老年同志參與其中或現身,另一種樣貌就是同志社群自己建構的友善網絡資源,例如筆者曾訪談一位同光教會的中年會友,該會友就曾考慮將自己在鄉下的住處變成可以聚會或舉辦退休會、夏令營等活動的場所:[4] 「像○○傳道上星期天在這邊時還說,這地方可以變成一個傳福音、聚會的地方,這點我也有考慮啊……到時候那邊可以睡好幾十個人咧,可以當聚會的場所,我們底下那個三合院,前兩年有韓國教會來這邊短宣,住這邊,二十幾個人,我也覺得他們也住得很愉快啊!」這位會友也向筆者表示,不僅想讓鄉下住處成為教會活動場所,也在思考未來如何規劃成為老年同志住宅。

二、我們是否看見老年同志?

台灣同志運動始於1990年代,聚焦在同志自我認同、出櫃、婚姻與伴侶權益、愛滋防治等議題,無論在各樣的媒體報導、論述文本或權益訴求上,看見的大多是「年輕同志」的主流樣貌,「老年同志」的形象似乎不存在、被邊緣化,直到2000年代中期後,才逐漸開始關注同志老化議題。在研究論述上,開始探討台灣中老年同志的生命史、伴侶與家庭關係、老年與退休生活、婚姻經驗與情欲實踐、疾病與臨終等相關議題;在社群關懷上,「台灣同志諮詢熱線協會」於2006年成立了「老年同志小組」,[5] 以記錄中老年同志的生命故事為發起,並針對台灣公共衛生及社福政策中長

---

3 Douglas C. Kimmel and Barbara E. Sang, "Lesbians and Gay Men in Midlife," in *Lesbian, Gay, and Bisexual Identifies over the Lifespan: Psychological Perspectives,* ed. Anthony R. D'Augelli and Charlotte J. Patterson (New York, NY: Oxford University Press, 1995), 190-214.

4 沈志勳,〈中年男同志的老化態度與老年準備初探〉(社會學研究所碩士論文,國立政治大學,2004),75-76。

期漠視同志權益做發聲，近年也持續舉辦中老年同志的休閒活動、專題講座及成長團體，而在2006年的第四屆台灣同志遊行，主題是「一同去家遊Go Together」，遊行訴求開始觸及老年同志的關懷照顧；在政治參與上，代表「綠黨社會民主黨聯盟」參選2016年立委選舉的候選人呂欣潔，多年參與台灣同志運動，長期關心老年照顧議題，其競選政見主張在長期照顧政策中落實對性少數族群的保障。這些同運發展歷程，讓我們在本土脈絡中開始「接近」與「理解」中老年同志。再從支持網絡型態觀之，本土研究發現，一群老年男同志常去的同志三溫暖，就是重要的集體空間，與自己人相聚，又有相似生命經驗所形成的包容，三溫暖不再只是個消費場所，儼然是最有人情味的彩虹社區中心，類似社會福利針對弱勢族群所建立的「替代性家庭」。[6]

　國外老年同志研究亦指出，老年同志較異性戀老人有更高的獨居比例，且多數無子女，由其伴侶、朋友或其他重要他人形成一種「非親屬關係」（fictive kin）的「選擇式家庭」（family of choice），所發揮的心理與社會支持，其重要性遠高於由原生家庭及異性夫妻及其婚生子女組成的家庭稱為「生物性家庭」（biological family），即使有部分男同志與原生家庭維繫著不錯的關係，但他們通常較少尋求來自原生家庭的主要支持，[7] 無論何

5　「社團法人台灣同志諮詢熱線協會」於2000年6月9日正式向內政部社會司立案，成為全台第一個全國性同志組織，提供同志多元服務，於2006年成立了「老年同志小組」，相關資訊詳見網站http://redmedia061.so-buy.com/front/bin/ptlist.phtml?Category=325767#a4

6　王增勇，〈跨越世代相遇：看見「老年男同志」〉，《生命教育研究》3:1（2011），169-231。

7　Raymond M. Berger, *Gay and Gray: The Older Homosexual Man,* 2nd ed. (Binghamton, NY: Haworth Press, 1996); Arnold H. Grossman, Anthony R. D'Augelli and Scott L. Hershberger, "Social Support Networks of Lesbian, Gay, and Bisexual Adults 60 Years of Age and Older," *Journal of Gerontology, Series B: Psychological Sciences and Socila Sciences* 55:3 (2000), 171-179；Harold Kooden, "Successful Aging in the Middle-Aged Gay Men: A Contribution to Development Theory," *Journal of Gay and Lesbian Social Services* 6:3 (1997), 21-43.

聽你剪裁星空　Part III

種形式的聚集（共同的活動、同一區域的居住環境等），彼此提供相互支持，就如同一個「家庭系統」的功能，這樣的支持網絡顯然會使同志的老化過程適應較為理想，這些發現不僅是對傳統「婚姻家庭」觀念的重新解構，也看見不同支持網絡型態具有的能量。

另外，在中年男同志當中，也有人嘗試突破「生物性家庭」與「選擇式家庭」之間的界線，在伴侶與原生家庭當中建立新的連帶關係，關於中年男同志伴侶關係的研究發現，中年男同志在打破傳統異性戀框架的家庭圖像後，試圖開創出多元家庭的新樣貌，包括：父母同志家庭（與父母及同志伴侶同住，一起照顧、孝順父母）、手足同志家庭（在父母過世後，與手足及同志伴侶同住）、社群同志伴侶家庭（與伴侶同住並且擁有異性戀或同性戀的社群網絡，同志家庭融入異／同的社群網絡中）、直同志伴侶家庭（父母與手足都支持且與同志伴侶間緊密的互動關係）等。[8]

當台灣的中老年男同志在保守環境及有限資源下，仍有些人試圖開創新的社會支持網絡時，觀看二、三十歲以下更年輕一輩的男同志，因傳統家庭觀念與自我認同意識的轉變，選擇進入異性婚姻者將更少，也較中老年男同志擁有更多性別友善的社會資源，可預見的是未來中老年同志社群未來所需要的「家」，不再只是來自原生家庭或異性婚姻締結下的「生物性家庭」，更需要由親密伴侶或朋友網絡所構築的「選擇式／替代性家庭」。

三、同光教會與中老年同志

同光教會有沒有中老年同志？這是個有趣的問題。回顧同光教會20年的歷史，在約拿單團契及同光教會創立初期，初代會友幾乎都是大專學生，

---

8 邱全裕，〈邁向「熟男」之路——中年男同志在老化歷程中的伴侶及家人關係〉（衛生福利研究所碩士論文，國立陽明大學，2010）。

年紀最長的社會人士也不過30出頭，其後的10幾年間，會友的主要年齡層一直都以25至45歲之間為多數，近年有幾位會友邁入50多歲的中年期，極少超過60歲以上者。同光教會自2001年下半年開始轉型為小組化教會，透過「細胞小組」進行門徒裝備與傳福音，2001至2003年的教會主題即設定為「人人有小組、人人傳福音」，當時駐堂的曾恕敏傳道師，指出教會的小組方向，在資源及恩賜的分配上，先集中在成人小組，也需關注特定族群的需要，逐步開展中年事工、老年事工、同志伴侶事工、大專學生事工、同志社區事工、各縣市外展團契事工、甚至是青少年事工，[9] 時隔十幾年，教會在伴侶、學生、社區、外展團契等事工上均有不同程度之發展，然因會友年齡層長年以青壯年為多，目前尚未開拓中老年事工。

筆者猶記在2000年中期，曾有70歲左右的老年同志來參加同光的主日禮拜，會後與這位長輩閒聊，才得知為基隆某地方長老教會的駐堂牧師、育有妻兒，平時相當低調，對於同志身分認同也並不清楚，只是對同光教會感到好奇，看到這間教會都是「年輕人」，就覺得格格不入，這位老牧師可能是來過同光聚會的新朋友中年紀最長的，但來過一次就沒有繼續再來聚會了。

目前同光幾位較穩定聚會的50多歲會友，多數屬於工作穩定、經濟能力中上、生活較不虞匱乏者，一方面對教會後輩扮演重要的角色模範，但另一方面也呈現與許多主流教會相似的中產階級化現象，在屬性上較易忽略生活較困苦、社經地位較弱勢、缺乏支持網絡的中高齡會友，這是教會未來必須面對的課題。

「台灣同志諮詢熱線協會」的老年同志小組曾經對一群年近60歲以上的老

---

9 詳見同光教會2003年7月13日主日周報之〈同光教會的小組走向之分享與思考〉一文http://bbs.nsysu.edu.tw/txtVersion/treasure/motss/M.907549416.A/M.1073454083.A/M.1073496002.BH.html

年男同志進行口述歷史訪談，透過跨世代的對話，紀錄下珍貴的生命故事，出版了《彩虹熟年巴士——12位老年同志的青春記憶》這本書，當中訪談了一位阿昌伯，出身雲林鄉下，因為同志身分曝光，害怕鄰居的眼光及家人面對的壓力，選擇離開家鄉來到台北討生活，積蓄不多的阿昌伯，總是過著辛苦平淡的生活，林森北路上的中年同志酒吧的消費並不是他能負擔得起，手頭有些閒錢時，三溫暖成為唯一取暖的地方，幾年前認識了熱線工作人員，才多接觸了其他同志資源，也很難得參加了第三屆的同志大遊行。[10]

那段期間，阿昌伯也曾來到同光教會，並時常參與派特羅小組的聚會，據當時的派特羅小組同工回憶到：「他總是比較安靜地先進入到我們當中，然後才會找人說話。搭公車往返，小組在星期五的聚會，他往往在九點半之前就會離開，但是他好像也沒有很準時到教會，感覺是有很多的節目安排。他很喜歡看年輕的男生，也喜歡和他們單獨說話。我問他為什麼想來參加小組，然後還得搭那麼久的車才回得了家。他說一個人很孤單，在教會可以有人陪，而且有年輕的小男生可以看，說不定還可以摸他們一下，就會很開心。」有一次阿昌伯指著小組裡幾個人的屁股說：「你看看他們！顯然相當開心」阿昌伯倒是比較少參加主日，他說因為聽不懂牧師在講什麼（除了語言之外，也有大半的原因是宗教信仰的不同），也不知道為什麼要唱那麼久的歌。反倒是主日之後的愛筵和額外活動，他都會出現並全程參與，和人直接的互動該是我們最吸引他的部分。

阿昌伯後來並沒有繼續留在教會，小組同工覺得：「可能是長期和我們總搭不上線，也很少年輕的底迪能長期和他保持互動，後來一次聯絡時，他已經離開台北回鄉去了。」據熱線老同小組的訪談，主要是因為阿昌伯加入風險性投資，後來欠了一堆債得償還，最後就只好回到南部老家。

---

10 台灣同志諮詢熱線協會，《彩虹熟年巴士——12位老年同志的青春記憶》（台北：基本書坊，2010）。

其實在同光教會近年的外展工作當中，我們也接觸了一些中高齡同志，在2013年初，一位住在愛慈基金會附設恩典之家的感染者，在同光教會受洗，因緣際會下，一群有負擔的同工開始了「愛慈事工」的外展服事，每月平均一至兩次，前往恩典之家關懷那裡的住民，住民都是在感染愛滋發病後，需要被照顧療養、無法自理生活起居或工作者，或有其他併發症，大多是單身沒家人或喪偶，或是家人不接納，才由社會局轉介而來。參與愛慈服事的同工表示，他們關懷的中途之家住民，當中有一半以上都是中老年同志，非常需要有人陪伴及支持，也有很多人是孤單的離開人世，他們的生活方式，更突顯了「多元成家」的重要性。

男同志會友 Larry 談到：「其實並不能怪同光會友太年輕，而是五年級以上的人，要讓他們放開去跟年輕人聊天，本身較就不容易，這在一般的社會也會發生。我想這個問題，真的無解，要等到有一天，中老年人在教會變多，才會留住更多的人。」，另一位女同志會友小童則認為：「同光教會的歷史只有20年，會友們還不算太老，同光教會對於老年同志的生活，好像是不存在的，是都在追求年輕的肉體。」目前在同光教會談老化議題或老年事工，對多數會友而言可能時間過早，也的確較難想像。

四、老年圖像：共同生活、彼此照顧

從歐美國家的老年同志社區或對同志友善的退休社區，可以窺見一些同志老年生活的圖像。北美地區在1990年代末在一些大城市周邊開始發展針對同志的退休社區或支持性服務，然而在居住環境上仍多半為高成本的空間設計、高額收費、帶有中產階級色彩的老年同志社區，例如佛羅里達州 Palmetto 的 The Palms of Manasota、新墨西哥州 Santa Fe 的 Rainbow Vision、加州 Oakland 的 Barbary Lane 等，直至2007年起，才陸續有收費廉價、考量經濟弱勢老年同志需求的專屬住宅開始發展，迄今共有洛杉磯的 Triangle

Square、舊金山的 Spirit on Lake、芝加哥的 John C Anderson 等三組老年同志住宅。以 Triangle Square 為例，是全美第一個由政府資助民間非營利組織 GLEH 興建的老年同志住宅，在住宅內即設有 GLEH 的辦公室，提供各項社會服務，總共103個住戶單位，也同時歡迎 HIV 感染者且較低所得之老年同志入住，更特別的是，在大多數的老年同志住民以外，目前有約11%的住民是俄羅斯人，正如同另外一組住宅 Spirit on Lake，有四分之一的住民是索馬利亞移民，在這些住宅中展現了異質性，老年同志與其他少數族群彼此共融在一起，形成一種特殊而具包容性的「混居」型態。[11]

至於歐洲地區，最早提供友善居住環境的是2008年在柏林市開設的 Global Village e.V.，但只有部分區域提供給老年同志居住；直至2014年10月在瑞典首都斯德哥爾摩啟用的「彩虹之家」（Regnbagen House），才是歐洲第一個專門提供老年同志居住的退休住宅，繼瑞典之後，丹麥首都哥本哈根一間照顧年長者的安養院（Plejecentret Slottet），也在2015年8月正式提供 LGBT老年人的友善照護，未來一兩年內，在西班牙馬德里、南法等地區也預計將有老年同志社區落成啟用。[12]

此外，近年在美國、加拿大及一些北歐國家興起的「共居住宅」（co-housing），展現一種理想社區形式，因共同生活理念及同樣的居民特性產生的文化敏感度，在一個獨立的生活環境中形成社會支持網絡，有共同管理的房屋、餐食、休閒、辦公室等生活空間，[13] 這樣的住宅與生活型態，除了勞動人口外，也提供老年生活的新選擇，有共享老年經驗的空間、提昇老年

---

11 Kathleen M. Sullivan, "The Experience of Senior Housing for Lesbian, Gay, Bisexual and Transgender Seniors: An Exploratory Study" (Ph.D. diss., Portland State University Press, 2011)；網頁http://www.bbc.com/news/magazine-26554710
12 詳見相關報導：http://gdottv.com/main/archives/6992、http://www.thelocal.dk/20150814/denmark-opens-its-first-lgbt-elderly-care-home、http://www.appledaily.com.tw/realtimenews/article/new/20141013/486770/
13 詳見美國合作式住宅相關資訊：http://www.cohousing.org/

生活的尊嚴、自主性與安全感。而在亞洲的日本，在許多城市也有不同年齡層混居的共居住宅，是一種「鄰居以上，家人未滿」的居住模式，住宅內的老人不但得到關心照顧，也可以從鄰居，特別是小孩身上得到活力。[14]

反觀台灣社會，根據國內調查顯示，六成以上的老年人認為理想的居住方式是「與子女同住」，而未來生活可自理時，僅14%的老人願意進住機構，生活無法自理時，有43%老人「願意」進住機構，[15] 顯示國內老年人較希望與子女或配偶同住，住在自己熟悉的環境中，即使失能時，有意願進住老人機構者也未達半數。但是對多數沒有子女的同志來說，答案顯然不同，幾次與同光肢體聊及對未來年老的想像，大部分人認為最好大家以後老了住在一起、互相照顧，可以買一整棟房子、或買一塊地來蓋房子，如同前述熱線老年同志小組的訪談發現，這群大哥們期望老了以後可以和「自己人」在一起，因為相似的生命經驗所形成的包容，提供一處可以自在「做自己」的空間。[16]

無論是先進國家的同志社區、「共居住宅」的生活型態，或本土同志的老年生活想像，均有相似的樣貌，透過次文化群體的聚合，形成一種超越血緣或婚姻關係、具有生活照顧功能的「家庭」網絡，而此種關係網絡，對應近年「台灣伴侶權益推動聯盟」倡議的「多元成家」法案，如未來法案通過，在「多人家屬」部分，[17] 有望為共同生活網絡的老年同志增加制度面的保障。

---

14 詳見香港獨立媒體網報導：http://www.inmediahk.net/node/1039197
15 衛生福利部，《老人狀況調查報告》，2013。
16 王增勇，〈跨越世代相遇：看見「老年男同志」〉，《生命教育研究》3:1(2011)，169-231。
17 由「台灣伴侶權益推動聯盟」（簡稱伴侶盟）推動的多元成家法案，包括了「同性婚姻、伴侶制度、多人家屬」等制度的民法修正案，其中的「多人家屬」制度，擴充民法中「家」的定義，認為「家」不再是以親屬關係作為必要基礎，而是以永久共同生活為目的、同居在一起，只要視彼此為家人即能共同成家，詳參伴侶盟網站 https://tapcpr.wordpress.com/伴侶盟草案

聽你剪裁星空 Part III

五、同光的老年肢體何處去？

年長者最基本的需要，往往是一種歸屬感、被需要感，而教會是個屬靈的家，理應成為陪伴年長者的重要歸屬。同光肢體該如何陪伴、關心年長會友？會友小童認為，生活陪伴與醫療照顧是首要：「同志大多數都只有兩個人或者是一個人，若是沒有家庭可以做支持的話，一旦生病，他的伴侶是沒有能力獨自照顧的。教會若可以在生病陪伴照顧的這個部分做一點幫助規劃方案的話，我想是好的。」此外，舉凡家庭探訪、臨終關懷、送餐服務，或與公、私部門長期照顧服務、老人福利措施等社區資源連結，也都是重要的環節。

同光教會未來如需發展老年事工，衡量傳統教會或福音機構的老年事工模式，及同志社群常見「怕老」、「怕失去吸引力」、「怕孤單寂寞」的次文化特性（尤其是男同志），多數會友可能不希望自身的「老化」成為一種明顯的標籤或區隔，因此傳統的老年事工模式（例如成立「長青小組」、「松年團契」等）較不合適，反而是在各類事工或活動中囊括所有年齡層參與，並加強對當中年長者的關懷與陪伴，較符合同光教會實況。

面對會友未來的逐漸老化，同光教會可以思考的課題或方向如下：

（一）重視老化議題：組成老年事工團隊，規劃同工訓練、小組聚會、專題講座與活動，增加會友對老化議題及老年事工的認識，並促進與年長會友的互動，減少對老年肢體的陌生感與歧視。

（二）建立支持網絡：有鑑於同光教會四十多歲以上的中年會友逐漸增多，可參考熱線老同小組舉辦中年女/男同志聊天會、成長團體等形式，在中年會友間形成支持團體，探討伴侶關係、獨居、婚姻壓力、醫療保健、財務規劃、中年失落、疾病與死亡、照顧父母等切身議題，建立支持網絡，提早為老年作準備。

（三）傳承生命經驗：如同《箴言》所說：「白髮是榮耀的冠冕」，而

同志族群在生命歷程中又缺乏角色模範，應重視年長肢體在同光教會的功能，可透過類似目前「繁星小組」的形式，多鼓勵中老年會友與後輩分享生命故事，帶來經驗傳承與智慧。

（四）落實關懷探訪：可藉由各小組及各部門同工組成關懷團隊，鼓勵年輕會友參與，針對中老年會友，尤其是獨居、經濟弱勢或患病長者，定期至家中、醫院或養老院探訪，付出實際關懷。

（五）連結福利資源：同光教會並非包山包海的「大賣場」，許多中老年會友面對的問題，需要的是專業諮商中心、福利機構、醫院的協助，教會應扮演的角色，除了連結、轉介友善資源，更應關注資源使用過程中易面臨的性傾向及年齡歧視問題。

六、結語

在2015年10月28日舉辦的國際同志聯合會亞洲區域雙年會（ILGA-ASIA）的開幕致詞中，台灣同志諮詢熱線協會理事長喀飛回顧台灣同志運動的歷史：「不論台灣或是其他國家，婚權運動成為同志運動中最受社會及媒體關注、發展最蓬勃的一項議題。對此，我一方面認為，婚權運動能夠普遍引起社會關注、對話或衝擊，是同志運動的重要契機，但是另一方面，我也對有些人把婚權運動視為解決各種同志困境的唯一努力目標感到憂心。」[18] 在台灣的同志平權之路上，不可忽略的是，當我們努力爭取婚姻或伴侶權益的同時，有一群更弱勢的老年同志，很難冀望在有生之年擁有被法律認可的婚姻或伴侶關係，對他們來說，更急迫、更需要關注的是邁入老年階段的長期照顧、醫療保障、臨終關懷等切身議題。

---

18 詳參同志諮詢熱線協會網頁資訊：http://hotline.org.tw/news/727

我們是否覺得自己還年輕、覺得「老」還很遙遠，或覺得愛慈事工陪伴的那群中老年同志與我們自身沒有太大關聯？年長肢體並不是身處門外的「他者」，而是需要關顧的「鄰舍」。身為信仰群體，同光教會未來需要重視老年事工，期盼每一位肢體在邁入老化歷程中，不是獨自面對孤單寂寞，而是透過教會的支持網絡，感受到一個溫暖的「家」，在「彩虹社區」中活得自在、充滿盼望。

第30章
置回原住民脈絡中尋找自我的意義

◎瑪達拉・達努巴克

一、前言：回到社會與歷史的脈絡中

台灣這塊土地上有非常多元的族群，不同族群因其生活方式而有不同的文化、不同的制度，當然包括不同的性別觀點。從日治時期至中華民國統治時期快速工業現代化及現代國家政治與制度的介入，如新式教育學校、現代醫療體系等等，原住民短短的時間內從原初社會進入資本主義工業社會，生活型態發生劇烈變化。

國民政府為了「改善」「山胞」生活，鼓勵深山的原住民族人遷徙，在大武山下的荒地上畫設一部分土地做為移居地。族人在耕地有限、游耕地受限的情況下半自願遷離居住地。我母親的家族即是在1946年（民國35年）這個大規模遷村的時候，從筏灣（paiwan）遷移到現在的三地村。筏灣人經過幾番大規模的遷住政策，牽動的是一整個維持千年來永續發展的生活基底。遷移過程造成的資源匱乏、貧病死亡及其他不可計算的失落與自尊受損，遷村等於是另一種種族滅絕的形式。

筏灣人從自給自足的生活，被迫失去土地耕種權、被迫現代化而轉變為出賣勞力為生的廉價勞工。母親家族屬於平民階級，既沒有土地、沒有權勢，更沒有資本，一切從零開始，成為一無所有的貧民。四處打零工、採集可以變賣的山產，缺食物時，只好投靠稍有能力的親友，卑微求生。在1960年代之後，台灣進入快速工業化的社會變遷下產生大規模的人口遷徙。[1] 鐵公路交通網的建設是重大的助因，原住民大量移動，從早期高比例從事礦業、林業及遠洋的高勞動低薪勞動工作，到後來移往都市工業區的勞力工作。

排灣族在傳統上實行「長嗣繼承制」，不論男、女，只要身為長嗣，就

---

1 林季平，〈台灣的人口遷徙及勞工流動問題回顧：1980-2000〉，《台灣社會學刊》，34（2005），147-209。

會被賦予繼承家業、家屋名、家族地位等等的權力與責任。排灣族在許多的人類學研究中都被認為是一個符合兩性平權概念的「長嗣繼承」社會，不論男、女都受到社會同樣的尊重，享有平等的社會地位。今日的排灣族，已歷經了殖民統治、資本主義現代化與基督教化的影響，生活與文化也發生了很大的變化。社會階序分工、貴族／平民階層的基本架構，受到統治者有意部分強化或質變的影響，貴族掌家者被看成為一種政權統治的階級，也強化了父權體制，也包括男、女性別截然二分及異性戀霸權的意識型態。

二、高度基督教化的原鄉部落

根據文獻及部落耆老的口述資料，排灣族部落的基督教宣教歷史是始於1946年初屏東基督長老教會進入部落宣教。日治時期結束後，國民黨認為日本文化及神道教信仰的深植人心，為了執行去日本化的政策，中斷了神社信仰，基督教在這個時候有機會再進入原住民地區宣教。原先因為與傳統信仰衝突，受到部落族人排斥。但後來部落的統治階級認為基督教是最能夠穩定人民，而又不會遭到政府打壓，為了維繫信仰與政治核心的地位，貴族頭目接納了傳教人而開始舉行主日禮拜。[2] 一方面是在中國禁止傳教士進入之後，許多外國宣教士轉而來台宣教；另一方面是獲得國民政府特許進入山地，藉救濟品之助及國語教育推行政策進入部落，尤其是蔣家

2　「1945年歲末，當時由於日本戰敗離開台灣，三地門鄉長歸順義在吳可免長老陪同下率眾訪問屏東教會許有才牧師，問道：「我們今後應該敬拜什麼神？」此一問，不但道出了排灣族原住民在日本殖民統治時期被迫改信神道教而失落傳統宗教信仰的無奈，也顯示當時族人因理不出回歸傳統宗教信仰之途，故而尋求一個新的宗教。然而，這一句「我們今後應該敬拜什麼神？」適時地也燃起了基督教在排灣族部落的宣教異象與呼召。」「排灣中會10年（2006-2015）事工計畫白皮書」（台灣基督長老教會排灣中會網站，查詢日期：2015年10月20日）。

與基督教會關係深厚，提供了基督教發展的有力空間。[3]

長老教會的宣教，帶來了新的盼望，「來信耶穌／來信耶穌／來信耶穌現在」這首短短的童謠傳遞了在耶穌裡大家都是一家人的信訊，在這個大家庭裡人人平等。原本部落嚴格的世襲階級中，貴族擁有較高的社會位階、掌握部落的話語權、統治政權治理代理及資源分配等權力，在各種儀式及器物使用皆區分階級，而平民相對的社會位階低、屬被分配的隸屬位置、也不被允許使用象徵身分地位的貴族器物與儀式。「耶穌來了」，對貴族來說，教會的信仰資源可以重整社會秩序；對於平民的第一代信徒來說，認為可以重置平等位置，是擺脫平民階級的屈下位置的一條路。

歷經了長久的殖民統治及戰亂饑荒之後，對當時的族人來說，摩西帶領以色列人民走出埃及的故事、救世主為了人民而犧牲自己的神奇偉大情操……這等隱喻，的確有同理到族人長期受到殖民的心理，有得著救贖讓心靈平安的盼望。

部落長老教會的第一代受洗信徒，成為部落宣教重要的團隊，他們充滿熱忱，攀山越嶺到當時交通還不是很方便的深山部落去宣教。居住在深山裡的部落較慢受到日治時期種種現代化制度的影響，因為仍堅信要返回傳統生活方式，排斥外來的宗教。後來在宣教工作時提供贊助物資，才有越來越多的族人參與教會的敬拜儀式。

1946年，「台灣聖書學校」（今玉山神學院）成立，培育更多原住民傳道人到部落傳福音，而教會系統也提供了許多教育與職業訓練的管道，因此，改信基督教的部落族人越來越多。

根據部落的長者回溯，基督教重視誡律，聖經上規定了很多基督徒該遵守的規條，讓因為殖民統治而失序的部落社會暫時有了秩序感。這種「在

3　顧坤惠，〈宗教過程："改宗"vs"本土化"——一個排灣族的例子〉，《文化研究月刊》，18（2002）。

耶穌裡，我們是一家人」的團結氛圍，打破貴族與平民的社會階序區隔，也提升被殖民壓迫多年而淡薄的凝聚力。女性尤其歡迎「不可姦淫」的誡命，因此平民女性能免於遭到貴族男性的「臨幸」。

與其說是基督教影響了部落的文化，不如說是部落統治階級引進了基督宗教來度過糧食不足的危機、殖民壓迫的無助、得到救贖的信心、重整失序的社會、引進西方文明增加原住民在台灣的優勢，並提供有系統的教育。教會為了宣教，以聖經教育創造拼音文字（日語、注音演進到羅馬拼音），保留了排灣語；有學者認為基督教教會對原住民文化復振的幫助，也有學者認為基督教傳入排灣族社會，造成原有社會秩序的式微，以及新秩序的產生，也衝擊了排灣族對部落領袖、宗教信仰、祭儀、習俗、神話故事的認同。[4]

然而，教會詮釋下的嚴格誡命也產生了一些單一道德壓迫的作用。例如，原先以為講求平等的教義可以用以打破的資源分配與政治勢力的社會階序區隔，也慢慢回復到舊有殖民統治底下的階層體制，反而倒過來使用基督教來維繫社會階層。原先以為可以保護女性的婚前性行規範，卻成為對女性性行為的撻伐，一旦女性在婚前遭到性侵害，就得同時承擔「不潔」的污名，而讓家族蒙羞。道德競賽成為教派之間暗中較勁的遊戲，現實生活中的多元性實踐、殖民下的文化識能剝奪、資本主義工業發展下的貧窮化與底層勞動者的勞力剝削，人們反應出來的種種求存、主體發展的樣態被視為「敗壞的世俗」，反倒成為在宣教過程中以道德評斷下要人們接受形式上順服的有利因素。傳統文化是如何看待同志與多元性別，實已無可考究，但在高度基督教化的部落中，有些教會將同志與多元性別污名化。

4　童春發，《台灣原住民史：排灣族史篇》（南投：台灣省文獻委員會出版，2001）。

三、我的生命故事

（一）父母在大時代下的相遇

母親的家族（達列勒普家）的位階屬平民階層，在日治時期的最後10年，因日本統治者限制了耕作地、居住地，因家族人口眾多，也沒有貴族血緣脈絡，只分配到非常狹小的居住地，更沒有自己的耕作地。他們一無所有，沒有耕作地，也沒有熟悉的人群網絡，一切從零開始。原本居住在同一個舊筏灣部落的親人們遷到不同的村莊去，原有的人際網絡也被打散了。當時的鄉長為了讓從舊筏灣等外部落移居的人有地方住，重劃土地讓出一塊公有地改為居住用地，才有地方可以住。在母親還很小的時候，外公、外婆就先後過世，跟著她哥哥、姊姊相依為命，替人耕作過活。當時無依無靠，憑著自己的勞力工作，或採一些木材、藥草、山產到山下換現金，取得生活所需物品。當時下山一趟是很危險的，外公就是去山下變賣山產的回程路上，涉水時被急流沖走了，連屍首都找不到。

為了提升家庭的經濟環境，族人常會把家裡的女孩嫁給稍微有錢的人。

我的父親1918年出生於廣西省融縣德惠里，1949年跟隨國民政府來台，23歲離家從軍，隨著軍隊在台灣金馬四處移動。1971年，父母相遇在一連串帝國侵略、戰爭、殖民之下政治性遷移流動的交叉點，此即是我生命的起點。

舅舅把姨媽（kina akiku）嫁給彰化一個誰都不認識的警察，但不久後也客死異鄉。據說是這位當警察的丈夫把姨媽虐打致死，最後棄屍河圳，連屍首都找不到。官方說法是因為兩夫妻常吵架，最後判定姨媽是「自殺」。媽媽偶而會跟我說起這位嫁到平地的姊姊，就是委屈、難過及不明不白。

媽媽結束了第一段婚姻之後，嫁給一個外省老兵──也就是我的父親，

期待解決經濟上的問題。當時，軍人婚姻管制漸趨寬鬆，我父親跟許多老兵一樣來山上找太太。在說媒的場合上，爸爸一聽到媽媽所遇到的這種情況，就答應可以馬上下聘，五萬元的聘金如天降甘霖。雖然母親還沒有準備好要再結第二次婚，而且這個男人年紀大她近三十歲，但她也沒有別的選擇。父親跟著軍隊來到台灣的，在台灣沒有親人，只有同是從大陸來到台灣的同袍彼此照應。幾位同袍早幾年先來到部落娶妻生子，他是一直等到退伍前，才決定成家。結婚當時是民國60年（1971年），都已經53歲了。

爸爸並不在意媽媽有前一段婚姻，對爸爸來講，他結婚生子是希望成家、傳宗接代；但對媽媽來說，她結婚是為了要能改善家裡的經濟情況。兩個人因為習慣不同、語言不通，互不理解而常會有衝突。爸爸力求安定、認為守成不易，希望可以節流，錢省著點用，但媽媽年輕憧憬著理想家庭的模樣。爸爸節儉不敢花用，但媽媽會想要讓家裡過得更好，改建房子、添購新的家具，希望小孩可以吃的、用的、穿的稍微好一點。爸爸總防著媽媽以免她花了他太多錢。後來，除了固定的生活費之外，爸爸幾乎不給多餘的錢，為了錢的衝突在我有記憶以來，一直都沒停過。

爸媽結婚後，有一段時間是住在「第二鄰」親戚家的小倉庫裡。小倉庫很小，只夠一張床擺下，即已沒有迴身的空間。爸爸在台南憲兵隊服役，每周休假一天才會回到部落。爸爸一直到我出生後才退役，為的是要我能夠領到眷屬補給配額。爸爸退役後在楠梓石化工廠擔任警衛，獨自一個人在楠梓火車站附近租了一間小房子，是土牆紅瓦的老宅中的右廂房，過的很簡單。

爸媽對成家各自有一個想像，希望可以透過這個婚姻滿足各自的需要，但兩人的差異太大，要相處在一起真的不是一件容易的事。爸爸孤身在台灣，很怕媽媽跟他結婚，有捲款逃走的企圖，總是防著媽媽，不讓媽媽碰他的重要物品，尤其是存摺與證件。爸爸有一只綠色的大木箱，用大大的

鎖封著，我稱它是神秘盒。有一次，爸爸生重病，媽媽沒辦法分身到楠梓照顧他，爸爸擔心若因病過世母親不會安葬他，所以自己還買了一副棺材，就掛在楠梓住處舊瓦房的橫樑上，至少會有好心人幫他下葬已備有棺材。那次他病癒後，棺材還繼掛在上頭。有時爸爸回到部落家裡，看到媽媽又買了新的家具，大發雷霆說：浪費、用不著、沒有用……，三字經、五字經全來，惹得全家人不開心。媽媽也知道爸爸防著她，心中也有所不滿。兩人語言不通，又意見不合，常會因為聽不懂對方講的話而越講越大聲，或誤解了意思而吵得更凶。

（二）家內性別分工的形成

因為部落的就業機會少，所以，為了要工作賺錢，部落家庭的男性多數都會移動至都市工作，形成家中沒有男人的情況，女人要承擔所有的照顧工作。女性的角色在沒有男人的家庭，較有空間可以全面性的發展。

因為父親在台沒有家族親人，婚後父母決定要住在母親的部落，因為母親沒有脫離原來的環境，所以，相對於婚後住進眷村的原住民女性來說，母親至少還不用去面對種族歧視與環境適應上的問題，還可以保有親人的支持網絡。父親算是進入母親之住所生活，可能也因為遠離家鄉來到台灣，也沒有留在眷村，因此才做了這個決定。因為家就位於母親的成長環境，所以，我跟姊姊的文化認同是比較偏向原住民。

由於父親長期在外工作，家中幾乎都剩下母親在家獨力照顧我們，爸爸像是「偶爾會出現的『最熟悉的陌生人』」。媽媽一個人帶著剛出生的小孩，住隔壁的阿姨常伸出援手，幫忙照顧小孩或共享食物。我雖然稱 kina muni 為阿姨，但其實跟我們沒有親戚關係。在我三、四歲的時候，kama lavakau（姨丈）決定讓我跟姊姊跟他們的小孩結拜。因為他們家是屬於貴族階層，結拜儀式之後，我跟姊姊有了貴族的名字，有了貴族的名分。

雖然阿姨家是貴族家庭，但並非掌有政治資源的家族，能被分配到的利

益，都是一些黨務機關的聘僱人員，經濟條件也不怎麼好。在我五歲的時候，叔叔 kama lavakau 因病過世，支付了龐大的醫藥費後，阿姨家經濟突然陷入經濟危機。在情急之下，在巷子另一位外省伯伯的協助下，介紹阿姨跟唐叔叔相親、結婚。唐叔叔也非常願意接下照顧家庭的重擔，我跟姊姊延續對 kama lavakau 的稱呼，叫他「叔叔」。

唐叔叔1930年生，比爸爸小十幾歲，是湖南零陵縣人。可能是因為陸軍出身的關係，唐叔叔什麼活兒都會做，會砍材、種田、修房子、修水管，還會燒菜煮飯，能力好到讓左右鄰居每個人都稱讚。因為阿姨家是貴族家庭，很多貴族繁複的禮俗，唐叔叔在有能力負擔的範圍下，都很願意配合。他承擔起這個貴族家庭的重擔，原本家裡遇上大危機，但有唐叔叔加入這個家庭之後，至少讓生活沒有斷糧的危機。

相較之下，爸爸文人作風，反而被母親貶抑。媽媽以為她嫁了一個「男人」，她對「男人」有一個想像，爸爸卻不符合期待中的樣子，覺得他比不上唐叔叔。媽媽就覺得爸爸「不像男人」，對從事勞動、農事的媽媽來說，她需要的是一個能幫得上忙的男人。在這一社會脈絡中，對於「男人」角色的要求，也讓我產生「不夠男人」的自卑。

（三）娘娘腔同志在部落中的扞格不入

從我有意識以來，我就知道自己是一個愛講話、很多天馬行空想法、愛表演的人。小時候，因為性別特質比較陰柔的關係，家人會說我很像女生。在家還好，但是在幼稚園讀書時，我就會遭遇到困難，一來是老師會評價我的性別氣質，二來是因為很多教學活動區分男、女生，例如跳「站在高崗上」這支舞蹈的時候，我不斷的被糾正動作要很「像男生」，這讓我非常的挫折。我抗拒上舞台，但所有的大人都認為我是個難搞的小孩，不聽話，要上台跳舞才聽話。

因為意識到我會被別人嘲笑，所以，只要到人多的地方，我就會選擇默不

吭聲。很多時候，我都感到很孤單。我只能黏著姊姊，跟她的朋友一塊兒玩。國小二年級的某一天，我被從牆頭上滾下的大石頭砸傷了手指頭，嚇得我嚎啕大哭，因為真的很痛，希望能哭到在打零工的媽媽回家看我一下，然後她就會安慰我，所以我每次哭都會哭得很大聲、哭很久。住在隔壁的玫瑰姊姊（化名）跑來看，問我怎麼了。我看著我流著血的手，感覺世界快毀滅了，每每心跳動一次，手指就爆炸一次，我跟她說：「我的手好痛！」玫瑰姊姊要我把眼睛閉起來，她輕輕的握著我的手，瞬間溫暖了起來。她說：「我帶你一起禱告，有一個人，他叫耶穌，他會讓你的手好起來！」我感覺真的有一種力量，讓我變得很勇敢，我也停止了哭泣。玫瑰姊姊邀我去主日學聽故事，這是我接觸福音並立志成為一個好的基督徒的開始。

母親後來也開始熱衷上教堂，常參與婦女團契的活動。上教會雖然犧牲了看周日卡通的時間，但我喜歡媽媽說：「上教會的都是比較乖的小孩。」上教會成了一項乖寶寶指標，星期日上教會禮拜也變成了我們跟媽媽生活的一部分。

在我升上國中時，開始意識到自己喜歡的對象是男生。有一次，教會舉行婚禮，當我看著那對新人從教會門口配合著結婚進行曲進入禮堂時，我怎麼樣都沒辦法想像我會是站在紅毯上的那個新郎。我不知道自己未來如何面對這些結婚的事，因為我發現，我沒有辦法跟女生結婚。

國中開始我離開部落到平地寄宿學校讀書，我以為隔著一段距離，就可以把過去那種陰影及「娘娘腔」的形象給淡化掉。但只要我沒辦法進入「異性戀婚姻」，就沒有讓媽媽彰顯我們升階有貴族名份的機會，媽媽鐵定是要失望了。在台灣自由思潮蓬勃發展的八〇年代，我在偽裝與作自己之間來回掙扎，保持安全距離讓我多了很多空間可以思考。

我的心思沒辦法回到課業上，為了處理我的同性情慾或者「假裝自己是個異性戀」，變成了我高中時代的主題。在那個年代，社會上連「同性戀」都很少有人敢講出口。帶著「同性戀」的身分，讓我感覺我早已輸在

起跑點上。我愛上了隔壁班男同學，瘋狂的迷戀。雖然我們有一段很美好的互動，但社會對於同性情感的忽視與否定，我們最終沒有彼此坦誠心中的感覺，失去了這個可能會很浪漫的愛情。我用了很多的方法遮掩我的欲望，跟同學參加女校的聯誼，交女朋友，跟女生約會，以為這樣別人就不會懷疑我的性取向。

混沌的高中生活，成績爛到連考上最後一志願私立大學的機會都沒有，連最低分錄取分數都搆不到。高中畢業後，我搬到都市去打工，跟一位女同事交往。我們的戀情來得很快去得也快，我期待的「正常」生活沒有發生，反而讓我更陷入昏沉而沒有自己的狀態。那段時間我享受著當異性戀男人的特權，敢大聲宣告我的戀情，不怕別人懷疑我的性傾向，不怕別人嘲笑我娘娘腔，我利用了女友成為我的煙霧彈。直到有一天我再也忍受不了自己的邪惡，我殘忍地不告而別。

那時候的我渾渾噩噩，一天混過一天，沒有靈魂。媽媽沒有多問我發生了什麼事，因為害怕媽媽發現我喜歡男生，心中的祕密不再跟媽媽說，我只能逃，逃進孤單的死角。我不知道自己到底何去何從，我曾動過自殺的念頭，但想起家人，怎麼樣都要捱過，我相信一定有方法克服這個困境。歷經了在外求學適應困難、聯考的失敗與感情上的失落，每一次感到無助的時候，我向上帝祈禱，靠著上帝的愛，我不致於失去信心。

後來有機會考上大學，認識了現在的伴侶。我們從完全不了解、害怕、慌張，慢慢摸索這份關係發展的可能性：「我們要一直在一起嗎？」、「萬一家人要我們結婚呢？」、「我們要怎麼面對別人的異樣眼光？」，每每談起，都只能呆坐哭泣。還好系上剛好有位新老師開設性別課程，從書中看到關於同性戀的描述，覺得特別珍貴。尤其當該位老師很「正常」、很自然地說出他所認識的同志生活樣貌，讓我們開始認定這份關係的未來。隨後台灣的同志運動興起，才慢慢越來越多的同志相關資訊可以獲得。

（四）教會是信仰力量的來源卻也產生了區隔

　　1997年大學畢業後，我如願在鄰近的國中任教，這也是我從國中開始離家在外求學的多年後，真正回家生活的開始。回家之後，我直接面對結婚成家的壓力。媽媽期待我有了穩定的工作之後，接下來人生發展，就是要成家立業、娶妻生子、讓父母含飴弄孫，這是一個男人要做的事。原本期待回到童年時跟母親與家人的緊密、親近的關係，卻因為這件被我深藏的祕密，變得更疏離。

　　「同性戀」的議題對信仰基督教的部落族人來說，是個不可碰觸的禁忌，而也影響部落族人看待同性戀是比較抱持較負向的態度。甚至有一種說法，認為同性戀是受到惡魔的誘惑，只要一直禱告就能夠被「醫治」；說「同性戀」是一種對基督信仰的不忠誠，必須要回到「聖經的教導」成為「正常人」。這些都是一種中古世紀恐嚇人民、排除其他宗教的污名化說法，卻在部落甚囂塵上，以一種愚民的方式保住自己宗教的優勢，又帶著部落回到迷信的年代。

　　為了要逃避同志身分曝光的壓力，我也很少參與部落的活動，我疏遠到像個觀光客在一旁看，好像跟我一點關係都沒有。我可以拿著相機四處拍照，跟人交談，我也學著怎麼在被當成「老師」的位置上學習部落的互動方式。有活動時，可以幫忙畫海報，寫羅馬拼音文字的指標。我有時會拿錄音機訪談老人家，訪問他們過去在部落生活的點滴，像是一個在自己家裡做田野調查的「學者」，這是我學習找回部落生活的方法之一。

　　部落長輩看到我會很關切地問我什麼時候結婚，他們希望可以看到我結婚、參加我的喜宴、跳結婚舞。長輩們的關心就變得很有壓力，我後來也變得不太喜歡去教會。「你怎麼那麼久沒有上教會了？」這句話已經成為部落的人關心我的招呼語，我想這也大多數人對我的質疑：一個很熱衷教會事務的「好」年輕人，怎麼突然不上教會了？

　　因為沒上教會了，好像跟部落的連結也斷了。一直到回部落居住、工作

的多年後，大多數的人都還以為我在很遠的地方工作。因為我都只待在家裡，不太出門參與部落的活動。我一直在想，那些看著我長大的長輩們，會不會覺得我對他們疏遠了，好像我當了老師，有了不錯的收入，就想要忘掉他們。我很想要澄清，跟他們說不是這樣，但我又要怎麼開這個頭，要怎麼解釋呢？我要怎麼跟他們說我不喜歡你們一直問我為什麼不結婚，因為我是同志，喜歡的是男生；我要怎麼跟他們說我對基督教教義有不同的觀點及詮釋，因而選擇不進教會。這種難以言說，讓我心裡也存著一種愧疚感。

部落老人家會希望我結婚，是因為結婚這件事情代表能獨立、成家，這樣媽媽就能休息，由我接下掌家的大任。事情來得突然，父母在我人生才要起步之前就先後過世了。有幾年的時間，我一個人住在家裡，他們說看我這樣很可憐，就說：「人不可以不結婚，一定要找一個可以在家等我下班的另一半，這樣家裡才有人可以開燈。」。他們甚至放低了標準，本來是一定要娶原住民，但後來就跟我說，我讀的書太「高」了，所以，要找一個跟我匹配的不容易，如果娶平地人也沒關係。

部落恐同及異性戀婚姻的強烈氛圍，讓我陷於動彈不得的狀態，我無法成為一位具有男子氣概的原住民男人，在部落社會中沒有歸屬感；我也害怕萬一別人知道我是同志，家族就失去了部落的名聲。

四、讓故事繼續說下去：延續原住民文化，就是多元主體性的復原

在經過博士論文書寫近十年生命自我探究的梳理，[5] 我開始從「被決定」

---

5 瑪達拉・達努巴克，〈找路回家：不再「靠勢」的原住民同志教師〉（多元文化教育研究所博士論文，東華大學，2015）。

轉成自主的「我決定」，正視自己的恐懼與難題，重新建構自己的生命。在論文中，我回到自己的生命裡，重新看待我的家人、部落族人對於基督教及多元性別概念形成的脈絡，試圖找出主體形動發展的路徑與實踐的可能性。我把我的故事寫出來，不是一種「勇敢」，而是對美好世界的期待。如果每一個人以上帝的愛為後盾，勇敢做自己，將社會中假借道德規範做為壓迫工具的真相揭發出來，這個世界才會越來越美好。我相信，只有在我面對真實的自己、做自己，才是真正上帝喜悅的樣子。

排灣族是以社會階序分工的貴族／平民階層作為基本架構。在資本主義工業化、現代化下，原住民被迫喪失了生產工具，產生整體世代貧窮化、從零開始的不平等起點。在貧窮的狀態下，每個人都必須要承擔多種角色，在實際的日常生活中並無嚴明的性別二分。即使在日常生活中不常見明顯的性別分工，男、女二元的觀點仍是主流論述，與「文化傳統」論述有關的事物就會連結到男、女性別二分的觀點。例如：家務分工及狩獵，男人就要具備這些能力，就要有「男子氣概」。

另外，也藉由本文的書寫，我試圖訴求在基督教神學發展的多元民主。因為基督教化甚深的當代部落，基督教成為一種強勢意識形態，也形成一種恐同論述壓制。直到今天，即使長老教會對多元性別仍採取曖昧態度，但實際上部落根本無法接受非屬男、女二元的性別觀點。

行文至此，我要提出原住民文化論述的殖民現代性狀態，現代性的價值把時間軸區分為「傳統」與「現代」，然而在殖民結構中，原住民被放置到一個「被凝視」的客體位置，在這種狀態中，原住民自斷了原住民文化發展的主體性，成為他人觀點中的「他者」。大多數的原住民研究在論述原住民文化時，都會以一種「固定」的樣貌來看待「文化」，原住民文化的發展好像就此停住了。例如：原住民傳統沒有關於陰柔特質男性的性別，就創造不了新的性別文化；不知道怎麼看「同性戀」，好像就只是按照舊有知識架構就認為排灣族「傳統」中就沒有「同性戀」。似乎「文

化」就定格在某年某月某日而不再有新的發展，不再創造了。這是值得所有從事原住民研究的工作者或學界一起來反思的問題。這一種現代殖民形式不但殖民了我們的身體，也殖民了我們的心智，我們該從這種殖民形式中完全解放開來，這包括了對於種族（族群）、性別的分類化約。

面對講求集體性的部落社會，要能夠從集體社會文化的制約中掙脫出來，並不是一件容易的事。經過好幾年沒有位置在傳統框架之外游蕩的生活，我終於能理解自己的性別是放置在什麼樣的脈絡中，我可以怎麼重新安放自己的性別。過去，在被殖民的、「原漢」對立的、貧窮化的、性別分工角色期待的框架下，我沒有太多的選擇，而只能在自我壓抑的狀態下謀求出路。而我也理解，「文化」本來就是人在回應社會處境之下，由人創造出來的生活方式，我的生活回應即是文化本身。

文化絕對不是停滯不變的，當我要固守所謂的「傳統文化」時，就已承認了它是一個不動的、需要保護的、岌岌可危的文化；反過來說，如果我們重新去對它做一個反省與檢討，甚至是內部力量的批判與發聲，文化才有「復甦」的可能。若我們固守文化既有樣貌而持續守住「傳統」，這反而才是真正進入到「殖民架構」中被殖民的位置；反之，我們若能重新看待「排灣文化」並謀求改變，才能讓每一個原住民多元性別主體都能得到發展的空間，唯有如此，原住民族主體自治才有可能。

我的故事說了，那你的呢？

Part IV
我們的社會實踐

我該帶什麼禮物來見上主呢？

我該怎樣來敬拜天上的上帝呢？

我帶最好的小牛作燒化祭獻給他嗎？

上主會喜歡我獻上成千隻的公羊，或上萬道河流的橄欖油嗎？

他會喜歡我獻上長子來替我贖罪嗎？

不！上主已經指示我們什麼是善。

他要求的是：伸張正義，實行不變的愛，謙卑地跟我們的上帝同行。

（彌迦書6:6-8）

因著上主的同在，我們得到了安慰；

但當我們願意進一步地跟隨祂的腳蹤時，

就必定要走入更多受壓制的群體中，與主同工。

讓公義彰顯在社會各階層裡，

讓愛流動在每個被遺忘的角落！

第31章
愛得勝！
（Love Wins!）

◎小元、小恩、舞葉

世界各國法律都有關於婚姻制度的規定，賦予婚姻中的伴侶各項權利保障與義務要求，但目前為止，多數只保障一夫一妻關係的婚姻制度，排除其他各種「伴侶」或「家人」關係。如同「台灣伴侶權益促進聯盟」網站所說的：

> 在台灣現行的法律制度以及社會文化中，成家意味著結婚，而所謂的家人則是和自己有血親、姻親關係的一群人，並且按照親等順序、父系邏輯排定了這些人和自己的親疏遠近。然而在現實生活中，人們要如何聚攏在一起成為一個家，往往超出了法律的邏輯，有些人即使沒有血親關係、沒有締結婚姻，仍舊相互照顧、關愛對方、分享生活，且因為長期緊密的相處，對彼此的生活與性格瞭若指掌，成為彼此生命中非常重要、不可或缺的人。這些人可能是同性伴侶，也可能是不願進入婚姻的異性戀情人；可能是離了婚的中老年婦女，孩子大了不在身邊，幾個好姊妹就相依相伴幾十年；也可能是年紀大了才終於遇上的黃昏之戀，因為顧慮子女的感受，幾十年相伴也沒有結婚。[1]

　　隨著社會文明進展，許多國家已看到各種形式的伴侶或家庭關係（包括同性婚姻以及非婚姻關係家庭）同樣需要法律保護，越來越多聲音質疑「只容許一夫一妻婚姻」存在的合理性，而嘗試擴張、改變婚姻的法律定義，或者創設婚姻之外的法律關係保障，為各種伴侶締結穩固關係與成家的願望提供法律上的制度實踐。這一切都屬於「婚姻平權」（Marriage Equality）運動的一部分。

1　簡至潔，《多元成家，我支持！你呢？》，台灣伴侶權益促進聯盟網站。請見：
　　https://tapcpr.wordpress.com/伴侶盟草案/草案簡介/多元成家，我支持！你呢？/

一、婚姻平權的全球進展

全球婚姻平權運動的推展，主要採取兩種模式。第一種是嘗試將同性配偶納入既有婚姻制度的保障，包括透過立法倡議與司法訴訟行動兩種方式。第二種是創設異性戀夫妻制度之外的伴侶或家屬制度。

現行法律中，締結婚姻的異性戀夫妻可以享有一整套國家法律的規範，包括收養小孩、稅賦減免、傷病的探視權以及互為代理人等權利。爭取同志平權意味著同志與異性戀者應該在法律上有平等的待遇，婚姻制度當然也不應該專為異性戀存在，這就是第一種婚姻平權運動的模式：嘗試擴張既有婚姻制度「一夫一妻」或「男女」、「父母」的定義，讓生理性別相同的兩人也能夠締結婚姻，獲得國家承認及法律保障。全世界第一個修法承認同性婚姻合法性的國家是荷蘭（2001年），至2015年底為止，全球至少有14個國家承認同性婚姻，6個國家部分地區承認。南非是唯一承認同性婚姻的非洲國家，而亞洲目前為止沒有一個國家承認同性婚姻。

同性婚姻合法化的推動方式，各國不盡相同，主要有「國會立法或修法」、「公民投票」與「司法訴訟」三種途徑。直接透過國會修法承認同性婚姻的國家，如比利時於2003年由國會通過法律，巴西、阿根廷、丹麥等國也採取同樣方式。以公民投票方式決定同性婚姻價值的國家，如愛爾蘭於2015年5月的全國公民投票通過憲法修正案承認同性婚姻；斯洛維尼亞（Slovenia）則因未能通過公民投票，同性婚姻尚未合法。另一些國家則是透過司法訴訟模式，先由法院宣告婚姻制度排除同性伴侶是否違憲後，才開啟後續的修法歷程。美國即是最著名的例子。2013年6月美國最高法院先作成「*United States v. Windsor*」指標性判決，宣告「婚姻防衛法」（*Defense of Marriage Act*）中定義「聯邦的婚姻只能由一男一女組成」係違憲。在該判決後，許多州陸續承認同性婚姻，也有部分州透過州立法嘗試排除同性婚姻的合法性。美國最高法院最後於2015年6月26日作成 *Obergefell v. Hodges*

判決，推翻過去判例並宣告州立法禁止同性婚姻違反美國憲法平等權的保障，確認同性婚姻受到聯邦憲法保障。大法官甘迺迪（Anthony Kennedy）在最高法院判決書之結語如此寫道：

> 婚姻是最深刻之結合，因其體現了愛、忠誠、付出、犧牲及家庭之最高理想。透過締結婚約，兩人同獲提昇。如同在本案中之部分請願者所顯示，婚姻體現的愛甚至超越死亡。指稱這些男女不尊重婚姻概念乃是誤解。他們的訴求正是他們尊重婚姻，深深尊重到他們渴望自己也能進入婚姻。他們的願望是不需再孤獨活著，被此一文明最古老制度排除在外。他們要求法律之前的平等尊嚴。美國憲法應保障他們的這項權利。[2]

　　第二種模式是創造一個婚姻之外的制度，例如「民事結合」（civil union）或「同居伴侶」（domestic partner）制度（以下統稱「伴侶制度」）。從政治面向而言，修改婚姻定義的立法運動，容易遭受到社會保守勢力的抗拒，質疑允許同性婚姻將會破壞既有的婚姻制度，伴侶制度對既有婚姻制度的影響較小。另一方面，伴侶制度因為也提供異性戀者在夫妻關係以外的其他選擇，較易得到異性戀者支持。除了同性戀人之外，社會中也存在因各種理由未進入婚姻，卻存在類似婚姻關係的實質家庭組合，例如相依為命的老朋友、因為家人反對無法結婚者等等，都有可能被承認為「伴侶」。在同志社群中有聲音質疑婚姻制度根本是父權主義的根基，同性伴侶應該創造出與異性戀不同的制度。目前在世界各國也早有立法承認的先例，例如法國與澳洲，透過雙方訂定契約的形式安排共同生活的權利義務。

2　請見美國最高法院判決書：http://www.supremecourt.gov/opinions/14pdf/14-556_3204.pdf

二、走在恩典路上的台灣婚姻平權

台灣爭取婚姻平權的努力早在1986年就開始，透過司法與立法倡議的方式嘗試，然而目前為止台灣政府還未正式賦予同志伴侶合法地位。

（一）初試啼聲

台灣婚姻平權的第一個紀錄是1986年祁家威請求公證結婚的嘗試。祁家威要求辦理與同性（男性）公證結婚，並提出同性婚姻法制化的請願，但皆遭政府機構拒絕。於是他在2000年9月具狀聲請大法官解釋，要求司法院大法官審查婚姻制度排除同性戀是否違憲。2001年5月18日，司法院大法官決議不受理此案，理由為「核其所陳，係以其個人見解對現行婚姻制度有所指摘，並未具體指明上開裁判所適用之法律或命令，究有何牴觸憲法之處」。

（二）政府與立法委員的推動與挫折

在祁家威聲請釋憲之外，第一個與婚姻平權相關的立法嘗試，是透過人權立法確保同性戀者的合法權利。2001年3月13日，法務部擬定《人權保障基本法》草案，其第二十四條為「為保障同性戀者人權，明定國家應尊重其權益，同性戀者得依法組成家庭及收養子女」。此草案在2003年7月17日於總統府人權諮詢委員會通過，卻因部分內閣成員反對，至今未進入立法程序。

接著於2006年10月11日，民主進步黨立法委員蕭美琴在立法院提出《同性婚姻法》草案，共獲得38位立委連署贊成。然而在同月20日，由於中國國民黨籍賴士葆、王世勛等23名立委連署反對，因此草案無法進入一讀程序，退回程序委員會審議。10月31日，程序委員會退回《同性婚姻法》草案，決定不將其排入議事程序。

（三）風起雲湧的多元成家之戰

　　自2008年起，台灣民間開始推動婚姻平權立法，從民間團體開始，逐漸帶動個人、學界、地方政府及更多民間力量，但同時也激起反對力量的集結。從2008年至今，婚姻平權持續成為台灣社會重視且激辯中的議題。

　　由於看到台灣社會多種親密關係的實踐被狹隘的婚姻制度排除在外，婦女新知基金會、台灣同志諮詢熱線協會、同志家庭權益促進會、同光同志長老教會等多個性別團體及個人於2009年組成「台灣伴侶權益推動聯盟」（簡稱「伴侶盟」），探討如何推動法律修改，以容納社會上各種應該受保障卻遭排除漠視的關係。經過三年討論與共識凝聚，伴侶盟於2011年9月推出總稱為「多元成家草案」之主張，其中包括「婚姻平權（含同性婚姻）」、「伴侶制度」與「家庭制度」三項修（立）法草案。

　　「婚姻平權」草案是希望修改民法中關於婚姻定義，將「夫妻」改成「配偶」，將「父母」改成「雙親」，使法律容納一男一女之外的結合，讓同性伴侶可以締結婚姻。因應配偶定義的調整，也相對應調整原本訂婚結婚的男、女年齡差距。至於締結婚姻的雙方在民法的其他權利與義務，仍與舊法相同。同性婚姻制度是一種要求平等的制度，要求給予同性伴侶與異性伴侶相同的待遇。然而，同性伴侶是否適合這個原本以異性結合為考量而設計的法律制度？在異性伴侶與同性伴侶，還有多少關係形式仍被排除在法律之外？另一方面，對異性婚姻的既有「保障」反而常帶來壓迫與不自由。例如同居義務的規範使遭受家暴者無法維護自身安全；性的義務剝奪性自主的意願；有限的法定離婚事由使許多人難以脫離婚姻束縛。同性伴侶在社會中已經成形的多種需求與實踐，未必適合既有的婚姻制度。有許多不願意被婚姻制度拘束或其他非以「性」為基礎的關係，也無法透過同性婚姻的推動而受到保障。有鑒於此，伴侶盟遂同時提出「伴侶制度」與「多元家庭」的制度倡議。

　　「伴侶制度」草案嘗試在僵化的婚姻制度之外創設一個更彈性、更自

主、更多可能性的制度，依照雙方狀況調整權利義務內容。為了擺脫婚姻制度中可能殘留的不平等與限制，伴侶制度以平等協商、照顧互助為基本精神。伴侶制度不預設雙方性別，也不必然基於愛情而結合，只要兩人願意承諾彼此照顧，就可共組家庭。締結成伴侶的雙方，法律地位大致與婚姻配偶相當，如無約定則採分別財產制，並可協商繼承權，無強制的性忠貞義務，子女收養與親權行使方式也由雙方協議。為了避免法定離婚事由造成伴侶雙方的壓迫，伴侶契約可以單方解除，解除後的雙方仍需協商監護、探視等權利及義務。伴侶制度排除直系親屬與多重伴侶，一方面是考量到道德爭議、配合既有法律，另一方面是直系血親本來在既有法律下就是可以彼此照顧且受保障的家人。[3]

「家庭制度」草案是修正民法對家屬定義之提議，以「選擇家人」（Chosen Family）概念擴充民法中「家」的定義。「家」不再以親屬關係作為必要基礎，而以永久共同生活為目的。同居在一起，無論是沒有血緣關係的朋友、情人，或是血親、姻親，只要視彼此為家人，即能共同成家，例如友伴家庭、病友團體、靈修團體等，在戶政機關登記後即可獲得法律上的承認。家屬可以是二人或二人以上，以共同居住為要件，有配偶者必須與配偶共同登記，繼承權依遺囑安排而非法定，無姻親關係，亦無共同收養或收養對方孩子之權利，不涉通姦罪，可以單方面解除約定。多元家庭的草案推出後遭受最大的質疑，因為被扣上「多P」、「亂倫」、「破壞家庭」帽子，而且其他國家也還沒有多元家庭的法制和經驗可供參考，社會大眾不易理解，具體制度設計上也更為困難。

「多元成家草案」底下三個制度雖是同時推出，但目前為止在立法院有

3　伴侶制度是排他的，如已締結婚姻，或有另一伴侶契約尚未解除，則無法登記為伴侶。關於伴侶法草案的詳細說明，請見莊喬汝，《簡介伴侶盟民法修正草案之伴侶制度，台灣伴侶權益促進聯盟網站》：https://tapcpr.wordpress.com/伴侶盟草案/草案簡介/簡介伴侶盟民法修正草案之伴侶制度

過實際進展的是「婚姻平權」。2013年10月25日，立法院將「多元成家草案」的第一部分「婚姻平權與同性婚姻法制化的民法親屬、繼承篇部分條文修正案」一讀通過，將交付司法法制委員會審查。2013年11月19日，民主進步黨立法委員鄭麗君召開法案公聽會，現場正反意見雙方針鋒相對。

反對多元成家草案的聲音主要來自宗教保守團體，包括由部分基督教、天主教、一貫道等團體組成「下一代幸福聯盟」、「守護家庭聯盟」等團體。最大的反對活動是2013年底的「1130大遊行」，其網站列出之主要訴求如下：

> 披著「自由與人權」外衣的性解放運動正在凌虐台灣的孩子，多數的家長變成了弱勢的一群，無力阻擋，「歧視」的指責好像千斤重的標籤壓得他們不敢發聲，這群人在法律中的「父」跟「母」身分用語也都將被改掉，還不會為自己發聲的孩子變成最可憐的受害者，法律中「男」跟「女」的兩性觀念都要被改「多元性別」，第三性、第四性等等的「多元性別」要把我們的孩子們帶去那裏？[4]

台灣教會界熱烈響應1130大遊行，許多傳道人慷慨激昂地在講台上控訴同志的罪狀，許多同志基督徒因為受不了教會的氣氛與壓力而出走。在1130前後，同光教會接到的詢問電話數量暴增，連續幾周來到教會中的新朋友比往常多了四、五倍。除了同志朋友，也有不少友善的異性戀基督徒來參加同光的聚會。

宗教右派的動員也激發出同志社群力挺多元成家的意志。2012年第十屆台灣同志大遊行主題為「革命婚姻——婚姻平權，伴侶多元」。當中「婚

---

4 請見：https://taiwanfamily.com/1130為下一代幸福讚出來

姻平權」訴諸平等,「伴侶多元」則標示社會複雜性的視野。這也是華人文化圈首次以同性婚姻為主題的大規模遊行。主辦單位台灣同志遊行聯盟表示,除了平等,應徹底檢視婚姻在制度、文化、社會各方面所造成的性／別壓迫與階級壓迫;打破以生殖為基礎的成家想像,豐富及肯定各類相聚與相愛的成家可能。

　　2014年10月16日,立法院再次召開法案公聽會,正反雙方激辯。2014年12月22日,司法及法制委員會排審「婚姻平權草案」,會中立委意見分歧,不少委員迴避拒審,以致審查無實質進度。目前為止,「伴侶制度草案」、「家屬制度草案」都尚未進入審議程序。第八屆立法委員任期自2012年2月至2016年2月(一屆四年六會期),未在當屆會期內通過的法案,即會因屆期不連續原則而一切歸零。換言之,2013年10月8日送進立法院的「多元成家草案」的第一部分「婚姻平權與同性婚姻法制化的民法親屬、繼承篇部分條文修正案」已經確定歸零,無功而返。甫於2016年1月16日選出的第九屆立法委員當中,民主進步黨籍的尤美女、鄭麗君、蕭美琴、段宜康等多位向來力挺同性婚姻的委員再次當選,讓此一人權議題重燃希望。

(四)立法之外的曙光與烏雲

　　推動多元成家草案過程,也促成個人的司法行動以及學界、政治界的思辯及支持。例如:男同志陳敬學與高治瑋於2011年年底向台北高等行政法院提出的行政訴願與訴訟,這是國內第一件公開進行實質審理的同志婚姻權訴訟案。這兩位男同志於2005年訂婚,2006年經公開儀式舉行結婚典禮,卻於2011年8月向台北市中山區戶政事務所申請辦理結婚登記時遭到拒絕。再提起訴願仍遭到維持原處分的決定後,台北高等行政法院於2012年12月決定將此案聲請大法官會議釋憲。不過,兩位男同志不願繼續在司法體系中打漫無止盡的延長賽,遂於2013年1月23日撤銷聲請。民間與學界則

在2014年6月14日舉辦「模擬憲法法庭」就同性婚姻進行辯論,並在8月2日宣布「判決」:禁止同性婚姻係違憲。

雖然中央立法沒有進展,但已有許多地方政府以實際施政作為支持同性伴侶。桃園市與台北市舉辦的聯合婚禮,都開放同性伴侶參加。至2016年3月底為止,台北市、高雄市、台中市、新北市、台南市與嘉義市等地方政府都開放「同性伴侶註記」,戶政機關會發放證明公文,可做醫療法關係人認定或關係證明之用,其中台南市提供「所內註記」、「戶籍謄本註記」兩項選擇。[5] 由於尚無明確法源,「同性伴侶註記」的實質法律效力仍有賴中央及地方的修法認定。台北市政府於2016年1月14日宣布已註記「同性伴侶」的市府員工,若家屬遭遇重病或事故,可申請「家庭照顧假」,且併入事假,每年最多可請7天。[6] 儘管效力有限,但地方政府的支持無疑賦予婚姻平權正面的力量。

另一方面,阻擋婚姻平權的聲音也未曾稍歇。一些基督教會及基督徒政治人物組成「信心希望聯盟」參與2016年的立法委員選舉,同步推出守護家庭的公投連署,題目為:「婚姻家庭制度為社會形成與發展之重要基礎。您是否同意民法親屬編『婚姻』、『父母子女』、『監護』與『家』四章中,涉及夫妻、血緣與人倫關係的規定,未經公民投票通過不得修法?」(以下簡稱「護家公投」)。護家公投透過教會界的強力動員,很快就通過15萬人連署的公投門檻,送進公投審議委員會。公投審議委員會認

---

5 台南市開放「所內註記」、「戶籍謄本註記」兩項選擇的差別在於,前者是在戶政所內登記,可以申請公文書,如果遷移戶籍地就會失效,必須於新的戶籍地重新註記伴侶關係;後者是列入戶籍謄本中,不會因戶籍遷移而影響。

6 根據《性別平等工作法》,當「家庭成員」遭遇嚴重疾病或其他重大事故需要他人照顧時,勞工依法可請家庭照顧假,雖請假期間可不給薪,但僱主不能因此扣全勤獎金或拒絕准假。2015年11月底,勞動部發函給地方政府勞動局,從寬解釋家屬定義,同性伴侶也可請家庭照顧假。台北市政府開放同性伴侶註記,故已註記的市府員工(公務員、約聘雇人員、市府所屬機關員工)皆能請家庭照顧假;至於喪假、同志伴侶醫療探視權、醫療簽署權,也正在研議中。

為，護家公投事項不屬於法律複決、重大政策之創制複決，或憲法修正案之複決，且提案內容以民法親屬編「婚姻」、「父母子女」、「監護」及「家」之修刪為公投事項，不符公投法「一案一事項」為限的規定，因此駁回護家公投提案。

2016年1月16日第十四屆正副總統暨第九屆立法委員選舉結果揭曉，民主進步黨籍的蔡英文女士當選總統，她於競選期間曾公開表達支持婚姻平權。阻擋婚姻平權法案的第八屆立法委員中有12位未獲連任，而第九屆新任立法委員中有19位表態力挺同性婚姻。支持同性婚姻的立委計畫再次提案，讓延宕已久的婚姻平權法案露出一線生機。我們深切期盼，新總統與新國會能在任期內確實兌現支持婚姻平權的政見。（有關台灣婚姻平權大事記，請見表1）

三、夾縫中的微光

某次同光教會派員前往立法委員尤美女辦公室，與其他同志平權組織討論推動婚姻平權法案的策略行動方案，包括商議如何因應有基督教背景的護家盟。同光教會和幾位代表友善團體的基督徒無奈地表示：「既然大家都發現反同教會是抗議的主力，那麼我們從基督徒的角度建議，11月推案最好，因為教會界都在忙聖誕晚會，沒空理我們。」夾在贊成婚姻平權的性少數社群與反對的基督教界之間，同光教會與其他同志友善基督徒們實有不足為外人道的困窘。

多元成家草案嘗試為社會現實中的多元關係實踐建構法律保障，因而不可避免地挑動傳統教會關於性倫理與家庭關係的敏感神經。從教會界動員反對多元成家的說帖可以看到，許多基督徒質疑這個法案違背基督教精神與家庭價值，因為他們堅信「一夫一妻、一生一世」才是符合基督教精神、唯一的家庭價值與性倫理。教會界刻意扭曲多元成家草案的初衷，對

同志運動進行「再污名化」的鋪天蓋地宣傳；就連在以同志社群為主體的同光教會中，也有會友質疑多元成家法案的動機不正；許多在傳統教會長大的同志會友，多半比較想要婚姻平權（同性婚姻），但也很容易被一般教會反同志的素材說服，跟著質疑伴侶制度與家屬制度，甚至有些會友因為同光教會公開支持多元成家草案的立場而選擇離開。

　　教會界的反撲不只是動員與批評，也有具體施壓行動，特別是針對教會內部的同志會友與支持同志的會友。以台灣基督長老教會為例，這個台灣最大的宗派過去二十年來不僅有許多牧師協助同光成立、伴隨同光成長，甚至2004年也發表過相對友善的《同性戀議題研究方案報告書》，卻在反同勢力集結動員突襲之下，於2014年4月底的第59屆總會通常年會上通過臨時議案，發表一份內容幾乎與香港明光社的反同婚論述雷同的「牧函」（正式發布日期為2014年6月10日），列出以下六個原則，「作為教會信徒之指引與參考」：[7]

（1）我們相信上帝按自己形象造男造女，性別乃是上帝的創造與攝理；在一男一女婚姻內的性關係才是上帝所喜悅及賜福。

（2）我們相信人有追求真神的心，但人因罪性誤用恩賜破壞人與神之關係，但靠著基督的救恩，不論人的性傾向為何，舊事已過，在基督裡，就是新造的人。

（3）我們相信聖靈賞賜力量，使人活出聖潔，因此，我們不可因為一個人的性傾向，拒絕其參與教會生活，而要靠聖靈使其活出盼望。

（4）教會與兄姐需接納同性性傾向者，建造尊重與安全的環境，與他

7　請見：http://weekly-pctpress.org/2014/3251/3251_13.pdf

們同行，在愛中扶持，陪伴成長而活出符合上帝心意的生活，經歷上帝更新的大能。

（5）對於處在「同性性行為」生活模式中的信徒，教會有屬靈的權責關顧與牧養，以求在愛中挽回，使他們在恩典與真道中成長。

（6）我們必須強調信仰型塑的基本場所是家庭，且再次提醒教會信徒重視家庭的宗教教育。平日在家中築「家庭祭壇」。全家同心讀經、祈禱，使家庭的成員一起建立親密關係，學習「……我和我家，我們必定事奉耶和華」（書24:15）之信仰精神。

這份牧函使性少數社群在長老教會內的生存與信仰空間完全被壓縮，也阻礙同志進入其所屬神學院的機會。就在長老教會總會通常年會通過發布反同牧函的當天下午，一位由同光教會推薦報考台南神學院的姊妹立即被院方以牧函已經通過為由，直接退回報考費用，不予報考；熱情、聖召都完全不重要，唯一重要的是妳／你的愛人性別不能「錯誤」。表面上這是一份宗派內部的文件，但是它實際上卻是告訴台灣社會，過去最有可能接納性少數者的長老教會，也已經關上和好的大門，整個台灣主流教會界已經完全淪陷在反同、恐同的右派勢力轄制之下。

在2014年5月20日牧函通過當晚，狂風暴雨大作，一群長老教會青年在網路上發起「微光行動計畫」，號召所有關心此事的朋友集結到長老教會總會事務所前，以花朵與燭光為同志基督徒請命。在默禱、說故事等活動中，參與者點燃信仰、愛與勇氣的微光，在風雨飄搖中彼此勉勵不要放棄信仰與希望。同光教會也發布聲明（請見本書附錄），呼籲長老教會三思，可惜無力回天。

同光教會與同志基督徒面對的不只是來自主流教會界的壓力，也有同志社群對於基督教的不諒解與敵視。部分教會牧師的言論與宣傳，不僅對同志社群欠缺了解，更充滿許多毫無常識荒腔走板的謬論。護家盟代表律師

在民法修正案的立法院公聽會中反對同志收養小孩，指出「有血緣關係的小孩才有可能愛他，收養的小孩不可能愛他」；宣稱要斬斷同性戀的郭美江牧師，更因「鑽石」與「雲霧」等荒唐無稽之言行而一夕爆紅，成為整個台灣社會的笑柄。

在2012年同志大遊行中，同光教會背著一個木製的十字架，上頭貼著各種對同志族群的歧視言論，象徵「教會／社會的污名，耶穌為你擔」；但一出現在遊行現場，同光教會的會友們都還來不及解釋，就被誤以為是教會界來踢館而被激動的同志朋友出手推擠。當教會界不願意了解接納同志，不僅迫使上帝背負教會壓迫同志的污名，也連累上帝背負同志厭惡教會的污名。

但我們深信，上帝從不離棄祂自己的羊群，祂會用自己的方式來保護祂的性少數兒女。2015年6月26日當美國最高法院通過同性婚姻全面合法化時，美國總統歐巴馬在其個人臉書上寫著「LOVE WINS!」。愛，就是上帝。而愛，總會得勝。同光教會將繼續在婚姻平權（以及各種弱勢平權）的路上，與所有性少數者／受壓迫者同行，在黑暗中持續點燃微光，在對立間嘗試搭建橋樑，在信仰中更新生命，在生命中活出信仰。

表 1：台灣婚姻平權大事記

時間	事項內容
1986年	祁家威辦理同志婚姻登記遭拒
2001年3月13日	人權保障基本法草案納入同志成家權益
2001年5月18日	司法院大法官不受理祁家威的釋憲聲請案
2006年10月11日	立法委員蕭美琴提出「同性婚姻法」草案
2006年10月31日	立法院程序委員會退回蕭美琴版「同性婚姻法草案」
2009年底	台灣伴侶權益推動聯盟成立
2011年9月	「多元成家草案」推出
2013年10月25日	立法院一讀通過「婚姻平權與同性婚姻法制化的民法親屬、繼承篇部分條文修正案」
2013年11月30日	「守護家庭大遊行」反對多元成家草案
2011年8月	陳敬學與高治瑋辦理同性婚姻登記遭拒
2014年6月14日	「模擬憲法法庭」宣布限制同性婚姻違憲
2015年5月20日	高雄市政府開辦同性伴侶登記 台灣基督長老教會總會通過「反對同性婚姻牧函」
2015年6月17日	台北市政府開辦同性伴侶登記
2015年10月1日	台中市政府開辦同性伴侶登記
2015年10月	桃園市政府及台北市政府均宣布開放同性伴侶參加聯合婚禮
2016年2月1日	台南市政府開辦同性伴侶登記 新北市政府開辦同性伴侶登記
2016年2月23日	信心希望聯盟的「護家公投提案」遭公投審議委員會駁回
2016年3月1日	嘉義市政府開辦同性伴侶登記
2016年3月14日	桃園市政府開辦同性伴侶登記

第32章
在愛慈家園見證上帝的愛與恩典

◎Fred

（同光教會「愛慈關懷小組」負責人）

大約在三年前，因為教會小楊弟兄的關係，讓我們有機會認識「愛慈基金會成人照護中心」，也正式開始愛滋關懷事工。剛開始，為了能陪伴住進愛慈基金會成人照護中心（稱為「恩典之家」）療養的小楊弟兄，同光教會不定期會有同工上山探視陪伴。而我也在同工 Ian 的鼓勵之下，決定加入這個「愛慈關懷小組」團隊，參與生平中第一次的「愛慈服事」。

　　很多人常問我：這個社會上有這麼多的弱勢族群需要被重視及照顧，為什麼你會選擇這個大家都不願碰觸的愛滋族群呢？甚至有人曾問我：「是不是你也是 HIV 感染者？」雖然我本身不是感染者，但這些問題都讓我印象深刻，而我的回應是，身為一位同志基督徒，固然身邊有些同志朋友是 HIV 感染者，我更希望可以用自己的同志身分，代替同志族群，為社會做些服務工作，也因為基督信仰讓我更確定，我要全心投入在愛滋服務。這是上帝給我的感動，而這個感動的種子一直深深埋在我內心深處，直到現在開花結果。

　　印象中，我第一次參與愛慈服事，同工只有四、五人，而愛慈基金會成人照護中心位於偏僻的山區，有些簡陋，裡面大約有十多位住民，多數年齡介於三十到六十歲，其中甚至有一位八十多歲的大哥（李伯）。我們每次上山，大都會一對一陪伴他們聊天，唱詩歌並分享彼此的生命故事。記得當時我負責陪伴的是一位五十多歲的大哥（文雄），他年輕的時候是萬華的黑道大哥，因為吸毒共用針頭而感染 HIV，而且他還患有胃癌。文雄哥是一位非常樂觀的弟兄，他喜歡聽我們唱詩歌和聖經故事，每一次我們上山探視，他都很開心，都會要我們跟他在庭園合照紀念，他燦爛的笑容一直烙印在我的記憶裡。每一次活動結束他就馬上跟我們約定下個月要見面的日期，確定之後才肯放心說再見。大部分的住民都是無法回家居住，生活無法自理，家人不接納，或是獨自一個人生活，才經由社會局轉介來這裡接受照護，我看到他們都很需要被陪伴，需要被傾聽，需要被重視。一個月後文雄哥因為胃癌復發不舒服，被恩典之家送到台大醫院，由

唯一的姊姊照顧，當中我們去探視過兩次，為他唱詩歌禱告，當時他已經很虛弱，時常痛到無法入睡，都要靠嗎啡舒緩，但他每次都忍住疼痛，還是跟我們有說有笑，懷念在恩典之家時與我們互動開心的情景，也約定說要再回山上跟我們拍照，玩團康遊戲。我們也跟他約定下次見面的時間，最後我們唱他最喜歡的詩歌《獻上感恩》，把他跟我們最喜歡的合照放在床頭，幾天後他就回到天父的懷抱裡。雖然我們有很多不捨，但感謝主，他的姊姊透露文雄哥很開心、也很平靜抱著合照、沒有一絲痛苦、滿足地回到主的懷抱。文雄哥的生命故事讓我印象很深刻，這也是我在恩典之家中，所學習到面對生命中的勞苦時，仍保有謙卑樂觀的態度，對我來說這是很珍貴的經歷，也是上帝給我第一份的感動。

後來我接觸到另外一位住民小楊弟兄，他是需要插管的，偶爾坐在輪椅上，無法說話和進食，只能用點頭或搖頭和我們互動，平常由我們另一位阿嘉弟兄負責陪伴。小楊弟兄的病況比較嚴重，連最基本的呼吸對他來說都很困難。在這段陪伴的過程中，他也是最艱辛的一位，因為他無法像其他人一樣地跟我們互動，只能傾聽或看些影片，阿嘉弟兄真的很有愛心及耐心，周間總會抽空一到二天，獨自上山探視他，陪他聽詩歌說說話，並且不斷鼓勵他，阿嘉弟兄柔軟的心與陪伴，也成為小楊弟兄努力活著的動力。我相信這不是每個人都做得到的，他們從陌生人變成朋友甚到是家人的關係，默默地守候著，我相信在這段陪伴的日子裡，小楊弟兄是滿足的、受安慰的，是不孤單的。最後小楊弟兄也平靜地回到天父的懷抱，雖然我們都很難過，但小楊弟兄努力活著不放棄的精神是上帝給我的第二份感動。

最後我要紀念恩典之家的管家（忠哥），他是一位幽默風趣、非常喜樂的一位住民，他就像是一位老大哥，在他身上看不到任何的愁苦，即使他身體不舒服還是保持著微笑，用心照護每一位同工和住民，準備三餐，他時常鼓勵我們，說你們真的很棒，很高興與你們相識，覺得同光教會是一

個充滿愛的教會。因為教會每個月都會把滿滿的愛帶給恩典之家每一位住民，令他很感動。忠哥的笑容也常常讓同工覺得很溫暖，我們也成為互相打氣的伙伴。恩典之家的一草一木都是由他細心灌溉，讓這裡成為一個溫暖的家。同工們也很期待上山服事時，回到這個有上帝祝福且充滿愛的照護中心。雖然忠哥後來也回到天父的懷抱裡，但是他的笑容、喜樂的心及溫暖的擁抱早已深深烙印在我們的記憶中，看到忠哥在面對人生的豁達開朗，帶給我們的正面能量，是上帝給我的第三個感動。

我非常感謝上帝可以把這樣的感動深深放在我的心底，因為在這個愛慈關懷小組中，我看見每位同工實踐神愛世人的心，是不分貴賤、無私無條件地奉獻，學習給予跟付出。我相信因為同光教會是一個充滿愛的教會，聖靈的感動讓我們有愛人的心，不論是同工或住民，透過這項愛慈服事，讓我們學習謙卑順服，也看見同工跟住民因為這份感動，願意接受基督信仰，成為主內的一家人，成為上帝的器皿。對於住民，我們成為他們的重要精神支柱，可以努力活下去的力量，這也是愛慈服事最珍貴的地方。

參與愛慈服事的同時，我也看到「多元成家」的重要性。因為社會大眾的錯誤認知，家人的不接納、不包容及遺棄，使得這些住民更加孤單無助，沒有活下去的動力及目標。所有住民最迫切需要的，是家人的陪伴及照護，可以讓他們在人生道路上有尊嚴的活著，得到基本的溫暖與尊重。在這裡，我看到老年同志族群的晚年生活，他們孤單無助，沒有家人朋友的陪伴，有些住民還是外籍人士。另外也有位住民是從年輕時就來台灣的老榮民，他最大的心願就是希望有機會可以回到他的故鄉、可以留在家人身邊。這些一般人視為理所當然的生活方式，對他們來說卻極其困難！

還有很多需要克服的問題，我們能為住民做的也很有限。我們只能在每次上山的時候，盡量去了解他們的需要，特別想做的事情、想念的食物、盡量去圓他們的夢想。這是我們愛慈關懷小組團隊最重要的任務：希望可以在人生最後道路上，為他們做點什麼。我很高興愛慈服事讓我可以學習

給予和付出，雖然能做的真的不多，但是我們心甘情願，無條件地擺上一切，相信上帝會紀念所有同工跟住民，大大祝福恩典之家，這個滿有上帝的愛與恩典的愛慈家園。

第33章
希望的漣漪

◎Zoe

（同光教會「活水泉愛筵服事」負責人）

轉眼間同光教會設立20周年，我很榮幸能利用文字記錄有關活水泉愛筵的服事與感動，感謝主豐盛的恩典，我們非常樂意以行動回應上主。有一天，肉體會衰敗，回歸天家，問自己能留下什麼？愛，是唯一可以永留存。因此，我期待把上帝對同志的愛化成文字，穿越時間、空間的局限，撫慰著因性傾向困惑，身處黑暗角落，感到不被普世教會接納，但仍然渴望認識、追隨上帝的人。這些字裡行間沒有深厚的神學理論，但願平實詳細的記錄我的親身經歷，因著這些經歷，我確信上帝對同志不變的愛。

　　來到同光教會之前，曾在外頭流浪了近5年的時光，原因不外乎基督信仰與性傾向的矛盾與衝突。在中壢靈糧堂受洗後，開始參加其小組聚會、主日禮拜，但日子久了發現自己變得不快樂，無論是小組的分享或主日的敬拜，似乎無法以真誠的心來面對教會的會友與上帝，並且開始意識到自己中性的穿著打扮在教會中是否顯的突兀，於是不斷的壓抑真實的自我。「上帝是靈，敬拜他的人必須以心靈和真誠敬拜。」（約翰福音4:24）我問自己，用誠實來敬拜神了嗎？祂揀選的時候，難道會不知道我的本質是什麼嗎？接受這個信仰就不能做自己嗎？內心一次又一次的拉扯，終於跪倒在地上跟天父禱告哭訴：「既然同性戀是罪，是神所不喜悅，從今以後我再也不去教會了。」

　　當我選擇誠實面對、擁抱真實的自己時，曾以為從此跟天父分道揚鑣了，我走我的陽關道，祢過祢的獨木橋。殊不知，約莫2年後，公司換了一位總經理，同仁習慣稱呼他 Thomas，他是位謙虛、敬虔的基督徒，願意花時間聆聽基層員工的心聲，深得員工與客戶的信賴，公司的業務也因此蒸蒸日上。Thomas 在公司成立「查經班」，一周一次利用中午用餐的休息時間，研讀神的話語並分享生命經驗，還特別準備了一本中英版的聖經，送給每位參加查經班的同仁。他總是不忘鼓勵著參與查經班同仁，若覺得時候到了，可以找一個教會穩定聚會，接受基督信仰，領受這生命中美好的禮物。天父彷彿聽見我的禱告，回應說，祂沒有遺棄任何一隻小羊，並

且派小天使要把走失的小羊找回去。在天父的聲聲呼喚下，我終於作出回應，若是要我再回到天父的懷裡，可以，但要去一個可以接納同志身分的教會，於是我決定來到同光教會聚會。

　　大概是2006年，同光教會的女生小組在故宮附近的外雙溪，舉辦烤肉與釣蝦的戶外活動，這也是我生平第一次與同志團體接觸。我曾經認為世上只有我一個是這麼奇怪的人，如今見到與自己有相同生命特質的人，心裡充滿感動。接著，我開始參加女生小組的聚會，感覺自己像是在外頭流浪多年的小兒子，再度回到父親的懷裡，內心充滿無比的喜悅。

　　工作之餘，我時常在父母開的餐飲店幫忙，分擔店裡的一些雜務。2006年下半，忽然有一天中午，店裡來了一個客人，我被映入眼簾的情景震懾。引起我注意的是，他並非「走」進來，而是下半身盤腿而坐，以「雙手」代替「雙腳」入內來。大概是因為腳受傷無法行走，所以必需下半身盤腿而坐，利用雙手代替雙腳，撐起身體的重量。每擺盪一次身體，就前進一小步，他就這樣出現在我面前，並且開口說：「我已經好幾天沒吃飯了，非常餓，可不可以給我一碗滷肉飯吃……」說完後，他不好意思地待在店門口，於是又移動身子到店門口的對面空地等待著。不知道他到底走了多遠的路，自尊心能不能止住飢腸轆轆的感覺？於是，我盛了一碗滷肉飯走到對面準備遞給他，見他雙眼不敢直視我，只點點頭示意放著即可。沒多久，他吃完又來要了一碗，整個過程我試著努力保持鎮靜，小心翼翼控制臉上的表情，以免讓他感受到一絲輕蔑之意而遭受到二次傷害。但是，我還是察覺到，他為自己現在的光景感到難為情，雖然彼此沒有交談，只是心中有千萬感慨，貧窮不是美德，衣衫襤褸亦無可取，誰願意淪落到如此的地步！

　　我沒特別注意到他何時離去，經歷這一切，我真的驚訝，畢竟開業十多年，這是我第一次遇到有人上門乞討，但因他的現身，我的生命產生了一些變化。在那之後，我的腦海一直有個聲音盤旋著，像是浪濤般不斷拍打

岸邊，催促著說：「去幫助這樣的人！」整整經歷一個月，在確信不是自己一時興起的想法之後，我跟上帝禱告說：「從前像遊子般在外頭遊盪，如今被尋回，天父若要使用這個器皿，我願意擺上自己供主使用，倘若這是來自祢的感動，願祢親自開路，畢竟我真不知道上哪找這類的人？」

那時剛到同光教會不久，在幾番心裡掙扎後，還是鼓起勇氣向長執會表達想「義賑街友」的概念。說穿了，心中只有這樣小小的感動，至於是否可行？如何開始？街友在哪裡？我毫無想法，但相信上帝手中有藍圖，只要忠實地去實現祂放在我心中的那份感動即可。之後萬萬沒想到，從長執會得到進一步的消息，同光教會因友好牧者盧俊義牧師的關係，得知同在萬華附近，有一間「活水泉教會」，係無家可歸、更生人、吸毒、流鶯（現於珍珠家園聚會）……等等社會邊緣人聚會的弱勢教會。盧俊義牧師鼓勵同光為弱勢教會奉獻，同光也決議為活水泉教會奉獻，讓我信心大增，我的感動已經發芽，不再遙不可及。我跟在活水泉教會牧會的吳得力傳道（已於2012年封牧）連絡上，我跟幾位同工第一次去活水泉教會時，剛好遇到別的教會的弟兄，拿了些奉獻的食物來，頓時心裡湧上一陣喜悅，上帝幫我預備了很好的開場白，不然我還真不知要如何開口表達。於是，我順水推舟指了那些食物，表示我們也想這麼做，吳傳道也立即理解我們來的用意。我們沒特別說明自己的同志身分，只表達同光教會想要跟活水泉教會合辦一次義賑街友的活動，由同光教會出錢購買食材，煮好後由活水泉會友出力去分送食物並傳揚福音。記得那次是煮牛肉麵，先在同光煮好，由姊妹弟兄分工合作，幫忙分裝，大概準備了八十份，最後把分裝好的牛肉麵送到活水泉，由活水泉的肢體去分送給其他街友。吳傳道表達了感謝之意，在分送食物的同時，活水泉的肢體也感覺到，自己有給予的能力。

隨著義賑街友活動結束，原以為可以放下心頭的重擔，但那聲音又出現，告訴我要「一個月一次」。在同光方面，沒太大的問題，只是我想

319

到，在成為常態事工前，應該讓對方明確知道我們是同志的身分。於是，我跟 Richard 長老約了吳傳道一起吃飯，談到了每個月一次為活水泉的肢體煮愛筵的感動，也主動誠實地告知同志的身分。席間，吳傳道分享了最近讀聖經的領受，故事的背景大意是眾人聚集準備要對一位妓女丟石頭，耶穌卻彎著腰，用指頭在地上畫字，他們還是不住地問他，耶穌就直起腰來，對他們說：「你們當中誰沒有犯過罪，誰就先拿石頭打她。」（約翰福音8:7）吳傳道覺得，大家都是罪人，而罪無分大小，可以接納彼此。我個人可以接受這樣的立基點，像忌妒、爭競、狂傲……等罪，在日常生活不斷上演著，所以我承認自己是個罪人。至於，同性之愛是否是罪？坦白說，我不覺得上帝是要派我來處理、解決這個爭議，所以我採取的態度是擱置一旁，不想浪費力氣去爭得彼此面紅耳赤。自始至終，我都認為自己以真實的同志身分服事上帝，見證神對同志的愛，同志也愛神，雖然顯得沉默無聲，但是卻最強而有力的言語，鏗鏘有力！

在雙方教會都談的差不多時，正傷腦筋要如何告訴父母關於每個月要煮一次愛筵給街友的事，在他們眼裡信基督教等於拜外國人的神。當我告訴父母每個月要煮一次給街友吃時，他們沒表示太多意見，只是似乎覺得不太放心，因為很清楚自己女兒的德性，在家裡從來沒下過廚，拿起炒菜鏟簡直跟鋤頭一樣重，現在竟然說要煮飯菜給街友吃？！記得是在2006年的12月，正式開始每月一次的愛筵服事。也許，天下父母總是放心不下孩子，父親決定要來幫忙炒麵，大概想知道這孩子到底在外頭搞什麼鬼，一探究竟便可知曉。那天下午，父母依約來到活水泉教會，我們一起參加主日禮拜，剛開始還在擔心，怕講道內容對未信主的父母來說太過艱澀難懂，但還好講台上用著父母熟悉的母語（台語），傳講主日訊息，證道主題是耶穌的誕生，不禁在心裡暗暗地感謝神，一切的需要祂都預備了。

父母在參與過第一次服事後，顯得比較放心，每次都會幫忙準備食材，關心愛筵服事的狀況，而我也時常向他們請教要何如煮，都是邊做邊學，

最後自己還考取中式餐飲丙級證照的資格。服事上帝，單單有顆願意的心即可，其他不足的能力，上帝都會加添。吳傳道也曾誇讚，同光對於愛筵的事工可以持續那麼久，感到佩服。一路走來，除了感謝上帝，當然還有我的父母親與那群默默付出的同工，像 Richard 長老，小溫、小瑩、小曼、Alice、Angel、Rita、Ruru 姊妹，雅各、Simba 弟兄等，以及其他曾到活水泉幫忙的肢體。同樣也感謝對這事工感到熱心，無法親自參與服事，但仍然顧念肢體的溫飽，不時奉獻加菜金的同工。回想事工持續至今約莫9年，上帝在金錢跟人力的預備上，從沒欠缺過。對我而言，煮愛筵給街友享用，我們看似像給予者，但事實上卻是受益者，因為幫助別人，帶來的滿足與喜樂，是金錢無法買到的。

如果一開始我就打定主意，利用這個服事向普世教會證明些什麼，或者想藉此說服吳傳道接受同性愛不是罪的話，肯定會失落。看著活水泉教會書報架上放著《走出埃及》的雜誌，心裡想著「好落後的資訊！」早在2007年6月27日，「走出埃及全球聯盟」的創辦人之一 Michael Bussee，與另兩位前領導 Jeremy Marks 與 Darlene Bogle 已正式承認自己從未改變同性戀身分，並為創辦此聯盟發表公開道歉書。但換個角度來想，我必須體貼吳傳道的立場，每個人都為自己認為對的信念堅持著。我想他對同志朋友的態度，與對待街友是一致的，在接納的背後，還是潛藏需要改變的想法。我把事情說明白，是不希望讓同光的肢體們誤以為已經攻下一座灘頭堡而沾沾自喜。

活水泉愛筵服事何時會畫下句點？其實沒有時間表，我時常跟天父說：「若有一天，這事工只剩我一個人，沒有其他同工參與，請天父就讓我明白這是該停止這個服事的時刻。」用跑馬拉松的精神，投入活水泉愛筵服事，除了接受從人而來的讚美，對於同志族群又有什麼意義？初到同光教會時，因為一些時空背景，基於會友的隱私權保護，當時同光的會址不對外開放，但不對外開放，並不表示同志基督徒可以把門關起來自己敬拜神

就好。我相信天父手中有張藍圖，我們都是祂手中的一小塊拼圖，雖然看不清楚全貌，但我隱約感覺得到是天父要帶領我們走出來的。正因為有這樣的感動在心裡，未曾在職場上、親友中出櫃的我，卻在這事工開始前，即坦誠向吳傳道表明同志身分，因為我了解這樣的出櫃有其必要性。

最後，我再分享一些個人觀察的心得。活水泉愛筵服事所帶出來的果效，是讓普世教會看見同性戀者。這話怎說呢？在那兒聚會的會友豈不是社會邊緣人？是的，初期只有吳傳道夫婦、核心同工與會友們，但近幾年來都有就讀神學院的神學生到該教會實習，然而這些神學生將來有一天可能會成為傳道、牧師。有機會讓這些未來的牧者，真實的看見同性戀者，何嘗不是件好事。我不敢說這個服事具有足以改變人們根深柢固想法的作用，但是可以讓這些未來的牧者對同性戀者的認識，不再是來自電視或報章雜誌報導的吸毒、濫交……等負面消息，而是藉著彼此的服事，被看見、被認識。雖然這看似很小的一步，也似乎無法馬上看出效果，但正如2015年6月美國歐巴馬總統在全美通過婚姻平權法演說中提及：「小甘迺迪曾說過：『當你在一個平靜的湖面丟了一顆小石頭，它就能泛起一個大大的漣漪。』這就是希望的漣漪，它能不斷的擴散出去，現在這個小石頭已經改變了世界。」

Part V
我們的信仰

你的話是導引我的燈，是我人生路上的光。

（詩篇119:105）

上主的話帶來生命。

願聖靈引領我們閱讀祂的話，

使得讓人死的字句不再成為我們信仰知識的唯一根據，

而讓聖靈的氣息將文字的精意吹入我們心靈，

使我們成為有靈的活人。

第34章
聖經是性少數社群的福音

◎Jeremiah

自從1950年代開始，西方社會開始有性少數平權運動；1980年代以後，西方主流教會也朝這方向邁進。然而在台灣，除了同光教會及一些同志友善的基督徒之外，其他教會與多數基督徒至今仍堅持「同性戀」是必須「悔改」的「罪」。他們關於同性戀的各種說法，即使想像多於事實，但他們心安理得，因為他們說：根據聖經，上帝憎惡同性戀，上帝只祝福男女結合。

問題是，聖經真的反對同性戀嗎？我們唯有從頭開始，認識聖經的形成過程、寫作宗旨及詮釋方法，才能回答這個問題。

一、聖經如何形成？

聖經在英文稱為「Bible」（此字源自希臘文的「*biblia*」，意指「叢書」），也稱為「Scripture(s)」。被收在聖經裡的書卷並非成於一時一地一人之手，而是在漫長的歲月裡，由許多不同作者分別書寫，經過許多不同編者增刪改易，並由猶太教與基督教的領導階層篩選。集結在聖經中的書卷，稱為「正典」（Canon；此字源自蘇美文之蘆葦；蘆葦莖筆直，可作量尺），被認為具有絕對權威。

聖經一詞在猶太教與基督教有不同指涉。概略言之，基督教的聖經包括猶太教的經典（基督教稱之為「舊約聖經」〔Old Testament〕）與基督教自己的經典（稱為「新約聖經」〔New Testament〕）。基於對猶太教的尊重，本文以「希伯來聖經」（Hebrew Scripture）來稱呼舊約聖經。希伯來聖經堪稱有史以來最有影響力的典籍，因為猶太教、基督教、伊斯蘭教都承認其權威。希伯來聖經絕大部分以希伯來文寫成，少部分以亞蘭文（Aramaic）寫成；亞蘭文是耶穌說的語言。

猶太人將希伯來聖經稱為《塔納赫》（*Tanakh*），這是取「法律書」（*Torah*，也音譯為妥拉）、「先知書」（*Navim*）與「智慧書」

（*Ketuvim*）三個希伯來字的字首組成的字。聖經學界認為，希伯來聖經可能自猶太人被擄到巴比倫（586 BCE）後開始編纂，到公元前第一世紀完成。最先完成的是法律書，接著是先知書，最後是智慧書。

《列王紀下》22:3-20記載，猶大國王約西亞的祭司希勒家在耶路撒冷聖殿發現「法律書」（621 BCE）。《以斯拉記》7:6與《尼希米記》8:1都說祭司以斯拉是精研「上帝頒給摩西的法律」的「經學專家」；《尼希米記》還說，以斯拉在耶路撒冷向民眾宣讀這些「法律書」（8:1-12）。「法律書」指《創世記》、《出埃及記》、《利未記》、《民數記》與《申命記》這五卷書（原本相連在一起，後來才分卷）。《申命記》31:9及31:24都提到「摩西把上主的法律寫在書上」，故這五卷書被稱為「摩西律法」或「摩西五經」（Pentateuch）。不過《申命記》34:5-8記載摩西逝世，因此摩西五經應非全出自摩西之手，畢竟摩西不可能寫自己死亡。從《以斯拉記》、《尼希米記》的線索來推測，法律書應是以色列祭司們在亡國放逐時期編纂。祭司們相信，國破家亡的原因是人民沒有遵守上帝的命令，故法律書中一再重申「上帝與以色列人立約，以色列人是上帝的選民」。這個「約」的內容，就是上帝要求以色列人絕對順服，男性須以「割禮」為記號，「分別為聖」的觀念滲透到所有日常生活細節裡，以此來重建以色列人的「選民意識」（也可說是「國族認同」）。

相較於法律書出自祭司集團，先知書則是源自先知傳統，一般認為應該也是寫於以色列人亡國之後。先知書的共同主題在闡明上帝的誡命是「伸張正義，實行不變的愛，謙卑地跟上帝同行」（彌6:8）。此外，某些先知預言將有一位上主選立的君王會拯救以色列人脫離亡國苦難，《以賽亞書》11:1說這位君王是大衛後裔，《彌迦書》5:2說這位統治者將誕生在伯利恆，於是形成猶太人期待「彌賽亞」（Messiah，意為「受膏者」）來臨的傳統。

智慧書的題材相當豐富多元，有些是傳記，有些是詩歌，有些則是散文

集。智慧書各卷成書年代不一，其中某些詩歌的文字甚至可能來自迦南母神宗教。

公元前第三世紀，埃及托勒密王朝之托勒密二世（Ptolemy II）召集七十二位猶太人文士把希伯來聖經譯為希臘文，公元前132年全部完成，稱為《七十士譯本》（Septuagint）。在耶穌的時代，羅馬帝國境內希臘語地區通用的希伯來聖經就是《七十士譯本》，不僅猶太會堂使用，新約聖經作者也引用其經文。

公元70年，羅馬將軍提多（Titus）血洗耶路撒冷，聖殿被焚燬，祭器、寶物、典籍無一倖免。為了解決聖殿被毀後各種信仰作品眾說紛紜的問題，一群猶太教拉比（老師）在公元90年左右召開「雅尼亞會議」（Council of Jamnia），商討希伯來聖經的正典範圍。《七十士譯本》包含的各書卷，並未被猶太教全盤接受，主因是基督徒使用《七十士譯本》裡面某些譯文作為耶穌是彌賽亞的論據，有些書卷內容也讓人聯想到耶穌的事蹟，還有些書卷內容可能招致羅馬帝國統治者猜忌。此外，某些書卷找不到希伯來文的原始版本。由於猶太教內各派對各書卷權威看法不一，直到公元第二世紀，猶太教才確認希伯來聖經正典的範圍就是二十四卷的《塔納赫》（見表1）。

基督教出自猶太教，最初的基督徒大多也是猶太教徒，故也接受希伯來聖經；但對基督徒而言，猶太教律法傳統已不適合新時代。在《哥林多後書》3:14提到「舊約諸書」，此處的「舊約」指的是摩西法律書，還不是整部希伯來聖經。到公元第二世紀之後，基督教才以「舊約」來稱整部希伯來聖經。

基督教稱希伯來聖經為「舊約」，但何謂「新約」？使徒保羅在《哥林多前書》11:25提到耶穌在逾越節晚餐時說：「這杯是上帝用我的血所立的新約。你們每次喝的時候，應該這樣做，來記念我。」基督徒和耶穌用生命建立的關係就是「新約」，在基督徒圈子裡流傳的信仰文件，後來就集結成「新約聖經」。

關於耶穌的教導，原本只有口授耳傳，可能因早期基督徒有不少文盲，也可能是他們認為耶穌即將再臨，沒必要留下文字。但是一直等不到耶穌，基督徒們開始擔心一旦使徒凋零殆盡，再無親身跟隨耶穌者可以提供權威說法，所以開始寫下文件與書信，作為教育、辯護和宣傳之用。不過這些文件書信的原始文件都已亡佚，只剩下一些草紙或獸皮的「抄本」。

新約聖經按內容可分為「福音書」、「教會歷史」與「使徒書信」。使徒保羅寫給眾教會的書信，最先建立起權威，也最早被抄寫流傳。但是否所有「保羅書信」皆為保羅親自寫作，聖經學者們莫衷一是。普遍被認為是保羅親寫的有《羅馬書》、《哥林多前書》、《哥林多後書》、《加拉太書》、《腓力比書》、《帖撒羅尼迦前書》、《腓利門書》。《以弗所書》及《歌羅西書》的作者目前學界爭論未定。《帖撒羅尼迦後書》、《提摩太前書》、《提摩太後書》及《提多書》則被多數聖經學者認為是託名之作。除了保羅書信，還有其他使徒的書信，都是為勸勉各地教會而寫，其中《啟示錄》以末日審判等文學手法來撰寫信息。

《馬可福音》、《馬太福音》、《路加福音》、《約翰福音》四卷「福音書」記述耶穌言行，這些作者對希伯來聖經相當熟悉，將先知書中「彌賽亞預言」與耶穌生平結合在一起。聖經學界共識是《馬可福音》成書最早（65-70 CE），其次為《馬太福音》（80-85 CE）、《路加福音》（80-85 CE），《約翰福音》最晚（90-100 CE）。聖經學者認為《馬太福音》、《路加福音》寫作時主要參考《馬可福音》，故稱這三卷為「共觀福音」（Synoptic Gospels）。有些聖經學者認為《馬太福音》及《路加福音》另外參考所謂「Q文件」（Q document，專門收錄耶穌口傳教導的文集），但非所有學者都認同。雖然四福音書各以一位使徒命名，但其實這些命名都是根據早期教會傳說與猜測而來。

聖經學者都同意《路加福音》與《使徒行傳》是相同作者所寫。《使徒行傳》記載初代教會歷史，記述的中心人物為使徒雅各、使徒彼得及使徒

保羅，尤以保羅所占篇幅最大。新約聖經中有一半書卷是所謂「保羅書信」，使徒保羅對基督教會影響最深，甚至超過耶穌本人。

公元140年左右，「諾斯底派」（Gnosticism）的馬吉安（Marcion）把《路加福音》（刪去耶穌降生故事與希伯來聖經引文）、《加拉太書》、《哥林多書》、《羅馬書》、《帖撒羅尼迦書》、《老底嘉書》、《歌羅西書》（含《腓利門書》）、《腓立比書》定為聖經，以取代希伯來聖經。公元第二世紀末，愛任紐（Irenaeus）、特土良（Tertullian）、革利免（Clement of Alexandria）三位教父都支持四福音書、《使徒行傳》、保羅書信、《約翰一書》、《彼得前書》、《啟示錄》的權威。公元367年，亞他那修（Athanasius of Alexandria）另外接納一些尚有爭議的書信和《啟示錄》的權威，計二十七卷，與今日新約聖經相同。

教宗大馬色一世（Damasus I）在公元382年召開「羅馬會議」（Council of Rome），承認四十六卷舊約聖經及二十七卷新約聖經的權威。公元383年，教父耶柔米（Jerome）奉教宗大馬色一世之命修訂拉丁文新約聖經；從公元390年開始，他又參考《七十士譯本》將希伯來聖經譯為拉丁文。公元405年，耶柔米完成所有翻譯，稱為《武加大譯本》（Biblia Vulgata，即「通俗語聖經」），內有四十六卷舊約及二十七卷新約，成為天主教會此後官方譯本。

十六世紀發生「宗教改革運動」（Protestant Reformation），天主教為審判新教而於1546年召開「天特會議」（Council of Trent）；會中，二十七卷新約聖經與四十六卷希伯來聖經正式被宣告為天主教聖經正典，共計七十三卷。

新教徒不只挑戰天主教會權威，也對聖經正典範圍作出修正。德國新教聖經學者羅赫林（Johann Reuchlin）主張，希伯來聖經應有希伯來文原始文本；但《七十士譯本》的四十六卷舊約中有七卷並無希伯來文原始文本。蘇格蘭的加爾文派宗教改革者在1646年召開「韋斯敏斯德大

會」（Westminster Assembly），制定「韋斯敏斯德信條」（Westminster Confession of Faith），其所承認的聖經正典沒有將這七卷書列入，此項認定被公理會（Congregationalists）、浸信會（Baptists）、長老會（Presbyterians）共同接受。這七卷書在新教稱為「次經」（Apocrypha），分別是《多俾亞傳》、《友弟德傳》、《瑪加伯上》、《瑪加伯下》、《巴路克》、《智慧篇》、《德訓篇》。現今聖經學界認為這七卷書，對於了解耶穌誕生之前的猶太人歷史有極大幫助，尤其是《瑪加伯》。

表 1：希伯來聖經對照表

英文	猶太教塔納赫（24卷）		基督新教（39卷）		天主教（46卷）	東正教（50卷）
Genesis	法律書	創世記	摩西五經	創世記	創世紀	起源之書
Exodus		出埃及記		出埃及記	出谷紀	出離之書
Leviticus		利未記		利未記	肋未紀	勒維人之書
Numbers		民數記		民數記	戶籍紀	民數之書
Deuteronomy		申命記		申命記	申命紀	第二法典之書
Joshua	先知書	約書亞記	歷史書	約書亞記	若蘇厄書	納維之子伊穌斯傳
Judges		士師記		士師記	民長紀	眾審判者傳
Ruth	智慧書	路得記		路得記	盧德紀	如特傳
1 Samuel	先知書	撒母耳記		撒母耳記上	撒慕爾紀上	眾王傳一
2 Samuel				撒母耳記下	撒慕爾紀下	眾王傳二
1 Kings		列王紀		列王紀上	列王紀上	眾王傳三
2 Kings				列王紀下	列王紀下	眾王傳四
1 Chronicles	智慧書	歷代志		歷代志上	編年紀上	史書補遺一
2 Chronicles				歷代志下	編年紀下	史書補遺二
(1 Esdras)						艾斯德拉紀一
Ezra (2 Esdras)	智慧書	以斯拉—尼希米記		以斯拉記	厄斯德拉上	艾斯德拉紀二
Nehemiah				尼希米記	厄斯德拉下	奈俄彌亞紀
Esther		以斯帖記		以斯帖記	艾斯德爾傳	艾斯提爾傳
Tobit					多俾亞傳	托維特傳
Judith					友弟德傳	虞狄特傳
1 Maccabees					瑪加伯上	瑪喀維傳一
2 Maccabees					瑪加伯下	瑪喀維傳二
3 Maccabees						瑪喀維傳三
4 Maccabees						瑪喀維傳四（附錄）

英文	猶太教塔納赫 （24卷）		基督新教 （39卷）	天主教 （46卷）	東正教 （50卷）
Job	智慧書	約伯記	智慧書 約伯記	約伯傳	約弗傳
Psalms		詩篇	詩篇	聖詠集	聖詠經
Proverbs		箴言	箴言	箴言	索洛蒙箴言
Ecclesiastes		傳道書	傳道書	訓道篇	訓道篇
Song of Solomon		雅歌	雅歌	雅歌	歌中之歌
Wisdom				智慧篇	索洛蒙的智慧書
Ecclesiasticus				德訓篇	希拉赫的智慧書
Isaiah	先知書	以賽亞書	大先知書 以賽亞書	依撒意亞	伊撒依亞書
Jeremiah		耶利米書	耶利米書	耶肋米亞	耶熱彌亞書
Lamentations		耶利米哀歌	耶利米哀歌	耶肋米亞哀歌	耶熱彌亞之哀歌
Baruch				巴路克（含耶肋米亞書信）	瓦如赫書
Letter of Jeremiah					耶熱彌亞之書信
Ezekiel	先知書	以西結書	以西結書	厄則克爾	耶則基伊爾書
Daniel	智慧書	但以理書	但以理書	達尼爾	達尼伊爾書
Hosea	先知書	十二先知書	小先知書 何西阿書	毆瑟亞	奧西埃書
Joel			約珥書	岳厄爾	約伊爾書
Amos			阿摩司書	亞毛斯	阿摩斯書
Obadiah			俄巴底亞書	亞北底亞	奧弗狄亞書
Jonah			約拿書	約納	約納書
Micah			彌迦書	米該亞	彌亥亞書
Nahum			那鴻書	納鴻	納翁書
Habakkuk			哈巴谷書	哈巴谷	盎瓦庫穆書
Zephaniah			西番雅書	索福尼亞	索佛尼亞書
Haggai			哈該書	哈蓋	盎蓋書
Zechariah			撒迦利亞書	匝加利亞	匝哈裡亞書
Malachi			瑪拉基書	瑪拉基亞	瑪拉希亞書

二、如何詮釋聖經？

如同國家社會需要法律，宗教內也需要判斷事物的標準或權威。基督教各宗派都宣稱服膺「聖經權威」（biblical authority），意味著聖經的內容不但可以指導人類的信仰與行為，甚至可以解釋歷史與科學。聖經具有此等權威的前提是，聖經雖由人手編寫，內容卻是出自上帝（當然，對於不信上帝的人來說，就毫無權威可言）。

聖經經文的原文是以古希伯來文及古希臘文寫成，對於聖經經文的說文解字，稱為「釋義學」（exegesis）；而對於聖經經文在歷史、哲學這些更寬廣面向上進行的釋義、理解、批判、應用等討論，則稱為「詮釋學」（hermeneutics）。不論是古希伯來文或古希臘文，對大多數基督徒而言都不是淺顯易懂的語文，因此，理解聖經的第一步往往是翻譯（這正是《七十士譯本》及《武加大譯本》出現的原因）。不同時代的不同語文，在詞彙及文化上，不可能完全轉銜、無縫接軌，因而翻譯者其實就是第一層的詮釋者，而他們確實往往將自己的預設立場寫入譯文內（相關例證可見本書第39章）。

討論聖經權威時，必須處理包括「聖經無誤」（biblical inerrancy，即聖經字句準確無錯）、「聖經無謬」（biblical infallibility，即聖經教導真實可信）、「聖經批判」（biblical criticism，即聖經經文之分析及鑑別）及「聖經詮釋」（biblical hermeneutics）等主題。

十六世紀宗教改革之後，在新舊教之間、新教各宗派之間的差異，除了關於教義及聖禮典的少數歧見，主要是統治權的分庭抗禮。至於聖經經文的釋義及詮釋，其實各宗派大同小異，都不離「聖經無誤」、「聖經無謬」的基調。

十八世紀啟蒙運動催生了「自由主義神學」，跨宗派的基督徒知識分子開始質疑聖經無誤無謬的預設。為了對抗自由主義神學，各宗派內的「基

要主義者」開始集結，高舉聖經無誤、無謬大旗。二十世紀發生了兩次世界大戰，摧毀西方國家對人性的樂觀想像，於是出現對自由主義神學提出修正的「新正統神學」。

「基要主義」（Fundamentalism）的主張包括：（一）聖經各卷都是神的默示，永無謬誤；（二）耶穌基督是神，神蹟有歷史真實性；（三）耶穌基督是童貞女所生；（四）耶穌基督死在十字架上，為人類贖罪；（五）耶穌基督肉身復活，並將以肉身再次降臨人間。後面四點其實都是衍生自第一點的聖經無誤、無謬。《提摩太後書》3:16提到「全部聖經是受上帝靈感而寫的」就是所謂「逐字靈感說」的根據；基要主義者從這句話延伸為整本聖經所有文字都是上帝親自授意寫成，因此任何經文都不會出錯（聖經無誤），也不受時空限制可直接適用於每個時代（聖經無謬）。既然聖經無誤、無謬，所以就採取「直譯法」（literalism）來詮釋聖經經文，認定經文字面上的意義不具有隱喻與象徵的思想，無論其是否合乎信仰或理性，都須認同並遵行。不過基要主義者似乎都忘了一件事，《提摩太後書》的作者所說的「全部聖經」其實只包括「希伯來聖經」，因為當《提摩太後書》被寫下時，所謂的「新約聖經」甚至還不存在。

聖經是否真的無誤、無謬？直譯法是否行得通？首先，聖經的原始文件都已亡佚，現今只存抄本（甚至是抄本的抄本），初代教會挑選正典時也只能根據抄本。或許抄本文士在謄寫時力求準確，但是郭公夏五、魯書燕說在所難免；萬一有人師心自用，加油添醋，導致不同抄本發生不一致，哪個抄本才可靠呢？事實上，由於各種各樣的抄本彼此差異很多，「抄本比較」甚至形成一門學術專業。[1]

其次，初代教會挑選正典的過程發生許多爭執，天主教、東正教與新教

1　有關抄本比較問題，可見：巴特‧葉爾曼，黃恩鄰譯，《製造耶穌：史上NO.1暢銷書的傳抄、更動與錯用》（台北：大家出版社，2010）。

承認的正典範圍都各不相同，究竟誰有理？許多在正典之中被提及的文件因為失傳而沒有收入正典，萬一哪天突然又被發現了，聖經是否就要增加內容？

再者，聖經時代的文字意義、語境未必跟現今相同，從原文翻譯到現代語言的過程本身就是一種詮釋，翻譯錯誤很有可能發生，特別是當譯者及讀者對經文原始脈絡理解不足時。底下特別舉出一個鮮明的例子：

《馬可福音》一章一節，開宗明義第一句，神的兒子耶穌基督是福音的起頭（*arche tou euaggeliou Iesou Christou*），就已經彰顯福音書作者顛覆當時主流權貴的精神與決心。這「起頭」（*arche*）與《創世記》一章一節，《七十士譯本》的希臘文翻譯互相呼應——「起初（*arche*）神創造天地」。馬可福音作者要展現的是由耶穌開始的另一個新天新地。

「基督」是希伯來文「彌賽亞」的希臘文的翻譯，基督因此不是一般口號或名銜，在當時社會政治文化的語境中，這是一個政治性的頭銜或名號，因為在羅馬帝國的統治之下，惟有凱撒才是君王，才是救主，才是當時社會的福音。

希臘文的「福音」（*euangelion*）在當時的社會語境具有政治意涵。公元前第九年的羅馬帝國以這詞尊崇奧古斯都（Augustus）即羅馬帝國的奠基君王，指奧古斯都的統治即福音。明顯的，《馬可福音》作者在一開頭就與當時的政治主流唱反調了，他是在顛覆羅馬殖民政府的神聖性，他是公開質疑這政權的合法性基礎。[2]

2　歐陽文風，《耶穌，政治與公民抗命》（香港：香港基督徒學會，2015），32-33。

「福音」一詞被基督教會用了二千年，至今已是溫良恭儉讓的無害語詞。若不深入了解二千年前的語言及時空脈絡，有誰知道原來聖經作者用的「福音」一詞竟有政治、顛覆意涵，甚至可能帶來殺身之禍？許多現代基督徒以為再自然不過的教義，其實都是被歷世歷代的拉比、教父、神學家詮釋出來的論調，未必真正符合聖經原始作者的原意。

最後，也最關鍵的是，數千年來人類社會不斷變動，知識思想推陳出新；女性歧視、階級剝削、種族屠殺、異教歧視、經濟剝削等一再出現在聖經文本裡，古人習以為常、甚至支持擁護，基督教會也曾贊同或默許這些現今我們視為罪惡或犯罪的價值觀。

在西方近代史上，關於一些爭議性主題（如蓄奴、種族歧視、女性歧視、離婚、墮胎、同性戀），基要主義陣營始終站在理性與人權的對立面。基要主義者常常把他們主觀的預設立場，偷渡成聖經觀點。基要主義者反對女權、反對同性戀的主要理據，都是所謂的「自然律」——聖經的描述與自然界的現象若合符節，都顯明女性／雌性必須降服於男性／雄性的宰制之下，因此提倡女權就是違抗上帝對男女地位高下的分配；而異性結合更是天經地義，繁衍所必須，同性結合即使出於真誠愛情，也是違反自然的變態。很不幸地，這種對所謂「自然律」的堅持，根本不是聖經本身的觀點，而是出自希臘哲學家如柏拉圖等人的思想。而哲學家們想像中的「自然律」並不符合自然界的真實完整樣貌，因為生物學家已觀察到「上帝創造的」數百種動物，自然而然地有同性結合的行為，[3] 連保羅也說上帝有違反自然的作為（羅11:2）。

自由主義神學運用歷史學、地理學、文學、考古學、語言學、修辭學、文學分析等研究方法來解釋或評價經文（儘管仍有許多問題無解），承認

---

3 Bruce Bagemihl, *Biological Exuberance: Animal Homosexuality and Natural Diversity* (New York, NY: St. Martin's Press, 1999).

不宜將經文直接等同於上帝旨意；經過批判與詮釋之後，經文才能對基督徒產生意義，適切地應用於生活中。因此，在讀經時必須問：這經文是誰寫的？為誰寫的？寫些什麼？何時寫的？何故而寫？怎麼翻譯？怎麼詮釋？怎麼應用？自由主義陣營信任科學與人類的理性，但客觀地研究分析經文卻似乎顯得過分抽離，因而常被批評欠缺對信仰的熱誠與委身。

新正統神學家不贊同自由主義神學對人性的樂觀，否定人類自救的可能性，強調上帝在救贖上有絕對主權。名為新正統，其實更像是回歸加爾文主義傳統。如同自由主義神學家，新正統神學家也擁抱啟蒙運動，並接受聖經詮釋應當經過批判的過程，而非如基要主義那般排斥理性與新知識。新正統神學家巴特（Karl Barth，1886-1968 CE）認為，「上帝的話」（Word of God）是基督教神學唯一可靠的資源，其最重要的形式是耶穌基督，以及一切與他有關的事件；第二個形式是聖經，最後的形式則是教會的宣講；而後兩種形式只有在啟示耶穌基督時才算是「上帝的話」。另一位新正統神學家布特曼（Rudolf Bultmann，1884-1976 CE）主張，新約的焦點在於「信仰的基督」，而非「歷史的耶穌」；個人對上帝的認識必須在「上帝的話」中與上帝相遇，並對此一福音信息做出回應。總結來說，新正統神學主張「聖經乃以救贖的基督為中心、為之作見證」，同時也接納自由主義神學的聖經批判與詮釋法。

「美國長老教會」（Presbyterian Church, USA）於〈聖經權威與詮釋〉（Biblical Authority and Interpretation）報告中指出，在詮釋具有爭議性的經文時，應遵循以下七個指引：（一）承認耶穌基督，即救贖主，是聖經的中心。上帝的救贖作為是整部聖經的中心。舊約的聖約與彌賽亞主題即為此作見證。耶穌基督是新約的中心：道成肉身，以色列對彌賽亞盼望的實現，以及上帝國的應許。教會為基督作見證。詮釋聖經時，將基督放在中心有助於評估在教會豐富歷史中總會遇到的問題與爭議之重要性。（二）焦點應在經文本身、文法與歷史脈絡，而非寓意或主觀想像。（三）詮釋

及應用上帝的信息時應依靠聖靈的引導。（四）順從教會對教義的共識，亦即信心的法則。（五）所有的詮釋都須服膺愛的法則，即愛上帝並愛鄰人的雙重誡命。（六）謹記聖經詮釋需要勤奮研習，以求建立最佳經文，並詮釋出歷史及文化脈絡對此神聖信息之影響。（七）在整部聖經的光照下尋求特定經節的詮釋。[4]

美國聯合長老教會對於聖經詮釋的指引，整合了自由主義神學的理性、新正統神學的以救贖基督為中心，四平八穩地站在改革宗的深厚信仰傳統之上，算是主流宗派中比較值得參考的聖經詮釋理路。

三、聖經是性少數社群的福音嗎？

經過批判、詮釋之後的聖經文本，必然呈現充滿矛盾的面貌。特別是聖經究竟哪些部分代表上主恆久的誡命，哪些部分則是反映人類社會在歷史情境中的霸權壓迫結構，在基督徒之間並非總能達成共識，也因此不少教會及基督徒至今仍堅信聖經中某幾節經文無疑地是譴責同性戀。對許多教會、基督徒甚至神學院老師而言，彷彿接納了同性戀之後，基督教就會崩壞。其實，基督教信仰當然不會因為接納同性戀而崩壞（反而會更符合神愛世人的教義），唯一會崩壞的是右派基督徒的詮釋權壟斷（以及他們的自尊心）。

對於性少數社群來說，釐清這些所謂「反同經文」的釋義，就成了最重要的基本功，這也是從1950年代到2010年左右，聖經學者們集中精力的研究重點，本書第35至39章也將逐一針對這些經文做詳細剖析。只要對聖經

4　The 194th General Assembly (1982) of the United Presbyterian Church in the United States of America, "Biblical Authority and Interpretation," in *Presbyterian Understanding and Use of Holy Scripture Biblical Authority and Interpretation* (Louisville, KY: The Office of the General Assembly, Presbyterian Church (U.S.A.),1999), 35.

有充分的認識，性少數社群就不會受到右派基督徒的影響，也不必擔心因性別認同／性傾向而被聖經定罪。

然而，問題不只是「除罪化」。就算聖經沒有譴責同性戀，也不等於基督教就是對性少數者友善的宗教。古今人類社會中，異性戀者始終是主流，性少數者如果要做自己，顯然無法全盤複製異性戀者的生命軌跡。如果聖經只談到上主祝福女男結合，卻完全未提及性少數者的存在與情感關係，性少數者如何從聖經學習相關的倫理指引？

同樣的神學困境，也曾發生在少數族裔與女性（因此產生黑人神學與女性主義神學）。有些基督徒女性主義者認為，即使透過批判把聖經中的女性歧視（順服父兄丈夫、不得帶領聚會、不得按立神職）都標示出來，聖經與教會的本質仍是父權；除非全面顛覆體制，否則女性不可能得到解放。基進女性主義者達莉（Mary Daly）原是天主教徒，後來對教會絕望，改提倡「女性宗教」。其他基督徒女性主義者雖然也對教會的父權現狀不滿，但她們相信女性經驗在基督信仰中有正當性，拒絕把聖經詮釋權拱手讓人，致力於恢復基督教裡被刻意埋沒的女性傳統，魯瑟（Rosemary Radford Ruether）、菲歐倫莎（Elisabeth Schüssler Fiorenza）與莫特曼－范德爾（Elisabeth Moltmann-Wendel）等女性神學家在這方面著墨甚多。雖然父權在聖經中隨處可見，但是聖經中也有許多偉大的女性，充滿信心、智慧與勇氣，堅持自己的主體性。許多基督徒會聯想到《以斯帖記》的女主角以斯帖，把她當作正面的女性典範；但同樣出現在《以斯帖記》中的華實蒂王后，其實是一個長期被忽略但或許更能突顯女性自主的例子：

> 華實蒂，另外一位應受尊崇的女性。長久以來，因著她被廢的王后身
> 分，使她傑出的人格和表現受到冷落。從以斯帖記一章5-12節，我們看
> 到了她的不平凡，我們若把第5節和第9節並排來看，有趣的對比就呈
> 現了：

a. 一章5節：「接著，王又為首都書珊全城的男人，無論貧賤富貴，在王宮的花園裡舉行宴會，為期一周。」

b. 一章9節：「同時，在王宮裡，王后華實蒂也為婦女們舉行宴會。」

華實蒂開宴會，有何希奇？但請注意：這個宴會是與國王為書珊城的男人開宴會的同時為婦女們開的。在這時空，在父權與王權宰制的政治環境裡，華實蒂的作為簡直就是破天荒的為婦女爭取平等待遇和應有的人權，而且是有計畫、有組織地進行著。

因為華實蒂是一位有自主思考、判斷和實踐的傑出女性，因此，當國王酒酣耳熱，龍心大悅，又想藉著華實蒂的美麗向臣民貴賓炫耀時，她斷然地向王的命令「拒絕了」。……從前後文中看得出，她是出於強烈的自覺，不願在酒醉的國王和臣民面前自貶，雖然丟掉后位，也在所不惜。……為崇高的信念不戀棧名位，甚至不畏生死，她豈僅是女權主義者學習的對象，更堪為兩性和普世的典範。[5]

1990年代之後，在神學家的努力下，聖經中的性少數者逐漸被辨認出來，並從經文本身確認：性少數者同樣被上主祝福。用新眼光讀聖經，就可以在聖經中看見性少數的另類身影：

（一）在希伯來文化、基督教文化乃至漢文化裡，雖然高度重視生殖繁衍、高舉異性結合，但先知以賽亞表明：「皈依上主的異族人不可以說：『上主絕不會讓我跟他的子民一起崇拜。』經過閹割的人不必說：『我是一棵枯樹。』上主對他們這樣說：『如果你們謹守安息日，做我所喜悅的事，並且信守我的約，我就讓你們的名在聖殿和我子民中被記念，勝過你們有許多子女。你們將永不被人遺忘。』」（賽56:3-5）耶穌更是直白地

---

5 曾昌發，〈兩性平權的聖經基礎〉，《兩性關係與聖經詮釋》（台北：台灣基督長老教會總會，2000），6-7。

說：「人不結婚的理由很多：有些人是生來不適於結婚的；有些人是人為的原因不能結婚；另有些人是為了天國的緣故而不結婚。」（太19:12）「在死人復活的時候，他們要跟天上的天使一樣，也不娶也不嫁。」（太22:30）可見，異性婚姻在聖經中不是永恆絕對的標準，也不是人人都得進入生殖導向的異性婚姻中才能得到上主的祝福。

（二）在聖經中，雖然異性結合的能見度高，但不是愛的唯一正當形式。在《撒母耳記》與《路得記》中，同性別的人為彼此獻上一切，展現至死不渝的愛，也能得到聖經作者的讚譽及後世讀者的推崇。《路得記》裡面記載路得對拿娥美說的話，被後世用於異性婚禮中作為新人誓詞；《撒母耳記》甚至說，約拿單對大衛的愛，遠勝過婦女對大衛的愛。路得與拿娥美、約拿單與大衛的關係，未必等同於同性愛情，但聖經判斷愛的準則，顯然不是「性別」，而是「委身」。

（三）《創世記》（1:28，2:24）與福音書（太19:4-5，可10:5-9）被反同基督徒當作上主直接肯定異性結合及生殖繁衍的鐵證，他們振振有詞：「根據聖經，上帝祝福異性結合。你們拿得出經文證明上帝喜悅同性結合嗎？」聖經時代中沒有人以同志身分在過生活，當然找不到上帝祝福同性結合的直接經文；但是普林斯頓神學院的聖經倫理學學者蕭俊良（Choon-Leong Seow）認為：

> 在聖經中的智慧傳統，就是人們依據科學與人類經驗來做倫理決定的「聖經權威」。我們確實向大自然學習，而且聖經也反映人類經驗──即便人類經驗有時會與我們以為的真理相牴觸。聖經中的智慧文學指引我們在倫理學上超越對經文本身的純然倚靠。[6]

---

6 Choon-Leong Seow, "Textual Orientation," in *Biblical Ethics & Homosexuality: Listening to Scripture,* ed. Robert Brawley (Louisville, KY: Westminster John Knox Press,1996), 29.

過去教會以「由上而下」的權威來詮釋聖經，迫使人們否定自己的經驗與感受。「法律書」與「先知書」固然啟示關於上主的本質，「智慧書」則提醒我們並非世上所有事物都可以藉律法或預言解答。既然上主是永生的神、創造的主，數十卷經書怎能道盡上主的奧秘？使徒保羅說「上帝那看不見的特性，就是他永恆的大能和神性，其實從創世以來都看得見，是由他所造的萬物來辨認出來的」（羅1:20），還有許多我們不知道的真理蘊藏在這大千世界中。

四、結語

基督徒相信聖經的權威，並非因為聖經封面有上主的簽名背書，而是因為整部聖經見證上主的慈愛與耶穌的救贖。只要站穩在所有聖經作者一致見證的「愛的倫理」之上，讓我們的生命經驗「由下而上」與聖經對話，性少數者同樣可以察驗上主的心意，成為上主祝福的兒女。我們要以性少數社群的經驗去翻轉保守教會對聖經的詮釋，讓世人看見，「上帝對所有的人都平等看待。只要是敬畏他、行為正直的人，無論屬哪一種族，他都喜歡。」（徒10:34-35）聖經非但不是性少數社群的敵人，更是性少數社群的朋友，而耶穌基督的上帝國福音，就是性少數社群的福音。

第35章
基督教與性少數的千年糾葛

◎Jeremiah、小元

同光教會經常被問：「基督教不是反對同性戀嗎？同志如何能成為基督徒？」很不幸地，在目前一般台灣人的印象中，基督教已經不再讓人聯想「神愛世人」，而是跟「反同」、「恐同」畫上等號。西方教會歷史上確實迫害、殺害過許多從事同性性行為的人，但卻極少人知道，其實中世紀某些教會、修道院曾有同性結合的祝福儀式。[1]

繼蓄奴、種族歧視、女性歧視之後，同性戀／性少數成為另一個讓當代基督徒彼此爭論的議題。許多基要派教會的領袖藉著煽動信徒對同性戀的仇恨而崛起，他們得到更多捐獻、也掌握更大權力。但也有許多教會與基督徒，選擇跟性少數社群站在一起。反同、恐同是耶穌基督的教導嗎？或者僅是部分教會的觀點？且讓我們從基督教歷史中一起找尋答案。

一、初代教會

公元第一世紀，拿撒勒人耶穌在巴勒斯坦地區傳道，被羅馬帝國以「猶太人的王」之罪名，釘死在十字架上。耶穌的跟隨者被稱為「基督徒」，他們過「團契生活」（*koinónia*），建立「教會」（*ekklésia*），宣告耶穌是「基督」（*Christos*，意指「受膏者」），並將他們源自猶太教卻又自成一格的信仰傳播到地中海沿岸（後來擴及整個歐洲及全世界）。

耶穌本人及十二使徒都不曾對同性情慾做出任何負面批評。相反地，耶穌還讚許一個羅馬軍官因為愛他的「男奴」（中文聖經將希臘字「*pais*」譯為僕人，但完整意涵是「為男主人提供性服務的年輕男奴」）而展現出來的信心（太8:5-13）；而耶穌與他深愛的門徒（《約翰福音》作者的自稱）

---

1 John Boswell, *Same-Sex Unions in Premodern Europe* (New York, NY: Villard Books, 1994); Allan Tulchin, "Same-Sex Couples Creating Households in Old Regime France: the Uses of the Affrèrement," *Journal of Modern History*. (2007), doi:10.1086/517983.

及拉撒路之間的同性親密／情誼，福音書作者也若隱若現地保留下來了。[2]
使徒保羅的某些書信文字在傳統上被解讀成是譴責「同性戀」，但深入分
析之後可知，其實這些書信中所譴責的對象，既不是「同性戀者」，也不
是「同性愛情」，而是與保羅的思想觀念不相符的「同性性行為」（見本
書第39章）。

　　基督教興起之後的三百年，因為羅馬統治者對其疑忌而加以迫害，直
到君士坦丁大帝（Constantine the Great）歸信基督教才停止；君士坦丁
大帝與東羅馬皇帝李錫尼（Licinius）在公元313年聯合頒布「米蘭敕令」
（Edict of Milan），讓基督教合法化。公元380年，東羅馬皇帝狄奧多西一
世（Theodosius I）與西羅馬皇帝格拉提安（Gratianus）共同頒布「帖撒羅
尼迦敕令」（Edict of Thessalonica），宣告基督教為羅馬帝國國教。

　　接下來的幾個世紀，基督教由「教父」（Church Fathers）領導。教父是
早期基督教的宗教作家及宣教師的統稱，他們的著作被認為有權威，可作
為教義的指引。著名的「尼西亞信經」（Nicene Creed）、[3]「使徒信經」

2　Theodore Jennings, *The Man Jesus Loved: Homoerotic Narratives from the New Testament*
　　(Cleveland, OH: The Pilgrim Press, 2003).

3　「尼西亞信經」最初起草於公元325年的第一次尼西亞會議（First Council of
　　Nicaea），後於公元381年的第一次君士坦丁堡會議（First Council of Constantinople）
　　修訂，故又稱「尼西亞－君士坦丁堡信經」（Niceno-Constantinopolitan Creed），全
　　文如下：「我們信獨一全能的父上帝，創造天地，一切可見不可見萬物的主。我們信
　　獨一的主耶穌基督，上帝的獨生子。祂在一切的世代以前從天父而生，從上帝出的上
　　帝，從光出的光，從真神出的真神，是生的，不是受造的，與父同質同體。萬物由祂
　　來創造，祂為了我們人和為了我們的拯救，從天降臨，由聖靈藉童貞女瑪麗亞出生為
　　人。在本丟彼拉多任內為了我們釘十字架，受難，埋葬，按聖經的記載第三日復活，
　　升天，現在坐在父的右邊。祂要在榮耀中再臨來審判活人與死人。祂的國無窮無盡。
　　我們信賞賜生命的主聖靈，從父與子出，與父子同受敬拜，同享榮耀，祂曾託先知
　　講話。我們信一個、聖、公同、使徒的教會。我們告白一個能夠赦罪的洗禮，我們期
　　望死人復活，來世的生命。阿們。」西方教會在公元589年的托利多會議（Council of
　　Toledo）加入「與子」（filioque）一語，即以聖靈是從父「與子」出來的，成為日後
　　東西方教會分裂的原因之一。

（Apostles' Creed）就是這個階段產生的「信仰告白」。[4] 教父們有些是著名的神學家、主教與護教者，有些受封為聖徒，但也有些被教會判為異端者，例如：俄利根（Origen of Alexandria）及特土良（Tertullian）。在使徒之後二代內的教父被稱為「使徒教父」（Apostolic Fathers），因為據傳他們受過使徒的親自教導，並以跟新約聖經相同的「通用希臘文」（Koine Greek）寫作。在使徒教父之後，用拉丁文寫作的教父稱為「拉丁教父」，用希臘文寫作的稱為「希臘教父」，用敘利亞文寫作的稱為「敘利亞教父」，另外還有所謂的「沙漠教父」。天主教會承認的最後一位教父是大馬士革的約翰（John of Damascus, 675-749 CE）。

教父時期強調「屬靈」與「屬世」的「二元對立」，但這並非聖經整體的觀點，而是源自希臘哲學的「新柏拉圖主義」（Neo-Platonism）。為何這種沒有「聖經根據」的哲學思想竟能左右基督教的教義？其一，早期基督徒相信耶穌即將再臨，屬靈會得救，屬世則滅亡；其二，早期基督徒遭受政治迫害，常有生命危險，為了鼓舞彼此堅守信仰，發展出「靈魂得救勝過肉體受苦」想法；其三，希臘哲學是當時西方世界顯學，知識分子多受過希臘哲學訓練，教父們自不例外。

現今有些基督徒聲稱，初代教父們都譴責「同性戀」，[5] 但是逐一檢視被他們引述的文本之後會發現，初代教父們譴責的是：

（一）「少男戀」（pederasty），如：《十二使徒遺訓》（*the Didache*）、革利免（Clement of Alexandria）、居普良（Cyprian of Carthage）、亞挪比烏

4　「使徒信經」共有十二句，傳說是十二使徒每人寫出一句，全文如下：「我信上帝，全能的父，創造天地的主；我信我主耶穌基督，上帝獨生的子；因聖靈感孕，由童貞女馬利亞所生；在本丟彼拉多手下受難，被釘於十字架，受死，埋葬；降在陰間，第三天從死人中復活；升天，坐在全能父上帝的右邊；將來必從那裡降臨，審判活人死人。我信聖靈；我信聖而公之教會；我信聖徒相通；我信罪得赦免；我信身體復活；我信永生。阿們。」

5　見：http://www.catholic.com/tracts/early-teachings-on-homosexuality

（Arnobius）、巴西流（Basil of Caesarea）、金口約翰（John Chrysostom）；
（二）「廟妓」（cult prostitute），如：殉教者游斯丁（Justin Martyr）、
革利免；（三）「性別混淆」，如：革利免、居普良；（四）「違反本
性」，如：金口約翰、奧古斯丁（Augustine）。

有些教父把所多瑪的罪惡與同性性行為做牽連（如：革利免、奧古斯
丁），但聖經本身並不支持這種解讀，反倒認為所多瑪的罪惡是「吃得
飽，過著安逸的日子，就驕傲起來，不照顧那些困苦貧窮的人」（結
16:49）及「不歡迎你們、不聽你們話」（太10:5-15）。另外，優西比烏
（Eusebius of Caesarea）在評論《利未記》18:22時，還把《利未記》根本沒
提到的女同性性行為也說成是《利未記》譴責的對象。教父們譴責的是他
們認知中的同性性行為，跟現代的同性愛情其實毫無關聯。

初代教會到教父時期為止，基本的性論述從認為「獨身比結婚好」（殉
教者游斯丁、居普良、伊格那丟），到「要求神職人員不結婚」（耶柔
米），到認為「雖然獨身更好，但結婚也很好」（奧古斯丁）都有。其
中，奧古斯丁更是明白地說結婚的三個好處是「避免淫亂」、「生育子
女」、「進入神聖」，他也認為夫妻性交的目的必須是為了生育。

原本羅馬社會允許男人與男妓、男奴發生同性性行為，但後來在教父思
想影響之下，男同性性行為逐漸變成違法。公元342年，信奉基督教的君士
坦提烏斯二世（Constantius II）與君士坦斯一世（Constans）下詔「任何男
性如果像娶女人般娶了男人，必須處死，因為這使性別混亂。」公元390
年，同樣信奉基督教的瓦倫提尼安二世（Valentinian II）、狄奧多西一世及
阿卡狄奧斯（Arcadius）則下令「男性若扮演女人角色必須處以火刑」。

二、東西教會大分裂與中世紀教會

在公元431年的「以弗所會議」（Council of Ephesus）之後，「聶斯脫

里派」（Nestorian）切斷與西方教會的關係，並聯合中亞的部分教會成為「東方亞述教會」（Assyrian Church of the East）。在公元451年的「迦克墩會議」（Council of Chalcedon）之後，「東方正統教會」（Oriental Orthodox Churches）也與西方教會切斷關係。公元1054年，羅馬教宗利奧九世（Leo IX）與君士坦丁牧首賽魯拉留斯（Cerularius）為爭奪最高領導權，互將對方逐出教門，「羅馬公教會（天主教會）」（Roman Catholic Church）和「東正教會」（Eastern Orthodox Church）從此分道揚鑣，史稱「東西教會大分裂」（Great Schism）。公元1378年到1417年，天主教會內又發生同時間內好幾位教宗各自即位、互爭領導權，稱為「天主教會大分裂」（Western Schism）。事平後，羅馬教廷「一統天下」，並靠著與各國君主的合縱連橫，把整個歐洲都納入麾下，不只干預政治，還大規模箝制庶民思想。

「中世紀」（第五世紀到十五世紀）天主教會基本上對同性性行為持否定態度。達米安（Peter Damian, 1007-1073 CE）寫了《蛾摩拉之書》（*The Book of Gomorrah*）抨擊男同性性行為違反自然，教宗利奧九世讀過此書後，在1049年宣布禁止神職人員從事「肛交」。希爾德加德（Hildegard of Bingen, 1098-1179 CE）撰文譴責男同性性行為及女同性性行為。法國神學家彼得坎特（Peter Cantor, ?-1197 CE）把《創世記》第1章詮釋為上帝的誡命就是要人類繁殖。神學家阿奎那（Thomas Aquinas, 1225-1274 CE）在他的《神學大全》（Summa Theologica）中主張，同性性行為雖會帶來歡愉，但是無法生殖，因而違反自然、違反道德；只有在異性婚姻中的性行為才是正當的、道德的。

歐洲國家制訂「反肛交法」（Sodomy Law），與十二世紀末天主教會開設宗教法庭進行「異端審判」（the Inquisition）有關，受難者除了被指為異端與女巫者之外，還包括「行為不檢點」的人，其中被惡意指控從事男同性性行為者更是大宗。神聖羅馬帝國皇帝腓特烈二世（Emperor Frederick II）在1220年前後下詔將異端分子及從事肛交者處以火刑，這是「反肛交

法」進入西方國家刑法體系的起頭,包括美國在內的許多西方國家到二十世紀才廢止這種法律。

中世紀天主教會承續奧古斯丁的思想,強調婚姻與生殖的關聯性,並在1184年正式將結婚列為「七聖事」(the seven Catholic Sacraments,也稱聖禮典)之一,認為婚姻是來自上主的神聖祝福。

儘管中世紀天主教會用凶殘手段對付百姓的同性性行為,許多神職人員的同性戀情卻是眾所皆知,例如:教宗本篤九世(Benedict IX, 1012-1056 CE)、雷恩主教馬波狄烏斯(Bishop Marbodius of Rennes, 1035-1123 CE)、圖爾總主教洛夫(Archbishop Ralph of Tours, 1050-? CE)、聖徒艾爾雷德(Aelred of Rievaulx, 1110-1167 CE)、艾利主教隆襄(Bishop Longchamp of Ely, 1140-1197 CE)、教宗保祿二世(Paul II, 1417-1471 CE)、教宗思道四世(Sixtus IV, 1414-1484 CE)、教宗儒略二世(Julius II, 1443-1513 CE)、教宗利奧十世(Leo X, 1475-1521 CE)、教宗儒略三世(Julius III, 1487-1555 CE)。[6] 而教廷面對權貴時,似乎不敢將同性情欲問題拿出來做文章,例如:奧托三世(Otto III, 980-1002 CE)擁有許多男友,但教宗額我略五世(Gregory V)仍將他加冕為神聖羅馬帝國皇帝,也許因為這位教宗「剛好」是由奧托三世冊立的。[7]

三、宗教改革

十五世紀,古希臘羅馬曾締造的輝煌文明重新被西方人緬懷、歌頌、學習,

6　Keith Stern, *Queers in History: The Comprehensive Encyclopedia of Historical Gays, Lesbians and Bisexuals* (Dallas, TX: BenBella Books, 2009).

7　今日美國、台灣、亞洲都有教會領袖平時疾言厲色譴責同性戀,卻陸續被踢爆其本身就是同性戀者甚至召男妓、養男友,他們所屬的教會在東窗事發後,也都企圖湮滅證據、瞞天過海。

聽你剪裁星空　Part V

是為「文藝復興」（the Renaissance）。文藝復興時期產生的人本主義與科學進展，讓人們對天主教會的保守顢頇濫權感到不滿，改革情緒逐日升溫。

公元1517年，馬丁‧路德（Martin Luther, 1483-1546 CE）在德國威登堡大學教堂門上張貼《九十五條論綱》批判天主教會，這是「宗教改革」的起點。德國之外，幾個北歐國家也接受路德的神學思想。出生於瑞士的慈運理（Ulrich Zwingli, 1484-1531 CE）自1523年起在蘇黎士領導對抗天主教會。慈運理曾與路德會面，但兩人無法達成神學共識。另一群宗教改革者也與慈運理意見衝突，於1525年創立「重洗派」（Anabaptists）。[8]出生於法國的約翰‧加爾文（John Calvin, 1509-1564 CE）也受路德影響而加入宗教改革行列，於1541年建立「日內瓦改革宗教會」。荷蘭、蘇格蘭接受了加爾文神學，長老會就是由加爾文的學生約翰‧諾克斯（John Knox, 1514-1572 CE）於1560年在蘇格蘭創立。[9]

發生宗教改革的時代背景，正是歐洲君主專制國家成形之時。教會界的「正統」與「異端」之爭，成了各國君主進行軍事擴張的絕佳藉口。君主們以維護「真理」為名，發動戰爭與屠殺，背後目的是攫取更多權力與領土。宗教改革雖是神學信仰運動，但必須與政治力量結合，方能對抗天主教會而生存（別忘了天主教會動輒將異端分子燒死），路德和加爾文分別得到德國封建諸侯與日內瓦市政府的支持而逃過死劫。在歐陸之外，英王亨利八世也為了擺脫教廷控制而自創「英國國教會」（Church of England），並且自命為英國國教會元首。[10]

8　胡特爾派（Hutterites）、門諾會（Mennonites）及阿米希人（Amish）都源自重洗派，基本主張是幼兒洗禮無效，曾受幼兒洗禮者成人後須重新受洗。

9　1865年，蘇格蘭長老會派馬雅各醫師（James Laidlaw Maxwell）來台灣，他從台南上岸，開始傳教。1871年，來自加拿大長老教會的馬偕博士（George Leslie Mackay）也抵達打狗（高雄），而後轉往滬尾（淡水），在北台灣宣教，用醫療作為宣教策略。馬偕博士非常熱愛台灣，不僅娶台灣女子張聰明為妻，死後並葬在淡水。

教父時期強調「屬靈」與「屬世」的二元對立，導致基督徒專注於個人敬虔與靈魂得救，不問世事。路德繼承了這種思想，認為政府的權力是上帝創造秩序的一部分，福音不是要推翻這些秩序，反而要維持它們。[11] 加爾文則認為，教會與世界都由上帝治理，信徒必須在屬世生活中實踐屬靈意義，平日的勞動工作也是「聖召」（calling）；基督徒的責任不光是傳福音，也應服務世人。此外，加爾文也認為，當世上統治者使用其權力來做與上帝敵對之事時，則其權力已經失去正當性，基督徒不僅不該順服其統治，反而應該加以抵抗。[12]

路德在評論《創世記》第19章所多瑪故事時寫道：「此種恥辱經由不信神的士兵與猥褻的商人偷偷潛入……。加爾都西會的僧侶應受憎恨，因為是他們最先從義大利將此糟糕的污染帶進德國。」[13] 又說：「所多瑪人的滔天惡行很不尋常，他們放棄上帝放在自然界中男性對女性自然的激情，而欲求違背自然的事物。這變態從何而來？無疑來自撒旦，一旦人們不再敬畏上帝，牠就得以強力壓制自然，驅走自然欲望，激起違背自然的欲望。」[14] 路德認為男同性性行為就是所多瑪的罪惡，而且是違反自然。

加爾文完全沒有對同性情欲做過任何評論。擁有許多情婦及私生子、因休妻不成而與教廷槓上的英王亨利八世則制定「雞姦法」（Buggery Act；禁止肛交、人獸交）來「整頓道德」，將違犯者處以絞刑。

---

10 英國國教會也稱「安立甘教會」（Anglican Church）；當指稱包含英國以外地區的教會時，則通常稱為「聖公宗教會」（Episcopalian Churches）。

11 Mary J. Haemig, "The Confessional Basis of Lutheran Thinking," *Church & State: Lutheran Perspectives,* ed. John R. Stumme and Robert W. Tuttle (Minneapolis, MN: Augsburg Fortress, 2003), 7-8.

12 見：http://www.ccel.org/ccel/calvin/calcom24.xii.xx.html

13 Martin Luther, *Luther's Works, Vol. 3.* (Minneapolis, MN: Fortress Press and Concordia, 1957), 251-252.

14 Martin Luther, *Luther's Works, Vol. 3.* (Minneapolis, MN: Fortress Press and Concordia, 1957), 255.

新教領袖們反對天主教會將結婚當作「聖禮典」，也排斥中世紀修院的「禁欲神學」，但將「一對一異性婚姻」、「生殖繁衍」視為神聖不可侵犯的標準，成為新教各主流教會的性論述基調，直至今日。

四、小派林立

路德派、加爾文派、英國國教會靠著社會上層階級（教士、學者、貴族）的領導者發展出教義、教制與儀式足以與天主教會抗衡的「宗派」（denomination）。但是底層社會的平民基督徒覺得新教的宗派跟教廷相比，根本是換湯不換藥；平民基督徒受教育不多，重視感性需求，不喜歡形式主義，容易形成更激進的「小派」（sect）。宗派與小派的張力，使「新教」之中又不斷產生「新教」，終於演變成今日基督教「千」家爭鳴的面貌（圖1）。

在新教當中，德國的路德派教會首先出現小派運動。受到路德派神學家阿恩特（Johann Arndt, 1555-1621 CE）思想的啟發，施本爾（Philipp Jakob Spener）、富朗開（August Francke）等人在1670年左右發起草根性的「敬虔運動」（Pietism），強調個人靈性，反對干預政治，鄙視經院神學，頗受庶民歡迎，漸漸散播到歐洲各國，是「福音派」（Evangelicalism）的遠祖。十五世紀，一群強調儉樸精神的基督徒在波西米亞（Bohemia）、莫拉維亞（Moravia）一帶（今捷克）過著公社生活，稱為「兄弟會」（Unity of the Brethren）。十七世紀，兄弟會受天主教會逼迫，又遭逢「三十年戰爭」，流亡東歐各地。1722年，德國敬虔主義者親岑多夫伯爵（Nikolaus Ludwig von Zinzendorf）收容了一群兄弟會成員，他們頗受感動，後來也加入敬虔運動。

英國國教會中，主張效忠英王、維護禮儀的上層階級稱為「高教派」（high church）；強調個人靈性的下層階級則稱為「低教派」（low church）。亨利八世死後，繼位的瑪麗一世（Mary I）曾短暫回歸天主

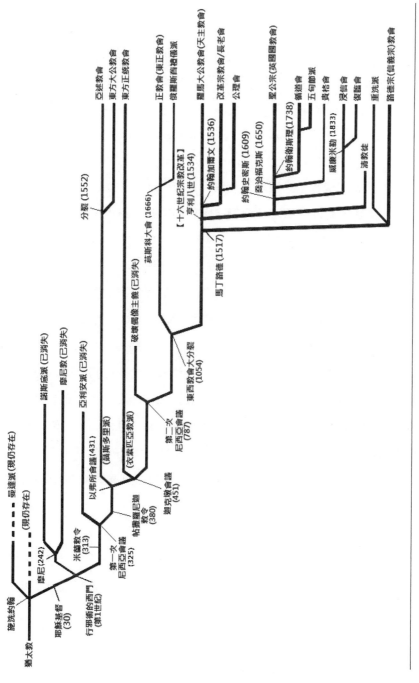

猶太教

施洗約翰 ⋯⋯⋯⋯ 曼達派 (現仍存在)
⋯⋯⋯⋯ (現仍存在)

諾斯底派 (已消失)
摩尼 (242)
摩尼教 (已消失)

耶穌基督 (30)
行邪術的西門 (第1世紀)

米蘭敕令 (313)
亞利安派 (已消失)

第一次尼西亞會議 (325)
以弗所會議 (431) (聶斯多里派)
迦帕敕尼迦教令 (380)
(亞述匹亞教派)

迦克墩會議 (451)

亞述教會

東方大公教會

東方正統教會

破壞偶像主義 (已消失)

第二次尼西亞會議 (787)

東西教會大分裂 (1054)

莫斯科大會 (1666)

正教會 (東正教會)
俄羅斯舊禮儀派

馬丁路德 (1517)

[十六世紀宗教改革]
亨利八世 (1534)

約翰加爾文 (1536)

約翰史密斯 (1609)

喬治福克斯 (1650)

約翰衛斯理 (1738)

威廉米勒 (1833)

清教徒

羅馬大公教會 (天主教會)
改革宗教會/長老會
公理會

聖公宗 (英國國教會)
循道會
五旬節派
貴格派
浸信會
復臨會
重洗派
路德宗 (信義宗教會)

0 CE   500 CE   1000 CE   1500 CE   2000 CE

圖 1. 基督教各宗派演變過程

教會，但伊莉莎白一世（Elizabeth I）即位後恢復英國國教會，此時國教會內出現「清教徒」（Puritans），主張去除所有天主教會式的制度與儀文，但是未獲接納，反遭迫害，只好逃往荷蘭避難，最後成為「五月花號」（Mayflower）上前往北美開拓的先鋒。後來，所有不認同、不加入或脫離國教會者都被稱為「不奉國教者」（Non-Conformists）或「異議者」（Dissenters），如：「公理會」（Congregationalists）、[15]「浸信會」（Baptists）、[16]「貴格會」（Quakers）[17]及「一位論派」（Unitarians）。[18]他們當中許多人同樣為了躲避宗教及政治迫害，前往北美殖民地展開新生活。另有些人雖不認同英國國教會領導階層的主張，但仍留在體制內推動改革，最著名的是約翰・衛斯理（John Wesley, 1703-1791 CE）、查理・衛斯理（Charles Wesley, 1707-1788 CE）及喬治・懷特菲（George Whitefield, 1714-1770 CE）。衛斯理的家族是高教派，但他受德國敬虔運動與兄弟會影響很深，1739年發生「聖靈充滿」體驗，使他認為「得救重生」（歸信）後，還要追求「第二次恩典」（second work of grace）方能「全然成聖」（entire sanctification）。衛斯理派在英國國教會內遭到排擠，衛斯理死後，其信徒在1803年成立「循道會」（Methodist Church）。衛斯理派的學者將他的思想簡化成「四大支柱」（Wesleyan Quadrilateral）：聖經、傳統、理性、經驗。衛斯理從來沒有針對同性情欲發表過任何看法。

國會議員韋伯福斯（William Wilberforce）也在英國國教會內推動靈性

---

15 始自1590年代，創始人包括：Robert Browne、Henry Barrow、John Greenwood、John Penry、William Brewster、Thomas Jollie 及 John Robinson，主張教會各自獨立治理。

16 始自1600年代，創始人包括：John Smyth、Thomas Helwys，主張成人洗禮方為有效。

17 始自1650年代，創始人為 George Fox，主張反暴力、不用敬稱、宗教自由、反對奴隸制。

18 主張上帝只有一個位格，反對三位一體教義。一位論者在歐洲各國都有，非僅在英國。

與道德革新。他的信仰觀傾向福音派，道德觀相當保守，但在政治上是進步派，反對奴隸買賣，認為這違反基督教信仰。他與英國國教會牧師紐頓（John Newton，詩歌〈奇異恩典〉的作者）共同努力奔走，終於促使英國國會在1833年立法廢止奴隸制度。

五、大覺醒

北美殖民地從1730到1970年代總共出現三次（或四次）「大覺醒」（Great Awakening）。大覺醒是福音派屬性的信仰運動，重點在於信仰的「個人化」（personalized），訴諸人們的罪惡感，強化被拯救的需求，以達成歸信目的。

「第一次大覺醒」發生於1730到1750年代，主要領導者是公理會牧師愛德華茲（Jonathan Edwards），目的是提升新英格蘭殖民地的教會信徒的宗教情感，強調過敬虔生活。懷特菲曾受愛德華茲邀請，到北美殖民地進行巡迴佈道。此運動因美國獨立戰爭爆發而停頓。

「第二次大覺醒」發生在1790到1840年代美國建國之後，核心人物是公理會牧師芬尼（Charles G. Finney），他使用新佈道法，推動「更高生命運動」（Higher Life Movement），提倡「聖靈的洗」（baptism with the Holy Spirit）。一些循道會信徒在1830年代發起「聖潔運動」（Holiness movement），仿效衛斯理追求成聖經驗，他們跟芬尼及其他宗派都有互相合作。第二次大覺醒主要對象是東岸及中西部的中下階層非信徒（包括黑奴及自由黑人），比起第一次大覺醒，更偏向狂熱激情與超自然體驗，或許可算是對於強調理性的啟蒙運動的一種反動。第二次大覺醒的同時期，一些社會運動也在推展，包括：禁酒運動（temperance）、解放奴隸運動（abolition）、女性投票權運動（women's suffrage）。在第二次大覺醒中歸信基督教的主要是女性及黑人，他們在信仰中找回屬於自己的力量與尊

嚴，期待在政治法律層面得到平等對待。雖然各宗派的教會領袖都沒有回應她／他們的要求，但是美國社會終究給了她／他們公道。經過1861到1865年的美國內戰（南北戰爭）之後，黑奴得到全面解放。全美第一個女權會議於1848年召開，經過近七十年，1920年的第19號修正案終於將女性投票權寫入美國憲法。

「第三次大覺醒」發生在1850到1900年代，核心人物是慕迪（Dwight Lyman Moody），他在全美各地主持大型佈道會，建立多間神學院。此時期有許多新宗派創立，海外傳教風行。饒申布什（Walter Rauschenbusch）也在此時期提倡「社會福音運動」（Social Gospel movement）。[19]

「第四次大覺醒」是否存在尚有爭議。1960年代之後，朝現代化發展的宗派（如：美國長老教會）人數逐年下降，抗拒現代化的宗派（如：美南浸信會、密蘇里路德宗大會）反而急遽成長。剛好，抗拒現代化的宗派都具有福音派、基要主義或靈恩派的背景，他們各自抬頭，也互相結盟，又與保守政治勢力結合，在創造論、墮胎、離婚、女性封牧、同性戀等議題上繼續堅持保守立場。保守派基督徒將此時期也當作「大覺醒」，但顯然自由派基督徒難以認同。

六、大宗派內的神學路線之爭

基督教神學發展至今，可分為「保守」與「自由」兩大陣營。從大歷史角度來看，保守派跟自由派其實一直都存在於宗教與人類社會中，相生相

---

19 社會福音運動發生於二十世紀初的美國與加拿大，主張以基督教倫理解決諸如經濟剝削、酒精濫用、犯罪、種族歧視、勞工權益等社會問題。參與者相信上帝國度必須在地上實現，耶穌基督才會再臨，他們的思想與路線較接近自由主義神學家與社會主義者，因而不得中產階級青睞。另一方面，慕迪不碰觸社會問題，主張追求個人得救的福音，反而大受中產階級歡迎。

剋，纏鬥不休，有學者認為這是因為兩者的世界觀有本質性的差異，[20] 也有一些認知科學的研究證實保守派傾向者與自由派傾向者的大腦確實對於環境刺激有不同反應，以致於兩者常出現相反的思考與行為。大抵而言，保守派喜歡秩序，自由派喜歡創新；保守派傾向維持現狀，自由派則時常對現狀不滿。[21]

經過十五世紀文藝復興洗禮的歐洲，十六世紀產生宗教改革，科學研究在十七世紀有許多重大突破，接著進入十八世紀的「啟蒙時代」（the Enlightenment）。十八世紀末，「保守主義」（conservatism）、「社會主義」（socialism）及「自由主義」（liberalism）各自成形，至今仍主宰西方世界意識形態。

「自由主義神學」（liberal theology）誕生於十八到十九世紀德國，十九世紀下半到二十世紀上半是全盛時期，著名人物有神學家士來馬赫（Friedrich Schleiermacher, 1768-1834 CE）與立敘爾（Albrecht Ritschl, 1822-1889 CE），及聖經學者史特勞斯（David Friedrich Strauss, 1808-1874 CE）與威爾豪森（Julius Wellhausen, 1844-1918 CE）。[22] 自由主義神學的重點在於以客觀開放的態度、科學的方法來進行聖經詮釋，主張基督教信仰必須建立一個科學、人文、理性、世俗的基礎，去除迷信與神話色彩，放棄「聖經無誤」、「聖經無謬」等傳統論述，也稱為「現代派神學」（modernist theology）。自由主義神學傳播到美國後，對美國的教會與社會都產生極大影響，特別是美國的長老會體系。

美國的長老會體系是一個龐大家族（圖2），家族成員因「保守」與「自

---

20 George Lakoff, *Moral Politics: How Liberals and Conservatives Think*. 2nd ed. (The University of Chicago Press, 2002).

21 參見http://2012election.procon.org/view.resource.php?resourceID=004818

22 史特勞斯發表《耶穌生平之批判檢視》（Das Leben Jesu, kritisch bearbeitet），威爾豪森提出「底本假說」（documentary hypothesis），都屬聖經研究的「歷史批判」。

由」的思想差異，歷經多次分合，至今留存的主要家族是：（一）南北自由派聯合的「美國長老教會」（Presbyterian Church, USA)，簡稱PC(USA)，自1983年）；（二）系出北方保守派的「正統長老教會」（Orthodox Presbyterian Church，簡稱OPC，自1936年）；（三）源自南方保守派的「美利堅長老教會」（Presbyterian Church in America，簡稱PCA，自1973年）。

美國的長老會起家於1706年成立的費城中會，[23] 因為神學路線之爭，發生過多次分合。1741到1758年期間，發生「新派」（New Side）與「古派」（Old Side）的第一次分裂，後來兩派在1758年又合併為「美國長老教會」（Presbyterian Church in the United States of America，簡稱PCUSA）。

第二次分裂是1838到1869年，因為「新學派」（New School）支持「第二次大覺醒」，而「古學派」（Old School）反對；同時，古學派要求嚴守韋斯敏斯德信條，[24] 而新學派反對。接著，因蓄奴廢奴之爭，新學派與古學派各自在1857年與1861年發生「南北分裂」（南方要蓄奴，北方要廢奴）。後來，南方的新、古二學派在1864年合併為「美南長老教會」（Presbyterian Church of the United States，簡稱PCUS），北方的新、古二學派則在1869年合併並沿用「美國長老教會」（PCUSA）之名。

勢力範圍主要在北方的美國長老教會（PCUSA），其中的古學派集中在普林斯頓神學院（Princeton Theological Seminary），新學派則以協和神學院（Union Theological Seminary）為據點。曾在德國接受「高等批判」（歷史批判）訓練的布利格（Charles Briggs）自1876年起在協和神學院任教。他在1891年被聘為聖經神學教授的授職典禮上以「聖經的權威」為題演說時談到：

---

23 長老教會的行政組織分為：小會（Church Session）、中會（Presbytery）、大會（Synod）、總會（General Assembly）。
24 由蘇格蘭教會制定於1646至1649年間，並經由蘇格蘭議會及英格蘭議會通過。

THE PRESBYTERIAN FAMILY CONNECTIONS

(Courtesy of the Presbyterian Historical Society, Philadelphia, PA.)

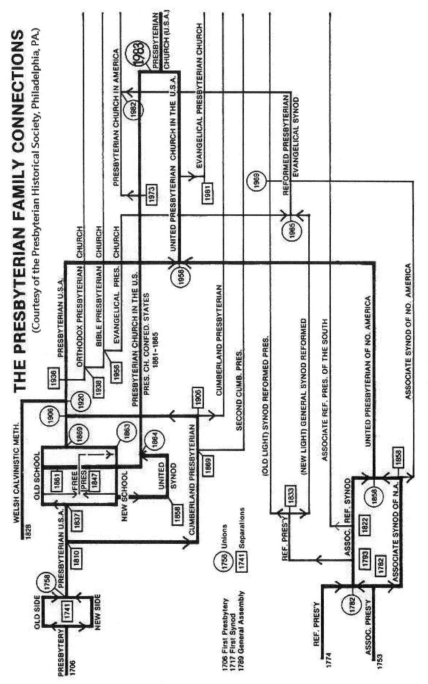

圖2. 美國長老會體系圖

高等批判已經證明摩西沒有寫五經，以斯拉沒有寫以斯拉記、歷代志、尼希米記，耶利米沒有寫列王紀、耶利米哀歌，大衛只寫了詩篇裡面少數幾篇，所羅門沒有寫雅歌書、傳道書、也只寫了箴言裡面一小部分，以賽亞書裡面有一半不是以賽亞寫的。……舊約聖經只是古人道德發展低落的歷史紀錄，現代人的道德發展已遠遠超越挪亞、亞伯拉罕、雅各、猶大、大衛及所羅門。……普林斯頓神學院教導的聖經無誤教義是現代福音派用來嚇小孩的鬼魂；不僅韋斯敏斯德信條是錯的，就連這信條所根據的聖經都不能當作建構神學的絕對權威。[25]

一場神學大戰於焉展開。二年後，布利格因否定聖經無誤，被判為異端，逐出教門；接著又有兩名教授因相同理由被判為異端。布利格的支持者范戴克（Henry van Dyke）因此極力奔走遊說對韋斯敏斯德信條進行修正，他的意見在1902年的總會獲得接納。但是古學派立刻反撲，在1910年的總會通過「五項基要」（the Five Fundamentals）：（一）聖經由聖靈默示，故無誤。（二）耶穌為童女所生。（三）耶穌的死是為世人贖罪。（四）耶穌的身體從死裡復活。（五）耶穌施行神蹟是史實。1910年到1915年間，時代論者與古學派出版十二本名為《信仰基要》（*The Fundamentals*）的小冊，[26] 這股反自由主義神學的潮流被稱為「基要主義」（fundamentalism），推動者則稱「基要主義者」（fundamentalists）。

---

25 Gary Dorrien, *The Making of American Liberal Theology: Imagining Progressive Religion 1805–1900* (Louisville, KY: Westminster John Knox Press, 2001), 358–360.

26 時代論源於1830年代英國，創始人為達比（John N. Darby），領導「普利茅斯兄弟會」（Plymouth Brethren），不承認信經、反對宗派主義、強調末世論、相信基督將在千禧年前再臨。時代論者在1895年「尼加拉會議」（Niagara Conference）發表五項聲明：（一）聖經字句完全正確無誤。（二）耶穌為童女所生。（三）耶穌為世人贖罪。（四）耶穌的肉身復活與肉身再臨。（五）耶穌施行神蹟。美國長老教會在1910年發表的五項教義，顯然與時代論者雷同。

正如同布利格的批評，基要主義與福音派關係匪淺。福音派不是一種宗派，而是一種融合了「德國敬虔主義、長老會對教義的執著、清教徒特質」的跨宗派信仰傾向，[27] 強調「個人悔改的必須性、聖經的權威、耶穌基督代贖的獨特性、傳福音的必要性」。[28] 福音派思想橫跨十七世紀到二十一世紀，每個時代都有代表人物與運動，面貌各異其趣。為對抗自由主義神學而集結的基要主義者，就是二十世紀美國福音派陣營中的要角。

1910年代到1930年代，美國長老教會（PCUSA）內的自由派與保守派激烈纏鬥，發生一連串角力事件。[29] 最後，保守派出走，於1936年另創「美國長老教會」（Presbyterian Church of America），1939年更名為「正統長老教會」（OPC）。保守派出走後，美國長老教會（PCUSA）繼續往自由路線前進，1956年起開始為女性封牧，1958年先與「北美聯合長老教會」（United Presbyterian Church of North America）合併為「美國聯合長老教會」（United Presbyterian Church in the United States of America，簡稱UPCUSA）。

---

27 Randall Herbert Balmer, *Encyclopedia of Evangelicalism* (Louisville, KY: Westminster John Knox Press,2002), vii-viii.

28 David W. Bebbington, *Evangelicalism in Modern Britain: A History from the 1730s to the 1980s* (London: Routledge, 1989).

29 1908到1921年，美國長老教會內的自由派積極推動「普世教會合一運動」（Ecumenism），遭到以梅虔（J. Gresham Machen）為首的保守派阻撓。1922年，同屬自由派的浸信會牧師福斯狄（Harry Emerson Fosdick）受邀在紐約第一長老教會講道，猛烈抨擊保守派。1923年的總會，保守派成功策動多數決，要求紐約第一長老教會順服韋斯敏敏德信條。1923到1924年間，一群牧師發起「奧本宣言」（Auburn Affirmation），反對以五項基要來限縮信仰。1924年的總會由保守派掌權，福斯狄被要求遠離第一長老教會，保守派同時策動許多州通過禁止學校教導達爾文學說的法案，田納西州因此在1925年起訴並定罪一名講授達爾文學說的高中老師史科普（John Scopes），但輿論偏向批評保守派。1925年的總會採納奧本宣言觀點，確認總會不能在沒有中會授權下更動韋斯敏敏德信條，但也無權以五項基要來限制信仰內容。1926年到1929年間，自由派與中間派成功改組普林斯頓神學院；梅虔與麥卡尼只好於1929年另創「衛斯敏斯特神學院」（Westminster Theological Seminary）。1930到1936年間，梅虔與麥卡尼又為了海外宣教事工與總會槓上，認為總會沒有確保宣教師都順服福音派思想，於是梅虔自創一個宣教委員會，1936年的總會裁定梅虔違反教規，將他停職。

美南長老教會（PCUS）也在1970年代經歷自由與保守的路線之爭，特別是針對女性封牧議題產生歧見，不同意女性封牧的南方保守派在1973年另創「美利堅長老會」（PCA）。

1975年，美國聯合長老教會（UPCUSA）懲戒了一名拒絕參與女性封牧的男牧師；1981年，美國聯合長老教會（UPCUSA）接納了一名被指控否定耶穌神性的聯合基督教會牧師加入；於是另一群對自由派不滿的會員於1981年出走，另組「福音長老教會」（Evangelical Presbyterian Church）。

最後，（剩下的）美國聯合長老教會（UPCUSA）與（剩下的）美南長老教會（PCUS）在1983年合併為「美國長老教會」（PC(USA)）。

美國長老教會（PC(USA)）在處理同性戀議題時又經歷一次教會分裂。1994年，殘餘的保守派提出一項法規修正案，在「教會法規」（The Book of Order）中加入「受召擔任教會職務者必須過著順服聖經、遵循教會歷來信仰告白的生活。其中之一是必須忠誠於一男一女的婚約或是獨身守貞。不願為自己所犯信仰告白中認定之罪而悔改者將不得按立及／或設立為執事、長老、聖言聖禮的牧師。」[30] 此案在1997年被多數中會接納通過，形同禁止非獨身的同性戀者擔任牧師長執。

自由派在多方努力之後，於2008年的總會通過一項解釋案允許同性戀者可以基於信仰良心對按立機構提出異議（scruple）；此外也提案修正「海德堡教理」（Heidelberg Catechism）譯文的錯誤（1962年時，負責翻譯海德堡教理的譯者，逕自將同性戀加入「罪的清單」），在2013年得到超過三分之二的中會通過。

2010年的總會針對1994年保守派的「修正案」，又通過「新修正案」；2011年5月11日，多數中會通過此一新修正案，內容如下：「按立服事的標

---

30 Jack Rogers, *Jesus, The Bible, and Homosexuality* (Louisville, KY: Westminster John Knox Press, 2009), 118-120.

準，反映教會希望在生活的各方面，都樂意順服在耶穌基督的主權之下。負責按立及／或設立的協會應審查各候聘人對任職的召命，恩賜，準備，及擔負此責任的適當性。考試應包括，但不限於，決定候聘人對按立及設立時所問的憲章問題的所有要求的回答，是否有實行的能力，委身與投入。各級協會應用於所有個別的候聘人時，應依聖經與告白的引導。」[31] 此決議於2011年7月10日正式生效。不滿刪除「一男一女的婚約或是獨身守貞」的殘餘保守派於是立即脫離美國長老教會（PC(USA)），另組新宗派「長老宗福音聖約會」（Evangelical Covenant Order of Presbyterians）。

2014年6月19日，美國長老教會（PC(USA)）第221屆總會通過允許同性婚姻，提出「教會法規」修正案，將婚姻的定義由「一男一女之間」（between a man and a woman）修改為「兩人之間，傳統上是一男一女之間」（between two people, traditionally a man and a woman）。2015年3月經多數中會接納，2015年6月21日正式生效。於是，美國長老教會（PC(USA)）成為世界上接受同性婚姻的最大基督教宗派。[32] 無獨有偶，美國聯邦最高法院也在2015年6月26日裁決同性婚姻全面合法化。

美國長老教會（PC(USA)）為了接納同志而付出許多代價，包括：流失大量保守派會員、被其他保守宗派切斷關係、被全世界保守派基督徒詛咒。儘管如此，美國長老教會（PC(USA)）似乎下定決心、義無反顧地朝著自由、人權、正義的方向走。2004年的總會提案接納「貝哈信條」（Belhar Confession），這是「南非荷蘭歸正宣教教會」（Dutch Reformed Mission Church in South Africa）為反省種族隔離政策而制定，內容提到教會應「消除一切隔離歧視」。多數中會已於2015年投票通過，接下來2016

---

31 Presbyterian Church (USA). *The Constitution of the Presbyterian Church (USA). Part II. Book of Order 2011-2013* (Louisville, KY: The Office Of The General Assembly, 2011), 26.

32 Presbyterian Church (USA). *The Constitution of the Presbyterian Church (USA). Part II. Book of Order 2015-2017* (Louisville, KY: The Office Of The General Assembly, 2015), 128.

年8月若在總會通過就正式生效，成為美國長老教會（PC(USA)）的信仰告白之一。

　　繼長老會家族之後，美國的其他主流宗派也一一發生自由、保守論戰，屢生分裂。1970年代，美南浸信會（Southern Baptist）決定未雨綢繆，將所有自由派學者都趕出他們的學校與機構；密蘇里路德宗大會也發生相同事情。目前主流宗派對同性戀議題的立場，整理如表1。

　　諷刺的是，真正打敗自由主義神學的不是基要主義，而是二十世紀的幾次國際戰爭（一戰、二戰、韓戰、越戰）。戰爭的殘酷，讓自由主義神學過度樂觀天真的人性論飽受批評。戰後重建、經濟蕭條、社會解體等現象讓許多人對未來感到害怕與不確定，幫了保守派（包括靈恩派）一個大忙，使他們得以收編大量人心，靠著販賣恐懼而日益壯大。但是另有一些比較理性的神學家，明白自由主義神學已經到了必須修正的時刻，他們重申人類的罪性本質、上帝的拯救與基督的贖罪，主張聖經見證的中心是救贖的基督，稱為「新正統神學」（neo-orthodoxy），代表人物是巴特（Karl Barth, 1886-1968 CE）及布特曼（Rudolf Bultmann, 1884-1976 CE）。新正統神學也接納自由主義神學的聖經批判與詮釋法，雖然巴特本人反對同性戀，但是他並沒有對接納同性戀的宗派提出譴責。

七、靈恩運動

　　當代的「靈恩運動」（charismatic movement）始於二十世紀初。「靈恩」就是「聖靈的恩賜」（希臘文charismata）。[33]「靈恩派教會」就是「以

---

33 聖靈的恩賜包括外在與內在。《哥林多前書》第12至14章記載外在的恩賜，提到有些信徒講靈語，這不是《使徒行傳》第2章記載的外國語言，而是被聖靈充滿時口中發出的舌音（故英文稱為tongues），《撒母記上》第19章也記載一群先知與掃羅受感說話，可能也是此種靈語。《加拉太書》5:22-23提到聖靈的九種果實則是內在靈性的恩賜。

靈恩為最主要關切的教會」。《使徒行傳》第2章記載，耶穌升天後，在五旬節時，聖靈降臨在門徒身上，許多門徒開口用外國語言傳講福音，此後，使徒們開始擁有醫病、趕鬼、行神蹟奇事的能力，教會因而壯大。靈恩派基督徒多半關注外在的靈恩。

教會史上最早的靈恩運動是第二世紀的「孟他努派」（Montanists），當時被視為異端。當代基督教有三波主要的靈恩運動，主要地點也都在美國，剛好也發生在「第三次大覺醒」之後，後期則與「第四次大覺醒」在時間上重疊。

第一波靈恩運動，稱為「五旬節運動」（Pentecostal movement），有兩大主軸：靈語與靈療。五旬節運動的一些狂喜經驗（ecstatic experience）特徵在聖潔運動中就已經可以看見。「宣道會」創始人宣信（Albert Benjamin Simpson）很支持五旬節運動，但不贊同五旬節運動主張靈語是領受聖靈的洗之必要證據。來自蘇格蘭的杜威（John Alexander Dowie）從事靈療，轟動一時，開設教會，自稱使徒、以利亞再世，還發售股票，他在1905年中風，加上資金周轉不靈，被迫下台。

五旬節運動大鳴大放是從1901年1月1日美國堪薩斯州托皮卡市（Topeka）的一群伯特利聖經學院學生突然講「靈語」開始，該學院領導人巴罕（Charles Fox Parham）也是聖潔運動的參與者。巴罕主張，基督徒在得救（歸信）、成聖之後，還有第三階段「領受聖靈的洗」。巴罕於1905年在休士頓開設新的聖經學院，其中一位黑人學生是西摩（William Seymour）。西摩原本只是到休士頓探親，參加當地聖潔會聚會時領受聖靈的洗，於是進入巴罕的聖經學院，但是礙於當時的黑白隔離政策，他只能在其他白人學生上課的隔壁房間聆聽。

1906年，西摩在洛杉磯阿蘇薩街（Azusa Street）租下一間廢棄的循道會禮拜堂，開始舉行聚會。1906年4月18日發生舊金山大地震，許多人因恐懼而來教會，卻在此得到靈恩體驗，許多上流社會階層的白人也放下身分優越

與種族偏見，來到這中下階層的黑人社區參加西摩的聚會，世界各地都有人專程前來；每天三場聚會、每周七天，全年無休，整整三年。後來因為聚會現場過於混亂，許多聖潔運動的福音派大師對西摩大加撻伐，聲勢開始走下坡。1922年9月，西摩逝世。1931年，禮拜堂被政府拆除，阿蘇薩街傳奇畫上句點。但是五旬節運動並未因此消失，至今仍有許多在五旬節運動中產生的宗派繼續存在。

第二波靈恩運動發生1960年代的主流宗派內，首當其衝的是美國聖公會，一位聖公會牧師在1960年的復活節向教會信徒揭露他的靈語經驗。接下來，其他新教宗派也接連發生靈恩現象，1967年輪到天主教會。這一波靈恩運動雖然沒有主張靈語是聖靈的洗的唯一證據，但是參與者多半強調以靈語禱告更有效、敬拜會達到更高層次；他們相信使徒行傳、保羅書信提及的各種神蹟同樣會在當代教會發生，也相信魔鬼到處在搞破壞；他們相信聖經上所有字句都是真的，但是更相信上帝會親自對領受聖靈的他們說話，於是常常各說各話。

第三波靈恩運動始於1982年，溫約翰（John Wimber）創立「葡萄園教會」（Vineyard）並進入「富勒神學院」（Fuller Seminary）傳授「神蹟奇事與教會增長」。他在那裡遇到「富勒世界宣教學校」（Fuller World School of Missions）的魏格納（C. Peter Wagner），兩人一拍即合。靈恩運動的第一、二、三波等名稱就是魏格納提出的。葡萄園教會快速增長，在全美開拓了上千間堂會，形成自己的宗派稱為「葡萄園教會協會」（Association of Vineyard Churches）。

靈恩派贊同基要主義的聖經無誤，認為聖經記載的一切神蹟奇事於現今都可重現，甚至聖經沒記載的也可發生。傳統教會比較重視神學及禮儀，對他們來說，靈語、靈療、趕鬼這些事情太「重口味」了。有過靈恩經驗的人常把自己的經驗絕對化，批評沒有相同經驗者不屬靈。但靈恩經驗難辨真假，容易產生領導權爭奪，造成教會分裂。靈恩很受一般信徒青睞，

1980年代以後人數大幅增長的教會都是靈恩派，這與人們在現實生活中的無力感有高度相關。試想，如果靈恩派牧師向婦女保證可以讓她們失業、酗酒又家暴的丈夫洗心革面，婦女們怎可能不歡迎？至於現代醫學無法治癒的各種疑難雜症，人們也想在靈恩派找到最後一線希望。影響所及，現今福音派教會多已接受靈恩，甚至直接變成靈恩派教會。

八、基督教右派勢力抬頭

在美國，自從電視與傳媒發達後，出現許多具有群眾魅力的電視佈道家，藉著福音事工，募集大量捐獻。其中有些人受到鉅額財富誘惑，豪奢度日，甚至擁有私人飛機，最後爆出性醜聞與貪污。靠著靈恩運動興起的大型教會，同樣醜聞頻傳，近期案例包括：新加坡城市豐收教會康希牧師挪用教會基金5千萬新加坡幣，遭判刑8年；香港神召會潘文信牧師對女信徒性騷擾，遭判刑4個月。

多數福音派與靈恩派的傳道人及教會，因為都抱持基要主義的神學觀與聖經詮釋，儘管在靈恩問題有歧見，但是在社會議題上倒是經常立場一致，共同特色是反科學、反自由、反平權、反同性戀，被稱為「基督教右派」（the Christian Right）。他們散布在各宗派裡面，影響力很大。右派領袖雖然思想保守，但是他們外表時尚、光鮮亮麗、西裝革履、名車代步，塑造出成功者的形象，取得廣大信眾的認同、欣羨、信賴與支持。許多基督教右派名人利用媒體散播仇視同性戀的訊息，召喚平民信徒的焦慮，藉此換取源源不絕的捐款。例如：傑利‧法威爾（Jerry Falwell）、派特‧羅伯森（Pat Robertson）、狄恩‧威可夫（Dean Wycoff）、保羅‧布夏南（Paul Buchanan）、蘿拉‧施勒辛格（Laura Schlessinger）、詹姆士‧道布森（James Dobson）等人。靈恩派佈道家，如：辛班尼（Benny Hinn）、賴利‧李（Larry Lea）、比爾‧漢蒙（Bill Hammond）等人，也極力反

對同性戀。神學院老師也一樣，匹茲堡神學院的新約學教授蓋農（Robert Gagnon）及西方神學院的新約學教授楊格（James de Young）等人都是以發表反同性戀的聖經研究出名，被許多右派基督徒奉為上師。

一些同性戀矯正團體及機構，如：「國際走出埃及」（Exodus International）、「同性戀匿名會」（Homosexuals Anonymous）、「愛中行動」（Love in Action）等，都由基督教右派資助營運，他們還成立「同性戀研究及治療全國協會」（National Association for Research & Therapy of Homosexuality），企圖滲透進去各專業醫學會、心理治療學會，散布「選擇接受矯正治療是同性戀者的醫療人權」之類的說法。不過，國際走出埃及陸續有成員脫離，承認無法改變性傾向，後來於2013年停止總部營運，其前任主席錢伯斯（Alan Chambers）甚至公開支持美國最高法院對同性婚姻合法的裁決，並譴責他過去所推廣的同性戀治療；至於愛中行動也在2007年結束運作。

台灣的基督教右派一直存在於各宗派之中，甚至有些宗派只有右派聲音，完全沒有自由傾向者立足之地。同光教會的成立及婚姻平權法案的推動，使基督教右派產生二波大集結。第一波的代表性產物是「走出埃及」，該組織始終堅持同性戀是罪惡，同性戀者必須變成異性戀者，即所謂「前同性戀者」（ex-gay），至少也必須變成所謂「後同性戀者」（post-gay，不否認仍有同性情欲，但必須獨身禁欲）。第二波集結的規模更大，動作也更積極，先是「真愛聯盟」在2011年全台發動阻擋性別平等教育納入「認識同性戀」的課程；接著又有「守護幸福家庭聯盟」在2013年底舉行「1130反同志遊行」，並與部分中國國民黨籍立法委員結盟，阻擋婚姻平權法案。2015年，基督教右派乾脆自己組成政黨「信心希望聯盟」（愛到哪裡去了？），打算進軍國會；雖然「信望盟」沒有在2016年1月16日的大選中取得立法委員席次，但他們在競選期間滲透到全台各教會，發放反對同性婚姻的公投連署書，短短幾個月內就徵集到15萬份連署書，通

過公投連署門檻，動員能力非常驚人（2016年2月23日該公投提案已被駁回）。

　　台灣的基督教右派學者不只發表歧視、貶抑性少數者的文章，[34] 還經常主辦或受邀出席「同性戀牧養關顧」這一類的研討會，[35] 他們帶著一種「消滅異端」的使命感，想要指導教會界如何「處理」同性戀「問題」。可議的是，這些學者要不是根本沒有性少數朋友，不然就是只接觸過「走出埃及」或「明光社」之流，甚至有些全憑自己想像語預設立場發言。因為沒有真實認識性少數者的處境，他們的結論都是如出一轍的「罪無疑義，以愛包容，輔導悔改」，甚至還反過來指責反駁其歧視言論者是「打壓言論自由」、「刻意製造敵對」。這些反同學者踩踏著性少數者的肉身血淚而無動於衷，正顯出基督教右派之冷血。

　　因應同光教會成立的衝擊，台灣基督長老教會曾經舉辦過一些對性少數者較友善的研討會，[36] 2004年發表的《同性戀議題研究方案報告書》也被性少數社群視為邁向正式接納的契機，2011年還讓同光教會推薦的學生進入台南神學院就讀。但近年來，右派牧師與學者在台灣基督長老教會內當道，台灣神學院從2010年起公開拒絕讓同志學生申請入學，台南神學院也在2014年開始不再讓性少數學生進門，長老教會總會更於2014年5月以臨時

---

34 如：柯志明，〈「聖經」對同性戀的雙面倫理觀〉，《神學與教會》26:1（2001），67-95。或，陳尚仁，〈同性性行為的道德評價〉，《生命教育研究》3:1（2011），67-91。

35 如：1996年在同光教會成立後由浸信會懷恩堂、中華福音神學院主辦的「同性戀探討座談會」；2007年12月1日由社團法人台灣生命之光協會主辦的「認識愛滋病與同性戀關顧」研討會；2011年10月22日由中正大學舉辦的「聖經與法律學術國際研討會」；2011年12月5日由東海大學舉辦的「從基督教精神看性別平等法制—比較法的觀點」研討會；2012年12月10至12日由台灣神學院、雙連長老教會主辦的「基督教對同性戀的態度與觀點」教牧研習會；2013年2月8日由台北靈糧堂主辦的「如何以聖經的觀點來回應當代的同性議題」講座。

36 如：1996年12月14日由台中中會大專部主辦的「基督徒看同性戀」研討會；2001年9月3日由總會研發中心主辦的「基督徒可以是同志嗎？」座談會。

動議方式通過反對婚姻平權的牧函，內容還與香港明光社的論述雷同（正像美國長老教會在1910年發表的「五點基要」也與時代論者在1895年發表的聲明雷同）。發動反婚姻平權牧函的同一批牧師，又在2015年7月31日、8月1日主辦「看見不一樣的生命——袁幼軒博士生命見證會」（即「後同性戀者」論述）。雖然接著在2014年9月由長老教會總會性別公義委員會主辦的「2014上帝創造人的心意：同性戀牧養關顧研討會」中，又重提傾聽、理解、接納等軟性訴求，但是台灣基督長老教會官方立場至此已經實質上往保守方向傾斜。過去台灣基督長老教會因關心政治、聲援民主而飽受右派教會宗派抨擊，如今卻因為選擇反同性戀而得到右派教會的稱道讚許，歷史的諷刺莫甚於是。

美國的基督教右派陣營中，不少反同志的傳道人與共和黨籍政治人物被爆料其實自己涉入同性情欲，例如：密西根州牧師馬凱拉（Matthew Makela）平時帶領信徒反對同性戀平權，卻被抓到在男同志交友軟體上傳送性邀約訊息；擔任美國全國福音協會主席的科羅拉多州牧師賀格（Ted Haggard）於2006年11月承認，他不但吸毒，還長期召男妓。一些在台灣以反同志出名的牧師，也是性醜聞頻傳，例如：某張姓男牧師被爆料曾對男童猥褻、某朱姓男牧師坦承與女信徒外遇……等。由此看來，基督教右派的思想與作為可能會使人心靈扭曲，產生反向作用（reaction formation）。

表1：基督教各主要宗派對同性戀者之態度

宗　派	成為會員	可擔任神職	接納同性婚姻
西　方			
都會社區教會（Metropolitan Community Churches）	是	是	是
美國長老教會（Presbyterian Church (USA)）	是	是	是
聯合基督教會（United Church of Christ）	是	是	是
加拿大聯合教會（United Church of Canada）	是	是	是
美國聖公會（Episcopal Church）	是	是	是
貴格會（Society of Friends）	是	是	是
蘇格蘭教會（Church of Scotland）	是	是	否
美國福音路德教會（Evangelical Lutheran Church in America）	是	是	未定
基督使徒教會（Christian Church (Disciples of Christ)）	是，須守獨身	是，須守獨身	未定
英國國教會（Church of England）	是	未定	未定
加拿大長老教會（Presbyterian Church in Canada）	是	是，須守獨身	否
聯合衛理公會（United Methodist Church）	是	否	否
拿撒勒人會（Church of the Nazarene）	是	否	否
門諾會（Mennonite）	未定	未定	未定
全國浸信會大會（National Baptist Convention）	未定	否	未定
天主教會（Roman Catholic Church）	否	否	否
美利堅長老教會（Presbyterian Church in America）	否	否	否
路德教會密蘇里大會（Lutheran Church-Missouri Synod）	否	否	否
美國浸信會（American Baptist Churches）	否	否	否
美南浸信會大會（Southern Baptist Convention）	否	否	否
神召會（Assemblies of God）	否	否	否
東正教會（Eastern Orthodox Church）	否	否	否
葡萄園教會（Vineyard USA）	否	否	否
國際聯合五旬節教會（United Pentecostal Church International）	否	否	否

宗　　　　派	成為會員	可擔任神職	接納同性婚姻
台　　　灣			
天主教會	無正式說法，但要求改變性傾向	否	否
台灣基督長老教會			
浸信會體系			
信義會體系			
中華衛理公會			
神召會體系			
靈糧堂體系			

八、屬於性少數的基督信仰

（一）聖經詮釋的翻案

　　從猶太教到基督教（甚至包括伊斯蘭教），二千多年來，耶和華上帝的子民基於對聖經的特定詮釋角度，生產出大量對同性情欲抱持敵意的文本，造成性少數個體在不僅在會堂、教會、清真寺裡面無容身之處，即使在日常生活中也只能躲躲藏藏，生怕自己的祕密被發現，就遭遇羞辱、逼迫甚至刑罰。

　　在二十世紀前半，西方同志運動是先從法律、社會學、心理學、醫學等角度出發，以「除罪化」、「去污名化」、「去病理化」為訴求主軸，一步一步向國家機器爭取平等對待。同時，在教會界也經過長時間的緩步改變。首先，英國牧師貝利（D. S. Bailey）在1955年出版《同性戀與西方基督教傳統》（*Homosexuality and the Western Christian Tradition*）一書，對《創世記》所多瑪故事給予「新」詮釋，不只開啟了西方基督教會界對聖經的新研究，並且促使英國國會在1967年將成年人的同性性行為「除罪化」。接著，在

1970到2000年代，許多傑出的聖經學者與神學家，發表大量關於所謂譴責同性戀的經文的新研究成果；在這些優秀的學者當中，有一些本身是同性戀者，但有更多是異性戀者。特別是這些異性戀學者帶來的影響力更大，因為她／他們本身既不是同性戀者，自然沒有必要替同性戀者發聲，除了學術良心與真相之外，別無其他理由與圖謀。也因此，這些研究結果翻轉了人們對於聖經與同性戀的既定看法，主流宗派也才緩步跟上，終於有今天如美國長老教會對同性戀者的全面接納。經過了六十年，對許多勤於學習的基督徒而言，貝利牧師的研究已經不是新知，而是常識。可是要走到今天這一步，不知有多少性少數者孤獨地承受了辱罵、歧視、攻擊，甚至喪命。

（二）同志基督徒運動

在教會長大的同性戀者，也想以真實自我來面對信仰，要求同時肯定自己的性身分與信仰身分，不再順服傳統教會的壓制，這就是「同志基督徒運動」崛起的時候了。同志基督徒運動至少有兩種模式：第一種是成立以同志為主體的基督教會；第二種是同志在主流宗派中現身，推動體制內改變。

1968年，一名五旬節派的美國牧師培利（Troy D. Perry）因為公開承認自己是男同志，被逐出教門。他在自殺失敗之後，重新振作，在自己的公寓裡，創立全世界第一家同志教會「洛杉磯都會社區教會」（Metropolitan Community Church, Los Angeles）。該教會目前是世界上以性少數社群為宣教及服事對象的最大宗派，稱為「都會社區教會」（Metropolitan Community Churches，簡稱 MCC），有大約4萬名會員，200多間堂會，分布在全球約40個國家，以「包容、社群、靈性轉變、公義」為核心價值。

在英國，則有跨宗派的「女男同志基督徒運動」（Lesbian and Gay Christian Movement，簡稱 LGCM）於1976年成立，LGCM 本身不是新的教會宗派，其成員主要來自英國聖公會，但也包括其他宗派。

至於在主流宗派體制內的改革，美國的天主教徒在1969年成立同志團體「尊嚴」（Dignity）；英國的天主教徒也在1973年成立同志團體「追尋」（Quest）；美國長老教會的同志信徒在1974年成立「更多亮光」（More Light）；美國的路德會信徒也在異性戀牧師帶領下於1974年成立「和解事工」（ReconcilingWorks）；接著，美國的浸信會信徒也在1993年組成「歡迎與肯定浸信會協會」（Association of Welcoming and Affirming Baptists），這個團體的成立特別艱辛，因為浸信會一向是美國反同志的主力。

台灣的同志基督徒運動起點是1995年約拿單團契與1996年同光教會的成立，之後有一些對性少數友善的團契及教會陸續成立。或許我們該感謝上主，還好台灣社會整體而言受基督教影響不深，再加上許多藝文界名人都支持性少數平權，因此台灣社會所邁出的性少數友善步伐，已經超越基督教會界很多。雖然右派仍然是教會界主流，但是外界環境的相對友善，已經足以讓許多性少數基督徒學會用雙重態度來存活在基督教會內，一方面繼續在教會內吸收自己想要的靈性養分，一方面則把教會所散播的反同恐同言論當耳邊風，這大概是台灣與西方國家最大的不同點。

（三）從同志／性少數解放神學到酷兒神學

聖經學者致力於分析、釋義被用來譴責同性戀的聖經經文，替性少數翻案；神學家們則透過重新詮釋聖經經文，來肯定性少數在基督信仰中的正當性。

1960年代拉丁美洲神父與神學家提倡「解放神學」，主張上帝是弱勢者的上帝，耶穌基督是窮人的「同志」（comrade）。受到解放神學啟發，美國的女性神學家與黑人神學家紛紛挺身而出，要求基督教會停止歧視女性與黑人。同志神學家利用聖經中的「解放典範」，讓同志重拾上帝賦予的平等尊嚴；也嘗試將隱身於聖經與教會歷史中的「同志」帶出衣櫃，讓人看見同性愛非但不是墮落的時髦產品，更是高尚的情感表現。

前期的同志運動常被批評白人男同志本位，排擠少數族裔、女同志、跨性別者的聲音，因而需要更基進、更具包容力的思想，原本屬於文化理論的「酷兒理論」（Queer Theory）就在這個脈絡下被引進到同志運動之中。

酷兒理論是從「後結構主義」及「解構主義」滋長出來（主要依循傅柯（Michel Foucault）的理論），於1990年代初成形，主要的酷兒理論家包括：賽菊（Eve Kosofsky Sedgwick）、巴特勒（Judith Butler）、李琪（Adrienne Rich）、佛斯（Diana Fuss）、華納（Michael Warner）、哈培林（David Halperin），她／他們認為性別認同和性傾向不是「天然」的，而是通過社會和文化過程形成的。酷兒理論解構分析性別認同、權力形式和常規，也分析批評文化中性別和性別角色的壓迫成分。酷兒（Queer）在英文中原是用來辱罵同性戀、娘娘腔、男人婆、變性、扮裝、S／M……的污名標籤，但是被受壓迫者挪作自我肯定之用。酷兒肯定「性」的價值，並要不斷踰越被固定、被本質化的情欲。

受到「酷兒理論」的啟發，1990年代以後的同志神學家也提出「酷兒神學」（Queer Theology）。[37] 酷兒神學是仍在發展之中的神學運動，由於酷兒理論本身的多樣性，酷兒神學的脈動也顯得五彩繽紛。前期的著名酷兒神學家包括：蒙地佛瑞（Hugh William Montefiore）、阿特豪斯－瑞德（Marcella Althaus-Reid），近期則有崴爾森（Nancy Wilson）、詩都（Elizabeth Stuart）及鄭書祥（Patrick S. Cheng）。她／他們的主要貢獻是翻轉對聖經文本的解讀，特別是從反叛傳統的踰越角度來詮釋聖經敘事。例如，蒙地佛瑞主張，耶穌是在30歲出頭才意識到自己的使命，而一個並非娶不到妻子亦非身體殘缺的單身未婚男性，最有可能不婚的理由是同性戀。而阿特豪斯－瑞德主張，神學的重心應該放在被主流傳統邊緣化的個

---

37 相關論述整理見：Patrick Cheng, *Radical Love: An Introduction to Queer Theology* (New York, NY: Seabury Books, 2011).

體與社群，例如女性、性少數者、以及「性」這件事本身。她特別強調身體在神學思索上的重要性，肯定各種「不入流」的情欲，她的2002年經典名著甚至就直接命名為《不雅神學》（*Indecent Theology*）。

酷兒神學嘗試將酷兒理論與基督教信仰的重點如「創造」、「救贖／解放」、「道成肉身」做連結。例如，從「創造」衍伸出對各種差異的肯定，確信上帝看自己創造的每一個人都是獨特而美好。性少數者不是瑕疵品，而是上帝珍愛的「關鍵少數」。變性者、扮裝者、老年同志、青少年同志、原住民同志、勞動階層同志、愛滋感染者……這些邊緣中的邊緣，都是上帝深愛的人們。由於多元的性少數者是上帝的創造，因此她／他們所遭遇到的各種壓迫，都必須被解放，以便實現上帝的救贖。

另一方面，「創造」也表明人類的情欲源自上帝，身體是上帝工作的所在，並非是靈性的對立面。傳統教會對「身體」與「性」有強烈焦慮，因此對性少數社群的想像也都圍繞在「性行為」上，但希伯來聖經的智慧文學並不避諱討論性愛，而是直接肯定上帝賦予人類的情欲。

「道成肉身」的真實意涵是上帝並不害怕成為人，上帝願意與人一起生活、一同受苦。「道成肉身」的耶穌不只關心人的靈性，也關心人的身體需要。耶穌讓死人復活、醫治病痛、使數千人吃飽、將水變成酒，經常與同伴吃喝、甚至要求跟隨者紀念他甘願獻上且打破的身體。

九、從「罪」到「奇異恩典」

美籍華裔同志神學家鄭書祥（Patrick Cheng）是2010年後主要在酷兒神學耕耘的神學家，他認為「罪」（sin）與「恩典」（grace）是基督信仰的兩個核心，並嘗試重新詮釋聖經，全面翻轉「罪」的意義：從「犯罪」（crime）的模式移轉到「基督」（Christ）的模式。[38]

傳統神學對罪與恩典的理解建立在「犯罪」（crime）模式上：罪（sin）

是對神的犯罪（crime），應受懲罰，必須透過神的恩典，尤其是耶穌的犧牲，人類才能得到救贖。傳統神學認為《創世記》第3章描述亞當與夏娃違犯神的命令，吃了善惡樹的果實而有罪並受處罰，被逐出伊甸園，失去永生不死的特權；神的處罰不止在亞當及夏娃身上，還及於後代——亦即「原罪經由性行為傳遞」。因此，傳統神學逐漸發展「性」必須限於異性婚姻內的觀念，只有為了繁衍而進行的性行為，才不構成罪。相對而言，恩典帶來無罪釋放與恢復。恩典即是神的禮物，欠缺恩典無人能得救，而恩典完全基於神的慈悲。在這個傳統下，同性情欲同時是教會指摘的罪（sin）與國家禁止的犯罪（crime），原因可能出於對於集體處罰的害怕，犯罪模式的「罪」不僅忽視新約聖經強調的恩典，將性少數者入罪、對性少數者壓迫也違反公義，更無助於對性少數社群傳福音。

罪是人性不成熟的作用；恩典則是成聖（deification），是透過聖靈而成長趨近神的過程。以基督為中心就是成聖；罪就是遠離基督。據此，鄭書祥提出「酷兒基督論」的七種模式：

（一）情欲的基督（Erotic Christ）：耶穌常被比喻成愛人，耶穌也一直在觸摸人，對人流露情感。血漏的女人觸碰耶穌希望得到治癒、耶穌被人用香膏抹腳、被猶大親吻。情欲是從「與他人深層分享」而產生的力量，是「在滿足他人時分享我們的喜悅」，而不是將他人利用為自己滿足的客體。情欲的基督不是以「身體的性」為關鍵——重點是在「關係」。從情欲模式來看，罪是關係的剝削，是缺乏對他人需求及欲望的尊重與關懷，將他人視為滿足自己欲望的客體。恩典著眼在「相互性」，是意識到在關係裡面，性成為恩典的手段，是分享與滿足他人；身體的恩典是互惠的，權力是共享的。

38　Patrick Cheng, *From Sin to Amazing Grace: Discovering the Queer Christ* (New York, NY: Seabury Books, 2012).

（二）出櫃的基督（Out Christ）：耶穌逢人便說自己的出身，從不以為怪異或恥辱。他降生、傳揚真理、釘十字架與復活，從不隱藏自己。他問門徒：「你們說我是誰？」並且用戲劇性地方式顯現自己。如果耶穌是性少數者，他會躲在櫃子嗎？因此性少數者躲在櫃子裡是罪，亦即拒絕對家人、朋友、世上揭露完全的自己，並且在櫃子裡自我羞恥、內化對自己的憎惡。恩典則是光榮地做自己，如同神持續向我們顯現，是出櫃的耶穌。出櫃伴隨著自愛與愛人，也克服羞恥與內化的恐同，是靈性成熟的表現。

（三）解放的基督（Liberator Christ）：耶穌到世上是來解放世人，不是強化壓迫。即使在性的議題上，耶穌也跳脫關於性別和性傾向的二元思考。因此，罪是漠不關心、拒絕致力於消除對性少數的歧視以及社會中各種弱勢。恩典則是倡議、對抗社會中的壓迫，例如：美國紐約市石牆事件（1969）和都會社區教會（MCC, 1968）的創立，以及全世界各種同志運動與性別平權運動。

（四）越界的基督（Transgressive Christ）：耶穌在福音書中被描繪成「越界者」，他由未成婚的馬利亞所生，他不墨守成規，他挑戰、打破世上律法以及當時宗教的信念、習俗。對於當時在戒律中視為不潔的癩瘋病人、血漏的女人、受惡魔挾持的人與身體殘缺的人，耶穌觸摸他們且醫治他們。耶穌挑戰傳統行為的界限，他是未結婚的拉比、否定血緣家庭、被自己家鄉拒斥。耶穌甚至可以被看成性別的越界者，挑戰關於性別、性傾向與認同的二元界限。所以，無意識地遵從主流、墨守成規就是罪，偏離主流卻是恩典。出櫃、擁抱上帝賦予的差異，勇於挑戰錯誤、不正義的社會成規，都是恩典。挑戰界限與規範的能力不是來自個人意願，而是神的禮物。

（五）自愛的基督（Self-Loving Christ）：神是愛自己的，也幫助人愛自己。方法是藉由打破禁忌和社會界限，讓人們免於處罰性的羞恥與負面訊息。因此罪是自我羞恥，特別對性少數者而言，相較於自我驕傲，自卑

更是罪。基督為了承受我們的羞恥，自己被羞辱，剝掉衣服，赤裸釘十字架。神也經歷了我們的恥辱，因此驕傲做自己是恩典。

（六）相互連結的基督（Interconnected Christ）：基督是整全的，所有事情都是合一一致，不可分的。基督是萬有之先，萬有也靠他而立；整個宇宙都是基督的身體，宇宙的各個部分共同構成「一個身體」，沒有任何一部分可以對另一部分說「我不需要你」，無論是自然界、宗教或是靈性。基督徒也應該要著眼於全體，讓自己完整。所以，罪是隔絕，是拒絕或無能力看見自己與世界的連結；而恩典是相互依賴，正視被造者與萬物相互依存的美好。性少數基督徒為自己的壓迫而抗爭，卻經常忽視其他弱勢的處境，甚至強化在種族、階級的不平等結構，也是一種「隔絕」的罪。

（七）混合的基督（Hybrid Christ）：耶穌是三位一體，在神人之間的另一種存在，是世俗也是神聖、是物質也是靈性的。酷兒基督是混合的，打破異性戀／同性戀、男性／女性的二元。罪是單一，狹隘、固定的認同；恩典是相互交錯、多重的、流動的。藉由基督中心的罪責觀，性少數社群以及其他社群可以重新認識真理與福音。

十、結語

追溯基督教會歷史與神學演變，我們確認了當今基督教會的反同性戀論述乃是從教父思想、中世紀教會、路德神學、敬虔運動、福音派、基要主義、靈恩派一脈相承；要跨越這些霸權與宰制，除了性少數社群本身的起身反抗，也需要有其他思想開通的異性戀者的呼籲支持，才會成功。

性少數者從自身受壓迫經驗中重新詮釋聖經：「罪」是「遠離基督」，而「恩典」是「靠近基督的成聖過程」。在這樣的詮釋下，性少數者不再需要因為自己的身分與情欲而感到羞恥，反而應該驕傲做自己、挑戰不合理的成規，並且包容多元與流動，與其他弱勢者站在一起。

右派基督徒還會繼續阻撓性少數平權，一如他們曾經支持奴隸制度、堅持種族歧視、反對墮胎、不准離婚、拒絕女性平權。但是上主一直親自介入人類歷史，透過勇敢犧牲的人們，顯明自己的心意，而那正是耶穌用生命示範的：一個人人平等的上帝國。

第36章
失樂園？

◎Jeremiah

接着，上帝說：「我們要照着自己的形像，自己的樣式造人，讓他們管理魚類、鳥類，和一切牲畜、野獸、爬蟲等各種動物。」於是上帝照自己的形像創造了人。他造了他們，有男，有女。上帝賜福給他們，說：「要生養眾多，使你們的後代遍滿世界，控制大地。」（創世記1:26-28a）

起初，上帝創造人類，有男，有女，但是她／他們並不知道自己是異性戀還是同性戀。因為「同性戀」（homosexualität，德文）一詞，是在1869年由奧地利記者柯特班尼（Karl-Maria Kertbeny, 1824-1882 CE）為了反對德國施行「反肛交法」（從事男同性性行為被定罪者須入監服刑）而在其發行的宣傳小冊上率先使用。此後，人類漸漸接受了「性傾向」（sexual orientation）的概念，現代人才有了「性身分」（sexual identity）。在聖經成書的年代（大約公元前800年至公元100年），沒有人是同性戀者，也沒有人是異性戀者；世界上只有男人跟女人，而女人由男人宰制（至今仍是）。

自十七世紀開始，西方帝國主義肆虐全球，掠奪非洲、亞洲、美洲的人民、土地與天然資源，《創世記》9:18-27被當成「白種優越主義」、「蓄奴」的「聖經根據」。[1] 1865年，美國內戰結束，林肯政府解放黑奴，但是種族歧視並沒有從此消失，美國仍陸續有三K黨、種族隔離法案、種族仇恨罪行。

紐西蘭是第一個給予女性投票權的國家，時為1893年；美國女性則要等到1920年，才擁有憲法保障的投票權。在基督教會裡，女性始終都是「第

1　在這段經文中，挪亞咒詛自己的兒子含說：含的後代將成為他兄弟閃和亞弗的後代的奴隸。因為閃的後代是以色列人，含的後代是迦南人，所以合理的解釋是：這段經文可能是以色列人拿來抹黑迦南人用的。白人教會主張，含的後代就是黑人，而亞弗的後代就是白人，所以聖經賦予白人奴役黑人的正當性——當然這是一廂情願的偏見。

二性」，許多宗派至今仍拒絕女性封牧，而允許女性封牧的宗派都發生分裂。初代教會的教父們不約而同引用《創世記》第3章來譴責女人引誘男人犯罪；歷代教會也屢屢引用某些保羅書信的文字要求女人順服男人。

第一世紀的猶太學者斐羅（Philo of Alexandria）與約瑟夫（Flavius Josephus）率先引用《創世記》第19章「所多瑪故事」來譴責「男同性性行為」，一些基督教初代教父也宣傳相同主張，從此「所多瑪故事」被解讀成「上帝厭惡男同性性行為」。十二世紀後，西方教會將所有「非生殖導向」的性行為均視為「罪」。現今多數基督教會將《創世記》第1章與第2章的創造故事視為上帝只喜歡異性戀的證據，但是起初世界上並沒有異性戀，也沒有同性戀。

「種族歧視」、「女性貶抑」與「同性戀仇視」都與《創世記》有關。隨著時代進步，多數基督徒不再同意「種族歧視」和「女性貶抑」，卻仍引用《創世記》來否定同性戀。基督徒強調他們心目中上帝的創造秩序——男尊女卑，生殖繁衍——是「自然律」。但，這真是《創世記》的意義與價值嗎？

一、《創世記》的形成

《創世記》是聖經的第一卷書，原本沒有書名，後來人們以該書第一個字為書名，這個希伯來字翻成希臘文「*genesis*」，就是「新生、形成」之意。

傳統上以為《創世記》、《出埃及記》、《利未記》、《民數記》和《申命記》都是摩西寫的，將之合稱為「摩西五經」（the Pentateuch）。但十六世紀時，霍布斯（Thomas Hobbes）與史賓諾沙（Baruch Spinoza）指出「摩西五經」某些部分以第三人稱指涉摩西，出現摩西生前不可能知曉的語彙、地名、人名，甚至還記載了摩西逝世，因此作者不可能是摩西。1753年，法國醫師亞實圖（Jean Astruc）發表匿名著作指出，摩西五經中不

同的段落以不同的方式稱呼上帝，有時用「*YHWH*」，有時用「*Elohim*」，創造故事與亞伯拉罕之妻莎拉被埃及王娶走都有兩個版本，因此主張摩西用其他來源的文件來「編寫」《創世記》。接續亞實圖的發現，十九世紀的德國聖經學者葛拉夫（Karl H. Graf）與威爾豪森（Julius Wellhausen）根據主題、文體、風格與用字對創世記進行文學分析，整理出幾個重點：

（一）格局相似的故事出現在兩處不同的經文：亞伯拉罕佯稱妻子是妹妹，以避殺身之禍（創12、20、26）；上帝呼召摩西（出3、6）；亞伯拉罕與亞比米勒立約之地命名為「別是巴」（創21、26）；夏甲逃走（創16、21）；《創世記》第19章的「所多瑪」與《士師記》第19章的「利未人與妾」敘事極為相似。

（二）同一主題出現內容不同的兩種論述：兩處經文記載上帝創造天地萬物，創造順序與細節卻不同（創1、2）；兩處經文記載上帝頒布法律的聖山，卻是不同的山（出19、申1）；在同一個洪水故事裡，一些數字記載（動物的數目、洪水氾濫的時間）卻有兩種不同版本（創6、7）；《出埃及記》6:3說，亞伯拉罕、以撒、雅各只知道上帝是「*El Shaddai*」（全能的上帝），從不知道上帝的名字是「*YHWH*」，但《創世記》4:22卻說亞當夏娃的孫代已經開始求告「*YHWH*」。

（三）對於上帝的稱呼不同。在《創世記》第1章上帝是「*Elohim*」。在《創世記》第2章上帝是「*YHWH-Elohim*」。

從以上幾點，他們區分出幾種「底本」：「耶典」（Yahwist，J典）、「伊典」（Elohist，E典）、「申典」（Deuteronomist，D典）、「祭司典」（Priestly，P典），並推測其寫作時間順序，此即「底本假說」（Documentary Hypothesis）。[2] 四種底本可能經過好幾階段「編輯」

2　除了上述四種「底本」外，另有學者認為，部分經文表現出反對農業的態度（如創世記4:1-16），稱之為「游典」（Nomadic，N典），推測約為公元前800年的資料。

（redaction），猶太人從巴比倫回歸猶大（公元前539年）之後，最後的「編者」（Redactor）將「摩西五經」整理成今日的樣貌。（表1與圖1）

底本假說當然不是完美的理論。有學者批評，沒有理由一個作者只能用一種方式稱呼上帝，也沒有理由編者可以接受兩種故事版本而原作者卻不行。關於摩西五經的形成，聖經學者總共提出三種理論：（一）底本假說（從其他文本擷取編輯而成）；（二）補充假說（Supplementary Hypothesis，原本是一獨立書卷，後來經過編輯）；（三）短篇假說（Fragmentary Hypothesis，由許多零星的短篇文本合輯而成）。不同的假說也有各自認定的成書年代；不過，在考古學證據陸續出土之後，尤其是寫於公元前2000年前後的《吉爾加美什史詩》裡面也有大洪水的故事，遠早於摩西五經可能的創作時間，所以，摩西五經參考其他更古老文件寫成的說法現在已被多數聖經學者接受。

表 1：四種底本的概述

J (Yahwist)	E (Elohist)	D (Deuteronomist)	P (Priestly)
成於公元前九世紀，在北國以色列滅亡之前	與J典同時或稍晚，在北國以色列滅亡之前	成於南國猶大約西王時期（621 BCE）或更早	成於南國猶大晚期，放逐巴比倫時期之前
以南國猶大為中心	以北國以色列為中心	以聖殿為中心	以南國猶大為中心
強調族長歷史	強調先知角色	強調對耶路撒冷的效忠	強調「分別為聖」
「擬人化」的上帝	上帝不直接與人接觸	上帝對以色列人的拯救	上帝是君王
上帝與人類同行、談話	上帝在夢中對人說話	強調宗教道德	以宗教禮儀來接觸上帝

J (Yahwist)	E (Elohist)	D (Deuteronomist)	P (Priestly)
上帝是「*YHWH*」	上帝是「*Elohim*」	上帝是「*YHWH*」	上帝是「*Elohim*」、「*El Shaddai*」，出埃及記3：14以後為「*YHWH*」
頒布法律的聖山是「西奈山」	頒布法律的聖山是「何烈山」	包含長篇講道	記錄大量族譜、人名與數字
創世記（2：4b以後）、出埃及記、民數記、申命記（一些段落）	創世記（15章以後）、其他內容與J典重疊	主要是申命記	創世記（1：1至2：4a）、出埃及記（25至31章，35至40章）、利未記

二、猶太教與基督教的「女性貶抑」傳統

在耶典創造敘事中，人類原不知自己赤身露體，當女人聽信蛇的讒言，摘下禁果自己吃了，又拿給男人吃之後，兩人才發現這個事實。上帝發現人類偷吃禁果之後，就咒詛女人、蛇、男人、土地。女人與男人被趕出伊甸園，後來她／他們開始性交、懷孕、生子。作者暗示：女人比男人先有「性覺醒」，又慫恿男人加入她「罪惡的性歡愉」，「性欲」是女人的錯誤導致的「墮落」。為了加強這個印象，耶典刻意使用兩個發音相似的字：2:25的「*'ā·rūm·mim*」（光著身體）與3:1的「*'ā·rūm*」（狡猾）。每念一次，讀者就再一次被提醒：性欲是邪惡的。傳統猶太教與早期基督教都用「性」與「罪」的視角閱讀《創世記》第3章；女人必須順服父／兄／夫，因為「男性至上」與「男性支配」在創造之初就由上主命定，神聖、自然、不可更改。祭司典充滿貶抑女性的論述，例如：經血被視為不潔淨、生女兒比生兒子更不潔淨、女性是可供交易的財產、無子的女性被視為受詛咒、女性必須蒙頭……等。猶太拉比甚至禱告說：「讚美上帝沒有

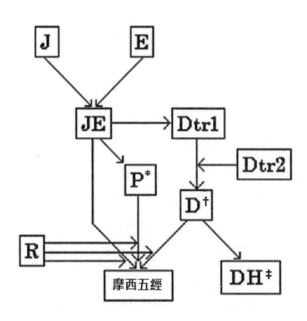

J: 耶典
E: 伊典
P: 祭司典
Dtr1: 第一申典
Dtr2: 第二申典
DH: 申典歷史書
R: 編輯者

*包括《利末記》的大部分
†包括《申命記》的大部分
‡《約書亞記》《士師記》
　《撒母耳記上下》
　《列王記上下》

圖1：摩西五經編寫過程

讓我生為外邦人，讚美上帝沒有讓我生為女人，讚美上帝沒有讓我生為無知的人。」

希臘哲學的「二元論」（Dualism）也對基督教會造成深遠的影響。最初，柏拉圖思想與斯多亞主義（Stoicism）的二元論關心的是「靈魂」與「肉體」的本質，認為靈肉互相對立。當二元論變成判斷價值的邏輯時，所有事物都被強迫指定兩種極端的、相反的、「非好即壞」的價值，例如：「靈魂＝高尚＝智慧」vs.「肉體＝墮落＝愚拙」。在父權社會中，靈肉二元論使人們將女性視同肉體，將男性視同靈魂，並且認定女性的價值不如男性。基督教會的初代教父們將「二元論」與耶典創造故事結合在一起，主張女人天性軟弱，易受引誘，還誤導男人犯罪（奧古斯丁據此提出「原罪」）；女人會挑起男人的性欲，因此女人的身體和心志都必須嚴加管制；女人必須以服從男人、侍候男人為天職；理想的女人若非「無瑕的處女」，就是「無私的母親」。基督教成為羅馬帝國國教之後，二元對立、男尊女卑的思想持續發酵。中世紀教會強迫所有人對號入座，接受被指定的性別位置，任何越界者都被嚴厲懲罰。十五世紀，聖女貞德帶領法軍對抗英軍，深受人民擁戴，但是當她危及法國國王的統治威望時，國王就慫恿教會以「著男裝」的罪名將她送上火刑架。

初代教會其實出現過許多傑出的女性領袖，[3]但是在教會發展過程中，女人逐漸被排除在決策與領導核心之外，甚至透過「老底嘉會議」（352 CE）、「迦太基會議」（398 CE）、「迦克墩會議」（451 CE）正式禁止女性擔任神職。直到今天，天主教和東正教仍不允許女性封牧。

3　例如：菲比、百基拉、馬利亞、猶尼亞、土非拿、土富撒、彼息（羅16）、友阿蝶、循都基（腓4）、寧法（西4）、大比大（或稱多加，徒9）、約翰馬可的母親馬利亞（徒12）、呂底亞（徒16）、腓利的四個女兒（徒21）……等，都是對教會有重要貢獻的女人。

三、基督教會的「同性戀仇視」

基督教會的「同性戀仇視」有兩個來源：一是「女性貶抑」，二是「生殖本位」。這兩者都是父權運作的產物，而且都與教會對《創世記》的詮釋有關。

在男尊女卑的父權社會裡，男人表現得像女人是一種恥辱。反過來說，要羞辱一個男人，最徹底的方法就是把他當成女人對待，所以古代近東常有「雞姦戰俘」之事。在美索不達米亞的早期神廟中，性交儀式相當普遍，男性信徒與女性廟妓或男性廟妓交合，用射精來象徵為土地（女性）注入生命力。耶和華宗教禁絕這類性交儀式，一方面因為這是偶像崇拜，也被視為淫亂（賽57:3-10）；另一方面則因為與男性廟妓交合會破壞「男（插入）vs.女（被插入）」的性別規範。保羅書信提到的「*arsenokoitēs*」與「*malakos*」也是相同脈絡。基督教會的「同性戀仇視」，著眼點是肛交，並非愛情，而這其實源自「女性貶抑」。

「同性戀仇視」也跟「生殖本位」有關。在父權社會裡，財產與權力都透過長子傳遞，多子多孫就是上天祝福，生不出兒子是聖經中許多女性人物最大的焦慮。不能帶來子嗣的同性性行為，絕不能得到父權社會的認可。初代教父由二元對立思想形成敵視女性與身體的禁欲神學；但人類不可能放棄性欲，故退而求其次，主張只有能產生後代的男女交合才是正當的性交（男女交合若非為了生殖也被視為不正當）。十二世紀之後，「生殖至上」成為整個西方教會的主流性論述。

四、母神與父神的戰爭：「失樂園」神話的考古翻案

十八世紀進入兩河流域探勘的西方考古學家們，挖掘出大量泥版文獻，發現《創世記》的「創造」、「大洪水」等故事，其實在更古老的蘇美、

巴比倫泥板中早已出現過。希伯來民族的生活圈迦南與美索不達米亞在地理位置上相鄰，有沒有可能是《創世記》作者參考了其他民族的神話傳說，選擇其中某些故事當腳本，將之改編成希伯來版本？果真如此，這麼做的用意何在呢？

提到「統治者」、「祭司」或「神」，現代人腦海中浮現的圖像通常是男性而非女性。但根據已出土的神殿、祭壇、神像與祭器，在公元前2000年以前，在兩河流域的蘇美（Sumer）、伊蘭（Elam）、巴比倫（Babylon）與亞述（Assyria），地中海沿岸的迦南（Canaan）、安那托利亞（Anatolia）、希臘（Greece）和克里特島（Crete），以及北非的埃及（Egypt）、依索比亞（Ethiopia）與利比亞（Libya），王室的統治者與神殿的祭司通常都是女性，而主神形像常常是哺乳或懷孕的母親。母神（Mother Goddess）們創造並管理天地萬物：蘇美人的納姆（Nammu）、寧瑪（Ninmah）、妮娜（Nina）或伊娜娜（Inanna），巴比倫人的以實塔（Ishtar）、瑪莎特（Masat）或查瑪特（Tiamat），埃及人的娃齊（Ua Zit）、愛西絲（Isis）或哈娑（Hathor），迦南人的亞斯她錄（Ashtoreth）、亞斯塔（Astarte）或亞舍拉（Asherah），都是本質相同（似）的神祇。

母神宗教是在從事農耕、採集為主「母系社會」（matrilineal society）中發展出來的信仰，[4] 以農耕為主要生產方式的母系社會相信，母神能祝福他們豐收，於是在祭典中以性交儀式來取悅（誘惑）母神，讓母神（以廟妓

---

4 古代人類都經歷母系社會階段，中國古籍：《莊子·盜跖》「知其母，不知其父」，《說文解字》「姓，人所生也。古之神聖母感天而生子，故稱天子。從女從生，生亦聲」，《管子·君臣》「古者未有夫婦匹配之合，野外群居」，《呂氏春秋·恃君覽》「昔太古嘗無君矣，其民聚生群處。知母而不知父，無親屬兄弟夫妻男女之別，無上下長幼之道」。西周銘文所記約20個姓，大多數從女旁，如：姜、姚、姬、妊、妃等。可見在母系社會裡已有姓氏，標示血緣關係，決定繼承權利。

為代理人）受孕，就等於是土地產出農作物。根據蘇美泥板文獻，女性是家長、財產的擁有者、姓氏與權力的給予者與繼承者。在母系社會裡，女男兩性是平等的，雖然埃及母神宗教有獻年輕男性為祭的儀式，但男性並未被視為次等性別。

公元前3000年至1000年之間，來自黑海與高加索山區、擅長馬車戰爭、使用鐵製武器的印歐民族，南下入侵兩河流域，改變近東文明的走向。公元前1500年左右，烏拜德人（Ubaid people）、赫人（Hurrians）、卡塞人（Kassites）、希代人（Hittites）、路維人（Luvians）等印歐民族已完全控制近東地區。印歐民族不像兩河流域民族有精緻文化與穩定農產，而是過狩獵、游牧、漁撈生活。但最大的不同是印歐民族實行「父權體制」（patriarchal system），信奉掌管雷電、火山、地震、戰爭的父神，最有名者為「馬杜克」（Marduk）。[5] 從《漢摩拉比法典》可以看出，在印歐民族統治下，政治權力變成由男性掌握，財產繼承變成男性專屬特權，認祖歸宗、傳宗接代、重男輕女等父權機制全面控制社會；女性喪失社會地位與自主權，只能依附於父親、兄弟、丈夫或兒子之下，淪落到「非人」地位；女人唯一的價值是生育能力。摩西五經的敘事，正好與近東地區從母系社會過渡到父權社會、從母神信仰轉變為父神崇拜的時空重疊。從亞伯拉罕開始，希伯來人一直都是父權體制。希伯來聖經有四個飽受父權摧殘的女性典型：「夏甲——被利用、虐待、排擠的女奴；塔瑪——被強姦且拋棄的公主；不知名的女人——被強姦、謀殺、分屍的利未人的妾；耶弗他的女兒——被殺來獻祭的處女。」[6]

5　在古巴比倫城市中，最雄偉壯觀的建築都是馬杜克神廟。人類學者們認為，從古到今，各種圖騰、石柱、尖碑、高樓、通天塔，都有父神宗教裡象徵男性權力至上的「陽具崇拜」（phallus worship）痕跡。《撒母耳記上》第5章提到的非利士神「大袞」就是陽具形狀的偶像。

6　Phyllis Trible, *Texts of Terror* (Philadelphia, PA: Fortress Press, 1984), 1.

印歐民族為了壓制南方文化、貶低女性地位，採取的手段包含各種層面，除了法律的改變，也包括宗教信仰的變動。在母神宗教中存在的性交儀式，雖然一直流傳到羅馬帝國時代都還可見，但是母神宗教神話都被改寫成對父神宗教與父權社會有利的版本。[7] 在摩西時代成為祭司階級的「利未人」（Levites）極可能是印歐民族「路維人」（Luvians）的支流或後裔，[8] 因此在以色列王國時期，耶和華宗教與迦南宗教常發生激烈衝突。[9] 耶和華祭司想方設法對付迦南宗教，《創世記》第3章的「失樂園神話」就是針對母神信仰而量身打造。「狡猾的蛇」、「禁果的樹」和「誘惑男人的女人」，對今日讀者不具特殊語境，卻能讓古代近東人民聯想到母神宗教。

「蛇」在母神宗教中非常重要。除了孕婦／母親模樣的神像，就屬以蛇為造型或裝飾的女神像最多。在神權時代，人們從婚喪喜慶到政治軍事都會透過祭司請示神諭。母神宗教的女祭司們可能利用「蛇」來取得神諭。根據希臘傳說，特洛伊公主卡珊卓（Cassandra）曾被神殿蛇群舔舐耳朵，

7　在蘇美神話中，女神娜姆創造天地，幫助女神寧瑪用泥土造出人類。在卡塞人神話中，最崇高女神查瑪特（Tiamat）卻被男神馬杜克殺死，人類是馬杜克造的。克里特島的蛇女神傳入希臘時，女神崇拜成為當地主要信仰。後來，阿奇安（Achaeans）及多利安（Dorians）兩支印歐民族入侵，父神宙斯（Zeus）崇拜開始蔓延，連驍勇善戰的女神雅典娜也必須從她「父親」宙斯的頭誕生。不過人民對女神念念不忘，在許多繪畫及雕刻中，雅典娜以蛇的形象出現，在她的青銅盾下或身旁，都可見蛇的蹤跡。在雅典娜的帕特農（Parthenon）神殿附近的衛城（Acropolis），有一棟建築物稱為「伊瑞克休姆」（Erechtheum），原是用來祭祀蛇女神。在德爾菲（Delphi）的神殿中，在蛇女神蓋婭（Gaia）座椅旁的蟒蛇叫「派森」（Python），蓋婭的女祭司稱為「派提亞」（Pythia），德爾菲此地也一度被稱為「派索」（Pytho）。後來男神阿波羅（Apollo）的祭司接收這座神殿，新版神話添加阿波羅屠殺蟒蛇派森的情節，神殿中的女性雕像及浮雕被改稱「亞馬遜蠻族」。

8　Merlin Stone, *When God was a Woman* (San Diego, CA: Harcourt Brace & Company, 1976), 103-128.

9　北國以色列在耶洗碧王后當政時，母神宗教成為王室信仰。耶和華的先知以利亞在鬥法獲勝後，號召人民殺死400名「亞舍拉」的先知與450名「巴力」的先知。（列上18:1-40）

從此擁有預言能力。希臘先知米蘭波設（Melampus）據說也曾被蛇舐耳，因此通曉鳥語。科學上可能的解釋是：某些蛇毒具有迷幻作用，女祭司們被蛇咬後會進入迷離恍惚的「天啟境界」。[10] 在母神宗教的符號系統中，蛇具有神聖、智慧、指引、預言等重要意義。以色列人對蛇的意涵並不陌生，甚至在聖殿牆上畫蛇（結8:10）。西奈半島有一座神殿稱為「Serabit el-Khadim」，專門祭祀埃及蛇女神哈婆。西奈半島是由埃及往迦南的必經之道，摩西曾鑄造「銅蛇」安撫以色列人（民21:8-9），或許這銅蛇正是取自「Serabit el-Khadim」。七百年後，此銅蛇仍在耶路撒冷的聖殿中接受膜拜，直到希西家王即位才將銅蛇與亞舍拉女神的祭器一起滅除（王下18:4）。

「樹」是母神宗教裡另一個重要符號。希伯來聖經常提到亞舍拉的「柱子」（asherah），也常記載以色列人隨從迦南人在樹下向女神獻祭。在一些神殿壁畫中，亞舍拉的「柱子」看起來就像「樹」一樣。《以賽亞書》1:29也說：「你們這些開闢所謂神聖花園，又把樹木當神明膜拜的人一定要蒙羞受辱。」可見樹就是亞舍拉女神的象徵。但那是什麼樣的樹呢？

「西克莫無花果」（*ficus sicomorus*）這種樹經常出現在兩河流域出土的泥版與戒指裡。古埃及人認為西克莫無花果樹是女神哈婆的化身，吃了它的果實，就好像吃了哈婆的血肉一樣，和她產生某種「契合」（communion，此字在基督教是「聖餐」之意），可以永生不朽。在另一個埃及神話中，女神愛西絲的兄弟兼愛人歐賽利斯（Osiris）死後被埋葬在黑桑製成的棺木中。後來，人們把歐賽利斯的棺木放在「哈婆的樹」（西克莫無花果樹）中，歐賽利斯因而得到永生。[11] 合理推測，伊甸園的「生命樹」跟母神宗教的西克莫無花果樹有關。

---

10 Merlin Stone, *When God was a Woman* (San Diego, CA: Harcourt Brace & Company, 1976), 199-214.

那能使人「辨別善惡」、「明白一切」的果樹是什麼樹呢？《箴言》
11:30、13:12、15:4都提到「生命樹」，3:18又說「她〔智慧〕與持守
她〔智慧〕的作生命樹，持定她〔智慧〕的，俱各有福」（新標點和合
本）。在《箴言》裡，「智慧」跟「生命樹」關係密切。「智慧」在希伯
來文（chokmah）或希臘文（sophia）裡都是陰性名詞。在母神宗教裡，智
慧、知識都是屬於女性的能力。回頭看《創世記》第3章，先追求「智慧」
的其實也是女人。凡此種種都指向同一個可能性：「失樂園神話」中的
「生命樹」或「智慧樹」，都是用來暗示與母神信仰的關聯。

綜上所述，「母神創造神話」與「耶典創造神話」可以對照如下：（表
2）

表 2：母神創造神話語耶典創造神話之比較

母神創造神話	耶典創造神話
負責創造天地萬物與人類的是母神。	母神被迫退出權力位置，由父神取而代之。
女人和男人是同時被母神創造出來的，彼此之間並沒有任何從屬關係。	女人變成上帝賜給男人的禮物，女人存在的唯一目的，就是陪伴、幫助或服事男人。
蛇象徵母神的能力並與女祭司合作傳遞神諭。	蛇被描寫成最狡猾的動物、誘惑女人違抗上帝的禍首，世世代代與女人為敵；蛇四肢退化的自然現象被解釋成因為迷惑眾生而遭到上帝咒詛。

11　此神話後來變成宗教儀式：埃及人配合尼羅河的氾濫與消退，每年選出一名年輕男性
　　當國王，在他任期屆滿時將他殺死，然後再挑選另一名男子接任，透過這個儀式紀
　　念愛西絲使歐賽利斯復活，同時慶祝尼羅河周而復始地帶來沃土。《以西結書》8:14
　　提到以色列婦女為「搭模斯神」（Tammuz，腓尼基版本的歐賽利斯）哭泣，可見以
　　色列人深受母神宗教影響。見 Merlin Stone, *When God was a Woman* (San Diego, CA:
　　Harcourt Brace & Company, 1976), 143-144, 147-148, 214-216.

母神創造神話	耶典創造神話
女神的樹可以賜予生命與智慧。	上帝禁止人們碰觸或食用這些樹，抗命者必須接受懲罰，不但失去永生，更要墮入痛苦的深淵。
性交儀式（同性與異性）在母神宗教中象徵神明祝福農作豐收。	人的身體被視為羞恥的，性愛也蒙上一層罪惡感的陰影。
女性孕育生命的能力在母神宗教中被視為神聖的祝福。	分娩過程的自然陣痛被解釋成女人違抗上帝旨意所受的懲罰；所有的女人都在心理上被迫認同夏娃的罪。
女男之間相互吸引，對等愛戀。	藉由神諭指示，男人有權管轄女人。

耶典如此用心對付母神信仰，想必是因為母神信仰對人民具有極大的吸引力，威脅到父神信仰的地位。那究竟是什麼樣的誘惑？

希伯來人原本過著游牧生活，逐水草而居，所以將上帝想像為牧羊人。進入迦南後，希伯來人看見完全不同的生產方式與生活型態。迦南人過著富庶的農耕生活，當地的「一大串葡萄，要兩個人用槓子才扛得動」（民13:23），「那是流奶與蜜的肥沃土地」（民13:27）。希伯來人在羨慕迦南人的富裕時，當然會注意到迦南人的母神宗教。耶和華可以幫希伯來人看羊、帶領希伯來人打仗（雖然常常打輸），但他能不能保佑希伯來人也五穀豐登？希伯來女人看到迦南女人的社會地位，難道不會懷疑，耶和華宗教編派給女性的次等地位也許不是天經地義？

民怨固然是隱憂，但王室的動向對祭司集團的影響更直接。王國分裂之後，無論南國猶大或北國以色列，許多國王都熱衷娶迦南女子為妻，與她們一起敬拜亞舍拉與巴力。如果這種情形繼續下去，過不多久，耶和華的祭司都要失業、失勢；事實上許多祭司已見風轉舵，投向母神懷抱。於是，利未人祭司集團一方面有計畫地摧毀母神神殿、屠殺母神祭司、禁止人民在樹下向母神獻祭或參與母神祭典的性交儀式，並宣告這些都是骯

髒、危險、淫亂的異教行為；另一方面，他們編寫父神版本神話，篡改母神信仰，警告男人不得聽信女人，否則萬劫不復。

蘇美城邦、巴比倫帝國、以色列王國，早已湮沒在滾滾黃沙之下。然而古文明之間的戰爭，母神與父神的角力，仍然穿越時空的迴廊，在我們的意識、思想、文化的幽微角落，召喚著我們。

五、走出迷思：從「神的話」到「神話」

許多基督徒把《創世記》當成「舊報紙」、「歷史課本」、「物理課本」甚至「生物課本」在讀，從哥白尼、布魯諾、伽利略到達爾文，許多科學家被定罪，只因看法與教會不同。基督教會兩千年來壓制女性，迫害同性情欲，都是因為把《創世記》當做「神諭」。反同基督徒常說：「In the beginning, God created Adam and Eve, not Adam and Steve.」不論是《創世記》有意灌輸父權思想，或是後人把父權思想讀入《創世記》，傳統教會對《創世記》的詮釋已嚴重危害無數女女男男。

《創世記》第1章屬於祭司典，主旨是表明上帝的創造井然有序，讓萬物「各從其類」。「各從其類」不是把萬物造得相同，而是各自不同；上帝對每種受造物有不同安排，希望牠／她／他們「做自己」，不要「像別人」，更不能強迫別人「像自己」。祭司典說上帝創造「萬物」，但沒有把「所有受造物」都寫下來。《創世記》1:27說上帝造人有男有女，但許多人天生就非男非女、既男且女，難道她／他們不是上帝創造、祝福並深愛的人嗎？同樣地，祭司典沒有提及同性結合，不表示同性結合就不合乎上帝心意。祭司典敘事的男女結合，是「例舉」而非「列舉」。[12] 如果只有聖

---

12 「列舉」是限定在被舉出之項目，「例舉」則是挑出幾個常見項目作代表。

經上提到的才合乎上帝心意，今天許多事情我們都不能做了，例如：保羅書信要求信徒順服政府，但當執政者草菅人命時，基督徒坐視不管符合上帝的公義嗎？（其實不少福音派基督徒真的都會坐視不管。）相反地，有些聖經上的記載，我們不見得可以做，而且根本不能做，例如：摩西五經記載上帝命令以色列人屠殺外族、蓄奴、強擄民女等。在聖經的時空裡，人們對「性」的關切集中在「生殖」，兩性結合的邏輯是「生殖導向」，而非「情感導向」。如果今天基督徒要高舉兩性結合的絕對性，就必須同時遵守「生養眾多、遍滿全地」的命令，任何節育手段都「違背聖經」（天主教會確實如此主張）。可是今天地球最大的問題就是人口過剩，人類拼命繁殖只會毀滅地球，這會是上帝的心意嗎？相反地，在《以賽亞書》56:3-5與《馬太福音》19:11-12對不生殖／不結婚的人都給予肯定。因此，以「無法生殖」為由來譴責同性戀，完全站不住腳。

經常描述「上帝與人類同行」的耶典在《創世記》第2章提到，上帝用「塵土」（'ǎ·ḏā·māh）造了一個「人」（'ā·ḏām），但看那「人」孤單，決定給其一個「助手」（'ê·zer），所以又造了許多不同動物，但「人」都覺得不適合；最後趁「人」睡覺時，上帝取其一根肋骨，造成一個「女人」（'iš·šāh），因為她是從「男人」（'îš）身上取出來的。猶太教及基督教傳統主張「男人」先於「女人」受造，所以男人可以管轄女人，女人為服務男人而生。但我們也可解讀為，動物無法陪伴「人」，所以上帝才為「人」預備相似的幫手——另一個「人」。因此，人與人的關係，「性別」不是重點，「互助」才是上帝的美意。

在《創世記》第3章，女人被說成「禍水」，但其實女人是「慧眼獨具」，看得出什麼才是好東西（知識與智慧）。傳統上把女人摘食禁果視為「驕傲」、「藐視上帝」、「妄想與上帝一樣」，但《箴言》說要愛慕、渴求智慧，讓智慧進入生命。《創世記》與《箴言》要一起讀，對上帝心意的認識才完整。

考古學為我們揭露了古文明的軌跡，我們必須承認聖經中包含「神話」。然而，「神話」也是古人的見證，上帝當然可以透過這些「神話」，向我們啟示「神的話」。我們接受聖經是「上帝的話語」，但承認這「話語」是人手所寫。我們相信聖經能見證上帝，但聖經並非上帝本身。上帝啟示人類的方式，除了透過聖經之外，還有許多其他管道。

　　貫穿「摩西五經」的主題是「上帝與以色列人立約」。雖然現代讀者的思維與經驗不同於古希伯來人，但是當我們讀《創世記》時，重點應放在「上帝如何帶領人類」以及「人類如何回應上帝」。我們接受《創世記》在歷史上流傳下來的面貌，也看出《創世記》的父權問題，但不須因此否定《創世記》的價值，對於《創世記》的詮釋，最終還是要回到基督教信仰的核心信息：不論何種性傾向，面對情欲與伴侶關係時，互愛、互信、互諒才是合宜的態度。不要忘記，上帝創造人類，是要人們彼此作伴、彼此幫助。

第37章
雙城記

◎Jeremiah

上主在幔利的聖樹那裏向亞伯拉罕顯現。那時正是白天最熱的時候，亞伯拉罕坐在帳棚門口。他抬頭一看，看見三個人站在那裏，就上前迎接他們，俯伏在地，對他們說：「我主，請在這裏休息一會兒，讓我招待後再走。我去拿水給你們洗腳，請在樹下休息。我去準備一點食物給你們吃，吃了才有力氣繼續趕路。你們到我家來，請接受我的招待。」他們回答：「謝謝！」亞伯拉罕急忙跑進帳棚，對莎拉說：「趕快拿最好的麵粉出來，烤些麵包。」接着，他跑到牛群中，選了一頭又嫩又肥的小牛交給僕人，吩咐趕快準備。他拿來乳酪、牛奶，和牛肉，把食物擺在他們面前，親自在樹下招待他們；他們就吃了。他們問亞伯拉罕：「你的妻子莎拉在哪裏？」他回答：「在帳棚裏。」其中一位說：「明年這時候我要回來；你的妻子莎拉要生一個兒子。」莎拉在帳棚門口，在那人的後面聽着。當時亞伯拉罕和莎拉年紀都很大，莎拉的月經也早已停了。因此莎拉偷偷地笑，自言自語：「我老了，我的丈夫也老了；我還會有喜嗎？」於是，上主責問亞伯拉罕：「莎拉為什麼偷偷地笑，自言自語：『我這麼老了，還能生孩子嗎？』難道上主有做不成的事嗎？明年這時候我要回來；莎拉要生一個兒子。」莎拉害怕，否認說：「我沒有笑！」他說：「有，你的確笑了。」

後來，這些人離開那裏，到了一個可以俯視所多瑪的地方。亞伯拉罕也跟他們走，送他們一段路。上主心裏想：「我不要向亞伯拉罕隱瞞我要做的事。他的後代將成為強大的國家；我要藉着他賜福給萬國。我揀選他，是要他指示他的兒子和後代服從我，主持公道，伸張正義。這樣，我就實現對亞伯拉罕許下的諾言。」於是，上主對亞伯拉罕說：「我聽到許多指控所多瑪、蛾摩拉的話；他們惡貫滿盈。我一定要下去看看所聽到的控訴是不是確實。」那兩個人離開那裏，往所多瑪去；但亞伯拉罕仍然留在上主面前。亞伯拉罕上前，對上主說：

「你真的要把無辜者跟有罪的人一起消滅嗎？如果城裏有五十個無辜的人，你還要消滅全城嗎？不會為了救這五十個人而饒恕這城嗎？你一定不會把無辜者跟有罪的人一起殺掉！一定不會！你那樣做，無辜者就跟有罪的一起受罰了。一定不會！世界的審判者一定是公正的。」上主回答：「如果我在所多瑪找到五十個無辜的人，我就為了他們饒恕整個城。」亞伯拉罕又說：「我主啊！我只是一個微不足道的凡人，求你容我大膽向你請求。也許城裏只有四十五個無辜的人，你會因為少了五個而毀滅全城嗎？」上主回答：「如果能找到四十五個無辜的人，我也不毀滅這城。」亞伯拉罕又說：「假使只有四十個人呢？」他回答：「要是能找到四十個，我也不毀滅這城。」亞伯拉罕說：「我主啊！請不要生氣，我要繼續求你。假使只有三十個呢？」他回答：「要是能找到三十個，我也不毀滅這城。」亞伯拉罕說：「我主啊！請你容我大膽地繼續求你。假使只找到二十個呢？」他回答：「要是能找到二十個，我也不毀滅這城。」最後，亞伯拉罕說：「我的主啊！請你不要生氣，容我再求一次！如果只找到十個呢？」他回答：「即使只有十個，我也不毀滅這城。」上主與亞伯拉罕說完話就走了；亞伯拉罕也回家去了。

那天晚上，兩位天使來到所多瑪；羅得坐在城門口。他一看見他們就站起來迎接，俯伏在他們面前，說：「我主，請到我家來，讓我招待。你們洗洗腳，歇一夜，明天早一點起來，繼續趕路。」但是他們回答：「不！我們要在街上過夜。」羅得堅決邀請，他們終於跟他到家裏去。羅得吩咐僕人為他們準備筵席，烤了無酵餅，他們就吃了。客人還沒有上床，所多瑪的男子，不分老少，都來包圍羅得的房子。他們喊叫羅得，問他：「今晚住在你家裏的那些人在哪裏？把他們帶出來！我們好跟他們睡覺（wə·nê·də·ʻāh）。」羅得出去，把門關起來，對他們說：「朋友們，你們不可做這種邪惡的事（tā·rê·ʻū）！瞧，我有兩個女兒，

還是處女；我把她們交給你們，任憑你們對待她們。但是你們不可為難這兩個人；他們是我的客人，我得保護他們。」但是他們回答：「滾！你這個外國人竟想指揮我們！滾開！不然，我們要對付你，比對付他們還凶（nā·ra‘）。」他們推開羅得，往前衝，要破門進去。但是那兩個人伸出手來，把羅得拉進房子裏，把門關起來。他們又使外面的男人，不分老少，都瞎了眼，找不到門。

那兩個人對羅得說：「你在城裏還有什麼人嗎？有兒女、女婿，或其他親人在這兒嗎？叫他們都離開，因為我們要毀滅這城。對此地居民的控訴，上主已經聽到了，因此他派我們來毀滅這城。」於是，羅得去找他女兒的未婚夫，告訴他們：「趕快離開，上主要毀滅這城。」但是他們都以為他在開玩笑。天亮的時候，天使催促羅得說：「趕快帶你的妻子和兩個女兒離開這裏！免得你們跟這城同歸於盡。」羅得猶豫不決，但是上主憐憫他，那兩人就拉着他、他妻子，以及兩個女兒的手，帶他們離開那城。到了城外，其中一個天使說：「你們逃命吧！不要回頭看，也不可停留在山谷。要跑到山上才不至於死。」但是羅得說：「我主，請別這樣！你既然幫助我，救了我的生命，別叫我們跑那麼遠。那山太遠了，恐怕還沒跑到那裏災難就到，我就活不成了。你看見那個小鎮嗎？離這裏不遠，我可以上那裏去。讓我逃到那小地方就有命了。」他回答：「好吧，我答應你。我不毀滅那小鎮。快點跑！你還沒有到那裏，我不能下手。」因此，羅得稱那小鎮為瑣珥。

太陽出來的時候，羅得到了瑣珥。突然，上主使燃燒着的硫磺從天上降落在所多瑪和蛾摩拉城。他毀滅了這兩個城、整個平原、所有人口，以及長在地上的一切植物。羅得的妻子回頭觀看，就變成一根鹽柱。第二天一早，亞伯拉罕到了他在上主面前站立過的那地方。他俯視所多瑪、蛾摩拉，和整個平原，看見地面上冒着煙，像大火爐冒出來的煙。但

是，當上帝毀滅平原二城時，他記念亞伯拉罕，所以准許羅得逃命。

——《創世記》18:1-19:29

一、雙城記的冤案

在聖經中，堪與耶路撒冷、巴比倫、羅馬相提並論、為人熟知的古城並不多，但是所多瑪、蛾摩拉肯定榜上有名。千百年來，「所多瑪」一直是「罪惡」的同義詞。但是，在所多瑪人到底壞在哪裡？多數現代人可能會說，《創世記》中記載的所多瑪、蛾摩拉這兩座城市被上帝毀滅是因為「同性戀」。但是這種解讀，並不是事實的全貌，大多數人也沒有仔細、完整地讀過本文開頭所引述的《創世記》中這整段敘事。

古代近東文化對「同性性行為」的態度歧異頗大，實際上存在的形式也各有不同。美索不達米亞並不關心同性性行為，在舉世聞名的《漢摩拉比法典》（*The Code of Hammurabi*，約1780 BCE）中，完全沒有相關條文。亞述帝國（Assyria, 1450-1250 BCE）則有禁止肛交的法條：「如果一個男人被指控並證實了雞姦他的男性朋友，他也得被雞姦，並且要被閹割。」波斯帝國的瑣羅亞斯德教（祆教）經典《凡帝達》（*Vendidad*，約250-650 CE，紀錄各種惡魔）中提到：「男人若與男性性交，如同男性與女性性交一般（即擔任插入者），或如同女性與男性性交一般（即擔任被插入者），他就是惡魔，是惡魔的崇拜者，是惡魔的愛人。」古希臘文化鼓勵年長男性與年輕男性之間發展「少男戀」（pederasty，是一種你情我願的關係；與被視為性偏差之戀童〔pedophilia〕並不同），將之視為穩定社會的重要連結力量。羅馬帝國接受基督教以前，法律允許男人找男妓，也允許男主人將男奴隸當成性對象使用，許多皇帝都有眾所皆知男性情人，例如：尼祿（Nero, 12-41 CE）、哈德良（Hadrian, 76-138 CE），耶穌基督也曾經讚許為了心愛男奴向他求助的羅馬軍官。

公元第一世紀之前的文本提及所多瑪的罪惡時，其實與「同性戀」毫不相干，光是聖經裡面其他提及所多瑪的經文，就不做如此解讀。希伯來先知們認為：

耶路撒冷啊！你們的領袖和人民跟當年所多瑪、蛾摩拉的首領和人民一樣。你們要聽上主對你們說的話，要留心上帝給你們的教訓。（以賽亞書1:10）

你們舉手禱告，我不聽；不管你們有多少禱告，我都不聽；因為你們的雙手沾滿了血漬。你們要把自己洗乾淨，不要讓我再看見你們犯罪，要立刻停止一切罪行！你們要學習公道，伸張正義，幫助受壓迫的，保護孤兒，為寡婦辯護。（以賽亞書1:15-17）

不錯，耶路撒冷要垮了！他們所說的話，所做的事沒有一樣不違背上主；他們公然侮辱上帝。從他們臉上的表情可以看出他們的壞念頭。他們與所多瑪人一樣，公然犯罪。他們要遭殃了；他們將自食其果。（以賽亞書3:8-9）

我看見耶路撒冷先知們更可惡；他們姦淫，撒謊，慫恿人做壞事；因此沒有人棄邪歸正。在我眼中他們都跟所多瑪人一樣邪惡，跟蛾摩拉人一樣腐敗。（耶利米書23:14）

我─至高的上主指着我永恆的生命發誓：你的妹妹所多瑪和她周圍的村鎮沒有犯過你和你周圍的村鎮所犯的罪惡。她跟她的女兒吃得飽，過着安逸的日子，就驕傲起來，不照顧那些困苦貧窮的人。她們驕傲，做了我所恨惡的事，所以我消滅了她們。這是你所知道的。（以

西結書16:48-50）

而福音書中記載耶穌的看法是：

你們到一個市鎮或鄉村時，先打聽那裡有誰願意接待你們，就住在他家裡，直到你們離開那地方。你們進了一家，就說：「願你們平安。」如果這家的人歡迎你們，你們為他們求的平安就會臨到這家。如果他們不歡迎你們，就收回你們的祝福。那不歡迎你們、不聽你們話的家或城，你們就離開那裡，把腳上的塵土踩掉。我實在告訴你們，在審判的日子，所多瑪和蛾摩拉所遭受的懲罰比那地方所受的要輕呢！（馬太福音10:11-15）

你們無論到哪一個城市，如果有人歡迎你們，給你們預備什麼吃的，你們就吃什麼，並且醫治那地方的病人，告訴他們：「上帝的主權快要在你們當中實現了。」但是，如果你們到了一個城市，那裡的人不歡迎你們，你們就到大街上宣佈說：「連你們這城裡那黏在我們腳上的塵土，我們也要踩掉，表示對你們的警告。但是你們要記住，上帝的主權快要實現了！」我告訴你們，在審判的日子，所多瑪人所遭受的懲罰比那城所受的要輕呢！（路加福音10:8-12）

很明顯地，聖經作者們認為所多瑪（及蛾摩拉）的罪惡是「不公義」、「沒有幫助孤兒寡婦」、「違背上主」、「教唆犯罪」、「安逸」、「驕傲」、「不接待行路人」。沒有任何一個聖經作者提到「同性性行為」，反而焦點都是在「自私」與「驕傲」。如果非要把所多瑪跟同性行為綁在一起，那麼難不成先知以賽亞、耶利米、以西結都認為耶路撒冷全城上下在從事「同性性行為」嗎？

既然如此，所多瑪的罪惡從何時才開始變成「同性戀」呢？第一世紀的猶太學者斐羅（Philo Judæus, 25 BCE-? CE）是目前已知最早將所多瑪的「罪惡」跟「同性性行為」牽扯在一起的作者。至於基督教會，第四世紀的教父金口約翰（John Chrysostom, 347-407 CE）是最早跟進此主張者，但西方文化至此也還沒有完全將所多瑪給「同性戀化」。

在早期英文中，「sodomy」是泛指邪惡的事，所有不見容於社會的人都稱為「sodomite」。到了十二世紀，法國學者坎特（Peter Cantor, ?-1197 CE）極力主張所多瑪是因為違反自然的「同性性行為」才遭上帝毀滅；同一時期，天主教會開始異端審判，許多被指控為「肛交者」遭迫害，神聖羅馬帝國率先用火刑伺候被定罪的「肛交者」。影響所及，英文的「sodomy」漸漸變成指涉「肛交」，「sodomite」也變成「肛交者」。1533年，亨利八世頒布「反肛交法」（the Buggery Act）；1611年出版的《英王雅各版聖經》（King James Version）也基於這種詮釋，把《申命記》23:17指涉男性廟妓的希伯來字「qadesh」和《哥林多前書》6:9的希臘字「arsenokoitai」都譯成「sodomite」。

受到英國影響的北美殖民地及日後美國，1636年至1647年的《新格蘭死刑法》（Capital Laws of New-England）、1665年紐約的《公爵法》（Duke's Laws）、1780年的麻塞諸塞共同體（Commonwealth of Massachusetts）、1800年代的麻塞諸塞州、紐澤西州、康乃狄克州，1837年的北卡羅萊納州，也都以死刑對付「肛交」（sodomy）。[1]

越晚近，「sodomite」的字義越窄化，變成專指「男同性戀者」；直到今天，基督教會仍以「肛交」來化約跟男同性戀者有關的一切。

---

1 Hugo Adam Bedau, *The Death Penalty in America* (New York, NY: Oxford University Press, 1982), 7; Phillip English Mackey, *Voices Against Death: American Opposition to Capital Punishment, 1787-1975* (New York, NY: Burt Franklin & Co., Inc., 1976), xi-xii, xvii-xvii.

二、「接待行路人」（hospitality）的慣例

在《創世記》第18章，上帝與另外兩個「人」向亞伯拉罕顯現，[2] 得到亞伯拉罕的熱情款待。上帝給亞伯拉罕兩個信息：（一）亞伯拉罕和妻子莎拉將會有一個兒子；（二）上帝將去察看祂所耳聞的所多瑪與蛾摩拉的罪惡是否屬實，好決定是否除滅他們。

第一個消息對亞伯拉罕極為重要，但也極為諷刺。在希伯來人的觀念中，沒有兒子繼承自己的財產是人生最可悲的事情。看來垂垂老矣的亞伯拉罕和妻子莎拉對於將會老來得子的消息半信半疑。而當亞伯拉罕得知第二個消息時，他隨即央求上帝，饒恕這兩座城市。為什麼？因為如果亞伯拉罕死前都沒有兒子，姪子羅得也可以擔任他的繼承人；但如果羅得也死了，亞伯拉罕就真的後繼無人了，也難怪他這麼緊張。

如同亞伯拉罕接待上帝與另外兩「人」，住在所多瑪的羅得也款待了陪同上帝的另外那兩「人」。在古代近東文明裡，「接待行路人」（hospitality）是一個非常重要的慣例與美德，因為地理環境惡劣，城市村鎮之間彼此距離遙遠，行路人若沒有得到補給，恐怕會客死途中。聖經中有許多這類「接待行路人」的敘事：（一）亞伯拉罕接待上帝（創18:1-5）；（二）上帝拒絕讓不接濟以色列人的亞捫人和摩押人敬拜祂（申23:3-4）；（三）喇合因為保護以色列人的探子而使其全家人得以保命（書2,6）；（四）利未人與妾的故事（士19-21）；（五）耶穌對七十二位門徒的教導（太10:11-15，路10:10-12）；（六）善待異鄉人者無意中接待了天使（來13:2）。除了聖經，因接待了神明而免於死禍的情節也出現在羅馬詩人

2　「天使」以「人」的模樣出現，這是《創世記》「耶典」的典型寫法，其他例子包括：創3:8、18:2、士13:15-16。在希伯來聖經裡，人形的天使都是「男性」（陽性）。

奧維德（Ovid, 43 BCE-17 CE）的作品《變形記》（*Metamorphosis*）。

三、錯置的罪名

當所多瑪城所有男人（不分老少）在深夜來到羅得屋外，要求羅得交出兩個陌生人時，基於「接待行路人」慣例，羅得決定保護客人，甚至願意犧牲女兒（女兒是他的財產）。在《創世記》19:5被《和合本聖經》翻成「任我們所為」、《現代中文譯本修訂版聖經》翻成「跟……睡覺」的希伯來字「*yada*」，意思是「認識」（to know）。[3] 雖然在此明顯具有「性意涵」，可是羅得說的「做這種邪惡的事」與所多瑪城民說的「對付你」，在希伯來文中都是同一個字「*ra'a'*」，基本意義是「傷害、冒犯、製造痛苦」，並未涉及任何性道德或性倫理。

從經文本身可以得知，所多瑪居民早已犯了許多罪，以至於上帝考慮滅城。他們打算對天使做的事是「臨門一腳」、滅城之前最後一項惡行，但並不能據此推論所多瑪的罪惡就只有這一項，更不能跳躍式地將所多瑪城居民都說成「同性戀者」，只想從事「同性性行為」；畢竟，如果全城都是男同性戀者，如何生育？如何有「老」也有「少」？

在脈絡上，《創世記》19:5的「*yada*」是「性侵害」，但其重點是「侵害」，而不是「性別」。因為無論被害者是什麼性別，這都是一項嚴重違背「招待行路人」原則的罪行。

有另例為證：在《士師記》第19章，一個利未人帶著妾和僕人，行路至基比亞城時，有一名出身他鄉的老人同情他們，接待他們到自己家裡住。

3　在希伯來聖經中，「*yada*」出現943次，除去創19：5以外，只有另外9次有「性」的意涵（都是異性性交），例如：創4:1「亞當跟他妻子夏娃同房」，「同房」的希伯來文就是「*yada*」。在其他經文中，「*yada*」都是「（單純）認識」。

當晚，一群基比亞城的匪類來包圍屋子，想要性侵這名利未人，老人提議將自己還是處女的女兒及利未人的妾交給這群暴徒，這時利未人馬上將自己的妾推出門外，結果她被徹夜輪姦致死。事後，利未人竟將妾的屍首分成12塊，分送以色列各支族，要求討回公道，於是各支族出兵攻打基比亞城，雙方死傷慘重，最後基比亞全城居民被殺光。

比較這二則故事，可見許多相似處：（一）主動出面接待行路人（天使、利未人）者都非當地人，而是出身他鄉者（羅得、老人）；（二）城內居民都包圍屋子，要求交出客人供其性侵；（三）羅得與老人都拒絕交出行路人（因為主人有義務保護在他屋簷下的人），並提議以「自己的女人」（女兒、妾）做交換；（四）故事中的女性都是男人可任意處置的財產，毫無自主權與生命權；（五）最後，這二座城市都被毀滅（上帝降硫磺、以色列各族出兵攻打）。

基比亞城居民顯然並非「同性戀者」，因為他們終究對利未人的妾施以「異性性侵」。所多瑪城居民跟基比亞城居民的態度、動機如出一轍（雖有未遂、已遂之別），但古今讀者談及基比亞城的罪行時總著眼於「性侵害」，談及所多瑪城時罪名卻變成「同性戀」，這當中沒有邏輯的謬誤嗎？沒有詮釋的偏差嗎？

在《創世記》第34章，雅各的女兒底拿被希未人示劍玷污後，雅各的兒子們殺光所有當地的男人。《申命記》第22章也規定，如果一個男人強姦別人的未婚妻，他必須被處死；他的罪名是「強姦」（侵害其他男人的財產——女人），而不是「異性戀」或「異性性交」。為何同樣是性侵害，男人侵害女人叫做「強姦」，而男人侵害男人時罪名卻變成「同性戀」？

在猶太人意識裡，只有「男人」才是按上帝的形像被造；女人不過是男人的財產。猶太傳統無法忍受男人如同女性一般被男性插入，是因為這將男人的地位貶抑成如同女人一般；而冒犯了按照上帝形像所造的「男人」，就等於褻瀆了「上帝」。儘管「同性戀」不等於「同性性行為」，

更不等於「肛交」，不幸的是基督教會卻繼承了這種「被插入焦慮」，將男同性性行為窄化成肛交，又反過來以此認知來（扭曲地）定義近代以來才有的「同性戀」性身分／性傾向概念。

四、墮落的天使

因為，有些不敬虔的人偷偷地混進我們中間，以曲解上帝恩典的信息來掩飾自己腐敗的行為。他們拒絕了惟一的主宰——我們的主耶穌基督。在很久以前，聖經已經預言他們必須受懲罰。雖然你們都知道這一切，我仍然要提醒你們：主怎樣救以色列人民脫離埃及，然後消滅那些不信的人。不要忘記那些不守本份、離開崗位的天使們，他們被永遠解不開的鎖鍊鎖在黑暗的深淵裏；上帝把他們囚禁在那裏，等待審判的大日子。還有住在所多瑪、蛾摩拉，和附近城市的人民，像那些天使一樣，他們行為淫亂，<u>放縱反自然的性欲</u>（*apelthousai opisō sarkos heteras*）。這事可作為人人的鑑戒。這些不敬虔的人也是一樣。他們淫穢的幻想驅使他們犯罪，污損自己的身體；他們輕慢上帝的權威，侮辱在天上的尊榮者。甚至天使長米迦勒，為了摩西的屍體跟魔鬼爭辯時，也不敢用侮辱的話責罵他，只說：「主要譴責你！」可是，這些人竟毀謗他們所不了解的事，像野獸一樣隨着本能去做那些毀滅自己的事。這些人要遭殃啦！他們跟該隱走同一條路。為着錢財，他們掉進了巴蘭所犯的錯誤中，像可拉一樣背叛，一樣滅亡。這些人在你們的愛筵上無恥地狂飲，污穢了自己，像牧人只曉得滿足自己的肚子。他們像雲塊被風吹逐，下不了雨，又像在秋天也結不出果子的樹，連根拔掉，完全枯死。他們可恥的行為像海裏的狂浪激起泡沫。他們像脫軌的星星掉進上帝永遠保留給他們的幽暗深淵。亞當的第七代孫以諾對這些人早就有了預言，他說：「看哪，主帶着千萬的聖天使一同

來。他要審判所有的人，懲罰所有不敬虔的罪人；因為他們的行為不敬虔，又用不敬虔的話冒犯上帝。」這些人常常埋怨別人，責怪別人；他們隨從自己邪惡的欲望，說誇張的話，為着自己的利益諂媚別人。

可是，親愛的朋友們，不要忘記我們主耶穌基督的使徒們所說的話。他們對你們說：「在歷史的末期有人要出來，隨從自己邪惡和不敬虔的欲念嘲弄你們。」這些人製造紛爭，受本性的支配，沒有聖靈。至於你們，親愛的朋友們，你們應該始終堅立在至聖的信仰上，藉着聖靈的力量禱告，常常生活在上帝的愛裏，仰望我們的主耶穌基督憐憫你們，賜給你們永恆的生命。對那些猶疑不定的人，你們要憐憫他們。有些人，你們要從火中搶救他們；另有些人，你們要憐憫他們，但要戒懼，連他們那沾染情欲的衣服也要厭惡。（猶大書4-23）

有些人以為這段經文第7節的「放縱反自然的性欲」（現代中文譯本修訂版）或說「逆性的情欲」（和合本）指的是「同性性行為」。其實希臘文原文「*apelthousai opisō sarkos heteras*」的意思是「追求另類的肉體」（go after strange flesh）。

「像那些天使一樣」，究竟是「哪些」天使？答案在第6節：「不要忘記那些不守本份、離開崗位的天使們，他們被永遠解不開的鎖鏈鎖在黑暗的深淵裡；上帝把他們囚禁在那裡，等待審判的日子。」那麼，這些不守本份的天使又是誰？是上帝派去察看所多瑪的「那些」天使嗎？顯然不是。《創世記》第6章記載，有些「神子」貪戀人類女子的美色，隨意娶她們為妻。接著，上帝用洪水除滅地上一切生物。《以諾一書》（1 Enoch）也記載天使與人類女子交合，導致大洪水毀滅。換言之，這些「天使」所犯的罪就是「與人類的女子發生性關係」，這當然是追求「另一種肉體」。所多瑪居民想侵犯的「人」，不也是天使嗎？所多瑪、蛾摩拉和附近居民、

「那些天使」所犯的罪都是追求「另一種肉體」（這算是一種「異」性戀嗎？），而非「同性性行為」。《利未記》禁止讓不同種的動物交配，也禁止人獸交，《猶大書》作者或許因此而譴責天使與人類性交。

聖經學者們注意到《猶大書》第4至16節與《彼得後書》第2章有非常類似的記載（可能互相抄襲？），都在處理「不正確的信仰教導」（假先知、假教師、異端）的問題。從上下文推測，應該是有一些信徒在聚會時公然從事性活動（令人聯想到異教神廟的性交儀式）。《猶大書》第10節說這些人「像野獸一樣隨著本能去做那些毀滅自己的事」，《彼得後書》2:14則說「他們好色的眼睛專看淫婦，犯罪的欲望從來得不到滿足」，二處經文所指很明顯都是異性性交。《猶大書》提到的「人類與天使性交」在《彼得後書中已不復見，可見《彼得後書》認為重點在「異性淫亂」，更加證明不是某些人想像中的「同性性行為」。[4]

五、結語

聖經的故事充滿智慧與趣味，但是沒有經過仔細的研究與導讀，讀者們很可能會整個讀錯方向，甚至造成對無辜他者的傷害。所多瑪城無疑是惡行重大，但是惡行的本質是暴力，而非性別。更可怕的暴力，是思想上、語言上、文化潛意識上的暴力，因為那更細緻、幽微、難以清除。千百年來，同性情欲已經因為所多瑪而蒙受了難以抹滅的不白之冤，許多擁有同性情欲的人為了做自己而命喪黃泉。經過本文詳細說明之後，希望讀者們記得：所多瑪（與蛾摩拉）的罪惡是「不接待行路人」、「驕傲」、「不

---

4 Robin Scroggs, *The New Testament and Homosexuality* (Philadelphia, PA: Fortress Press, 1983), 100, n3. 及 L. William Countryman, *Dirt, Greed, and Sex. Sexual Ethics in the New Testament and Their Implications for Today* (Philadelphia, PA: Fortress Press, 1988), 133-135, 182.

行公義」，但不是「同性戀」。套句大家耳熟能詳的電視廣告詞：「不要再相信這種沒有根據的說法了！」

聽你剪裁星空 Part V

第38章
道德或潔淨？

◎Jeremiah

現代中文譯本修訂版	新標點和合本
1上主吩咐摩西2告訴以色列人民：「我是上主——你們的上帝。3你們住過埃及，可是你們不可隨從那地居民的風俗。我要領你們進迦南，你們也不可隨從那地居民的風俗。4你們要遵守我的法律，實行我的命令。我是上主——你們的上帝。5你們要遵守我頒佈給你們的法律和命令；這樣，你們就能存活。我是上主。」	1耶和華對摩西說：2「你曉諭以色列人說：我是耶和華－你們的上帝。3你們從前住的埃及地，那裏人的行為，你們不可效法，我要領你們到的迦南地，那裏人的行為也不可效法，也不可照他們的惡俗行。4你們要遵我的典章，守我的律例，按此而行。我是耶和華－你們的上帝。5所以，你們要守我的律例典章；人若遵行，就必因此活著。我是耶和華。
6無論誰都不可跟骨肉之親有性關係。我是上主。7不可跟自己的母親有亂倫的關係，羞辱了父親；不可侮辱自己的母親。8不可跟父親的其他妻子有亂倫的關係，羞辱了父親。9不可跟親姊妹、異母或異父姊妹有亂倫的關係；不管她跟你在家裏一起長大或不在一起長大，都不可有這種關係。10不可跟自己的孫女有亂倫的關係，這是羞辱你自己。11不可跟異母姊妹有亂倫的關係，因為她也是你的姊妹。12-13不可跟自己的姑母或姨母有亂倫的關係。14不可跟自己的伯母或叔母有亂倫的關係，因為她是你的伯母叔母。15不可跟自己的媳婦、16嫂嫂，或弟婦有亂倫的關係。17不可跟與你有過性關係那女人的女兒、孫女或外孫女有性關係。因為她們可能跟你有血統關係；這樣做是亂倫。18你的妻子還活著的時候，不可娶她的姊妹作她的對頭，羞辱了她。	6「你們都不可露骨肉之親的下體，親近他們。我是耶和華。7不可露你母親的下體，羞辱了你父親。她是你的母親，不可露她的下體。8不可露你繼母的下體；這本是你父親的下體。9你的姊妹，不拘是異母同父的，是異父同母的，無論是生在家生在外的，都不可露她們的下體。10不可露你孫女或是外孫女的下體，露了她們的下體就是露了自己的下體。11你繼母從你父親生的女兒本是你的妹妹，不可露她的下體。12不可露你姑母的下體；她是你父親的骨肉之親。13不可露你姨母的下體；她是你母親的骨肉之親。14不可親近你伯叔之妻，羞辱了你伯叔；她是你的伯叔母。15不可露你兒婦的下體；她是你兒子的妻，不可露她的下體。16不可露你弟兄妻子的下體；這本是你弟兄的下體。17不可露了婦人的下體，又露她女兒的下體，也不可娶她孫女或是外孫女，露她們的下體；她們是骨肉之親，這本是大惡。18你妻還在的時候，不可另娶她的姊妹作對頭，露她的下體。
19不可跟經期內的女子有性關係，因為她是不潔淨的。20不可跟別人的妻子私通，污辱了你自己。21不可把自己的兒女當祭物燒獻給邪神摩洛，因而侮辱了你的上帝。我是上主。22男子不可跟男子有性關係（*ṯiš·kaḇ miš·kə·ḇê ’iš·šāh*）；這是上帝所厭惡的（*tō·w·ʿê·ḇāh*）。23無論男女都不可跟獸類有性關係；因為這是逆性的行為，是對自己的污辱。	19「女人行經不潔淨的時候，不可露她的下體，與她親近。20不可與鄰舍的妻行淫，玷污自己。21不可使你的兒女經火歸與摩洛，也不可褻瀆你上帝的名。我是耶和華。22不可與男人苟合，像與女人一樣（*ṯiš·kaḇ miš·kə·ḇê ’iš·šāh*）；這本是可憎惡的（*tō·w·ʿê·ḇāh*）。23不可與獸淫合，玷污自己。女人也不可站在獸前，與牠淫合；這本是逆性的事。

24你們不可犯上面所舉的任何行為來玷污自己，因為我將要從你們面前趕走的那些異族人就因做這些事而污辱了自己。25他們的敗行污染了那土地，所以上主懲罰那土地，使那土地排斥它的居民。26-27他們做了這一切令人厭惡的事（hat·tō·w·‘ê·ḇōṯ），污染了土地，但是你們不可犯同樣的罪。你們，無論是以色列人或寄居的外僑，必須遵行上主的法律和命令。28這樣，這土地就不會排斥你們，像它曾經排斥了當地的原先住民一樣。29你們知道，無論誰做這些令人厭惡的事，誰就要從上帝的子民中開除。	24「在這一切的事上，你們都不可玷污自己；因為我在你們面前所逐出的列邦，在這一切的事上玷污了自己；25連地也玷污了，所以我追討那地的罪孽，那地也吐出它的居民。26故此，你們要守我的律例典章。這一切可憎惡的事（hat·tō·w·‘ê·ḇōṯ），無論是本地人，是寄居在你們中間的外人，都不可行，（27在你們以先住那地的人行了這一切可憎惡的事（hat·tō·w·‘ê·ḇōṯ），地就玷污了，）28免得你們玷污那地的時候，地就把你們吐出，像吐出在你們以先的國民一樣。29無論什麼人，行了其中可憎的一件事，必從民中剪除。
30上主說：「你們要服從我所頒佈的命令，不可隨從原先住民的惡習，做可厭惡的事（hat·tō·w·‘ê·ḇōṯ）來污辱自己。我是上主——你們的上帝。」	30所以，你們要守我所吩咐的，免得你們隨從那些可憎的（hat·tō·w·‘ê·ḇōṯ）惡俗，就是在你們以先的人所常行的，以致玷污了自己。我是耶和華—你們的上帝。」
《利未記》20:13	
若有男子（’îš）跟男子有性關係（yiš·kaḇ ’eṯ-zā·ḵār miš·kə·ḇê ’iš·šāh），他們是做可厭惡的事（tō·w·‘ê·ḇāh），兩人都必須處死；他們罪有應得。	人（’îš）若與男人苟合，像與女人一樣（yiš·kaḇ ’eṯ-zā·ḵār miš·kə·ḇê ’iš·šāh），他們二人行了可憎的事（tō·w·‘ê·ḇāh），總要把他們治死，罪要歸到他們身上。

在希伯來聖經中，與「男同性性行為」最直接相關的經節是《利未記》18:22，對應這一節經文，《利未記》20:13節提供給違反此禁令的罰則是「死刑」。「與男人苟合，像與女人一樣」當然指的是「男性肛交」。這是許多反同志的基督徒與聖經學者最喜愛的兩節經文，因為他們認為這就是上主厭惡「同性戀」的鐵證，可以直接把同性戀者定罪，毫無轉圜餘地。然而，事實果真如此嗎？本文將一步步還原經文的真相，最後並提出關於基督教倫理的建議。

一、利未記的思想與歷史文化背景

根據《創世記》和《出埃及記》，「洪水故事」落幕後，挪亞的大兒子閃（Shem）的後代成為「希伯來人」（the Hebrews）的祖先，譜系如下：挪亞→閃→亞法撒→沙拉→希伯（希伯來人得名由來）→法勒→拉吳→西鹿→拿鶴→他拉→亞伯蘭（後改名亞伯拉罕）→以撒→雅各（又名以色列）→約瑟和他的十一個兄弟（即以色列十二支族族長）。

在約瑟的時代（約公元前1800年），希伯來人遭遇饑荒，從迦南遷居埃及。數百年後（約公元前1290年），在摩西帶領下，希伯來人再度由埃及往迦南遷移（從希伯來人觀點來看，迦南是故土、祖居地，但如今已被其他民族「占據」）。從埃及出走的人民，除了希伯來人之外，還有其他的民族（出12:38）。從在曠野漂流到進入迦南的這段時間，希伯來人和其他民族逐漸融合；到掃羅建立以色列王國時（約公元前1030至1010年），「以色列國族」已然成形。

公元前931年，以色列王國南北分裂。北國以色列於公元前722年被亞述帝國滅亡，南國猶大於公元前586年被巴比倫王國滅亡。當波斯帝國在公元前539年拿下巴比倫王國後，塞魯士大帝（Cyrus the Great）於公元前538年釋放所有被巴比倫俘虜遷徙的各民族回歸故土，猶大族、便雅憫族的人民和祭司集團（屬於利未支族）因此被准許回到耶路撒冷，重建城牆與聖殿，這些保持希伯來／以色列傳統的人民即為「猶太人」（the Jews），其宗教則為「猶太教」（Judaism）。

祭司集團的文獻（底本假說稱之為「祭典」）寫於南國猶大亡於巴比倫帝國時期，《利未記》就是其中的一部分。「祭典」最大特色是強調「秩序」，尤其在敬拜禮儀與潔淨法律上。祭司集團認為，國家滅亡是因為人民沒有遵守上帝的「法律」、與異族通婚、崇拜偶像。為求復國，人民必須遵守宗教儀式與潔淨法律，來證明服從耶和華上帝的決心。這樣的背景

造就了利未記的中心思想：「分別為聖」。希伯來文「聖」這個字的基本意義就是「分別」。

受到波斯帝國善待的猶太人，是否會受到波斯帝國宗教的影響呢？波斯帝國信奉的瑣羅亞斯德教（祆教）認為宇宙間代表光明、秩序的善神阿胡拉‧馬自達（Ahura Mazda）與代表黑暗、混亂的惡神阿里曼（Ahriman）長期征戰，人類是由阿胡拉‧馬自達所創造，宗教學者們認為這些教義也影響了猶太教的神學。所以猶太教在亡國之後才會強調「分別為聖」、「秩序」、「潔淨」這些觀念，並且將之與政治結合，成為復興運動思想的基底。耶和華的祭司們要在猶太人跟非猶太人之間建立嚴格的政治／種族／文化／宗教區隔，讓人民相信唯有遵守「摩西」律法（其實是祭司律法）才配得「選民」頭銜。所以，「分別為聖」既是宗教的，也是政治的。

二、分別為聖：純粹與潔淨

希伯來／以色列／猶太人是認同神權（及君權神授）思想，所以政治權力必須透過宗教來正當化。《利未記》涵蓋了以色列人生活中的大小事情，規定哪些事情可以做，哪些事情不能做。這些規定，有時候有理由，更多時候沒有理由；但因為都是「上帝說的」，所以不需要問理由，遵守就對了。遵守這些規定，就等於「分別為聖」，就是「潔淨的」；這種「潔淨」並不是現代的「衛生」或「乾淨」，而是「純粹」、「符合特定標準」，亦即「上帝的標準」；最高目是維持「身心的純粹」，最低限度也要維持「身體的純粹」。「不純粹」就是「不潔淨」，就是「冒犯上帝」，因此必須接受懲罰，或是設法「贖罪」。

舉例來說，現代人很難理解《利未記》第11章關於食物的規定，為何只有分蹄且反芻的動物和有鰭有鱗的魚才「潔淨」；現代人也不明白19:19禁止不同種類牲畜交配、禁止在一塊田地播下兩種種子、禁止穿兩種以上質

料織成的衣服，這樣做到底意義何在。但是在遵守這些規定的過程中，以色列人民感受到自己「分別為聖」，蒙上帝喜悅，符合選民的身分，對於將來的復國有所貢獻。

三、結構分析：與偶像崇拜的關聯性

聖經學者從1970年代開始使用「結構分析法」來處理希伯來聖經的經文，他們主張，希伯來聖經的許多敘事（經文段落）都呈現「交叉結構」（chiastic structure），放在結構最中心的部分就是敘事中最重要的概念。簡單說，例如一段敘事的鋪排呈現ABCDCBA，那麼D就是敘事中最關鍵的元素。當然，我們無從得知希伯來聖經的作者們是否真的刻意在文體上如此鋪陳，但是應用此交叉結構分析法來看待《利未記》的經文，確實帶來一些新的洞見，值得參考。[1]

《利未記》可以分成大段落、中段落、小段落。大段落就是整部《利未記》，排列如下：

> 1:1-7:38獻祭的條例
>   8:1-10:20祭司制度的條例
>   11:1-15:33日常生活潔淨的條例
>   16:1-34贖罪日的條例
>   17:1-20:27聖潔宗教與社會的條例
>   21:1-22:33祭司與祭物的條例
> 23:1-27:34節期與安息的條例

1　參考：羅光喜，〈祭司典人觀之性別觀：從修辭分析與互涉經文看利未記18:22〉（手稿，2015年9月30日）及Literary structure (chiasm, chiasmus) of the Bible網站，http://www.valdes.titech.ac.jp/~h_murai/bible/bible_e.html

位於《利未記》最中心的16:1-34「贖罪條例」就是最重要部分，該段落中說「這是至聖的日子；他們必須禁食，不可工作。這些條例是他們應該永遠遵守的」（利16:31），而且又強調一次「這些條例必須永遠遵守」（利16:34）。

《利未記》第17至26章常被聖經學者稱為「聖潔法典」（Holiness Code，簡稱H典），因為在這幾章裡都反覆強調「我是上主」、「你們要聖潔」。由於此特殊寫法與《利未記》其他部分顯然不同，被認為可能出自亡國前的聖殿祭司，其後再由祭司典作者（們）編輯收錄。而本文要處理的關鍵經文《利未記》18:22從坐落位置來看，是屬於聖潔法典裡面的這個小段落：

> 18:19禁止與經期女子性交
>   18:20禁止與他人之妻通姦
>   18:21禁止將子女獻火祭給摩洛
>   18:22禁止男子與男子性交
> 18:23禁止人與獸性交

第19、20、22、23等節，從表面上看是「性禁忌」，但是第21節卻將異教神明摩洛的獻祭儀式放在中心位置，可見這些「性禁忌」與偶像崇拜有關。

反同基督教學者們很不服氣，為什麼這些「性禁忌」一定要扯上偶像崇拜，不能直接當作就是要對付同性戀者嗎？問題是，如果是針對同性戀者，為何只禁止男同性行為，卻不禁止女同性性行為？顯然邏輯不通。更別說，「同性戀」這種概念，根本就不存在於三千年前的以色列祭司的認知體系裡。

然而，將段落再擴大一些來看，18:1-19:16以及與之對應的19:19-20:27，確實還是跟偶像崇拜有關，而且禁止偶像崇拜的中段落的中心位置放的是19:17-18「不報仇，愛人如己」。

18:1-5禁止隨從埃及與迦南風俗，要遵守上帝法律

18:6-20禁止亂倫及經期性交

18:21-30禁止拜摩洛、男男及人獸性交，以免汙染

19:1-16聖潔與正義

19:17-18不懷恨、不報仇、要愛人如己

19:19-37禁止種類混雜、巫術，要聖潔與正義

20:1-9禁止拜摩洛、交鬼、咒罵父母

20:10-21禁止通姦、亂倫

20:22-27要遵守上帝法律，禁止隨從迦南風俗

另一種結構分析是將第18章與第19到20章視為對仗關係，亦即第19到20章是再次重複第18章的主題，這個分析法同樣可以看出，異族／異教行為是其中關鍵：

A（18:1-5）不可效法埃及、迦南人的行為（18:3）

B（18:6-23）性禁忌

C（18:24-30）玷污那地，地就把你們吐出（18:28）

A'（19:1-36）把你們從埃及地領出來（19:36）

B'（20:1-21）性禁忌

C'（20:22-27）遵行律例典章，免得那地把你們吐出（20:22）

（A：埃及。B：性禁忌。C：那地把你們吐出。）

但這些「性禁忌」真的跟偶像崇拜、異族風俗有關嗎？或如反同基督教學者所堅持都是非關宗教而只涉道德呢？我們必須從聖經的其他篇章來尋找線索。

《以西結書》18:5-9說「人若是公義，且行正直與合理的事：未曾在山上吃過祭偶像之物，未曾仰望以色列家的偶像，未曾玷污鄰舍的妻，未曾

在婦人的經期內親近她，未曾虧負人，乃將欠債之人的當頭還給他；未曾搶奪人的物件，卻將食物給飢餓的人吃，將衣服給赤身的人穿；未曾向借錢的弟兄取利，也未曾向借糧的弟兄多要，縮手不作罪孽，在兩人之間，按至理判斷；遵行我的律例，謹守我的典章，按誠實行事－這人是公義的，必定存活。這是主耶和華說的。」這一整段描述義人的標準，跟《利未記》18:19-23的小段落一樣都提到「偶像崇拜」、「玷污鄰舍的妻」、「親近經期內的婦人」，只是順序不同；如果跟《利未記》第18到20章的中段落來對照，則重疊的項目更多。《利未記》清楚指明摩洛，而《以西結書》只說「在山上吃祭物」；有可能「在山上吃祭物」就是「拜摩洛」儀式之一。至於「玷污鄰舍的妻」（結18:6）及「與鄰舍的妻行淫」（利18:20），若無關偶像崇拜，則屬男人的性欲問題。但若與偶像崇拜有關，則可能指涉異教崇拜的性交儀式，除了求產子、求豐收的作用，也有炫耀雄性生殖力（virility）之意味。有關「親近經期內的婦人」，《利未記》認為女性經期失血或是生產失血都是不潔淨，著眼於生命力的流失；但異教崇拜中可能正因此而取作「採陰（經血）補陽（雄性生殖力）」之用。

《民數記》25:1-3提到：「以色列人住在什亭，百姓與摩押女子行起淫亂。因為這女子叫百姓來，一同給她們的神獻祭，百姓就吃她們的祭物，跪拜她們的神。以色列人與巴力‧毗珥連合，耶和華的怒氣就向以色列人發作。」《申命記》23:17-18也提到：「以色列的女子中不可有妓女（qĕdēšâ，意為聖女）；以色列的男子中不可有變童（qādēš，意為聖男）。娼妓所得的錢，或變童（按：原文字是狗，以狗代稱，為鄙視之意）所得的價，你不可帶入耶和華－你上帝的殿還願，因為這兩樣都是耶和華－你上帝所憎惡的。」可見迦南偶像崇拜包括與女性廟妓及男性廟妓的性交儀式。這種性交儀式，就算滲透到以色列人生活中，應該也只有男人可以參加，女人不太可能參加，因為女人在以色列社會中本來就被視為男人的財產，怎麼可能讓別的男人（即使是廟妓）與之交合？萬一女人從

聖男懷了孕，試想會造成多大的財產糾紛。所以，如果《利未記》18:22只討論男人與男性廟妓的性行為，是合乎邏輯的，因為女人本來就不能參加這種性交儀式，所以根本不需要討論女同性性行為。

《利未記》18:21說「不可使你的兒女經火歸與摩洛。」到底摩洛是什麼神？摩洛（Moloch, Molech, Melek）之字根接近希伯來文「王」的意思，有雄性力量之意。比較其他經文對「活人獻火祭」的描述：

「你不可向耶和華—你的上帝這樣行，因為他們向他們的神行了耶和華所憎嫌所恨惡的一切事，甚至將自己的兒女用火焚燒，獻與他們的神。」（申12:31）

「卻效法以色列諸王所行的，又照著耶和華從以色列人面前趕出的外邦人所行可憎的事，使他的兒子經火，並在邱壇上、山岡上、各青翠樹下獻祭燒香。」（王下16:3-4）

「亞瓦人造匿哈及他珥他像；西法瓦音人用火燒兒女，獻給西法瓦音的神亞得米勒和亞拿米勒。」（王下17:31）

「又污穢欣嫩子谷的陀斐特，不許人在那裏使兒女經火獻給摩洛。」（王下23:10）

希伯來聖經中多處提及活人獻祭，可見活人獻祭行之有年且散布各地，有些是獻給摩洛，有些沒有明說。可能有不少神明採用此儀式，或是摩洛在各地有不同名字，或者摩洛與其他神明被混合崇拜。在《創世記》第22章記載上帝要亞伯拉罕在摩利亞的山上殺以撒獻為燒化祭（但後來上帝又阻止亞伯拉罕），《士師記》第11章記載耶弗他許願將女兒獻為燒化祭給

耶和華（而耶和華沒有阻止耶弗他），可見以色列人對活人獻祭一點都不陌生，甚至予以正當化。

回來看《利未記》18:22，「不可與男人苟合，像與女人一樣；這本是可憎惡的。」及18:23，「不可與獸淫合，玷污自己。女人也不可站在獸前，與牠淫合；這本是逆性的事。」若去脈絡化地看這二節經文，直接解讀應是某些男人性欲太強，以至於要用其他男人或動物來發洩；而某些女人也同樣用動物來發洩性欲。但若是按經文小段落來看，重點落在「反對摩洛崇拜」，則這二種性行為亦須以偶像崇拜脈絡來理解之。在人只提及男男交合，而人獸交合卻提及男女，或許是因以性器官插入對象，故不適用於女女交合。人獸交合，按理說男人的對象是雌性動物（若雄性動物則也是肛交），女人的對象應該是雄性動物。不過在原文中，不論與事者是男或女，對象「獸」（bə·hê·māh）之希伯來字都是陰性，問題更形複雜。總之，18:22僅列男男交合，忽視女女交合，又外加摩洛因素，自然不能排除偶像崇拜的宗教意涵，不能光以道德問題來概略之。[2]

另一個支持本段落與偶像崇拜有關的字眼是中文聖經譯成「可憎惡」「tō·w·'ê·ḇāh」，英文翻成「abomination」，基本意義是「不潔淨」，[3]分別出現在《利未記》18:22、18:26、18:27、18:29、18:30。換言之，我們必

2　羅光臺，〈祭司典人觀之性別觀：從修辭分析與互涉經文看利未記18:22〉（手稿，2015年9月30日）。

3　希伯來聖經提到「可憎惡」（tō·w·'ê·ḇāh）共有112處，出現於「摩西律法」者共25處，包括：創43:32、創46:34、出8:26、利18:22、利18:26、利18:27、利18:29、利18:30、利20:13、申7:25、申7:26、申12:31、申13:14、申17:1、申17:4、申18:9、申18:12、申20:18、申22:5、申23:18、申24:4、申25:16、申27:15、申32:16。《七十士譯本》（Septuagint），將利18:22、利18:26、利18:27、利18:29、利18:30與利20:13的「tō·w·'ê·ḇāh」都譯成希臘文「bdelygma」（指「不潔淨」）。其他經文有些譯為「bdelygma」，有些譯為「anomia」（指「違法」、「過錯」或「道德上的罪」）。顯然《七十士譯本》把《利未記》本段落中的「性禁忌」視為「不潔淨」，而非「罪」。

須以「潔淨標準」來審視《利未記》第18章的這些規定，才能得到真正的理解。

《利未記》18:24-30提供關於這些禁令的整體解釋，重點有二：（一）這些是異族的玷污行為（偶像崇拜）；（二）上帝厭惡這些行為，會導致土地被咒詛，排斥其居民。迦南母神宗教用性交儀式來象徵神明保佑，確保物產豐收。可能以色列人希望效法這些儀式，來獲得豐衣足食，所以放棄耶和華宗教，轉向迦南母神宗教。於是「聖潔法典」向以色列人發出警告：學習異族的生活方式非但不能帶來富庶，反而會招致土地受咒詛；唯有歸向耶和華，才有生存的空間。

四、其他解釋

猶太教拉比葛林堡（Rabbi Steven Greenberg）研究猶太教歷史上諸多拉比們對此經文的詮釋，整理出四種理論：[4]

（一）生殖繁衍：禁止無法產生後代的性行為。

（二）社會安定：禁止男人拋棄妻子，轉而追求其他男人。

（三）性別秩序：禁止造成打破男女性別角色的性行為。

（四）羞辱暴力：禁止對其他（男）人從事暴力、控制、宰制之性行為。

精研《利未記》潔淨律法的人類學學者道格拉斯（Mary Douglas）也贊同葛林堡的第三種理論，[5] 她注意到在《利未記》20:13原文中禁止的，是一個「男人」（'îš, man）以「男性」（zā·ḳār, male）為性對象，且性交方

4　Steven Greenberg, *Wrestling with God and Men* (Madison, WI: The University of Wisconsin Press, 2004), 144.

5　Mary Douglas, *Purity and Danger: An Analysis of the Concept of Purity and Taboo* (New York, NY: Praeger, 1966).

式如同與「女人」（'iš·šāh，woman）性交時一樣（亦即有插入者及被插入者）。亦即，只要是「（生理）男性」就必須扮演「（社會）男人」的角色（插入者），絕不能扮演「（社會）女人」的角色（被插入者），否則就是破壞（社會）性別秩序的「純粹」。

不論是偶像崇拜或性別秩序等理由，對於《利未記》作者而言，18:22及20:13的禁令，都是違反「純粹」、「潔淨」的原則，不符合「分別為聖」的要求，而跟現今基督教界在意的「性道德」無關。

五、現代人如何看利未記？

有一派基督教學者（剛好都是反同者）喜歡把摩西律法分類，然後告訴大家什麼必須堅持，什麼可以不管。他們主張，摩西律法分成「誡命式律法」（apodictic laws，以「上帝說」做標示）與「案例式律法」（case laws）；誡命式律法（如：十誡）是要無條件遵守的，而案例式律法是特定情境、特定處理。其次，他們也主張摩西律法按內容可以分成「道德律法」（moral laws）或「宗教規定」（ritual laws），還有人加上「民事法」（civil laws）這一類；道德律法是無論如何都不可違反的。

這些基督教學者主張，摩西律法中的某些規定已經在新約聖經中廢除了，例如：洗手條例（可7:1-23）、食物禁令（徒10:9-16），現代基督徒不必再遵守，但是其他律法（如：利18：22）仍屬倫理道德的基本立場，不容妥協。可是這些學者似乎都故意不提，《利未記》中關於痲瘋、發霉、月經與遺精的規定，禁止穿兩種成分織成的衣服，禁止身體有缺陷的人擔任祭司，禁止祭司剃髮剃鬚……等規定，其實在新約聖經中從來都沒有「廢除」，試問今日基督徒是否也要一一遵守？再以「穿著異性服裝」為例，這在摩西律法是明文禁止（申22:5），即使一些保守國家現今依然不接受，但也有許多比較開放的國家社會認為「扮裝」只是個人選擇，無須干

預。又如「違逆父母的子女」，在摩西律法裡要處死的（申21:18-21），這應該算「儀式潔淨」或「倫理道德」呢？如果視為「儀式潔淨」，是否意味子女不必聽父母的話？如果是「倫理道德」，那麼基督教學者難道真要處死不聽話的孩子嗎？

《利未記》某些規定跟現代法律或道德觀非常接近，但《利未記》還有更多法律讓現代人匪夷所思。這是因為《利未記》的判準是「純粹／潔淨」，而現代人的判準是「不傷害人」。許多摩西律法的規定今天仍被大多數人遵守，例如：亂倫、通姦、人獸交的禁令；但是，我們之所以遵守這些規定，理由並不是「分別為聖」的「潔淨觀」，而是「社會主流價值的共識」。社會主流價值本來就會變動（也許某些事情古人認為可以，今人卻認為不行），但是僵化、教條化的聖經詮釋，到最後只會走入「選擇性守法」與「選擇性執法」的死胡同。

對猶太教拉比來說，這些基督教學者主張的分類法根本是無稽之談，因為只要是摩西律法，全部都視同上帝說的，再怎麼古怪都要遵守。其實，猶太教拉比在歷史上處理過許多類似的問題（例如：禁止借錢收利息、禁止在安息日旅行），經過漫長的討論，他們最後都選擇用合乎時宜的巧妙方式來迴避掉（把借貸關係說成是投資關係，利息看成紅利；住得遠的人提早出發，到住離會堂近的人家中集合，再一起走路去會堂）。[6]

根據福音書描述，耶穌經常與同時代的猶太教聖經專家（拉比、法利賽人）辯論摩西律法該如何解釋及應用。在多如牛毛的法律條文裡，耶穌基督只挑了《申命記》6:5與《利未記》19:18的二句話（太22:37-40）：

耶穌說：「你要全心、全情、全意愛主——你的上帝。」這是第一

6　Steven Greenberg, *Wrestling with God and Men* (Madison, WI: The University of Wisconsin Press, 2004), 231-44.

條最重要的誡命。第二條也一樣重要：「你要愛鄰人，像愛自己一樣。」摩西全部的法律和先知的教訓都是以這兩條誡命為根據的。

耶穌詮釋摩西律法的總綱是「愛上帝」與「愛人如己」；而當時的聖經專家們則是字面主義，正如同現今的基督教學者們抓緊保羅書信的某些「罪的清單」（list of sins）大做文章（見本書第39章）。耶穌教導我們，倫理不應建立在「律法條文」上，他多次親自破壞摩西律法，但他仍聲稱律法不能廢去（太5:17-20）。讓我們來看看幾個耶穌的示範：

祭司及經學教師按字面解經	耶穌的解經
禁止吃不潔淨的食物（利11:1-47）	吃下肚的不會使人不潔淨；從人心出來的才會使人不潔淨（可7:15-23）
禁止觸碰痲瘋病患者（利13:1-46，14:1-32）	一個痲瘋病患者求耶穌讓他潔淨，耶穌就伸手摸他，讓他潔淨（可1:40-42）
禁止觸碰經期女性（利15:19-33）	一個患血漏（經血不止）的婦女摸了耶穌的衣角，耶穌稱讚她的信心並祝福她（可5:25-34）
禁止男同性性交（利18:22，20:13）	耶穌所愛的門徒靠在他胸膛（約13:25）
禁止通姦（利18:20，20:10）	耶穌與有過五個丈夫又正與人同居之婦女討論神學（約4:1-20）
禁止一般人吃神聖的祭物（利22:10）	舉大衛逃難時吃聖餅為例，說明安息日是為人而設的，人不是為安息日而生的（可2:23-28）

對耶穌而言，給飢餓的人吃飽、讓患病的人痊癒、替被宗教視為不潔淨的人除去污名，遠比遵守律法的「條文」更重要，因為這樣做才真正符合律法的核心精神——「愛」。使徒保羅也認為，遵守摩西律法不能使人得救。在寫給加拉太教會的信中，他直言，那完全潔淨、無罪的代贖者——耶穌基督，已經從摩西律法的束縛中解放了我們（加3:23-25）；所有因

「信」得以跟上帝有合宜關係、跟基督耶穌合而為一的人，都不應該再與摩西律法牽扯不清。如果基督徒還希冀藉著遵守摩西律法來討上帝的喜悅，那麼耶穌的死就完全白費了！（加2:21）

千百年前，耶和華的祭司們為了杜絕「異教」所做的種種努力，在《利未記》中被保留下來。但是今天的我們在閱讀這些經文時，不應去脈絡化地拿來當作現代人倫理道德的判準，更不能拿來當作定罪別人的工具。惟有耶穌基督所教導的「愛的誡命」，才能真正超越時空限制，引領人類走向更美好的世界，而這正是基督徒在判斷倫理議題時唯一的根據。

第39章
希臘／羅馬文化與猶太／
基督教思想的「恐同陰謀」

◎Jeremiah

當代反同教會流行一個名詞叫做「同性戀陰謀」（Gay Agenda），意思是同性戀者有計畫地在推動同性戀文化的普及，誘拐兒童與青少年，要將人類推向敗壞滅絕的結局，而背後的影舞者就是魔鬼撒旦。其實，同性情欲現象未曾在歷史上、世界上普及過，也從來不曾導致人類災難。全世界從古至今都是異性戀者占超過九成的人口，假如人類真的邁向敗壞，顯然由異性戀者主導的政治／宗教／經濟權力當局才是罪魁禍首。同性戀者全無能耐可以造成人類滅絕，因為異性戀者拚命地繁殖後代，把地球上所有能住人的角落都塞滿了。

事實是，同性情欲在最近2500年的人類歷史中，不斷地被邊緣化、罪犯化、病理化、妖魔化，涉及同性情欲的人們動輒被罵、被打、被殺。真正一直在大規模進行中的其實是「恐同陰謀」（Homophobic Agenda）。

在新約聖經的「保羅書信」中，包括《羅馬書》1:26-27、《哥林多前書》6:9-10、《提摩太前書》1:9-10在內的這幾處經文，[1] 經常被反同基督徒當成保羅譴責「同性戀」的證據，而保羅根據的是上帝設定的「自然律」（law of nature），因此合格的基督徒絕不可以是同性戀者。但，上帝的自然律是什麼？保羅對自然律的理解等於上帝的心意嗎？保羅對自然律的想像從何而來？保羅書信裡所陳述的現象與對象，等於現今的同性戀與同性戀者嗎？保羅要傳的福音是上帝愛世人、耶穌基督的救贖，怎麼後來卻變成消滅同性戀的聖戰？要解答這些問題，我們唯有回到保羅的時空脈絡中，重新看懂保羅的信息，才能破解這些謎題。

一、誰是保羅？

在討論保羅書信之前，必須先認識保羅這個人以及他所處的環境，特別

1　《猶大書》第7節也曾被視為譴責同性戀的經文，本書第37章已有剖析，此處不再贅述。

是影響他的文化背景。根據《使徒行傳》8:1-3及22:3-21中保羅的自白，他原名掃羅，是在猶大境外出生的猶太人，出生就有羅馬公民身分，在耶路撒冷成長，接受猶太傳統教育，他的老師迦瑪列是法利賽派（傳統派）的猶太人。保羅曾經參與迫害基督徒的行動，但因為超自然經驗而改信耶穌。保羅跟耶穌其他大多數門徒不同的是，他是知識分子，會講希臘語（徒21:37），以「通用希臘語」（Koine Greek，即希臘文的白話文）寫作書信；他很熟悉希臘羅馬文化（徒17:22-31），也專門在非猶太人的地區傳講關於耶穌的信息（羅11:13、提前2:7）。

保羅的思想至少包含三種背景淵源：猶太教傳統、希臘羅馬文化、耶穌基督信仰。猶太教傳統塑造了保羅的民族與文化認同，他以身為猶太人為榮，他的許多觀念也來自猶太傳統（如：男尊女卑）。希臘哲學影響保羅的思考方式，他經常使用類似「斯多亞學派」的辯證法來闡釋基督教信仰；猶太人與非猶太人混居的羅馬帝國社會，則是他實際生活的情境。對保羅影響最大的是他從超自然經驗得到的耶穌信仰，因而保羅畢生「只傳耶穌基督的十字架福音」，直到殉道（傳說中他死在羅馬）。保羅自己遵守猶太傳統，但反對非猶太人基督徒也必須遵守猶太律法（特別是割禮與潔淨條例），因為他相信救恩高於律法，提出「憑信心稱義」來替代「守律法稱義」，這些主張使他在初代教會成為爭議性人物，保守的猶太人（不論是否基督徒）都視他為欺師滅祖的罪人。

二、書信的背景

在《羅馬書》、《哥林多書信》與《提摩太前書》中，雖然作者都以保羅自稱，但不少聖經學者認為《提摩太前書》應是繼承保羅思想者的託名之作。如果按照《使徒行傳》提供的線索，這三封書信寫成的順序為：《哥林多前書》（56 CE，寫於以弗所）→《羅馬書》（58 CE，寫於哥林

多）→《提摩太前書》（63 CE，可能寫於馬其頓）。

哥林多是希臘的大城市，羅馬帝國治下亞該亞省首府，以商業繁榮與高度文明著稱，多種宗教盛行。哥林多教會是保羅在第二次旅行傳道時建立，信徒包含猶太人與非猶太人。保羅在第三次旅行傳道途中行經以弗所時，耳聞哥林多教會的信徒發生諸多生活及信仰的混亂，所以寫了《哥林多前書》給哥林多教會的信徒做為勸勉。

在第三次旅行傳道即將結束前，保羅來到哥林多，並在此地寫下《羅馬書》給羅馬教會，為前往羅馬訪問作準備。保羅希望羅馬教會幫助他前往西班牙傳道，但因羅馬教會並非由他建立，所以他在《羅馬書》中詳細交代自己的信仰內涵，以取信對方。他在《羅馬書》中強調非猶太人也是上帝拯救的對象，因此他必須前往天涯海角（包括西班牙）向各國各族傳揚耶穌基督的福音。羅馬教會的信徒有猶太人也有非猶太人；猶太人基督徒仍遵守摩西律法，常與非猶太人基督徒摩擦，因為猶太人向來視非猶太人為不潔淨。在寫《羅馬書》之前，保羅從未去過羅馬教會，但是他已經認識一些該教會的信徒，所以在信末逐一問候他們。

假設保羅真的寫了《提摩太前書》，則這封信可能是保羅在羅馬初次被囚獲釋到他在羅馬最後一次被囚之間（61-64 CE）於馬其頓所寫。提摩太（其父親是希臘人，母親是猶太人）是保羅的助手，保羅指示提摩太留在以弗所負責選拔教會領袖及牧養信徒，並要提防謬誤的假道理。有些以弗所信徒似乎因貪財而背離信仰。《提摩太前書》裡面設定的擔任教會長老（監督）、執事的條件，成為今日許多教會的依據。

三、希臘羅馬文化中的同性情欲現象

在古希臘文中，沒有任何字等同現代人理解的「同性戀」（homosexuality），也沒有任何字可以描述「異性戀」（heterosexuality）。古

435

希臘人會說「*erōs*」，而這個字涵蓋了女女男男同性異性間的情欲。古希臘神話有兩個愛神「*Aphrodite Ourania*」與「*Aphrodite Pandemos*」，分別代表「靈性的宇宙大愛」與「肉體的凡間俗愛」，這兩種愛同樣是女男異同都適用。

在古希臘城邦生活中，自由人男性是社會的公民（citizen）與主導者，女性沒有參與公共事務的權利。自由人男性的「公民養成」（citizenship）與「同袍情誼」（comradeship），有賴於年長男性對年輕男性的教導與指引，社會鼓勵年輕男性順服、敬仰、效法年長男性，斯巴達城邦更是把男孩跟女孩分開教養。在這種情境下，年長男性與年輕男性之間發展出情感關係是被接納甚至鼓勵的，這種跨齡同性親密關係就是「少男戀」（*paiderastia*，英文稱pederasty），[2] 甚至有神話為之背書：天神宙斯（Zeus）垂涎牧羊少年蓋尼米迪（Ganymede）的美色，於是化身為老鷹將他抓走並強姦他。在只有男性的生活情境中，男性之間肉體關係的發生或許是順水推舟，或許是便宜之計，只要維持「長vs.幼」秩序的「主動者vs.被動者」、「插入者vs.被插入者」角色設定，即可被社會允許。[3] 在少男戀關係中，年長／主動者／插入者的那一方稱為「*erastēs*」，年輕／被動者／被插入者的那一方則稱為「*erōmenos*」。

少男戀並不是古希臘社會中唯一的同性情欲形式，年輕男性之間、年長男性之間的調情、追求、性交，都曾出現於古希臘陶器及壁畫等文物上。但是年長男性之間的同性情欲並不受社會稱許，尤其扮演被動者／被插入

2　古希臘允許的少男戀有年齡範圍限制，青春期（有性徵發育）的少男才可以被追求，未達青春期的男孩會由稱為「paidagogos」的奴隸保護著。少男戀不同於「戀童癖」（*pedophilia*），戀童癖者以更年輕、無法判斷是非的孩童為性對象，而這在古希臘是嚴厲禁止的。

3　在早期的希臘同性情欲研究中，很強調「插入者」與「被插入者」的角色權力分配問題，如：Kenneth J. Dover, *Greek Homosexuality* (Cambridge, MA: Harvard University Press, 1978)。但近期學者認為「插入」與「被插入」並非少男戀中主要的性行為模式，體外性交可能更常見，見：James Davidson, *The Greeks and Greek Love: A Bold New Exploration of the Ancient World* (New York, NY: Random House, 2009)。

者的一方會遭受輿論指責，因為成年男性被期待與女性結婚生育，不應繼續扮演被動者／被插入者。對於任何長年征戰、人丁耗損快速的社會來說，生育是維持群體存在的必要條件，連年鏖戰的古希臘城邦自不例外。

希臘各城邦對少男戀的接納程度不盡相同，雅典（Athens）態度比較保留，而底比斯（Thebes）、埃里斯（Elis）及克里特（Crete）比較接納。無論如何，這現象在古希臘歷史中至少存在500年。雅典法律的制定者索倫（Solon，c.638-c.558 BCE）曾立規來限制少男戀的操作範圍，他本人也被認為有過男友。

除了自由人男性之間的戀愛，古希臘社會中也有為男客提供性服務的男妓，以及專供有錢男主人購買的男奴。雖然從娼是合法行當，但男妓仍受社會歧視，有一位政治人物（Timarchus）就因被指控曾從事男妓而遭到罷黜。輿論認定，他既然可以為了金錢出賣肉體，就有可能為了其他類似動機而出賣城邦。

許多古希臘哲學家、作家都留下對於男同性情欲的描述或評論文字，例如：希羅多德（Herodotus, 484-425 BCE）的《歷史》（*Histories*）（1.135）；柏拉圖（Plato, 428/427-348/347 BCE）的《斐德羅篇》（*Phaedrus*）（227a）、《會飲篇》（*Symposium*）（179-180, 191e）、《法律篇》（*Laws*）（636a-d, 838e-839a）等；色諾芬（Xenophon, ?-354 BCE）的《憶蘇格拉底》（*Memorabilia*）（2.6.28）、《會飲篇》（*Symposium*）（8）；阿特納奧斯（Athenaeus，生卒年不詳）的《歡宴的智者》（*Deipnosophistae*）（13:601-606）。在這些作品中，對男同性情欲有褒有貶，越到後期則貶多於褒。

另一方面，出身雷斯波島（Lesbos；女同性戀的英文lesbian即源於此）政治世家的女詩人莎弗（Sappho, c.620-570 BCE）也留下一些頌讚女性身體之美的詩作，但由於她有女兒也有男友，所以學者們對於她是不是女同性戀者仍意見分歧。[4]

關於蘇格拉底（Socrates, 470/469-399 BCE）的事蹟與思想，後人都是從柏拉圖、色諾芬、阿里斯托芬（Aristophanes, c.446-c.386 BCE）等人的記述中得知，因為蘇格拉底本身並無著作。蘇格拉底雖有妻子，但是他也先後有過幾個男友，包括：阿爾西比亞德斯（Alcibiades）、卡爾米德斯（Charmides）、斐德羅（Phaedrus）。

柏拉圖的著作都以對話形式來寫作，在這些對話中，大多數角色是代表一般人的想法，少數幾個角色是代表較有智慧者的想法（如：蘇格拉底、斐德羅、蒂邁歐〔Timaeus〕），但有一個象徵真理的匿名角色「雅典人」（the Athenian）則代表柏拉圖自己的想法。在柏拉圖的早期作品《會飲篇》中，一群人興高采烈地討論男同性情欲，多數人持正面看法。蘇格拉底承認男同性情欲始於對男體美的迷戀，但最終應轉為追求智慧的心靈之愛。

柏拉圖理想中的戀愛只存在於男性之間，但是當男同性性交易（包括男妓與男奴）的經濟規模在公元前第四世紀達到某種極致時，柏拉圖對於觸目所見皆為肉欲而無戀愛的男同性情欲實況感到失望。更糟的是，柏拉圖的恩師蘇格拉底因被指控「敗壞年輕人」（染指少男，使少男自甘墮落出賣肉體）而遭處死。此後，柏拉圖的想法丕變，認為男性之間的戀愛及肉體關係，最終將無可避免導致男性氣魄與品格的折損（男人耽溺於性愛已是軟弱表現，而扮演被動角色更是自我作賤）。儘管柏拉圖並不認為男女之間有高尚戀愛（異性戀者不須難過，其他希臘作家仍歌頌男女之愛），但出於一種反向心理，柏拉圖斷然主張人類的肉體關係只能為了「生殖繁衍」而進行，換言之，只能發生在夫妻之間。柏拉圖在他最後的著作《法律篇》中提出一套「宣傳計畫」，主張透過教育、政策、神諭、文學等方式，將男同性情欲標籤化為「瀆神、敗德、下流、違反自然」，讓這樣

4　許多現代女同志都曾進入異性婚姻並且生兒育女，可參考2016年3月甫於台灣上映的美國電影《因為愛你》（*Carol*）。

的宣傳計畫在各世代中反覆放送，最終將能成功消滅男同性情欲。[5] 而柏拉圖確實達到目的了，因為在他之後的希臘哲學家與作家，從亞里斯多德（Aristotle, 384-322 BCE）到普魯塔克（Plutarch, c.46-120 CE），一個接一個批判譴責男同性情欲現象，就連中世紀基督教會也仿效、認同柏拉圖的「生殖至上論」。

在羅馬人的語言拉丁文中，同樣沒有任何指涉異性戀或同性戀者的用語，但是羅馬人有很多詞彙用來指稱那些不符合性別權力秩序、扮演被動者／被插入者的男性，例如：*cinaedus*、*pathicus*、*exoletus*、*concubinus*、*spintria*、*puer*、*pullus*、*pusio*、*delicatus*、*mollis*、*tener*、*debilis*、*effeminatus*、*discinctus*、*morbosus*；其中 *exoletus* 特別是指已成年卻仍扮演被動者／被插入者的男性。以武力立國的羅馬人，對於男性的社會角色與地位的重視，比起希臘人有過之無不及，任何可能侵犯男性公民尊嚴的事情（特別是在肛交中被插入）都是禁忌，羅馬政治家西塞羅（Marcus Tullius Cicero, 106-43 BCE）就對在男同性性行為中扮演被動者／被插入者的男性極為貶抑。[6] 羅馬法律（*Lex Julia de vi publica*）明訂對未成年或成年之自由人男性為性侵害者將被處死，至於成年男性公民之間出於你情我願的性接觸，雖無法律明文禁止，但在政治圈內往往會成為被政敵攻擊的弱點。在羅馬社會中，可以合法存在的男同性性行為有三種：「神廟性交儀式」（sex rituals）、「性交易」（male prostitution）及「主奴關係」（slavery），其共通點是權力位置的不對等。[7] 眾所皆知，幾乎每一個羅馬皇帝都有男友（甚至不只一個），其中最出名的是哈德良皇帝（Hadrian, 76-138 CE），他將英年早逝

5　Plato, trans. R.G. Bury, *Laws, Vol. II, Book 8* (835b - 842c) *in Plato, Vol. XI* (Loeb Classical Library 192) (Cambridge, MA: Harvard University Press, 1926), 147-169.

6　Cicero, trans. N. H. Watts, *The Speeches of Cicero: Pro Archia Poeta, Post Reditum in Senatu, Post Reditum ad Quirites, De Domo Sua, De Haruspicum, Responsis, Pro Plancio* (Loeb Classical Library 158) (Cambridge, MA: Harvard University Press, 1923), 193.

聽你剪裁星空 Part V

的男友安提諾烏斯（Antinous）宣告為神明，並為其興建神廟、豎立神像。斯多亞學派的羅馬學者穆索尼烏斯（Musonius Rufus, c.20/30-101 CE）主張性行為應為繁衍後代而進行，男同性性行為是違反自然。[8] 大抵而言，羅馬男性公民只要有娶妻生子，就算性好男色，流連男妓床第，都無傷大雅。比較值得注意的是，羅馬作家們對於女同性性行為也多所批評，原因是破壞性別權力秩序（女性不該扮演主動者／插入者）。[9]

越接近公元第一世紀，希臘／羅馬的作家、思想家們對男同性性行為的態度也越排斥，[10] 他們的論點都與柏拉圖相同，也就是柏拉圖在《法律篇》（Laws）中藉由敘事者「雅典人」說的：「男女為了生育而交合所體驗到的愉悅是順應本性（kata physin），但男男或女女交合的愉悅卻是違反本性（para physin），而這些人是被愉悅奴役而去做這等惡事。」（636c）[11]

四、羅馬帝國統治下的猶太人看待同性情欲的態度

猶太人的祖先曾經在巴勒斯坦地區建立以色列王國（c.1020 BCE），後來分裂為北國以色列及南國猶大（931 BCE），而後北國以色列亡於亞述帝國（722 BCE），南國猶大亡於巴比倫帝國（586 BCE）。在猶大首都耶路撒

7　在羅馬社會中，只有奴隸或外國人才會從事男廟妓或男妓。在神廟性交儀式中，男香客會與男廟妓性交；許多男廟妓是被父母賣給神廟，有些甚至遭到閹割。男妓的服務對象是男恩客，這是合法工作，並且是羅馬政府稅收的大宗。在主奴關係中，男主人可以隨意與男奴隸性交。

8　Caius Musonius Rufus, ed. and trans. Cora E. Lutz, "Musonius Rufus, 'the Roman Socrates,'" *Yale Classical Studies 10* (New Haven, CT: Yale University Press, 1947), 87, 93.

9　Eva Cantarella, trans. Cormac O Cuilleanain, *Bisexuality in the Ancient World* (New Haven, CT: Yale University Press, 1992), 167.

10　Martti Nissinen, trans. Kirsi Stjerna, *Homoeroticism in the Biblical World: A Historical Perspective* (Minneapolis, MN: Fortress Press, 1998), 57-88.

11　Plato, trans. R.G. Bury, Laws, Vol. I, Book I (636c) in *Plato, Vol. X* (Loeb Classical Library 187) (Cambridge, MA: Harvard University Press, 1926), 40.

冷淪陷後，猶太人被放逐到巴比倫。後來波斯帝國滅了巴比倫帝國，居魯士大帝（Cyrus the Great）准許猶太人回歸故土（538 BCE）。從放逐到歸回的這一段期間，猶太祭司們重整法統；回歸之後，祭司們於重建的耶路撒冷聖殿中頒布經過編輯的「摩西律法」（底本假說稱為「祭司典」），將猶太精神定錨於此。猶太人對於波斯帝國的觀感，顯然有別於其他異族。一方面是猶太人感念居魯士大帝的友善，另一方面可能是在波斯的瑣羅亞斯德教（Zoroastrianism）中，關於善與惡、光明與黑暗、秩序與混亂等觀念也與猶太教近似；摩西律法中的「潔淨概念」也可能源自瑣羅亞斯德教，對男同性性行為的禁令及懲罰也與瑣羅亞斯德教雷同。

基於祭司典「分別為聖」的核心潔淨思想，猶太人把非猶太人的一切事物都視為污穢，而存在於希臘／羅馬社會中的男同性情欲現象更是直接衝突到《利未記》禁令。

公元前第二世紀，猶太人社會中出現一股「希臘化」（Hellenization）風潮，觸怒了固守傳統的猶太人。根據《瑪加伯上》（1 Maccabees）1:11-15及《瑪加伯下》（2 Maccabees）4:7-22記載，[12] 公元前175年時，安提約古厄丕法乃（Antioch Epiphanes）即位成為塞琉古帝國（Seleucid Empire，當時巴勒斯坦地區受其統治）的國王，耶路撒冷大祭司敖尼雅（Onias）的弟弟雅松（Jason）用錢買通國王而奪得大祭司位置，並把希臘人的體育館（gymnasium）蓋在耶路撒冷聖殿附近。在這些體育館裡面進行運動時是裸體的，好讓年輕男性展現健美體魄，同時一些喜歡年輕男性的年長男性也藉機在此物色對象（雖然當時法律不容許在體育館這樣做，但沒人當一回事），體育館就是少男戀的「發展場」。[13] 那些一心想要擁抱希臘文化的猶

---

12 此段落譯名係依據天主教《思高聖經》。

13 Robert Flacelliere, *Love in Ancient Greece* (Westport, CT: Greenwood Press Publishers, 1973), 65; Arno Karlen, *Sexuality and Homosexuality: A New View* (New York, NY: W. W. Norton & Company Inc., 1971), 31-32.

太人為了加入體育館，甚至想辦法掩蓋自己受過割禮的痕跡；就連祭司們都拋下聖殿的獻祭典禮，跑去體育館廝混。固守摩西律法傳統的猶太人對這種背叛現象深惡痛絕，最後在瑪加伯家族的帶領下，守護傳統的猶太人推翻塞琉古帝國，建立哈希芒王朝（Hasmonean Dynasty, 135-63 BCE），殺光所有背叛者，恢復聖殿的傳統規矩。

對忠於法統的猶太人來說，摩西律法、耶路撒冷聖殿與祭司系統都是神聖不可侵犯，必須嚴防異族、異教滲透。猶太人將非猶太人跟偶像崇拜畫上等號，異族與異教是一體之兩面。異族的生活方式、異教的崇拜儀式，都為猶太人深惡痛絕；猶太人甚至以偏概全地把所有壞事都編派給異族及異教，例如次經《智慧篇》（*Wisdom of Solomon*，完成於公元前第一世紀）在14:23-27就提到：

他們殺戮他們的兒女、獻為燔祭、開祕密會；效法外族人的癲狂、荒宴醉酒。他們不能保全生命、也不守清潔的婚姻、又彼此互相謀殺、並且實行姦淫、使人憂悶、以致波及萬人、就如：沙人、流血、偷盜、欺詐、失信、喪德、擾亂治安、違背誓約等等。並增加善人的煩惱、忘恩負義、污蔑靈魂、男女混亂、婚姻不正當、姦淫無恥、不純潔。因為他們敬拜無名的偶像、就是萬惡的因果。

在摩西律法中，道德訓令與宗教規定交織在一起，都是上帝的神聖誡命，沒得商量，真正的猶太人不會問《利未記》的某些規定為何這麼奇怪，全盤接受遵守就對了，無須爬梳分類。

雖然傳統派的猶太人極力抗拒希臘／羅馬文化，但是身處在希臘化的生活情境中，許多猶太人甚至不會講希伯來語或亞蘭語，而以希臘語為「母語」，並且接受希臘哲學教育。

在耶穌誕生前，猶太人圈子裡有一些用希臘文寫成的道德訓令作品，

如：公元前第二世紀的《阿立斯蒂亞書信》（*Letter of Aristeas*）、[14]《拿弗他利遺訓》（*Testament of Naphtali*），[15] 以及成書於公元前100年至公元100年之間的《託福西萊德名書》（*Pseudo-Phocylides*），就出現混雜揉合猶太與希臘思想的傾向，並且同聲譴責男同性性行為。

到了第一世紀，受過希臘哲學教育的猶太作家斐羅（Philo of Alexandria, 20 BCE-50 CE）企圖用希臘哲學方法來詮釋猶太教教義，將柏拉圖的「恐同宣傳」（以「違反自然」為主軸）與猶太教的傳統文本（潔淨律法及所多瑪故事）結合在一起，進一步擴大對男同性情慾的打擊；[16] 稍晚於斐羅的猶太史學家約瑟夫（Flavius Josephus, 37-100 CE）也有類似主張。

五、初代基督徒承襲猶太人的宗教道德觀

耶穌出生時，雖然瑪加伯王朝已被羅馬帝國殲滅，但是羅馬帝國把以耶路撒冷聖殿為中心的猶太教祭司系統保留下來，賦予他們統治猶太人的一部分權力（羅馬殖民策略向來是用在地人統治在地人）。耶穌就是生活在這種由羅馬殖民政權聯合猶太本土上層階級統治、強調律法傳統的時空中。

很多人對包括保羅在內的早期基督徒都有一種誤解，以為他們只是基督徒，而不是猶太教徒，但這是錯誤的想法。耶穌從未拋棄摩西律法，而是用新眼光來詮釋摩西律法，認為「愛」才是律法的核心價值。就定義上來

---

14 見：http://www.ccel.org/c/charles/otpseudepig/aristeas.htm

15 見：http://www.earlychristianwritings.com/text/patriarchs-charles.html

16 斐羅在《特別法律》（*The Special Laws*）中批評希臘人的少男戀，少男們作女性打扮還招搖過市、招蜂引蝶；要是在猶太人當中，早就按《利未記》18:22及20:13禁令把雙方（插入者與被插入者）給處死了（3:37-42）。見：http://www.earlyjewishwritings.com/text/philo/book29.html

說，耶穌自生至死都是猶太人、猶太教徒。耶穌的門徒絕大多數是猶太人、猶太教徒，他們將耶穌視同猶太教拉比，也將耶穌視為古希伯來先知應許的彌賽亞。耶穌在各地的會堂及耶穌撒冷的聖殿教訓人；他的門徒也用相同的方式來傳道。如果猶太教高層當時接受了「耶穌派」思想，今天就不會有基督教存在，因為猶太教就會等於基督教。但猶太教領袖把耶穌派看成是污染純正信仰的「異端邪說」，嚴厲對付耶穌及其門徒，沒想到基督教後來居上，最後甚至統治了整個西方世界。

耶穌挑戰握有律法詮釋權的祭司及領導階層，又引起羅馬殖民統治者的猜忌，因而招致殺身之禍。耶穌死後，繼續傳播耶穌思想的基督徒，也同樣被視為背叛者，遭到猶太教當局毫不留情的迫害。因此，耶穌的早期跟隨者都相當掙扎於自己的猶太民族宗教認同，又愛又恨。儘管如此，有一點非常確定，猶太人基督徒在生活習慣、宗教規範與道德觀念等方面並沒有偏離猶太教，唯一與其他猶太人不同的是，猶太人基督徒認為死在十字架上的耶穌就是基督（彌賽亞）。

保羅信耶穌之後，仍恪遵摩西律法，並且上聖殿獻祭。因此，要正確理解保羅的思維，不能排除猶太教的背景因素。保羅與其他猶太人基督徒的主要歧見在於，大多數猶太人基督徒認為非猶太人要得救必須先變成猶太人（遵守摩西律法、受割禮），而保羅認為非猶太人只要信耶穌，不必變成猶太人也可得救。最後，在「耶路撒冷會議」（徒15:1-21）上，耶路撒冷教會的領袖雅各（耶穌的弟弟）聽從保羅與彼得的建議，放寬對非猶太人信徒的限制。

今日的基督徒往往宣稱他們以聖經為依歸，但事實上他們大部分價值觀不是來自聖經，而是來自他們所屬的文化與環境。同樣的道理，與斐羅、約瑟夫生於同時代的保羅，會不會跟這些猶太作家們有相似的思維，而那其實並不符合耶穌基督的教導呢？

六、寫給羅馬教會的信：何為「自然（本性）」？

羅馬教會不是保羅建立，所以他在整卷《羅馬書》中沒有評論羅馬教會。為了同時贏得猶太人與非猶太人的信任，他在1:18-32做了巧妙的鋪陳：先批評非猶太人的偶像崇拜文化，取得猶太人的贊同；接著以不指名道姓的方式，批評猶太人自以為義；最後提出結論——猶太人與非猶太人都一樣會犯罪，虧缺上帝的榮耀，但是只要「心裡相信，就可以稱義；口裡承認，就必得救」。

《現代中文譯本修訂版》	《新標點和合本》
18人的不虔（asebeian）不義（adikian）蒙蔽了真理，上帝就從天上啟示他的義憤。19上帝懲罰他們；因為關於他的事，人可以知道的，已經清清楚楚地擺在他們眼前，是上帝親自向他們顯明的。20上帝那看不見的特性，就是他永恆的大能和神性，其實從創世以來都看得見，是由他所造的萬物來辨認出來的。所以人沒有什麼藉口。21他們雖然知道上帝，卻不把榮耀歸給他，也不感謝他；他們的思想荒唐，心智暗昧。22他們自以為聰明，其實是愚蠢。23他們不敬拜永生的上帝，反而去拜偶像，就是那些仿照必死的人、飛禽、走獸、爬蟲等形狀所製造出來的。	18原來，上帝的忿怒從天上顯明在一切不虔（asebeian）不義（adikian）的人身上，就是那些行不義阻擋真理的人。19上帝的事情，人所能知道的，原顯明在人心裏，因為上帝已經給他們顯明。20自從造天地以來，上帝的永能和神性是明明可知的，雖是眼不能見，但藉著所造之物就可以曉得，叫人無可推諉。21因為，他們雖然知道上帝，卻不當作上帝榮耀他，也不感謝他。他們的思念變為虛妄，無知的心就昏暗了。22自稱為聰明，反成了愚拙，23將不能朽壞之上帝的榮耀變為偶像，彷彿必朽壞的人和飛禽、走獸、昆蟲的樣式。
24所以，上帝任憑他們隨着心裏的欲念（epithymiais）做下流的事（akatharsian），彼此玷污自己的身體。25他們放棄了上帝的真理，寧願接受虛謊；他們敬奉被造之物，而不敬奉造物之主－他是永遠該受讚美的，阿們！	24所以，上帝任憑他們逞着心裏的情欲（epithymiais）行污穢的事（akatharsian），以致彼此玷辱自己的身體。25他們將上帝的真實變為虛謊，去敬拜事奉受造之物，不敬奉那造物的主－主乃是可稱頌的，直到永遠。阿們！
26因為這樣，上帝任憑他們放縱自己的情欲（pathē atimias）；不但女人以反自然的（para physin）性行為替代（metēllaxan）自然的（physikēn）性關係，27男人也放棄（aphentes）跟女人自然的（physikēn）性關係，彼此欲火中燒，男人跟男人做可恥的（aschēmosynēn）事，結果招來這種敗行（planēs）所應得的懲罰（antimisthian）。	26因此，上帝任憑他們放縱可羞恥的情欲（pathē atimias）。他們的女人把順性的（physikēn）用處變為（metēllaxan）逆性的（para physin）用處；27男人也是如此，棄了（aphentes）女人順性的（physikēn）用處，欲火攻心，彼此貪戀（orexei），男和男行可羞恥的（aschēmosynēn）事，就在自己身上受這妄為（planēs）當得的報應（antimisthian）。

445

《現代中文譯本修訂版》	《新標點和合本》
28既然人認為不必承認上帝，上帝就任憑他們存著敗壞的心，做那些<u>不該做的事</u>（*ta mē kathēkonta*）。29他們充滿着各樣的不義、邪惡、貪婪、毒行；也充滿着嫉妒、凶殺、爭鬥、詭詐，和陰謀。他們造謠，30彼此毀謗。他們憎恨上帝，互相侮辱，傲慢，自誇，惹是生非，不孝順父母，31喪盡天良，言而無信，沒有愛心，沒有同情心。32他們知道，按照上帝的命令，凡做這種事的人是該死的；可是，他們不但自己這樣做，也贊同別人這樣做。	28他們既然故意不認識上帝，上帝就任憑他們存邪僻的心，行那些<u>不合理的事</u>（*ta mē kathēkonta*）；29裝滿了各樣不義、邪惡、貪婪、惡毒；滿心是嫉妒、凶殺、爭競、詭詐、毒恨；30又是讒毀的、背後說人的、怨恨上帝的、侮慢人的、狂傲的、自誇的、捏造惡事的、違背父母的、31無知的、背約的、無親情的、不憐憫人的。32他們雖知道上帝判定行這樣事的人是當死的，然而他們不但自己去行，還喜歡別人去行。

　　分析《羅馬書》1:18-32這一段經文，必須由外向內、由大而小。首先，整段論述都是放在「偶像崇拜」這個大架構底下。在猶太人眼中，非猶太人的一切都是偶像崇拜。保羅是猶太人，想法自不例外。其次，在這一段經文中可以看見保羅受希臘思想影響的痕跡，因為*epithymiais*、*pathē atimias*、*orexei*、*ta mē kathēkonta* 都是希臘哲學（斯多亞主義）的語彙。[17]

　　本段經文的關鍵詞是「違反自然（逆性）」（*para physin*）。本文先前已提及這是柏拉圖的用語，受到希臘哲學影響的猶太作家也常用這個詞。「*para*」是「相反、相對」之意，至於「*physis*」則隨著不同時代而有不同定義。在柏拉圖與亞里斯多德的思想中，「*physis*」指涉某種原初本質或力量；與之相對的詞彙是「*nomos*」，包含人為的法律、習俗、規則等。如果粗略地轉換成現代語言來說，「*physis*」與「*nomos*」的關係，大約就是「nature」與「nurture」、「先天」與「後天」的關係。《和合本》將「*physis*」譯為「（本）性」，《現代中文譯本修訂版》則譯為「自然」。從古至今，人們往往會把「*nomos*」（常規）視為「*physis*」（本性），把自己習以為常的事情當成天經地義。

17　Martti Nissinen, trans. Kirsi Stjerna, *Homoeroticism in the Biblical World: A Historical Perspective* (Minneapolis, MN: Fortress Press, 1998), 104.

寫於公元前第二世紀的猶太人作品《拿弗他利遺訓》告誡讀者要效法日月星辰的恆常不變，遵守上帝的誡命，並批評所多瑪人的作為是「改變他們的本性」（enēllaxe taxin physeōs autēs）（3:4）。[18]

寫於公元前一世紀到公元第一世紀之間的猶太人作品《託福西萊德名書》，也批評男同性性行為（3, 190-191），訴諸「自然律」（190-191），並呼籲為人父母者要保護兒子不受少男戀污染（213-214）。在原文中，男同性性行為以「愛神的性交」（arsena Kyprin orinein）來代稱；[19] 而提到女人仿效男人的性角色時，原文是「lekhos andron」（192），「lekhos」與「andron」分別指「床」與「男人」，意思是「學男人扮演主動者／插入者」。[20]

與保羅同時代的猶太作家斐羅在《論亞伯拉罕》（On Abraham）中說，所多瑪的男人們太縱欲，彼此換妻還不夠，進一步還男男彼此交合，違反「自然律」（physeōs nomon, law of nature），把男人當成女人用，所以男人得了「女性化的病」，導致無法生育（135-136）。[21] 在《論沉思生活或祈求》（On the Contemplative Life or Supliants）中，他批評柏拉圖與色諾芬作品中的飲酒宴（symposia）是在粉飾少男戀這種墮落現象，並重提男女交合是「自然律」（nomois physeōs），男男交合會導致女性化的病及不孕（59-62）。[22] 斐羅不僅把「physis」與「nomos」混用，還高舉生殖繁衍的神聖任務。

比斐羅稍晚出生的約瑟夫在《駁愛皮安》（Against Apion）中說：「我們的婚姻法律是什麼？除了夫妻為了生育而順應本性（kata physin）交合之

---

18 見：http://khazarzar.skeptik.net/books/test_12g.htm
19 愛神 Aphrodite 也被稱為 Cypris，因為傳說她出生於 Cyprus（塞浦路斯島）。
20 Pieter Willem van der Horst, "Pseudo-Phocylides: A New Translation and Introduction," in *The Old Testament Pseudepigrapha* vol. 2 (J. H. Charlesworth ed.) (New Haven, CT: Yale University Press, 1985), 565-582.
21 Philo, trans. F. H. Colson, *Philo Vol. VI, On Abraham. On Joseph. On Moses.* (Loeb Classical Library 289) (Cambridge, MA: Harvard University Press, 1935), 70.
22 Philo, trans. F. H. Colson, *Philo Vol. IX, On the Contemplative Life or Supliants.* (Loeb Classical Library 363) (Cambridge, MA: Harvard University Press, 1941), 146-148.

外，摩西律法不認可其他性關係，厭惡男人與另一個男人的性關係，並以死刑處罰之。」（2.199）[23]

保羅使用了跟柏拉圖及受希臘文化影響的同時代作家們一樣的語彙「*para physin*」，這不是巧合，因為他生活在希臘文化情境之下，對希臘哲學也不陌生（徒17:16-34，林前1:19-25）。那麼，保羅理解的「本性」是什麼？我們來看看他在其他經文中如何使用「本性」（*physis*）這個字：

外邦人沒有法律；但是當他們本著天性（*physei*）做了合乎法律的事，他們就是自己的法律，雖然他們並沒有法律。（羅馬書2:14）

而且那本來（*ek physeōs*）未受割禮的，若能全守律法，豈不是要審判你這有儀文和割禮竟犯律法的人麼？（羅馬書2:27，和合本）

你是從那天生的（*kata physin*）野橄欖上砍下來的，尚且逆著性（*para physin*）得接在好橄欖上，何況這本樹（*kata physin*）的枝子，要接在本樹上呢！（羅馬書11:24，和合本）

你們的本性（*physis*）不是指示你們，男人留長頭髮是他的羞辱（*atimia*）。（哥林多前書11:14）

我們這些人生下來（*physei*）就是猶太人，不是外邦罪人。（加拉太書2:15）

---

23 見：http://www.perseus.tufts.edu/hopper/text?doc=Perseus%3Atext%3A1999.01.0215%3Abook%3D2%3Awhiston+section%3D25

但從前你們不認識上帝的時候，是給那些本來（*physei*）不是神的作奴僕。（加拉太書4:8，和合本）

我們從前也都在他們中間，放縱肉體的私欲，隨著肉體和心中所喜好的去行，本為（*physei*）可怒之子，和別人一樣。（以弗所書2:3，和合本）

對現代讀者而言，將「生下來就是猶太人」（種族）、「本來未受割禮的人」（種族）與「天生的野橄欖」（遺傳）稱為「本性」，都算有理。但是，當保羅說「男人留長髮不合本性」、「非猶太人順著本性遵守律法」時，現代讀者就難以理解怎會跟「本性」扯上關係；「頭髮長度」頂多跟「社會風俗」有關，至於「遵守（摩西）律法」也跟「本性」有關？真是不知所云。

前文提及，人們往往會把「*nomos*」（常規）視為「*physis*」（本性），把自己習以為常的事情當成天經地義。保羅認知的「本性」受限於他的經驗，所以不能拿來與現代人理解的「自然」相提並論。畢竟，在伽利略與哥白尼之前，中世紀天主教會也斷定太陽繞著世界運轉才是「自然」。人類對於「本性」或「自然」的認識與理解，本來就會改變、演進。保羅以為不是（或不知道是）上帝創造的事物，不代表就真的不是上帝創造的。對生活在兩千年前的保羅及其他作家而言，人類「本性」就是異性交合。但是二十世紀以來的性學、醫學研究都一致顯示，被異性或同性吸引的「性傾向」是人類與生俱來的「本性」，無法改變（許多宣稱從同性戀變成異性戀的例子，事後都被證實若非原本就是雙性戀，就是根本自欺欺人）。科學家也發現，異性相吸並不是自然界動物的「唯一」本性，人類以外的許多動物都有同性伴侶現象。[24] 勉強「天生」不受異性吸引的人去跟異性交合，才真正是「違反自然，不合本性」。

聖經學者詹寧斯（Theodore Jennings）提出另一種見解：[25] 保羅說他們的女人違背本性，但沒有說這些女人是從事女同性性行為，只有他們的男人才涉及男同性性行為。保羅舉的例子必定是羅馬教會信徒耳熟能詳，所以「他們的女人」是羅馬宮廷中的那些名女人（多半是后妃），她們以淫亂的性生活（豢養男寵）及凶狠的暗殺手段（殺夫殺子）著稱，顯然違反當時一般人預設女性應有的溫順弱勢被動角色。另一方面，羅馬帝國的男性統治者除了同樣荒淫無度之外，多數都有不只一個男性情人，某些皇帝還舉辦常設性的雜交派對。這些「他們的女人」和「他們的男人」不正是異族、異教、又違反本性嗎？

另一個更特別的說法見於1855年出版的《神學歷史雜誌》（*Zeitschrift für die historische Theologie*）第25卷第453頁。希爾根菲德（Adolf Hilgenfeld）主張，由於在馬吉安（Marcion, 85-160 CE）選編的聖經中，《羅馬書》並沒有1:18-32這一段，因此這一段經文有可能並不存在與原始的保羅書信，而是猶太人基督徒為了誹謗非猶太人所另行插入的段落。[26]

綜上，保羅在《羅馬書》1:18-32真正要主張的是：上帝厭惡非猶太人的偶像崇拜以及相應而生的敗壞行為。只是很不巧地，保羅把同性性行為當成其中一個例子，並依循希臘、羅馬、猶太的思想將同性性行為說成「違背本性」。

反同基督徒很喜歡這一段經文，因為他們認為這一段經文不只譴責男同性戀，還譴責了女同性戀。保羅過世已將近兩千年，他顯然不明白「同性戀」也是「本性」。即使保羅認定人類「本性」就是男女結合、生兒育女，但對保羅來說，連結婚都不重要了，更何況是生育？

---

24 Bruce Bagemihl, *Biological Exuberance: Animal Homosexuality and Natural Diversity* (New York, NY: St. Martin's Press, 2000).

25 Theodore W. Jennings, *Plato or Paul? The Origins of Western Homophobia* (Cleveland, OH: The Pilgrim Press, 2009), 141-152.

26 見：http://www.williamapercy.com/wiki/index.php?title=Early_HELLENISTIC_JUDAISM

七、寫給哥林多教會與提摩太的信：
何為「*malakos*」？何為「*arsenokoitēs*」？

其他常被反同基督徒拿來作文章的「保羅書信」經文是《哥林多前書》6:9及《提摩太前書》1:10，前者出現兩個希臘字「*malakos*」、「*arsenokoitēs*」，後者也用了「*arsenokoitēs*」。《和合本》及《現代中文譯本修訂版》都把「*malakos*」翻成「變童」，把「*arsenokoitēs*」翻成「親男色」。一些二十世紀的英文聖經版本還乾脆把這兩個字合併翻成「the homosexuals」；底下詳細剖析這兩段經文的來龍去脈。

（一）「罪」的清單

《哥林多前書》6:9-10及《提摩太前書》1:9-10都是所謂「罪的清單」（list of sins）。「保羅書信」經常出現這種寫法，例如：《哥林多前書》5:10及5:11、《羅馬書》1:29-31、《加拉太書》5:19-23、《歌羅西書》3:18-4:1、《以弗所書》5:21-6:9、《提摩太後書》3:1-5。這種體例不是保羅發明的，其他新約聖經作者（如：彼前4:3）以及保羅前後時代的猶太及希臘羅馬作家們都用過（如：《智慧篇》與《託福西萊德名書》都有，斐羅更在《論亞伯與該隱的獻祭》〔*On the Sacrifices of Abel and Cain*〕中列了147種罪）。

（二）《哥林多前書》6:1-11的背景

《哥林多前書》6:1-11要處理的是哥林多教會信徒之間的糾紛。保羅責備他們將彼此之間的糾紛告到「不義的人／不信主的人」（*adikōn*）面前去（6:1），保羅認為這非常可恥，因為信徒本應審判他人，如今寧願找「不信主的人」（*apistōn*）來審判自己人（6:6），也不願「受欺／受冤枉」（*adikeisthe*）（6:7）。接著他說「不義的人／邪惡的人」（*adikoi*）不能承

受上帝國（6:9），他們會做一連串的惡事（6:9-10）。中文讀者受限於翻譯，往往不知道其實6:1「不義的人／不信主的人」、6:7「受欺／受冤枉」跟6:9「不義的人／邪惡的人」都是相同希臘字「adikos」，意義是「不守上帝律法」（摩西律法）。

對猶太人來說，不守上帝律法的人，就是不信上帝的人，也就是非猶太人。保羅自己是猶太人，他很清楚猶太人的標記就是守上帝的律法；因此保羅所謂不守上帝律法的人，是指非猶太人，不包括猶太人。至於非猶太人信了耶穌後，在保羅心目中就視同意義上的猶太人，不再算是不守上帝律法的人。換言之，保羅在《哥林多前書》6:9-10指涉的對象是沒有信耶穌的非猶太人，6:11指出哥林多教會有些信徒以前也犯過這些「不守上帝律法」的人所做的惡事，就是佐證。

另外，在《哥林多前書》6:9-10被中文聖經翻成「淫亂」（pornoi）的希臘字原意是「男妓」，可引申為「耽溺於未婚性關係或婚外性關係之男人（縱欲男人）」之意，[27] 而譯作「姦淫」（moichoi）的希臘字則是「與有夫之婦性交之男人（姦夫）」。

---

27 在希臘文中，「porné」（陰性名詞）是「妓女」，「pornos」（陽性名詞）則是「男妓」或「縱欲男人」。在《哥林多前書》6:9出現的「pornoi」及《提摩太前書》1:10出現的「pornois」都是陽性名詞。

《現代中文譯本修訂版》	《新標點和合本》
1你們信徒間，如果有爭論的事，怎麼敢告到不信主的（adikōn）法官面前去，而不讓信徒（hagiōn）替你們解決呢？2難道你們不知道信徒要審判世界嗎？你們既然要審判世界，難道沒有能力解決那些小事情嗎？3你們不知道我們要審判天使嗎？何況世上的事呢？4那麼，如果有這一類的糾紛，你們要讓那些不足為教會所重視的人來處理呢？5多麼可恥啊！難道在你們當中竟然沒有一個智慧人能夠替信徒們解決糾紛嗎？6你們當中竟然有信徒控告信徒的事，而且告到不信主的人（apistōn）面前去！7你們彼此告狀，這證明你們是完全失敗的。為什麼不寧願受點冤枉（adikeisthe）？為什麼不甘心吃點虧？8你們竟彼此冤枉人，互相虧負，連對自己的同道們也是這樣。9難道你們不知道邪惡的人（adikoi）不能作上帝國的子民嗎？不要欺騙自己呀！凡是淫亂（pornoi），拜偶像，姦淫（moichoi），作變童（malakoi），親男色（arsenokoitai），10盜竊，貪婪，酒醉，毀謗人，或勒索人的，都不能作上帝國的子民。	1你們中間有彼此相爭的事，怎敢在不義的人（adikōn）面前求審，不在聖徒（hagiōn）面前求審呢？2豈不知聖徒要審判世界嗎？若世界為你們所審，難道你們不配審判這最小的事嗎？3豈不知我們要審判天使？何況今生的事呢？4既是這樣，你們若有今生的事當審判，是派教會所輕看的人審判嗎？5我說這話是要叫你們羞恥。難道你們中間沒有一個智慧人能審斷弟兄們的事嗎？6你們竟是弟兄與弟兄告狀，而且告在不信主的人（apistōn）面前7你們彼此告狀，這已經是你們的大錯了。為什麼不情願受欺（adikeisthe）呢？為什麼不情願吃虧呢？8你們倒是欺壓人、虧負人，況且所欺壓所虧負的就是弟兄。9你們豈不知不義的人（adikoi）不能承受神的國嗎？不要自欺！無論是淫亂的（pornoi）、拜偶像的、姦淫的（moichoi）、作變童的（malakoi）、親男色的（arsenokoitai）、10偷竊的、貪婪的、醉酒的、辱罵的、勒索的，都不能承受神的國。

（三）《提摩太前書》1:3-11的背景

雖然許多聖經學者認為《提摩太前書》不是出自保羅之手，但《提摩太前書》1:3-11譴責的「不正確的教義」（荒唐的傳說和冗長的族譜）顯然是指「要求非猶太人基督徒遵守摩西律法」，倒也符合保羅思想。《提摩太前書》的作者認為（摩西）律法（nomos）原是好的，而摩西律法禁絕1:9-10的這些惡事。從書信本身內容看不出來1:9-10的罪名跟收信人有無關聯，只能確認跟「義人／好人」（dikaiō）無關。「adikos」跟「dikaios」都是從「diké」衍生的字；而「diké」在希臘文的原義是「習俗、正當」，演變出「上帝眼中的義」的意思。

《現代中文譯本修訂版》	《新標點和合本》
9當然，我們要了解這一點：法律（*nomos*）不是為好人（*dikaiō*）制定的，而是為那些不法（*anomois*）、不受管束（*anypotaktois*）、不敬虔（*asebesi*）、犯罪（*hamartōlois*）、藐視宗教（*anosiois*）、貪戀世俗（*bebēlois*）、弒父殺母（*patrolōais kais mētrolōais*）、謀殺（*androphonois*）、10淫亂（*pornois*）、親男色的（*arsenokoitais*）、拐騙（*andrapodistais*）、撒謊（*pseustais*）、作假證（*epiorkois*）、違反健全教義（*hygiainousē didaskalia antikeitai*）等一類的人。	9因為律法（*nomos*）不是為義人（*dikaiō*）設立的，乃是為不法（*anomois*）和不服的（*anypotaktois*）、不虔誠（*asebesi*）和犯罪的（*hamartōlois*）、不聖潔（*anosiois*）和戀世俗的（*bebēlois*）、弒父母（*patrolōais kais mētrolōais*）和殺人的（*androphonois*），10行淫（*pornois*）和親男色的（*arsenokoitais*）、搶人口（*andrapodistais*）和說謊話的（*pseustais*），並起假誓的（*epiorkois*），或是為別樣敵正道的事（*hygiainousē didaskalia antikeitai*）設立的。

《提摩太前書》1:10的「行淫」（*pornois*）與《哥林多前書》6:9的「淫亂」（*pornoi*）是同一個希臘字，意為「男妓」或「縱欲男人」。而《提摩太前書》1:10的「搶人口」（*andrapodistais*）是指「人口販子」，他們會強逼自由人為奴隸（電影《神鬼戰士》就有這樣的情節）及偷走他人奴隸者。

（四）「*malakos*」

中文聖經譯作「變童」的希臘字「*malakos*」原意是「軟」（soft），可以是實體上的軟，也可以是象徵上的軟。《馬太福音》4:23、9:35、10:1用此字指「疾病」（象徵意義）；而《馬太福音》11:8則指「細軟」的衣服（實體意義）。「*malakos*」的字義有幾種可能解釋：「男妓」、「少男戀中的少男」、「陰柔男人」、「懦弱男人」。

「變童」在中文的意思是「提供男性顯貴性服務的年輕貌美男子」，[28] 即

---

28 紀曉嵐《閱微草堂筆記》：「雜說變童始黃帝」。梁簡文帝《變童》：「變童嬌麗質，踐童復超瑕。羽帳晨香滿，珠簾夕漏賒；翠被含鴛色，雕床鏤象牙。妙年同小史，姝貌比朝霞。」張岱《西湖七月半》：「亦船亦樓，名娃閨秀，攜及童變，笑啼雜之，環坐露台，左右盼望，身在月下而實不看月者。」《閱微草堂筆記·灤陽消夏錄三》：「有書生變一變童，相愛如夫婦，鄭板橋的小童王鳳性敏貌美、深得鄭板橋喜愛，優伶王稼長得「妖豔絕世，舉國趨之若狂。」

「男妓」。不過，古希臘作家們提及「男妓」時，用字是「*kinaidos*」，而非「*malakos*」。雖然有些作家用「*malakos*」來描述男妓的神態樣貌，但都是當形容詞用，而非專有名詞。換言之，「*malakos*」不等於男妓。

在保羅前後的時代，柏拉圖與其他希臘作家稱呼少男戀關係中的少男為「*erōmenos*」，沒有人把「*malakos*」當成稱呼少男的專有名詞。[29] 與保羅同時代的希臘作家普魯塔克，在《論愛》（*Dialogue on Love*）中同時用「*malakos*」及「*thēlytēs*」來批評少男戀中的少男（751C-E）。不過「*thēlytēs*」已是「女性化」之意，而普魯塔克在其他句子中用「*malakos*」來形容「被女人美色吸引的男人」（753F），可見他是用「*malakos*」來描述「軟弱」、「耽溺」，而非「陰柔」。[30]

跟保羅同時代的羅馬作家慕索尼烏斯，也在多部作品中用到「*malakos*」一字，都是取其「軟弱」、「好逸惡勞」之意，而無「陰柔」之意。[31]

猶太作家斐羅在《特別法律》（*The Special Laws*）中批評男人重新接納與他人通姦的妻子是「軟弱」（*malakias*）且「沒種」（*anadrias*）（3.31）；在批評他最厭惡的男同性性關係時，他反而不曾用過「*malakos*」（3.37-39）。

基督教會的初代教父們也常用「*malakos*」來表達「流動」、「懦弱」、「精緻」、「軟弱」、「溫柔」、「雜交」、「縱慾」……等意義。教父耶柔米於公元405年完成的《武加大譯本》用拉丁字「*mollis*」（軟弱）而非「*effeminati*」（陰柔）來翻譯《哥林多前書》6:9的「*malakos*」。比較

29 Dale B. Martin, "*Arsenokoitês and Malakos: Meanings and Consequences*," in *Biblical Ethics & Homosexuality*, ed. *Robert L. Brawley* (Louisville, KY: Westminster John Knox Press, 1996), 124-128.

30 Martti Nissinen, trans. Kirsi Stjerna, *Homoeroticism in the Biblical World: A Historical Perspective* (Minneapolis, MN: Fortress Press, 1998), 84.

31 Theodore W. Jennings, *Plato or Paul? The Origins of Western Homophobia* (Cleveland, OH: The Pilgrim Press, 2009), 81.

特別的是，中世紀教會還把《哥林多前書》中的「*malakos*」解釋成「自慰」。[32]

就算保羅討厭非猶太人文化的男妓或少男戀，但他寫下「*malakos*」時是否真的意指男妓或少男戀？從以上各種文本分析來看，機會不高。

綜上，古希臘羅馬或猶太作者們用「*malakos*」這個字時，是用來描述「氣質」或「性格」，而不是「身分」。男妓及少男戀中的少男或許都有「*malakos*」的氣質，但「*malakos*」本身的字義，既非男妓，也非少男戀中的少男；比較可能的字義是「陰柔男人」或「懦弱者」、「好逸惡勞者」，《和合本》與《現代中文譯本修訂版》用「變童」來翻譯「*malakos*」並不正確。

（五）「*arsenokoitēs*」

在目前已知的古希臘文作品中，保羅是第一個寫出「*arsenokoitēs*」的人，這字非常可能是他自創。整本聖經中只有《哥林多前書》6:9與《提摩太前書》1:10用到「*arsenokoitēs*」，與保羅同時期的猶太人作家（如斐羅、約瑟夫）都沒有用過這個字。不論這個字真正的意義為何，顯然不是當時會說希臘語的猶太人文化圈中所通用、共識的字彙。

古希臘作家描述男同性情欲關係時，柏拉圖用的是「*erastēs*」與「*erōmenos*」，亞里斯多德（Aristotle, 384-322 BCE）則用「*aphrodision tois arresin*」（對男人的愛）。不管柏拉圖與亞里斯多德再怎麼討厭男同性情欲，視之為「違反本性」，他們都從未使用「*arsenokoitēs*」來描述男同性情欲關係中的任一方。

保羅時代通用的希伯來聖經版本是希臘文的《七十士譯本》（Septuagint）。《七十士譯本》將《利未記》18:22「不可與男人苟合，像

32　John Boswell, Christianity, *Social Tolerance, and Homosexuality* (Chicago, IL: University of Chicago Press, 1980), 107, 339.

與女人一樣；這本是可憎惡的。」譯為「*kai meta <u>arsenos</u> ou koimēthēsē <u>koitēn</u> gynaikos bdelygma gar estin*」，20:13「人若與男人苟合，像與女人一樣，他們二人行了可憎的事，總要把他們治死，罪要歸到他們身上。」譯為「*kai os an koimēthē meta <u>arsenos koitēn</u> gynaikos bdelygma epoiēsan amphoteroi thanatousthōsan enochoi eisin*」。其中「*arsenos*」是「男性」；而「*koitēn*」是「床」，引申為「插入陽具」。有些學者據此推論，保羅引用《七十士譯本》語句來造出「*arsenokoitēs*」這個字。[33] 相關的證據是，第二到三世紀之間，也有猶太拉比根據《利未記》20:13希伯來文的「床」（*miš·kə·ḇê*）跟「男性」（*zā·ḵār*）創了「*miš·kə·ḇê zā·ḵār*」一詞，用來指涉「從事男同性性行為者」。這樣看來，保羅自行造字及此字指向男同性性行為的可能性不低。[34] 另外前文提及的《託福西萊德名書》也有「*lekhos andron*」的類似表達法，不過是指女人扮演如同男人的性角色，與男同性性行為無關。在《七十士譯本》的希臘文原句子結構上，「*meta arsenos*」是一個片語（*meta* 的受詞是 *arsenos*），「*koitēn gynaikos*」是另一個片語（*koitēn* 的受詞是 *gynaikos*），從兩個片語各取一部分來造字，即使不是全無可能，也不常見。大多數學者都同意，「*arsenokoitēs*」確實是意義指向男同性性行為的組合字，但無法確認到底是指「插入他人的男人」或「被他人插入的男人」。[35]

　　要破解「*arsenokoitēs*」字謎，只能回到它出現的脈絡中。首先讓我們回顧保羅如何安排此字出場。《哥林多前書》6:9-10的一串罪名依序編排如下：

pornoi（淫亂的）、*eidōlolatrai*（拜偶像的）、*moichoi*（姦淫的）、

33　David F. Wright, *"Homosexuals or Prostitutes." Vigiliae Christianae* 38 (1984): 125-153.

34　Steven Greenberg, *Wrestling with God and Man: Homosexuality in the Jewish Tradition* (Madison, WS: University of Wisconsin Press, 1999), 68.

35　Martti Nissinen, trans. Kirsi Stjerna, *Homoeroticism in the Biblical World: A Historical Perspective* (Minneapolis, MN: Fortress Press, 1998), 114-116.

malakoi、*arsenokoitai*（？）、*kleptai*（偷竊的）、*pleonektai*（貪婪的）、*methysoi*（醉酒的）、*loidoroi*（辱罵的）、*harpages*（勒索的）

其中「*pornoi*」（男妓；縱欲男人）、「*moichoi*」（姦夫）、「*malakoi*」（懦弱、好逸惡勞）都在前文解析過了。雖然「*arsenokoitēs*」可能與前面幾項有關，但也可能與後面幾項有關。

另一方面，《提摩太後書》1:9-10的編排順序如下：

anomois（不法）和*anypotaktois*（不服的），*asebesi*（不虔誠）和 *hamartōlois*（犯罪的），*anosiois*（不聖潔）和*bebēlois*（戀世俗的），*patrolōais kais mētrolōais*（弒父母），*androphonois*（殺人的），*pornois*（行淫），*arsenokoitais*（？），*andrapodistais*（搶人口），*pseustais*（說謊話的），*epiorkois*（起假誓的），*hygiainousē didaskalia antikeitai*（敵正道的事）

《提摩太前書》1:9-10列出的罪名，有學者認為剛好對應摩西律法的十誡：「不法和不服，不虔誠和犯罪」對應「我是你的上帝、不可信仰別神、不可拜偶像」；「不聖潔和戀世俗」對應「不可濫用上帝之名」及「守安息日」；「弒父母」對應「尊敬父母」；「殺人」對應「不可謀殺」；「行淫」對應「不可姦淫」；「搶人口」對應「不可偷盜」；「說謊話的，並起假誓的」對應「不可作假見證」；至於「*arsenokoitēs*」對應哪一誡？這就需要考據了。[36] 如果考量到前文所述「義人」及「不守上帝律法的人」之背景概念，將這些罪名與十誡做對照就言之成理。

36　Martti Nissinen, trans. Kirsi Stjerna, *Homoeroticism in the Biblical World: A Historical Perspective* (Minneapolis, MN: Fortress Press, 1998), 114.

也有學者將《提摩太前書》1:9-10的罪名做分組以便看出其中邏輯：[37]

A組	不法 anomois	不服 anypotaktois		同義
B組	不虔誠 asebesi	犯罪 hamartōlois		同義
C組	不聖潔 anosiois	戀世俗 bebēlois		同義
D組	弒父 patrolōais	弒母 mētrolōais	殺人 androphonois	同屬性
E組	行淫 pornois	? arsenokoitais	搶人口 andrapodistais	同屬性
F組	說謊話 pseustais	起假誓 epiorkois		同義

這樣的分組暗示「arsenokoitēs」與「行淫」（男妓；縱欲男人）及「搶人口」有所關聯。性產業與人口販子的共生關係，自古皆然。殉道者游斯丁（Justin Martyr, 100-165 CE）在他的《第一辯護》（The First Apology）中的第27章就提到羅馬人將小孩（不分男女）賣到妓院。[38]

在另一些提供「罪的清單」的古籍中也出現「arsenokoitēs」。成書於第二世紀的《約翰行傳》（Acts of John）作如下編排（36）：[39]

pharmakos（下毒）、periergos（行邪術）、harpax（強盜）、aposterētēs（詐欺）、arsenokoitēs（？）、kleptēs（偷竊）、hoposoi toioutou chorou hyparchontes（其他類似的事）

提奧非羅（Theophilus of Antioch）寫的《致奧圖利克書》（Ad Autolycum, c.180 CE）則是這樣的次序（I.2）：[40]

37　Justin R. Cannon, The Bible, Christianity, & Homosexuality (2012), 15-19. 取自：www. inclusiveorthodoxy.org
38　見：http://www.newadvent.org/fathers/0126.htm
39　見：http://khazarzar.skeptik.net/books/a_jo_thg.htm
40　見：http://khazarzar.skeptik.net/books/theophig.htm

moichos（通姦）、*pornos*（賣淫）、*kleptēs*（偷竊）、*harpax*（強盜）、
aposterētēs（詐欺）、*arsenokoitēs*（？）、*hybristēs*（粗野）、*loidoros*（辱
罵）、*orgilos*（易怒）、*phthoneros*（嫉妒）、*alazōn*（自誇）、*hyperoptēs*
（自大）、*plēktēs*（暴力）、*philargyros*（貪財）、*goneusin apeithēs*（違
逆父母）、*ta tekna sou poleis*（販賣子女）

由上可知，並非所有作者都把「*arsenokoitēs*」放在與性有關的罪名旁邊，
反倒與詐欺、偷竊、粗野並列。雖然排序未必能解釋字義，但值得參考。[41]

保羅死後沒多久，進入第二世紀，羅馬皇帝哈德良將男友安提諾烏斯宣告
為神祇的舉動觸怒許多猶太人及基督徒作家，他們紛紛在作品中拉高分貝批判
「男同性性行為」，因而這個時期提供了不少可供與保羅書信對照的文本。

首先看同樣用到「*arsenokoitēs*」的作品。第二世紀初的基督教作品
《亞里士太底護教論》（*Apology of Aristides*, 120-130 CE）中同時批判
「*arrenomaneis*」（戀男者）（IX）及「*arsenokoitias*」（XIII），從脈絡來
看，「*arsenokoitias*」指向「男同性性行為」，但引用的典故是宙斯施加在蓋
尼米迪身上的惡行，因此是「誘姦少男」之意。[42]

第二世紀末，教父希坡呂托斯（Hippolytus, 170-236 CE）在《駁斥異
端》（*The Refutation of All Heresies*）中提到，魔鬼「Naas」引誘欺騙夏娃
並誘姦她，又把亞當捉來當「男奴」（類似宙斯強姦蓋尼米迪的情節），
從此世上有了「*moicheia*」（通姦）與「*arsenokoitia*」。二十世紀初的譯者

41　許多近期學者或論者都提到《西貝爾神論》（*Sibylline Oracles*）中用到
　　「*arsenokoitēs*」一字，但本文作者查閱多種《西貝爾神論》版本，此文獻中雖有提到
　　男同性性行為，但未發現使用「*arsenokoitēs*」一字，或許是這些學者及論者們交互引
　　用以至於發生錯誤。

42　J. Rendel Harris (trans.), *The Apology of Aristides on Behalf of the Christians* (London:
　　Cambridge University Press, 1893), 105, 109.

將「*arsenokoitia*」譯為「sodomy」，[43] 近期譯者則改譯為「male sex with a passive male partner」。[44]

進入第三、四世紀，教父優西比烏（Eusebius of Caesarea, c.260/265-c.339/340 CE）在《福音預備》（*Preparation of the Gospel*）中提到東方人會將「*arsenokoitēs*」處死，但希臘人可以合法擁有「*erōmenos*」（少男）。可見，「*arsenokoitēs*」不僅指向從事「男同性性行為」之人，也暗示著「*arsenokoitēs*」的性對象是少男／被動者（6.10.25）。[45] 優西比烏在《福音證明》（*Demonstration of the Gospel*）中也提到摩西律法禁止且處死「*moicheuein*」（通姦）及「*arsenokoitein*」之人（4.10.6）（利20:10，20:13），「*arsenokoitein*」同樣指向「男同性性行為」。[46]

接著，讓我們比對那些明確提到男同性性行為、卻沒有使用「*arsenokoitēs*」這個字的猶太教或基督教作品。

與保羅同時代的猶太學者斐羅與約瑟夫都認為所多瑪城是由於男同性性行為而被上帝毀滅，但是他們從未使用「*arsenokoitēs*」來描述男同性性行為。斐羅在《論亞伯拉罕》（*On Abraham*）中的用語是「*andres ontes arresin epibainontes*」（26.135）。[47]

殉道者游斯丁（Justin Martyr, c.100-c.165 CE）在他的《護教論》（*Apology*）中以「*kinaidia*」（男妓）、「*androgynos*」（陰陽人）等字來稱呼男同性關係中的被動者。游斯丁的學生他提安（Tatian, 120-180 CE）在

43　Hippolytus, trans. F. Legge, *Philosophumena* (*The Refutation of All Heresies*) (London: Society For Promoting Christian Knowledge, 1921), 176.

44　Hippolytus, trans. M. D. Litwa, *Refutation of All Heresies* (Atlanta, GA: SBL Press, 2016), 344.

45　Eusebii Caesariensis, *Opera vol. I, Praeparationis Evangelicae Libri I-X* (Lipsiae in Aedibus B. G. Teubneri, 1868), 318.

46　Eusebii Caesariensis, *Opera vol. III, Demonstrationis Evangelicae Libri I-X* (Lipsiae in Aedibus B. G. Teubneri, 1868), 49.

47　見：http://www.earlyjewishwritings.com/text/philo/book29.html

《希臘邪惡》（*Adversus Graecos*）中用了所有人都耳熟能詳的「*paideratia*」（即少男戀）來描寫男同性性關係。革利免（Clement of Alexandria, c.150-215 CE）常在著作中引述《哥林多前書》，但很奇怪的是，他卻從未引用「*arsenokoitēs*」來指涉同性性行為。

金口約翰（John Chrysostom，374-407 CE）大概是最常批判同性性行為的教父，不過他總是以其他字來描述同性性行為，從未使用「*arsenokoitēs*」。在註解《羅馬書》1:26時，他引用《哥林多前書》6:18來譴責羅馬人的罪惡，而不是《哥林多前書》6:9-10。此外，金口約翰曾引用《哥林多前書》6:9與《提摩太前書》1:10來對照所多瑪的罪惡，但他沒有用「*arsenokoitēs*」來稱呼所多瑪人。最後，也最重要的是，金口約翰在註解《哥林多前書》6:9與《提摩太前書》1:10時，完全沒有提到跟男同性性行為有關的文字。如果最忌恨男同性情欲的教父在註解包含「*malakos*」跟「*arsenokoitēs*」這兩個字的經文時，剛好都忘了批判男同性情欲，那麼，這兩個字與男同性情欲有關聯的機會，能有多高呢？

使用拉丁文寫作的教父們亞諾比烏（Arnobius, ?-330 CE）、特土良（Tertullian, c.165-c.225 CE）、拉坦休（Lactantius, 240-320 CE）與奧古斯丁（Ausustine of Hippo, 354-430 CE）等人，都將《哥林多前書》6:9與《提摩太前書》1:10的「*arsenokoitēs*」譯成拉丁文的「*masculorum concubitores*」，意為「男妓」，耶柔米在405年出版的拉丁文聖經《武加大譯本》，也採用了這個翻譯。

十二世紀的法國學者坎特（Peter Cantor）引用《創世記》第19章、《利未記》第18與20章、《羅馬書》第1章與《猶大書》以及其他完全不相干的書卷（如：《約書亞記》、《以賽亞書》、《以西結書》、《歌羅西書》與《提多書》等）來譴責同性性行為，包山包海，但就是剛好也沒把《哥林多前書》6:9與《提摩太前書》1:10納入譴責同性性行為的證據。

總結以上分析，保羅之後的希臘教父在註解《哥林多前書》6:9與《提摩

太前書》1:10的「*arsenokoitēs*」時，都沒有聯想到男同性情慾；而當他們想要批評男同性情慾時，他們大多數人用的字眼也不是「*arsenokoitēs*」。除了保羅之外，真正使用到「*arsenokoitēs*」這個字的猶太教作家們是用此字來描繪所多瑪的罪惡，而基督教作家們多將此字放在跟「誘姦少男」有關的脈絡中；教父優西比烏雖把「*arsenokoitēs*」指向男同性情慾，但沒有拿來註解保羅的書信，而是用在譴責所多瑪的罪惡；至於拉丁教父們在或註解或翻譯《哥林多前書》6:9與《提摩太前書》1:10的「*arsenokoitēs*」時，都將之譯為「男妓」。將所有證據統合起來，「*arsenokoitēs*」在古代文獻中如果帶有「性意涵」時，其脈絡是「少男戀」、「男妓」或「男性性侵害」。「*arsenokoitēs*」從來都不是「單純」的「男同性戀」。

（三）「*malakos*」與「*arsenokoitēs*」的關係

解謎進行到尾聲，必須回答另一個問題：「*malakos*」和「*arsenokoitēs*」之間是否相關？有人認為，「*malakos*」與「*arsenokoitēs*」是一組彼此相關的名詞，分別指涉在男同性性行為中扮演「被動（被插入）」與「主動（插入）」的角色。[48] 但事實是，在標示男同性性關係的「被動者」與「主動者」時，古希臘作者們用「*erōmenos*」與「*erastēs*」，或「*akathartos/akatharsia*」與「*aselges/aselgeia*」，古猶太作者們則用「*paschontes*」與「*drōntes*」，或「*paidika*」與「*paiderastai*」。如果「*malakos*」和「*arsenokoitēs*」確實是一組相關詞，為何《提摩太前書》卻未提及「*malakos*」？因此，「*malakos*」與「*arsenokoitēs*」這兩字應該不是一組相關聯或相對應的專有名詞。[49]

48　Robin Scroggs, *The New Testament and Homosexuality: Contextual Background for Contemporary Debate* (Philadelphia, PA: Fortress Press, 1983), 62-65; David E. Malick, "The Condemnation of Homosexuality in 1 Corinthians 6:9," *Bibliotheca Sacra* 150 (1993): 487-490.

（四）帶有偏見的聖經翻譯

二十世紀以前的聖經譯本多半將「*malakos*」譯成「陰柔男人」（effeminate），而把「*arsenokoitēs*」譯成「與男性性交而玷污自己」（abuse/defile themselves with mankind）。1826年的坎貝爾（Alexander Campbell）聖經譯本則將「*malakos*」譯為「男妓」（catamite）。

然而，隨著同性戀一詞在十九世紀末被發明，二十世紀以後的聖經譯本多半將「*malakos*」與「*arsenokoitēs*」當作一組相關字，甚至直接合併翻譯成「the homosexuals」（表1），將《哥林多前書》6:9-10與《提摩太前書》1:9-10的經文予以「同性戀化」的「詮釋」。由此可見現代基督徒對同性戀的偏見有多深，連聖經翻譯者都忍不住要將自己的預設立場植入譯文當中。

（五）「哪一種人？」

反同學者如楊格（James de Young）與蓋農（Robert Gagnon）等人都主張，在古希臘羅馬時期，不論猶太人或非猶太人，大家都知道「有一種人」跟其他人不一樣，雖然當時沒有「同性戀者」這名詞，但是保羅與其他作家們絞盡腦汁使用「*malakos*」及「*arsenokoitēs*」等各種語彙來標示「這一種人」，可見他們關注不只是特定情境中的「同性性行為」，而是徹底否定「本質性的同性情欲」。[50] 倘若此種論點為真，我們倒是可以好奇一

49　另有學者主張《提摩太前書》1:10的「*pornos*」跟「*arsenokoitēs*」分別代表異性間與同性間的不正當性行為，但這論點成立的前提是「*pornos*」在此可被證明並不指涉男妓。見：吳存仁，「新約中的同性戀釋義」，〈對下一代華神學生講論同性戀議題〉，《中華福音神學院院訊》（台北：中華福音神學院院訊雜誌社，2015年6月），3，http://www.ces.org.tw/pdf/2015.06thr.pdf

50　James De Young, *Homosexuality: Contemporary Claims Examined in Light of the Bible and Other Ancient Literature and Law* (Grand Rapids, MI: Kregel Publications, 2000); Robert A. J. Gagnon, *The Bible and Homosexual Practice: Texts and Hermeneutics* (Nashville, TN: Abington Press, 2001).

問，為何保羅跟其他猶太作家都將「這一種人」說成是非猶太人特有？（馬丁路德也說男同性性行為是由羅馬的教士們帶進德國）難道非猶太人的同性戀者出奇地多？還是猶太人的同性戀者都因為恐懼被處死而不敢出櫃？[51] 難怪許多基督教會都覺得自己很聖潔，因為他們的信徒裡面「完全沒有」同性戀者。蓋農等學者很堅持保羅為了要把所有同性戀者都涵蓋在譴責範圍內，所以才捨棄古代通用希臘文的常用語彙，自創新字。這樣的邏輯，大概只能說服他們自己吧。

表 1：歷代聖經版本對「malakos」及「arsenokoitēs」之翻譯

| 譯本 | 年份 | 《哥林多前書》6:9 | | 《提摩太前書》1:10 |
		malakoi	arsenokoitai	arsenokoitais
Biblia Vulgata	405	molles	masculorum concubitores	masculorum concubitoribus
Wyclif	1380	lechouris	men that done synne of Sodom	them that trespassen with malis a enes kynde
Tyndale	1534	weaklings	abusars of them selves with the mankynde	them that defile themselves with mankynde
Coverdale	1535	weaklinges	abusers of them selues with mankynde	that defyle them selues with mankynde
Luther	1545	die Weichlinge	die Knabenschänder	den Knabenschändern
Geneva	1560	wantons	buggerers	buggerers
Reims-Douai	1609	effeminate	liars with mankind	them who defile themselves with mankind
King James Version	1611	effeminate	abusers of themselves with mankind	them that defile themselves with mankind
American Standard Version	1901	effeminate	abusers of themselves with men	abusers of themselves with men
Revised Standard Version	1946	兩字合譯為homosexuals		sodomites

51　根據猶太拉比文獻，猶太人歷史中其實不曾將從事同性性行為的人處死，頂多禁止他們參加聚會，叫他們懺悔一段時間。反倒是基督教會在兩千年歷史中用火刑架燒死了無數的「所多瑪罪犯」（Sodomite）。見：Steven Greenberg, *Wrestling with God and Men* (Madison, WI: The University of Wisconsin Press, 2004), 99-144。

| 譯本 | 年份 | 《哥林多前書》6:9 | | 《提摩太前書》1:10 |
		malakoi	*arsenokoitai*	*arsenokoitais*
New English Bible	1961	兩字合譯為homosexual perversion		perverts
Jerusalem Bible	1966	catamites	sodomites	those who are immoral with boys or with men
Good News (Today's English)	1966	兩字合譯為homosexual perverts		sexual perverts
New American Bible	1970	兩字合譯為sodomites		sexual perverts
New International Version	1970	male prostitute	homosexual offenders	perverts
New Revised Standard Version	1989	male prostitute	sodomites	sodomites
Revised	1992	兩字合譯為sexual perverts		sodomites
和合本	1901	作變童的	親男色的	親男色的
現代中文譯本修訂版	1995	作變童	親男色	親男色的

八、結語

有一些基督教學者堅持,就算同性戀是先天的,仍然是罪,因為聖經上說同性戀是罪。[52] 也有一些基督徒說,「戀童癖」(pedophilia)也是天生的,難道不是罪嗎?老實說,聖經上沒有提到戀童癖,要按照聖經來決定戀童癖是不是罪,恐怕此路不通。至於「聖經說上帝討厭同性戀→上帝在聖經中寫下反同性戀文字→聖經說上帝討厭同性戀」這種「循環論證」的邏輯謬誤,有識之士應該都可以輕易看出問題所在。

在《羅馬書》、《哥林多前書》與《提摩太前書》中,確實有某些反對(男)同性性行為的說法。《羅馬書》1:18-32反映出保羅與現代人對「本

---

52 蔡麗貞,「楔子」,〈對下一代華神學生講論同性戀議題〉,《中華福音神學院院訊》(台北:中華福音神學院院訊雜誌社,2015年6月),1-2,http://www.ces.org.tw/pdf/2015.06thr.pdf

性」、「自然」的認知差異。《哥林多前書》6:1-11與《提摩太前書》1:3-11中可能指涉了某些男同性性行為，但那跟同性愛情是完全不同的事情。

保羅對福音最重要的理解與貢獻，就是揚棄「律法主義」；遵守文字教條並不能使人得救，得救必須倚靠上帝施予的恩典，並用信心回應上帝的呼召。聖經是基督徒認識信仰最重要的管道，但是如果基督徒不求甚解、以訛傳訛，甚至拿經文來定別人罪，那便是往「律法主義」的死巷裡鑽。保羅將某些行為看為惡事，自有他的理由與背景。現今的基督徒在不了解這些背景之下輕率使用這些經文，倘若保羅地下有知，恐怕會懊悔當初下筆之時沒有更加謹慎吧。

許多人對於活在充滿變動的世界中感到非常焦慮，汲汲於找出放諸四海皆準、絕對化的道德標準。但可惜人們都囿限於本位主義，因而總是戴著自己的有色眼鏡在觀看別人的繽紛世界。猶太人把非猶太人一律視為不道德，偶像崇拜對猶太人來說尤其下流污穢。早年西方傳教師來到台灣傳教時，就抱著類似猶太人的本位主義，迫使台灣本土信徒將祖先牌位都當成被邪靈附著的偶像，予以破除，完全不能容忍一絲一毫的文化差異。（同樣地，早期台灣人也認為信從洋教、不祭祖不拜神是背祖背宗的敗德劣行。）基督教傳入台灣雖已150年，仍是少數宗教信仰，因此今天活在台灣社會的基督徒在這樣的大環境中必須學會與其他宗教信徒和平共存；除了少數極端靈恩派或保守派之外，多數基督徒縱使自己不事祭祀，也不至於再將祭祖拜神看成污穢之舉。對猶太人跟早期傳教師來說，祭祀行為就是不道德的同義詞，但是今天在文化包容／容忍的「社會共識」下，對多數理性的人來說，祭祀行為就只是民間習俗，無涉道德。在多元文化的現代實況中，絕大多數人認同的道德共識是「不傷害人」，轉換成基督教的語言正是耶穌基督「愛的誡命」中的「愛人如己」。更重要的是，當耶穌提出「愛的誡命」中第一條是「全心全意全力愛上帝」之後，他說第二條「愛人如己」與「愛上帝」是「相仿」的，換句話說，「愛上帝」應該

用「愛人如己」來實踐。那麼，今天部分基督徒繼續拿著聖經中受時空背景限制的經文來當作石頭拼命往性少數者身上丟時，他們心中到底有沒有「鄰人」？甚至，他們心中到底有沒有「上帝」？耶穌正在一旁看著，沉默不語。

第40章
耶穌是所有人的「同志」

◎Jeremiah

不同的人給「基督徒」下了不同的定義。無論這些定義如何歧異，其中一個不變的要素是「對於耶穌的信仰」。問題是：那位被信仰的耶穌是誰？這信仰的內容為何？人們該如何信仰耶穌？如果耶穌是人類的救主，為何翻開基督教會的歷史，一頁頁寫滿的卻都是迫害與戰爭？為何許多基督徒敵視性少數社群？如果這些基督徒是耶穌的代言人，那麼基督信仰能成為性少數社群的救贖嗎？

一、耶穌是誰？

（一）探求歷史上的耶穌

耶穌曾經跟人們一起生活在這個世界上，[1] 沒有耶穌就沒有基督教會。兩千年來，基督教會藉著福音書建立起一套「基督論」，並宣告這是唯一合法的版本：上帝愛世人，想要拯救罪惡的人類，但是上帝必須堅持公義與聖潔，所以罪人必須受罰。為了使人類不致因自己的罪惡遭到滅亡，上帝差遣祂的獨生子耶穌，以完全無罪的狀態降生在人世，並死在十字架上，用他流出的血來洗淨人類的罪惡。但是人們必須信耶穌為救主，這個贖罪才有效，不信的人最後會滅亡。末世時，耶穌將以榮耀勝利的君王形象再次降臨。

從十八世紀啟蒙時代之後，一些神學家及聖經學者重新檢討教會的教導，認為傳統「基督論」既不能完全代表耶穌，也不能完全說明基督信仰的本質。他們想要重新認識耶穌。

首先讓學者們好奇的是：福音書是否忠實記錄耶穌的生平？為此，舉凡

---

1 與新約聖經同時期的文獻，羅馬史家泰西塔斯（Cornelius Tacitus, c.54-c.117 CE）的作品《年代紀》第15卷中提及一個「被稱為基督的人」。

耶穌在何地出生、何時出生、到過何處、做過何事、為何被定罪、何時受難、如何受難、是否認為自己是基督、馬利亞是否處女懷孕、她對耶穌與初代教會的影響為何等等，都是學者們深入考證的問題。極端保守派學者主張福音書是「純然史實」，極端自由派學者則主張是「純然神話」，不過大部分學者的看法介於中間。

其次，福音書如何產生，也引起學者們的興趣。《馬可福音》、《馬太福音》、《路加福音》有許多經文非常相似，[2]《約翰福音》則自成一格。霍茲曼（H. J. Hollzmann, 1832-1910 CE）等人針對這個現象提出「二資料說」（Two Documents Theory），認為《馬可福音》最早寫成，而《馬太福音》與《路加福音》的作者在寫作時都參考了《馬可福音》和稱為《Q文件》的耶穌語錄集。一般認為，《馬可福音》約成於公元70年左右，其次是《馬太福音》與《路加福音》，最後的《約翰福音》約成於公元100年。

接下來的問題是：每一本福音書收集、傳承的內容或基本型式有何不同？為何不同？為何相同的事件在每一本福音書裡的描寫卻不同？學者們認為，四本福音書都經過編輯增刪，最後呈現出來的面貌已經不是單一作者的紀錄，而代表某一個基督徒團體所傳承的耶穌信仰與意識型態。[3]

從十八世紀到二十世紀，兩百年來的「史上耶穌」研究，累積了許多珍貴的成果，讓人們更認識耶穌。史懷哲（Albert Schweitzer, 1875-1965 CE）

2　格利巴赫（J. J. Griesbach, 1745-1812 CE）首先將這三卷稱為「共觀福音」（Synoptic Gospels）。

3　《馬可福音》強調加利利，貶低耶路撒冷，認為耶路撒冷的使徒背離加利利傳道者耶穌的教導，一再藉耶穌之口責備十二使徒。《馬太福音》引用舊約證明耶穌是基督，甚至連不曾出現在舊約的經文都說成是先知的預言，可見是寫給猶太人閱讀。《路加福音》與《使徒行傳》出於相同作者，一般猜測是陪同保羅傳道的醫生路加，其記事較戲劇化，希臘文造詣較深，對非猶太人和女性（特別是耶穌的母親馬利亞）著墨較多。《約翰福音》成書最晚，但神學架構最完整，收集不少耶穌與其他人的對話，作者以「耶穌所愛的門徒」自稱，有意強調他所做的見證最為可信。

說：「他們把耶穌當做普通人，脫去別人替他穿上的大禮服，要他穿上從前徬徨於加利利時的一身襤褸。」雖是語帶譏諷，卻也貼切。

關注於耶穌的思想與行動，對日後的神學家影響很大。兩次大戰之後，主流教會與傳統神學在面對全球化的貧富不均、種族仇恨、性別與性傾向歧視、生態破壞等問題時，不但懦弱無力，甚至成為共犯。1960年代，當解放神學家登高一呼，要求重新詮釋聖經，重新理解耶穌的言行對今日人們的意義時，中斷了將近兩千年的「耶穌運動」，才在基督教裡「復活」，並且綻放出女性主義神學、黑人神學、同志神學、酷兒神學、生態神學等美麗的花朵。

（二）耶穌的時空情境與思想性格

「耶穌」這個名字的希臘文是「Iesous」，意為「耶和華是拯救」，等於希伯來文中的「約書亞」（Yehoshua）或「何西阿」（Hosea）。公元525年，教皇約翰一世（John I）命狄奧尼修斯・伊希格斯（Dionysius Exiguus）為教會訂曆法，將耶穌誕生那一年定為曆法元年。從此西方的記年法普遍採用「AD」（Anno Domini, in the year of the Lord）與「BC」（before Christ），亦即「主前」與「主後」。後來，歷史學家發現伊希格斯計算錯誤，曾想殺害耶穌的希律王其實死於公元前4年，耶穌應誕生在「主前」7至4年之間。雖然傳統上以12月25日為耶穌誕生的日子，但福音書其實未記載確實日期。[4] 現今定為聖誕節的日子，是羅馬帝國慶祝太陽神誕生的日子，君士坦丁大帝於公元321年決定以這一天慶祝耶穌誕生，羅馬教會於公元336年接受這個決定。

《馬太福音》與《路加福音》記載馬利亞以處女之身懷孕，在大衛的家

4　《路加福音》2:8說耶穌誕生時有牧羊人在野地牧羊，但是巴勒斯坦地區能夠露宿野外的季節為三月至十一月，因此參考價值不大。

鄉伯利恆城產下耶穌，[5] 但《馬可福音》和《約翰福音》都沒有這種說法，反倒是四卷福音書中都一再出現「拿撒勒人耶穌」這個稱呼。因此，《馬太福音》與《路加福音》可能是為了配合《以賽亞書》7:14及《彌迦書》5:1-3的預言而如此鋪陳。無論耶穌是否出生於伯利恆，綜觀其一生，加利利才是他的重點活動區域。

地理位置上，加利利最北，撒馬利亞在中，而猶大在南。政治情勢上，自從北國以色列亡於亞述帝國之後，撒馬利亞與加利利的住民雖仍以猶太人為多數，但長期受外族統治，所以在《馬太福音》4:15才有「外邦人的加利利」這種用語。南方猶大地區，被巴比倫滅亡後雖然也屢遭外族侵略，但耶路撒冷始終是猶太人的政治與宗教中心，殖民統治者也會藉著在形式上尊重耶路撒冷，對猶太人進行懷柔統治。相較於堅持「猶太原味」的耶路撒冷，地處北方邊陲的加利利，受到各種文化衝擊，更顯其「異國風情」。[6]

公元前一世紀，馬加比家族建立的哈希芒王朝將加利利重新納入猶太人治下，並對當地人進行「再猶太化」，但是南方人對北方人的歧視已然定型，例如：加利利一帶的外族人雖也信奉猶太教，卻仍遭猶太人輕視；至於猶太人與外族通婚的後裔——撒馬利亞人，更被猶太人視為「雜種」。這種歷史命運不同所造成的南北差異，形成了南北人民之間的齟齬嫌隙。在「爹不疼娘不愛」的光景中，加利利對自命嫡系正統的耶路撒冷懷有某

5　「伯利恆」（Bethlehem），字義是「糧食之家」（household of bread），位於耶路撒冷西南方約8公里的山丘上，舊稱「以法他」（Ephrath），是蕾潔的墳墓所在處（創35:19），波阿斯的家鄉（得2:4），也是大衛出生並被膏立為王之地（撒上16:1-13），故又稱為「大衛的城」（路2:4, 11）；先知彌迦預言彌賽亞將誕生於此（彌5:2）。

6　亞基帕一世統治巴勒斯坦時（41-44 CE），他鑄造的貨幣有兩種版本，在耶路撒冷的只刻文字不刻人像，在加利利的則刻有羅馬皇帝肖像，可能是因為耶路撒冷居民對偶像相當敏感。

種既羨慕又厭惡的情結。自公元前一世紀至公元一世紀，以加利利為據點的猶太人反抗運動此起彼落，不少「奮銳黨」都出身加利利。[7] 耶穌的家鄉拿撒勒位於加利利境內，想必對「奮銳黨」並不陌生，但是耶穌畢生始終抱持反對暴力的信念。

耶穌的「父親」約瑟是木匠，耶穌應是先在拿撒勒家鄉繼承父業，到三十歲左右才開始在加利利地區傳道。根據福音書，耶穌終身未娶，也沒有子嗣。耶穌接受約翰的洗禮之後開始傳道，[8]《路加福音》4:8-9記述耶穌的開場白：

> 主的靈臨到我，因為他揀選了我，要我向貧窮人傳佳音，他差遣我宣告：被擄的，得釋放；失明的，得光明；受欺壓的，得自由；並宣告主拯救他子民的恩年。

這段話引自《以賽亞書》61:1-2，但是略去原文中「上帝懲罰仇敵的日子」，耶穌似乎從一開始就打定主意要超越猶太民族本位主義。在希伯來傳統裡，每七年為一周期，第七年稱為「安息年」；連續七個「安息年」之後的那一年，即第五十年，稱為「恩年（禧年）」（Jubilee）。在「恩年」裡，賣身為奴的猶太人可以無條件恢復自由身；出賣祖產的人可以取回田產；土地也必須休耕。這是社會財富的重新分配，更是社會關係的重

7　猶太人有很多派系：「撒都該人」（Sadducee）是祭司與貴族等特權階級。「法利賽人」（Pharisee）是擁護猶太教傳統的人，其中的「希列派」（Hillel）主張維持現狀，「沙買派」（Shammai）主張改變現狀。「奮銳黨」（Zealot）由下層民眾組成，屢屢武裝抗暴，加利利是其重要據點。還有一些不滿現狀、遁世隱居、靜待彌賽亞來臨的人，稱為「愛色尼派」（Essene）。

8　施洗者約翰是耶穌的親戚，比耶穌更早傳道，也有許多門徒。有些學者認為施洗者約翰屬於「愛色尼派」。施洗者約翰非常關心耶穌的使命，當他身繫囹圄、行將赴義前，還差遣自己的門徒去問耶穌「那將要來的是你嗎？還是我們等候別人呢？」（太11:2-19）

組。一些學者認為耶穌說這話時正好是「恩年」，因此，耶穌宣告的是社會公義、社會平等的理想，也是「上帝國福音」最真實的涵意。

耶穌是個偉大的講道者，他說明「上帝國福音」的方式，不用艱深晦澀的哲學語言，而從日常生活中取材，善用各種巧妙動人的比喻；平民百姓的尋常言語，從耶穌口中說出時，卻帶有權威，並賦予人們生命。[9] 跟隨者稱他為「拉比」（老師），但他與當時其他拉比很不一樣。猶太拉比在學堂或自己家中收徒授業，耶穌卻帶著門徒四處奔走。耶穌講述摩西律法的觀點與法利賽人全然不同。法利賽人認為只要猶太人恪遵律法，上帝的拯救自然就會臨到。但是耶穌不贊成死守律法條文，而主張以實際行動來實踐律法的精神——「愛」。對法利賽人的固執，耶穌痛批不諱。耶穌與猶太教保守基要派的意識型態對立，在他的傳道生涯中越演越烈，最後成為他遇害的原因之一。

（三）被誤解的彌賽亞

耶穌的傳道活動不是處處受歡迎，但引起了廣泛注意。他走遍加利利，在猶太人會堂裡傳「上帝國的福音」，醫治各種病症。人們從加利利的四面八方來找他，有時人數多到耶穌不得不在深夜裡從人群中躲開，獨自禱告。人們對耶穌傳講的「福音」是否感興趣，或者只是希望得到醫治，我們不得而知，但是耶穌的教導確實讓當時的人耳目一新。

加利利是奮銳黨活動的地區，耶穌的門徒中也有一位名為西門的奮銳黨人。耶穌曾說「不要以為我是帶和平到世上來的；我並沒有帶來和平，而是帶來刀劍。」（太10:34）及「沒有刀的，要賣掉衣服去買一把。」（路

---

9 「耶穌用許多類似的比喻向群眾講道，照他們所能明白的教導他們。」（可4:33）
「耶穌講完了這些話，群眾對他的教導都感到十分驚奇；因為耶穌跟他們的經學教師不同，他的教導帶有權威。」（太7:28-29）

22:36），因此有人推測耶穌跟奮銳黨有關。不過，武裝革命不是耶穌實現上帝國的方式。在加利利使五千人吃飽；進入耶路撒冷潔淨聖殿，受到民眾擁戴；在客西馬尼園，彼得的刀已經出鞘，革命就等耶穌點頭。在這三次機會中，耶穌始終沒有採取武力。

像耶穌這樣具有群眾魅力的人，很難不引起統治當局的猜忌。當耶穌邁向他人生的終點，進入耶路撒冷時，猶太人的宗教權貴與羅馬的統治者同感不安。他們嚴密監視耶穌的行動，找不出謀反的確證，但還是決定下手殺他，以絕後患。

傳統神學將耶穌的受難徹底「屬靈化」，彷彿整個事件都是上帝一手策畫的好戲，用來成全祂拯救世人的心意。可是近代的神學家懷疑，全能的上帝難道沒有別的辦法可想，非要安排自己的愛子被殺才能顯出祂的慈愛嗎？或者，這只是基督教會一廂情願的想法呢？

從整個歷史脈絡來看，耶穌的死牽涉太多複雜因素，單以屬靈眼光來看未免過於天真。對猶太祭司而言，耶穌的教導動搖了他們的宗教權威，影響到人民對聖殿納稅的意願，擋人財路。法利賽人雖不能從聖殿獲利，但是耶穌對他們的批判也威脅到他們的自尊與價值。猶太人民原本期待耶穌扮演如同瑪加伯家族一般的革命英雄，未料他卻無意以武力恢復民族光榮，期待落空的人民由愛生恨。羅馬派任的猶太總督本丟彼拉多原本就對猶太人沒有好感，他冷言旁觀耶穌與猶太人之間的矛盾，發現這是一個殺雞儆猴、一箭雙鵰的大好機會，於是順水推舟，以「猶太人的王」之罪名將耶穌釘死在殘酷、羞辱、污名的十字架上，一方面撲滅顛覆性的思想，另一方面也重挫猶太人的獨立願望。從歷史來說，耶穌誠然不是榮耀的君王，而是被釘十字架的苦難人民。

二、耶穌的「上帝國福音」

　　猶太人亡國之後，朝思慕想著上帝恢復他們的選民身分與以色列王國的光榮。對基督徒而言，將來的國度是他們與耶穌獨享的國度，不信者都要毀滅。習慣了傳統教義的基督徒，通常難以接受耶穌的歷史面貌。然而，研究「歷史上的耶穌」並不是為了否定「宗教上的基督」，而是要使福音更能夠啟發現代人，對現代人說話。倘若耶穌的福音只能教人遙望來生的享樂，那麼在今生它就不過是麻醉人心的鴉片罷了。

　　但究竟耶穌的「上帝國」為何？在《馬可福音》中，耶穌開宗明義宣告：「時機成熟了，上帝的國快實現了！你們要悔改，信從福音。」[10] 如果我們能更確實掌握耶穌信息的社會與政治意義，那麼耶穌的「上帝國福音」就可以在現世社會中被具體實踐出來。

（一）耶穌的教導

　　在福音書中，關於上帝國的教導，耶穌多半以比喻來表達，很少做直接的陳述。每一個比喻都在說明上帝國的一些特色，將所有的比喻組合在一起，上帝國就栩栩如生地在我們眼前浮現。

> 「我們說上帝的國像什麼呢？」（馬可四：30）耶穌不但問他的聽眾，也問他自己。他想盡辦法找尋用來描述上帝國的字眼、意象和象徵。這樣的字眼必須能夠讓人民感受到上帝國的能力，這樣的意象必須能讓他們感受到上帝國的臨在，這樣的象徵必須能夠支持他們對上帝國的信心。用今天的話來說，耶穌以上帝國這個攸關生命和信仰的主題，跟人

10　《馬可福音》用語是「上帝的國」，《馬太福音》與《路加福音》用語則是「天國」。

民一起「做神學」。這不是沒有實質意義，純屬修辭的問題。這不是為了說出既定答案而故意發問的問題。一個已經預設答案的問題不會帶來驚奇和意想不到的結果。這樣的問題不會刺激人自己去思考，也不會激發他們去行動。它只會使人成為知識和資訊的被動接受者。

耶穌不濫用修辭。他的問題是真實的問題。他和人民一起挖掘問題，一起尋找答案。這就是為什麼耶穌要使用不同的詞句、不同的隱喻，從日常生活中找到意象，並且創造一些象徵。耶穌以這些詞句、隱喻和意象作為重新了解生命和歷史的基本架構。這些意象、象徵往往能夠吸引人的注意力，激發他們的想像力。[11]

法利賽人問耶穌：「上帝的國幾時來到？」（路17:20-21）他們期待的是猶太選民的國度，但是耶穌回答：上帝國在人們心中、在人群之中。換言之，只要人心與社會有所改變，上帝國就已經實現了。綜觀四福音書的論述，當然有時上帝國是指來世，[12] 但更多時候上帝國是一種信念、一種盼望、一種理想社會典型的願景。[13] 上帝國就是實行上帝心意的國度，如同「主禱文」所說：「願你在世上掌權，願你的旨意實現在地上，如同實現在天上。」（太6:10）

---

11 宋泉盛，《耶穌的上帝國》（嘉義：信福，1998），206-207。

12 例如：討論復活後的狀態（可12:18-27，太22:23-32，路20:27-40）；討論永生（路10:25-37）；生活實踐比宗教敬虔更重要（太7:21-23）；要像小孩子一樣謙卑（太18:1-5）；相信信息的稅吏和娼妓勝過不信的人（太21:31-32）。

13 包括：「撒種的比喻」（可4:2-20，太13:3-23，路8:4-15）、「種子長大的比喻」（可4:26-29）、「稗子的比喻」（太13:24-30）、「芥菜種的比喻」（可4:30-32，太13:31-32，路13:18-19）、「麵酵的比喻」（太13:33，路13:20-21）、「寶藏的比喻」（太13:44）、「珍珠的比喻」（太13:45-46）、「撒網的比喻」（太13:47-50）、「不饒恕人的惡僕的比喻」（太18:23-35）、「葡萄園工人的比喻」（太20:1-16）、「兩個兒子的比喻」（太21:28-32）、「壞佃戶的比喻」（可12:1-12，太21:33-45，路20:9-19）、「喜宴的比喻」（太22:2-14，路14:16-24）、「十個少女的比喻」（太25:1-13）、「三個僕人的比喻」（太25:14-30，路19:11-27）。

（二）耶穌的行動

　　耶穌的言論與行動都是在見證「上帝國」。上帝國是兼容並蓄的，沒有任何人應該被摒除在外。當提及人民時，《馬可福音》偏愛使用「*ochlos*」（普羅大眾），而幾乎不用「*laos*」（神的選民）。耶穌一生中最關切的是稅吏、痲瘋病人、禮儀上不潔淨的人、性工作者、窮人、女人、小孩、非猶太人；耶穌與這些人為伍，跟他們同桌（法利賽人因此譏諷他是酒肉之徒），跟他們討論神學問題（與撒馬利亞女人談真實的敬拜，與尼哥德慕談重生），解放他們被宗教律法箝制的心靈，醫治他們被病痛與惡靈纏擾的身體，接受他們對他表示愛意的方式（親吻、洗腳、設宴款待、塗抹香膏）。更特別的是，耶穌將他們組織起來，讓他們成為有行動力的團體（十二使徒、七十二名門徒、初代教會，其中不乏女性領導者），向這個世界示範一種更符合上帝心意的生活方式。從耶穌的行動來看，上帝國是為了解放弱勢者而存在，所有被排擠、歧視的人都是上帝國的子民。

（三）拯救

　　聖經中討論的「拯救」，可以分為「群體」與「個人」兩種類型。我們已經知道，以色列人亡國之後期待的拯救是彌賽亞降臨復國，舊約先知指出，亡國是因為人民違背上帝的誡命，因此要得到拯救就必須先實行上帝的旨意。上帝的旨意為何？先知傳統認為上帝的旨意是「群體的公義」（*tzedakka*）：

　　上主這樣說：「我討厭你們的節期，受不了你們的盛會！我不接受你們的燒化祭和素祭，也不希罕你們獻上肥牲畜作平安祭。我不喜歡你們那鬧哄哄的歌聲，也不愛聽你們彈奏的樂曲。其實，你們應該像江水滾滾湧流，不屈不撓地伸張正義！像溪水川流不息，始終不懈地主持公道！」（阿摩司書5:21-24）

希伯來先知把拯救與公義連結在一起，但是初代教會受到使徒保羅的影響，把拯救視為「個人罪惡的洗清」與「靈魂的得救」，是「屬靈的轉變」：

> 如果你口裡宣認耶穌為主，心裡信上帝使他從死裡復活，你就會得救。因為我們心裡這樣信，就得以成為義人，口裡這樣宣認，就會得救。（羅馬書10:9-10）

　　再回過頭看《路加福音》4:8-9耶穌的「傳道宣言」，我們可以正確無誤地指出，在耶穌的上帝國裡，拯救的意義與希伯來先知一致，都指向上帝的公義，而不僅止於個人的得救。

三、耶穌：解放者「同志」

　　對耶穌了解越多，就越難不去注意到耶穌的信念、價值與當時的人們差異有多大。今天我們也發現，基督教會的許多教義與立場，與耶穌的上帝國福音簡直南轅北轍。但正因為這些差異，我們更可以肯定地說：耶穌是全人類的解放者，是與所有弱勢者並肩奮鬥的「同志」（comrade）。

（一）耶穌是女性的「同志」

　　以女性的地位為例，傳統教會對女性極為輕視，但是女性主義神學家注意到耶穌對待女、男兩性的態度非常公平，或許與他身邊的女性對他的影響有關。根據福音書，當天使告訴馬利亞她被上帝揀選，將生下拯救人類的嬰兒時，她明知未婚懷孕將要面對無情的責難、嘲笑、羞辱甚至處罰，但是仍然表現出非凡的勇氣與信心，積極回應上帝的邀請，難怪《路加福音》的作者要為她寫一段傳唱千古的「尊主頌」（1:46-55）。然而，馬

利亞令人敬佩的地方不只如此。耶穌在家鄉被視為精神失常，馬利亞免不了被街坊鄰里指指點點、冷嘲熱諷。當耶穌被逮捕、審判、釘死在十字架時，身為母親的馬利亞沒有一刻離開過他。或許馬利亞一生都不明白耶穌在人類歷史上的意義，但是她對耶穌的影響是不容忽視的；她所做的證言，更是福音書作者重要的資料來源（路2:19）。

耶穌時代的女性，社會地位非常低落，被當成男人的財產，然而耶穌卻突破猶太人的種族與性別偏見，與一名撒馬利亞女人討論信仰問題（約4:5-41）；他講道給馬利亞聽，也邀請馬大放下手邊的工作，一起來參與（路10:38-42）。顯然馬大回應了耶穌的邀請，因為在耶穌前往探視拉撒路的途中，馬大侃侃而談，跟耶穌討論復活的問題（約11:20-27）。當猶太男人問耶穌是否可以根據摩西律法休妻時，耶穌卻反過來責備男人對妻子不負責任（可10:11-12，太5:31-32，太19:9，路16:18）。許多女性自願跟隨耶穌，從加利利到耶路撒冷，一直陪伴他、照顧他，供應他日常生活所需（路8:3）；當耶穌受難時，男性門徒全逃逸無蹤，只有女人們緊緊跟著他（可15:40-41，太26:56，太27:55，路23:49）；耶穌復活後，這些女人更是第一目擊證人（可16:1-11，太28:1-11，路24:1-11）。幾乎所有與耶穌接觸過的女人，都勇敢擺脫傳統角色，成為獨立自主的人。初代教會裡有不少傑出的女性領袖，不難想見她們也都直接或間接受到耶穌啟發。以女性觀點來認識耶穌，我們更清楚看見上帝國福音的本質就是解放全人類的福音。

（二）耶穌是性少數者的「同志」

在耶穌的時代，沒有人自我認同為「同志」（或其他性少數身分），四福音書中沒有耶穌關於「同性情欲」的直接發言。性少數者很難直接藉著福音書來肯定自己身分與情欲的正當性，也因此被保守教會譴責時往往無法理直氣壯。

但是耶穌說：「我還有許多事要告訴你們，可是你們現在擔負不了。等到賜真理的聖靈來了，他要指引你們進到一切的真理中。他不憑著自己說話，而是把他所聽到的告訴你們，並且要說出將來的事。」（約15:12-13）可見連跟在耶穌身邊的門徒也有許多事不能明白。當基督徒拿著自己對聖經某些文字的詮釋來譴責定罪性少數者時，其實是在對自己不明白的事情妄下斷言。

　　舉例來說，許多基督徒認定「男婚女嫁」、「生兒育女」是上帝的旨意，不遵循傳統家庭路線的性少數者必不蒙上帝喜悅，可是耶穌完全不這麼想。根據摩西律法，猶太男人只要寫一張休書就可以休妻，法利賽人拿這條規定來詢問耶穌，耶穌卻說：「摩西准許你們休妻，是因為你們心腸太硬；但在創世之初並不是這樣的。我告訴你們，除非妻子不貞，任何人休棄妻子，再去跟別的女人結婚，就是犯了姦淫。」（太19:8-9）這個教導實在跟傳統說法差太多，令猶太男人難以接受，一旁的門徒還嘆道：「既然丈夫和妻子的關係是這樣，不結婚倒好。」（太19:10）於是耶穌只好進一步說明：「這樣的教導並不是人人都能接受的，只是得到上帝特別恩賜的人才能接受。因為人不結婚的理由很多：有些人是生來不適於結婚的；有些人是人為的原因不能結婚；另有些人是為了天國的緣故而不結婚。能夠接受這教導的人就接受吧。」（太19:11-12）

　　被《現代中文譯本》翻成「不結婚」、被《和合本聖經》翻成「閹人」的希臘字是「*eunouchoi*」，意思其實還不只是「不結婚」，更是「不生育」。猶太人把生育視為上帝的祝福，許多基督徒把結婚視為人生的惟一選擇，但耶穌明白地說：結婚生子不是人人必須的。那麼，同志身分究竟有何不妥？

　　事實上，耶穌認為，婚姻非但不是此生必要，在永恆生命中更是無用！當撒都該人問耶穌，死人復活後的婚姻關係該如何認定，耶穌說：「你們錯了！你們不明白聖經，也不明白上帝的權能。在死人復活的時候，他們

要跟天上的天使一樣，也不娶也不嫁。……上帝是活人的上帝，不是死人的上帝。」（太22:29-32）許多人將「一對一異性戀婚姻」視為建立家庭的唯一合法基礎，但是耶穌說：「凡實行我天父旨意的，就是我的兄弟、姊妹，和母親。」（太12：50）可見在耶穌心目中，家人關係不是只能由血緣決定，只要是實踐上帝誡命的人，都可以「多元成家」！

在上帝國裡，婚姻、生育、親屬關係都不是絕對的、永恆不變的。希伯來傳統強調婚姻與生育，藉著嫡長子保障財產傳承，所以採行「一夫多妻制」；但是今日「一夫一妻異性戀婚姻」卻是大多數國家唯一合法的婚姻，可見婚姻制度本來就可以隨著社會的需求與期待而改變。

對耶穌而言，「愛」的「品質」比「性別」重要。而決定「愛的品質」的不是關係的表面形式，而是內在的生命，是人與人之間能否正確地互相對待、彼此尊重、相互提攜，在共同的生活中，享受上帝創造的美好，實踐上帝的旨意。上帝讓人們彼此作伴，是要讓人們互相幫助，不是要讓人們互相利用。

四、結語

《馬可福音》3:1-6記載，有一次安息日，耶穌在會堂裡遇到一個手萎縮的人，有些討厭耶穌的人想抓他的把柄，因為摩西律法禁止在安息日做任何工作，包括治病。耶穌叫這個手萎縮的人站到他的面前，並問大家：「關於安息日，我們的法律是怎樣規定的？做好事還是壞事？救命還是害命？」周遭的人不發一語，耶穌怒目環視左右，心裡為這些人悲傷，因為人們的心腸剛硬。最後，耶穌還是醫治了這個人。其實摩西律法沒有規定安息日到底要做好事或壞事（反正什麼事都不能做），耶穌也不是真的要問他們律法寫些什麼。耶穌是在要求人們反省自己的良心，看見自己的不仁不義。如果耶穌出生在我們這個世代，他也同樣會問現今的教會與基督

483

徒：「關於上帝的心意，是要我們接納性少數還是排斥性少數？尊重性少數還是壓迫性少數？」

歷世歷代基督徒告白耶穌是「道成肉身」的主。耶穌身為人，必須面對人的處境與問題，他奉獻自己的一生，為了要改變這個世界。深入了解耶穌的教導與行動，用心去體會耶穌的原則，即使聖經沒有提供我們所有問題的答案，我們仍然可以靠著聖靈所賜的智慧，做出正確的判斷。

二千年前，在加利利湖邊、在耶路撒冷聖殿中，耶穌呼籲人們讓上帝國在地上實現。今天，這個呼籲正在要求異性戀者幫助性少數者得到平等對待，也要求性少數者幫助其他弱勢社群。上帝國福音會帶給性少數社群解放與救贖，同志可以勇敢告白耶穌是基督，而耶穌必定是所有人的「同志」（comrade）。

第41章
眾水不能熄滅的烈焰

◎Jeremiah、小元

因為愛情如死之堅強，嫉恨如陰間之殘忍；

所發的電光是火焰的電光，是耶和華的烈焰。

愛情，眾水不能熄滅，大水也不能淹沒。

——《雅歌》8:6-7

一、失靈的保守派倫理論述

多數立場保守的教會或基督徒沒有真正認識性少數社群的生命實況，卻自認有權指導性少數者的情欲實踐。許多基督徒倫理學者主張，異性婚姻是唯一合乎基督信仰的情欲實踐情境，即使同性戀與異性戀一樣是無法改變的天生特質，但同性戀仍然是罪，因此同性戀者非得嚴守獨身、禁欲至死。顯然他們的潛台詞是：「誰叫你倒楣是同性戀！」然而，保守派基督徒忽視了一件重要事實，即使身為異性戀者，也未必能夠進入婚姻，不是每一個異性戀者都有機會遇見喜歡或適合的終身伴侶。因而，保守派基督徒在壓迫性少數者的同時，也同時壓迫了無法或不願進入異性婚姻的「弱勢」異性戀者。

許多性少數者嚮往穩定的伴侶關係，西方國家漸漸回應了他們的呼求，在法律上承認同性婚姻或同性伴侶。相反地，越來越多異性戀者不再認同「一對一」、「終身」、「感情導向」的關係，離婚率節節攀升，台灣更是全亞洲第一、全世界第三高離婚率的國家。婚外情、一夜情普遍的程度遠高於基督教會乃至社會大眾所願意承認，「通姦除罪化」的呼聲日益升高，也讓許多基督徒及一般民眾（主要是服膺傳統價值的婦女）深感惶恐與憤怒（因為少了一樣可以對付敗德小三的武器）。面對社會的改變，保守派基督徒的選擇是「治亂世、用重典」，採取更嚴格狹隘的性道德標準來對待人們，在這樣的秩序中，他們才能得到安全感的假象。但是，教會越自我感覺良好地自詡聖潔，就越與社會脫節。

基督教會關於情欲倫理的觀點，往往把情感、性行為與罪罰綁定在一起，在允許唯一性行為（夫妻性交）、處罰其他性行為的同時，執著於生殖目的，猜忌非生殖導向的愉悅，忽視了人們在性行為中往往更重要的是表達情感。

二、何為情欲倫理？

「倫理學」（ethics）又稱為「道德哲學」（moral philosophy），是對人類道德生活進行系統性思考和研究的學科（道德在此處定義為一群人或一種文化所認可的所有行為準則）。「倫理」對應的英文用詞「ethics」來自於希臘文「*ethos*」，可理解為「習俗」、「道德」或「信念」，暗示著倫理的根源是約定俗成。但倫理學家有興趣的是探究倫理或道德的形成與傳播有無更原初、更基本的因素，就如同生物學發現「基因」（gene）為生命演化與複製的基礎單位，或許也有被稱為「彌因」（mene）的「道德基因」存在，並如同生物演化的物競天擇原則一樣，個別人類社群必須發展出具有競爭優勢的「道德基因」，才能讓自身存續並壯大。

倫理學主要分為四種研究領域：「後設倫理學」（meta-ethics）研究倫理概念的理論意義與本質，如：「什麼是『錯』？」；「規範倫理學」（normative ethics）評判各種不同的道德觀，對於正確或錯誤行為給予建議，如：「為什麼這樣做是錯的？」；「應用倫理學」（applied ethics）將倫理理論應用於特定案例，探討人們應該如何處理這些道德問題，如：「為什麼同性戀是錯的？」；「描述倫理學」（descriptive ethics）研討特定社群持有的倫理觀，包括風氣、習俗、禮儀、法規、對善與惡的見解、對各種實際行為的反應等，如：「為什麼保守傾向的基督徒覺得同性戀是罪？」。

對基督徒而言，基督信仰不只是對死後去處的想像，也包括現世生活的行為準則，而情欲實踐當然是生活的一部分，因而基督信仰必定有至少屬

於「應用倫理學」或「描述倫理學」層次的「情欲倫理」（erotic ethics）。傳統教會有興趣的是「性倫理」（sexual ethics），亦即對各種性實踐做「是非題式」的分類，這個可以、那個不可以。但本文探討「情欲倫理」是要拉開與「性倫理」不一樣的縱深，因為基督信仰更重視人與人之間的關係，而不只是性行為。對於負責任的基督徒而言，「倫理」是自我反省、反求諸己的申論題，用耶穌所教導的「愛」來做為衡量一切性實踐的原則，因此關於情欲的理解與詮釋，我們必須回到聖經文本中去探求。

三、聖經文本與教會傳統

（一）性

「情欲」是對他人的欲求或愛慕，特別是對他人身體的戀慕，有時也伴隨著心靈的吸引，因此「情欲」可以同時包括「性」與「愛」。「性」與「愛」是兩種人與人之間彼此吸引的基本元素，也是形成「關係」的原始動力。首先我們要從聖經與教會傳統來思考「性」。

討論「性」可以從很多面向切入：性行為、性生理、性心理、性傾向、性氣質……等。聖經沒有提供關於「性」的科學解釋，我們在聖經中讀到的是古希伯來人與早期基督徒對於特定性行為、性氣質的看法（屬於描述倫理學的層次）。至於「性傾向」（作為一種存活於世界上的身分認同）這個概念，並不存在於聖經裡。

在聖經的不同部分對性的態度並不一致，至少有兩種主要的觀點：一是「忌諱性的」（sex-negative），二是「肯定性的」（sex-positive）。前者以「摩西五經」為主，後者則以「智慧文學」為代表。

在重視勞力與武力的古希伯來游牧部落中，「性」最重要的功能是「生殖」。異性性行為不只是情欲的表達，更具有傳遞、交換財產與權力的意義。父權社會中的女人被視為財產與生殖工具，貞操和生育力就是她的價

值證明。「摩西律法」裡明文禁止一個男人與別的男人的女人發生性關係（利18:20），因為這是侵犯其他男人的財產，必須賠償、受罰。女人若自願與別的男人發生性關係，那麼她就是反抗對她擁有所有權的男人、破壞社會秩序，因此必須以石頭打死（利20:10、申22:21）。在這種尊男貶女的性別秩序下，希伯來社會對男人與女人的性氣質都有特定的要求：「摩西律法」同時禁止男人、女人做異性裝扮（申22:5），保羅書信也譴責不具備傳統男性氣質的男性（林前6:9、林前11:14）。

「摩西五經」中的「聖潔法典」（Holiness Code，《利未記》第17至26章）羅列許多與性有關的禁令（月經、遺精、生產、亂倫、強姦、人獸交、男同性性行為等）。這些禁令不是單純的性道德或性倫理，而與以色列人亡國的歷史有關。公元前586年，猶大國滅亡，以色列人失去了聖殿（神權）與宮廷（君權），面臨嚴重的認同危機。祭司階層為了捍衛社群的主體性，便提出「分別為聖」的潔淨觀，教導以色列百姓認同自己是上帝唯一的選民，必須和異族有所區別，保持身體的潔淨和純粹，藉以表明對國族／國教的忠誠。

福音書中很少記載耶穌關於「性」的言論，但他顯然沒有全盤接受摩西律法的潔淨觀，因為他親自打破了許多潔淨禁忌，例如：和「罪人」同桌共席、觸碰「不潔淨」的人、與異族女人談話……等。耶穌提出比潔淨法律更為嚴格的標準：性的倫理要求不只是在行為上，更重要的是「內心的念頭」（太5:27-30）。

保羅書信裡經常出現「*sarkos*」這個希臘字，中文聖經常將之譯成「情欲」（如：林後1:17、加5:13,17,19、加6:8、西2:11、西2:23），原文意思是「肉體」（flesh），並不單指「性」，而是泛指所有的「欲望」。保羅書信用這個字時，都有「輕視肉體」的意味。但保羅並非頑固的禁欲主義者，他認為獨身是一種特殊恩賜，如果沒有這樣的恩賜，「*與其欲火攻心，倒不如嫁娶為妙*」（林前7:9）。

初代教會教父將保羅書信對「肉體」的看法與「柏拉圖思想」、「斯多亞主義」（Stoicism）揉合在一起，[1] 形成「靈肉二元對立」的「禁欲神學」。俄利根（Origen）和安波羅斯（Ambrose of Milan）兩位教父都認為人類的性欲是亞當夏娃墮落後才發生的；他們相信人不需要肉體，鼓勵基督徒棄絕性欲。奧古斯丁（Augustine of Hippo）認為上帝創造人類的身體和性欲，始祖在墮落前就已經開始有性行為，但當時身體還在意志的控制之下。當始祖違抗上帝的命令後，欲望和意志不再合作，反而彼此敵對，身體就是它們的戰場；追求性愉悅就是追求邪惡，追求邪惡等於與上帝隔絕，所以只有為了「生殖目的」進行的性交才是正當合法的。從奧古斯丁開始，欲望被視為顛覆、危險的力量，必須加以控制並壓抑。在教會內處於優勢地位的男人，一方面以禁欲為屬靈的象徵；但另一方面在壓抑欲望的同時，內在衝突與掙扎卻變形為社會控制，施加在被視為代表肉體／肉欲的女人身上，這就是西方教會由獨身男性掌控並且厭惡女性的緣由。於是，從靈肉二元對立產生禁欲神學，禁欲神學又結合男尊女卑而衍生出歧視女性的傳統。

但靈肉二元對立並非聖經中一致的觀點。以《創世記》第2章來看，上帝創造的人不僅有塵土造成的肉身，更有上帝親自給予的靈性；禁欲傳統是對聖經的片面理解所產生的偏執詮釋。聖經中的智慧文學，如：《箴言》、《傳道書》、《雅歌》，都肯定「性」的美好，《雅歌》是最好的例子。

1　斯多亞主義（Stoicism）主張靈魂不滅，肉體終朽；貶抑、控制肉體，靈魂才能達到「無動於衷」（apatheia）——沒有激情、接近上帝的狀態。很多早期基督徒吸收了這種觀念，藉此表示他們不屬於羅馬帝國而屬於天國，並以禁絕性活動做為與墮落世界劃清界線的象徵。

《雅歌》的原文是「歌中之歌」（Song of Songs），就是「最美的歌」。[2]在短短的8章、117節經文中，作者以所有巴勒斯坦地區可見的美麗事物做比擬，例如：葡萄園、美酒、綿羊、駿馬、鴿子、羚羊、小鹿、沒藥、香柏樹、黎巴嫩木、鳳仙花、沙崙的野玫瑰、山谷的百合花、石榴……等，極盡所能地歌頌身體的美麗。特別值得注意的是，對話雙方的女男並非已婚配偶，而是一對試圖攀越禮教高牆的愛侶（或許已訂婚），絮語之中不但充滿性暗示（例如4:12-16），直言不諱的性愛描述更是隨處可見，兩人之間的愛情幾乎完全圍繞在性吸引力之上。女主角更是從頭到尾直白地表達情欲感受與性需求，完全沒有父權文化中對女人實踐性愛的「賺賠焦慮」及「處女情結」。

　　《箴言》與《傳道書》都把情欲當做人生的經驗。例如《傳道書》2:5說「同房有時，分房有時；親熱有時，冷淡有時」；《箴言》30:18-19更說「神秘莫測、我所不明白的事有三、四樣：鷹在空中飛行；蛇在磐石上爬動；船在海上航行；男女相戀」。可見，「為情所困」古今皆然。

　　不同的聖經作者對性的態度都不一樣，也與現代人想法大異其趣。雖然多數教會對性的態度仍是諱莫如深，但是從「智慧文學」的角度來看，靈魂與肉體是互補、合一的整體。所以，基督徒坦誠面對身體與情欲，並不違背信仰。情欲不是我們的敵人，而是上帝的恩賜，因為在創造之初，上帝就已經將感知情欲的能力賜給人類。

（二）愛

　　在希伯來聖經裡，「愛」的希伯來字「*ahabah*」（陰性名詞），可以用在

2　由於《雅歌》與「摩西五經」看待「性」的態度差異實在太大，有些聖經學者認為《雅歌》不是出自希伯來人手筆，比較像是迦南人的作品。在《雅歌》3:4與8:1都提到「母親的家／女性出生的房間」，暗示著某種母系社會的遺跡，這些猜測不無道理。

友情、親情、愛情、人對上帝的愛以及上帝對人的慈愛等各種情感。這些「愛」都是在「關係」中發生，也是建立「關係」的基礎。

　　希伯來聖經記載許多戰爭、報復與懲罰，讓人覺得以色列的上帝是個殘忍、易怒、善妒的神，獨愛以色列人，其他民族都可以犧牲。但是我們不要忘記希伯來聖經是希伯來民族的作品，其中大部分篇幅又是在以色列王國搖搖欲墜或國破家亡之際寫下，難免會有一種急切的本位主義復國心態。事實上，希伯來聖經的作者們仍將信仰的核心意義指向上帝的慈愛與拯救，就像《申命記》5:9雖然說：「不可向任何偶像跪拜或事奉，因為我是上主——你的上帝；我絕不容忍跟我對立的神明。恨惡我的人，我要懲罰他們，甚至到三、四代的子孫。」但是緊接著在5:10則強調：「但愛我、遵守我命令的人，我要以慈愛待他們，甚至到千代的子孫。」可見慈愛才是上帝最重要的本質。而且上帝並未獨厚以色列人，《以賽亞書》56:6-8就說：

　　有些異族人已經皈依上主，他們愛他，服事他，並且切實遵守安息日，信守上主的約。上主對他們說：「我要帶你們到我的聖山錫安，使你們在我禱告的殿中有喜樂，並接受你們在祭壇上所獻的燒化祭和牲祭。我的聖殿將稱為萬民禱告的殿。」那位把流亡中的以色列人帶回故土的至高上主曾應許讓其他人民也加入他們的行列。

　　更重要的是，希伯來聖經反覆描述上帝對大衛的愛（儘管大衛犯了通姦及謀殺的罪），這份愛使上帝對大衛承諾要永遠保守他的子嗣。傳統猶太教與基督教都將耶和華看作父神，亦即宛如人類的男性角色，在聖經學者眼中，上帝與大衛之間的愛，簡直是某種同性愛情。難怪上帝與大衛之間常有爭執、冷戰等等情節發生；而雖然大衛犯了這麼多罪，上帝仍然愛他的原因是，大衛也始終鍾情於上帝，不曾移情別戀去跟隨其他神明。[3]

除了上帝對人的愛，希伯來聖經也用許多篇幅描寫人與人之間的情愛。在《雅歌》8:6-7，戀人對著愛人訴說著山盟海誓：

求你將我放在你心上如印記，
帶在你臂上如戳記。
因為愛情如死之堅強，
嫉恨如陰間之殘忍；
所發的電光是火焰的電光，
是耶和華的烈焰。
愛情，眾水不能熄滅，
大水也不能淹沒。
若有人拿家中所有的財寶要換愛情，
就全被藐視。

（和合本）

無獨有偶地，路得也在飢寒交迫的生死關頭對拿娥美道出衷曲（得1:16-17）：

請不要叫我離開妳。讓我跟妳一起去吧！妳到哪裡，我也到那裡；妳住哪裡，我也住那裡；妳的民族就是我的民族；妳的上帝就是我的上帝。妳死在哪裡，我也死在那裡，葬在那裡。除了死，任何事都不能使我們相離！要是我背誓，願上主重重地懲罰我！

3　Theodore Jennings, *Jacob's Wound: Homoerotic Narrative in the Literature of Ancient Israel* (New York, NY: T & T Clark International, 2005), 37-76.

女性人物之間有這等「山無稜，天地合，乃敢與君絕」深情；同樣地，男性人物也彼此深情以對。以色列王子約拿單對牧羊少年大衛可以說是「一見鍾情」（撒上18:1-4）：

掃羅的兒子約拿單深深地被大衛所吸引；他愛大衛，像愛自己一樣。大衛對掃羅說完了話，約拿單的心與大衛的心深相契合。約拿單愛大衛，如同愛自己的性命。從那天起，掃羅留大衛在身邊，不讓他回家。那日掃羅留住大衛，不容他再回父家。約拿單因為非常愛大衛，像愛自己一樣，就立誓跟大衛結為生死之交。約拿單愛大衛如同愛自己的性命，就與他結盟。他脫下自己身上的袍子給大衛，又把自己的盔甲、刀、弓，和腰帶也給了大衛。約拿單從身上脫下外袍，給了大衛，又將戰衣、刀、弓、腰帶都給了他。（和合本）

而回應約拿單的情深義重，大衛也在約拿單戰死沙場後為他悲吟輓歌（撒下1:26）：

我兄約拿單哪，我為你哀哭；
你對我親愛異常！
你的深情何其美好，
遠勝過婦女的愛情。
（和合本）

「愛」是希伯來聖經中最最動人的主題，也是新約聖經始終不變的基調。在希臘文裡，有好幾個字可以表達情感，包括：「*philia*」（平等地位者之間的友愛或喜愛）、「*agápē*」（父母對子女、配偶之間、對受苦者的無私的愛）、「*érōs*」（情欲，帶有性意味）、「*storgē*」（家人之

間的感情）。新約聖經中曾用來指涉「愛」的字包括：「*agápē*」（無私的愛）、「*phileó*」（同*philia*，友愛、喜愛）、「*philandros*」（對丈夫的愛）、「*philadelphia*」（兄弟愛）、「*philoteknos*」（對小孩的愛）、「*philostorgos*」（對家人的愛）、「*philoxenia*」（對陌生人的愛）、「*philanthrópia*」（對世人的愛）……等，唯獨沒有使用過「*érōs*」。

凡是談到上帝的愛，新約聖經的作者都用「*agápē*」。例如：《約翰福音》3:16說：「上帝那麼愛（*ēgapēsen*）世人，甚至賜下他的獨子，為要使所有信他的人不至於滅亡，反而得永恆的生命。」

關於「*agápē*」與「*phileó*」的差異，在《約翰福音》21:15-17有一段非常精采的對比。復活後的耶穌與彼得一起在湖邊談話：

> 他們吃過以後，耶穌問西門彼得：「約翰的兒子西門，你愛（*agapas*）我勝過這些嗎？」他回答：「主啊，是的，你知道我愛（*philō*）你。」耶穌說：「你餵養我的小羊。」耶穌第二次問：「約翰的兒子西門，你愛（*agapas*）我嗎？」他回答：「主啊，是的，你知道我愛（*philō*）你。」耶穌對他說：「你牧養我的羊。」耶穌第三次再問：「約翰的兒子西門，你愛（*phileis*）我嗎？」彼得因為耶穌一連三次（按原文字義應作「第三次」）問他「你愛（*phileis*）我嗎？」就難過起來，對耶穌說：「主啊，你無所不知，你知道我愛（*philō*）你。」耶穌說：「你餵養我的羊。」

耶穌兩次問彼得是否對他有「無私的愛」，但彼得只敢用「友愛／喜愛」來回應耶穌。當第三次耶穌只問彼得是否對他有「友愛／喜愛」時，彼得「難過起來」。其實，要做到「友愛／喜愛」也不容易。彼得在耶穌受難前信心滿滿地保證絕不離棄耶穌，但是耶穌被捕後他卻三次公開否認自己是耶穌門徒。事過境遷，如今復活的主再次與他相遇，問他有沒有

「無私的愛」時，他已不敢隨便承諾。然而經過反省的信仰，才有真實的力量。或許正因為有過挫折考驗，彼得後來才能堅守信仰甚而殉道。

對耶穌而言，「*agápē*」既是上帝對我們的「愛」，也是上帝要求我們去實踐的「愛」。這樣的「愛」極為重要，因為要得到永生，就必須「全心、全情、全力、全意愛（*agapēseis*）上帝」，同時又要「愛（*agapēseis*）鄰人如同自己」（太22:37-40，路10:25-37）；凡跟隨耶穌的人都必須「彼此相愛（*agapate*）」，這樣世人就會知道「你們是我的門徒」（約13:34-35）。在人與人之間，真摯的、死生相許的情感是非常受到讚揚的，耶穌甚至說「一個人為朋友犧牲自己的性命，人間的愛（*agapēn*）沒有比這更偉大的了。」（約15:13）

基督徒不只是愛上帝，更要愛鄰人，愛身邊所有的人，因為愛是一種具體的行動，實踐在每一天的生活中（約一4:20-21）：

> 若有人說「我愛上帝」，卻恨自己的弟兄或姊妹，他就是撒謊的；他既然不愛那看得見的弟兄或姊妹，怎麼能愛那看不見的上帝呢？所以，基督這樣命令我們：那愛上帝的，也必須愛自己的弟兄和姊妹。

雖然新約聖經並沒有直接討論「*érōs*」（情欲），但是既然連朋友、鄰人之間都得以「*agápē*」相待，當然情人之間也必須以「*agápē*」為標準。

「愛」（*agápē*）能讓我們產生什麼改變呢？它讓我們明白，世上的艱險不能攔阻我們（約一4:18）：

> 有了愛（*agápē*）就沒有恐懼；完全的愛（*agápē*）驅除一切的恐懼。所以，那有恐懼的就沒有完全的愛（*agápē*），因為恐懼和懲罰是相關連的。

497

歷經滄桑的使徒保羅，也用堅定無比的口氣說（羅8:35-39，和合本）：

誰能使我們與基督的愛（*agapēs*）隔絕呢？難道是患難嗎？是困苦嗎？是逼迫嗎？是飢餓嗎？是赤身露體嗎？是危險嗎？是刀劍嗎？如經上所記：我們為你的緣故終日被殺；人看我們如將宰的羊。然而，靠著愛我們的主，在這一切的事上已經得勝有餘了。因為我深信無論是死，是生，是天使，是掌權的，是有能的，是現在的事，是將來的事，是高處的，是低處的，是別的受造之物，都不能叫我們與上帝的愛（*agapēs*）隔絕；這愛是在我們的主基督耶穌裏的。

保羅為我們留下傳唱千古的「愛的真諦」，替「*agápē*」下了最令人動容的註腳，成為歷代基督徒對「愛」的基本詮釋（林前13:1-13，和合本）：

我若能說萬人的方言，並天使的話語，卻沒有愛（*agapēn*），我就成了鳴的鑼，響的鈸一般。我若有先知講道之能，也明白各樣的奧祕，各樣的知識，而且有全備的信，叫我能夠移山，卻沒有愛（*agapēn*），我就算不得什麼。我若將所有的賙濟窮人，又捨己身叫人焚燒，卻沒有愛（*agapēn*），仍然與我無益。愛（*agapē*）是恆久忍耐，又有恩慈；愛（*agapē*）是不嫉妒；愛（*agapē*）是不自誇，不張狂，不做害羞的事，不求自己的益處，不輕易發怒，不計算人的惡，不喜歡不義，只喜歡真理；凡事包容，凡事相信，凡事盼望，凡事忍耐。愛（*agapē*）是永不止息。先知講道之能終必歸於無有；說方言之能終必停止；知識也終必歸於無有。我們現在所知道的有限，先知所講的也有限，等那完全的來到，這有限的必歸於無有了。我作孩子的時候，話語像孩子，心思像孩子，意念像孩子，既成了人，就把孩子的事丟棄了。我們如今彷彿對著鏡子觀看，模糊不清；到那時就要面對面了。我如今所知

道的有限，到那時就全知道，如同主知道我一樣。如今常存的有信，有望，有愛（agápē）這三樣，其中最大的是愛（agápē）。

我們可以這樣結論：基督教的信仰就是「愛」（agápē）的信仰，基督教的神學就是「愛」（agápē）的神學，基督教的倫理就是「愛」（agápē）的倫理——因為，上帝就是「愛」（agápē）（約一4:16b）。

（三）異性情欲與婚姻

人類學家告訴我們，起初的人類社會中，沒有婚姻，更不是一對一，小孩子生下來只認得母親，女人與男人在情欲互動中也沒有絕對的角色畫分。不過，異性情欲與同性情欲卻在歷史的早期就涇渭分明起來。最主要的關鍵是，在沒有人工生殖的時代，異性情欲是唯一會導致生殖的情欲關係。在部落、社會形成，人際互動越來越頻繁，特別是勞動生產方法越來越進步，私有財產與商品交易的概念開始出現之後，子女成為傳遞財產與權力的主要憑藉，集體勞動與財產分享漸漸地都侷限在家族內完成，於是異性情欲關係就不再只是兩情相悅、你情我願的私事，而必須接受社會主流的介入與規訓。

基督教雖然強調「愛」，但是判斷某一情欲關係能否被認可，教會傳統卻著眼於「性」。換言之，某些情欲關係被禁止，不是因為「愛」，而是因為「性」。傳統教會的「性倫理」，其實是「性禁忌」的倫理，而在性禁忌的背後則是許多「性焦慮」。只要不觸犯這些「性禁忌」，任何關係即使沒有「愛」（例如：憑媒妁之言而「成交」的婚姻），仍可被傳統教會認可。

橫跨將近兩千年的聖經敘事，幾乎各種性關係或婚姻制度都出現過，包括：「一夫多妻」（亞伯拉罕、雅各、大衛、所羅門等）、「兄終弟及」（levirate marriage，俄南娶塔瑪）、「買賣婚姻」（拉班將蕾潔與麗亞賣給

雅各)、「服役婚姻」(雅各為娶蕾潔與麗亞而替拉班做工)、「掠奪婚姻」(便雅憫人搶奪雅比人的四百名處女)⋯⋯等;「一夫一妻」在聖經中其實是罕見的「特例」。

整個聖經時代的背景都是父權社會,婚姻不是戀愛的結果,而是一種交易:買(丈夫)賣(父親、兄弟)雙方都是男人,女人只是財產,可以買賣、掠奪、交易,甚至當成性玩物來展示(《以斯帖記》的華實蒂王后就因為拒絕亞哈隨魯王要求的色情表演,而被廢去后位)。

因為父權社會強調父系血統的純正,女人只能利用「生兒子」來換取社會地位。聖經中許多不孕的女人(例如:亞伯拉罕的妻子莎拉、撒母耳的母親哈娜、施洗約翰的母親伊莉莎白),都向上帝求子,因為有了兒子她們才不會蒙羞,而且可以跟其他女人競爭家族中的地位(例如:莎拉與夏甲之爭、蕾潔與麗亞之爭)。如果不幸死了丈夫,又沒了兒子,沒有謀生能力的女人,為了生存下去,只好想盡辦法找個男人生兒子(例如:路得為了讓拿娥美生活有著落,而甘願色誘波阿斯,生個兒子歸在拿娥美的名下;塔瑪的小叔俄南不願讓她受孕,她只好假扮妓女讓公公猶大跟她同房)。

聖經如何詮釋異性情欲關係?《創世記》這樣描寫(2:18-25):

主上帝說:「人單獨生活不好,我要為他造一個合適的伴侶來幫助他。」於是主上帝用地上的塵土造了各種動物和各類飛鳥,把牠們帶到那人前面,讓他命名;他就給所有的動物取名。他給牲畜、飛鳥,和野獸取了名;但是牠們當中沒有一個適合作他的伴侶,好幫助他。於是,主上帝使那人沉睡。他睡著的時候,主上帝拿下他的一根肋骨,然後再把肉合起來。主上帝用那根肋骨造了一個女人,把她帶到那人面前。那人說:這終於是我骨中的骨,肉中的肉;我要叫她做「女人」,因為她從「男人」出來。因此,男人要離開自己的父母,

跟他的妻子結合，兩個人成為一體。那人跟他的妻子都光著身體，然而他們並不害羞。

「骨中的骨，肉中的肉」是何等親密的關係！只可惜在父權社會的現實中，希伯來男人並沒有把女人當成骨中骨、肉中肉，反而把女人物化成商品。

保羅的兩性關係論述以《創世記》2:18-25為基礎（弗5:31），他認為：（一）上帝是基督的頭，基督是男人的頭，丈夫是妻子的頭（林前11:3）。（二）男人不是從女人造的，女人卻是從男人造的；男人不是為著女人造的，女人卻是為著男人造的；男人反映上帝的榮耀，女人反映男人的榮耀，所以男人不應蒙頭，女人必須蒙頭（林前11:4-9）。（三）丈夫是妻子的頭，正如基督是教會的頭；妻子應該順服丈夫，如同教會順服基督；丈夫應該愛妻子，好像基督愛教會，為教會捨命一樣（弗5:21-33）。

不過，細察《創世記》原文會發現保羅的詮釋出現誤差：上帝最先用塵土造出的是「人」，而非「男人」；當「女人」存在之後，「男人」才有了相對應的意義。「女人」雖是用「人」的肋骨造成，但這並不意味著「女人」較為次等；相反地，「女人」與「男人」本質相同（骨中骨、肉中肉），所以「人」跟「人」才適合成為彼此的「幫助者」。（請注意：是「幫助」，而非「服侍」！）

同樣引用《創世記》，耶穌的見解就與保羅非常不同。在面對法利賽人關於休妻的質問時，耶穌主要的關切是女人在父權社會中的不利位置，因此他首先引用《創世記》第1章，描述上帝按自己形像造人，有男有女，暗示男女之間並無高下之分；然後，耶穌才引用《創世記》第2章，主張丈夫不可隨意離棄妻子，強調男人對伴侶的責任（太19:3-9，5:31-32）。

先知書常以異性伴侶來比擬上帝（雄性）與以色列（雌性）的關係。[4] 當耶和華無法阻止以色列人民崇拜偶像、順服外邦帝國時，先知們經常用「不貞的妻子」、「淫婦」這一類的罪名來控訴背叛上帝的以色列，彷彿

父權社會的大男人因為「自己的」女人過於獨立自主、為所欲為，對他的顏面自尊造成極大的損傷；更耐人尋味的是，耶和華指責以色列因為迷戀外邦情郎的「雄壯」而移情別戀（《以西結書》23:1-21；其中23:20的原文是指野驢的陽具、野馬的射精）。

兩千年來基督教會唯一認可的情欲關係是「一對一異性戀婚姻」，這種主張已成為西方社會的主流標準，凡受到西方文明影響的國家，幾乎都在法律中明文禁止「重婚」。但是在聖經文本中，「一對一異性婚姻」卻是少數特例，因為猶太人允許一夫多妻。初代基督徒熱切期盼末世，相信耶穌很快再臨，只要靈魂得救，其他都無所謂，因而有些基督徒涉入混亂性關係裡。保羅也相信末世將至，婚姻並不重要，但他擔心性的混亂會影響教會，所以鼓勵信徒像他一樣獨身，並稱讚長年守寡的女信徒；若是欲火攻心難以按捺，就該找個固定伴侶，尤其教會的「監督」與「執事」必須嚴格遵守一夫一妻的要求（提前3:2, 12）。

（四）家庭

無論是古代希伯來父權家族，或是現代西方基督教家庭，都是建立在異性婚姻的基礎上；家庭／家族承載三方面的功能：「情欲」、「生殖育幼」、「經濟共同體」。「非異性婚姻內的個體」被禁止組成家庭、發展情欲或養育子女，彼此之間的財產權利義務關係也完全不受法律的規範與保障。不過這種狹隘的家庭定義並非絕對真理。一些現今仍存在的母系社會文化（如過去台灣的阿美族，現今中國雲南的摩梭族），把情欲與財產、勞動、生殖等分割開來，以「母屋」這種家庭模式來完成生養、教育、經濟等功能，與父

---

4 詹寧斯（Theodore Jennings）認為，以色列本是雄性角色，但是耶和華卻讓以色列扮演雌性角色，因而若非以色列為跨性別，那麼就是耶和華與以色列的關係其實是同性情欲。請見：Theodore Jennings, *Jacob's Wound: Homoerotic Narrative in the Literature of Ancient Israel* (New York, NY: Bloomsbury Academic, 2005), 131-176.

系社會截然不同。而在性少數平權運動的推動下，許多西方國家已經立法賦予同性伴侶締結婚姻、組成家庭、收養子女的權利。

主流教會宣稱一男一女婚姻及伴隨而生的核心家庭是上帝的神聖旨意，主流社會也期待每個人都遵循女男「相識→相戀→結婚→成家→生育→老死」的情欲歷程。許多同志向親友表明性傾向時，往往不是被問「那妳／你過得好嗎？」，而是「那妳／你會不會結婚？」，彷彿人們只有「妻子」或「丈夫」這兩種性身分。但是我們不要忘了，兩千年前耶穌選擇的生活型態與這種預設大異其趣。

福音書記載耶穌從生到死都是獨身，沒有結婚，更沒有子女。耶穌三番兩次強調，跟隨他的人必須拋下家庭、財產（太10:37，太19:21-30），甚至連埋葬父母都不必要（太8:22）。只有實行上帝旨意的人，才是耶穌的兄弟、姊妹與母親（太12:50）。根據福音書記載，與耶穌關係最密切的人，是一個由三名未婚無子姊弟（馬大、馬利亞、拉撒路）所組成的另類家庭（多元成家）。

（五）同性情欲

基督教會雖然有禁欲傳統，但在中世紀也有一些修士在修院生活中發展出肯定情欲的神學，其中最有名的是十二世紀法國的一位修道院長聖艾爾雷德（St. Aelred of Rievaulx），他在著作中歌頌友情，並鼓勵他的修士培養深厚的同性情誼。根據歷史學家約翰・鮑斯威爾（John Boswell）的考證，在中世紀的歐洲，曾有一段時期同性伴侶的連理關係是被教會公開承認而且祝福的。[5] 只可惜這些優雅美好傳統後來都被打壓噤聲，無法進入基督教會的主流情欲論述裡。

---

5 John Boswell, *Same-sex unions in premodern Europe* (New York, NY: Villard Books, 1994).

雖然傳統教會如此恐同，在希伯來聖經其實有許多特出的同性情慾敘事（homoerotic narrative），描寫在艱難的光景中，同性個體之間如何實踐「委身的愛」。詹寧斯（Theodore Jennings）歸納出希伯來聖經中有三類男同性關係敘事：（一）英雄與同伴（如：約拿單、大衛、掃羅之間的三角關係）；（二）薩滿宗教（如：撒母耳、以利亞、以利沙及其他先知神人）；（三）超越既定性別界線（如：耶和華與以色列的關係，穿著彩衣的約瑟）。[6] 此外，我們也不能忘記還有女同性關係（如：路得與拿娥美）。

在一個戰士情誼相當普遍而且被視為高貴的時代，掃羅、大衛、約拿單，這個充滿激情、妒忌、權謀的「三角關係」，最後雖然以約拿單和掃羅的死亡終結，但是大衛為約拿單所作的輓歌，訴說更勝於男女之愛的情感，成為希伯來聖經中對同性愛最直接的歌頌讚嘆（撒下1:26）。大衛渾身散發男性美（撒上16:12），約拿單對他一見鍾情（撒上18:1, 3），愛大衛愛到願意跟他分享一切（撒上18:4），甚至將江山讓給他也在所不惜，所以約拿單的父王掃羅才會氣憤地咒罵他：「你這畜生！現在我知道你站在大衛那邊，在丟你自己和你母親的臉！」（撒上20:30）當約拿單得知掃羅要殺害大衛時，氣得一天沒吃東西（撒上20:34），後來他背叛父親，幫助大衛脫逃。約拿單為了大衛放棄一切，在祕密會面的時候「再次要大衛發誓愛他」（撒上20:17），我們彷彿感受到約拿單心中的焦灼，如果失去大衛的愛，他就一無所有了。

傳統教會斷定約拿單與大衛之間是「友誼」而非「愛情」。《撒母耳記上》作者描述約拿單對大衛的「愛」所使用的字「*ahabah*」在希伯來聖經出現上百次，不管男女之愛、友誼之愛、對事物的喜愛等等都用這個字。根據上下文，我們知道約拿單與大衛都結婚生子。大衛有八次婚姻，第一任

6　Theodore Jennings, *Jacob's Wound: Homoerotic Narrative in the Literature of Ancient Israel* (New York, NY: Bloomsbury Academic, 2005), xiii.

妻子是約拿單的姊妹米甲。聖經雖未提到約拿單之妻，但曾記載約拿單的兒子米非波設（撒下4:4），故約拿單也結過婚。即使約拿單與大衛都各自有過婚姻，那也不代表他們之間不可能有愛情（畢竟古代沒有人以同性戀者自居，所有人都被社會期待要履行婚姻與生殖的義務，夫妻之間有沒有愛情都無所謂；現代社會中更有數不清的同性戀者進入異性婚姻中）。就文本論文本，約拿單和大衛確實曾是彼此生命中的最愛。

在另一個故事裡，兩位女主角是路得與她的婆婆拿娥美，而路得扮演的是浪漫愛情典型中的「解救者」角色。雖然路得嫁給波阿斯，但這個異性婚姻並非以愛情做基礎，而是生存考量。拿娥美沒有兒子，路得沒有丈夫，兩個單身女人在希伯來社會中除了從娼之外，別無生計。拿娥美出主意要路得去「借種生子」，路得也甘願犧牲自己去色誘波阿斯，就連波阿斯自己與村莊裡的三姑六婆都知道，這椿婚事從頭到尾都不單純（得3:10-11，4:14-17）。

「除了死，任何事都不能使我們分離！」（Till death do us part）這句話經常被異性戀者拿來當作婚禮中的誓詞，但它事實上是路得對拿娥美的誓言！不管路得與拿娥美之間的情誼應該如何詮釋，兩個女人之間誠摯的委身關係是值得讚美、褒揚的。在耶穌的家譜中，喇合（耶利哥城的妓女）、路得（大衛的祖母）跟馬利亞（耶穌的母親）是惟一被提到的女性，可見對於路得與拿娥美之間這種突破傳統的愛，《馬太福音》作者給予高度肯定。

（六）生育迷思與另類關係

《創世記》記載上帝讓女男結合，祝福她／他們生養眾多。許多基督徒據此宣稱，因為同性伴侶無法繁衍後代，所以同性情欲關係違背上帝心意，不會受上帝祝福。不過，奇怪的是，口口聲聲「根據聖經」，但是《以賽亞書》說遵守上帝的誡命勝過子孫滿堂，這些基督徒們卻視而不見：

經過閹割的人不必說：「我是一棵枯樹。」上主對他們這樣說：「如果你們謹守安息日，做我所喜悅的事，並且信守我的約，我就讓你們的名在聖殿和我子民中被紀念，勝過你們有許多子女。你們將永不被人遺忘。」（以賽亞書56:3-5）

同樣地，基督徒們也不把耶穌的教導當一回事：

耶穌說：「這樣的教導並不是人人都能接受的，只有得到上帝特別恩賜的人才能接受。因為人不結婚的理由很多：有些人是生來不適於結婚的；有些人是人為的原因不能結婚；另有些人是為了天國的緣故而不結婚。能夠接受這教導的人就接受吧！」（馬太福音19:11-12）

「人為的原因不能結婚」指的是宦官，「為了天國的緣故而不結婚」則是自願守獨身的人。那麼，誰是「生來不適於結婚的人」？不論是身體方面受限或是情感上不適合與異性結合的人，耶穌的教導都證明了異性戀婚姻並非是每個人都必須走的路，不進入異性結婚也是合乎上帝心意的生活型態。

四、基督信仰的情欲倫理

摘要以上討論：（一）聖經的不同部分對「性」的態度並不同，有些是忌諱的，有些是肯定的；（二）「愛」是基督信仰的最高準則；（三）雖然聖經高度關切生育，但是把性愛侷限在生育的範圍內、將「一夫一妻婚姻」當做唯一合格的情欲關係卻是教會觀點，而非聖經主張；（四）聖經中某些部分高度贊許同性之間的愛與情誼，異性婚姻或生育都不是人生唯一選擇。以上就是基督信仰中情欲倫理的「聖經基礎」，底下根據這些基礎討論如何處理情欲實踐的細節。

（一）愛的倫理：愛神愛人，善意款待

對耶穌而言，摩西律法及先知書的總綱，就是「愛的誡命」，包括以下幾個原則：（一）上帝與人之間、人與人之間的關係都應該是「愛」；（二）以「利己」的標準，從事「利他」的實踐；（三）願意為愛受苦（太22:34-40，路10:25-28，約15:13）。

根據《路加福音》，耶穌用「好撒馬利亞人」的比喻來說明「愛的誡命」的意義；我們必須幫助遭遇困難的人，即使她／他可能對我們有敵意。耶穌認為所多瑪的罪惡就是沒有做到善意款待（太10:11-15，路10:8-12）。酷兒神學家南西・葳爾森（Nancy Wilson）認為「善意款待原則」也適用於情欲關係，從「身體的善意款待」（bodily hospitality）的神學中心，開創出對於性的積極神學思考。[7] 我們經常透過觸碰的經驗來理解我們的心靈；肌膚是種族認同的基礎之一，也深刻連結我們的性。肌膚是牆，在裡頭的身體即是家。性表達欲望、權力與他人連結的滿足，也是我們感受羞恥、失望、隔絕與暴力的來源。耶穌就是擁有肌膚的神，道成了肉身，為了人的緣故使原本不朽的自我變得脆弱。在最後晚餐的故事中，耶穌將餐點傳遞給門徒的舉動重新詮釋了「善意款待」的意義。耶穌要求客人接納他，他跟人們分享他的生命。我們被邀請來享用聖餐，透過耶穌的身體享用來自上帝的源源不絕能量。耶穌以他的身體來「善意款待」我們，在物理上、精神上與情感上與世界連結。透過給予及接納，耶穌預備了最終的善意款待——他的受苦與死亡，不僅為了上帝，也為了人與上帝的和好。

如果我的身體就是我的家，那麼我決定跟另一個人分享我的身體就會像是我決定跟另一個人分享我的家。這個過程包括發展出一種對家的強烈責

7　Nancy Wilson, *Outing the Church* (Indianapolis, IN: LifeJourney Press, 2013), 115, 119.

任感意識。……跟某人共享性事，事實上常常是在我們的身體內部或周遭為她／他們準備空間（make room）。更明白地說，在大部分形式的性親密行為中，我們多少都以某種形式進入對方的身體。[8]

葳爾森也以安息日的故事讓我們重新思考性的意義。安息日來自《出埃及記》，原本的意義是紀念猶太人不再為奴而可以休息的自由，後來演變成猶太人認同的一環，象徵猶太人對上帝的忠誠與對民族的驕傲。安息日是神聖的信仰，要求人們的身心靈都休息來準備安息日。然而，這個本應表彰恩典的節日後來卻變成給人定罪的來源，直到耶穌公然在安息日醫治人，才翻轉了安息日不得工作的人為禁忌。

性也是如此。性原是上帝給人的恩典，現在卻也成為定罪的根據。[9] 人們不斷地被要求性壓抑、否認神賦予的性傾向。人們嘗試去認識上帝，是期待在生命中能有更深刻的、體現「性」的連結，但教會卻讓他們枯萎凋零。適當的、平等的、不剝削的性能讓我們更靠近神。耶穌嘗試讓醫療在安息日成為正常的行為，因為安息日的意義在於讓人們的生命可以完整、均衡、喜樂並且與上帝連結。同樣的道理，服膺於安息日的精神，適當的性觸碰亦是一種醫治，使人們的生命更完整、更接近神。酷兒神學家伊莉莎白・詩都（Elizabeth Stuart）認為：

在性關係中，我們給予對方身體的款待，也從對方得到身體的款待。然而，款待必須有界限；沒有了界限，款待就失去意義。試圖款待每個上門的人，結果是我們無法真正款待其中任何一人。輕易地讓門戶洞開，結局大概是被搶個精光，更糟的是，這個地方也不再是我們的

8　Nancy Wilson, *Our Tribe: Queer Folks, God, Jesus, and the Bible* (San Francisco, CA: Harper San Francisco, 1995), 249.

9　Nancy Wilson, *Outing the Church* (Indianapolis, IN: LifeJourney Press, 2013), 115, 119.

家了。人們會濫用我們的款待，而我們會開始厭煩並拒絕再款待任何人。每個陌生人都變成潛在的敵人，而非朋友。款待意味著付出時間、空間與關懷，好使陌生人變成朋友。真正的款待，使人感覺安全、穩妥、賓至如歸。真正的款待必須保持互惠與平等；不能強制，也不能久坐惹人嫌。只有在我們保持適當界限，以整全和尊重來權衡對待不同的人該給予何種款待時，真正的款待才可能實現。[10]

基督信仰的情欲倫理就是「愛的倫理」；根據這個「愛的倫理」，好的情欲關係應該具備正義、責任、利他、善意、對等、互惠、尊重、款待……等品質，這些也是我們衡量情欲實踐時所根據的標準。無論何種形式的情欲實踐，若是純粹為了滿足私欲、不顧別人感受，就不符合「愛的倫理」。至於帶有欺騙、利用、剝削、占有……等成分的情欲關係更是絕對不符合「愛的倫理」。

（二）性解放

很多人問：「同志基督徒是否贊成性解放？」在討論之前，應該先給予「性解放」（sexual liberation）一個清楚的定義：

性解放就是性底層的解放，一如階級解放就是下層階級的解放、性別解放就是下層性別的解放一樣。人們不應該因為其階級、性別、性、種族、宗教而遭到壓迫與歧視。故而，人們不應該因為自身的性偏好、性取向、性生活方式、性實踐、性身分認同而造成在經濟、政治、社會地位、文化等資源和物質利益上分配的不平等。性底層的解

---

10 Elizabeth Stuart, *Religion is a Queer Thing* (London and Washington: Cassell, 1997), 55.

放基本上也和其他解放運動一樣，採用相似的運動策略來爭取性平等與性正義。[11]

　　性解放的對象是因為從事某些被視為禁忌的性行為或性關係而遭到壓迫的個人或群體。主流文化將性設定不同的階層與評價。以生育下一代為目的之一夫一妻是「好的性」，要是能「門當戶對」則更好。相較於被視為典範的性，其他性關係或行為則因不同理由被評價為「劣等的性」、「危險的性」。從目的而言，非以生育為目的的性（如：性交易、一夜情、性派對、無法生育的異性戀夫妻與同性戀、肛交、避孕性交）都被貶抑為下層的性。社會的階級與倫常也會影響性的評價，例如跨種族伴侶、親屬亂倫、師生戀與戀童。甚至不符典型的男性陽剛／女性陰柔的性氣質，也往往被社會主流視為變態而拒斥。

　　以上例舉的這些「不好的性」，有些被國家法律明文禁止，有些則遭到道德論述壓制。無論法律禁止或道德譴責，關於性的評價與階層經常成為社會中掌權者控制、排除異己的手段，最後結果是形成結構性的壓迫，讓許多人活在恐懼、焦慮、掙扎之中。真正的性解放重點是「解放」，要使受到結構性壓迫的人們被解放，挑戰性禁忌所導致的不平等與不正義。

　　許多人以為性解放等於「性放縱」（sexual laxity），這其實是因為不明白性解放運動真正訴求的是「平等」與「正義」，因而導致的嚴重誤解。性解放挑戰壓迫的結構，但絕不同意賦予任何人去傷害他人、予取予求的權力。在挑戰壓迫的同時，愛與責任更為重要。使徒保羅承認人可以自主地選擇做任何事，但是他也再三強調人必須負責任。我們不能只顧著滿足自己的欲望，也要顧慮到欲望的實踐會造成什麼影響。在與哥林多教會的信

---

11 卡維波，「誰需要性解放」。請見http://sex.ncu.edu.tw/repression/theory/性政治.htm

徒討論「淫亂」的問題時，他說：

> 也許有人要說：「什麼事我都可以做。」不錯，但不是每件事都對你
> 有益處。我可以說：「什麼事我都可以做」，但我不要受任何一件事
> 的奴役。……所以，你們要避免淫亂。人無論犯什麼罪都不影響自己
> 的身體，惟有犯淫亂的人是害了自己的身體，你們不知道你們的身體
> 就是聖靈的殿嗎？這聖靈住在你們裡面，是上帝所賜的。你們不屬於
> 自己，而是屬於上帝，因為他用重價買了你們。所以，你們要用身體
> 來榮耀上帝。（哥林多前書6:12, 18-20）

再對照另一個例子來做說明。初代教會信徒為了「能否吃祭過偶像的食物」而困擾不已，有些人認為既然上帝勝過異教神明，那麼基督徒吃祭祀過的食物自然無妨。但保羅卻說：

> 有些人一向習慣於拜偶像，所以直到今天，每逢吃這種食物，總覺得是
> 吃偶像的食物。他們的良心本來就軟弱，更因為吃了這種食物覺得受污
> 染了。其實，食物並不能改善我們跟上帝的關係；不吃沒有什麼損失，
> 吃了也沒有什麼收穫。但是，要小心哪，不要因你們運用個人的自由而
> 使信心軟弱的人犯罪。假如有人在這件事上良心軟弱，看見你這些「知
> 識豐富」的人在偶像的廟裡吃喝，這不等於鼓勵他去吃那些祭偶像的食
> 物嗎？那麼，這個軟弱的信徒，也就是基督為他死的人，將因你的「知
> 識」而滅亡了！你們這樣做，得罪了信徒，傷害他們軟弱的良心，就是
> 得罪基督。所以，如果食物會使信徒犯罪，我就永遠不再吃肉，免得使
> 信徒犯罪。（哥林多前書8:7-13）

保羅提醒我們，身體是聖靈的殿，是上帝用重價買來的；耶穌期待我們

511

全然地愛上帝，又必須善意款待別人。那麼，身體也應該是歡迎款待上帝進住的地方。我們的責任就是善待、善用自己與他人的身體，用身體榮耀上帝。基督信仰的情欲倫理是一種要求負責任的倫理，與性解放理論都同樣反對結構性壓迫，但是絕不贊同不負責任的性放縱。唯有每個人都負起責任，才能真正興利又防弊，人人都不受傷害，人人都得到造就。因此，如果有人問：「可不可以一夜情？可不可以多重性伴侶？」，我們建議她／他捫心自問：「妳／你確信這樣做的時候，沒有造成任何人的傷害，並且有益處嗎？」特別基督徒該自問：「妳／你確信這樣做可以榮耀上帝嗎？」葳爾森指出，性倫理不應該決定於我們是否遵守了規則，而在於我們的性是傷害或造福他人。詹寧斯主張，關係的核心是正義與平等，而不是禁令。神學家們共同的關懷都指出，即便不以遵循社會禁令為依歸，在各種關係上仍有不傷害、善意款待、正義、平等……等原則必須持守。

（三）非傳統認可的情欲實踐

接下來的問題是：基督信仰的情欲倫理如何面對社會中（尤其是性少數社群裡）多元的性實踐？開放性關係、多重伴侶、一夜情、兒少戀這些主流社會斥為骯髒、淫亂、變態，卻實際存在的關係形式，該如何思考？

詹寧斯在《酷兒性倫理：原則和應變》（*An Ethic of the Queer Sex: Principles and Improvisations*）一書中建議，[12] 在討論情欲倫理時，應該對那些社會中常常被邊緣化、厭惡、蔑視的性實踐抱持開放態度；仔細思考何謂慷慨、肯定他人尊嚴，以及關係是否有彰顯、體現正義和仁慈，這些比「化約規則」更重要。他並不鼓勵人們刻意嘗試各種性實踐，畢竟那是個人選擇。任何情欲倫理的討論都必須給予各種追求人生幸福的方式一些空

---

12 Theodore Jennings, *An Ethic of Queer Sex: Principles and Improvisations* (Chicago, IL: Exploration Press, 2014).

間，不去污名化我們沒興趣的情欲實踐，也不要將不贊同、不欣賞我們情欲選擇的人貶抑成「壓抑」或「道德僵化」。底下舉出幾個詹寧斯在《酷兒性倫理》中提出的比較容易產生爭議的例子：

（一）「開放式關係」（open relationship）：在開放式關係中，人們必須學習不將另一半當作財產，而是當作夥伴；也可以學習不執著於強迫情欲伴侶必須從一而終。如果彼此有坦誠透明的溝通，開放式關係就不會違反正義和仁慈。然而，開放式關係也容易變成不願經營信賴長期關係的藉口，讓性探索在關係中喧賓奪主，最終破壞關係的品質。選擇開放式關係就必須誠懇面對伴隨而生的風險。

（二）「濫交」（promiscuity）或「多重性伴侶」（multiple sexual partners）：在誠實、互信的基礎上，多重性伴侶不必然牴觸正義、仁慈、照料與尊重。但也同樣有倫理風險，因為人們可能將他人當成滿足性欲的工具，而無視於他人的需要、尊嚴或快樂。選擇多重性伴侶時，必須考慮這種選擇對自己和他人可能帶來的危險，以及注意是否牴觸「愛鄰人」的誡命。

（三）「兒少戀」（pederasty）：兒少戀與「戀童癖」（pedophilia）不同。戀童癖是年齡較長者持續尋找年幼者（通常是青春期前兒童）作為性滿足對象，並且是違反年幼者意願與福祉下所發生的強制性接觸。兒少戀指的是年齡較長者與年齡較輕者（通常是低於法定成年年齡的青少年）出於雙方自願的情欲關係。因為年齡和地位的顯著差異，年輕一方必須被妥善保護。在尊重青少年自主情欲選擇的同時，也得保障她／他們不受到性騷擾。當雙方之間存在權力關係（例如師生）時，則不適宜。當雙方沒有權力關係時，若由年輕一方提出交往要求，年長一方必須審慎思考這份關係能否真正促進雙方幸福。年輕一方若未達法定年齡，也應當心可能危及她／他們的情感對象，包括被社會鄙視和面臨法律追訴。

在基督信仰的情欲倫理中，關切的不是一整套禁令或法律，而是與我們

建立關係的對方之福祉。愛鄰人的真正意義是正義與仁慈，是致力於他人的福祉和尊嚴，這也是為何耶穌與保羅都說要愛仇敵。同樣，在《馬太福音》中，耶穌談到愛鄰人和愛仇敵時，也援引先知呼籲公義與憐憫的傳統，這正是對上帝呼召的真實回應。公義和憐憫就是追求他人的福祉，特別是弱勢的人。就情欲倫理而言，公義代表照料關係中較弱勢的人，特別是那些因年齡、種族、階級、文化或其他因素而可能比自己更弱勢的人。傳統教會注重規則與法律，但從基督信仰出發的情欲倫理應該強調愛鄰人的正義與仁慈。遵守規則比較容易，卻也容易漠視關係中的倫理。倫理是負責任的自由，我們必須不斷地應變，在生活情境中以新的方式來回應與我們相遇的人。

（四）出於無奈的異性婚姻

並不是只有異性戀者才會進入異性婚姻，進入了異性婚姻也不等於就變成異性戀者。同光教會的會友當中，就曾有所謂「形式婚姻」（marriage of convenience，簡稱「形婚」）及「同夫」與「同妻」的例子。

「形婚」指女同志和男同志為了享受政府給已婚人士的福利和權利，或為了尊重家人意願，而相約進入異性婚姻，包括婚禮及法律上之登記。形婚沒有實質上的夫妻關係，兩人經濟生活財務都各自獨立，未必同居，可能各自有感情上的同性伴侶；形婚中的女男同志雙方都可藉由「婚姻」的保護傘（煙幕彈）獲得愛情的自由。

另一種情形是同志礙於家中長輩要求，因而順從傳統世俗，選擇隱瞞自己的同志身分，與異性戀對象步入婚姻，真結婚、真組織家庭、真生孕養育孩子。在這種婚姻中，男同志的女性配偶被稱之為「同妻」（男同之妻），女同志的男性配偶被稱之為「同夫」（女同之夫）。同妻或同夫通常並不知道自己的配偶其實是同志，知道後往往也引發家庭風暴（2009年的中國電影〈春風沉醉的夜晚〉就是男同與男友及同妻的故事）。從基

督信仰的情欲倫理來看，這種在外觀、形式上符合「一夫一妻」的婚姻關係，其實比被社會邊緣化的同性伴侶關係更不平等、更不正義。

不可否認，有些進入異性婚姻的同志對自己的性傾向很厭惡，我們也必須尊重她／他們想要順應傳統的選擇。但我們認為，如果社會不要從人一出生就壓迫性少數，如果婚姻平權早日實現，同志就不必躲進異性婚姻的框架裡，可以避免製造更多無辜的同妻、同夫；異性戀父母的同志小孩也可以不受欺凌、快樂成長。因此，性少數平權的結果，最後受益的其實也是異性戀者。

五、結語

同光教會自成立以來，面對會友的多元性身分與多樣化的情欲關係，陸續做了一些對話與努力，雖然計畫常常趕不上變化，但同光教會盡可能保持謙卑開放學習的心態，在聖經的基礎上持續討論，最重要的是不要論斷任何我們所不明白的選擇，而要保持對話與彼此連結。

在2000年10月22日，同光教會舉行了台灣教會史上第一次「同志伴侶祝福儀式」，鼓勵台灣的同志基督徒、同志朋友甚至所有異性戀者，都能夠以正面積極的態度來肯定情欲，建造真正適合自己的親密關係。此後，曾恕敏牧師與黃國堯牧師也陸續為許多同志伴侶證婚，而且證婚前都經過審慎的婚前輔導，以免雙方沒有慎思之下而在日後輕易離婚。同光教會也有會友自發組成「關係花園小組」，以讀書、分享方式，讓參與者分享伴侶相處之道。自從2015年7月起，黃國堯牧師與黃師母也成立「伴侶小組」，作為同志會友伴侶（及同志父母）的支持團體。沒有人可以永遠不犯錯，我們都曾在錯誤的關係中傷害別人與自己。因此，在討論情欲倫理時，保持一點戒慎恐懼與戰戰兢兢總是好的。

在傳統教會的性倫理之下，同性情欲與多元的情欲實踐都被判定「有

罪」，致使性少數者成為教會拒斥或想要「矯正」「修復」的對象。性少數基督徒不僅承受社會的污名與壓迫，更在教會中受到以上帝為名、以聖經為據的靈性傷害。同光教會的會友無論來自何種宗派，都有在傳統教會中被傷害的經驗。然而，在傳統教會的性倫理之外，新神學已經開展多種面貌來面對、處理社會中的多元實踐。相較於傳統教會動輒定罪的作法，從基督信仰出發的情欲倫理應該以開放的態度來看待多元的情欲實踐，秉持愛、尊重、正義的原則來建立、經營各種親密關係。這樣的情欲倫理，不僅適用於性少數社群，更可以讓異性戀者心悅誠服，同樣受用。情欲倫理的討論，不是要替性少數者尋找脫罪理由，而是要讓包括最循規蹈矩的異性戀者在內的所有人，都不再受到不符合耶穌教導、也不具有聖經根據的偏狹傳統教會觀點的綑綁壓迫，在真理之中得自由，在真愛之中得完整。

Part VI
我們的未來

主的靈臨到我，

因為他揀選了我，

要我向貧窮人傳佳音。

他差遣我宣告：

被擄的，得釋放；

失明的，得光明；

受欺壓的，得自由；

並宣告主拯救他子民的恩年。

（路加福音4:18-19）

過去的二十年裡，

耶穌為我們平靜了教會內外的無數風浪。

未來的二十年中，

我們將繼續跟隨祂的腳蹤，

將福音廣傳於同志族群中；

也走入更多受欺壓的族群中，

宣告並傳揚在耶穌基督裡的真自由。

第42章
普世基督教對同志族群
的態度以及同志封牧之路
——以PCUSA及COS為例

◎鄭仰恩牧師

（台灣基督長老教會牧師，台灣神學院教會歷史學教授）

一、個人的神學之旅和觀察

從1988年到1994年間，我到美國普林斯頓神學院攻讀哲學博士（Ph.D.）學位，主修基督教歷史和教理史。這是一趟既豐富又充滿驚喜的學習之旅，也是不斷邁向未知旅程的冒險之旅。受到該院近百位的教授團以及來訪的普世神學家們多元觀點的挑戰，不只是我的神學視野和觀點不斷擴展、深化，我也深刻體認到上帝透過「他者」（the other）對我的挑戰和啟發。這些「他者」包括婦女神學家、美國黑人、伊斯蘭教徒、拉丁裔移民、非洲人、東正教神父、各國原住民、同志族群等，當然也包括典型的美國洋基佬、歐洲白人後裔，以及亞洲其他國家的學生在內。在與他者對話的過程中，我的傳統神學信念不斷地被顛覆、挑戰，也被重新建構。我發覺，越是從權力結構和社會處境的邊緣（margin）所發出的聲音，越是反映出信仰經過奮鬥、掙扎的軌跡和深刻體驗，既真實又感人。其實，這些處於「邊緣」情境的「他者」大都不斷地在聖經經文、信仰傳統、生活實況、個人經驗的交織運作中摔跤、搏鬥，令人產生敬佩之情！

這期間，我在普林斯頓神學院也認識了幾位同志基督徒，因而開始對同性戀議題有了進一步的瞭解。1993年，就在我正為博士論文苦苦煎熬時，美國長老教會（PCUSA）爆發了「可否為同志基督徒封牧授職」的激烈討論。該年春天，普林斯頓信仰團體裡的一些教授、牧長、學生簽署了一份名為《普林斯頓宣言》（*Princeton Declaration*）的文件，反對美國長老教會為具有同志身分和行為的人封牧授職，並宣稱他們對性議題擁有清楚的「聖經確據」。結果，神學院教授團裡的部分老師也隨即共同簽署了一份〈回應文〉，主張他們在聖經裡「卻聽到不同的聲音」。

就這樣，同志議題在普林斯頓校園裡引起熱烈討論，校方也安排不同領域的教授們進行系列專講，更舉辦「同志周」，邀請同志牧師和倡議人士到校演講，並和師生進行座談、對話。當時，我就認識了這整個封牧事件

的主角，也就是在紐約州的羅徹斯特（Rochester）牧會的史博兒牧師（Jane Spahr）。她的信仰勇氣讓我深深感動。當年普林斯頓神學院的系列演講也由舊約學教授蕭俊良（Choon-Leong Seow）編輯成書。[1] 從隔年起，神學院每年都會固定舉辦一場「為支持同性戀族群（BGLT）」的聖餐禮拜，邀請不同的學者／牧長講道，並由神學院院長主持聖餐，至今從未間斷。這對在神學院就讀的同志基督徒群體意義深遠！

　　幾年後的1999年，史博兒牧師和著名的耶魯大學神學院教授／婦女神學家羅素（Letty Russell）以及我的指導教授道格拉斯（Jane Dempsey Douglass）共同獲得舉足輕重的第十三屆「信仰婦女獎」（"Women of Faith" Award），可謂實至名歸。

　　讓我再提在這過程中另一件值得關注的事：1995年，一位過去隱藏自己女同志身分的長老教會牧師瑪莎・茱勒拉（Martha Juillerat），在密蘇里州堪薩斯市的牧者聚會中宣布辭去她的牧師身分。在辭職前，她對其他具有同志身分但被拒絕封牧、被迫離開教會，或被迫隱匿性傾向的牧師及神學生提出要求，她希望他們能將自己的牧師長圍巾（stole，即牧者圍在頸子周圍的細長布條）寄給她。最初，她期望或許可以收到一打，沒想到短時間內就收到八十條，於是她將這些領巾掛在她發表告別演說的演講聽裡展示。她回憶道：「當時，每一個人都聲淚俱下，因為很明顯的，我們不僅只是在討論我的事而已，我們所關注的，是數百位被拒絕能夠公開服事自己教會的同工。」

　　幾年後，瑪莎的收集品不久就變成「長圍巾的賀禮收藏」（*Shower of Stoles*），總共有來自十三個教派的近八百條長圍巾。從那之後，茱勒拉牧師總是在各種不同信仰團體的集會中展示這些長圍巾，並鼓勵人們討論關

1　Choon-Leong Seow (ed.), *Homosexuality and Christian Community* (Louisville, KY: Westminster John Knox Press, 1996).

於同志基督徒被禁止封牧的議題。[2] 她如此說：「看到這些長圍巾就像看到越戰紀念碑（Vietnam Memorial）或是愛滋紀念百納被（the AIDS quilt）一般。它幫助人們將這個議題從腦袋帶向心裡。它讓這個議題變得很真實、很人性化，且就某個程度而言，讓這個議題變得去政治化。」這件事讓美國社會大眾及教會信眾深深體認到，拒絕同志基督徒參與服事是一件多麼嚴重又普遍存在的事實！

二、基督教對「是否接納同志族群」的主要爭議點

基本上，不同神學立場的基督教會對同志族群及同志封牧的態度可以說差距甚大，尚未有定論。以北美洲為例，在光譜的一邊是已經接納同性戀基督徒的自由派教會，如加拿大聯合教會（United Church of Canada）和美國聯合基督教會（United Church of Christ）等，另一邊是全然拒絕或是漠視同性戀權益的基要派及保守福音派的教會。夾在中間且經驗到最多爭議的則是美國聖公會（Episcopal Church, USA）、聯合衛理公會（United Methodist Church）、美國長老教會（Presbyterian Church, USA）等，她們的教派立場經歷了劇烈的轉換過程。[3] 另外，澳大利亞聯合教會（The Uniting Church in Australia）、英國聯合歸正教會（United Reformed Church）、蘇格蘭教會（Church of Scotland）等也是為了在「公平正義」和「教會合一」的張力之間尋找平衡點和出路而掙扎。以下是在這些信仰傳統中主要涉及的神學爭議點。

（一）聖經解釋的問題：「聖經觀」的差異當然反映了近代神學發展的

2　到目前為止，這些長圍巾的展示收藏已經超過一千條，代表了來自六十國家裡的二十六個教派，參http://www.lgbtran.org/exhibits/stoles/Stole.aspx?ID=12

3　Jeffrey S. Siker (ed.), *Homosexuality in the Church: Both Sides of the Debate* (Louisville, KY: Westminster John Knox Press, 1994), 195-208.

不同趨勢。這牽涉到六段具有爭議性的經文，包括《創世記》19:1-29（cf.《以西結》16:49）、《利未記》18:22；20:13、《羅馬書》1:18-32、《哥林多前書》6:9-10、《提摩太前書》1:9-10等。[4] 另外，這還牽涉到「間接關連」的經文（包括「創造秩序」和「婚姻制度」）以及聖經整體觀點等議題。[5] 大致上，基督教團體在聖經解釋上可以區分為「自由派／新正統派／開放福音派」以及「基要派／保守福音派」兩大陣營，前者的基本共識是聖經對此一議題並未提供明確的立場（不能證明為支持或反對），後者則主張聖經明確主張同性戀是一種罪。[6]

（二）教會觀的問題：到底教會的本質是什麼？是顯明上帝的愛、恩典、饒恕與接納？或是拒絕與排斥？現今普世教會的基本態度是：教會應該向所有的人開放——誰有權利拒絕「他者」的參與？[7]

---

4 《台灣基督長老教會總會研究與發展中心「同性戀議題研究方案」報告書》(2004)，頁49-55。

5 當我們探討聖經中上帝啟示的真理時，我們發現聖經本身告訴我們：人們也可以從洞察世人的生活來獲得真理，而且人類對這些方面的真理的了解還相當有限。智慧文學告訴我們：聖經本身肯定有些真理不是來自特殊啟示。這告訴我們：人類從生活的本質和經驗所能獲得的知識，有其限制，但也有其可能性；除了所謂的特殊啟示，人類可以從經驗獲得真理。換句話說，自然科學和社會科學的新發現與見解，應該可以成為我們神學反省與再建構的素材。其實這也跟本土神學一再強調的「文化的神學意義」非常類似，這告訴我們：若是我們重視聖經的整體意義，我們就不能忽視科學、理性、經驗的啟示。同樣的，從此一神學了解來談同性戀時，我們若想遵奉聖經，就不能忽視同性戀者的經驗與告白，特別是敬虔、真正委身的基督徒同性戀者的經驗與告白，也必須將當代醫學和其他社會與自然科學的學術成果納入考量並做信仰反省。參*Homosexuality and Christian Community*, 19-25.

6 請參考最近翻譯出版的幾本好書：Daniel A. Helminiak，《聖經究竟怎麼說同性戀》（*What the Bible Really Says About Homosexuality*），黃禕一譯（台北：友善築橋工作室，2015）；Sandra Turnbull, *God's Gay Agenda: Gays and Lesbians in the Bible, Church and Marriage*（Bellflower, CA: Glory Publishing, 2012）；中譯本為《上帝的同志計畫》，張藝寶譯（台北：台灣真光基督教協會，2015）。

7 Miroslav Volf, *Exclusion and Embrace: A Theological Exploration of Identity, Otherness, and Reconciliation*（Nashville, TN: Abingdon, 1996）. 亦參中譯本：沃弗（Miroslav Volf）著，《擁抱神學》，王湘琪譯（台北：校園，2007）。

（三）秩序與意識型態的問題：在教會歷史發展過程中，強調「自然秩序（natural order）／創造秩序」和主張「在上帝新秩序裡的自由」（freedom in God's order）的兩個神學傳統不斷形成張力甚至衝突，特別是在啟蒙運動之後的現代世界裡。換句話說，反映普世價值的「社會新秩序」不斷地對教會傳統中的種種意識型態提出挑戰，包括政教關係、階級、種族、性別、性傾向、生態等議題。在基督信仰與普世價值及普世人權議題接軌的前提下，近代倫理議題可以說就是「倫理範疇不斷擴展和延伸」（ethical extension）的問題。

（四）「親密關係」的定義問題：面對同性戀議題所引發的挑戰，主流教會紛紛重新反思且定義「人類性關係」（human sexuality）以及「親密關係」（intimacy）的特質，並主張在所有的親密關係（包括同性、異性關係）上應該強調忠實、專一、誠懇、互相尊重的態度，反對不受約束、濫交、虛偽、輕蔑的親密關係。此外，對同性戀者及異性戀者的倫理要求應該「一視同仁」。[8]

三、西方教會接納同志封牧之路：以 PCUSA 及 COS 為例

我個人所歸屬並服務的台灣基督長老教會（PCT）是台灣歷史最悠久也最大的新教教會，也可以說是過去在台灣對同志族群相對比較友善的教會，目前也仍然為著如何關懷並接納同志族群在思考、掙扎著。在台灣基督長老教會的夥伴教會中，蘇格蘭教會（Church of Scotland, COS）是全世界各地長老教會的母教會（mother church），美國長老教會（Presbyterian Church USA, PCUSA）則是普世長老教會大家庭裡最具有影響力也是對世界

---

8 *Presbyterians and Human Sexuality 1991* (Louisville, KY: The Office of the General Assembly Presbyterian Church (U.S.A.), 1991).

貢獻最多的教會。以下就以大事記的方式呈現這兩個具有代表性的西方改革宗教會接納同志封牧之路的歷史進程，作為參照。

（一）美國長老教會（PCUSA）對「同志封牧議題」的辨識過程：[9]

美國長老教會於1967年通過了著名的《1967年信仰告白》，當時是在性解放運動、婦女解放運動、公民權運動，以及反越戰的風潮和氛圍中完成的。建基於新正統神學的精神，在起草委員會主席道維（Edward A. Dowey Jr.）教授的帶領下，該信仰告白明確表達出一種「批判性的現代精神」（critical modernism），也就是在勇敢與時代精神持續對話的同時，也保有批判的主體性。該信仰告白因此展現出對族群及性別公義、自由社會倫理，以及新的聖經詮釋態度的肯定與接納。

道維在回顧此一過程時表示，「宗教改革運動本身就是對聖經所指稱的恩典教義提供一個修正的詮釋」，而為了這樣的重新詮釋，教會做了「新的信仰告白」，且在告白的過程中「改革了她的言語、作為，以及團體生活的形式」。[10] 他主張，作為改革宗傳統的子民，既然承接了宗教改革運動的精神，我們也應該繼續致力於神學傳統的重新詮釋以及自我信仰更新與改革的工作。道維進一步指出，這樣的信仰告白必然是「言說」的，也是一個「意志」的行動，更必須同時在個人和信仰團體中呈現。[11] 結果是，改革宗傳統發展出一個「以告白來服從的詮釋學」（hermeneutic of confessing obedience），也涉入在一個「持續性的詮釋過程」中，為的是要慎重考量對

9　參http://www.huffingtonpost.com/2015/03/17/pcusa-lgbt-book-of-order_n_6885966.html 以及https://www.pcusa.org/resource/

10　"...a corrected interpretation of what the Bible means by grace"; "...in confessing re-formed itself in words, deeds, and the form of community life..." 見Edward A. Dowey Jr., "Confessional Documents as Reformed Hermeneutic," in *Major Themes in the Reformed Tradition*, edited by Donald K. McKim (Grand Rapids, MI: Eerdmans, 1992), 28-34.

11　*Ibid.*, 28-29.

「基督教預先了解」（"Christian pre-understanding, *Vorverständnis*"）所作出的必要改變。[12] 換句話說，面對新的時代處境，改革宗教會往往會為了告白信仰的緣故而重新檢視或詮釋既定的信念和一向視為理所當然的神學前提。事實上，道維也指出，1934年5月29-30日德國告白教會（Confessing Church）所草擬的《巴門宣言》（Barmen Declaration）可以說就是這種「以告白來服從的詮釋學」的最好例證。[13]

1978年，儘管美國長老教會總會接納同性戀者為教會成員，並主張要竭力維護其基本公民權且免於各種歧視，但卻決議「不經悔改的同性戀行為並不符合總會所要求的封牧標準」，因此關了同性戀者封牧的大門。

1988年，重要的夥伴教會「加拿大聯合教會」（United Church of Canada）通過「同性傾向者」得以封牧，深受矚目。

1990-91年美國長老教會（PCUSA）討論有關「性特質」（sexuality）的小組報告書，該報告書認定同性戀和異性戀同屬正當，重要的是「忠實、專一、誠懇、互相尊重的態度」，並反對「不受約束、濫交、虛偽、輕蔑」的親密關係。儘管該報告書並未被當時的總會所接納，但它已為後來的神學思考定調。

1992年11月3日美國長老教會常設司法特會（PJC）裁決Jane Spahr牧師不得受聘為 Rochester 聯合長老教會的共同堂牧。

---

12 *Ibid.*, 31.

13 為了和當代神學潮流接軌、互動，近20年來，改革宗神學家分別與解放神學家和婦女神學家們進行了相當多的對話，努力尋找彼此之間的共通性和相異點。有趣的是，在與這兩個當今最富有創造力和動能的神學潮流對話的過程中，學者們在兩個領域獲致了相當大程度的互動與共識，一個是「上帝的主權」與基督教會的政治激進主義之間的神學關連與倫理意涵，另一個是「上帝的話」（the word of God）的特殊地位以及她對基督教信仰所具有的不斷更新、不斷轉變，以及再建構（ever-renewing, ever-transforming and reformulating）的重大影響。參Albert Curry Winn, "The Reformed Tradition and Liberation Theology" and Cynthia M. Campbell, "Feminist Theologies and the Reformed Tradition," in *Ibid.*, 400-411, 426-432.

1993年 New Brunswick 中會提案要求總會考慮由各中會自行決定「是否可以封立同性戀者為牧師」，在該年總會中未被接受。

1993年《普林斯頓宣言》（*Princeton Declaration*）事件。

1993年暑假起美國長老教會各神學院及地方教會開始討論此一議題。

1996年美國長老教會在總會中裁定「具有同性戀傾向、但保持獨身守貞者才可以接受封牧」。

1998年美國長老教會討論「貞節與操守」的問題。

2001年美國長老教會總會組成「和平、合一與教會的純潔」神學特別小組（Theological Task Force on the Peace, Unity and Purity of the Church）。

2006年，「和平、合一與教會的純潔」神學特別小組提出研究報告，值得注意的是，其中提到下面幾點重要共識：

1.拒絕為同性戀者洗禮、給予會員籍或教牧關顧是絕大的錯誤；

2.希望接受封牧的人必須過忠實的生活，那些顯示放蕩行為的人不應該接受封牧；

3.性行為不純然是個人的事務，它也是基督教紀律、領導、團體生活的整全部分；

4.性傾向就其本身而言並不構成接受封牧的阻礙。

2008年美國長老教會總會通過將「同性戀封牧」議題交由各中會處理。

2010年夏天，美國長老教會總會以317對208票通過新議案，將《教會法規》裡規定「長老、執事和牧師必須維持在忠實的異性戀婚姻中或者保持獨身守貞」的條文刪除，因而開了「為不守獨身的同性戀者封牧」的大門。不過，此一議案仍需經過173個中會的半數通過，因此，當明尼蘇達州的雙城中會於2011年5月10日以205對56票成為第87個接納此一議案的中會時，此一議案正式生效。

（二）蘇格蘭教會（Church of Scotland）對「同志封牧議題」的辨識過程：[14]

在宗教改革家諾克斯（John Knox）的影響下，改革宗信仰成為蘇格蘭教會的主流，蘇格蘭議會在1560年8月通過《第一蘇格蘭信仰告白》。另外，《第一紀律書》則有助於隨後長老制度的發展，也相當關心基本的教育改革。

早自十六世紀起，在蘇格蘭最早的幾所大學裡，歷史研究及激進政治理論已經塑造了一個城市人文傳統（civic humanism），其中的代表人物就是長老教會領導者布坎南（George Buchanan）和諾克斯。他們結合加爾文派和人文主義的觀點，建構了一個堅固的歷史詮釋傳統。一個世紀後，在蘇格蘭啟蒙運動的氛圍裡，不同學科的研究者開始組成一個緊密連結、交織對話、科際整合的學術圈。這些菁英，或許除了休姆（David Hume）之外，幾乎清一色都是教會領袖或律師或大學教授。在蘇格蘭的生活處境裡，加爾文傳統、人文主義以及具有啟蒙特質的「人類的科學」（"Science of Man"）可以說緊密連結在一起。

最終，經歷18-19世紀間「溫和派」（Moderates）和「福音派」（Evangelicals）的抗爭及整合，以及「國家教會」（State Kirk）和「自由教會」（Free Church）的分合發展，形塑了今日蘇格蘭教會的豐富多元神學傳統。

蘇格蘭的神學結合學問與敬虔（scholarship and piety），雖較無創造性但堅固有效，影響英語世界，且通過宣教師影響今日第三世界教會。

2009年，第一位公開出櫃的同性戀者Scott Rennie被委任為亞伯丁的Queen's Cross Church 的牧師。

2011年教會年會上，各部門委員投票接受男女同志擔任牧職，條件是他

---

14 參http://www.churchofscotland.org.uk/speak_out/same_sex_marriage

們已在2009年或之前公開性傾向且已被任命為牧師。隨後，蘇格蘭教會的神學委員會曾就同志封牧議題呈交包含正反論據的研究報告。

2013年，蘇格蘭教會在年議會中做出決議，教會尚未接納同性婚姻或同性伴侶的民事結合，但委員們傾向容許個別地方教會選擇性地「離開」教會在婚姻上的傳統立場，聘用擁有民事同性伴侶的候選人擔任牧職。

2014年5月，總會於愛丁堡之墩（The Mound in Edinburgh）年會中投票議決教會得聘請擁有民事同性伴侶者擔任牧職。總會認為此項決定實際參考了過去的歷史傳統、當代的教義思維和教會實踐這三個層面，以及與具同性戀傾向者是否能接受牧職或擔任教會長執間的關係。最後，在5月17日的代表大會上，有309位代表贊成、183位代表反對，最終接納了民事同性伴侶的人士可以成為牧師。根據整個教會的統計，全部45個中會裡有31個贊成，14個反對。

蘇格蘭教會書記辦公室的總召大衛・阿爾諾特（David Arnott）表示，根據總會的決議，各小會得以組織「聘牧委員會」，自行考量是否聘用擁有民事同性伴侶者任牧職。也就是說，在牧師職空缺時，各小會若經慎重考量，且符合眾人意願，可同意各聘牧委員會接受擁有同性伴侶者的申請，小會不得在違反眾人意願下強迫接受或拒絕。

四、再思台灣教會的生態

1994年，我從美國回到台灣神學院教書，也開始代表台灣基督長老教會總會參與普世運動和各種會議。在普世合一運動中，同性戀封牧問題也是眾教會關心的信仰議題。然而，不管信仰立場或神學觀點的差異，或是對封牧議題的不同見解，對同志基督徒的尊重、接納、關懷、認同卻是普世教會的基本共識。讓我舉之前參與的兩個會議為例來說明。第一個是2004年8月於非洲迦納的阿卡拉（Accra, Ghana）舉行的「世界歸正教會聯盟」

（WARC）第二十四屆大會。在討論同性戀封牧議題時，一位屬於保守派荷蘭改革宗教會的坎本（Kampen）神學院院長侯爾卓普（Pieter N. Holtrop）就公開表達：「儘管我不同意同志基督徒的神學觀點，但我卻尊重他們的基本人權，甚至願意誓死維護他們的權益。」

第二個是2006年2月於巴西愉港市（Porto Alegre, Brazil）舉行的「普世教會協會」（WCC）第九屆大會。會中，南非聖公會大主教屠圖（Desmond Tutu）不但和另一位諾貝爾和平獎得主愛斯基偉（Adolfo Esquivel）共同領導一場聲勢浩大的和平遊行，更在公開演講中呼籲大家致力於合一的運動，並學習彼此接納。屠圖主教強調當耶穌呼召世人「以上帝為父」來建立一個大家庭時，所有的人都被邀請加入這個家庭，他說：「在上帝的恩典中，每個人都可以歸屬這個大家庭，不管是布希或賓拉登都歸屬！男同志、女同志，以及所謂的直同志都歸屬！每一位都為上帝所疼愛，看為寶貝！」他總結道：「我們只能在人性裡彼此相屬！（We can only be human together!）」

屠圖在兩本書的序言中批判南非教會拒絕同志的立場，他說那是「不合邏輯的、無理的、非基督徒的，是完全站不住腳的」。[15] 在為另一本書《我們也同受洗禮：為男女同志也能領受上帝的恩典請命》（We Were Baptized Too: Claiming God's Grace for Lesbians and Gays）作序時他也提到：「我們拒絕他們（同性愛者），待他們如同賤民，把他們從我們教會社群的領域中推出去；因而，我們對他們和我們所同受的洗禮視而不見。我們讓他們懷疑他們是否上帝的子民，這幾乎可說是最重大的褻瀆」。[16]

15　Paul Germond and Steve de Gruchy, eds., *Aliens in the Household of God: Homosexuality and Christian Faith in South Africa* (Cape town & Johannesburg: David Philip, 1997), x.

16　Paul Germond and Steve de Gruchy, eds., *Aliens in the Household of God: Homosexuality and Christian Faith in South Africa* , xi quoted from Marilyn Bennett Alexander and James Preston, *We Were Baptized Too: Claiming God's Grace for Lesbians and Gays* (Westminster: John Knox, 1996), Foreword.

相對於屠圖大主教，看到台灣部分基督徒、牧者或是學界人士論到同志時咬牙切齒、趕盡殺絕的態度，不禁讓人懷疑他們是那一種的基督徒？他們的背後是否反映一種「基要主義者」（fundamentalist）的心態？2009年10月，在台灣，反對同志運動的基督徒和同志基督徒團體分別舉行遊行示威。放眼看去，高舉「維護真理」的宗教團體卻總是給人壓制、仇恨、對立的印象。同一周，我去新竹演講，有憂心的信徒問我，看到這些奉上帝之名壓迫別人的人，到底基督恩典的道理是福音？還是禍音？2013年11月30日，由護家盟所主辦的反同大遊行，更讓社會大眾普遍產生反感。我深深期待，教會對有爭論性之社會議題應設立「公共論壇」（public forum）來討論，而非在私人小團體中「自我強化」其觀點，甚至訴諸情緒性的指責或攻擊。

坦白說，很少人會懷疑基要主義者的信仰熱誠；此外，他們的信仰立場雖然和普世主流教會不盡相同，但也應該受到尊重。然而，他們那種「奉上帝之名」行事，且帶有「自我絕對化」傾向的排他心態，加上強烈的權力欲和控制欲，以及似乎永無止盡的好鬥性格，實在讓人無法苟同。正如歷史漠然地持續向前邁進，時鐘也不可能再回轉，他們保守反動的心態和想法讓他們註定要成為時代思潮中的悲劇性格者，終必在歷史的進程中流逝、渺蕪。[17]

這二十多年來，我因代表長老教會總會、神學院出國開會或演講，因此有機會去到世界六大洲，結識不同種族、文化的朋友。做為一個「普世

---

17 參鄭仰恩，〈以神為名？——具有悲劇性格的基要主義者〉，《道》，（2004年2月），62-69。*Fundamentalism as an Ecumenical Challenge*, edited by Hans Küng and Jürgen Moltmann (London: SCM, 1992); Martin E. Marty and R. Scott Appleby, *Fundamentalists Observed* (Chicago, IL, 1991); Stephen Parsons, *Ungodly Fear: Fundamentalist Christianity and the Abuse of Power* (Oxford: Lion Publishing Plc, 2000); Roland Howard, *Charismania: When Christian Fundamentalism Goes Wrong* (London: Mowbray, 1997).

人」，這些經歷塑造了我的多元文化觀：在巴西的薩爾瓦多（Salvador）和迦納的阿卡拉（Accra）探視數百萬奴隸曾經被集體販賣的歷史現場，在斯里蘭卡體認辛哈立人和塔米爾人一世紀來的族群衝突，在緬甸眼見金碧輝煌的佛塔、腐敗專權的軍政府和貧窮乖順的人民毫不協調地交織在一起，在印尼經驗到回教與基督教的宗教衝突以及東帝汶與印尼的抗爭，在阿根廷與半世紀前失落子女的「瑪雅母親」相遇，在厄瓜多爾參觀毒品交易所間接培育的美麗玫瑰花，在辛巴威和尚比亞看到無所不在的貧窮、孩童參戰、愛滋病快速傳播等現象，在肯亞訪問傲然獨立的馬賽人（Masai）並體會他們的多妻制度等文化。然而，就和我們每一個人一樣，在這些普世多元族群的人性裡，同樣具有高尚、美麗、熱情的一面以及貪婪、邪惡、墮落的另一面，這些都幫助我學習成為一個更謙卑、寬容、會欣賞別人、會接納別人的人，並體會和平、合一、和諧之美。對我而言，基督教信仰的終極目標就是帶給所有的人「在基督裡的整全人性（full humanity in Christ）」！

回顧自己的信仰旅程，從1991年至今，這二十多年來，我秉持著一貫的信念：在上帝眼中，同志基督徒和我一樣是罪人，不多也不少（no more and no less），同樣領受上帝恩典的塑造和養育，也同樣接受上帝旨意（忠實、專一、誠懇、互相尊重）的規範，雖會繼續犯錯，但總蒙受上帝恩典的保守，同行天路。

第43章
彼此陪伴，更深經驗基督「跨越邊界」無限的愛

◎曾宗盛牧師

（台灣基督長老教會牧師，台灣神學院舊約學副教授，台灣大學共同教育中心兼任副教授）

時光飛逝，同光教會在今年已設立二十年。當同光教會1996年在台北開始設立時，我仍是在海外異地柏林進修神學的學子。在那裡我認識了同志朋友，和他們一起經歷求學生活，開啟我的眼界，稍微認識性小眾朋友生活經歷的甘與苦，讓我學習尊重與欣賞 LGBT 族群。回台灣從事神學教育十年後，我開始認識同光教會的弟兄姊妹和 LGBT 朋友們，和她／他們一起禮拜及分享生活經驗點滴，讓我逐漸認識在台灣社會與教會中LGBT朋友生活的處境，及面臨的各樣挑戰。深深感謝上帝，帶領我認識這群朋友，讓我的生命變得不一樣，我學習從少數族群的眼光來看這社會和教會的實況，體會基督對世上不同族群人的愛，實踐基督教導我的信仰精神。

一、在柏林初始認識同志朋友

就我個人的生活經驗，對同志朋友的認識起步得很晚，在台灣的青年歲月只聽說過同性戀，但未曾親自接觸過同志朋友。我認識同志朋友起始於在德國留學期間（1991-1999）。1991年8月我完成兩年傳道師的服事，請學假出國，到德國柏林進修神學。1993年春季在柏林影展期間，觀賞了李安導演《喜宴》參展影片的世界首演，電影裡討論同志之愛與傳統婚姻的張力，提出戲劇性的化解之道，大獲觀眾好評。當晚我和其他友人有幸參加了映後慶功宴，席間有機會聆聽李安導演分享拍片的心路歷程，同時也和幾位主要演員小聊，得知她／他們拍片過程的心情。其中有一位演員說：華人傳統強烈的婚姻觀——結婚為了生後代——讓人感到好壓迫，這讓人更加同情同志愛情面臨的困境！不久得知《喜宴》這部電影獲得當年的最高榮譽——金熊獎。我們一群在柏林生活與求學的台灣人非常興奮，與有榮焉！

1994年進入博士班，在指導教授 Peter Welten 帶領下的博士生研討會（Sozietät）裡認識了一群充滿活力的學長學姊。在這裡我也認識同門的兩

曾宗盛牧師

位男同志博士生，從和他們一起生活學習的經驗，逐漸彼此認識，也成為好朋友。有趣的是，指導教授帶領幾位助教開了一門「同志與聖經詮釋」的課程，讓我初次接觸同志與信仰的主題。這啟發我認識一些重要觀念：透過多種角度的聖經解釋，讓人可以培養不同的態度來對待同志族群及同志議題。在多年和同志學長的相處中，發覺他們個性溫和、善解人意，與人相處愉快。不過，對主流霸權總是具有敏銳的批判力，從他們身上我學習到如何用新觀點看事情，擴展了視野和眼界。還有，出於受壓迫感同身受的經歷，我從同志朋友身上總會感受到悲天憫人的心懷，了解社會弱勢者的心聲，為他們發聲與站台。在柏林進修的那幾年，我從同志朋友身上學習許多，心裡充滿感謝。最重要的是，我的朋友們幫助我消除對 LGBT 族群的無知與誤解，讓我免於恐同，並且以尊重、欣賞與平等對待的態度和這些朋友相處。這些經驗讓我逐漸相信，同志之愛和異性戀一樣，值得尊敬與祝福。

二、LGBT 朋友啟發我更深認識基督的愛

1999年7月，我完成舊約學的博士論文，取得學位。8月底和妻子及兩個幼兒回到台灣，隨即進入台灣神學院從事神學教育的工作，度過幾年平靜的教學和教會服事的生活。在教學的幾年中，偶而聽聞同光同志長老教會以及真光福音教會的相關消息，不過一直沒有機會接觸，認識教會裡的姊妹弟兄們。

2010年秋，透過朋友的介紹，受邀到同光教會參與主日禮拜和主日講道服事，分享信仰。此後，我才開始認識本地和外地的同志基督徒。再者，又因《為巴比祈禱》（Prayers for Bobby）這部電影的放映與討論會，有機會認識一些同志基督徒朋友。漸漸地，在禮拜結束後和教會朋友們一起吃飯聊天，從這些寶貴的相處時間中一點一滴地認識同志基督徒的想法、生

活與心靈世界，讓我學習用他們的眼光來看我們的教會與社會，以及生活的世界。

一段有趣的插曲是，2010年10月我和同光教會朋友參加了同志大遊行，站在教會團體前排的照片披露在教會媒體報導中，意外成為公開「出櫃」的告白。這是我初次體會到「直同志出櫃」的震撼。首次親身感受到「出櫃」的心情變化，相當微妙。此後，我心裡有些許不安，擔心自己是否被列入教會「黑名單人物」？！這些有形無形的壓力幫助我稍微體驗，同志朋友們公開出櫃需要極大的勇氣，面對接續的困擾與挑戰。

不少時候，我會從 LGBT 朋友的分享中經驗到靈光乍現的啟發，讓我稍微可以用同志基督徒的「心情」去感受這世界。在我眼前，有些朋友訴說自己如何在生活中辛苦地隱藏自己的同志身分。有些人淚眼分享自己在出櫃後遭遇被歧視、排斥、甚至被否定的經驗。更讓我驚訝的是，不少同志朋友的痛苦受傷經驗，竟然來自自己深深委身的母會與牧長身上。聆聽朋友訴說血淚斑斑的經歷常會讓我激動無法自己，淚流滿面。我才驀然驚覺，自己過去多麼「幸福無知」，我的身分讓我未曾遭受歧視，在許多地方受到尊重，甚至有時還備受禮遇。我以為生活世界就是如此「正常自然」。然而，和同志基督徒朋友面對面的經驗卻改變了我，也改變了我的觀念。我意識到從 LGBT 的眼光來看教會與這世界，經常顯現一種無法描述的殘酷與無情。我意識到，過去在我生命世界裡「美麗而天真的樓塔」霎時轟然倒塌，我已無法再回去「舊的世界」！我深刻體會到，這過程是一種痛苦的掙扎，卻也是一次解放的旅程！

認識 LGBT 朋友的經驗帶給我深刻的衝擊和轉變。這改變的過程有時是密集的震撼，更多時候卻是一點一滴逐漸累積的潛移默化。這些經驗幫助我用不同的眼光來看這世界、社會與教會，甚至讓我用不同的觀點來重新認識聖經。尤其從被壓迫者／受害者的角度來讀經文。例如從福音書我看見，耶穌和他的門徒們原來在加利利地區做福音工作，許多奇妙的事都在

猶太會堂裡發生。但是隨著當時主流宗教團體對耶穌和跟隨者的敵意日漸高漲，後來他們被隔離在會堂之外，轉往城鎮外的湖邊、野地、甚至外邦地區，繼續他們的福音工作（例如可6:30-44; 7:24-37; 8:1-10）。在主流宗教殿堂外的藍天綠地裡，更多奇妙的事發生。例如四福音都記載耶穌餵養五千人吃飽神蹟（太14:13-21、可6:30-44、路9:10-17、約6:1-14），這些都是在主流社會眼中的邊緣角落發生。然而，不論是宗教領袖、或是上帝的聖殿、或是羅馬帝國，都無法限制上帝透過耶穌展開的影響力。甚至宗教領袖或統治當局以為用十字架或處死來對付耶穌，就會迫使他和他的跟隨者噤聲，在歷史中消失。然而，上帝卻讓耶穌從死裡復活，顛覆所有的壓迫與打壓的勢力。

至於初代的基督教會，不也是在這種威脅打壓的氣氛中成長嗎？使徒行傳和優西比烏的《教會史》，還有其他相關記載，讓我看到基督信仰團體起初就在這種壓迫下穩定成長。只可惜當教會成為帝國教會之後，就變了樣。一個曾經遭受壓迫的信仰團體，在壯大之後竟然成為打壓其他弱勢團體的組織。教會歷史告訴我們許多類似的故事。然而這並非教會歷史的全貌，不少信仰團體仍然透過慈悲、謙卑與默默服事來見證信仰。

人類歷史上一再發生，社會上的主流族群歧視與壓迫另些群體，甚至否認與剝奪她／他們平等生活的權利，其中還有不少壓迫者拿聖經經文來合理化自己壓迫的行徑。過去歐美國家對待「黑奴」是如此，然而總是有些人勇敢地站出來，發出異議聲音，採取行動，走不一樣的路。例如在《奇異恩典》（2007）這部電影裡，威廉威伯福斯（William Wilberforce, 1759-1833）議員和奴隸販子悔改後成為牧師的約翰牛頓（John Newton, 1725-1807），兩人和其他志同道合的人士促成英國國會廢止奴隸交易（1807），最後導致大英帝國廢除奴隸制度（1833）。人類歷史進入新階段，繼續影響後來美國及其他地區跟進。

事實上，19世紀中葉來到台灣南北各地的宣教工作，剛開始也是在台

灣本地人的強烈反對與打壓中慢慢展開，後來基督福音在這土地上生根成長，開啟歷史新頁。當我學習從邊緣與少數族群的觀點，更敏銳地讀聖經、了解歷史、以及看這世界時，我學習許多以前未曾知道的寶貴功課。

LGBT朋友陪伴與啟發我用不同眼光看世界，讓我學習許多信仰功課，我對她／他們深深感謝！

三、與 LGBT 朋友共同努力：支持婚姻平權

認識LGBT基督徒朋友和族群之後，讓我也學習關心這些友人關注的議題，特別是婚姻平權。同志朋友們的心聲讓我認識到，他們想要和異性戀者一樣，享有婚姻與成家的權利。然而我們的社會仍有許多人拒絕以平等來對待他們。爭取婚姻平權成為一個重要的公共議題。這議題尤其在2013年11月出現正反方的激烈攻防，不只在立法院的公聽會和議事裡，也在台灣幾個城市的街頭上。

2013年11月19日下午，我參加立法院的婚姻平權公聽會，在會中發言支持婚姻平權。[1] 同時見識到正方與反方兩邊的精采交鋒，也聽到幾位隱藏基督徒／牧者身分的護家盟代表發表的震撼言論。然後，在11月29日早上（凱道反927修法大遊行前一天），我和幾位牧師及朋友參加立法院蕭美琴立委辦公室舉辦的「我是基督徒，我支持婚姻平權」記者會，在那裡我和參與者發聲表達支持婚姻平權法案。[2]

2013年11月30日下午，我參加在立法院前濟南路上伴侶盟主辦的「支持婚姻平權記者會」會場中，和一位法師前後發言支持婚姻平權。[3] 在幾百個

1　見本文附錄一。
2　見本文附錄二。
3　見本文附錄三。

人集會中，我也認識一些基督徒和天主教朋友，後來我們成為信仰支持團體的好朋友。當天下午我從其他朋友得知，一些友善支持婚姻平權的朋友被在凱道上集會的人群團團圍住，阻擾其行動自由。這些包圍與阻擋的畫面被媒體播放出來，讓人深感恐懼震撼，驚覺在這民主社會，竟然會出現如此限制人身自由的舉動。這一切讓我重新反省，在公共議題討論上，宗教信仰團體如何運用適當的方法表達自己正反意見的訴求，讓社會能夠清楚了解，避免造成壓迫／被壓迫的負面效果？

特別讓我難過的是，在此日子前後有許多身心受創的 LGBT 朋友，被迫離開原來的教會和信仰團體。而我們和許多朋友和教友在淚水與傷痛中相遇！慈悲憐憫上帝讓我們彼此認識、安慰、裹傷與互相支持。這些傷痛中彼此陪伴的經驗讓我深信，LGBT 族群並不孤單，有上帝與我們同在，讓我們成為彼此安慰與支持的團體，繼續勇敢邁向追求平權的道路。

回顧兩年前11月30日的衝擊，許多朋友仍覺得心痛，像是未痊癒的傷口。然而也感謝因這一天讓原來不相識的朋友有機會可以彼此認識，共組成一個相互支持團體！深深感謝 LGBT 和直同志朋友們，兩年來彼此陪伴、支持與鼓勵！願上帝祝福大家，讓他在我們身上繼續醫治與重建的工作，讓我們更加堅強，可以繼續勇敢向前邁進！

四、結語

在此我分享自己個人的信仰經歷，其實也想要說明，上帝如何透過 LGBT 朋友們轉變我的生命，讓我學習從不同的立場與觀點來看待上帝、自己以及我身邊生活的人，尤其以弱勢者／少數者的眼光來看世界。這種新眼光也幫助我重新閱讀聖經，以及認識聖經中的人物與故事內容。這些對我都有深遠的啟發，也會繼續影響我的現在與未來。

最後，我要再次感謝上帝，也謝謝所有接納我以及啟發我的 LGBT 朋友

們，上帝差遣你們進入我的生活，也改變我的信仰生命。如果我的個性因此變得更加敏銳可以體會人的受苦、更容易傷感與流淚、更敏感察覺生活周遭出現的不公義與壓迫，並為此抱不平，為平權發聲。這一切都要感謝上帝和 LGBT、少數族群朋友們的啟發和幫助。我也要繼續禱告上帝，賞賜給我勇氣與力量，在教會和社會中，為少數族群發聲，讓這些朋友的聲音——也是不同形式的上帝聲音可以被聽見，受到重視與接納，最終能得到平等的對待，與社會大眾同享平權。我深信，在基督裡我們「不再分猶太人或希臘人，不再分為奴的自主的，不再分男的女的，（當然也不再分異性戀者和 LGBT），因為我們在基督耶穌裡都成為一了」（加3:28）。

2015年11月我參加一對教會青年的婚禮，新郎和新娘身為異性戀者，設計彩虹婚禮來慶祝自己的婚禮，以及支持婚姻平權，讓參加婚禮的親友和LGBT朋友們感到溫馨與彼此接納（當然這也引起有些教友的不安與批評）。在婚禮禮拜中，我受邀參與祈禱的禮儀，我祈求上帝不只祝福新人和親友，也祝福那些至今仍無法「合法」結婚的 LGBT 朋友們，期待有一天，他們也可以公開合法結婚，坦然接受上帝與親友的祝福。我也將此祈禱文獻作我誠心祝福 LGBT 朋友的祈禱，願主垂聽與憐憫。阿們。4

4　見本文附錄四。在此刊載的禱文中，我將原來新郎與新娘名字改稱為WIC弟兄和CIF姊妹。

「婚姻平權之民法親屬編、繼承編修正」公聽會發言稿

各位委員，各位先進，大家好！

身為基督信仰者，我們深信上帝的愛長闊高深，包容多樣性，超越差異性，以愛擁抱所有人。基督徒也以這樣的精神來宣揚福音，效法耶穌基督與弱勢團體站在一起，為受壓迫者發聲，追求社會的公義與和平。今天普世教會的發展在朝向「超越差異、擁抱他者」的目標前進，而我們台灣的基督教會與信仰團體應當實踐這樣的精神。

在今天「民法親屬編與繼承編修正案」（婚姻平權）公聽會裡，我知道有些基督信仰團體基於信仰理念來反對修正法案。然而基督教會從來不是一言堂，她包容多樣與差異、容許不同的聖經解釋和信仰的實踐，甚至對同一件事也有不同的看法。正如在對待同志族群以及與之相關切身的議題上（包括今天的公聽會），基督信仰者也表達出不同的意見，甚至針鋒相對。而我身為基督信仰團體的一員，想要提出兩點基督教的精神與價值來分享：

一、基督教的價值相信上帝的愛超越各種差異，將所有人包含在他的愛裡。上帝在基督裡面用愛擁抱所有的人。一方面，基督教相信，世界上所有的人類都是不完全的，以信仰語言來表達就是：在上帝面前人都是罪人，同為罪人的我們無法再去區分，有些人比另一些人更高尚或更罪惡。每一個人在上帝面前都是同樣不完全。然而另一方面，在基督赦免的愛裡面，所有的人都被上帝的慈愛饒恕與接納。在上帝面前，任何人不會因為個人的差異而遭到排斥。不論這差異表現在性別、年齡、種族、社會階層、或性傾向，上帝的愛擁抱所有的人，沒有差別。

二、其次，在歷史發展過程中，基督教信仰團體中總是會去關心被主流社會邊緣化的團體，為所有遭受歧視與被打壓的人發聲，與人同甘共苦，見證基督犧牲的愛。回顧歷史，我們看見過去遭受歧視的族群包括婦女、

奴隸、有色人種、原住民以及其他少數團體。這些受不公平的待遇族群在經歷一段漫長艱辛的掙扎和奮鬥過程之後，才逐漸獲得相對尊嚴與公平的對待。而今日在我們的社會與教會裡，同志團體仍然遭受排斥與歧視，讓人心疼，我們無法沉默不發聲。

基於基督教傳統對弱勢族群的關心與支持，今日基督徒應該也要站出來，以生命和行動來維護同志族群的基本人權和社會權益，身分認同和尊嚴。我們支持「民法親屬編與繼承編修正案」，讓所有願意進入婚姻關係的異性戀者、同性戀者以及 LGBT 團體能夠享有婚姻平權的權利。基督徒相信婚姻是受上帝所祝福的。而這個修正案正是在肯定婚姻的價值，讓過去無法進入婚姻的人，也可以進入婚約。這種願意彼此委身的信念，這種願意受到婚約的約束的愛，是不分性傾向的高貴情操。我想這是上帝所喜悅的，是上帝所祝福的。讓更多的人進入守約之愛的關係，愛正是實踐福音的精神。基於對「與人立約」的上帝的信心，我們誠心支持這個修正案，締造公平、正義、和平與愛的社會。

附錄二：2013.11.29立法院記者會
「我是基督徒，我支持婚姻平權!」發言稿

傳統婚姻制度建立的血緣親屬，不能保證完美的家庭，最重要的是愛與接納，才是建立家庭的基石。新約聖經記載，耶穌的家庭包括血緣和非血緣的成員。耶穌的母親馬利亞未婚懷孕生下了他，馬利亞和耶穌的養父約瑟一起照顧他（太1-2），還有其他的兄弟姊妹，一起長大。耶穌不單以血緣關係來看人，他曾經說：「凡遵行上帝旨意的人就是我的兄弟姊妹和母親」（可3:31-35）。耶穌將家庭的成員擴大為包含非血緣關係的共同信仰者。甚至耶穌被釘十字架時，他在遺言中請求所愛的門徒接納他的母親馬利亞作為門徒的母親（約19:26-27）。於是這門徒接納耶穌的母親到他家，成為非血緣關係的母親。

不只耶穌的家庭如此，甚至早期教會的家庭組織也包含了血緣的親屬（祖父母、父母、子女），還有非血緣的成員（養女養子，或是男女僕人、奴隸）。耶穌的家庭與初代教會的家庭概念讓我們看見，美滿的家庭最重要的前提不是血緣關係，而是愛與接納！

最重要的是，我相信上帝是慈愛的，他的愛臨到世上所有的人，包括異性戀者和非異性戀者。耶穌對世人無私的愛，教導基督徒接納社會邊緣人與少數團體，讓我們用愛接納非異性戀者，為她／他們追求婚姻平權。讓異性戀者和非異性戀者同樣可以享有婚姻的權利。

附錄三：2013.11.30伴侶盟「支持婚姻平權記者會」發言稿

各位朋友大家午安！

我是基督徒、教會牧師以及從事神學教育的老師。今天下午，我沒有出現在凱道上，參加反對婚姻平權的集會（在那裡有許多與我相同信仰的牧師與教友）；而是在這裡和大家在一起，誠心支持婚姻平權。這是為了向我們的社會表示，並非所有的基督教徒在反對婚姻平權，而是有些基督徒表達肯定與支持。正如昨天上午在立法院連同蕭美琴立委舉行一場「我是基督徒，我支持婚姻平權」的記者會，有幾位牧師代表出席，表達「神愛世人、婚姻平權」，「上帝疼世間人、人人婚姻平權」。甚至我們也回應今天下午凱道上集會的朋友們一個標語：「尊重傳統家庭價值，爭取同志婚姻合法」。

是的，我是基督徒，我誠心尊重我們教會傳統流傳下來的「一男一女、一夫一妻」的婚姻制度，這是上帝美好的禮物。而我自己也有幸組成這樣的家庭。然而，這幾年來認識一些同志朋友以及同志基督徒，聆聽了她／他們刻骨銘心的生命故事（引用一位馬來西亞同志牧師歐陽文風牧師的話：「一個弱勢靈魂在不眠的夜裡哭濕枕頭」），讓我深刻體會到，如果婚姻只是一男一女的特權，卻無法受惠於非異性戀而相愛的兩個人，這是

不公平也不正義的。從這裡我認識到婚姻平權的重要性，這是有關人權以及社會公義的大議題。

在此，我要謝謝與我分享生命故事的同志朋友們，透過妳／你們的分享，讓我從新對自己的基督信仰有更深的體會，學習從新的觀點解釋聖經，更進一步認識上帝在耶穌基督裡愛世上每一個人，接納所有的人，不分性別、年齡、種族膚色、階級地位，還有不論異性戀者或非異性戀者都在他的愛裡。

我也深信，這位慈愛的上帝樂意透過婚姻這樣的愛，祝福在所有兩個相愛的人身上，不論是異性戀者，或是非異性戀者，沒有差別待遇。基於這樣的信仰體會，我今天下午在這裡與大家在一起，誠摯表達支持婚姻平權。

不論前面的道路如何漫長與艱辛，讓我們一起努力前行，我相信我們可以看到那美麗的一天來臨！

最後，引用聖經的話和大家勉勵：「上帝就是愛，……在愛裡沒有懼怕；完滿的愛把懼怕驅除出去。」（約翰一書4:16, 18）

願上帝祝福大家！

附錄四：2015.11.22 WIC弟兄和CIF姊妹 婚禮禱文

慈悲的上帝：

感謝你的恩典，在你奇妙的安排與帶領下，WIC 弟兄和 CIF 姊妹在她／他們的人生旅程中，彼此相遇，從認識、交往一直到兩人決心彼此同行往後的人生，建立一個愛的家庭。在這過程中，你祝福她他們彼此更深的認識、學習了解與接納彼此不同的家庭背景、童年到成人的生命經驗，彼此相愛與委身，願意共同塑造未來的生活與家庭。

感謝你，今天 WIC 弟兄和 CIF 姊妹願意在你的面前以及家人親友的見證與祝福下，透過彼此立約的婚禮來表明兩人彼此相愛與忠誠的委身。我們

祈求你祝福新人的彼此誓約以及新建立的家庭，生活在你豐富的恩典與慈愛裡。

我們也感謝你，透過 WIC 弟兄和 CIF 姊妹的婚約，讓新人兩家庭成為親家，願你的恩典也祝福在兩個家庭所有的親人身上，因著這樣的連結成為彼此的祝福以及信仰的同伴。

感謝你，在 WIC 弟兄和 CIF 姊妹的婚禮，我們有許多的親人、同事與朋友、以及教會的弟兄姊妹參與婚約禮拜，為新人帶來祝福，分享喜樂。

親愛的主，我們感謝你，在今天的婚禮中，WIC 弟兄和 CIF 姊妹也透過彩虹婚禮的設計，誠心表達她／他們在這婚禮裡，不只要慶祝她／他們兩人愛裡的結合，和親友分享喜樂。同時，也誠心表達支持鼓勵那些真心相愛卻尚無法在現行法制下「合法」結婚的人。她／他們有人是男同志、女同志、雙性戀者和跨性別者，其中也有不少是基督徒、還有你所愛的兒女們，有些朋友們也在我們的會場參加今天的婚禮。我們與她／他們誠心期待，有一天也可以在你和眾人的祝福下，像我們今天一樣公開而歡樂地舉行婚禮，表達對你的感恩，互許彼此的愛情與委身，同時和家人與親友分享婚姻中的喜樂，學習面對挑戰與成長。主，今天的婚禮也是對婚姻平權的期盼與支持，求你憐憫，讓相愛的兩個人可以不因他們的異與同，在婚姻裡彼此連結，正如今日的婚禮一樣充滿祝福與歡樂。

親愛的主，我們不只求你祝福今天的婚禮，也求你祝福 WIC 弟兄和 CIF 姊妹在今後夫妻伴侶生活中，在你的愛裡，不斷學習彼此相愛、相互支持與成全，並且將她他們從你領受的恩典，分享給身邊所有的人。請你同樣祝福今天所有參加婚禮的親人、同事、朋友與教會弟兄姊妹，從今天的婚禮中得到祝福和鼓勵，讓我們學習成為一個分享愛的人，把祝福帶給我們的家人和身邊所有的人，建立愛的家、團契與團體。

禱告奉主耶穌的名，阿們。

第44章
從耶穌對性議題的教導和牧養反思同性愛的爭論

◎張仁和牧師

（台灣基督長老教會牧師）

面對同性愛議題在台灣教會或社會中所引起的爭論，大部分的基督徒認為，這件事在信仰上沒有什麼好討論，聖經白紙黑字的教導很清楚，同性愛是聖經的作者或編者反對的行為。然而也有不少基督徒主張，同性愛並不干犯聖經的倫理教導。因為聖經的記載有時空的背景，許多過去被拿來反對同性愛的經文，在時代的變遷中，藉由科學理性的詳細研究，以及現代聖經詮釋學的嚴格檢視之後，已經不被認為是妥切的倫理規範可以用來強加在今日同性戀者的身上。

一、同性愛的倫理爭議涉及聖經的本質與詮釋

從聖經的本質與形成的過程來看，儘管教會不斷宣稱「聖經是上帝的話」，但聖經不是上帝，不是啟示本身，它是基督徒要認識上帝在耶穌基督裡之啟示的經典。聖經不是一本「自明」的書，[1] 聖經是需要解釋的，而我們對聖經的詮釋也不是完全依照字面的意義來了解。更重要的是，聖經詮釋的工作並非僅止於了解聖經在過去的時代說了什麼，而是上帝對今日世人的信息。[2] 因此，現代的聖經詮釋無法脫離我們對自身的社會實況與處境的了解，藉著這樣的詮釋努力，聖經才能成為今日上帝對人活活的話語。

若我們想獲得聖經的現代意義，須注意詮釋時所面對的三個「世界」：聖經文本背後的世界（作者的世界）、聖經文本中的世界、聖經文本前面的世界（讀者的世界）。由於處理經文時所強調的「世界」不同，因而也產生不同的詮釋方法。[3] 所以，最好的詮釋進路是整合上述三種面向，即在

1　陳南州，《認同的神學》（台北：永望，2003），95。
2　陳南州，《認同的神學》，96。
3　陳南州，《認同的神學》，35-36。

作者所提供的世界背景中，由讀者的世界與文本的世界對話來獲得意義。換句話說，詮釋意義之產生，在於出自某一文化、社會、歷史情境之文本，和受另一文化、社會、歷史情境所影響的讀者之間的對遇、交談或互動。因此詮釋是一種從我們的實況中，重新建構、再實況化文本的過程，詮釋者愈對自己所屬之文化、社會實況，及其意識型態有所洞察，就愈能體認文本之文化、社會實況和意識型態，重新建構的文本就愈能產生適切的時代意義。[4]

　　討論聖經如何看待同性愛時，尊重聖經是「上帝的話」但了解聖經需要適當詮釋的基督徒，就不能離開當時社會情境的認知，不去理解當時的歷史與文化，也不能不注意我們今日的實況與聖經時代的差異。聖經當中任何有關倫理生活的記載，絕非超越時空放諸四海而皆準，我們不能時代錯置地把我們現今所面對的倫理爭議，隨便舉出聖經當中的某句話，不管當時的背景與文化，就套用在現代人所要處理的問題上。聖經的倫理規範並非靜止的，隨著時代的變遷與處境的不同，我們對聖經中某些律法或條例的了解也有不同於古人的看法。如果聖經中的奴隸制度或父權思想等許多過去被認為理所當然的規範，在新的詮釋與聖經神學的研究中已被認為不合時宜，那麼我們不得不問，在聖經中還有哪些傳統的經訓需要再加以檢討？難道教會對同性戀者的態度沒有必要反省嗎？

二、耶穌的上帝國是基督徒倫理規範的判準

　　既然基督徒所信仰與跟隨的主是耶穌基督，那麼我們思考基督徒的倫理生活準則，就應該藉由聖經記載耶穌宣揚上帝國的故事，以及耶穌對人對

4　陳南州，《認同的神學》，37-38。

事的看法來衡量。換句話說，並非所有記載於聖經的條例，我們在今日都要遵行，基督徒遵行某些倫理規範的判準是耶穌所宣講的上帝國，是耶穌所關懷的人性實現。[5]

在耶穌時代的人們沒有「同性愛」的概念，綜觀四福音書，我們也找不到耶穌針對「同性情欲」的任何發言，但是面對教會普遍定罪同性戀者的態度，我們要問聖經裡所見證的耶穌，是否也以「罪」的教義和態度來看待相關的性議題？究竟耶穌對性和婚姻的議題有什麼看法？針對人在信仰生活中所引發的問題，耶穌主要的關心和可能的牧養態度又是什麼？

三、耶穌對「罪人」的牧養與他對罪的態度

從四福音書的耶穌故事可以看見，當時羅馬帝國的殖民統治者以高壓手段剝削、逼迫猶太人，以及猶太教的權威領導者以鉅細靡遺的摩西律法嚴格控制人民的宗教生活，就是底層弱勢人民最大的痛苦與不滿的根源，因此耶穌展開宣揚上帝國的福音運動，認同人民苦難處境，宣告上帝解放人的好消息，此即耶穌奉獻一生的使命。有學者強調，上帝國是了解耶穌的一生，包含他的生、死、復活的故事，以及他的教導和事工的關鍵，上帝國也是耶穌的人生觀和世界觀的倫理標準，更是耶穌與上帝、與眾人之間的神學基礎。[6]那麼，上帝國究竟是什麼？

簡單來說，上帝國是指上帝主權的實現。如果從耶穌宣揚上帝國的內涵來看，上帝國的福音是給貧窮者的好消息，也是要使被擄的人得釋放，瞎眼的人得光明，受欺壓的人得自由（路4:18）。由此可知，耶穌的上帝國福音是指向當時處於社會邊緣地位的人。這些人圍繞在耶穌的身邊，馬可福

5　陳南州，《開放與堅持》（高雄：麗文文化，2010），19。
6　宋泉盛，《耶穌的上帝國》，莊雅棠譯（嘉義：信福，1998），3。

音的作者捨「*laos*」的字眼而採用「*ochlos*」，[7] 就是在指認他們是那些在社會與經濟上的貧窮者、在政治上受壓迫且在宗教與文化上遭隔離鎮壓的人民，[8] 例如：遭受剝削的窮人，以及被社會排斥和遺棄的婦女、稅吏、小偷……等「罪人」。

猶太傳統所謂的「罪人」是總稱那些不能完成律法要求的人。因此，直接干犯律法的小偷是公認的罪犯，因職業間接或直接違反律法的下層人民（如在安息日不能停工的船夫、牧羊人或娼妓）或是經手不潔之物者（如硝皮匠、屠夫）也被視為罪人，甚至那些由於患病或貧窮而不能完成律法要求的人也被定為罪人（如痲瘋病人、血漏病人或精神疾患）。這些人不是真正的罪犯，但按照摩西律法是不潔之民，[9] 也就是因為宗教規範的看法被貼上「罪人」的標籤，一如今日同性戀者也被基督教會視為「罪人」。

然而，耶穌認同他們的處境並與他們一起吃喝（太11:19，路7:34）、一起盼望上帝國的來臨（可1:15）。他對從各地蜂擁而至要聽他教導的群眾強調，貧窮、飢餓、哭泣的人是有福的，渴望實行上帝的旨意並因此受迫害的人也是有福的，因為這些人就是天國的子民（路6:20-22，太5:1-11），甚至宣告即將來臨的上帝國，不是審判罪人，乃是宣告罪人因為上帝恩典的緣故而稱義。[10] 可見耶穌並不認同宗教權威領袖以徒具形式的摩西律法來斷定人的罪，把人區分為「義人」或「罪人」，我們可以從耶穌針對那些自以為義而輕視別人所說的「法利賽人和收稅人的比喻」（路18:9-14）發

7　馬可福音書中的「人民」在希臘原文裡有兩個字眼分別是「*laos*」與「*ochlos*」。前者除了一處經文在可7:6使用以外，通常指「以色列人是上帝的子民」，後者是馬可最常使用來描述圍繞在耶穌身邊的群眾，就是那些在社會上被定罪的罪人，參閱安炳茂，〈馬可福音中的耶穌與民眾〉，周天和譯，《亞洲處境與聖經詮釋》，李熾昌編（香港：基督教文藝，1996），146-148。

8　金容福，〈從亞洲人民受苦與掙扎的處境看上帝的宣教〉，文國偉譯，《上帝在亞洲人民之中》，郭佩蘭編（香港：基督教文藝，1996），177。

9　安炳茂，〈馬可福音中的耶穌與民眾〉，《亞洲處境與聖經詮釋》，152-153。

10　徐洸善，〈耶穌、民眾與意識型態〉，《上帝在亞洲人民之中》，156。

現，在耶穌的上帝國觀念中，「義人」或「罪人」的標準與當時猶太教的看法不同。對耶穌來說，一個人被上帝接納，不是因為他的身分，也不是因為他的行為，完全只因為上帝的憐憫，[11] 那些宗教領袖自認為已是義人因而不需要上帝的憐憫，而那些稅吏和罪人因為知道靠自己的力量無法擺脫罪惡因而急需上帝的憐憫。[12] 為此，耶穌宣告自己宣揚神國的使命不是要召「義人」，而是要召「罪人」（可2:17）。

當時猶太教領導者把「義」的概念奠基在律法之上，把忠心實踐這樣理念的人當作「義人」，並認為只有這樣的義人才能進上帝國，而那些不符合律法標準的「罪人」就被排除在神國之外。[13] 但耶穌不贊成用宗教律法來定義「義人」與「罪人」，他甚至對那些質疑他有何權柄的宗教領導階層強調：「稅棍和娼妓要比你們先成為上帝國的子民」（太21:31）。換句話說，耶穌反對法利賽人的律法主義和形式主義，他認為宗教的精神是關心人，特別是那些被社會排斥或牴觸律法的所謂「罪人」。從耶穌與法利賽人辯論時所說的「安息日是為人而設立的」（可2:27），就可以理解耶穌採用的是什麼標準。

其實，人的生命價值高於安息日的律法規定，也是猶太拉比的主張，法利賽派的經學教師也說過類似的話：「是為了你們給了安息日，不是為了安息日才有你們」。猶太拉比所說的「你們」如果專指猶太人，那麼意思就是安息日這制度只給猶太人而不給外邦人。[14] 但是，耶穌批判法利賽人基於種族中心思想，自以為是上帝選民而輕視外邦人。相反的，耶穌在宣揚上帝國福音的過程中，一再稱許撒馬利亞人的善行與信心（路10:30-37，17:15-19），以及外邦軍官或婦女的信心（太8:10-13，15:28）。在耶穌的

---

11 宋泉盛，《信心的探索》，林弘宣譯（台南：教會公報社，2015），133。
12 宋泉盛，《信心的探索》，207。
13 謝淑民，《當人打你的右臉—耶穌的逆耳之言》（台北：使者，1987），50-52。
14 謝淑民，《當人打你的右臉》，57-58。

觀念中，上帝是愛與恩典的神，而上帝國也是給普世萬民的福音。耶穌的上帝國福音強調，上帝愛世人，上帝關切的是人，而不是律法、教條或儀式。[15]

上述討論，就是耶穌在當時處境中給予「罪人」的「牧養」。雖然耶穌曾在教導門徒的祈禱中強調「饒恕我們的罪，因為我們也饒恕所有得罪我們的人」（路11:4），然而，耶穌極少提及「罪」這個字眼。[16] 在馬可福音中，耶穌只有一次向人宣告罪的赦免：為了醫治一個自以為有罪或在猶太人觀念中以為因犯罪而生病的人，耶穌才向眾人宣告說：「孩子，你的罪蒙赦免了。」（可2:5）

對經學教師來說，罪帶來了身心的疾病，一個人生病乃是做了違反上帝的行為之結果。既然上帝是唯一被冒犯的一方，當然只有上帝有權赦罪。但耶穌不認同這種看法，他不談論一般人所謂的罪，也沒有把罪定義為違反上帝的行為；那些被宗教權威當局定罪的人，耶穌不但判他們無罪，並且赦免他們的罪。耶穌強調，這些身心生病的人，他們生病不是因為冒犯上帝，而是因為宗教權威當局和傳統讓他們有罪惡感。[17] 耶穌不認為有任何人冒犯上帝而導致此人癱瘓，他看到的是一個被宗教和社會折磨而充滿罪惡感的心靈。耶穌的上帝既治療也寬恕，藉著治療來赦免一個人的罪。因此，當耶穌對那癱瘓者說「你的罪已蒙赦免」時，他的意思是那癱瘓者已蒙上帝赦罪，而這種赦罪是移除那人從內心深處恐懼被上帝懲罰或被他人歧視的罪惡感，從而心靈得到治療、整個人恢復健康。耶穌對那人的治療改變了他與上帝的關係，也重新塑造了他與別人或社區之間的關係，這才是赦罪或寬恕的真正意義。[18]

---

15 陳南州，《認同的神學》，87。
16 謝淑民，《當人打你的右臉》，109。
17 宋泉盛，《信心的探索》，215。
18 宋泉盛，《信心的探索》，221-223。

當耶穌醫病趕鬼的能力被指控是依靠鬼王別西卜時，他的回答闡明他對罪的態度：「人所犯一切的罪和所說一切褻瀆的話都可得到赦免」（可3:28）。以今日眼光來看耶穌這句話，或許有人以為耶穌對人的行為或信仰生活極為寬容，單以憐憫來接納罪人、縱容他們不用悔改。但解讀這句話的意義，必須把它放在當時猶太教體制對人的壓迫來理解。因為猶太教不容忍任何違反律法的行為，宗教權威者以形式律法作為社會倫理的規範，如同層層枷鎖束縛一般人民的生活。這樣的宗教體制又與羅馬帝國的殖民統治緊密配合，上帝律法的精神不但沒有成為人民的解放，反而變成現實生活中對人民的威脅。為了徹底反抗這樣的統治，耶穌才明言「一切的罪都可以得到饒恕」，這也才是當時受政治宗教體制所剝削、壓迫的人民真正需要的福音——上帝拯救、解放人的好消息。

耶穌不以定罪的態度來關懷或牧養世人的生命問題。如同約翰福音作者向讀者介紹耶穌時強調，上帝差遣耶穌到世上的目的，不是要定世人的罪，而是要藉著他來拯救世人（約3:17）。如果我們能以耶穌的上帝國眼光來閱讀聖經，就能更了解上帝的啟示。對耶穌來說，上帝國歡迎所有人，特別是那些被遺忘、邊緣化、異化與遺棄的「外人」。從耶穌的眼光來閱讀聖經，也讓我們明白上帝廣大包容的恩典，可以使所有相信的人都得到接納。[19] 既然如此，跟隨耶穌的基督徒怎能隨意把同性戀者定罪？這豈不是背離了耶穌宣揚上帝國的福音？

四、耶穌對性議題的教導與他對婚姻的看法

耶穌一生的使命是宣揚上帝國的福音，他對跟隨的門徒或眾人的所有教

---

19 Jack Rogers, *Jesus, the Bible, and Homosexuality: explode the myths, heal the church* (Louisville, KY: Westminster John Knox Press, 2009), 128.

導和比喻，以及他所行的事工或醫病趕鬼的神蹟，都是指向上帝國。離開上帝國的福音本質，我們無從了解耶穌的言論，這是我們解讀耶穌一切教導的首要前提。其次，從四福音書來看，耶穌很少直接發表有關性議題或婚姻的意見，雖然在所謂的「山上寶訓」中有一段經文記錄耶穌提及「不可姦淫」與「論休妻」（太5:27-28，31-32），在《路加福音》16:18也有類似「不可休妻後再婚而犯姦淫」的教導，但福音書的作者羅列這些教導，但未具體描述耶穌在什麼情境下做此教導，今日讀者連要理解耶穌對當時性議題或婚姻的教導都有困難，遑論想知道耶穌對現代有關同性愛的議題會如何看。在耶穌的時代，沒有「同志」這種身分認同，當然我們也就無法從四福音書看到耶穌對此議題的教導。

然而，從耶穌邂逅一位犯姦淫婦女的故事（約8:1-11），[20] 宗教權威者以律法的規定質問耶穌該如何處置這種犯罪的性行為時，耶穌不理會這些人想拿這問題找把柄陷害他，也沒有附和他們的主張以傳統律法來定罪犯姦淫的婦女（約8:11），反而強調「你們當中誰沒有犯過罪，誰就先拿石頭打她」（約8:7）。有人指出，這個故事就是耶穌在「山上寶訓」對眾人教導「不可姦淫」（太5:27）的最佳註解。[21] 對耶穌來說，姦淫不只是肉體上的行為，也包含欲望。由於無法在行為和思想上做區別，於是反對淫亂的律法便擴大為不應將任何人視為性工具。[22] 耶穌對性道德的教導不同於當時的宗教領袖，後者雖沒有違犯性道德，但他們把行淫婦人帶到耶穌面前時，並不把她當人看待，而是將她當成辯論的題目，想要藉此來陷害耶穌。如果耶穌只把焦點擺在婦人和她的性行為是罪上面，就是繼續把她

---

20 根據學者的研究，這個故事屬於片段獨立的口頭傳承，原本的《約翰福音》並沒有這樣的記錄，是後來才被編入抄本中，參閱謝淑民，《當人打你的右臉》，70。

21 謝淑民，《當人打你的右臉》，70。

22 Amy-Jill Levine，〈馬太福音〉，林毓芬譯，《婦女聖經註釋─新約》，Carol A. Newsom &Sharon H. Ringe 編（台北：總會婦女事工委員會，2001），35。

工具化，當成物品而不是人。[23] 但耶穌並不這麼做，也沒有指責那婦人為「罪人」。

難怪耶穌要主張：「看見婦女而生邪念的，已在心裡姦污她了。」（太5:28）從上帝國福音的本質來看，最重要的是「心的潔淨」（太5:8）。猶太人的宗教律法十分講究人的生活要區分「潔淨」與「污穢」，甚至在日常生活中嚴格推行（可7:3-4）。但耶穌主張，從人心裡出來的種種邪惡，才真正使人不潔淨（可7:20-23）。如果耶穌的上帝國福音對人的倫理生活要求是「心的潔淨」，那麼，我們可以推測，耶穌對有關同性愛的議題之可能態度也該是如此。

許多基督徒認定「女嫁男婚」、「育兒生女」是上帝的旨意，因此他們斷定不遵循傳統家庭生活的同志肯定不符合上帝的要求，可是耶穌對此卻有不同的看法。[24] 當法利賽人拿摩西律法中有關休妻的規定（申24:1-4）質問耶穌可否離婚時，耶穌回答：「摩西給你們寫下這條誡命是因為你們的心腸太硬。可是太初，在創世的時候，上帝造人，有男的有女的；因此人要離開父母，跟妻子結合，兩個人成為一體。所以，上帝所配合的，人不可拆開。」（可10:5-9）。許多反對同志的基督徒認為，耶穌在這句話中明確表明婚姻是男女的結合，沒有男男或女女結合的可能，所以同志伴侶的婚姻根本違反耶穌對婚姻的看法。這樣的詮釋果真符合耶穌在當下處境回應法利賽人爭論休妻或離婚的意思嗎？

首先我們要注意，在古代父權社會或耶穌的時代下，女人被視為男人的所有物或生小孩的工具，是屬於男人的財產。男女的婚姻建立在這樣的隸屬關係下，如果有女人在性關係上出現不貞的行為，那是屬於侵犯男人私

---

23 Gail R. O'Day，〈約翰福音〉，林明貞譯，《婦女聖經註釋—新約》，140-141。
24 Jeremiah，〈耶穌：解放者「同志」〉，《暗夜中的燈塔》（台北：女書文化，2001），186。

有財產的問題，而不是現代男女婚外情的道德問題。[25] 因此耶穌回答法利賽人有關休妻的規定，也必須以當時的處境下的男女隸屬關係來解讀，才能理解耶穌對婚姻的看法。

再者，摩西律法的休妻規定中有關「可恥的行為」（申24:1）是指什麼？這在法利賽人的不同門派中早已成為當時的熱門辯論。煞買派（Shammai）的拉比主張嚴格解釋只有「性行為的不貞」才可休妻，而希列派（Hillel）的拉比則引申擴張解釋為「任何可恥之事」，例如：妻子把飯菜燒焦、不梳頭外出、在丈夫的面前對其雙親無禮、被發現與別的男人交談……等，都可以構成休妻的要件。[26] 耶穌如何解釋「可恥的行為」，便是法利賽人質問的焦點。但耶穌根本不回應這種細節上的爭辯，因為無論是嚴格或寬鬆解釋休妻的律法規定，都是附和當時猶太宗教社會把女人視為男人的財產，將女人非人化為商品，沒有尊重女人的生命意義和存在。所以耶穌引用創造故事（創2:24）回溯律法設立的初衷，然後強調婚姻是永恆的，兩人的結合不可分離，因此不要讓人的律法去破壞婚姻。[27]

如果我們詳細研讀創世記中有關人類受造的故事，從經文的脈絡來看就可以發現，上帝所造的這兩個人之間的伴侶關係，是其他受造的動物無法取代的（創2:20）。當這一個作為幫助者的伴侶被神創造來與另一個人匹配以後，聖經的作者或編者強調：「因此，男人要離開自己的父母，跟他的妻子結合，兩個人成為一體。」（創2:24）有學者主張「結合」這個字的原文意思可翻譯為「黏著」，亦即藉著性的交合使兩人成為一體。[28] 所以，伴侶關

---

25 謝淑民，《當人打你的右臉》，68。
26 巴克萊（William Barclay），《自由社會的倫理》，梁敏夫譯（香港：基督教文藝，1977），192。
27 莊淑珍等著，〈探討福音書中猶太人婚姻與離婚制度〉，《婦女講章》，賴德卿編（台南：教會公報社，1998），38。
28 黃伯和，《本土神學的倫理關懷》（台南：教會公報社，1999），56。

係乃是為了消除人獨居不好的必要條件，而兩個人成為一體的關係，則說明了人類藉著性行為的結合，不是表面或形式上的肌膚之親，而是全人格的結合，這種存在於伴侶之間水乳交融的親密行為，只有用彼此刻骨銘心的愛，才能完整表達上帝所造的匹配伴侶對人類生命所帶來的救贖意義。[29]

進一步來說，創造故事的作者強調這種結合的性質是：「那人跟他的妻子都光著身體，然而他們並不害羞。」（創2:25）由此可見，性是純潔的，也是自然的，是上帝所賜表達了他神聖的形像。男女兩人赤身露體，也象徵兩人彼此的坦誠與完全的信任，在精神和肉體都是名副其實的一體。他們的赤裸是以身體表明對彼此的愛。[30] 因此，當我們談論有關人類的性倫理時，不能不省思彼此之間的愛，愛才是人類關係的中心，而伴侶之間的「性」不僅表達彼此深邃的「愛」，也間接地促使人類社會形成婚姻的制度。存在於人類之間具體可見的性活動或婚姻制度的背後是那不可見的愛，愛才是促成婚姻的價值，也只有愛才能豐富性行為的意涵。

耶穌認為婚姻是兩個人生命的緊密聯合，用律法或傳統來斷定什麼情況不可再繼續共同生活，不是耶穌關心的重點，他在意的是當婚姻出現問題時，如何保護相對弱勢的女性的權益，尋回女性的尊嚴，恢復女性的完整人格；[31] 耶穌的著眼點不是婚姻兩造的性別。我們不該因為耶穌只有提到男性與女性的結合，沒有談論同性之間的伴侶關係，就草率跳躍地推論耶穌反對同性婚姻。舉例來說，當聖經總是說到狗而幾乎沒有提到貓，我們會因此下定論說聖經反對貓，並且開始趕跑鄰家的貓嗎？[32] 同理，我們不能因為耶穌僅僅提到異性戀的關係，就想當然爾地以為他反對同性愛。

---

29 黃伯和，《本土神學的倫理關懷》，57。
30 周芳蘭，〈創造，墮落與婦女－創世記一至三章〉，《亞洲處境與聖經詮釋》，283。
31 莊淑珍等著，〈探討福音書中猶太人婚姻與離婚制度〉，《婦女講章》，41。
32 聖經只有一次提到貓，記載於次經〈巴錄書〉6章22節。參閱Daniel A. Helminiak，《聖經究竟怎麼說同性戀？》，黃禕一譯（台北：友善築橋，2015），178。

一旁的門徒聽了耶穌對於休妻與再婚的教導後，他們如同當時的猶太男人一樣，對於這樣的婚姻觀難以接受，於是有感而發地感嘆說：「既然丈夫和妻子的關係是這樣，不結婚倒好。」（太19:10）。因此耶穌進一步闡釋：「這樣的教導並不是人人都能接受的，只有得到上帝特別恩賜的人才能接受。因為人不結婚的理由很多；有些人是生來不適於結婚的；有些人是人為的原因不能結婚；另有些人是為了天國的緣故而不結婚。能夠接受這教導的人就接受吧。」（太19:11-12）

在這段經文中《現代中文譯本聖經》所使用的「不結婚」、「不適於結婚」或「不能結婚」的字眼原文是指「*eunouchoi*」，在《新標點和合本聖經》中被翻譯為「閹人」，意思是指這種人不但不結婚、不適於結婚或不能結婚，更是不能生育。傳統上來說，猶太人把生育視為上帝的祝福，漢人也有類似的概念，至於大多數的基督徒可能也把婚姻視為人生唯一的選擇。但是根據耶穌的教導，他明白指出結婚生子不是人人必須的。[33] 有學者主張，「閹人」在聖經中就是一群無法生育的人，他們的處境猶如今日我們所了解的同志。由此可見，耶穌並不認為普天之下的人類都是異性戀者，他也承認有各種性身分存在。[34] 既然傳統異性戀婚姻並不是每個追隨耶穌的門徒唯一的生活準則，那麼，我們真能斷然宣稱耶穌否定同志不結婚也不生子的生活型態嗎？

就耶穌的角度來看，婚姻關係並不是永恆的生命必備的。婚姻的確包含性愛，但性別只適用於這個世界，而不適用於復活之後的生命。[35] 福音書記載當撒都該人問耶穌有關死人復活後婚姻關係如何認定時，耶穌指出：「你們錯了！你們不明白聖經，也不知道上帝的權能。在死人復活的時

---

33 小新，〈愛讓世界開闊（會友篇）〉，《暗夜中的燈塔》，63。

34 Jack Rogers, *Jesus, the Bible, and Homosexuality*, 128.

35 Amy-Jill Levine，〈馬太福音〉，《婦女聖經註釋—新約》，47。

候，他們要跟天上的天使一樣，也不娶也不嫁。」（太22:29-30）。雖然直到現在仍有許多人將「一對一的異性戀婚姻」視為建立家庭的唯一合法基礎，但是在耶穌的心目中，婚姻、生育或親屬關係不是絕對的，也不是永恆不變的，人與人之間的愛，重要的是「品質」，而不是「性別」。[36] 唯有實行上帝的旨意才是人與人關係的基礎，所以他說：「凡實行我天父旨意的，就是我的兄弟、姊妹和母親。」（太12:50）

五、從耶穌的言行與教導反思同性愛

今日大部分教會根據「一夫一妻的異性戀婚姻」價值觀，判定同志基督徒違反這樣的倫理；但耶穌認為婚姻不過是人在有限的生命中一種現存的社會制度，不會影響到人在上帝國度裡的永恆生命。唯有遵守耶穌教導人要「彼此相愛」的誡命（約13:34），實行上帝的旨意，才是建造人與上帝、人與人關係中最重要的倫理原則。那麼，我們應該在這樣的倫理原則中反躬自省，當教會因為同志姊妹弟兄的生活型態，不符合一夫一妻的異性戀婚姻制度而排斥他／她們，甚至定罪他／她們時，福音書作者所見證的耶穌不但不定罪那些被傳統宗教律法倫理排斥的「罪人」，反而接納他們、祝福他們要成為「上帝國的子民」，並且與他們一起分享日常生活的飲食、一起盼望神國的來臨。如果我們以為同志的生命是「污穢」的「罪人」，那麼某些異性戀基督徒又何嘗不是「自以為義」的「罪人」？可是從耶穌宣揚上帝國的福音來看，無論是同志或異性戀者都要以「心的潔淨」來建造信仰生活，好成為一個「蒙恩的罪人」。

當多數教會主張人人都該結婚生子，才是上帝創造人的旨意，以無法結

---

36 Jeremiah，〈耶穌：解放者「同志」〉，《暗夜中的燈塔》，187-188。

婚生兒育女來反對同性愛時，我們不要忘記耶穌早在兩千多年前就教導他的門徒，婚姻關係不是人進入神國的必要條件，他強調有些人終身都不適合結婚，也無法繁衍後代。如果我們以為受造的男女，藉著性關係來生育後代才是上帝創造秩序中祝福人類的唯一目的，那麼聖經記載有些婦女終身未婚，使徒保羅的書信與初代教會也推崇守獨身服事主的價值，這些獨身者豈不是被排除在上帝的創造秩序之外？人的性關係是要表達兩人間的互愛和委身，性生活的真諦不見得與生殖有關，與生殖無關的性關係也不必然沒有意義或該被譴責。否則，停經後的女人不該有性生活，而教會也不該為已經過了生殖功能之年齡的人證婚。[37]

　　當異性戀基督徒依據聖經某些片段的經文而沒有加以適當詮釋，[38] 就想當然爾地以為同志之間的性行為是「犯罪」、「虧負」上帝的榮耀時，應該要想想耶穌教導門徒祈禱時提醒我們，任何人在上帝面前都是彼此「虧負」，然而更重要的是，我們要彼此相愛、互相饒恕，因為上帝已經先愛我們、饒恕我們對他的「虧負」。換句話說，耶穌的上帝國福音高舉「愛」的價值，並沒有限制異性可以相愛，同性不應相愛。如果愛的價值不限同性異性，那麼由真愛所延伸的親密性行為，自然也不限於同性或異性。因為「性」的親密是上帝賞賜人類情愛的恩典，就人類性傾向包含獨身（asexual）、同性、異性或雙性傾向來看，這些性傾向只是生理的傾向，如果沒有愛，所有的性行為都只是欲望的宣洩。相反的，在愛的委身與驅策下，不同性傾向的親密行為都有可能成為愛的表現形式。[39]

---

37 陳南州，〈從基督教倫理學觀點看同性戀——回應羅秉祥教授的演講〉，發表於「『基督教對同性戀的態度與觀點』雙連講座台灣神學院教牧研習會」（台北，2012年12月11日），6。

38 有關聖經中直接記載反對同性性行為的經文包括：創世記19:1-29、利未記18:22, 20:13、羅馬書1:18-32、哥林多前書6:9-10、提摩太前書1:9-10等。

39 黃伯和，《本土神學的倫理關懷》，60-61。

六、結論

　　從耶穌對性議題的教導和牧養的故事，雖然我們無法直接明白他對同志的存在或同性愛之間的關係究竟抱持何種看法，但耶穌強調人人都該彼此相愛，並且主張在生活中實踐上帝的旨意就是他的姊妹、兄弟和母親。在這樣的理解下來思考同性愛的議題，異性戀基督徒與同志基督徒的姊妹弟兄應該彼此饒恕與接納，一起見證耶穌的上帝國福音是關心受排斥、遺棄的「罪人」，並且促成人與人之間彼此相愛的生命。唯有當我們放下過往的偏見，學習耶穌的言行來親近被教會排斥、定罪的同志，那麼我們才能說自己是跟隨耶穌的門徒。

第45章
透過認識同志基督徒，
我更深地認識自己與認識人

◎蘇貞芳牧師

（台灣基督長老教會牧師、海外宣教師）

盜賊來，無非要偷竊，殺害，毀壞；

我來了，是要叫人得生命，並且得的更豐盛。

——《約翰福音》10:10

一、性別議題百百款

回首1999年剛踏上牧養之路，神出的性別考題快又急，我應接不暇常不知所措，我得承認，那時我性別知能不足，甚無知。剛下禾場就遇上一位年紀半百的柔順婦人，她常在先生上班後趕緊打電話給我，有時只是一起禱告，多數時候她悲傷哭泣著。帶有慢性疾病的她，即使已有即將成年的女兒們，依然被敬虔愛主擔任長老的婆婆，要求非生個男嗣不可。另外是位外型亮麗事業成功的女性，因為先生慣性外遇而讓她陷入被未信主的婆婆與已信主親娘的齊聲指責。她們異口同聲指責，該姊妹事業心太重才疏於家庭照顧，此舉導致家庭不夠溫暖先生才外遇。當我第一次無懼地收容婚暴婦女時，當男性長老留一支棒球棍告訴我要小心保護自己，竟使我害怕了起來。還有，有一位與男友同居20年的老姊妹要受洗，被長執要求必須先認罪悔改而且若不分開就需結了婚，才能受洗。再回想起，第一位來詢問其子性傾向的母親；這位母親以顫抖的聲調問：「傳道，我的孩子是同性戀嗎？」望著流淚的母親，我依然堅決回答：「我沒有權力揭露你孩子的隱私」。有天一位愁容婦人來訪，她一坐下就哭泣並且說：「牧師，我快崩潰了。」時間好似暫停許久，她道：「我先生的男朋友，上周死了。」我忍著震驚，腦中馬上出現那因著擁有九位姊姊的傳奇家庭而令人印象深刻的弟兄形象。當我在「公義和平紀念」主日講道，以「性別公義」為題，談及同志人權時，竟然有信徒憤而離席。……

試想，今日耶穌若在這裡，祂會如何看待在婚姻裡與親密關係中受傷的人呢？神會選擇用什麼樣的態度與愛來療癒他們呢？再者，婚姻是人一生

蘇貞芳牧師

必走的道路嗎？對於不婚者、未婚者與進入婚姻者，我們都給予同等教導與祝福嗎？神愛世人的真理裡，有包括神愛同志嗎？為了提升性別知能來服事神交給我的羊群，我求告神給我信仰與性別習作的機會，期待以一年的時間特別投入關心性別與同志議題和團體，此舉使得我有機會從南到北接觸同志教會與性別公義團體。坦白講我必須認罪，因為我一開始面對同志弟兄姊妹時，是以自大地、威權地帶著定罪的習慣，想要檢驗、改變他們。

二、性別壓迫與歧視像盜賊

就這樣以關懷同志之名，一開始不自覺地帶著放大鏡檢驗著、質疑著，不斷地企圖將自己無知刻板扭曲的性別錯誤知識，強加在這群同志的弟兄姊妹們身上。然而透過真實接觸，在傾聽生命故事的過程中，神幫助我走上性別意識覺醒的路，並適時地使我卸下牧者定罪的習慣，我必須告白：這幾年與同志弟兄姊妹們分享的經歷是一趟神安排的尋道旅程。卸下刻板牧者慣有的樣式，開始毫不隱藏地表達甚至表達我的不滿，真誠地質疑、自由地憤怒、可以焦慮、一同哀傷，我與同志弟兄姊妹們得以在神的愛裡面真實且坦承地對話，彼此接納成為朋友，成為靈裡的家人。更重要的是，透過看見同志基督徒，我開始重新認識自己，我竟也開始學習述說自己的生命故事。述說揭露自己的過程很難，很痛！我被迫回頭檢視自己生命中的性別經驗，我看見被父權意識型態內化的自己，過去我不曾質疑過男尊女卑、男強女弱的性別傳統刻板印象，過去那麼久的時間裡，竟以此自我貶抑、輕看自己女性的價值，我輕看神的創造。

其實，在未成為傳道人之前，我看不見任何同志的存在，也接受刻板印象裡對同志任何的污名，我是貨真價實的性別盲，我不曾思考過性別議題、同志議題。我回想起自己在成為基督徒的開始，並沒有能力辨識父權

565

方式下詮釋的「聖經真理」真偽，以致於繼續延續過去成長經驗中已經內化的扭曲性別價值觀。甚至在就讀神學院期間，匆促、忙碌加上有限的受教時間，讓我僅僅暫時消融內化的自卑，而未深入探討過去無力面對的性別受挫經驗。緊接著成為傳道人進入教會場域，在實踐上帝公義的路徑上有許多阻礙與人性衝突，在性別意識不足的情況下，我也沒有能力辨識特定意識利用宗教之名來傳遞扭曲的知識。那時，我根本看不見身為牧者的自己，是再製父權文化貶抑和迫害性別的工具。

感謝神開拓了我的性別視野，戴上性別意識覺醒的眼鏡之後，反思我的性別經驗，性別壓迫與歧視就像盜賊般，它們是一種透過體制結構運作偏差性別論述的系統性力量，它們滲透在人際互動交往、認知、語言和個人內在情緒之中，它們是世界上最普遍壓迫的基本形式，它們偷走了人們的自尊、信心與快樂。它們讓受迫者覺得沒有盼望、放棄做自己，把自己隔絕在知覺外，慢慢地變成不敢愛也不敢被愛的肉體遊魂。我這樣的受迫經驗，竟然在我牧養的兄姊們與認識的多數同志弟兄姊妹們身上清楚看見，我不捨、不忍、更不容忍諸多壓迫經驗使我們與神的愛隔絕。不僅是女人，也包括男人，不僅是異性戀者，也包括同性戀者，我們彼此有意識或無意識地皆不自覺地受苦於父權文化與體制束縛。穿戴神給予的性別意識眼鏡之後，我才得以看見以前我沒有能力看見的性別壓迫與歧視，身為女性牧者，我更輕易感受到性別權力關係在教會界的運作力道。

三、教會就是一個被性別化的場域，被宗教化的身體

神學家 Jame H. Cone 曾說「我相信無論基督教信仰的意義是什麼，他絕不會是反映統治者文化的價值觀念。」Cone 認為上帝揀選作奴隸的希伯來人成為契約的百姓、先知強調上帝的公義等同於窮人得釋放、藉著耶穌的生和死及復活，上帝把世界的價值體系扭轉過來。這些委身讓教會得以宣

稱是「基督的身體」的同時，教會必須述說社會中那些破碎的人類關係。Cone 認為教會若是一直專注在一個先入為主的情況下來探討教會特殊的神聖起源，而不是因著這神聖起源來喚起社會和政治責任，這樣的教會是偏差的。Cone 的意思是：教會宣稱是「基督的身體」的同時必須要委身於弱勢族群，為弱勢者、邊緣人和無力發聲者出聲，實踐社會和政治責任。

謝謝同志弟兄姊妹們，透過認識你們，我更深地認識自己和認識人。因為在歐洲的改革宗教會，我見識到同志基督徒被平等牧養與公開祝福的信仰實踐。但是在東南亞某改革宗教會，談起性別公義，我遂即被牧長當面怒視要求表態挺同或反同立場！再回憶起因為在同光同志長老教會某年聖誕晚會裡證道分享信仰，使得後來有意邀請我前往牧養的教會在接洽中明言，要求我不能在教會公開接待同志，且規定我不能邀請同志基督徒到該教會聚會。我疑惑：何為「挺同」？我挺的是神整全的公義。我豈不「挺異」？我挺神愛世人這純粹的信仰本質。那些處處充滿逼迫人表態挺同反同立場的活動，在信仰有何意義？我確信神在這世代使用了同志弟兄姊妹們來檢驗基督徒的信仰良知，如同在上一個世代裡，神是使用黑奴議題成為信仰的試金石。

我覺悟到：性別意識的覺醒與提升並不違背基督教信仰，有衝突的是由單一／男性中心建構的教會體制、聖經詮釋權和父權文化下遭到扭曲的性別／權力關係。談信仰與性別公義主張並不是要推翻聖經，而是反對聖經經文被教條化、被斷章取義、被字句神聖化和質疑牧師教導的權威化，不要迷信世上牧者權威教導。對我來說：背離「神愛世人」的原則，以人治規訓統治是信仰的離經叛道者；我們必須解構人為的無上權威宗教語言、解構以宗教之名所運作的性別束縛，進行另類的宗教改革。因為，此刻的台灣是活在一個性別議題糾結的處境裡。那曾經使我受苦的偏差性別意識等這班盜賊們，依然糾纏壓迫著每一種性別，牠讓每一個人覺得自己不好、別人不好或是比別人好，讓堅持特定意識的基督徒們彼此論斷定罪，

放棄以神的眼光看待每一個神的創造。豈不知,盜賊們來,無非要偷竊,殺害,毀壞;神來了才能叫我們這班有限的罪人,生命得救且更豐盛。

四、尾聲:落實性別公義,促進多元共榮、實踐上帝整全公義

以基督教信仰的核心價值來看,尊重多元是耶穌愛的典範,換言之不應該有人因為性別、性傾向、性別特質、階級、族群、膚色……而被壓迫被歧視。尊重並維護任何神創造的生命,尊重多元差異以保障不同性別氣質的孩子免於遭遇到校園霸凌。「性別平等教育」不是鼓勵性解放,而是教導尊重不同性別特質與性傾向。教導「認識」同志也不是「鼓勵成為」同志,是認識多元性別、尊重性少數、尊重不同的性別特質男/女性(娘娘腔/男人婆)。

同志的存在是個事實,我深信「耶穌疼愛同志」如同疼愛你我。每一個人可以對於「性別平等教育」有不同的主張,但是支持性別公義是尊重並維護任何神創造的生命基本價值是信仰實踐。世上每天都上演著不同階級、種族、性別等,多元權力交織糾結的戲碼,教會也是個真實上演多元權力交織的場域之一,馬丁路德金說過:「Injustice anywhere is a threat to justice everywhere(任何地方的不公義都威脅其他地方的公義)」。因此我們必須「行公義、好憐憫」,一齊趕走盜賊,掙脫束縛,落實性別公義,共創台灣性別友善環境,促進多元共榮,不要讓暗夜充滿哭聲,同心一起破除任何人為的轄制、壓迫與宰制,趕走任何背離信仰的盜賊們,實踐上帝整全公義,讓每一種性別都得到善待和平等。

第46章
當台灣教會向右轉

◎王貞文牧師

在台灣政治越來越民主化，社會對 LGBTQ 的人權越來越重視之際，在台灣的教會裡，LGBTQ 族群的生存空間卻反而被壓縮了。這不只是一個性別政治的議題，更是神學議題。這不只是 LGBTQ 族群得面對的問題，更是基督教得認真面對的問題。

到底教會還是不是追隨基督的人的團體？到底教會還願意揹起十字架來，見證上帝的愛？還是教會到最後只成為一群充滿恐懼的既得利益者聚集的地方，每個人自私地尋求自己靈魂的潔淨，並且不斷地被自己所想像的恐怖景象所困？

一、瀰漫恐懼的台灣，瀰漫恐懼的教會

每一個教會都有孕育它成長的土壤，在上帝所揀選的、辛勤的「播種者」撒下種子之後，在不同的文化中，想辦法紮根成長。

台灣這片土壤，孕育了許多不同的教會。從十九世紀中葉開始的天主教與基督教的宣教，建立傳統的、有組織的教會。在二十世紀初，受到各種福音運動的影響，開始有不同形態的教會出現。二戰期間，日本軍國主義曾用高壓的方式整合眾教會，成為一個受政府控制的「教團」。二戰之後，隨著中國的赤化，在中國的許多不同教會紛紛撤到台灣，許多基督徒也建立了獨立的堂會，從基要保守到靈恩派，色彩相當豐富。但是從中國來到台灣的國民黨流亡政府，以恐懼和威權統治，改變了台灣這塊福音的土壤。這種威權的控制深入各教會，各種色彩的教會紛紛感受到不同的恐懼滋味。

冷戰時期，籠罩著台灣的是恐共、恐左的氣氛。人民被教導要活在恐懼戒慎當中，小心「匪諜就在身邊」，也要害怕中共隨時可能「血洗台灣」。人民被規訓為政府耳目，彼此監督，以至於許多人會因為言論獲罪，或僅因為有領袖特質，比較敢言，而被羅織叛國罪。這段「白色恐

怖」，其實也深入教會，不管講哪一種語言、信仰形態如何，都無法逃離這恐怖。

　　台灣最早成立的基督教會，是來自英國與加拿大的差會所建立的長老教會。長老教會有深厚的改革宗傳統，定根在聖經，講求生活與信仰的關聯性，以議會的形式治理教會。經過日本統治時期最後一段「被整合為教團」的震盪之後，在戰後重新出發，組織各中會，成立「總會」，並與普世教會接軌。

　　在戰後的白色恐怖時期，早已定根台灣鄉土，使用本土語言聚會，又具有普世教會眼光的長老教會，成為國民黨政府的眼中釘，相當不被信任。國民黨政府一面收買長老教會的牧師與長老，在議會裡成為國府的喉舌，一面鼓動其他在戰後隨國府來台的教會，在輿論上打擊長老教會，用信仰的語言審判長老教會。這段歷史，由輔仁大學的曾慶豹教授細細爬梳教會文獻和當時的報紙，寫成十篇總名為「約瑟和他的兄弟」的文章，2015年陸續發表在《台灣教會公報》。通過這系列的文章，我們更清楚地看到，長老教會怎樣在恐共的氣氛下，靠著幾位有勇氣、在神學上有遠大眼光的領導者，艱苦地守住先知的職分。

　　即使在白色恐怖的內憂外患之中，長老教會對人權議題是堅持的。雖然被逼迫、被中傷，被迫退出「普世教會協會」，但還是努力見證普世教會的福音。

　　八十年代之後，國民黨政府漸漸放棄「反攻大陸」的口號，共產主義不再是國民政府用來製造恐懼的元素，但是國民政府對台灣人逐漸爭取「出頭天」的意志倒是非常害怕，「恐獨」成為當政者主要的恐懼。代表台灣本土，使用台灣語言的長老教會，在這個情境下，發表了定根本土、關懷公義的信仰告白，又為了爭取「喊台灣獨立的言論自由」，以基督徒的身分走上街頭。這一切，都讓跟著「恐獨」潮流走的其他教派，和台灣基督長老教會畫清界線。

二、恐同心態在教會的滋生與拓展

　　台灣基督長老教會長期在政府的打壓、其他教派的質疑、毀謗與中傷裡，堅守一定的神學立場。恐共與恐獨的風潮，反而堅定了長老教會「擔任時代的先知」的決心。

　　但是，在一波波恐懼的衝擊下，教會內部免不了有撕扯、裂痕。教會的傷，逐漸化為抓牢權力的欲望。於是，在議會裡以力相抗，而不是以信仰的論辯來追求真理。於是，不追根究底地建立對聖經的瞭解，而是把經文當石頭，揮舞著，丟向對手。因為怕「失去權力」，基督徒變成以信仰的語言武裝自己的人，對著想像出來的恐懼張牙舞爪。

　　八十年代之後，許多巨型教會的興起，在都市的繁華當中以龐大的聲勢、燦爛輝煌的建築、綜藝化的敬拜讚美來吸引人，企業化的經營、權力集中的領導方式，讓以中小型教會為主的長老教會牧長起了羨慕之心。不可諱言，信徒被這種富麗堂皇，言語花俏，「教導」清楚而簡易的教會所吸引，離開長老教會而投入這些新興教會者有之，或是努力「轉化」一個既有的長老教會堂會，成為這種類型的教會者亦有之。一種新的信仰形態，以「成功、健康、富足、平安」等「應許」為信者祝福，以宗教的權力擴展為神聖目標，快速地爭取到台灣教會界的發言權，也從外而內地改變了長老教會。

　　長老教會所代表的基督教傳統，即使強調忠於聖經而有相當保守的一面，也絕不可能以「一定要說明同性戀是罪」為整個信仰系統的關鍵，因為信仰的根基乃是在為我們每一個人的罪受死、復活的基督。真正的奠基聖經的人更不可能去相信：只要人的各種性別傾向都可以得到尊重，這個世界就會整個顛覆，背離上帝而滅亡。因為我們所信的，是大有能力、掌管歷史、以公義慈愛照護管理世界的上帝。

　　但是，過去十年間，把同性戀當成毀壞上帝與人關係的關鍵點的想法，

卻在長老教會裡傳播著，而且越來越強烈，甚至通過長老教會內部的政治運作，試圖把其他的聲音狠狠地壓制下去。

這是非常令人心痛的發展。一個重視人權、定根本土、在信仰告白裡強調教會願意受苦，來成為盼望的記號的教會，卻逐漸蛻變為枉顧受苦者、極力討好中產階級、只求本身壯大有力的教會。

一向與國民黨政府結合緊密的一些教會，過去隨著政治風向的轉變，操作不同的恐懼，先是恐共，繼之是恐獨，在政治開放、本土意識普遍之際，又轉成以「恐同」來凝聚共識、打擊異己。不幸的是，在過去的種種逼迫中站立堅穩的長老教會，竟也淪為這波恐懼操作的犧牲者，失去了過去的信心。

反同的種種「教導」，在美國的同運和保守基督教會之間的爭鬥裡醞釀出來，被引介到台灣。政治變革當中，「儒教」的道統早就崩潰，台灣似乎失去一個保守的精神架構了，反同者強調的「家庭價值」，顯然可以稍微補強這個已經崩潰的道德倫理體系，所以得到過去支持國民黨價值觀的一群人的肯定。資本家不吝惜大額金錢挹注這些教導的宣傳與擴展，對台灣民主化腳步之快速感到害怕的人，出錢出力地宣傳著：「只有一男一女的婚姻是合神心意的婚姻。」敢出面對抗這個潮流，辨明真理的人，莫不受到教會的逼迫與排擠。

從「真愛聯盟」到「護家盟」，透過網路的流通，許多似是而非，經不起檢驗的理論，卻以激發恐慌的方式，一波波地進行信徒的「教育」（洗腦）。或訴諸信徒護教的心志，或運用信徒對所欽敬牧者的情感，或以「權柄」威壓，教會在同性戀議題上，越來越成為一言堂，失去傾聽微小聲音的能力。恐同的聲音，竟悄悄地成為基督教的「主流」聲音。

三、台灣基督長老教會發表「反同牧函」

在這樣的潮流發展之下，原本在同性戀議題上盡力保持一個開放的討論空間的台灣基督長老教會，也在2014年第59屆的總會通常年會上，通過了一個關於同性婚姻議題的牧函。[1] 透過事先的運作、不符合程序正義的臨時動議與表決，這封牧函匆促地通過了。

過去國民黨政府對長老會各級議會，有一些非常富於技巧的干涉與操控手法。不管是恐共時期的是否留在「普世教會協會」的議題、《國是聲明》與《人權宣言》的公布，恐獨時代對於《台灣基督長老教會信仰告白》條目的討論，都曾遭遇相當激烈的反對。但是，會議的機制到最後都還是做出符合信仰的決議，不因國民黨政府的威脅利誘改變。

無奈，議會的討論逐漸淪為熟悉議事規則者的遊戲；事先的運作、利益的交換，已成為不可避免的事。權力分配的問題，成為議會關心的要項。經過長期對統治者的政治抗爭，長老教會竟變得越來越像它當初所反對的對象。在權力的競逐裡，長老教會也被自己內部的權力競逐所傷。我想，這就是長老教會在過去的歲月裡所承受、累積的最大膿瘡。「反同牧函」的事件，也許就像是一個教會的膿瘡被割開了，它對權力的貪欲、對失去權力的恐懼、對上帝的缺乏信心、對人的缺乏愛心，通通流淌了出來。

這份「牧函」參考了香港的「明光社」的文獻，用相當有「愛心」的信仰語言加以包裝，聲明教會要接納同性戀者，在愛中扶持、同行，但是要譴責同性戀的性行為，也絕對反對同性戀婚姻。（請見文末所附）

儘管這封牧函的措詞寫得很有「愛心」，也有很多可以「解釋」的空間，但通過這封牧函之後，第一個事件卻是讓同光教會推薦的姊妹，被禁

1　見：http://weekly-pctpress.org/2014/3251/3251_13.pdf

止參加神學院道碩課程的入學考試。這事就發生在牧函在總會通過之後的幾個小時內，甚至程序還沒有跑完，還要等待總委會認定並公布。但台南神學院還是決定在口試當中，直接拒絕這位姊妹的考試，並退回報名費。

我參與在口試當中，對這樣的決定感到極大的痛苦與無奈。我認為，按照牧函的精神，若是真的有心要接納同性戀者，與之同行，發揮陪伴與「轉化」的作用，豈不是更應該要接納出櫃的、誠實面對自我的同志來應考才對？！

但其實沒有人在意那些字句的意義。人們在意的是在一個權力的板塊移動之間，趕快找到可以生存的那一邊靠過去。不要傻傻地站在舊的立場上，等著被新的權力結構壓碎。

可是，在有權者彼此相抗時，被犧牲的，是一個活生生的人啊！在權力的考量下被掉以輕心拒絕掉的人生，是一個被上帝所愛、所揀選的人生啊！如果長老教會向這些熱愛上帝的人關上門，上帝自有祂的方式繼續愛那些人；但是為了關上門的這個「過犯」，長老教會將會付出什麼樣的代價啊？

我認為，同性戀者叩擊神學院大門，原本是神學院的機會，原本是讓我們再一次見證上帝是永活生命主宰的機會，原本是讓我們可以一起背起十字架，忍受羞辱、攻擊、卻更與基督靠近的機會。但是議會角力的作用、經濟壓力的威脅，竟讓有悠久反抗傳統的神學院，失去了原本的樣式。

在總委會要接納並公告各項決議的那一天，2014年5月20日，一些長老教會青年彼此集結，到長老教會總會辦公室，表達他們對這個牧函的想法，請總會再多考慮，不要急於發表。因為在許多關心同性戀議題的朋友心目中，長老教會是最後的一個友善的堡壘了。這封牧函的發表，不管措詞多麼華麗，都表明了長老教會的立場：最後一個友善的堡壘已經不再友善。這對許多渴慕以真實的自我得到教會接納的人來說，是很大的打擊。

當晚下著雨，幾位朋友輪流接力，把同光教會在同志遊行時所製造的一

個大十字架搬到現場，一群教會青年聚集在長老教會總會前面，點起蠟燭、獻上花朵來守望。過去因為路線之爭而彼此有嫌隙的幾個人權團體，竟然都一起前來，在雨中一同悲傷，一同互相打氣。

黑暗很大，與黑暗對抗的力量好像很微小，但是那晚在雨中點亮的「微光」，至今還在靜靜地燃燒。在整個台灣教會好像都向右轉了之後，還是有一點一點的光，在聖靈的安慰保守之下，繼續不懈怠地守望人權、守望每個人的尊嚴。

四、活出「不被恐懼所勝」的信仰

台灣基督長老教會雖然沒有承認同光教會是這個大的教會體系當中的正式成員，但是同光教會長久以來，是以長老教會的組織方式在運作，以改革宗的精神為信仰造就的軌跡。長老會關於同性婚姻議題的「牧函」正式公布之後，不曉得同光教會和台灣基督長老教會的關係將會如何？

我不禁想到《士師記》11章29-40節，一個令人悲傷的故事：士師耶弗他和亞捫人爭戰之前，也許是出於信心不足，他向上帝許願，若是他能夠得勝回來，就要把第一位從他的家門出來迎接他的人，獻為人祭。這是怎樣的一種「上帝觀」！上帝並不喜愛祭祀，而是喜愛公義的行為與憐憫的心。以色列的上帝並不像迦南地其他的神明要求人祭，在亞伯拉罕與以撒的故事裡，我們看到上帝嚴正地說：「不可下手害那個孩子！」

我們看到耶弗他雖然向上帝祈禱，但是他的宗教心卻是深受那些要求人祭、以流血犧牲來換取上帝的悲憫的信仰文化所影響。他沒有真的傾聽上帝要什麼。在《士師記》裡，上帝對耶弗他的許願，保持沉默。耶弗他照著他自己的宗教心，決定他要做的犧牲。結果，當他得勝歸來，第一位跑出來迎接他的，竟是他所疼愛的女兒（其實應該料得到啊！）

照他對上帝所許的願，他必須把最愛的女兒獻為燒祭，就像亞伯拉罕準

備奉獻以撒一樣。他難過地講了許多自憐的話，他的女兒卻安靜地開導父親，要遵照他自己先前所許的願來做。

面對即將來臨的死亡，這位女孩為自己爭取最後的一點生命的空間，她設計了一個儀式，邀請「同伴」們，一起到山裡去住兩個月，好好哀哭她「終為處女」的狀態。這個儀式，在她死後，變成紀念她的儀式：「此後以色列中有個規矩，每年以色列的女子去為基列人耶弗他的女兒哀哭四天。」（士11:40）

被恐懼與權力鬥爭所困的教會，多麼像耶弗他。雖然上帝已經揀選、也必同在，但是教會定睛所看的，卻不是上帝的豐富與能力，而是「敵人」的強大。把這個世界的進步視為「敵人」的教會，很難避免被恐懼與焦慮遮蔽了仰望上帝的視線。它會被自己想像出來的上帝所驚嚇，被自己出於恐懼所許的願所困住。

以天真純樸的愛，奔向教會的懷抱的同志基督徒，又有多麼像耶弗他的女兒。原本興奮地要歡慶「教會的勝利」，卻變成教會恐懼之下的祭品，被犧牲，還要被埋怨，被責備。如同耶弗他竟認為過錯都在這毫無心機的女孩身上，教會對所受的一切挫折與困頓，沒有自省，而將責任推到原本跟教會面對的爭戰毫無關連的人身上。

耶弗他的女兒終為處女，而這是值得好好哀哭的事。不只是在她生前最後兩個月，她的同伴陪伴著她哀哭，以後每年，以色列的女子都要為她哀哭四天。一個沒有好好的愛過，就被硬生生地犧牲掉的生命，需要許多許多的哀哭來紀念。她的「順服」與她的悲痛是一樣沈重的。

這個女兒，就像同志基督徒，在遊行的隊伍裡揹著白色的十字架，十字架上釘滿自己過去因為這個獨特的身分所承受的一切侮辱、傷害與苦痛。同志基督徒把自己傷痛的十字架，撐在上帝與憤怒的人群之間，試著搭起橋來。但是憤怒與暴力的巨流，很可能會把這一點點真純的力量捲走、壓碎，變成犧牲品。但是在這個過程裡，還是有一群人，會繼續唱著他們人

生的歌曲，陪伴這條犧牲的路。

耶弗他的女兒所認識的上帝，和她那驚慌恐懼、自憐自艾的父親眼中的上帝，有很大的差異。就像耶穌基督因為對天父深刻的愛的了解、對復活的盼望的確信而願承受十字架之死，耶弗他的女兒把自己交付在一個「拒絕人祭」的上帝手裡，走過死亡，成為在紛亂與爭鬥的時代裡，一個純真的盼望印記。在一個只剩宗教規則、沒有上帝的時代，她單純的信心，仍在見證一個「生命的主宰」的上帝。

她的世界，和那些前來爭取土地的「亞捫人」也大不相同。她不為自己爭取生存的空間，她不參與戰鬥，也不反抗，死亡卻偏偏臨到這樣一個無辜者。她所能做的，就是在她的上帝所賜予的力量與智慧裡，為自己爭取「哀哭的權利」，用力地，在同伴的圍繞下，為自己還未綻放的生命哀哭。

「哀慟的人有福了，因為他們必得安慰。」（太5:4）耶穌用祂的生命告訴我們這「得安慰」的福份。

在目前的台灣教會的局勢裡，很多時候，我們有很深的無力感。我們沒有能力阻止像耶弗他一樣的宗教領袖一再誤解上帝，我們沒有辦法阻止在許多基督教團體裡，執意只看見「敵人」、「毀滅」與「墮落」，卻看不見上帝美善救恩的情況。我們甚至也沒有能力去阻止無意義的犧牲。

也許在這個階段，在整個台灣教會瘋狂地向右轉的時候，我們能做的，只是「陪伴」。也許我們的力量會放在「一起哀哭」，一起背十字架，就像在雨中點亮「微光」的那個晚上。但是我們也深信，創始成終的上帝，會在祂所預備的時刻，讓我們認出祂的恩惠與慈愛，體會到祂所賜的生命，與祂真實地面對面。到那時，教會也許會放下恐懼，擁抱那奔向教會的熱情兒女。

第47章
超越同性戀的同志神學
——給同光教會與所有同志基督徒

◎歐陽文風牧師／博士

（紐約都會社區教會牧師）

1996年，同光同志長老教會在台北成立。那一年，我在馬來西亞的吉隆坡與異性結婚。

曾經，我是如此自責自卑於自己的性取向，以為罪大惡極，以為是駭人的祕密，結果自欺欺人。在同光一群弟兄姐妹走出來堅持信仰肯定自己時，我反同反自己，那時我不知道，其實我也在反那創造我的上帝。

2002年，我在紐約。那一年，我終於出櫃。2005年，我和我前妻結束了我們9年的異性婚姻。2006年，我在馬來西亞公開走出來承認自己的性取向。社會議論紛紛，教會紛紛擾擾，我家鄉的教會不少人白眼冷語。

1996年我偽裝異性戀者與反同教會站在一起，20年後的今天，我是亞洲第一位也是唯一一位擁有神學博士學位公開性向的同志牧師。我與我的教會，還有許許多多的弟兄姐妹對立。

這20年是怎麼走過的，我自己也不知道。不敢說歷盡悲歡，但至少這些年來，走過的路有些崎嶇有些曲折，有時險巇，但還是走過了。1996年和以前的事，現在感覺格外陌生，可也特別熟悉，好像隨時隨地都會感受到當時心裡的茫然，空氣中的忐忑不安，有家難歸。20年了，時間就是如此，滑溜過去，沒有半點澀滯。

同光教會20歲了。

這20年來，國際社會對同性戀的態度幾乎有翻天覆地的改變。20年前，沒有一個國家承認同性婚姻。但如今全球有21個國家承認同性婚姻。這不包括澳洲與墨西哥，因為這2個國家還未全面承認。但，這不過是時間問題。至於在基督教界，2003年美國聖公會選出第一位公開性向的同志主教吉恩‧羅賓遜（Gene Robinson）。這事件引起國際轟動，在全球基督教界猶如一顆引爆的原子彈，一批保守派離開美國聖公會。7年後，聖公會再次選出另一名公開性向的同志主教瑪利亞‧格拉斯普爾（Mary Glasspool）；2012年，美國聖公會又投票通過允許牧師可祝福同性婚姻。如今，美國許多宗派反同與支持同志的力量可謂勢均力敵，甚至在一些宗教與教會，支持者已略占上風。

教會在同性戀議題上的改變幾乎已是一個難以避免的趨勢，甚至連最保守的天主教會也不得不改變。在2013年新上任不久的教宗方濟各在在拜訪巴西離開前對媒體說「我是誰，憑什麼論斷同性戀者？」引起國際社會嘩然。不要忘了，依據天主教會的官方立場，同性戀不只錯誤與罪惡，而且還是屬於本質上的邪惡（intrinsically evil）；方濟各教宗之前的本篤教宗甚至強調，同性戀者不能被按立為神父，縱使他宣布獨身，沒有任何性行為也不行。明乎此，無怪乎當方濟各教宗在2013年說他沒有資格論斷同性戀者時，引起國際媒體廣泛的關注與報導。如果他不是教宗而只不過是一般神父，這種公開言論，恐怕不是被教廷噤聲就是被開除神職，就如美國耶穌會的神父 John J. McNeill 的下場一樣。

2015年六月初，美國著名福音派牧師 Tony Compolo 公開呼籲教會全面接納同性戀者，在美國福音派同樣引起極大反響。這位浸信會牧師過去反同，曾經大力反對政府承認同性婚姻，但如今改變立場，並公開呼籲反同基督教改變立場。

至於在極保守，特別排外的中國，2009年只有在上海有一個同志基督徒團契，聚會大概一年，後來無疾而終。同年我到北京，在同志中心演講，鼓勵前來赴會的同志基督徒成立同志基督徒團契。後來我每年都去中國大陸各大城市巡演，都在做這件事。如今在全中國至少有10個城市有11個同志基督徒團契。

2012年，我在香港和一群牧師召開記者招待會，發表文告公開宣揚同性戀不是罪，恐同反同才是。這在全球華人教會，恐怕也是第一次。至於台灣的同運，我就不必多說了。台灣的年度同志遊行，是全亞洲最大的同志遊行，越來越多人每年聞風而至，參與盛會。台灣同運目前在立法院所爭的不只是同性婚姻，也是多元家庭。這種對家庭突破性的觀念，其實領先許多國家。歐美許多國家的人權與同運分子，其實非常關注台灣在這方面的發展。

這一切的改變，過去聞所未聞，甚至許多人連想都不敢想。可是這一切就發生在這20年間，或更精確地說，在這10年發生，一而再，接二連三。就在我們眼前發生，我們當中有許多人不只是見證人，也是參與者。

20年的改變不可謂不驚天動地。但這恐怕也絕對不是突發的，紐約石牆起義發生在1969年，全球最大的同志教會，同時也是最大的同運組織MCC教會創建於1968年；最近10年、20年的改變，其實是至少50年前社會運動努力的結果，而社運又往往從個別的人很久以前首先開始。

做為一名牧者與神學工作者，而且還是同性戀者，我想藉同光教會慶祝二十周年的這盛事，提出兩點以供大家做神學省思。

第一，反同教會與基督徒的問題與錯誤，絕對不只限於對同性戀的認知。他們的根本問題不是排斥同性戀者，甚至不是錯誤詮釋那7段反同經文，這些其實都是表相，是問題的徵兆，不是問題的根本。他們更根本的問題是對整本《聖經》的理解與詮釋出了差錯。

首先，以為全本《聖經》一字一句神啟，內容沒有矛盾沒有出入絕對和諧的「聖經無誤論」根本就是一個錯誤的理論，與事實不符。但遺憾的是，這卻是許多基督徒的信仰原則，包括許多同志基督徒。

很多保守基督徒堅持我們必須絕對遵從《聖經》，一字一句必須死跟到底，這亦是反同基督徒的邏輯，他們完全無視每個宗教與宗教創建的時代有關，在許多方面均脫離不了歷史與時代的局限。因此宗教必須與時俱進，不能死跟盲從，否則就淪為阻止文明進步的絆腳石！遺憾的是，這種話是迷信的信徒完全聽不進耳的，然後不斷強調神的律法永不改變。真的永不改變？我舉一例，《利未記》25:44-47說得很清楚：

「至於你的奴僕、婢女，可以從你四圍的國中買，並且那寄居在你們中間的外人和他們的家屬，在你們地上所生的，你們也可從其中買入他們要作你們的產業，你們要將他們遺留給你們的子孫為產業，要永遠從他們中間揀出奴僕……」這段話按《利未記》所言，是耶和華上帝的命令！

可是現在有多少基督徒敢說奴隸制沒問題？我們應恢復奴隸制，因這是上帝的命令？難怪過去教會與許許多多基督徒就是以此經文合理化奴隸制並反對廢奴，而且咒罵那些主張廢奴的基督徒不是真基督徒。

許多同志基督徒與開明的基督徒，其實和反同基督徒對《聖經》的理解大同小異，不同的僅是他們對那7段經文的解釋而已。這種對《聖經》錯誤的認知沒有被批判，教會永遠有絕佳機會犯錯。從以《聖經》逼害科學家到支持奴隸制，而嚴禁廢奴，到排斥同性戀，有一天教會的反同恐同文化也會走入歷史，就如過去的錯誤一樣，但我們還會繼續以《聖經》反對其他的事、逼害其他的人，就如過去現在一樣。因為最根本的問題沒變，最根本的錯誤沒有被糾正。

因此，教會或同志教會和同志神學應該關心的不只是如何詮釋那7段反同經文，而是如何閱讀與詮釋整本《聖經》。由宗教所遺傳的文化偏見，最頑強蠻橫，其理由是因其有神聖的宗教經典背書；大凡偏見一旦躲在宗教神聖的經典之內，再髒再臭再蠢，都被聖化，以為有理。這也說明為何毆打同性戀的暴力行為（gay bashing）在西方與宗教保守國家特多。

挑戰傳統宗教的偏見困難，挑戰更根本對聖經的認知更難，但對我而言，卻是顛覆異性戀霸權最重要與直接方法。我們絕對不能只滿足於批判保守傳統反同教會對同性戀的認知與解經，不能僅僅停留於探討教會反對同性戀所引述的7處經文是否能建立起反對同志的神學基礎。我們當做的是，對整本聖經的總體思考，認識對聖經的閱讀與詮釋活動，往往不過反映與體現一種權力意識，而所有的詮釋均有其局限與不足。我們必須認知《聖經》神啟，但到底還是人言。這是第一點。

第二，所有的閱讀都是一種詮釋。傳統基要主義以為他們獨特的視野融合已經揭示了《聖經》的真理，甚至以為他們的詮釋不是詮釋，而是《聖經》的真實意義，這無疑是一種非常狂傲的態度。這亦是為什麼在2004年我在馬來西亞與一傳道人辯論同志課題時，他對我消解傳統教會解釋有

關反對同性戀經文的反同性戀立場的合法性，完全措手不及，不知如何回應。他從來沒有想過這7段經文可能有另一種詮釋，而且比他所相信的詮釋更合理，以致他無從反駁。不過，平心而論，我亦非強調我對《聖經》的詮釋是絕對的。我只是旨在闡述傳統的詮釋不只不是絕對，且充滿偏見，以此建立反同性戀立場，是完全站不住腳的；如果再想蠻橫地壟斷釋經權，就更加無理。我要揭示的是，對《聖經》的這種詮釋方式與同志神學不僅不會動搖基督教的信仰，反而會通過正視現代社會與古代世界的世界觀和詮釋法之間的衝突，突顯《聖經》的精神，最終維繫基督信仰在現今社會的有效性。

同志神學不能只是對《聖經》文本詮釋的「理論」，同志神學必須是有關理論的生命實踐與見證。同志做為社會的邊緣人，向來總是處於被論述與評論的地位。主流對同志的敘述難免虛無而片斷，導致世人對同志的偏見更深，令同志更不敢現身為自己伸冤或破除種種對同志不利與不確實的迷思。同志神學就是為挑戰主流社會與傳統基督教會對同志論述的壟斷而產生的。這就是我想提出的第二點。

同志基督徒或對同志友好的基督徒不能只是停留在批判導致我們成為受害人的反同教導這層面。我們必須深刻認識，社會對同性戀的理解，往往由異性戀者所操縱。

許多反同基督徒眼中的同性戀不外乎「縱欲」、「濫交」、「墮落」，不少宗教界人士對同性戀沒有研究，就粗糙地索性將同性戀與變童、亂倫及種種性偏差行為混為一談或等同視之，把對同志的偏見「讀進」宗教經典，再以宗教經典合理化有關偏見，就如同當年以《聖經》支持奴隸制，反對種族隔離政策一般。這種對同性戀偏見寄生性的複製，肆意地掩蓋與扭曲同性戀的形象。異性戀霸權製造了他們自己以為的「同性戀」，他們所了解的不過是他們所創造的，與真實的同性戀幾乎相差十萬八千里。「異性戀霸權」不等於「異性戀就是霸權」，而異性戀霸權種種對同志的

評論與敘述，不過是權力、支配和一套程度多變的複雜霸體，把自身定義為唯一與絕對的愛戀標準，把同志視為對絕對標準的侵害與褻瀆。

這種霸權產生了對同性戀想像性的檢視，創造了一種凌駕於同志生命之上的知識權威，並且完全不讓同志有自我辯解澄清的機會；在過去，同志只不過淪為被論述與被批判的對像，完全沒有發言權。但問題是，有多少同志基督徒，一旦換轉了課題，我們同樣利用反同者的邏輯與方法去批判其它的「他者」，包括所謂的「濫交者」，還有非基督徒與異教徒？！

同志運動和同志神學最需要從事的，其實是挑戰這種對「真理」與「道德」敘述的壟斷。換句話說，就是讓社會大眾聽他者怎麼說自己，不論這他者是誰，而不是讓霸權壟斷話語創造「他者」。

換言之，我們要思考的另一個重要與關鍵問題是我們的真理觀或「神」學（theology of God）。反同基督徒之所以蠻橫霸道，因為他們相信的神是霸道的，不必講理，凡事神說了算。反同的神學的神不是愛也沒有愛；如果神是善良公義信實與慈愛，怎麼可能霸道，怎麼可能不講理，怎麼可能說同性戀而不給予合理的理由？如果連人都懂得應諄諄善誘，慈愛公義的神可能說「不可以就不可以，不要多問，我也不必多說」？！由是觀之，反同神學的問題豈只在反同，而是更根本的「神」學！

同志神學不能只停留在同性戀的議題。同志應包括所有志同道合，有志一同追求公義的人。因此同志包括了所有的性小眾，但也不應只局限於與性和性別有關的事。我認為，這是漢語同志神學有別於西方，尤其是英語酷兒神學（queer theology）的其中一點，雖然同志神學確實也從酷兒神學汲取思想理論的養分。另一點的不同，限於篇幅，本文不談，但我想在此稍加觸及，就是漢語文化對同志神學的神觀（theology of God）可以為基督教神學帶來突破性的貢獻，這亦是我多年前博士論文的主旨。換言之，除了擴張與豐富「同志」的定義，同志神學對傳統教會神學的批判焦點必須在「神」學而非同志。

總而言之，我們的神學不只是對主流異性戀霸權壟斷對同性戀的論述的一種挑戰和反叛，而是對所有權勢權力的批判，拒絕讓任何戀霸權蠻橫地控制與操縱有關他者的知識。同志神學永遠是未竟的事業，我們的任務是對任何主流與權勢的質疑，以及在有必要時的反叛。接納同志不是同志教會與同志神學的終極目標，就如處理那7段反同經文不應是我們的終極方法一樣。

最後，我想再提一點。

談到同光教會，就難免想起創辦人楊雅惠牧師。我這時又忍不住在想，如果楊牧師還在，目睹這20年來的改變，她應該會很高興。如果她還是這場同志基督徒運動的主將，該有多好？2008年5月，楊牧師的神學與對同性戀的立場不容於主流教會，在外人難以想像的壓力之下，她選擇結束自己的生命。她離開的消息傳開後，台灣有不少讀者，有些還不是基督徒，電郵我告訴我此事；然後說了一句：歐陽牧師，保重，你不能也這樣離開。

那時我在馬來西亞公開出櫃不久，也是馬來西亞第一位公開性向的同志牧師，剛和彭偉業牧師（當時為傳道），在吉隆坡開創了第一間接納同性戀者的教會。我明白他們的意思與關心，他們大概認為我在做楊牧師當年做的事，而且做得比她更絕，還承認自己的同性戀性取向。我不認識楊牧師，她在開創同光時，我還在反同。她走的時候，我才走出來不久，可是我已久聞她大名，心裡異常難過。其實到今天，每次聽到她名字或提到她，我的心還是隱隱作痛。她離開的消息傳到我這裡的時候，我只有一個感觸，我心裡只有這念頭：「我們原來對彼此都不夠好，我們竟然讓她孤單受苦，以至選擇離開這孤獨的世界。」到今天，我還是這樣想，我們對彼此還不夠好。

很多時候我們從事運動的，當我們在與教會的反同基督徒和社會的恐同文化對抗時，我們不知不覺失了起初的愛心，戰場刀光劍影，灰飛煙滅，我們殺氣騰騰。我們有時忘了，無論是社會運動，還是教會的改革

運動，最重要的不是我們的運動和改革議程，而是教會與社會裡的每一個人，而是因為愛！愛是我們的初衷。在同運與同志教會裡，我見過太多連同志也為難同志的例子。我們的心其實十分狹隘，我們的目光非常短淺，我們對彼此還不夠好，就如我們埋怨教會社會對我們不夠好一樣。我們執著於教義的對錯和正統與否，而忘了生命正在受苦。

　　不要忘了：唯有不忘初衷，方得始終。謹以此與大家共勉。

第48章
奇異（酷兒）信任
Trust Is A Queer Thing

◎南西・葳爾森牧師／博士（Rev. Dr. Nancy Wilson）

（美國都會社區教會主席〔Moderator, Metropolitan Community Churches, USA〕）

「信任」是都會社區教會（Metropolitan Community Church, MCC）之所以能成為一個宗派及一項運動的關鍵，也是在世界各地性少數與弱勢社群（包含各地的LGBT獨立教會）當中綻放出豐富信仰與宗教運動的關鍵。像MCC這樣的運動要成功，需要很多因素配合，但我很肯定「信任」與「值得信任的領導」是關鍵中的關鍵。

Trust is the key to the success of Metropolitan Community Churches (MCC) as a denomination and a movement. It is also the key to understanding the wider phenomenon of faith and religious movements growing out of LGBT liberation and human rights communities globally, including independent LGBT Christian Churches. There is so much that movements like MCC need in order to succeed, and I am convinced that trust and trustworthy leadership is not just a key, but the key.

對上帝的信任是基督信仰及《聖經》的基礎。猶太教與伊斯蘭教也將對造物主的信任視為理想中的人神關係；此等理想中的信任也適用於人與人之間的關係。罪與不公義也可以理解為被破壞的信任。要修復宇宙與人類的破碎，就必須透過重拾並更新這份信任。如果上帝值得我們信任，那麼我們仿效神性的最佳方式就是讓自己也成為值得信任。真正的愛根植於信任。對基督徒來說，上帝想要拯救世人的心藉著耶穌道成肉身，正是我們在這個心靈、身體、精神與社群容易受傷的世界中，託付信任的所在。

Trust in God is a fundamental Christian belief and Biblical concept. Judaism and Islam also view trust in the Creator of the Universe as the ideal of human/divine relationship. That ideal of trust then also extends to relationships between and among human beings. Broken trust is one way of understanding the concepts of sin and injustice. The repair of the Universe, of all human brokenness, happens through the restoration and renewal of trust. If God is trustworthy, then our best way of imitating that Divine nature is to become trustworthy. For love to be true, it needs to be rooted in trust. For Christians, Jesus' incarnation of the redemptive heart of God is our locus of trust in a world that so often breaks hearts, bodies, minds and communities.

人們對於信任這樣一個尋常概念有很多假設,不論信任的對象是上帝、自己、鄰人、現實、或世界。何為信任、信任在人類生命的角色(包括在企業、公領域、私領域與宗教),都有許多迷思或誤解。[1] 信任必須放在神學、組織、社會與心理的基底上來思考。它既是過程也是結果,既是奧秘卻也容易理解教導。

Trust is a familiar concept about which people make a lot of assumptions, whether about trust in God, self, neighbor, reality, or the world. There are myths and misconceptions about what trust is, and its role in human life, including the corporate, public, private, and religious dimensions.[1] Trust must be considered in a theological, organizational, sociological and psychological matrix. It must be understood as a process and a product; as both a mystery and as something quite understandable and teachable.

在這個後現代的二十一世紀,值得信任是領導的必要條件。一位從商業顧問轉職的倫理學家表示:「信任不是一種情緒,而是情緒會在其中發生的架構。……沒有信任就沒有合作、沒有社群、沒有商業、沒有對話。……信任不是一個溫暖模糊的感覺……而是一種力量,讓人相互理解與結盟的前提。」[2] 維護世界和平、解決迫切的全球議題都需要信任。現今,不過就是這幾年而已,人們信任新聞頭條;但也誤信了銀行、財務機

---

1 Stephen M. R. Covey, *The Speed of Trust: The One Thing That Changes Everything* (New York: Free Press, 2006), 25. This is an excellent chart of myths and truths about trust.

2 Robert C. Solomon, "Ethical Leadership, Emotions and Trust: Beyond 'Charisma,'" in *Ethics, the Heart of Leadership, Second Ed.* (Joanne B. Ciulla, ed.) (Westport, Conn: Praeger, 1998), 95.

構、政治人物、宗教領袖與宗教組織。

Trustworthiness is essential to leadership in the post-modern, twenty-first century world. According to one business consultant turned ethicist, "Trust is not an emotion, rather, trust is the framework within which emotions appear...Without trust there can be no cooperation, no community, no commerce, no conversation. ...(Trust is not a) warm fuzzy feeling...it is a strength, a precondition of any alliance or mutual understanding."[2] Trust is necessary for peacemaking, and for solving pressing global problems. Today, even more than a few years ago, trust is in the headlines. Or, rather, *mistrust* in banks, financial institutions, politicians, religious leaders and organizations.

羅馬天主教會高層對於神父性侵害醜聞的處理,是一個信任被破壞的鮮明例子。到處都有天主教會的兒童遭到性侵害的醜聞,已經夠駭人聽聞,但天主教會高層試圖掩蓋醜聞的暗黑手段,更惡化了天主教會信徒的不信任。教會高層面對於受害者的漠不關心、將問題誤導歸咎於同性戀神父,都只是雪上加霜。這樣的事件暴露出在信任、信用與責任上的領導危機。這不只是羅馬天主教會的問題,而是顯示出整個教會界在領導與信任上必須有所改變。耶穌基督的教會的領導,自稱認同「眾人中最小的」,卻背叛了耶穌。遠離教會宗派權力中心的人感受格外明顯。這對處在信仰運動邊緣位置的我們是個警訊,我們必須弄清楚是什麼腐化、危害了我們對親手打造的組織的信任。

One of the clearest examples of the problem of trust is the Roman Catholic Church's hierarchy's mishandling of the priest sexual abuse scandal. The revelations of widespread sexual abuse of children in the care of the Catholic Church were horrific enough, but the disgraceful role the Catholic hierarchy played in covering up and minimizing the scandal, magnified the mistrust of Catholic laity. The hierarchy's insensitivity to the victims, and wrongly blaming homosexual priests, has only magnified the problem. This is a story of a crisis of trust, credibility, and accountability of leadership. This is not a uniquely Roman Catholic problem, but is illustrative of so much of what is wrong with the church, leadership and trust, and a sign of the need for change. The leadership of the church of Jesus Christ, who identified with "the least of these," has betrayed that same Jesus. This is most obvious to those farthest from the center of power in the institutional church. This is a warning to those of us in more marginal faith movements, to understand what it is that corrupts, what endangers trustworthiness in the organizations we build.

一、MCC 的使命（Metropolitan Community Church's Mission）

MCC有幸被上帝賦予的使命是參與「拆毀高牆、建造希望」。[3] 這使命需要創造與重建信任。MCC是為了酷兒們及所有曾遭遇背叛與信任破碎的人而存在的運動，要促成對上帝、自我、社群的（重）新信任。

Metropolitan Community Church's "missio dei," the mission of God that MCC is privileged to participate in, is to "tear down walls and build up hope."[3] That mission requires creation and restoration of trust. MCC is a movement that facilitates new or renewed trust in God, self and a wider community, for queer people and all people who have experienced betrayal and broken trust.

酷兒們、我們的家人、朋友與盟友都曾因家庭、教會與文化而心碎且信任破碎。我們的身體、性、關係與自我認同都被殖民、污名、定罪、迫害、排斥。許多酷兒朋友為了生存而內化了壓迫者的語言與架構。我們跟

---

3 For MCC's mission statement, and core values see www.mccchurch.org

其他少數族裔一樣，為了在多重文化中生存而養成雙重意識，其中一個意識會宰制、壓迫另一個意識。[4]

Queer people, our families, friends and allies, have had hearts and trust broken by family, church and the wider culture. Our bodies, sexuality, relationships and identities have been colonized, stigmatized, outlawed, persecuted and excluded. Most queer people internalize the language and framework of the oppressor just to survive. We have a kind of doubled-consciousness[4] similar to that which racial minorities acquire in order to live in two or more cultures, one of which dominates and oppresses the other.

酷兒孩童從小就學會不要信任別人。我們被教導不要信任我們的感覺；我們的情欲與衝動是不正常或邪惡的。因為我們的性身分往往與周遭家人不同，於是我們學會在自己的家裡掩蓋自己的不同。我們被鼓勵說謊。我們被教導不能信任上帝會愛我們或接納我們；尤其不能信任我們從小到大的宗教社群。

Queer children learn from an early age not to trust. We are taught that our feelings are not to be trusted; our erotic desires and impulses are abnormal or evil. Because our sexuality may often be different from the sexuality of our immediate family members, we learn to suppress our differences in our own homes. We are encouraged to lie. We are taught that we cannot trust God to love us or accept us; and that we cannot trust the religious communities we grew up in as young people.

歷史上，各種文化中的酷兒人們都必須說謊，被迫在「高風險行為」或

4　W. E. B. DuBois, the classic book, *The Souls of Black Folk: essays and sketches* (Chicago: A. C. McClurg Co.), 190, developed the theory of "double-consciousness" in African Americans, who had to internalize the consciousness of the white world as well as of the African American world to survive.

者「生活在恐怖孤立與壓抑欲望」二者之間做出選擇。在超過43年的牧者生涯裡，我曾經服事過的LGBT，有些從來不敢有性生活或任何親密友誼；有些則終其一生像無聲的奴隸般與父母同住。我服事過因為承認或被認為是同性戀而遭受腦葉切除、電擊治療、被捕入獄、精神病院監禁的人們。在 MCC，我服事過因為從小被認為是酷兒而長期遭到罷凌、毆打、攻擊的人們。

Queer people, historically, and in many cultures, have had to lie and choose between high risk behavior or living in terrible isolation and suppression of desires. Through more than forty three years of pastoral ministry, I have ministered with LGBT people who felt they could never risk having sex or any intimate friendships; and people who lived with their parents their whole lives, in a kind of feudal system of servitude and silence. I pastored people who suffered lobotomies, electric shock therapy; who were arrested, imprisoned, and incarcerated in mental hospitals, for thinking they were gay, or being thought to be queer. In MCC, I ministered to people who were bullied, beaten, and attacked, sometimes for years, for being thought to be queer as children.

還記得初到 MCC 時，我認識一對同居超過四十年的伴侶，從來不敢告訴任何人他們是同志。我曾為一位女性法官與其伴侶舉行伴侶祝福儀式，但她們卻不敢讓我知道她們的姓氏。我聽過年輕人自焚、開車撞樹、從橋上跳下或用其他方式自殺的事情，只因他們無法信任任何人，尤其是上帝。

When I first came to MCC, I met a same-sex couple who lived their whole lives together, for more than forty years, never before daring to tell someone they were gay. I did a holy union for a woman judge and her partner who could not risk telling me their last names. I have heard the stories of young people who have set themselves on fire, plowed their cars into trees, jumped off bridges, or commit suicide other ways because they could trust no one, least of all God.

就在此時，全球上各角落的酷兒社群都在爭取公民權、政治自由與被當成人看待的尊嚴。他們渴望一個心靈的家，在那裡他們可以信任。他們目睹西方國家、台灣台北或巴西聖保羅舉辦的同志大遊行。他們上網查詢「耶穌會歧視人嗎？」的宣傳。他們開始相信他們值得擁有自由與安全的空間。[5]

Meanwhile, all over the globe, today, communities of queer people strive for human and civil rights, political freedom, and respect as human beings. They long for a place, a spiritual home, to be able to trust. They see pride parades in the West, in Taipei, Taiwan or Sao Palo, Brazil. They check out a "Would Jesus Discriminate?"[5] campaign on the internet. They start to believe that they deserve freedom and safe space.

2005年12月，我坐在一間餐廳裡，用四小時的時間聽一位年輕的牙買加同志運動者述說，在他的國家裡那些致命的恐同暴力恐怖故事。他的室友與最好的朋友，還有數十個朋友與熟人最近被謀殺了。當我問他有什麼需要時（政治庇護，募款給他的脆弱的同志運動組織，政治或道德支持），他回答說「我們需要一個靈性社群。」這個成熟的年輕人看見，為了在這個長久的征戰中存活下來，他的人們需要有希望。

In December of 2005, I sat in a restaurant listening for four hours to a young Jamaican gay activist tell of the horror stories of lethal homophobic violence in his country. His roommate and best friend had been murdered recently, along with dozens of friends and acquaintances. When I asked him what he needed most (asylum, funds for his very vulnerable gay rights organization, political or moral

---

5   *Would Jesus Discriminate?* is a public information campaign produced locally, and also operates virally on the internet, sponsored by Metropolitan Community Churches, www. wouldjesusdiscriminate.com

support), he replied, "We need a spiritual community." This young man had the maturity to know that in order to survive and thrive in this long struggle, his people needed to have hope.

在美國早期的同志平權運動時期，當安妮塔布萊恩飆罵同志朋友時、當哈維米克被謀殺時，我們會在各大小城市的擁擠同志酒吧中站成圓圈，唱著「團結則存，分裂則亡。如果我們背要靠在牆上，我們將在一起，你和我一起⋯⋯」。[6] 而在任何女同志聚集的地方都可以聽到梅格克里斯欽唱著「對我而言，回家的路就是我歸向你的路⋯⋯」。[7]

In the early years in the gay rights movement in the United States, when Anita Bryant was raging, when Harvey Milk was murdered, we would stand in circles in tacky gay bars in large and small cities, singing, "United we stand, divided we fall, and if our backs should ever be against a wall, we'll be together, together you and I..."[6] Lesbians gathered anywhere we could to hear Meg Christian singing, "The way back home to me was the road I took to you..."[7]

我們坐在一起看了無數的扮裝秀，若不是朱蒂嘉蘭的〈越過彩虹〉，就是《西城故事》音樂劇中的〈某個地方〉最能表達我們的期盼：

We sat through endless drag shows, then, when it was not necessarily Judy Garland's "Over the Rainbow," but, "Somewhere," from the musical "West Side Story," that expressed our longing:

有個屬於我們的地方，在某個屬於我們的地方，

那裡有和平、安靜和自在的空氣，

---

6 Dudley Clendine and Adam Nagourney, *Out For Good: The Struggle to Build a Gay Rights Movement in America* (New York: Simon and Schuster, 1999), 187.

7 Meg Christian, "The Road I Took to You," from album, *The Best of Meg Christian*, Olivia Records.

那個地方在等待我們……

某日，某地，我們會找到新的方式過日子，

我們也會有辦法原諒，

就在某個地方……[8]

There's a place for us, somewhere a place for us,

Peace and quiet and open air,

Wait for us, somewhere...

Someday, somewhere, we'll find a new way of living,

We'll find a way of forgiving,

Somewhere...[8]

在我們民權運動的早期及 MCC 草創時期，我們有機會選擇，而我們也把握了這機會。我們「選擇」去信任——上帝、彼此、自己、宇宙道德的邊界——好讓我們挪去那猶如大山壓迫著我們的仇恨、偏見、忽視。[9] 有一首我們常常在 MCC 唱的歌反映我們的信任旅程：

In the earliest days of our civil rights movement, and the beginnings of MCC, we had a choice, and we made it. We chose to trust – in God, in each other, in ourselves, in the "moral arc of the universe"[9]– in order to move the mountains of hate, prejudice and ignorance that oppressed us. One of the songs we have sung so often in MCC reflects that journey of trust:

我將改變你的名；

8　Leonard Bernstein, "Somewhere," from "*West Side Story*," 1957.

9　Many attribute this to M. L. King, Jr, but he was quoting abolitionist Theodore Parker, c. 1850's, as quoted in the dedication page of Kevin Boyle's *Arc of Justice: A Saga of Race, Civil Rights and Murder in The Jazz Age*, New York, Henry Holt and Company, 2004.

你不再被稱為是

受傷的、被棄的、

孤獨的或害怕的。

我將改變你的名，

你的新名字將是

自信、喜樂、

得勝者；

有信仰的、上帝的朋友，

那尋求我面的。[10]

I will change your name;

You shall no longer be called

Wounded, outcast,

Lonely or afraid.

I will change your name,

Your new name shall be

Confidence, Joyfulness,

Overcoming One;

Faithfulness, friend of God,

One who seeks my face![10]

　　MCC 是一個存在並活躍了47年的 LGBT 平權運動組織。我們也失敗過。我透過「信任」與「值得被信任」來理解成功與失敗。如同所有人的組織，我們並非總是言行一致，我們也付出代價。

10　D. J Butler, "I Will Change Your Name," Mercy Publishing, October 1987.

MCC is one of the institutions in the LGBT movement for civil rights that has survived and thrived for over forty seven years. We have also failed. I want to understand the success and the failure, in terms of trust and trustworthiness. As with any human institution, our reality does not always match our rhetoric, and there are consequences.

現今，世界各地都需要 MCC 與類似 MCC 的教會及運動。我們是後殖民與後宗派的宗派。MCC 本身既是運動也是組織。我們正在嘗試運用逐漸興起的酷兒神學與實踐的「想像的力量」。[11] 在我們努力拆毀仇恨與壓迫的高牆時，在我們申明公義、尊重、人權與靈性社群的呼求終將被聽見並回應時，我們必須值得被信任。

Today, MCC, and churches and movements like MCC, are needed all over the globe. We are a post-colonial and post-denominational denomination. MCC itself is as much a movement as we are an institution. We are attempting to harness the "imaginative power" of emerging Queer theology and practice.[11] We must be trustworthy as we attempt to tear down walls of hatred and oppression; and as we give reason for hope that cries for justice, respect, human rights, and spiritual community will be heard and answered.

二、MCC 的脈絡（Context of Metropolitan Community Churches）

我們的故事始於特洛依‧斐利牧師。在經過長時間的靈魂尋求與出櫃歷程後，1986年10月6日，就在紐約石牆起義前夕，他在加州杭丁頓公園的自家客廳舉行了第一場 MCC 的禮拜，有十二個人在場，收到3.12美元的奉獻。

---

11 Mark Jordan, lecture on "Queer Incarnation" June 2008, Episcopal Divinity School.

Our story starts with the story of one person, Rev. Troy Perry. After a long period of soul-searching, and coming out, on October 6th, 1968, before the Stonewall Riots in New York, he held the first MCC service in his living room in Huntington Park, California, with twelve people and an offering of $3.12.

就在創立 MCC 的前一年，特洛依‧斐利向自己的五旬節派教會（上帝預言教會）出櫃。他失去妻子、兩個年幼小孩、工作與牧師資格。當時他一度嘗試自殺，但之後他展開一段靈性覺醒的過程，他做了一個有力量且奇妙的決定：「他要信任那個與創造者上帝連結的自己。」特洛依漸漸相信自己的同性戀傾向既不是罪也不是阻隔上帝或服事的障礙。

In the years just prior to founding MCC, Troy Perry came out to his Church of God of Prophecy (Pentecostal) overseer. He lost his wife, two young children, his job and his clergy credentials. At one point, he tried to kill himself, which began a process of spiritual awakening, in which he made a powerful, singular, amazing decision: to trust himself in relationship to God who had created him. Troy came to trust that his homosexuality was not a sin or a barrier to God or to ministry.

有一首經典教會詩歌變成大家最喜愛的詩歌，反映出這份熱情與感性：

One of the old songs of the church became an instant favorite, reflecting that passion and sensibility:

有福的確據，耶穌屬我！
我今得先嚐主榮耀喜樂！
為神的後嗣，救贖功成，
由聖靈重生，寶血洗淨。[12]

---

12 Fanny Crosby, "Blessed Assurance," *New Century Hymnal* (Cleveland, Ohio: Pilgrim Press, 1995), 473.

Blessed assurance, Jesus is mine!

Oh, what a foretaste of glory divine,

Heir of salvation, purchase of God,

Born of his spirit, washed in his blood[12]

1970年代早期，超過500個人在洛杉磯市中心一間租來的戲院裡唱著這首歌，他們來自不同背景、種族與階級。這些人從未想像他們會踏進教會。威利・史密斯（Willie Smith）牧師試著將這班烏合之眾組成一個像他還在基督復臨安息日會時的聖歌隊，他用誇張的方式高喊：「好了！皇后們，為耶穌站起來吧！」[13]

In the early 1970's, more than five hundred people would sing this song in a rented theater in downtown Los Angeles, people from every background, race and class. These were people who never imagined they would step foot in a church. Rev. Willie Smith, in his "camp"[13] way, trying to mold this rag tag group of people into a singing congregation, like the one he grew up in as a Seventh Day Adventist, and would shout out, "Alright, queens, on your feet for Jesus!"

這是我信息，或講或唱，

讚美我救主，心裡歡暢，

常談主慈愛，並頌主恩，

讚美我救主，晝夜不分。[14]

13　"Camp" is a queer term for exaggerated, dramatic gestures, affectations, impersonations. Willie often seemed to be impersonating "Sister" Aimee Semple MacPherson, a colorful Los Angeles religious antecedent who some think was either queer herself, or sheltered many in her church.

14　Crosby, 473.

This is my story, this is my song,

Praising my Savior, all the day long,

This is my story, this is my song,

Praising my Savior, all the day long.[14]

MCC 這數十年的牧養事工可以摘要為：「幫助人們學習信任自己、信任自己是誰、信任他們愛的人，以及幫助他們敢於再次信任上帝。」

Decades of pastoral ministry in MCC can be summarized as helping people to learn to trust themselves, who they are, and who they love; helping them to dare to trust God again.

我會警告那些加入 MCC 的人們，MCC 也會辜負信任。對許多人而言，信任是全有或全無的。當人們被家人、教會傷害得太深而遠離很久之後，當他們再次回到教會，有時會把教會美化及理想化。他們之前的教會傷害過他們，但他們以為 MCC 不會。人們看待 MCC 時應該更務實：它是個人的組織，有時比其他組織功能更強，但也會失敗並辜負人們的信任。我們可以（也必須）治療、學習、悔改、和解、原諒與修補。

MCC has also betrayed trust. When people join MCC, I warn them. For many people, trust is an "all or nothing" proposition. When people have been so hurt by families, and the church, and have been away a long time, and then return to the church, they sometimes romanticize and idealize it. They believe that if their previous church had hurt them, MCC would never do that! It is important for people come to a more realistic picture of MCC as a human organization that can be more functional sometimes than others, that can fail and also betray one's trust. Healing, learning, repentance, reconciliation, forgiveness and restoration are possible and necessary.

作為一個組織、一個運動，MCC有時做得到值得被信任，也有時做不

到。如果我們能從成功與失敗中學習，理解如何去創造、維持、修復信任，我們就能成為改變生命與歷史的教會。

MCC as an organization, as a movement, has, at times, succeeded, and at other times failed to be trustworthy. If we can learn from the successes and the failures, and understand how to create, sustain and restore trust, we can be the kind of church that can transform lives and history.

三、MCC 的簡史
（A Brief Summary of Metropolitan Community Church's History）

當我擔任 MCC 的主席後，我開始用三個階段來思索 MCC 的歷史：同志教會、愛滋的教會、以及人權教會。很重要的是，即使 MCC 的歷史只有短短四十多年，每個時期各有不同的「信任功課」。

When I became Moderator of Metropolitan Community Churches, I began to think about MCC's history in three phases: the gay church, the church with AIDS, and the Human Rights church. It is important to understand that even through MCC's history is only a brief forty years or so, there has been a different "task of trust" in each era.

（一）同志教會（The Gay Church）

1968到1983年是 MCC 的第一階段：同志教會時期。當 MCC 在北美洲闖出名號後，教勢呈現快速卻不穩定的成長。因為資源有限，MCC 能給領袖與團隊的就只有「品牌」與祈禱。我們作出很大的犧牲。MCC 當時非常「反文化」，且在檯面下。我們是擁抱性少數的基進包容教會，是帶著另類進步願景的急先鋒。麗莎愛雪伍主張，為了酷兒族群，「教會必須有另一種教會學。」[15]

The first phase is "the Gay Church," which includes the years from 1968 to 1983. This was the time of wild, unsustainable growth, when word of MCC was spreading primarily in North America. With few resources, MCC blessed leaders and groups with only the brand name and prayers. Great sacrifices were made. MCC was very "countercultural," still below the radar. We were the vanguard of an alternative, progressive vision of a radically inclusive church that embraced sexual minorities, particularly, but not exclusively. Lisa Isherwood declares that for queer folks, "in terms of the Church an alternate ecclesiology needs to be visible."[15]

MCC 體現了這個另類的教會學。我們是一個由公開出櫃男同志建立的教會，率先開放而且屬於同志的教會之一，也是第一個成為全球運動的教會。[16] 每個星期天，當新儀式、講道、婚禮、葬禮舉行之時，新的酷兒教會學就清楚可見。MCC 理直氣壯地混合了政治與宗教，如果你不想當一個櫃子裡的基督徒，MCC 也是唯一選擇。

MCC embodied that alternative ecclesiology. We were a church founded by an openly gay person, one of the first open, "indigenous" gay churches, and the first one that became a global movement.[16] That new queer ecclesiology was evident every Sunday as liturgies were created and sermons preached, and weddings and funerals were performed. MCC unapologetically mixed politics and religion, and was the "only game in town," if you did not want to be closeted and Christian.

這時期的 MCC 比較被看見的是「男同志」而不是「男同志與女同志」或

---

15 Lisa Isherwood, "Queering Christ: Outrageous Acts and Theological Rebellions," *Literature & Theology* 15/3 (2001): 252.

16 The Church of the Beloved Disciple, Old Catholic Churches, antecedents from the 1940's and 50's like the First Church of Deliverance (Spiritualist) in Chicago, were also "gay" churches, though they never got much traction, and were often closeted.

LGBT。男同志有70年代的夜店、性自由、以及萌芽中的政治運動。女同志則在女性運動與同志運動之間被拉扯。當女性都還在爭取進入神學院就讀的權利時，遑論是女同志。MCC的成員多半是年輕人、勞工階級或窮人。

It was more "gay" than "gay and lesbian," or LGBT. For men, there was the seventies club scene, sexual freedom, the beginnings of a political movement. Lesbians were torn between the women's movement and the gay movement. Women were still struggling just to get into seminaries as women, much less as lesbians. MCC members were mostly young, working class or poor.

教會這時期的「信任功課」是與逐漸興起、年輕、甚或遊走法律邊緣的男同志社群結盟。如同非裔美國人擁抱「黑就是美」的概念，我們擁抱「同就是好」。特洛依・斐利的領導風格與個性特別適合這個任務。他體現了靈性上的自尊，不可動搖而充滿自信。[17]

The "trust task" for this era in our church's life was solidarity with the emerging, young, even outlawed gay community. It was to preach that "gay is good," in the way that African Americans had embraced the notion that "Black is beautiful." This is a task for which Troy Perry's leadership style and personality were uniquely suited. He embodied a spiritual self-esteem that was unshakeable and confident.[17]

這時期的「功課」也包括讓同志社群與教會、上帝、「無條件的愛」之福音訊息相連結。這意味著對普世教會、政府、精神健康機構倡言：「放我的子民走！」MCC 的會友學著去信任他們的領袖與牧者以及他們的講道與教導，景仰他們勇敢冒險地把自己的生命放在最前線。

---

17 William Kondrath, "Transitioning from Charismatic Founder to the Next Generation," *Journal of Religious Leadership*, Vol. 9. No.1, Spring 2010, 84. Kondrath says Perry is a typical "Weberian" charismatic founder, "who is viewed by her or his followers as deserving nearly absolute trust." I will deal with this more in later chapter.

The "task" was also to connect gay people to church, to God, to the gospel message of unconditional love. This meant speaking to the Church Universal, to governments, to the mental health establishment, to say, "Let My People Go!" People in MCC learned to trust their leaders, pastors, their preaching and teaching, and to admire them for taking risks, putting their lives on the line.

一方面，MCC 嘗試實踐「同化模式」，亦即：我們與其他教會一樣，只是剛好有很多同志朋友。許多LGBT朋友將我們的運動視為平權運動，而不是要創造一個新的社會。對某些人來說，目標就是與別人擁有相同權利可以買房子、工作、受教育、結婚、成家、健康醫療與宗教等等。

On the one hand, MCC tried to embody the assimilationist model: that we were church-like-anybody-else but that just happened to have a lot of gay people. Many LGBT folks saw the purpose of our movement as equality, more than creating a new kind of society. For some, the task was simply to be able to have the same rights as anyone else to housing, jobs, education, marriage, family rights, healthcare, religion, etc.

另一方面，MCC 從一開始就相當同志化，使用同志語言，從抵抗位置出發。同志圈用語與觀念在主日崇拜中處處可見。許多人將「同志解放」看作是60年代性革命（挑戰一夫一妻、傳統價值的自由愛運動）的一部分。從一開始，同化目標與酷兒觀點就在我們的運動中彼此衝突。關係穩定、過著平凡生活、未出櫃的同性伴侶想要教會生活。他們毫不覺得自己是性革命的一部分！他們只想要過著與他們的異性戀鄰居相同生活模式的日子，不被打擾。

On the other hand, MCC was quite gay acculturated, rooted in gay language, coming from a place of resistance, from the very beginning. Gay slang, references, abounded in the worship services. Many saw "gay lib" as a part of the sexual revolution of the 60's, the "free love" movement that eschewed monogamy, or "traditional values." There were clashes, from the beginning between those who lean toward assimilationist goals, and those who are more queer in their view of our movement and MCC. Established gay couples, leading very ordinary lives, in the closet, began to find the church. They did not see themselves in any way as part of a sexual revolution! They just wanted to live their lives, parallel to their straight neighbors, unmolested.

同志解放運動的創始人當中，多數沒有宗教信仰，也不是基督徒。在美國，強悍的左派同志鄙視宗教。女同志女性主義分離分子死也不去教會，甚至質疑那些上教會的女同志。像我這樣的女同志常會覺得好像我們必須為了參與教會而道歉。女同志與男同志有各自的酒吧與社交空間，不常混在一起，政治立場也常常不同。MCC 是個例外，在這裡男生與女生可以一起工作、崇拜、變成朋友。

The "gay lib" movement was founded by many who were not religious, or not Christian. In the United States, there was a strong gay left which despised religion. Lesbian feminist separatists wouldn't be caught dead going to church, and were suspicious of lesbians who did. Lesbians like me felt like we were being asked to apologize for our associations with church. Lesbians and gay men had separate bars and social spaces, and did not mingle a great deal, even politically. MCC was one of the exceptions, where men and women did work together, worship together, and become friends.

MCC 的男女學習彼此相愛與信任，但有時會很勉強，因為女性會感覺自己像外人，必須奮力爭取被認可為領袖。MCC 的女性與男性各有同化路線與酷兒願景，但隨著議題不同，可以支持特定的一方。當愛滋病在社群中開始傳播，而人們發現它是無法治癒的性病時，有一陣子美國各大城市關閉了所有服務男同志的三溫暖。社群中有些人認為這是對公民自由及代表社群的酷兒性價值的威脅。在愛滋引起的衝擊與混亂中，這些在大城市中

象徵自由無懼、專為男同志設立的遊樂場竟如曇花一現，讓他們感到悲傷與失落。

Men and women in MCC did learn to love and trust each other, but it was often tenuous, with women feeling like outsiders, having to really fight to be recognized as leaders. Women and men, in MCC, had a mix of the assimilationist and queer vision, but could feel pushed one way or the other, depending on the issue. When AIDS was first spreading through the community, and we understood it to be an STD, with no cure at all, there was a movement to close all of the bath houses in major U.S. cities that catered to gay men. Some in the community saw this as a threat to civil liberties, to the "queer" sexual values that characterized the community. In the shock and chaos caused by AIDS, there was grief and loss over the very brief period of what were clearly the creation of gay male sexual playgrounds in major cities, a sign of their freedom and fearlessness.

其他人則覺得關閉三溫暖是公共衛生的必要措施。大致上，MCC 支持關閉三溫暖。我們希望讓大眾明白我們盡全力在搶救生命。在大眾眼中，過度的男同志解放、用藥、性愛都被看作威脅而被污名化。在愛滋出現的前幾年，彷彿我們過去在大眾觀感及接納上所做的努力都因為一個性病而化為烏有。女同志也同樣背負這個污名，儘管她們與1970到80年代的三溫暖幾無關聯。

Others saw closing the bathhouses as a public health necessity, pure and simple. In general, MCC was on the side of those supporting the closing of the baths. We wanted to be positioned publicly as doing everything we could to save lives. It was threatening, and stigmatizing to have the excesses of gay male liberations, a-la-drugs and sex in such plain view of a wider public. For the first few years of AIDS, it felt like all the progress we had made in public perception and acceptance was being destroyed by a sexually transmitted disease. Lesbians had to bear a lot of the brunt of this stigma, as well, though they had little connection to the bathhouse scenes of the 1970's and early 1980's.

我們也曾經掙扎於界線議題，我們比主流教會更早公開面對。MCC 的酷兒社會位置使我們不太願意設立針對行為（包括性行為）的規則或指引。但那是在愛滋之前，在我們了解性成癮之前。我們當時沒有審慎篩選神職人員與信徒領袖，以為人們被先前教會趕出來只因為他們是同志，但並非總是如此。這除了對個別信徒造成問題與傷害，也危及我們的品牌形象。這對於非常脆弱、曾在其他教會中受到虐待的人來說，更是問題重重。

We also struggled with boundary issues, long before mainstream churches were dealing openly with these issues and questions. MCC's queer social location made us reluctant to set up rules, or even guidelines for behavior, including sexual behavior. This was before AIDS, before we understood much about sexual addiction. We were not careful about screening clergy or lay leaders, and assumed that people who were kicked out of previous churches were kicked out just because they were gay – not always true! This caused problems, damage, to individuals, and some cases, to our "brand." It was certainly problematic for people who were very vulnerable, and may have survived abuse in other church settings.

早在其他教會明確表態之前，MCC 就經過一番討論後對成人與兒童之間的性接觸採取堅決反對的零容忍政策。我們也針對神職人員與信徒領袖訂立清楚、成文的行為規範，不容許我們的領袖有性掠奪或虐待行為。

It took a while, but MCC came out very strongly with a no tolerance policy about adult/child sexual contact, long before other churches were as explicit. We also developed clear, written codes of conduct for clergy and lay leaders, and do not tolerate predatory or abusive behavior in our leaders.

MCC 的第一個十年極具有開創性，但欠缺系統或結構來支撐長期成長。這導致信用問題。我們有些事工有頭無尾，這做一點、那做一點，找不出

優先順序。每件事都很重要，常常有臨時狀況；即使在出現愛滋之前，我們的組織就已疲於奔命。在前面十五年（或更久）內，大部分人都身兼數職。MCC 雖是一個宗派，卻少有全職人員，每個人都作兩份工作。這意味著我們經常欠缺專業同工與核心目標。我們犯下一些代價昂貴的錯誤。地方堂會起初也很艱辛，常常懷疑 MCC 的總會到底在做什麼。當然，他們也在面對著同樣的問題！

We were entrepreneurial in the extreme in that first decade or so, and, often lacked systems or structures to support long-term growth. This led to credibility problems. We started projects that we did not complete, we seemed to run from pillar to post, not clear about our priorities. Everything was important, there were constant crises, even before AIDS, that strained our organization. Most people, in the first fifteen years or more, wore two or three hats. MCC as a denomination had very few fulltime employees, everyone did double-duty. This meant we often had a lack of professional staff, and of focus. Mistakes were made that were costly. Local churches, also struggling in their early years, often scratched their heads, wondered what we were doing on a denominational level. Of course, they were dealing with the same issues as well!

早期 MCC 以白人為主。我記得聽過白人會友用防衛的語氣說，雖然 MCC 歡迎所有人，但「他們」（指有色人種，大多是非裔美國人）有他們自己的教會，所以我們不必擔心為何不是所有人都想來。MCC 花了數十年來處理種族歧視，批判 MCC 當中的白人霸權，以便在會眾與領袖之中真正為有色人種創造空間。這努力還沒有完成，我們必需繼續保持警覺，投入資源與委身。

And we were very white. I remember hearing white members of MCC, defensively, saying that "they" (people of color, mostly African Americans) "have their own churches," and though MCC welcomed everyone, we should not worry about it when not "everyone" showed up or stayed. It took decades for MCC to articulate its own struggles with racism, to make *real* room for people of color, in the pew and in leadership, and to critique the white cultural hegemony of MCC. It is a struggle that is not over, and still requires vigilance and investment of resources and commitment.

1970年代也是我們遭遇迫害的時期。當時有數十間 MCC 的堂會或聚會場所被惡意縱火。1973年6月，一群 MCC 會友們一如往常地在星期日做完禮拜的午後，聚集在「樓上酒店」，結果這地方遭人縱火，造成32人喪生，包括來自紐奧良的牧師與助理牧師，以及數十位會友。[18] 教會被惡意破壞，一位牧師被謀殺。[19] MCC的洛杉磯教會，是我們的第一間教會，同時也是第一個由同志組織擁有的產業，在1973年1月被縱火，付之一炬。[20] 對堂會牧者、教會或每一屆的總會大會來說，死亡與暴力威脅已是司空見慣。MCC的領袖們在每個公共聚會與活動中都會有危機意識。[21]

The 1970's was also the era of persecution. Dozens of MCC churches and meetings places were arsoned. In June, 1973, as they did every Sunday afternoon, MCCer's gathered in a bar, the Upstairs Lounge, after church. The place was arsoned, and thirty two people died, including the pastor and assistant pastor of MCC New Orleans, and dozens of our members.[18] Churches were vandalized, and one pastor was murdered.[19] MCC Los Angeles, the first MCC Church, and

---

18 Clendinine and Nagourney, 174-187.

19 Troy Perry, *Don't be Afraid Anymore*, (New York, St. Martin's Press, 1990). Rev. Virgil Scott was the pastor of our church in Stockton, California, and was brutally murdered by someone who called him up looking for counseling.

20 Clendinine and Nagourney, 181.

21 John Shelby Spong, *Here I Stand: My Struggle for a Christianity of Integrity, Love and Equality* (San Francisco: HarperSanFrancisco, 2000), 390-391, an interesting account of an Episcopal Bishop's encounter with our security concerns.

the first institution in the gay community to own property, lost its church to arson in January of 1973.[20] Death threats, and threats of violence to local MCC churches, pastors and at every General Conference were commonplace. MCC leadership was security conscious at every public gathering and event.[21]

MCC 當時將自己定位為同志社群的教會。我們也帶動其他機構的出現，包括一間猶太會堂、以及其他教會與宗教運動。有時候剛出櫃的人會先來參加我們的教會，以便在不熟悉的環境中尋找社群、友誼、與熟悉感。MCC 是讓人們彼此連結的地方。

MCC positioned itself as the church of the gay community. We gave birth to, or inspired the birth of other institutions, including a synagogue and many other churches and religious movements. Often, people who were coming out came first to the church, looking for community, friendship and something familiar in which to navigate the unfamiliar. It was where they got connected.

作為同志社群的教會，有時我們更難對「同志文化」發出先知性的呼籲。有時 MCC 的教會是當地唯一能提供同志社群聚會空間的機構（今日仍是），宛如社群活動中心。其他時候，MCC 的教會卻與同志社群保持距離，自我屏蔽，好像在說「我們是上教會的好同志，不是混酒吧的同志」。

Being the church of the gay community sometimes made it harder to be a prophetic voice of critique of "gay culture." Sometimes MCC churches were the only institution with a meeting space in the gay community in a city or town (this is still true today), and were the community center. Other times, the church set itself apart from the community, shielding and sheltering itself, sometimes under the veil of "we are the nice gay people who go to church, not 'bar people.'"

如果 MCC 是只祝福同志的教會，我們就很難討論種族、階級或性別歧視議題。我們所有的教會與牧師都曾感覺不得不對於一些太超過、不健康或不道德的活動或行為睜一隻眼閉一隻眼。早些年，美國主要城市的同志酒

吧都是黑手黨經營的。「酒吧事工」有時會很尷尬，尤其當你知道你在支持誰的時候。在那年代，唯一會願意奉獻大筆金錢給同志組織的企業主都是酒吧、三溫暖或色情片廠的老闆。1970年代的 MCC 教會信與布告欄上廣告的同志商家，未必都是那麼「令人尊敬」。這些年來我們逐漸限縮了與邊緣、不法、甚至犯罪組織的關係。

When MCC was simply the church that blessed gay culture, it was hard to address issues of race or class, or sexism. All of our churches and pastors have felt like at times they had to turn a blind eye to some activity or practice that seemed over the top, not healthy or ethical. In the early days, the Mafia (organized crime) owned every gay bar in U.S. major cities. It made "bar ministry" complicated, at times, when you knew who you were supporting. The only entrepreneurs, in the early days, that would write big checks to gay organizations were owners of bars, bathhouses, and pornography producers. Church newsletters and bulletins in MCC in the 1970's advertised gay businesses that were not necessarily "respectable." We have come from being marginal, outlawed, sometimes in the company of people with criminal associations, to eschewing that kind of association.

有時候我們必需挑戰社群中的企業主（多數是酒吧），因為他們有種族歧視，我們甚至對他們發動抗議；或是我們得去質疑那些剝削年輕人的企業。

Sometimes it became necessary to challenge business people in our community who owned establishments (mostly bars) that discriminated on the basis of race, and even picket them. Or to confront businesses that supported the exploitation of young people.

當我在MCC洛杉磯教會牧會時，在教會對面有間聲名狼藉的餐廳酒吧，服務那些專找非常年輕甚至未成年男妓的年長男性，他們的服務生扮演某

種皮條客的角色，幫這些年長男性與街上的年輕孩子「牽線」。當時我們教會就在幾條街外的地方經營青年援助中心，而當我試著向西好萊塢市當局要求處理這種會傷害我們正在幫助的孩子的非法活動時，他們假裝不知道發生什麼事。[22] 因為有些酒吧的客人是市府官員的競選金主，這些孩子沒有重要到足以打破這個體系。我始終無法讓市政府或警察局正視這個問題。

When I was pastor of MCC Los Angeles, we were right across the street from a notorious restaurant/bar that catering to older men who wanted to pick up very young, sometimes underage, hustlers. The waiters functioned as the "go betweens," sort of like pimps who would set up the patrons and the young kids from the street. MCC Los Angeles ran a youth drop-in center just blocks away, and when I tried to get the City of West Hollywood to deal with this illegal activity that was doing damage to kids we were trying to help, they pretended to not know what was going on.[22] Some of the patrons were major campaign contributors to key city officials. Those kids were not important enough to disrupt this system. I could never get the city or Sheriff's Department to take this problem seriously.

將健康與成癮問題拿出來討論，未必人人樂見。有些人將 MCC 貼上「清教徒」或道德化的標籤。有時候這些議題被當成是女同志與男同志之間的議題。但在1980年代初，愛滋改變了這一切。

Raising issues of health and addiction were not always welcome contributions. Some labeled MCC as "Puritans" or as moralizing. Sometimes it was seen as an issue between lesbians and gay men. Then, in the early 1980's AIDS changed everything.

---

22 The name of the establishment was "Numbers," after a graphic gay novel about hustlers by John Rechy, give me a break!

（二）愛滋的教會（The Church With AIDS）

愛滋重重地打擊了MCC。[23] 幸運的是，我們在美國、加拿大、英國和澳洲有夠多的堂會既可以照顧生病或臨終的人，又可以參與政治、和ACT-UP合作、在抗議中被逮捕、但也建立新的機構和聯盟。MCC勇敢投入打擊愛滋的工作，在講道中高呼「上帝比愛滋大！」留下來的女同志和沒死掉的男同志攜手合作，剎時間，他們之間似乎再無巨大的文化鴻溝。愛滋不認人，它會找上各種階級的人，包括名人。

AIDS hit, and hit MCC hard.[23] Fortunately, there were enough churches in at least the U.S., Canada, the United Kingdom and Australia, that could do the dual work of caring for the sick and dying while becoming much more political, working with ACT-UP, getting arrested, creating new institutions and alliances. MCC plunged into AIDS work courageously, preached the sermons that proclaimed "God is Greater Than AIDS!" The women who stayed and the men who did not die worked together as if there was not this huge cultural gulf between them. AIDS was no respecter of persons, and "outed" people of every class, including celebrities.

這個時期的「信任功課」是將還活著和即將死去的愛滋病人、他們的朋友、家人和社群團結起來，為那些生病、脆弱和被宗教污名化的年輕人創造安全的公共空間。我們的功課是要成為值得信任的靈性領袖來對抗恥辱、恐同症、恐性症和恐愛滋症，並在前線與運動者一同奮戰，永不放棄也不向絕望投降。我們的功課是要在恐懼和絕望之中變得大無畏、富同情心、務實、滿有盼望：我們要成為愛滋的教會。

The "trust task" of this era was solidarity with people living and dying with

---

23 For an amazing, historical account and documentation of this, see Joshua L. Love's *Uncommon Hope*, (Trafford Publishing, 2009).

AIDS, their friends, families and communities. It was about creating safe, public space for young people who were ill, vulnerable, and stigmatized, especially by religion. The task was to be trustworthy spiritual leaders; to deal with the shame, homophobia, sex phobia and AIDS phobia; and to be on the front lines and vulnerable with the activists; and to never give up or give in to hopelessness. Our task became to be relentlessly courageous, compassionate, practical and hopeful in the midst of fear and despair: to become the Church with AIDS.

愛滋奪走許多人的性命。MCC 有大約25%的會員及大約30％的神職人員（至少半數的男性神職人員）死於愛滋。它帶走大多數與我年齡相仿、同世代的男同志，至今我仍思念他們。愛滋把 MCC 逼到牆邊。許多其他組織發展議程必須被擱置。我們必須面對死亡、永生、醫治和信仰。我們必須學會在無止境的悲傷中生活，並持續不斷服事和成長。愛滋成為許多人認識現實殘酷的透鏡。MCC 稱自己為「愛滋的教會」，以此來活出希望與團結，這是強大而另類的教會學。基督的身體有愛滋，而 MCC 則是活生生的提醒。

AIDS was all consuming. It consumed about twenty-five percent of MCC's membership, about thirty percent of the clergy (at least half the male clergy). It consumed much of a generation of gay men my own age, whose presence is still missed so much. It pushed MCC to the wall. Many other institutional, organizational issues had to be put on hold. We had to deal with death, eternal life, healing and faith. We had to learn how to live in perpetual, never-ending grief and continuing to minister and grow. It became the lens through which many came to see all of reality. MCC incarnated hope and solidarity by calling ourselves "The Church with AIDS," a powerful alternative ecclesiology. The Body of Christ had AIDS, and MCC was the visible reminder.

關於那段時間（1983年至2003年）的一件奇妙事情是，MCC 的領袖們從

未想過到 MCC 可能會傾倒、死亡或失敗。當愛滋來襲時，MCC 只有十四歲，是個弱小、年輕、勉強運作中的機構。當愛滋風暴接近尾聲時，雖然負面影響仍歷歷在目，但事實上 MCC 卻更加壯大、更加堅強。當蛋白酶抑製劑開始奏效，死亡人數下降，MCC 成了一個得到創傷後壓力症的組織。我們的一些堂會也是如此。有些堂會停滯並死亡。這耗竭顯而易見。

One of the things that is amazing about these years (about 1983 to 2000), is that it never once occurred to the leaders of MCC that it could collapse, die or fail. MCC was only fourteen years old, a small, young, barely viable institution when AIDS hit. MCC was actually bigger and stronger, by the time it ended, though its negative impact is still being felt. When the protease inhibitors began to work, and the dying slowed to a trickle, MCC went into a kind of post-traumatic shock as an organization. Some of our churches did as well. Some froze and died. The exhaustion was palpable.

這應該是 MCC 最危急的時刻，至今不忍卒睹。有好幾年的時間，我們不太願意做跟愛滋有關的任何事；那些感染愛滋、掙扎著服用有嚴重副作用新藥的人懷疑，MCC 的熱情與積極到哪去了？我們這才知道，我們得了「惻隱疲乏」。有些人大聲疾呼說我們需要新的領袖與願景。1999年，特洛依宣布他將在六年內辭去 MCC 主席一職。經過幾年的衝突後，我們最大而且最有錢的堂會離開 MCC，加入聯合基督教會。說到底，他們不相信 MCC 會撐過愛滋的餘震與領導權轉移。他們想要抓住更強壯、更富有而且更中產階級的救生艇。他們離開了。MCC 存活下來了。但毫無疑問地，這帶給我們衝擊。

This was probably the time MCC was in the most danger, and still couldn't afford to know it. For several years, there was little willingness to do much of anything new about AIDS; and those with AIDS, who struggled to take new and sometimes harsh medications, wondered what had happened to MCC's zeal and activism. We learned the term, "compassion fatigue," and knew we had it. There were voices clamoring about the need for new "leadership" and "vision." Then in 1999 Troy announced his resignation as Moderator of MCC in six years. A few years after that, after years of conflict, our largest and wealthiest church left MCC, and eventually joined the United Church of Christ. Bottom line, they did not believe MCC would thrive in the aftermath of AIDS and leadership transition. It needed to cling to a stronger, wealthier, more middle class lifeboat. They left. MCC survived. But, no question, it shook us.

在這個愛滋預防與治療進展受挫的年代，人們仍需要愛滋的教會，尤其在非洲、東歐與華盛頓特區。有些人因為感染愛滋，才有機會聽見我們所傳講的基進包容的信息，而在他們的國家沒有教會歡迎他們，沒有教會願意對這麼多已感染或即將死於愛滋的人們伸出援手。我們與愛滋的特殊歷史，給了我們定位，賦予我們這樣的天命，繼續與感染及受此疾病衝擊的人們站在一起。

The Church with AIDS is still needed, in a time where we are losing ground in prevention and treatment, especially in Africa, in Eastern Europe, and in Washington, D.C. There are people who will come to know the radically inclusive message we preach because they have HIV/AIDS, and no church in their country will welcome them, or reach out to so many who are living and dying with HIV/AIDS. Our unique history with AIDS positions us, and gives us the mandate to continue to be in solidarity with those infected and impacted by the disease.

（三）人權的教會（The Human Rights Church）

在千禧年初，世界開始改變、去中心化。網際網路與虛擬科技劇烈地改變文化與通訊。MCC 經歷了領導層的改變，邁向一個在創建者退休後仍能屹立不搖的新組織。

As the new millennium dawned, the world was changing and decentralizing. The Web and the internet and virtual technology radically changed cultures and communications. MCC went through leadership changes and moved into a new structure meant to help MCC survive the founder's retirement.

我們新的全球架構試著矯正 MCC 原本短視、西方、殖民及美國中心的世界觀與組織模式。新架構將世界扁平化，分成八個區域，每個區域有相近的資源來進行工作。在911事件後，MCC 隨即開始與變動中的世界經濟搏鬥，為了變成一個真正的全球性運動而努力挹注財源。

Our new global structure tried to correct a myopic, Western, colonial, U.S.-centric world view and organizational model for MCC. It simply flattened the world into eight Regions, with more or less equal resources to do the work. Immediately, in a post 911 world, MCC had to begin to wrestle with a changing world economy, and struggle to financially resource a truly global movement.

因為這種新的架構與領導層，MCC 開始在東歐工作，並被當地民運人士稱作「人權教會」。MCC 迎戰在許多國家中由宗教餵養、阻礙 LGBT 人權的同性戀恐懼。我們也與身心障礙者以及爭取生育自由的女性站在一起。我們是唯一願意公開支持這些酷兒、靈性與人權新興運動的教會。

Because of this new structure and leadership, MCC began doing work in Eastern Europe, and we were given the label "The Human Rights Church," by activists there. MCC jumped into the middle of the religiously based homophobia standing in the way of human rights for LGBT people in many countries. We made common cause there with those with disabilities, and women struggling for reproductive freedom. We were the only church willing to express solidarity with a young, new movement of queer, spiritual and human rights activists.

這個強調人權與正義的新時期，就是 MCC 的40年歷史中的第三階段。我們的「信任功課」是在這個因為殖民主義遺毒與其盟友「全球資本主義」

造成經濟政治不公義的世界中，成為真實、靈性、勇敢的全球酷兒靈性運動。

This human rights and justice emphasis is the new, third era in MCC's forty year history. The "trust task" is to become an authentic, spiritual, courageous global queer spiritual movement in a world of economic and political injustice created by the remnants of colonialism and its ally, "global capitalism."

MCC 必須成為人權組織感到值得信任的伙伴（他們多半質疑宗教團體）。如何去平衡北美 MCC 的再造永續與新興全球「市場」的需求，是我們的主要任務。MCC 必須忠於我們的自我認同與過往成就。為了以後的世世代代，無論花上多少力氣，我們必須不斷找尋方法來強化我們的運動。在北美仍有數百個小城市等待 MCC 的堂會或活動中心進駐當地。

MCC must be trustworthy partners with human rights organizations who may be suspicious of religious groups. Balancing the re-invention and sustainability of MCC in North American with the needs of an emerging global "market" is a major task. MCC must remain true to our identity and legacy. We must continue to find ways to do whatever it takes to strengthen our movement for the generations to come. There are hundreds of smaller cities all over North America that need an MCC church, center or presence that do not have one today.

現今，MCC 與許多國家迅速擴張的年輕酷兒、靈性的運動社群有深度互動，包括牙買加、多明尼加、烏干達、肯亞、南非、奈及利亞、辛巴威、馬來西亞、新加坡、菲律賓、南韓、中國、巴西和整個拉丁美洲、義大利、西班牙、羅馬尼亞、摩爾多瓦、烏克蘭、芬蘭、以及俄羅斯。北方與西方國家正逐漸老化，MCC 在那些地方也有此現象。但南半球與東方國家仍然年輕，而且越來越年輕。MCC 的命運與未來所在，就在於我們的人權使命與培植（地理的及虛擬的）新信仰社群的交會點。我們的訊息在今日與未來都很有價值，但是在一個教會越來越不以建築物為定義的時代，我

們該用什麼媒介傳遞訊息？

Today, MCC is deeply involved with exploding, young queer, spiritual, activist communities in Jamaica, The Dominican Republic, Uganda, Kenya, South Africa, Nigeria, Zimbabwe, Malaysia, Singapore, the Philippines, South Korea, China, Brazil and all over Latin America, Italy, Spain, Romania, Moldova, The Ukraine, Finland and Russia. The North and the West is aging, and MCC reflects that in those places. But the Global South and East is young, and getting younger. This is also where MCC's destiny and future lies, in the intersection of our human rights mission and establishing and nurturing new communities of faith globally and virtually. Our message has currency and enduring value – but in an age where church is less and less defined by a building with pews and a social hall, what will be the medium for our message?

MCC將繼續在不同脈絡中扮演同志教會、愛滋教會以及人權教會。什麼樣的領袖思維、領袖訓練以及值得信任的領導神學，才能協助MCC符合成為二十一世紀新興普世教會的條件與契機？在這個北半球越來越少年輕人將他們的靈性生活託付給教會的時代，當越來越多人在被詢問宗教傾向時回答「沒有」時，MCC如何繼續實踐持續活出其過往成就與未來呼召？

Depending on the context, MCC will continue to be the Gay Church, the Church with AIDS, and the Human Rights Church. What kind of leadership ethos, leadership training, theology of trustworthy leadership will help MCC adapt to the demands and opportunities to be this emerging, ecumenical church in the 21st century? In an era where fewer and fewer young adults in the global North trust the church with their spiritual lives, where the answer to religious affiliation is more and more "NONE," how will MCC live up to its legacy and it's calling going forward?

南半球的基督教在社會與性別的議題上都是保守的，並反對酷兒社群的

人權。未來50年我們該如何改變世界，與誰為伍呢？誰會信任我們能改變生命與改變歷史？而我們如何再次學習信任那個五十年前呼召我們的上帝，讓祂再次呼召我們，並為了這個充滿挑戰的未來而重塑我們？

Christianity in the global South is socially and sexually conservative and opposed to human rights for queer people. How will we help change the world in the next 50 years, and with whom? Who will trust us with that life-changing and history changing task? And how will we learn once again to trust the God who called us 50 years ago to call us again and re-shape us for this challenging future?

（2016年5月1日，於「性少數社群教會的未來挑戰與展望」研討會講稿）

（Lecture for the Seminar on "The Challenges and Opportunities of LGBTIQ Churches"）

（翻譯：小元、Ian、Jeremiah）

第49章
跟隨楊雅惠的腳蹤
Following in the Footsteps of
Yahui Yang

◎西奧多・詹寧斯牧師╱教授（Prof. Rev. Theodore Jennings）

今（2015）年春天，我抵達台灣的隔天，我在同光教會講道。我很榮幸受邀，因為這間教會是由我的好友暨學生楊雅惠牧師於20年前所創立。

This past Spring, the day after I arrived in Taiwan, I was to preach at Tong Kwang Church. It was an invitation I was honored to receive because that congregation had been founded 20 years before by my dear friend and former student Rev. Yahui Yang.

雅惠在1992年來到芝加哥神學院成為我的學生，當時她正在撰寫關於蘿絲瑪莉‧魯瑟的女性主義神學的論文（魯瑟是我在芝加哥神學院的同仁）。她修了我開設的關於同性戀與聖經的第二學期課程，這是我從1991年起創設的同志研究的一部分。我記得她在那個學期很認真參與，當我們在多方探索聖經對於同性愛的肯定時，她提出很多尖銳的問題及建議。在她還沒畢業之前我們就成為朋友。

Yahui had been my student in 1992 at the Chicago Theological seminary where she had come to work on her thesis on the feminist theology of Rosemary Ruether, my colleague at another seminary in Chicago. She had taken my seminar on homosexuality and the Bible, the second seminar that I had offered as part of the gay studies program that I had founded in 1991. I remember her eager participation in that seminar, asking probing questions and making incisive suggestions as we explored the many ways that biblical literature affirms same sex love. Even before she graduated we had become friends.

1994年我初次造訪台灣，與許多芝加哥神學院的校友碰面。在十幾個校友中，她是第一個從芝加哥神學院畢業的台灣女性。我很驕傲再次看到她。她教我茶道，帶我去買茶壺好帶回家送給羅娜（按：西奧多之妻）。她也跟我分享，她想要為台灣的女男同志成立一間教會。當時，同光只是個夢想。但憑著她強韌的決心與不可動搖的信心，她的夢想成真了。

In 1994 I made my first visit to Taiwan to have a chance to spend time with many alumni from CTS. Of the dozen or so CTS alumni, she was the first woman from Taiwan to graduate from our seminary. I was very proud to see her again. She showed me the way of preparing tea and took me shopping to find a tea pot to take home to Ronna. She also shared with me her desire to begin a congregation that would include lesbian and gay Christians in Taiwan. At that point Tong Kwang was only a dream. But armed with her fierce determination and unshakeable faith she set out to make that dream become a reality.

2001年，我再次來到台灣，同樣見了一些校友，也講授了幾堂課。我抵達時，我的國家剛發生911事件不久；我抵達飯店後沒多久，一個強大的颱風襲擊了台北。洪水還氾濫於街道上，她來找我共進晚餐。她談起她的工作，其中的快樂與哀愁；我們也談到她參加亞洲婦女神學家會議之後想要繼續做研究的念頭。我讀了後來拍成電視劇的小說《孽子》，她帶我到那男孩與男人在入夜之後相互尋求陪伴的公園，在夜間漫步。

I returned to Taiwan in 2001, again to visit with alumni and also to give a few lectures. I arrived just after the events of 9/11 in my own country and just ahead of the terrible typhoon that struck Taipei just as I arrived at my hotel. As the flood waters still covered the streets she came to have dinner with me. She spoke of her work, its joys and its sorrows, and we spoke then also about her desire for further study sparked by her participation in a meeting of Asian women theologians. I had read the novel *The Chrystal Boys*, later made into a TV series in Taiwan and so later she took me on an evening stroll through the park where boys and men wandered in the night looking for companionship.

雅惠為台灣同志社群所做的工作，讓她在台灣基督長老教會中遭遇麻煩。我後來到台南時，特地跟我們的校友強調支持她勇敢的事工的重要性。

Yahui's work with LGBT people in Taiwan had caused her to be in trouble with the Presbyterian Church of Taiwan so when I finally was able to travel to Tainan to meet with our alumni I spoke of the importance of supporting Yahui in her courageous ministry.

儘管如此，雅惠後來無法繼續深造或服事。她寫給我的信，讀來越來越讓人氣餒。最後，她寄給我一大堆電子郵件，提到或許她在世上的工作已經完成，上帝沒有要繼續在地上使用她。我極力要求她跟我們繼續在一起，因為我們仍需要她先知性的聲音與見證。我知道事態緊急，也寄信給其他朋友，請他們去聯絡雅惠。他們照做了。但她認定她在世上的工作已經完成，她將在天上服事上帝，在自殺失敗一次之後，她終究結束了自己的生命。我已經從她的來信中警覺到危險性，失去摯友讓我非常悲傷。

Despite this no doors opened for Yahui to continue her studies or her ministry. Her letters to me became increasingly discouraged. Finally she sent a flurry of emails saying that perhaps her work on earth was done, that God had no further use for her here on earth. I urged her to stay with us, that there was still a need for her prophetic voice and witness. I recognized the urgency and emailed others of my friends asking them to contact Yahui. They did so but after one failed attempt, she finally succeeded in taking her own life, supposing that in this way she would complete her ministry on earth and be taken up into the divine ministry in heaven. As I had been alarmed by her last emails, I was deeply sad at losing a dear friend.

但她是個堅強固執的先知。一旦她確信什麼是必要且正確的，沒有人可以勸退她。因為她在靈性上的強烈獨立性，她才能成為信仰上的先鋒。

But she was a strong and stubborn prophet. When she made up her mind that something was necessary or right it was impossible to dissuade her. It was that fierce independence of spirit that made it possible for her to be a pioneer in the faith.

因此，我才說，我受邀到她創立的教會時，我深深感動。那個禮拜天，當我起身講話，看見數十張臉龐，看見她在20年前勇敢開啟的事工能驚人地開花結果，我感動哭泣。她不在我們身邊了，但上帝讓她的事工有更加甜美的豐收。而同光依舊屹立，儘管有人想要限縮上帝的恩慈而做出敵對與對抗，那些人選擇的是尊榮與財富，而非耶穌的彌賽亞使命的大膽見證。

So, as I said I was deeply moved to be invited to come to the congregation that she had founded. When I rose to speak and saw the faces on the scores of people who had gathered there that Sunday I was moved to tears. To see the astonishing fruit of the work she had so courageously begun twenty years before. She was no longer with us, but God had given the increase to her work and it was a lovely harvest. And Tong Kwang still stands, despite opposition and resistance from those who would limit the wideness of God's generosity, who would prefer respectability and prosperity to the bold witness to the messianic mission of Jesus.

在接下來的兩周內，羅娜與我在 Josephine 及鄭世璋牧師（他跟隨楊雅惠的腳步，也來到芝加哥神學院研究酷兒神學）的陪伴下，在台灣這美麗島嶼四處旅行，造訪各「彩虹團契」不凡的人們。我們與花蓮、墾丁、高雄與台南的同志基督徒會面。我們聆聽他們被從小長大的教會逐出的痛苦故事，儘管人們假裝奉神之名傷害他們及他們的朋友，他們對上帝本為善的信心不曾動搖。他們的勇氣與信心激勵我們。而我們盡力將基督的愛與合一的福音帶給他們。

Over the next two weeks Ronna and I would travel across the beautiful island of Taiwan meeting with the extraordinary people of the "Rainbow Fellowship" guided by Josephine Hsu and by Wesley Cheng who had come to CTS to study queer theology, following in the footsteps of Yahui Yang. We met with gay Christians in Hualien, Kenting, Kaohsiung and Tainan. We heard their stories of the pain of being excluded from the churches in which they had been raised, their indomitable faith in the goodness of God in spite of the harm caused them and their friends by those who pretended to speak in God's name. Their courage and faithfulness inspired us. And we offered, as best we could, the gospel of Christ's love and solidarity.

這趟旅行在我們於濯足節（按：受難日前一天的禮拜四）抵達鄭牧師的教會時，畫下美好的句點。我們一起回想主的受難，透過食物、歡笑、愛，我們歡慶愛的熱情、共患難的熱情、期盼救贖的熱情，因為在一切困頓中，我們因明瞭公義、恩慈、喜樂已經掌權並在我們的生命中共享，而備感喜樂。

This time of travel came to a wonderful conclusion as we gathered In Wesley's church on Maundy Thursday, to recall the passion of our lord, the passion of love, the passion of shared suffering and the passion of anticipation of deliverance celebrated with food and laughter and expressions of love, of the joy that breaks out among those who struggle for justice when they realize that in spite of everything, the reign of justice and generosity and joy is at hand, already in sharing life together.

我們也在合一中與來自同光的陳煒仁共築夢想。四年前他剛進入台南神學院就讀時，我已見過他。現在他也來到芝加哥神學院，要完成他的神學碩士研究。

Together we participated in solidarity with the dreams of another member of Tong Kwang, WeiJen Chen whom I had met four years before when he had just been beginning his studies at Tainan Theological College and Seminary and who was preparing to come to CTS to complete his own studies in the STM program.

雖然台灣社會對同志社群較為接納，但宗教的恐同怒火還在燃燒。台灣、韓國、非洲國家的恐同論述都是來自美國的基要派教會。即使美國許

629

多宗派已經揚棄恐同，受到那些基要派教會影響的其他國家地區的教會卻在恐同論調上越來越張牙舞爪。因此，我特別覺得有責任，得設法去彌補美國的恐同對世界其他地方所造成的傷害。

Although Taiwan as a society is becoming far more accepting of LGBTQ people, the fires of religious homophobia continue to rage. Much of the discourse of homophobia in Taiwan as in Korea and in many parts of Africa has been imported from fundamentalist churches in the United States. Even as many denominations in the United States have rejected homophobia, the churches which inherited from them have seemed to turn increasingly to a reactionary homophobic stance. This is why I feel a particular responsibility to seek to undo some of the damage done by US homophobia in other parts of the world.

年輕基督徒被教會的恐同論調傷害的程度，非常令人驚恐。同志青少年被教導要厭棄自己，而其他青少年則被灌輸要去仇恨、恐懼他們的姊妹弟兄。這絕對不是耶穌基督福音的果實。這也更彰顯出同光與其他同志基督徒團體的事工有多麼重要。其重要性在於向傷心人見證福音，也在於向台灣教會界見證福音的真理，呼召他們從反福音的恐懼姿態及對弱者的侵犯中悔改，轉而真正地擁抱耶穌帶給台灣的信息與使命。

The damage done to the hearts and minds of young Christians by homophobic stances of the churches is truly horrifying. LGBTQ youth are taught to despise themselves while other young people are infused with hatred and fear of their sisters and brothers. This is surely not the fruit of the Gospel of Jesus Christ. And this helps to show why the work of Tong Kwang and associated groups of LGBTQ Christians remains so very important. Important first as a witness to the Gospel for all who are broken hearted. But also crucial as a witness to the truth of the gospel for the churches of Taiwan, calling them away from their anti-evangelical posture of fear and violation of the vulnerable and toward a more authentic embrace of the message and mission of Jesus for Taiwan.

　我為我自己的生命被這教會的見證、勇氣、信實所豐富而深深感恩，也為那些被這教會的堅定而強化鼓舞的團體而深深感恩。

I am deeply grateful for the ways my own life has been enriched by the testimony, the courage, the faithfulness of this congregation and the groups its steadfastness strengthens and encourages.

芝加哥神學院，2015年10月27日

（The Chicago Theological Seminary, October 27, 2015）

（翻譯：Jeremiah）

第50章
成為世界的光

◎同光同志長老教會

〈同光同志長老教會信仰告白〉

我們信上帝，創造天地萬物的獨一真神。祂是歷史和世界的主，施行審判和拯救。

我們信耶穌基督，我們的主，上帝的獨生子，因聖靈感孕，由童貞女馬利亞所生，降世為人；藉著祂的受苦、釘十字架、死、復活、升天、坐在全能上帝的右邊，彰顯上帝的仁愛和公義，使我們與上帝復和。

我們信聖靈，住在我們中間，賜能力，使我們在萬民中做見證，直到主再來。

我們信，聖經是上帝所啟示的，記載祂的救贖，作為我們信仰與生活的準則。

我們信，教會是上帝子民的團契，蒙召來宣揚耶穌基督的拯救、普世的福音，通過愛與受苦，做和平的使者，成為復活與盼望的記號。

我們信，所有人皆為上帝美好的創造，不論其族群或身分，不分同性戀者、雙性戀者、異性戀者、跨性別者等，皆為上帝喜愛的兒女，都能依靠耶穌基督的救恩，因信耶穌基督並悔改，而罪得赦免；祂使受壓迫的人得自由、平等，在基督裡成為新造的人，使世界成為祂的國度，充滿愛、公義、平安與喜樂。阿們！

（主後2004年10月10日會員大會一致通過）

同光同志長老教會在1996年成立後，從此台灣北部的性少數者有一個可以安心敬拜上帝的地方；2001年出版《暗夜中的燈塔》後，許多沒辦法、沒機會到同光教會敬拜上帝的性少數基督徒，藉由閱讀而從不必要的罪惡感中被釋放；到2016年為止，同光教會已經接待超過3000位性少數朋友，舉辦超過100場性少數議題相關的演講或性少數友善活動，會友當中有大約10人進入神學院就讀（雖然大多被迫隱藏身分），有些已經成為全職傳道人。

由於台灣社會越來越走向民主自由開放，因此在過去二十年內變成漢語文化圈中對性少數社群最友善的國家，但是這不代表歧視與壓迫就不存在，特別是台灣教會界目前以右派為主流，就連過去對性少數較為友善的台灣基督長老教會也已經正式關閉對性少數者開放的大門，拒絕公開出櫃的學生報考神學院。但另一方面，在台灣基督長老教會以外的教會圈，卻也漸漸有異性戀基督徒帶著程度不一的善意來與包括同光教會在內的性少數社群接觸搭橋，雖然大多仍停留在「我們都是罪人」這種曖昧不明的立場，但總是好過直接定罪譴責。至於對性少數朋友採取毫不保留接納態度的異性戀基督徒，往往在其所屬的教會或宗派內遭到規訓與懲戒，讓我們深深感到抱歉，替她／他們抱屈。

　　美國及西方國家的性少數平權運動，如果從1969年美國紐約石牆事件算起，到今天將近半世紀。為什麼要花這麼長的時間？因為50年才足以讓舊的世代逐漸自然凋零，讓新幹新枝萌芽，讓新葉新花綻放。我們得向所有走在我們前面，為我們被打、被捕、甚至被殺的性少數先烈致敬，如果沒有她／他們在一片黑暗中堅持盼望光明，今天不會有任何性少數平權的成就。同樣的，雖然台灣的性少數平權運動起步較晚，台灣教會界尤其保守頑固，但是同光教會及所有職同志基督徒朋友過去二十年來的努力，總有一天終會開花結果，讓下一個世代的孩子自在自信地做自己。如今台灣的同志基督徒雖然無法進入本土神學院接受造就，但是她／他們現在都一個接一個勇敢地遠渡重洋到海外去尋夢，有朝一日都會回到台灣這塊土地，貢獻她／他們的所學，服事她／他們的姊妹弟兄。

　　最近幾年同光教會也跟美國的「都會社區教會」（Metropolitan Community Churches，簡稱 MCC）一樣面臨路線選擇問題，一方面是因為世界各國漸漸在法律上給予性少數者平等對待，性少數者的自我認同不再像以前那麼掙扎困難，於是其中有些人希望性少數社群教會朝向主流教會的樣貌發展，甚至其中有些人直接離開性少數社群教會，重回主流教會懷

抱。在台灣、香港、新加坡、馬來西亞及美國，可歸納出以下幾種路線選擇：

	主要牧養對象	內部信息重點	外部聯絡資源
差異路線	性少數者為主體	從性少數者眼光做聖經詮釋	其他弱勢團體 其他性少數教會或團契
包容路線	強調歡迎所有人	設法兼顧性少數者與異性戀者，討論共識議題	性少數友善之個別異性戀基督徒
主流路線的獨立教會	刻意淡化性少數者的色彩	跟隨主流教會風潮，如：成功神學及靈恩	其他主流教會
併入主流教會宗派組織	異性戀者為主體		

　　同光教會跟 MCC 都從差異路線起家，但是 MCC 比同光早起步三十年。二十歲的同光現在必須嚴肅面對路線與發展問題，而 MCC 從一開始就決定自我定位在差異路線與包容路線之間，如今更發展出一條全新的「人權教會」路線（見本書第48章）。MCC 早年非常努力開拓教會，在全世界近40個國家建立200多間教會，因而在普世教會運動中占有一席之地。雖然經歷過1980年代的愛滋浩劫之後，MCC 損失了將近四分之一人數的會友，但是不少 MCC 會友有自己的子女（多數是因為先進入異性婚姻而有子女，也有些是同性伴侶進行人工生殖或收養子女），這些性少數者的小孩雖在以性少數者為主體的教會長大，九成以上卻仍是異性戀者（護家盟可以放心了吧？），在性少數社群與異性戀主流社群之間儼然是「第三勢力」。性少數者的異性戀小孩毫無疑問將會與其他異性戀者談戀愛、結婚、生小孩，並繼續改造 MCC 的體質。只要她／他們沒有完全忘卻自己父母曾經遭受的壓迫，我們相信 MCC 仍會是與弱勢者同在的教會。目前，MCC 致力於促進跨性別者權益、協助其他國家的民權運動、發展屬於他們自己的普世教

會運動,用積極且酷兒的姿態面對全球化的挑戰。同光教會目前很少會友有自己的子女,但有不少會友已經試著將父母或兄弟姊妹帶來聚會。這也是一種讓同光教會轉化體質的過程。

曾與同光教會互動密切、原名「長灘MCC」(Long Beach MCC)的教會,在2000年左右脫離MCC,改稱「榮耀會幕教會」(Glory Tabernacle Church),並自我定位是「開放教會」(open church)或「包容教會」(inclusive church),而非「同志教會」(gay/lesbian church),且是一完全靈恩化的教會。榮耀會幕教會在脫離 MCC 時,同光教會曾問其原委,她/他們表示從「差異路線」轉向「主流路線」是讓教會生存壯大的唯一選擇。而榮耀會幕教會並非特例,不少原屬 MCC 的牧師與教會,最後都脫離MCC,「回歸」主流。

這幾年同光教會流失的會友主要是先在其他教會接受信仰的人,一方面她/他們對同光教會期待較高故失望也深,二方面她/他們也比較習慣其原本教會或宗派的敬拜方式與神學觀點。會友的流失對同光教會帶來一定的衝擊,除了人數減少會影響敬拜氣氛,更實際的影響是奉獻收入減少會限縮教會的事工範圍。2016年8月MCC將要改選新任主席,其中一項條件是必須具備卓越的募款能力。MCC以美國人為主要成員,她/他們很務實地面對財務問題,但也沒有為了方便募得金錢而改走靈恩派魅力領導或巨型教會路線。在台灣各個性少數團體機構中,同光教會在經濟上還算是獨立、穩定,但也應該未雨綢繆,儘快展開財務的長遠規畫討論。

不論上帝最後將帶領同光教會走上什麼路線,此時此刻同光教會仍是以性少數者為主體的教會,何況台灣其他主流教會也還沒準備好要平等對待性少數者,同光教會還是必須盡力照顧好性少數羊群。基督教會如何回應其信徒的需求,向來是複雜矛盾的動態過程,二千年教會歷史告訴我們,只要沒有人流血喪命,就很值得慶幸了。我們祈求上主為同光教會興起更多後起之秀,補足過去二十年中我們沒做到或沒做好的工作。

無數的基督徒（包括已經參與同光教會的性少數基督徒在內）不敢或不願張開眼睛看清楚聖經研究所揭露的事實，而寧願聽信右派分子散播的謠言與仇恨。這似乎令人費解。莔西・葳爾森牧師在《讓教會出櫃》（*Outing the Church*, 2013）一書中提到，許多基督徒在靈性上並沒有成熟，即使長大成人了卻還幻想、期待著有權威者來指導、照料她／他們，好讓她／他們可以繼續停留在一個神奇完美的世界中，而自己不必負責任。敬虔變成最好煽動利用的特質，而順服則成了嗜權者奴役他人的利器。躲在傳統教會的舒適圈裡，基督徒們就不必面對最深層的恐懼：萬一沒有上帝？而事實上，不是沒有上帝，只是上帝與她／他們想像的不一樣。

　　每走一段路，我們都會停下來回顧，並問自己：「何謂耶穌的上帝國福音？」信耶穌是把耶穌當成上帝的位格之一，給予崇拜，期待末後審判來臨時可以遠離地獄進入天堂，如此而已嗎？或者，信耶穌是要效法耶穌的思想與行動，在生活中做出改變，善待所有人，挑戰不公義？所有人都喜歡安逸，基督徒喜歡，性少數者當然也喜歡。待在冷氣房內、輕鬆閒聊、喝茶吃點心、翻翻聖經，在禱告中感謝上帝賜給我們安穩舒適的生活，這樣的基督徒生活沒什麼不對，也沒什麼不好。耶穌說：「你們若常常遵守我的道，就真是我的門徒；你們必曉得真理，真理必叫你們得以自由。」（約8:31-32）但是他也說：「狐狸有洞，天空的飛鳥有窩，人子卻沒有枕頭的地方。」（太8:20）信仰不會只存在於教會的禮拜堂裡，有時候真實的信仰意味著我們必須走上街頭、對抗霸權、甚至付出生命。

　　願上帝幫助性少數者，也願聖靈感動異性戀者，期盼包括同光教會在內的所有基督教會真正學習主耶穌基督的樣式，成為世界的光，溫暖照亮所有人。

附錄
同光同志長老教會歷年立場聲明

一、同光同志長老教會針對刑法第 227 條存廢爭議之聲明

　　今年十月底「台灣同志大遊行」結束後，具有基督教背景的政黨及組織以聳動標題和惡意串接的影片，透過LINE、簡訊及各網路社交平台，訛傳「同志運動要推動廢除刑法第227條讓兒少性侵害無罪」，企圖煽動社會反同情緒。同光同志長老教會在此做出以下聲明，以正社會視聽。

　　首先，台灣同志大遊行是由各性別平權團體共同發起，各團體都可以在遊行中提出自己的主張，例如，同光同志長老教會提出的訴求為「耶穌的愛不設限」、「同志信仰不設限」。在遊行中有某團體訴求「廢除刑法第227條」，但其著眼點是質問公權力干預青少年情感與性自主的正當性與界限，而非如特定政黨及基督徒組織所稱要使性侵害無罪。基督徒發言應該秉持誠實正直，因此，同光同志長老教會要嚴正譴責這些政黨及基督徒團體散播不實言論的行徑。

　　其次，基於聖經與信仰，同光同志長老教會相信身體與情欲都是上帝所創造；因此，否定青少年情欲的存在，不僅違反理性及常識，亦是否定上帝的創造。聖經亦記載，耶穌基督特別囑咐門徒須看顧、保護群體中的弱小者；因此，同光同志長老教會堅決反對任何侵害性自主的行為。有關青少年情感及性自主，同光同志長老教會建議將討論重點放在：如何創造青少年能安心尋求相關資訊與支援體系的環境？如何在尊重青少年性自主的前提下，提供教育、輔導與保護？

　　最後，同光同志長老教會要呼籲所有家長，以開放心胸接納具有多元性特質（同性戀、雙性戀、跨性別等）的青少年。這些青少年往往因為害怕被家長責備，而不敢與家長討論情欲問題，只能自己徬徨摸索，成為最脆弱易受傷的一群，更是自殺的高危險群。以慈愛對待具有多元性特質的青

少年，在自我認同的道路上陪伴他們，與他們共同面對大環境的挑戰與壓迫，他們就不會孤獨地承受歧視、霸凌與污名。具有多元性特質的青少年不是怪胎，而是上帝創造並看為美好的孩子。當他們尋求聆聽與支持時，請想想電影《為巴比祈禱》中的媽媽所說：「當你們在上帝面前說阿們的時候，不要忘了有孩子正在聆聽。」

二、年齡不設限？上帝的愛不設限！同志信仰也不設限！！

（主後2015年10月27日）

　　一年一度的台灣同志大遊行即將到來（註1），同光同志長老教會同樣不會缺席，我們將走上街頭，讓大家看到同志基督徒，讓大家看到上帝愛世人，不分性／別。

　　不同於「議題性」（如：停建核四）或「事件性」（如：萬人送仲丘）的遊行，台灣同志大遊行是「社群性」的遊行，讓大家看到同志社群（註2）的真實面貌；「現身」就是同志大遊行最重要的目的。許多基督徒、社會大眾或政治人物，一直理直氣壯地說，同志都是變態、躲在黑暗角落做不可告人的骯髒事，其實是因為他們看不見同志就在他們身邊、和他們一起共事、和他們看起來一樣「正常」；同志社群也往往因為擔心出櫃後被歧視的心理壓力，而選擇沈默地隱身在人群中。藉由集體現身，同志社群可以被社會看見，明白這不是個人的心理或行為偏差，而是一個多樣化、真實存在、應該被尊重的社群。同光教會之所以始終堅持不缺席台灣同志大遊行，一方面是要讓社會看到同志社群當中也有基督徒；另一方面也要讓同志社群看到，基督信仰並不與各種性傾向、性少數對立。我們堅信：上帝愛每個人，所有人。

　　本屆同志大遊行的主題是「年齡不設限——解放暗櫃、青春自主」。乍

看之下，有人可能會擔心：「天阿，這是說青少年和兒童都可以自由性交嗎？這樣好嗎？」設定這個主題，是要讓社會與同志社群都去檢視、討論不同年齡個體的性需求，以及這些性需求在現行法律與社會規範下所受到的種種限制是否合理。台灣社會始終忽視且污名化年長者的性需求、公權力要求16歲以下懷孕者須強制通報學校與家庭（無視於其面對的歧視與壓力）、兒童及少年性交易防治條例第29條使所有在網路上以成年人為對象的性交易相關訊息都可能變成犯罪、警察為提高績效頻繁在社交網路平台上「釣魚」……這些法令，表面上是規範所有人，但是同志社群因為背負污名與出櫃壓力，更容易成為壓迫與侵權的受害者，恐懼噤聲、求助無門。提出「年齡不設限」的主題，並非要強迫大家針對與年齡相關的性議題表態，而是誠懇地指出問題已經存在，社會不能再假裝看不見，這樣才有可能在各種意見交換中，逐步凝聚共識，對抗壓迫，邁向自由與平等。

　　同光教會今年加入象徵自然的綠色大隊，以「耶穌的愛不設限」、「同志信仰不設限」為我們的標語，因為上帝創造並深愛的，是真實自然的我們，有各種差異、各種性傾向。同光教會誠心邀請你帶著親朋好友一起參加這次遊行，讓世人看到同志基督徒是同志社群中的一份子，讓大家看見耶穌在我們每個人身上所散發的愛與光芒！

註1：第十三屆台灣同志大遊行日期為2015年10月31日。同光教會參加象徵自然的綠色大隊。集合時間：10/31（六）下午1:00-1:45。集合地點：凱達格蘭大道與中山南路交叉口。

註2：「同志社群」一詞在此不光是指同性戀，也不只是LGBT，還包括各種性少數。

三、同光同志長老教會發言稿：從同志基督徒處境看反同勢力組黨

（主後2015年9月20日）

去年三月，當許多朋友在立法院外面聲援、關心國家社會、為可能被國家財團犧牲的弱勢發聲時，站出來的教會少之又少。但很遺憾的，這幾年，似乎只有同志們出來為自己的權益倡議與爭取時，才能同時看到許多教會與基督徒出來關心。且諷刺的是，基督徒們在性別議題上的公民參與，卻常常傷了自己教會裡面的同志或者同志親友，而不自知。

教會裡對同志的瞭解都還是很刻板印象的。性別的刻板、性教育與安全知識的缺乏與刻板標籤，讓教會無法成為讓同志以及同志親友心安與自在放置身心靈的地方。同志不敢在教會裡、對牧師或者信徒朋友們出櫃，隱身在教會裡聽著大家對同志的批評，沒有資源又自我觀感低落，讓許多人走投無路或者扭曲過活。

基督徒參與政治，為社會不公義出聲，原本令人期待。但是翻看這些教會過去在 政治參與上的記錄，似乎最有力、大力投入的事跡都來自那些傷人與傷心的動員。

要呼籲基督徒向許多長期與弱勢苦難站在一起的社會團體學習。同志需要的關心，不只是口號與空泛的愛心，是要看見那些在教會還有社會裡，結構所造成的壓迫，還與那些被壓傷的人在一起。

我們可以理解與體諒許多基督徒因為自己信仰詮釋的理由而不挺同性婚姻與多元成家。但請不要在我們已經艱難的生活裡，只靠動動嘴巴與手指，不加思索也不願瞭解就輕易的標籤、批評、加諸重擔。

許多同志出來參選，帶有許多豐富紮實的政見與謙虛的學習態度。呼籲基督徒的結盟要著力在人民的需要與真實的苦痛上。要愛那些就在你眼前

的看得見的同志弟兄姐妹，要靠著基督信仰勇敢跨越那些被煽動的恐懼與妖魔化同志的假像。等你們來共同挖掘那些使我們喘不過氣的結構、一起為未來更好而努力。

四、同光同志長老教會針對台灣基督長老教會「反同志婚姻、反多元成家」牧函的聲明

（主後2014年5月20日）

台灣基督長老教會在今年4月22日召開的第59屆總會通常年會中，以臨時動議方式通過「反同志婚姻、反多元成家」的牧函，並於5月20日在總會常設委員會第一次會議中決議發布此牧函；同樣源出改革宗傳統的同光同志長老教會，對於台灣基督長老教會此一舉措感到萬分痛心。

同光同志長老教會自1996年成立之初，幸得義光長老教會慨允出借禮拜堂，並在許多台灣基督長老教會所屬牧師協助之下，終於茁壯成長；台灣基督長老教會並曾在2004年8月出版《同性戀議題研究方案報告書》，表達出願意尊重、了解性少數社群的正面態度。對於台灣基督長老教會在過去願意秉持信仰良心，用實際行動與弱勢受苦的性少數人民站在一起，我們表示由衷的感謝與尊敬。

如今，在世界各國主要宗派逐漸接納性少數成員、甚且同意按立牧職之際，台灣基督長老教會卻大開倒車，企圖以一份來路不明、神學薄弱、「假開明真歧視」的牧函來反對民法修正案，對性少數人民展開中世紀式的宗教迫害，其行徑較諸其所批判之中國國民黨在服貿議題上之黑箱作業，有過之無不及。性少數基督徒在其各自教會中被牧者譴責咒詛，身心靈受創，輕者離開教會，重者自殘、自殺，凡此案例所在多有。倘若多年來性少數基督徒唯一仰望的台灣基督長老教會也加入壓迫者陣營，無疑將

使性少數基督徒頓失所依，陷入信仰黑洞，影響所及非同小可。台灣基督長老教會倘若決意背棄受苦人民，怎麼還有資格誇稱「根植於本地，認同所有的住民，通過愛與受苦，而成為盼望的記號」？

因此，同光同志長老教會以無比沉重的心情，公開對台灣基督長老教會表達嚴正的抗議，並呼籲台灣基督長老教會懸崖勒馬，撤回「反同志婚姻、反多元成家」的牧函，重新開啟與性少數人民善意溝通對話之門。願上主親自感動台灣基督長老教會眾牧者及會友，讓台灣基督長老教會重新成為「和解的使者」，幫助受壓制的性少數人民得自由、平等，使台灣成為上主的國度，充滿公義、平安與喜樂！

五、同光同志長老教會針對輔仁大學朱秉欣教授指稱「同性戀家庭引發的問題」之聲明

（主後2015年4月24日）

針對報載輔仁大學教授朱秉欣神父授課講義指稱「同性戀家庭引發的問題」，同光同志長老教會提出以下聲明，以正社會視聽：

一、將同性戀議題列入犯罪心理學課程之主題，本身就是對同性戀之污名化。該講義中羅列之20點，與其說是「問題」，毋寧說是「偏見」，非但看不出邏輯、脈絡，亦與現今科學研究結果相悖。絕大多數針對同性父母家庭與異性父母家庭之比較研究均發現，子女的心理健康及社會適應能力與「父母之性傾向」無關，而與「社會對同性戀及同性婚姻接納程度」、「父母相愛程度」、「親子溝通順暢程度」有關（註1）。依朱神父之邏輯，若異性父母家庭之子女有各種犯罪或問題行為，難道要歸因於父母之異性戀性傾向？與朱神父相似的誤導及偏見，亦見於「守護幸福家庭聯盟」（護家盟）、「台北靈糧堂」、「新店行道會」等基督教團體之言

論（註2）。將現代社會中青少年問題卸責於同性戀或同性父母家庭，不但是錯誤歸因，並將使問題持續惡化。本會鄭重呼籲朱神父及其他教育工作者、宗教工作者應立即停止再散布關於同性戀之不實言論，以免繼續傷害同志朋友及其子女。

　　二、同志朋友及其子女於社會生活中之痛苦，其實來自周遭環境對同性戀之歧視與排斥，而非其性傾向本身所導致。成熟的社會應該尊重其成員之多元性，致力於消弭歧視，而非助長歧視，教育機構及宗教團體亦應有同樣認知。

　　三、倘若朱神父及其他教育工作者、宗教工作者希望提供學生或會友關於同性戀之資訊，應尋求性別友善團體（如：台灣同志諮詢熱線協會、台灣性別人權協會）之協助，本會亦非常樂意提供經驗分享，以幫助更多人對同志朋友及其子女有真實、公平之認識。

註1：近期代表性研究之文獻回顧請見：Pennings G. "Evaluating the welfare of the child in same-sex families." *Human Reproduction*. 2011;26:1609-15.

註2：護家盟觀點請見：「反對同性婚姻入法6項理由：維護家庭價值、反對同性婚姻入法」(https://taiwanfamily.com/相關文章與資源/反對同性婚姻入法)；台北靈糧堂觀點請見：「多元成家──教會議題或公民議題？」(http://60th.bolcc-taipei.org/list-detail.php?id=181)；新店行道會觀點請見：「我的孩子，我自己教!!」(https://www.facebook.com/notes/張茂松/我的孩子我自已教/306346966058050/)

六、同光同志長老教會針對部分教會惡意批評婚姻平權之聲明

（主後2013年12月3日）

自同志爭取婚姻平權至今，遭受許多基督宗教界人士大肆批判及人身攻擊，也有許多教徒質疑同光同志長老教會為異端，不斷抹黑並來函辱罵。為此，我們再次提出聲明：同光同志長老教會樂於與眾教會姊妹弟兄分享彼此在信仰上的感動，以及不同信仰見解，但如遇不願理性溝通、禱告代求，而執意抹黑謾罵的言論，我們也將保留法律追訴權利。以下為同光同志長老教會聲明：

近來，婚姻平權議題在基督教界中持續延燒，台中某教會臉書頁（目前此篇文章已撤除）於昨日（十二月二日）更出現以下文章，「同光教派（意指同光同志長老教會）被其他基督教派認為是『異端』，因為他們為了把同性戀合理化，對聖經的教導做了很多延伸的解釋甚至扭曲經文的原意。但經上明明白白的記載同性性行為就是罪，無可推諉。」此文章也說，「一個真正的基督徒對同性戀者的包容，絕非支持同性戀甚至同性婚姻，而是告訴他們這樣是不對的，引導他們遠離他們的罪。」

對於如此缺乏聖經知識以及信仰德行的言語，同光同志長老教會感到十分遺憾，我們同樣身為主耶穌基督的門徒，只能為此祈求上主的憐憫臨到他們，赦免他們自義驕傲的罪，並帶領我們有一天能在主愛中合一。

聖經對於同性性行為的記述，如同其他眾多議題一般，在神學界中一向存在不同的詮釋，並非一言堂；目前在基督教主要宗派聯盟中，無論是普世改革宗教會聯盟（World Communion of Reformed Churches）、世界信義宗聯會（Lutheran World Federation）或是普世聖公宗（Anglican Communion），都已有部分成員與同光同志長老教會有相仿的神學立場，並支持同性婚姻，更為其舉辦祝福儀式。因此，妄自論斷同光同志長老教

會扭曲聖經原意實是缺乏聖經知識的言論。

此外，在不同的神學見解之下，不思積極有益的對話，而單方面採取論斷定罪的言論，甚至將「異端」一詞強加於其他有不同立場的教會，更有失作為基督徒的基本信仰德行，凸顯上主所不喜悅的自以為義。

即便有部分偏激人士否定同志有結婚的權利，即使有部分偏激的基督教徒否定同志信徒在上帝面前的委身，但我們仍會持續帶著信、望、愛等候上主的恩慈及公義遍及這世上的同志族群。同光同志長老教會要向台灣的同志族群，以及每一位同志信徒說：我們現在的每一份努力都會是值得的！我們相信下一個世代的同志朋友不會再生活在歧視及孤單中，下一個世代的同志信徒不用再隱藏我們的淚水，無論是因著感恩而流出的淚水，或是生活遭遇苦難而流下的淚水，都能坦然地向姊妹弟兄們分享，因為耶穌基督的慈愛及擁抱從來不曾離開每一位同志朋友。

七、同光同志長老教會出席立法院「婚姻平權民法修正公聽會」發言稿

（主後2013年11月19日）

看到台灣許多基督徒表達反對同性婚姻的立場，並結合其他宗教團體組成護家盟時，同光同志長老教會作為一個基督徒的信仰群體，也想提出一些看法。

普世的基督教會中，對於同性戀議題有不同意見。目前在美國、加拿大等地，包括美國聖公會、美國福音路德教會、美國長老教會等許多教派，認為過著忠誠關係的同性戀者也同樣可以擔任聖職。先不談支持同志族群的神學論述，其實即使在「認為同性性行為是罪」的神學立場中，仍然包括了許多微妙的差異。在此特別引用二十世紀著名的新正統派神學家田立

克，他對於同性戀議題的看法：對於無法改變性傾向的同性戀者，與其不近人情地堅持他們守獨身，不如鼓勵他們在親密關係中發揮最大的倫理潛能，進入跟異性戀一樣的規範。他也這麼說：如果同性戀者不能得到諒解，他們只會與教會日漸疏離，被迫在人群中戴面具，害怕身分被發現而受傷害，而被丟入一個恆久的人生衝突中。

因此，同光教會今天在這裡，除了告訴大家基督教中充滿不同的立場之外，也特別提醒以基督徒為主的護家盟，不要忽略了不同基督徒的聲音。更重要的是，即使對這議題有不同的意見，我們需要的是理性對話以及積極有效的意見。

護家盟的網站上寫著「我們應該關心弱勢，尋求其他更有效的方法幫助同性戀者解決他們的問題」，這個更有效的辦法是什麼？當護家盟反對婚姻平權時，你們能提出的更有效幫助同性戀者的辦法是什麼？這點我們似乎沒有看到。

護家盟的聲明中，也有一段是這麼寫的：「台灣已是自由社會，同性戀者可自由生活，不像新加坡或其他國家禁止同性性生活。」聽起來同性戀者好像很幸福了，可是同性戀者目前在台灣如果比其他亞洲國家有稍微多一些的自由，這些都是被護家盟大力譴責的同志運動者在這十多年來的努力成果，當護家盟說要尊重同性戀者，許多教會也說要愛同性戀者時，同性戀者目前得到的自由生活，卻沒有任何一部分是這些人站出來為同性戀者爭取的。

相反地，目前在各地教會中，還常可聽到各種刻意醜化同性戀者的言語，例如前一陣子，某位神學院院長在教派內部的工作坊裡，說同性婚姻通過後，「牧師可以拒絕為同性戀證婚？要是拒絕會不會因此觸法？」現在各地教會的許多牧師不是早已經拒絕為非信徒的異性戀新人證婚，有因此而觸法嗎？為何要用這種言語故意將同性戀者描述得似乎特別沒有理性呢？

同光教會近來在臉書網頁上，常收到公開或私下寫信的指責或謾罵，其中包含了許多對同志族群的污衊言語，以及因為對婚姻平權的誤解而發出的謾罵，但是當我們一一回覆後，甚至連發言者也知道是自己誤解之後，卻只是表達自己還是不會改變反對立場後就離去，卻從來沒有人為這些污衊抹黑及謾罵的言論道歉，這是我們熟悉的基督徒樣貌嗎？我們真的感到非常難過。

不過，最近也有不少其他教會的異性戀弟兄姊妹主動與我們聯繫，並且表達他們對於自己教會對多元成家議題的抹黑感到不解，於是想要從我們這裡了解法案的內容，當類似的例子一個接一個發生，我們知道，同光教會作為一個基督徒群體，我們必須堅持這份信仰勇氣，勇敢地站出來發聲，告訴每一位覺得自己被孤立的基督徒，也告訴我們親愛的同志社群，同光教會支持婚姻平權。

八、關於多元成家草案的幾點澄清

（主後2013年10月23日，台灣教會公報投書）

由多個宗教團體組成的護家盟，日前發表反對伴侶盟《同性婚姻、伴侶制度、收養、多人家屬草案》（以下簡稱《修正草案》）的言論，甚至有宗教代表表達同性婚姻的合法化會建立「淫亂雜交的世界」，並導致「通姦合法化、亂倫合法化、雜交合法化」。對於如此荒謬且抹黑的言論，同光同志長老教會除了感到遺憾、痛心，也要沉重提出呼籲，盼望參與護家盟的幾位教會牧長，重新檢視護家盟的立場，勿為荒謬不實的言論背書，扼殺社會大眾對教會的信任。

事實上，護家盟未曾真正了解民法精神及《修正草案》內容，即以預設立場刻意曲解。首先，護家盟擔心《修正草案》的通過會使「亂倫合法

化、通姦合法化」。事實上《修正草案》從未更動、修改《民法》原有對婚姻對象限制的條文（《民法》第983條）。此外，《修正草案》中，配偶一方「與配偶以外之人合意性交」，仍然構成他方要求離婚的事由。換言之，同性婚姻仍將破壞婚姻忠誠的行為列為可請求離婚的基礎，同樣保障忠誠的婚姻關係。在未修改以上條文及刑法仍有亂倫、通姦罪的狀況下，《修正草案》的通過不可能導致「亂倫合法化、通姦合法化」。

其次，護家盟質疑「多元家庭是鼓勵雜交」。其實，「自主選擇多人家屬」是現行《民法》第1123條中早已存在的觀念，不可否認地，其中存在被誤用的空間，但卻不是《修正草案》造成，護家盟以張冠李戴的言論將問題推到《修正草案》，實是一種充滿惡意的抹黑言論。

同光同志長老教會認為一夫一妻的婚姻制度及價值觀並不會因為同性婚姻的合法而有所改變，正如同教會的成長，並不需要透過在法律或武力上打壓其他宗教為前提。基督的教會，唯有在我們逐漸活出基督的樣式之時，才能成長茁壯。因此，同光同志長老教會支持伴侶盟提出之《修正草案》，企盼藉此讓同志族群能一同在法律的保障中，建立忠誠的婚姻及充滿愛的家庭。我們也期待在不久的將來，異性戀基督徒與同性戀基督徒能共同將基督的福音在台灣這片土地上遍傳。歡迎在臉書搜尋同光同志長老教會，有更多對於《修正草案》的說明。

九、同光同志長老教會對「護家盟」言論的回應

（主後2013年10月3日）

由多個宗教團體組成的「台灣宗教團體愛護家庭大聯盟」（以下簡稱「護家盟」），於九月十八日發表反對伴侶盟《同性婚姻、伴侶制度、收養、多人家屬草案》（以下簡稱《修正草案》）的言論，其中有宗教代表

甚至表達同性婚姻的合法化會建立「淫亂雜交的世界」，並導致「通姦合法化、亂倫合法化、雜交合法化」；對於如此荒謬又無根據的言論，同光同志長老教會除了感到遺憾、痛心，也要沉重提出呼籲，盼望這些宗教團體能重新回到建立良善價值的信仰內涵，勿以宗教做偽善的外衣，掩飾內在仇恨歧視的言語。

事實上，護家盟可能未曾真正瞭解《民法》精神及《修正草案》內容，即以預設立場發表言論，或是刻意曲解以混淆視聽。如果仔細研讀修正草案與現行民法，即可知道《修正草案》並不如護家盟所以為的離經叛道，更與護家盟的批判有嚴重落差。甚至可說，《修正草案》所提倡的家庭價值立場，與護家盟的立場毫無二致。

首先，護家盟擔心《修正草案》的通過會使「亂倫合法化」。事實上《修正草案》從未更動、修改《民法》原有對婚姻限制的條文（《民法》第 983 條參照）。原本不得結婚的直系血親、直系姻親與其他近親，在草案通過後仍然不得結婚。在未修改此項婚姻對象規範條文的狀況下，《修正草案》的通過不可能破壞親倫關係，而使得「亂倫合法化」。

第二，護家盟也擔心《修正草案》的通過會造成「通姦合法化」、「雜交合法化」，這更是無中生有的指控。《修正草案》中婚姻部分的修正重點在於將「夫妻」修改成「配偶」、「他方」（《民法》1052條參照），目的是開放同性締結婚姻的可能，並促成婚姻中雙方平等。《修正草案》中，配偶一方「重婚或與他人締結為伴侶」及「與配偶以外之人合意性交」，仍然構成他方要求離婚的事由。換言之，同性婚姻仍將破壞婚姻忠誠的行為列為可請求離婚的基礎，並同樣致力於保障忠誠的婚姻關係，與既有《民法》婚姻規範的價值相同。何來造成「通姦合法化」、「雜交合法化」的問題？

第三，護家盟認為「多元成家草案將徹底破壞家庭制度及倫理觀念，其中不限性別、不負性忠貞義務、單方面即可解約、與雙方親屬沒有姻親關

係、自主選擇多人家屬及領養小孩等主張，皆將台灣帶往『毀家廢婚』的境界」。這樣的說法是刻意將《民法》中「婚姻」及「家庭」的觀念混淆在一起，進而抹黑《修正草案》。在婚姻關係上，無論是現行《民法》或是《修正草案》，都清楚規範婚姻的性忠貞義務、由雙方協調離婚及配偶雙方親屬的姻親關係，絲毫沒有任何改變。

　　至於《民法》中的「家庭」是規範家屬之間的關係義務，從來與「性忠貞」無關。「自主選擇多人家屬」是現行《民法》第1123條中早已存在的多人家屬觀念，《修正草案》於此部分的修改集中於《民法》第1122與1123條兩個條文。1122條的修改將家的定義，從「以永久共同生活為目的而同居之親屬團體」，放寬為「以永久共同生活為目的而同居之團體」，使現行條文第1123條中，非親屬可以建立家庭的觀念更加確立。而《修正草案》提出的「伴侶制度」則是建立一種法律保障更強化的家庭關係，目的在使現代社會中無法締結婚姻、或不願締結婚姻，卻有共同生活事實與需求者，受到法律一定的保障。因此，對於「多元家庭是鼓勵雜交」的質疑，是對《民法》家庭觀念的不了解以及對非主流性族群的污名化結果。《修正草案》非但不是對家庭價值的破壞，更是對社會中已然存在以愛為基礎組成的同居團體的正視，並期待透過法律使這些具有家庭實質的團體可以受到如同家庭一般的法律保障。《修正草案》正是提倡「家」的愛與關懷價值，與護家盟提倡的價值一致。

　　我們重申，一夫一妻的婚姻制度及價值觀不會因為同性婚姻的合法而有所改變，正如同每一個宗教信仰的存在及信仰內涵，不需要建立在打壓其他宗教的前提下。因此，同光同志長老教會支持伴侶盟提出之《修正草案》，並企盼在不久的將來，異性戀者與同性戀者能共同建構出更美善的家庭及婚姻價值。

十、同光同志長老教會於「多元成家：要婚姻，還要其他！」記者會發言稿

（主後2012年12月21日）

同光同志長老教會支持陳敬學與高治瑋爭取同志婚姻權的訴訟行動，並呼籲法院重視憲法平等權的保障，也要求立法院盡快促成同志婚姻合法化。

我們相信，人生而平等。相愛的人無論其性別或性取向，其婚姻權都應該受到法律平等而完全的保障、不受國家在法律上的歧視。同光同志長老教會欣見主張同志婚姻合法化的積極訴訟行動，也支持為同志平權所做的努力。我們呼籲法官透過釋憲來實踐憲法平等權保障，停止剝奪同志婚姻權。除此之外，我們也支持台灣伴侶權益促進聯盟在同志婚姻合法化與伴侶法上的立法行動，並呼籲立法委員予以重視，儘速通過相關立法。

對於近年來部分宗教團體，尤其是保守基督教團體，對於同志的污名化與阻礙同志婚姻合法的行動，予以譴責和駁斥。同光同志長老教會相信，上帝的公義彰顯在對世人無分性別與性傾向的愛，同志的身分與愛同受上帝的祝福與悅納。

同光同志長老教會在此聲明，支持同志婚姻合法化的行動，也呼籲法院與立法機關實踐憲法平等權的保障，儘速賦予同志在婚姻上合法與平等的權利保障。

十一、同光同志長老教會於「台灣伴侶權益推動聯盟」立案及草案發布記者會之發言稿

（主後2012年9月8日）

今天，「台灣伴侶權益推動聯盟」召開聯合記者會，宣布推動同志婚姻法的立法，這是台灣歷史上的一個重要時刻，代表台灣將朝向更成熟的人權社會再邁進一大步。

長久以來，在這塊土地上生活的同志朋友，除了承受來自社會與傳統的壓力，更因為部分基督宗教人士的誤解與定罪，遭受到靈性上的不平等待遇。

在《聖經》中有極少數的經文，常常被反同志的基督宗教人士引用，拿來當作定罪同志的神諭，但是當今聖經學者的研究卻告訴我們，其實這些經文根本就不是在討論性傾向的議題。

另外，反同志的基督宗教人士還聲稱，根據《聖經》的《創世記》，上帝創造人類有男有女，要人類生養眾多，因此人類就非得要男婚女嫁才算正常。雖然創世記第一章確實有提到生養眾多，但是真正在討論伴侶關係的《創世記》第二章所記載的是，上帝發現祂所創造的那一個「人」很孤單，而自然界中的各種動物不適合作「人」的伴侶，於是上帝創造另一個「人」，讓他／她們成為彼此的幫助者。因此，在人類的伴侶關係中，「性別」並不是重點，「互助」才是上帝的本意。

同志在婚姻上得到平權，這不只是同志朋友自己的事情，這事實上也是千千萬萬異性戀者的事情；因為那些得不到合法保障婚姻、被拒絕於幸福門外的同志，正是你們的好朋友、是你們的兄弟姊妹，甚至就是你們的寶貝孩子。

因此，同光同志長老教會支持推動同志婚姻法的立法，並且與「台灣伴

侶權益推動聯盟」站在一起，我們要一起推動同志婚姻法草案的百萬人連署，我們要一起為性別友善與弱勢平權不斷努力，我們衷心期盼愛與公義能更落實在台灣這塊上帝賜給我們的美麗土地上。

十二、回應《同性戀真的不是罪嗎？回應六月廿五日廿二位牧者的聯署文告》

（主後2012年7月6日，投書香港時代論壇時代講場）

對於後同性戀者（post-gay）韓森回應六月廿五日廿二名牧者的聯署文告一文，我們認為作者聲稱認同同志性傾向卻定罪同性性行為一事，是不合理又荒謬的說法。

首先，韓森對於性解放與同志運動的理解是過於狹窄的，以為性解放是指在性實踐上的無限開放且勢必與信仰衝突。然而，參與同志運動的基督徒或教會的性解放訴求，是指解放於既有性觀念和規範所造成的不公義，讓人可以從這些不公義的挾制、欺侮及資源分配不公的情況中，得到較平等的對待與自由。性解放不是性氾濫，也不只是社會與政治的，還包括信仰與靈性上的。在現實社會中，同志朋友在各個層面受到不同的歧視與不平等對待。凡是聲稱愛同志、牧養同志的教會與牧者，不可能也不應該漠視這些不友善與歧視。

令人費解的是，韓森聲稱愛同志，鼓勵同志認同自己、愛自己，卻同時要求她／他們禁絕愛的實踐與體驗。性傾向與性行為並不是兩件可以被切割討論的事，這二者相互影響，並且共同建構了同志的身分認同。正如同一個政府若真心相信人民至上，就不可能不允許人民有言論與思想自由；號稱愛同志卻譴責同志的愛情，根本是一種錯亂的、偽善的說法。真正的基督信仰並不單就行為本身論斷是非，否則就與耶穌所譴責的只看表面

行為、忽略內心的法利賽人心態無異。上帝愛世人，單單因為世人為祂所造，而非因為世人做了什麼可供交換。

從同志基督徒角度所提出對基督信仰的洞見，並非要否定或廢除聖經的內容，而是幫助人們透過對聖經背景的了解，更深刻體會兩千多年來聖經所要傳達的信息：上主從不間斷的愛與拯救。過去在聖經裡、歷史中被歷世歷代基督徒經驗過的這份信仰，如今在同志教會與同志基督徒中仍接續被經歷著。

我們呼籲同屬基督信仰的教會與信徒，對同志議題有更多的反省與討論，切勿打著愛的旗幟，卻造成基督徒間、基督徒與同志社群間的裂痕與壓迫。

十三、同光教會對「同性婚姻是人權？」演講之回應

（主後2011年11月14日）

2011年10月25日於中正大學所舉辦的「聖經與法律研討會」，由馬幼俠教授主持，香港浸信會大學的關啟文教授演講，質疑同性婚姻不是人權的主張。本教會認為關教授的主張既欠缺法律上有力的論據，也不符合聖經和基督教義，而是基於歧視和偏見的主張。特別提出聲明，以正視聽。

（一）同性婚姻不是人權？
關啟文教授宣稱其以學術的角度來分析同性婚姻的議題，以三個理由反對同性婚姻作為人權。

允許同性婚姻會造成多人婚姻的結果，是對於婚姻制度的徹底破壞。法律介入社會寬容的問題，會激發更多的不寬容和不公平。世界人權宣言所保障的婚姻權，僅止於異性戀婚姻。 綜觀關教授的說法，我們沒有看到理

性豐富的學術討論，而是在學術包裝下，以偏狹的宗教觀點對同性婚姻的不了解和污名。以下先探討二、三的法律說法，再回應第一點理由。

（二）法律介入同性婚姻保障是正義和公平所必須

關教授主張的第一個法律的理由是，法律介入會激發更多的不寬容與不公平。其以非裔美人的優惠性差別待遇（affirmative action）為例子，說明給予黑人優惠將造成對於白人的不公平。以法律介入給予特殊族群優惠差別待遇是否真的造成不公平確實引起相當多的討論。然而，事實上幾乎沒有學者或法院認為給予弱勢族群優惠待遇是本質上錯誤的。關於優惠性差別待遇的爭議都是在於界線的畫分或手段的合理性，例如是否可以以種族做界分、加分的手段是否合理等等，根本原因在於資源分配的問題。亦即當國家給予特定族群優惠時，很容易排擠到其他人的機會或利益。

同性婚姻，並不會使得異性戀減少任何關於婚姻的機會或利益，不會有不公平的問題。此外，法律介入引發的不寬容，往往是社會轉變與正義追求的必然過程。例如美國歷史上的種族平等運動，在聯邦最高法院宣告「隔離但平等」的措施違憲後引起社會極大的反抗，但時至今日，美國社會沒有人會認為當時法律的介入是錯誤的，甚至認為美國最高法院當時的積極介入法律史上是最正確、最正義的舉動。同性婚姻的法律保障引起社會部分人的反彈是已經可見的，但這並不妨礙其成為一個正確、正義的、值得追求的作法。

（三）追求高標準、與時俱進的人權保障

關教授第二個法律理由，是主張《世界人權宣言》只保障異性戀婚姻，因此否定同性婚姻是人權。引用2002年聯合國人權委員會在 Joslin v. New Zealand 的解釋為依據，他認為《世界人權宣言》所保障的婚姻僅止於成年男女異性戀的婚姻。然而，關教授顯然錯誤地理解《世界人權宣言》與人

權保障的關聯，也錯誤地以僵化的方式理解人權。

《世界人權宣言》所承載的是普世接受的「最低限度」人權保障，其可以用來檢視挑戰各國人權保障的不足，卻從來不是用來否定人權存在的藉口。各國當然可以用憲法或法律提供高於世界人權宣言的保障，並不妨礙同性婚姻成為國家法律保障的人權。一如台灣人民在憲法享有祕密通訊的自由、在法律得以行使公投的權利，都不因為《世界人權宣言》沒有保障而受到否定。

即使就《世界人權宣言》本身的保障範圍而言，關教授的說法也過於狹隘。聯合國人權委員會的解釋，儘管僵化地以條文中「男女」的文字將第16條保障範圍限制在異性戀婚姻，但並不因此否定同性婚姻發展成為普世人權的可能性。人權的內容與型態是不斷演進發展的。從 Joslin 一案做成到現在，儘管世界人權宣言沒有明文提到性傾向的人權，性傾向以及其相關的行為都已經成為聯合國人權體制保障的範圍。2008年荷蘭和法國在歐盟的支持下向聯合國大會提出宣言的補充，反對任何基於性傾向和性認同的歧視和暴力。

2011年，南非提議要求聯合國人權委員會對LGBT的人權情形做成詳盡的報告。如果性傾向已經逐漸被肯認成為普世人權保障的範圍，那麼同性間交往與關係也不可能排除在法律的保護之外。僅以條文中提及「男女」而堅持婚姻權只保障異性戀婚姻的說法，將越來越站不住腳。

關教授進宣稱，社會上有大量的冒牌的人權流動時，會對於人權的概念產生問題。然而他可能忘記了，非裔美人的自由權、女人的參政權、中國人的言論自由、以及許多個人的財產權等現在被普遍承認的基本人權，都是歷史上曾經不被承認、被指為「冒牌」的人權。人權本來就是在不斷的爭取與辯論中成長的，如果任意地指稱某個人權主張冒牌而否定，那麼我們現在不可能有任何人權可言。我們認為，關教授以世界人權宣言作為人權最高標準而否定同性婚姻作為人權，是僵化而嚴重錯誤的人權理解。國

家當然可以透過憲法和法律，提供人民高於《世界人權宣言》百倍的人權保障；而聯合國對於婚姻的狹隘解釋也勢必要不斷地檢討調整！

（四）基督教義與聖經核心關懷是愛和包容，不是歧視與排斥

關教授反對同性婚姻的真正理由，是來自於其對於同性婚姻的污名和狹隘的宗教理解，儘管包裝在學術和法律的說法下。其提出的第一點理由，將同性婚姻和多人婚姻連結，顯然是毫無根據的。關教授指摘同性婚姻是對於婚姻制度的破壞，將會導致多人婚姻所引發的道德危機。然而，多人婚姻包括不同性別的可能性，如果同性婚姻會引致多人婚姻，那何以存在已久的異性戀婚姻制度沒有？這樣的論述背後，是對於同性關係的錯誤想像和污名。更何況，多人形式的婚姻制度不僅在各國歷史所見多聞，在《聖經》故事中比比皆是，也真實存在現實社會中。我們看不出同性婚姻如何會導致多人婚姻，也不明白多人或同性婚姻的允許，即使是對「婚姻制度徹底的改變」，又如何造成對社會的傷害。

在另一篇特稿中，關教授疾呼同性婚姻意味著「對傳統一夫一妻制的顛覆，和社會整體對同性戀全然認同，同性戀和異性戀的分別將會完全泯滅」。儘管指稱自己不排斥同性戀，而宣稱做學術的討論，卻擔心只要「一天教會仍然持守對同性戀行為的批判立場，同志運動就仍然會對教會施加壓力。」說到底還是從教會的立場批判同性戀。然而，關教授始終沒有提出完整的理由，說明究竟基督教會何以必然對同性戀以及同性婚姻反對的理由。原因很簡單，因為基督宗教和聖經並不排斥同性戀。基督教義的核心，從來沒有拒斥或制裁任何以愛為基礎的關係。根據基督信仰，是上帝創造了我們。我們的基因、氣質、才能、天賦、或性傾向，全都源於上帝對我們不可思議的愛的計畫。同志的性別氣質與性傾向，當然也是上帝愛的計畫的一部分。幾乎所有權威的聖經學者都已經指出，那些經常用來攻擊同性戀的所多瑪故事、《利未記》、《羅馬書》，都是在既有的污

名和歧視上錯誤解釋的結果，並非聖經和作者的原意。《聖經》中所多瑪城滅亡的真正原因，是對旅人的傲慢和侮辱；《利未記》的律法是為了把以色列人和外邦人分別出來，因為當時猶太人觀念認為同性性行為是外邦人的一項認同與特徵，和是否割包皮的理由相同。至於最常被引用的《羅馬書》，著名的聖經學者都已經指出，保羅提及同性性行為，是要教導大家：在基督裡，每個人都因為愛而成為上帝兒女。而舊約律法所關切的潔淨問題再也不能夠用來區分、歧視或排斥的理由。對耶穌而言，是否遵守猶太律法，與人格好壞無關，與是否得救無關。他自己就是挑戰猶太律法的勇者。從耶穌時代開始的《新約聖經》，沒有基於任何理由譴責同性性行為，所強調的是不可以濫用舊約的律法壓迫他人。基督的教義與《聖經》的教導，強調的是愛和平等包容，譴責的正是關教授以及一些保守教會歧視和壓迫同志的行為。關教授反對同性婚姻欠缺法律上的基礎，也不受到基督宗教和聖經的支持。其真正的理由，是自己的偏見和歧視，卻企圖包裝在似是而非的法律論述和聖經詮釋下，混淆視聽。

（五）對差異和多元更多的平等包容才是法律與基督宗教的核心

馬教授在會議上說，「我非常非常期望，我們年輕人不僅僅是成為一個守法的人，我們更能成為一個品格高尚的人！」我們也是這麼期望的。誠如其言，《聖經》和真理，確實引導著我們的道德，也提供詮釋、制訂法律的重要參考。《聖經》和基督教義的解讀從來不是以壓迫、歧視或否定他人為核心的。馬教授借用林肯的話為其主張背書，然而林肯正是反對盲目跟隨聖經或以宗教意見壓迫他人的先驅。他更有名的一段話是，「我支持良心自由最尊貴、最廣泛和最高的理解。但是我不能把良心的自由給了梵蒂岡教宗，和他的追隨者，天主教徒，如果他們告訴我，通過他們所有的議事會、神學家和教會法規，他們的道德命令他們一有機會就燒焦我的妻子，扼殺我的孩子，割斷我的喉嚨。」

如果聖經對於同志運動或同性婚姻有任何的啟示，那就是對人的平等尊重與關懷。欠缺這樣的基礎，所有宣稱基於聖經或基督教誨的譴責或主張，都可能只是自身偏見和歧視的修辭。我們期待馬教授、關教授以及各界基於宗教或非宗教理由歧視同志、否定同性婚姻的朋友，先試著瞭解同志，給予應有的平等尊重和關懷！

十四、同光教會參與0516「反恐同·反恐跨性別」記者會新聞稿

（主後2011年5月17日）

（一）同光教會成立的艱辛過程

同光同志長老教會由一群具有同志身分的基督徒們，長期在信仰群體中壓抑自我，希望可以聚集一起不必擔心受怕、可以暢談信仰與生命，所以在1996年由一位異性戀女牧師楊雅惠帶領成立。成立過程艱辛，但縱使已過十五年，台灣教會界的恐同氛圍依然沒有太大改變；同光教會的信箱與電話，仍有來自全台各地同志基督徒以親友們的傾訴與求助；他們因性傾向和別人不一樣而長期感覺罪惡、不被愛、甚至被相同信仰的教會與家人排斥。有人被趕出教會、有人無法受洗、有人無法像其他信徒一樣進入神學院學習與裝備以回應信仰、有人伴侶過世時被教會儀式屏除在外無法參與全程……這些不斷發生的事情還不包括同志基督徒們在教會每周每日必須喬裝異性戀以迴避性傾向與婚姻交友議題的痛苦。

（二）真愛聯盟發起反同網路連署

近日同光許多夥伴都收到許多基督徒朋友們轉寄來自真愛聯盟發起的「反同志教育進入中小學的連署」。而這個連署不只是其聲明的「家長與

教師立場」而已，整個連署的發起與動員都和台灣許多基督教會脫離不了關係。真愛聯盟與其發起團體利用社會多數人還有多數基督徒對同志的不了解與恐懼，在社會與教會裡促成許多分裂與心碎；許多支持同志或對議題有不同看法的朋友們，在教會多數氛圍的逼迫中簽下連署，而同志基督徒和其家人們在多數的壓力之下，為避免曝光也被迫刻意迴避或為不認同的立場背書。

關於近日真愛聯盟發起的「反對同志教育進入中小學」連署，本會堅定支持教育部將「認識同志」議題納入中小學「性別平等教育」課程，期待可以落實「更多認識、不再歧視」的平等教育目標。關於這個議題，我們的聲明如下：

（三）保守教會定罪同性愛的依據

保守基督教會人士向來否定同志的生命特質，將同性愛視為罪惡，並對包括教友及非教友在內的同志進行性身分的壓迫，因此同光同志長老教會在1996年5月5日成立，提供一個完全接納、認同各種性身分個體的信仰空間。

保守基督教會人士普遍存在於各基督教宗派之內，目前在台灣社會中以「靈糧堂」體系最為活躍；專門為矯正同性戀而成立的「走出埃及」組織的主要金主就是「靈糧堂」。同光教會在過去15年來，接納了許多從「靈糧堂」及「走出埃及」出走的同志基督徒，因為他們在這些組織裡受到心靈傷害，被迫否定自身生命特質，甚至萌生自殺念頭。

保守基督教會人士基於對聖經中少數段落文字之特定解讀，向來將同性愛視為罪惡，並宣稱「同性戀性取向是異常的性心理發展或偏差的個人選擇甚至是具有傳染性，必須矯治而且可以治癒」（保守基督教會人士刻意使用「性取向」的字眼而不使用「性傾向」，就是否定同性愛可能為天生自然的立場宣示）。然而從1950年代以來聖經學界已逐漸認為那些被拿來

反對同性愛的《聖經》段落，事實上針對的是古代異教徒之特定偶像崇拜行為，而非兩情相悅的同性愛，因此不能做為定罪同性愛的依據。這些保守基督教會人士也選擇性地忽視耶穌基督親自的教導：「人不結婚的理由很多：有些人是生來不適於結婚的；有些人是人為的原因不能結婚；另有些人是為了天國的緣故而不結婚。」（《馬太福音》19章12節）

（四）同志無需矯治也不具傳染性

另一方面，現代精神醫學已經確認同性戀的性傾向雖是少數、但仍是正常的性心理發展（而且在絕大多數案例中並非可以自行選擇），因此不需要被矯治，美國精神醫學會的官方立場也反對各種矯治同性戀的手段。顯而易見的事實是，同志父母所教養之子女並非都是同志，同志之父母也並非都是同志，所以有關於教導學生「認識同志」將導致學生「變成同志」之說法，完全是無稽之談。

（五）同志議題在教會界尚無定論

同志議題在台灣與世界教會中都尚未有一致看法。在台灣，只有極少數牧師與教會支持議題並開放教會歡迎同志，而國外有些教派除了加入沒問題外，甚至在擔任神職、民事結合或同性婚姻上也漸漸有不同於以往的討論與空間。例如美國聖公會、聯合教會、還有前幾天公開發表議決讓同性戀傳道人也可以被按立為牧師的美國長老教會等等。

（六）同光教會支持認識同志教育

耶穌基督說：「主的靈臨到我，因為他揀選了我，要我向貧窮人傳佳音。他差遣我宣告：被擄的，得釋放；失明的，得光明；受欺壓的，得自由；並宣告主拯救他子民的恩年。」（《路加福音》4章18至19節）身為基督的教會，我們堅信所有遭受壓迫的人都應該獲得釋放、光明與自由！

因此，同光同志長老教會堅定支持教育部將「認識同志」議題納入中小學「性別平等教育」課程綱要，並盼望早日看到一個尊重及接納多元性身分的和諧社會。

（七）多元性別就是同志獨特的生命狀態

多元並不亂，因為那多元底下是由很多的個人與故事組成。一個人就是一個故事以及許多人不花時間就不會了解的脈絡。我們經歷辛苦的認同，是因為從來沒有人告訴我們、教育我們世上有這樣的創造與差異。我們長期活在罪惡感與羞恥中，不是因為上帝這樣厭惡我們、不喜愛我們，更不是因為聖經這樣說，而是，當我們還是孩子的時候就這樣的被教導與告誡。

我們像其他孩子一樣，花了人生中很多很多的時間與力氣來尋求愛、尋求認同與被理解。但當基督徒們在教堂裡、在電視機前面不加思索的責備與咒罵時，這些期待愛與理解的禱告通通都會化為無聲。我們當中的很多孩子比誰都敬虔、比誰都乖、比誰都怕犯錯，因為我們好怕當我們做不好、遭遇不測、家庭不美滿時，很多人會說「都是因為你們是同志」或「就是因為這樣所以你們才會是同志」。但其實我們和許多異性戀一樣，都會犯錯或就是無法選擇的來自不那麼完美的家庭與遭遇。

（八）看見彼此的差異，共享上帝的愛

真正的包容從理解開始，跳過理解的包容是無知甚至是驕傲。呼籲異性戀基督徒們：在因著自己的信仰與感動實踐所認為價值觀與關係的同時，不要踐踏與阻止同樣被上帝創造的同志們的信仰與感動！

十五、同光教會針對「連署支持性別平等教育進入校園」之立場聲明

（主後2011年5月4日）

　　針對教育部預計從100學年度起，將同志議題納入中小學「性別平等教育」課程綱要所引起的各方討論，同光同志長老教會的立場如下：

　　目前台灣社會各界乃至校園仍無法平等對待性少數社群，將同志議題納入中小學「性別平等教育」課程綱要實有刻不容緩之必要性！此課程綱要不僅有助於性少數學生認識及接納自我，更重要的是幫助一般學生明白社會上確實存在著因不友善環境而被迫隱身的性少數社群，從小學習尊重與接納多元性／別，從根本改善社會氛圍。

　　教材方面，在教育部的說明中，已聲明無單一科目之教學，亦無學生使用之教科書；至於部分人士表達質疑的參考教材內容，相信可透過教育部持續舉辦的研習進修等方式溝通，不該以此作為延宕實施的原因。

　　《聖經‧路加福音》第四章18至19節記載耶穌基督說：「主的靈在我身上，因為他用膏膏我，叫我傳福音給貧窮的人；差遣我報告：被擄的得釋放，瞎眼的得看見，叫那受壓制的得自由，報告神悅納人的禧年。」身為基督的教會，我們堅信所有遭受壓迫的社群都應該獲得釋放與自由！因此，同光同志長老教會堅定支持將同志議題納入中小學「性別平等教育」課程綱要，並盼望早日看到一個尊重及接納多元性別的和諧社會。

十六、同光同志長老教會對「厲耿桂芳等民意代表反對同性婚姻立法」之回應

（主後2006年8月25日）

幾位反對同志運動的基督教牧師，天主教神父以及台北市議員等，於昨日（2006/8/24）召開記者會反對台北市政府用公帑支持同性戀運動，並質疑同志欲爭取之「同性婚姻」的合法、合理性，同光同志長老教會於此表達以下幾點意見：

首先，同志爭取同性婚姻乃純粹著眼於法律上的平等權利，讓相愛而決定攜手共渡一生的同志伴侶，能享有法律上的配偶身分，以及衍生的財產共享等權力。在普世精神醫學界早已確認同性戀非病態的數十年之後，同志以和平方式走上街頭爭取平等之法律權利，只是再次呼籲世人該正視同志社群同為社會一分子該享有之平等權利。至於宗教界人士以信仰因素為由反對法律承認同性婚姻，則有可議之處。法律與宗教乃不同領域，我國亦非以教領政之邦，實不宜用宗教信念來指導法律規範。目前台灣有許多學校開設帶著基督教色彩的「得勝者課程」，也有帶有佛教色彩的「禪修誦經課程」，兩者之間有許多差異，但沒有任何一方有權力以信仰因素為由，要求政府制定法律或課程標準時，要按照某一宗教的信仰規範。因此，若宗教團體純以信仰因素為由反對同志社群爭取法律上之平權，實乃錯謬，且為一種粗暴的行徑。

其次，在許多人關心的同志家庭收養小孩的問題上，美國耶魯大學醫學院婦產科的Dorothy Greenfeld整理歷年來美國的相關研究文獻，於2005年在《婦產科學的當代見解》（*Current Opinion in Obstetrics & Gynecology*）期刊上發表一篇文章指出，「同性伴侶家庭之家長所養育的小孩並不會比較容易成為同性戀者；在人格發展、心理發展、性別認同等方面，同性伴侶

家庭養育的小孩跟異性伴侶家庭的小孩比較起來，也沒有任何差異。」因此，同光同志長老教會在此呼籲，對於同志所爭取的同志婚姻及收養小孩的權利，應回歸到理性的法律及科學層面來思考。

最後，對於部分基督教牧師及學者以聖經為由反對同性戀，同光教會建議此議題應放在教會界內進行深刻思考及討論；畢竟在近年來，已經有越來越多的聖經學者認為某些過去被拿來譴責同性愛的聖經經文，其實是在抨擊古代中東地區的異教神廟中的性交儀式，部分教會界人士根據其對聖經之特定詮釋，卻以全體基督教之名來反對同志平權運動，實屬不宜。

對於與我們抱持不同聖經觀點的教會界人士，我們理解也尊重其言論自由；不過，以下資料應可讓社會大眾對同志社群的艱難處境窺知一二：美國聯邦調查局（Federal Bureau of Investigation, FBI）在1995年針對「仇恨罪行」（hate crimes）做統計，因為對同性愛的敵意而發生的犯罪行為共有1019起，而受害的同志共有1347人；在2004年，敵視同性愛的犯罪行為共有1197起，而受害者共有1482人。十年之間，不論在犯行案件數與受害者數方面，都增加了將近一成。我們擁有法律賦予的宗教自由，但我們不該以自己所擁有的信仰，強制他人遵守我們的信仰觀點；我們擁有法律賦予的言論自由，但我們卻不可濫用言論自由，徒然造成族群之間無謂的仇視及對立。

十七、同光同志長老教會曾傳道師致社會各界之公開信函

（主後2000年9月1日）

「同光同志長老教會」是目前台灣至今唯一的一間同志教會，同光教會堅信從基督教《聖經》的研究與瞭解，上帝並未不喜悅同志；既然人與萬物都是上帝所創造的，豈有上帝獨鍾某一類事物、喜悅某一種類的人

而已（此種「上帝不喜歡同志」的觀念往往是肇因於人的偏見與無知所造成，是人想要成為上帝的角色；這種排斥同志的觀點，是明顯的與愛的源頭——上帝相違背的）。

同光同志長老教會始終相信，上帝是創造與喜愛同志的上帝，同志也是上帝所愛的一群眾兒女，是屬於上帝國度中的公民。

同光同志長老教會始終相信，同志性傾向絕對不是罪，而是上帝創造的奧秘之一；因此，同志絕對不需要經過外力的矯正或所謂的醫治來改變同志性傾向，因為這是違反上帝的創造主權！

同光同志長老教會完全認同與接納同志性傾向，欣賞、讚嘆且呵護上帝創造的同志；同光教會始終願意學習上帝愛的腳蹤、恩典的雙手，擁抱自己的骨肉至親，就是同志族群。同光教會非常樂意根植於自己的同志社區中，成為自己同志族群的姊妹與弟兄，歡欣認同自己的同志族群，使同光教會通過愛與受苦，一起成為我們同志族群得自由、得釋放、得尊嚴、得人權、得盼望的記號。

同光同志長老教會堅認，同志根本不需要被矯正或藉由所謂的醫治：被強迫、痛苦且扭曲生命的方式而改變成為異性戀者。因此，同光教會絕對不贊同、不接納且不採取這種打著「基督教同志關懷機構與教會」的名號，來接近同志、關心同志；這種「基督教同志關懷機構與教會」實際上卻是否定同志性傾向，宣告要矯正與醫治同志成為所謂的「正常的異性戀者」。

同光同志長老教會永遠是同志社區的一份子，當然也參與在同志族群的活動中，因此同光教會非常願意跟所有的同志團體一起努力，同心合力為著台灣的同志運動來奮鬥。所以，同光教會以實際行動參與在台北市政府民政局主辦、眾同志團體協辦，於9月2、3日舉行的「台北同玩節」園遊會攤位之一，以及參加「台北同志國際論壇」講座等等各種活動行列之中。同光教會肯定台北市政府的決心與能力，讚賞台北市政府民政局對公民運

動、同志人權所跨出的第一步，也期盼陳水扁總統與呂秀蓮副總統給予頭家——同志，高度的支持與認同，以實際行動出席活動並發表肯定與支持言論。

　　願創造同志也愛同志的上帝施恩祝福「台北同玩節」，阿們！

聽你剪裁星空　附錄

新聞回顧

「同志教會」帶來的難題

長老教會明討論

自由開放，不能違反教義

同志教友想站出來

同悃總是罪嗎？

韓國棟／台北報導

佛教：出家恐不易　同志：這是犯大罪

同性戀基督徒組織團契

第一個同志團契日前成立　同性

向聖經挑戰　'同志'自組教會

教壇震撼　同光教會宣布5月5日成立　長老教會恐不認同

不是批評　他們說：聖經是人寫的　同性戀到底惹誰不悅？

周聯華
反絲綿　聖經反裝

P生代牧師展雙臂

擁教衛反省　對傳統展開挑戰

耶穌會如何對待這些人？

聖經咒責的行為太多了　'義人'何以獨排同性戀'罪人'

教會應該接納他們

真誠面對
我們是有信仰的

志教會　長老教會不承認

友如要參加長老教會聚會　不拒絕、不鼓勵、將輔導

校園同性戀日　六一蝶舞慶祝

韓國棟／台北報導

'同志'問

總會議長：自

韓國棟／台北報導

編號 E009 彩虹館

聽你剪裁星空 傷痕與美好都構成了人生，同光教會 20 年

編　著	同光同志長老教會
責任編輯	陳英哲　方勇駿　賴雯琪
專案企劃	巫緒樑
視覺設計	黃子欽

企劃‧製作　基本書坊

社　　長	邵祺邁
編輯顧問	喀　飛
執行主編	賴雯琪
法律顧問	鄧　傑
業務副理	蔡立哲
媒體統籌	巫緒樑
首席智庫	游格雷

地　　址	10084 台北市中正區南昌路二段 112 號 6 樓
電　　話	02-23684670
傳　　真	02-23684654
官　　網	gbookstaiwan.blogspot.com
E - mail	PR@gbookstw.com
劃撥帳號	50142942　戶名：基本書坊

總 經 銷	紅螞蟻圖書有限公司
地　　址	114 台北市內湖區舊宗路 2 段 121 巷 19 號
電　　話	02-27953656
傳　　真	02-27954100

排　　版	宸遠彩藝有限公司
印　　刷	前進彩藝有限公司

初版一刷	2016 年（民 105）5 月 1 日
定　　價	新台幣 680 元

ISBN 978-986-6474-70-5

國家圖書館出版品預行編目資料

聽你剪裁星空：傷痕與美好都構成了人生,同光教會20年
/ 同光同志長老教會編著. -- 初版. -- 臺北市：基本書坊,
民105.05
　面；　公分. -- (彩虹館；E009)
ISBN 978-986-6474-70-5(平裝)

1. 臺灣基督長老教會同光教會　2. 文集

246.533　　　　　　　　　　　　　105006747

IN PRE-MODERN EUROPE — BOSWELL

GAY THEOLOGY WITHOUT APOLOGY — Comstock

HOLY HOMOSEXUALS — MICHAEL S.

SAME-SEX LOVE And the Path to Wholeness — HOPCKE · CARRINGTON · WIRTH — SECOND EDITION

HELLENISM AND HOMOSEXUALITY IN VICTORIAN OXFO — Linda Dowling

JESUS ACTED UP — Goss

Homosexuality and World Religions

THE INVENTION OF SODOMY IN CHRISTIAN THEOLOGY — MARK D. JORDA

Body Theology — Nelson

COMING OUT TO GOD — CHRIS GLASER

JUST AS I AM · The Rev. Robert Williams

Homophobia and the Judaeo-Christian Tradition — American Academy of Religion Mon

SPEAKING OF CHRIST — Heyward

Dirt Greed & Sex — COUNTRYMAN

IMMODEST ACTS — BROWN

新約聖經光背景註釋

Bible Society
聖經公會

在這一切之上，要加上愛，因為愛是聯絡一切德行的圓滿。

（歌羅西書 3:14）

創立：主後一九九六年五月五日
信箱：台北郵政 117-553 號信箱

一九九六年五月十二日

主　理：楊雅惠牧師　　　　　　　司　琴：■■■弟兄
司　會：■■■長老　　　　　　　司　獻：■■■弟兄
招　待：■■■先生

＊ 靜候上帝的話 ＊

奏　樂 ………………………………………… 司　琴
宣　召 …………………… 詩篇 100 ………… 會　眾
聖　詩 …………………… 第 6 首 …………… 會　眾
信仰告白（主禱文）…………………………… 會　眾
敬應文 …………………… 詩篇 103 ………… 司　會
公　禱 …………………………………………… 會　眾

＊ 恭候上帝的話 ＊

聖　經 ……………… 路加福音 1:26-38 …… 司　會
講　道 …………………… 母親的愛 ………… 主　理
禱　告 …………………………………………… 主　理
聖　詩 …………………… 第 466 首 ………… 會　眾

＊ 應答上帝的話 ＊

奉　獻 ……………… 第 383 首第一節 …… 司　獻
報　告 …………………………………………… 司　會
請　安 …………………………………………… 會　眾
背金句 ……………… 路加福音 1:38 ……… 司　琴
頌　榮 …………………… 第 14 首 ………… 司　琴
祝　禱 …………………………………………… 主　理
阿門頌 …………………… 第 522 首 ………… 會　眾
殿　樂 …………………………………………… 會　眾

主禱文：　我們在天上的父，願人都尊你的名為聖．願你的
　　　　　國降臨，願你的旨意行在地上，如同行在天上，
　　　　　我們日用的飲食，今日賜給我們．免我們的債，
　　　　　如同我們免了人的債．不叫我們遇見試探，救我
　　　　　們脫離兇惡．因為國度、權柄、榮耀、全是你的，
　　　　　直到永遠，阿門．

使徒信經：　我信上帝，全能的父，創造天地的主．我信主
　　　　　耶穌基督，上帝獨生的子；因聖靈感孕，由童
　　　　　貞女馬利亞所生；在本丟彼拉多手下受難，被
　　　　　釘於十字架，受死，埋葬；降在陰間，第三天
　　　　　從死中復活；升天，坐在全能父上帝的右邊，
　　　　　將來必從那裏降臨，審判活人死人．我信聖靈，
　　　　　我信聖而公之教會；我信聖徒相通；我信罪得
　　　　　赦免，我信身體復活，我信永生，阿門．

＜ 禮拜事工分配 ＞

日期	講道	司會	司琴	司獻	招待
/12	楊牧師				方慧娟
/19	曾恕敏				
/26	王牧師				
/2	許牧師				

((約拿單團契))

日期	主　　　　題	主理
5/12	查經	曾恕敏
5/19	談同志運動	

[上週聚會]

聚　　會	時　　間	人數	奉獻
主日禮拜	下午4:30	29	2384
聚餐	下午5:30	29	
約拿單團契	下午6:30	29	

獻 §
恩奉獻：　　　　5000
獻：楊雅惠 1000

週金句
利亞說：我是主的使女，情願照你的話成就在我身上。
　　　　天使就離開他去了.(路加福音1:38)

書看穩目和手腦筋表我們：使便撇天孔我外
那人各也為一，以有已的身體隨波倒使他們
互相攙擦、使他們分滋的糖。

（以弗所書 2：14）

同志是神的孩子。

心裡邊有水，就有了水。

不要效法這個世界，只要心意更新而變化，叫你們察驗何為神的善良、純全、可喜悅的旨意。

（羅馬書 12：2）

力抗外界強大壓力 定期聚會

同光 被迫搬過

林妏純／台北報導

同志基督徒算是少數中的少數，在過去，同志們多礙於外來壓力，迫使他們不輕易現身；這些人一輩子可能都碰不到相同信仰、相同性傾向的同志，但在同光教會裡，他們找到了；但即便如此，教會本身面臨的壓力也是被迫秘密進行。

五年前的今天，在楊雅惠牧師的奔走之下，國內第一個同志團契（約拿單團契，即同光同志教會前身）悄悄的成立，到今天，同光教會還是堅持不讓外界知道他們是在哪聚會；同光教會曾傳道師說，相信會有一天，教會可以公開舉辦各項活動，但他也說，依目前的環境來看，到底會是哪一天，看來答案是一個問號。

曾傳道師說，五年前團契的成立，在基督教界造成一陣轟動，但也引來不認同者揚言說要跟蹤找到教會聚集地，於是會友被迫解散，大家因而分散一個月，直到找到其他地方才「回來」；第二次的搬遷則是因為教會一位男性會友被父母知道他的性傾向而震怒，當時

借長老教會某一處聚會的地點公開出來，所以，同光又搬了一次。

目前這裡有二十七位同志會友以及五位直同志，三十多位會友定期參加聚會，他們不同於一般教會的是，對於聖經的解釋，更著重於同性間的問題

；他們也透過網際特性，大量廣播他矢志讓大家了解：向並非違反基督教以路加福音、撒母所記載的內容告訴中是認同同性戀的成立教會，就會

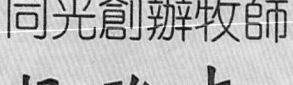

人物側寫

同光創辦牧師 勇敢帶

聖經說，男人和男人睡覺，是上帝所憎惡的事。「同光同志教會」就在台灣宗教界的強烈震撼與爭議下，於一九九六年五月五日誕生。對聖經而言，對基督教的傳統權威而言，是極為嚴厲的挑戰。

同光教會的創立人是楊雅惠牧師，她受過正規的神學教育。她在台南神學院修滿六年神

師。

楊雅惠不是同志帶領著同志教友向全心全力推動成立個同志教會。因為她辭去原先任職的長老教會新竹大專師的職務，但無怨

楊雅惠於一九九即接受長老教會

各的傳播
勺信仰，
生戀性傾
戔。他們
己等經文
家，聖經
篇教會的

人力、財務問題，由於堅持隱密，教會最直接的財源募集方式（公開募款）就很難施展，曾傳道師說，目前雖然設有郵政劃撥信箱，但因為是用他個人的真名，所以也很難對外公開；教會目前的財源主要還是會友的「十一奉獻」得來的。

韓國棟

領同志走入教會

聖經教義

卯勇敢的
堅挑戰，
國內第一
戰聖經，
寫基督教
主中心牧
每。

手返國後
竹中壢地

是女孩的損失，還是教會的損失？

「活在傳統教義中，同志永遠都有罪惡感！很多教徒就是這樣離開教會的。」楊雅惠很感慨，於是創立了同光同志教會。

楊雅惠認為，聖經是人寫的，而且可能是異性戀者所寫的。她說，聖經譴責同性戀，到

耶穌說：「『你要盡心、盡性、盡意愛主—你的上帝。』這是第一條最重要的誡命。第二條也一樣重要：『你要愛鄰人，像愛你自己一樣。』摩西法律的全部和先知的教訓都是以這兩條誡命為根據的。」

（馬太福音 22:37-40）

我們看電視，我們不值回承本權。

我們相信，所有人皆為上帝

不分同性戀者、雙性戀者

上帝喜愛的兒女，都能依靠

悔改，而罪得赦免；祂使

裡成為新造的人，使世界

與喜樂。

！

美好的創造，不論其族群或

異性戀者、跨性別者等，

耶穌基督的救恩，因信耶穌

受壓迫的人得自由、平等，

為祂的國度，充滿愛、公義

有了愛就沒有恐懼；完全的愛驅除一切的恐懼。所以，那有恐懼的就沒有完全的愛，因為恐懼和懲罰是相關連的。我們愛，因為上帝先愛了我們。若有人說「我愛上帝」，卻恨自己的弟兄或姊妹，他就是撒謊的；他既然不愛那看得見的弟兄或姊妹，怎麼能愛那看不見的上帝呢？所以，基督這樣命令我們：那愛上帝的，也必須愛自己的弟兄和姊妹。

（約翰一書 4:18-21）

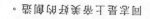

回名著上秀美秀的蘭茲。

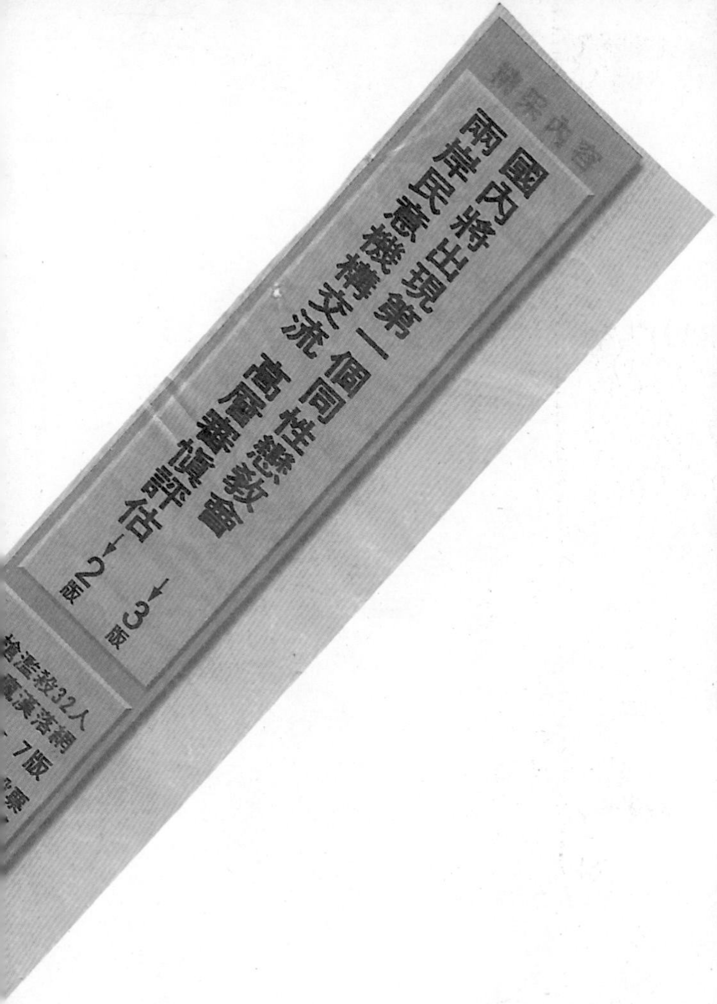

精采內容

國內將出現第一個同性戀教會 →3版

兩岸民意機構交流 高層審慎評估 →2版

槍濫殺32人
漢落網
7版

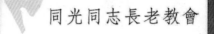

同光同志長老教會

耶穌愛你/妳

「來吧，所有勞苦、背負重擔的人都到我這
裏來！我要使你們得安息。你們要負起我的
軛，跟我學，因為我的心柔和謙卑。這樣，
你們就可以得到安息。我的軛是容易負的；
我的擔子是輕省的。」

（馬太福音 11:28-30）

不管你聽過什麼，上帝真的很愛你。

在患難中，我們仍然喜樂；因為我們知道患
難培養忍耐，忍耐蒙上帝嘉許，上帝的嘉許
帶來盼望。這盼望不至於落空；因為上帝藉
着他賜給我們的聖靈，已把他的愛澆灌在我
們心裏。

（羅馬書 5:3-5）